Sarah Ban Breathnach

Einfachheit und Fülle

Sarah Ban Breathnach

Einfachheit und Fülle

365 Schritte
zum vollkommenen Leben

Aus dem Amerikanischen
von Ursula Bischoff

Goldmann Verlag

Die amerikanische Originalausgabe
erschien unter dem Titel *Simple Abundance*
bei Warner Books, New York

Umwelthinweis:
Dieses Buch und der Schutzumschlag
wurden auf chlorfrei gebleichtem Papier gedruckt.
Die Einschrumpffolie (zum Schutz vor Verschmutzung)
ist aus umweltschonender und recyclingfähiger PE-Folie.

Der Goldmann Verlag
ist ein Unternehmen der Verlagsgruppe Bertelsmann

1. Auflage
© 1995 Sarah Ban Breathnach
© der deutschsprachigen Ausgabe
Wilhelm Goldmann Verlag, München
Satz: Uhl + Massopust, Aalen
Printed in Germany · Presse-Druck Augsburg
ISBN 3-442-30725-2

*Für Chris Tomasino
in Liebe und Dankbarkeit
und für Katie,
die immer die tiefere Schwingung war.*

*Die eine setzte den Himmel in Bewegung
für dieses Buch,
die andere bewegte die Erde.*

Ihr Auge, ihr Ohr waren Stimmgabeln, ein Brennglas, das selbst den winzigsten Bruchteil oder Widerhall eines Gedankens oder Gefühls einfing... Sie hörte eine tiefere Schwingung, eine Art zusammengesetztes Echo aller Dinge, die der Schreiber sagte und nicht sagte.

Willa Cather

In einer Zeit, der es an Wahrheit und Sicherheit mangelt, die angefüllt ist mit Qual und Verzweiflung, sollte keine Frau bei dem Versuch zaudern, der Welt durch ihre Arbeit einen Teil ihres verlorenen Herzens zurückzugeben.

Louise Bogan

Vorwort

Oft versuchen Menschen, ihr Leben rückwärts zu leben: Sie sind bestrebt, immer mehr Gegenstände oder mehr Geld anzuhäufen, um mehr von dem tun zu können, was sie tun möchten, in der Hoffnung, dann glücklicher zu sein. In Wirklichkeit ist gleichwohl der umgekehrte Weg der richtige: Wir müssen zuerst der Mensch sein, der wir wirklich sind, und dann tun, was wir tun müssen, um haben zu können, was wir uns wünschen.

Margaret Young

Ich hatte vor einigen Jahren ein Buch über die Vorzüge des häuslichen Lebens im neunzehnten Jahrhundert geschrieben und spielte mit dem Gedanken, einen Nachfolgeband über den Dekorationsstil der viktorianischen Ära zu verfassen. Doch die damit verbundene Verpflichtung, mich ein ganzes Jahr lang auf Volants und verschnörkeltes Schnitzwerk zu konzentrieren, wirkte deprimierend auf mich. Was ich wirklich schreiben wollte, war ein Buch, das mir einen Weg zeigen würde, wie ich meine tiefverwurzelten spirituellen, authentischen und kreativen Bedürfnisse mit den oft überwältigenden und schwer damit zu vereinbarenden Pflichten im Alltag auf einen Nenner bringen könnte. Ich hatte einen Mann und eine Tochter, eine pflegebedürftige Mutter, meinen Haushalt, meine Pflichten gegenüber der Welt, Geschwistern, Freunden und gegenüber der sozialen Gemeinschaft, der ich angehöre. Ich wußte, daß ich nicht die einzige Frau war, die das Leben als eine überfordernde Erfahrung betrachtete. Mir war klar, daß ich mich nicht als einzige Frau oft erschöpft, niedergeschlagen und am Ende ihrer Kräfte fühlte. Aber mir war ebenfalls bewußt, daß ich ganz sicher nicht die Frau war, die sämtliche Antworten aus dem Ärmel zu schütteln vermochte. Ich kannte ja nicht einmal die Fragen.

Ich wollte so vieles gleichzeitig – Geld, Erfolg, Anerkennung, kreative Selbstentfaltung –, hatte aber nicht die geringste Ahnung, was für mein Wohlergehen wirklich unerläßlich war. Manchmal meldeten sich meine Bedürfnisse so heftig zu Wort, daß ich sie nur durch Leugnen mundtot machen konnte. Ich war süchtig nach Arbeit, nach dem Wunsch, von anderen gebraucht zu werden, nach Perfektion. Dabei konnte ich mich nicht einmal daran erinnern, wann ich zuletzt mit mir selbst fürsorglich umgegangen war. Hatte ich mich selbst überhaupt jemals verwöhnt? Häufiger, als ich es mir persönlich eingestehen mochte, war ich wütend oder neidisch gewesen, hatte mich ständig mit anderen verglichen, hatte einen heimlichen Groll entwickelt, weil etwas in meinem Leben zu fehlen schien, obwohl ich nicht fähig gewesen wäre zu sagen, um was es sich handelte. Dieses heimliche Gefühl des Defizits weckte fortwährend Schuldgefühle in mir, da ich mich eigentlich glücklich schätzen durfte, mein Leben mit einem wunderbaren Mann und unserem aufgeweckten, zauberhaften, klugen und hübschen Kind zu teilen, das ich von ganzem Herzen liebe. Ich besaß so unendlich viel. Was berechtigte mich eigentlich, noch mehr zu wollen?

Geld war für mich ein ungeheuer wichtiges, emotional befrachtetes Thema, das meine Fähigkeit zum Glücklichsein beeinträchtigte, weil ich es zuließ. Finanzieller Erfolg schien mir die einzige Möglichkeit zu sein, meine beruflichen Fähigkeiten und meinen Selbstwert zu messen. Wenn ich keinen Scheck auf meine eigenen Leistungen ausstellen konnte, existierten sie für mich nicht. Frustriert und unfähig zu ergründen, warum manche Frauen ein wesentlich erfüllteres Leben führten – obwohl ich gewissenhaft alle wichtigen Aspekte miteinander verband –, fühlte ich mich zwischen der bedrückenden Vorstellung, mein Leben zu vergeuden, und der Angst, es auf dem Altar meines eigenen Ehrgeizes zu opfern, hin- und hergerissen.

Ich war eine Frau, die dringend des Weges der Einfachheit und Fülle bedurfte, die ihren Blick für die einfachen, wesentlichen und im Übermaß vorhandenen Dinge im Leben wieder schärfen mußte.

Doch bevor dieses Buch geschrieben werden konnte, galt es, Bilanz zu ziehen und sowohl die positiven als auch die negativen

Aspekte in meinem Leben aufzulisten. Vielleicht zum ersten Mal mußte ich rückhaltlos offen und aufrichtig sowohl mir selbst gegenüber als auch nach außen hin sein. In dieser Zeit der Gewissenserforschung erwiesen sich sechs praktische, schöpferische, spirituelle Prinzipien – Dankbarkeit, Einfachheit, innere und äußere Ordnung, Harmonie, Schönheit und Freude – als Katalysator, der mir half, mein eigenes Leben neu zu definieren. Eines Morgens erkannte ich plötzlich, daß ich beinahe unmerklich zufriedener geworden war, daß ich mehr Augenblicke des Glücks als der Frustration erlebte. Da ich wieder vertrauensvoll in die Zukunft blickte, überlegte ich, ob ich nicht ein Buch mit Orientierungshilfen für Frauen schreiben sollte, die wie ich ein individuelles, authentisches Leben führen möchten.

Das Buch, das Sie nun in den Händen halten, weist allerdings nicht mehr die geringste Ähnlichkeit auf mit der ersten Fassung des Manuskripts oder dem Werk, das mein Verleger von mir erwartete. Während der zwei Jahre, die ich daran schrieb, machte *Einfachheit und Fülle* eine außergewöhnliche Verwandlung durch, genauso wie ich. Mit jeder Seite und jedem neuen Morgen verschmolzen Spiritualität, Authentizität und Kreativität miteinander; sie begleiteten mich auf der intensiven und sehr persönlichen Suche nach Ganzheitlichkeit. Am Anfang hatte ich über die Beseitigung des inneren und äußeren Chaos schreiben wollen – am Ende stand eine abenteuerliche Reise, eine Safari, auf der ich mein Selbst und den Schöpfer erkundete. Niemand war erstaunter über diese unverhoffte Wende als ich.

Während sich *Einfachheit und Fülle* von einem Lifestyle-Ratgeber zu einem spirituellen Weg entwickelte, der uns ein zufriedenes, erfülltes Leben ermöglicht, erkannte ich jene Frau, die ich einst gewesen war, kaum wieder. Der Weg der Einfachheit und Fülle hatte mich befähigt, die Offenbarungen des Alltags zu meistern, das Geheiligte im Profanen zu erkennen, das Mystische im Irdischen wahrzunehmen und das Sakrament des Hier und Jetzt voll zu genießen. Ich machte die unverhoffte, aufregende Entdeckung, daß alles in meinem Leben bedeutungsvoll ist und als unerschöpfliche Quelle der Reflexion, der Erkenntnis und des ständigen Kontakts zum

Selbst dienen kann: die Frisur, die nicht richtig sitzt, Stimmungsschwankungen, Fahrgemeinschaften für die Schulkinder der Nachbarschaft, nervenaufreibende Termine, überzogene Bankkonten, schmutzige Fußböden, Einkauf im Supermarkt, Erschöpfung, Krankheit, Bekleidungsprobleme, unangemeldete Gäste, ja sogar die Ebbe in der Haushaltskasse. Der Weg der Einfachheit und Fülle hat mir wieder vor Augen gehalten, was sich aus Brot und ein paar Fischen zaubern läßt, und wie man Stroh zu Gold spinnen kann. Mir wurde auf einer transzendenten Ebene bewußt, daß ein authentisches Leben die persönlichste Form der Andacht ist. Der Alltag ist mein Gebet geworden.

Als ich dieses Buch schrieb, wuchs in mir die Erkenntnis, daß meine Unzufriedenheit, Frustration, der heimliche Groll, mein Neid und meine Wut darauf zurückzuführen waren, daß ich nicht jenes reale Leben führte, für das ich erschaffen worden war. Ein authentisches Leben. Inzwischen versuche ich es.

Zumindest kann ich die Konturen und Grenzen erkennen, und noch wichtiger, ich beginne, sie nach und nach selbst zu setzen. Für eine Frau im letzten Jahrzehnt dieses Jahrhunderts ist das so gut wie ein Wunder. Ich habe keine Millionen auf dem Konto, aber ich weiß, daß Fülle und Mangel als Realzustände zahlreiche Parallelen aufweisen; jeden Tag muß ich aufs neue entscheiden, in welcher der beiden Wirklichkeiten ich leben will. Nun verstehe ich erst, daß ich nicht alle Stunden meines Lebens mit einem Preisschild versehen kann; ein Refugium zu finden, das mir die Möglichkeit bietet, ein authentisches Leben zu verwirklichen und zu bewahren, ist mir ebenso wichtig geworden wie das Atmen. Ich weiß das alles, weil uns im Mittelpunkt der Reise, die uns auf den Weg der Einfachheit und Fülle führt, eine gleichermaßen wunderbare und »erschütternde« Erkenntnis erwartet, die das Fundament meiner Selbstsicht und meines Alltags ungeheuer verschoben hat: *Das authentische Selbst ist die Seele, die sichtbar wird.*

Dieses Buch ist wie ein kontemplativer Weg durch das Jahr angeordnet, beginnend mit dem Neujahrstag. Falls es erst im April in Ihre Hände gelangt, können Sie es trotzdem noch benutzen. Ich würde gleichwohl vorschlagen, daß Sie zurückblättern und die Einträge für den Januar lesen, in dem die sechs Prinzipien der Einfachheit und Fülle und ihre Funktionsweise erklärt sind. Der Februar ist der Aufgabe gewidmet, Ihr verschüttetes authentisches Selbst freizulegen; danach gilt es, Ihre Authentizität im Alltag zu entdecken und zu entwickeln: in der Kunst, Ihr Zuhause wohnlich zu gestalten, Schönheit, Mode und persönliche Hobbys, die Zufriedenheit und ein erfülltes Leben garantieren.

Das Lesen dieses Buches kann Ihr Leben von Grund auf verändern, genauso wie es mir beim Schreiben ergangen ist. Ich wünsche Ihnen und mir, daß der Weg der Einfachheit und Fülle mit seinen sanften, heilsamen und optimistischen Lektionen Ihnen dabei helfen möge, jenes authentische Leben zu führen, für das Sie geboren wurden.

Sarah Ban Breathnach
Mai 1997

JANUAR

◆

> Man fühlt den Glanz von einer neuen Seite /
> auf der noch alles werden kann.
>
> *Rainer Maria Rilke*

Der Januar, Monat des Neubeginns und der liebgewonnenen Erinnerungen, verneigt sich vor uns. Komm, Winter, fang uns mit deinem Zauberbann ein: eisige, frostklirrende Tage, von Wollschals gewärmt, lange, dunkle Abende mit schmackhaften Mahlzeiten, angeregter Unterhaltung oder Freuden, die man allein genießt. Draußen sinkt die Temperatur, und der Schnee fällt in zarten Flocken zur Erde hinab. Die Natur hält friedlichen Winterschlaf. Diese Ruhe sollte auch bei uns einkehren. Machen Sie's sich gemütlich. Der Januar ist der Monat, um zu träumen, um sich auf das Jahr zu freuen, das vor uns liegt, und auf die Reise ins Innere, die uns erwartet.

Die einfachen Freuden des Lebens im Januar

- Schreiben Sie auf, was Sie sich von ganzem Herzen wünschen, bevor Sie den Weg der Einfachheit und Fülle betreten.
- Servieren Sie ein Neujahrsessen, dessen Speisenfolge Sie und Ihre Angehörigen beziehungsweise Gäste auf die angenehmen Aspekte des bevorstehenden Jahres einstimmen soll. Diesbezügliche Rezepte finden Sie in zahllosen Kochbüchern oder Zeitschriften.
- Bringen Sie Ihre persönlichen Papiere in Ordnung und räumen Sie Ihren Schreibtisch auf, um das neue Jahr ohne Altlasten zu beginnen. Werfen Sie alles weg, was entbehrlich ist. Hängen Sie Ihre neuen Kalender auf. Versuchen Sie, sich eine einladende

Arbeitsecke zu schaffen, in der Sie den leidigen Papierkram erledigen.
- Gehen Sie in einen gutsortierten Papierwaren- oder in einen sehr großen Buchladen, um nach einer hübschen, gebundenen Kladde Ausschau zu halten, die Sie als Journal der Dankbarkeit benutzen. Mit Sicherheit werden Sie im Schreibwarengeschäft auch verschiedenfarbige Tinte und Schreibstifte kaufen können.
- Schauen Sie sich einmal in einem Laden für Künstlerbedarf um. Vergegenwärtigen Sie sich die unterschiedlichen Möglichkeiten, mit denen Sie Ihr authentisches Ich zum Ausdruck bringen können: in sämtlichen Farben des Regenbogens, auf Papier, auf Leinwand, in Ton. Ich bin mir sicher, daß Ihnen diese Form der kreativen Selbstentfaltung Spaß machen wird. Und wenn Sie schon mal dort sind – kaufen Sie doch gleich ein paar Skizzenblocks für das bebilderte Reisejournal, das Sie anlegen werden. Ich persönlich ziehe ein kleines in DIN-A4-Format vor.
- Hängen Sie Magnetbilderrahmen aus Acryl auf, um eine Collage der Dankbarkeit zu gestalten. Verwenden Sie hierfür Fotos von allen Menschen und Dingen, die in Ihrem Leben eine große Rolle spielen, zum Beispiel Familienangehörige, Freunde oder auch vierbeinige Hausgenossen. Vergessen Sie nicht, Erinnerungen an die sogenannten Banalitäten hinzuzufügen, für die Sie dankbar sind: zum Beispiel die Rechnung der Autoreparaturwerkstatt, die erfreulicherweise viel niedriger war, als Sie befürchtet hatten. Wenn es etwas gibt, was Sie brennend gern haben möchten, ergänzen Sie Ihre Collage mit der Abbildung Ihres Wunschobjekts und bedanken sich im voraus, daß Sie es irgendwann besitzen.
- Machen Sie sich einen rundum gemütlichen Wintertag, an dem Sie sich zu Hause einigeln. Füllen Sie die Speisekammer mit echtem Kakao, Marshmallows und einer Tafel Schokolade von erstklassiger Qualität (wird gerieben auf den Kakao gestreut, als krönender Abschluß). Kaufen Sie Schlagsahne und stellen Sie sie im Kühlschrank kalt. Wenn es schneit oder an den Wochenenden bleiben Sie mit den Kindern daheim. Faulenzen Sie den

ganzen Tag lang im Schlafanzug herum. Wenn Sie einen offenen Kamin haben, zünden Sie ihn gleich am Morgen an. Oder bauen Sie gemeinsam einen Schneemann, gehen Sie zum Schlittenfahren und essen danach Tomatensuppe aus großen Suppentassen und getoastete Käsesandwiches. Halten Sie einen Mittagsschlaf. Genießen Sie den Luxus, einen ganzen Tag frei zu haben.

- Machen Sie einen Bummel durch Trödelläden. Wenn Sie nicht wissen, wo es welche gibt, schauen Sie in den Gelben Seiten des Telefonbuchs nach oder erkundigen Sie sich bei Freunden und Bekannten. In Ramsch- und Trödelläden kann eine Frau herrliche Dinge entdecken.
- Backen Sie einen Kuchen, um nach der Schule mit den Kindern Kaffee oder Tee zu trinken. Blättern Sie in einem reich bebilderten Koch- oder Backbuch und lassen Sie sich von den Kuchenrezepten animieren.
- Statten Sie dem nächstgelegenen Zeitschriftenladen einen Besuch ab und schmökern Sie in Magazinen, die Sie nicht abonniert haben oder normalerweise nicht kaufen. Dieses Vergnügen gönne ich mir einmal im Monat. Es macht Spaß und kostet nichts.
- Helfen Sie Zwiebeln von Blumen, die eigentlich erst im Frühjahr blühen – Miniaturnarzissen, Papiernarzissen, Hyazinthen, Tulpen –, mit Hilfe von Speziallampen beim schnelleren Wachstum, um Ihre Stimmung zu heben und Ihrem Heim mitten im Winter mit Farbe und Duft eine heitere Note zu geben. Die Lampen sind in Gartencentern erhältlich.
- Sehen Sie sich diesen Monat Kataloge für Pflanzen und Gartenbedarf an. Schneiden Sie Ihre Lieblingsblumen aus und entwerfen Sie auf dem Papier Ihren Wunschgarten. Legen Sie Ihrem Spaß an einem rosenüberwachsenen Wintergarten oder Balkon in einer Collage, die Sie in Ihrem bebilderten Reisetagebuch aufbewahren, keinerlei Beschränkung auf. Tun Sie so, als wollten Sie einen geheimen Lustgarten anlegen, in dem Sie die Einsamkeit genießen und Erholung von den Strapazen des Alltags finden. Wie sieht dieser geheime Lustgarten aus? Welches Garten-

zubehör und -mobiliar gefällt Ihnen? Ergänzen Sie Ihre Collage mit den entsprechenden Bildern. Lassen Sie Ihrer Phantasie zuerst auf dem Papier freien Lauf.

- Bestellen oder kaufen Sie Samen, den Sie nächsten Monat in Töpfen auf der Fensterbank aussäen.

1. JANUAR
Ein Jahr der inneren Wandlung, der Freude und der Selbstentdeckung

Es gibt Jahre, die Fragen stellen, und Jahre, die antworten.
Zora Neale Hurston

Neujahrstag. Ein neuer Anfang. Ein neues Kapitel im Leben, das darauf wartet, geschrieben zu werden. Neue Fragen, die gestellt, mit offenen Armen empfangen, geliebt werden. Antworten, die aufgespürt und in diesem Jahr der inneren Wandlung, der Freude und der Selbstentdeckung gelebt werden.

Gönnen Sie sich heute eine Atempause vom Alltag, um zu träumen, mit dem Bleistift in der Hand. Nur Träume geben den Anstoß für Veränderungen. Was erhoffen Sie sich für die Zukunft, wenn Sie auf das vergangene Jahr zurückblicken? Wenn Sie gelernt haben, sich als Hüterin Ihrer eigenen Zufriedenheit zu verstehen, werden Sie Ihre Herzenswünsche liebevoll begrüßen. Schreiben Sie dieses Jahr nicht Problemlösungsmöglichkeiten auf, sondern Ihre persönlichsten Bestrebungen. Ihre heimlichen Bedürfnisse, die Sie zurückgestellt haben, bis Ihnen der geeignete Moment erscheint, sie ans Tageslicht zu holen. Vertrauen Sie darauf, daß der richtige Zeitpunkt gekommen ist: nämlich jetzt. Stellen Sie Fragen. Auf dem Weg der Einfachheit und Fülle werden Sie sehen, daß sich die Antworten von allein einstellen und daß wir – Tag für Tag – entdecken, wie wir sie leben können.

Der Glaube versetzt bekanntlich Berge; also beginnen Sie dieses wundervolle neue Jahr mit einem festen Vorsatz: zu glauben. Glauben Sie an sich selbst. Und glauben Sie, daß es eine Quelle der Liebe gibt: den Sämann der Träume, der nur darauf wartet, daß Sie ihn um Hilfe bei der Verwirklichung Ihrer Träume bitten.

2. JANUAR
Die Fragen lieben

> Man lebt nur einmal – aber wenn man es richtig anstellt, ist einmal genug.
>
> *Joe E. Lewis*

Wie oft sind Sie in der Vergangenheit Problemen aus dem Weg gegangen, die im Grunde Ihres Herzens noch immer ungelöst sind, weil Sie Angst hatten, bohrende Fragen zu stellen? Was wäre, wenn Sie hundertprozentig wüßten, daß Sie heute in einem Jahr ein kreatives, zufriedenes und rundum erfülltes Leben führen können? Wie stellen Sie sich diese Zukunft vor? Welche Veränderungen würden Sie in Ihrem jetzigen Leben vornehmen? Wie und wo würden Sie damit beginnen? Erkennen Sie nun, warum *Fragen* so ungeheuer wichtig sind?

»Sei duldsam gegen alles, was in deinem Herzen unbewältigt ist, und sei bestrebt, die Fragen selbst zu lieben«, rät uns der große Dichter Rainer Maria Rilke.

Die Antworten auf unsere Fragen werden sich einstellen – aber erst dann, wenn wir wissen, welche Fragen es wert sind, überhaupt gestellt zu werden. Üben Sie sich in Geduld. Leben Sie Ihre Fragen. Und fragen Sie immer wieder. Zeigen Sie, daß Sie aufgeschlossen für die Veränderungen sind, die unvermeidlich mit den Antworten einhergehen. Der Neuerungsprozeß mag eine Weile dauern, aber Zeit ist eine Gabe, die zu Beginn des neuen Jahres aus einem reichen Füllhorn fließt: 365 sonnenstrahlende Morgen und sternenhelle Abende, 52 vielversprechende Wochen, zwölf Monate der Transformation, voll aufregender Chancen, vier herrliche Jahreszeiten. Ein Jahr der Einfachheit und Fülle, das auf uns wartet.

3. JANUAR
Der Weg der Einfachheit und Fülle:
Die Reise ins Innere

Einfachheit: *1. schmucklos; 2. Klarheit der Form und Gedanken;*
3. Anspruchslosigkeit
Fülle: 1. Große Menge, Anhäufung; 2. Reichtum, Vielfalt;
3. Üppigkeit
Einfachheit und Fülle: 1. eine Reise in unsere Innenwelt; 2. ein
spiritueller und praktischer Leitfaden für ein kreatives Leben; 3. ein
bunter Teppich der Zufriedenheit

Heute möchte ich, daß Sie sich eines *bewußt*machen: Sie besitzen bereits die innere Weisheit, Stärke und schöpferische Kraft, die Sie für die Verwirklichung Ihrer Träume brauchen. Das zu erkennen, fällt den meisten von uns schwer, weil die Quelle unseres unerschöpflichen persönlichen Potentials dermaßen von unbezahlten Rechnungen, Familienangelegenheiten, Terminen, Geschäftsreisen und Schmutzwäsche verschüttet ist, daß wir sie uns im Alltag kaum noch zu erschließen vermögen. Wenn wir uns außerstande sehen, auf unsere inneren Ressourcen zurückzugreifen, gelangen wir zu dem Trugschluß, daß Glück und Zufriedenheit nur in Äußerlichkeiten zu finden sind. Das liegt daran, daß diese Geschehnisse in der Außenwelt in aller Regel irgendwelche Veränderungen mit sich bringen. Und so sind wir darauf programmiert, daß uns äußere Umstände vorwärts oder rückwärts gerichtete Antriebsimpulse zum Wandel verleihen, während wir marionettengleich durchs Leben hasten. Aber wir müssen nicht länger den passiven Part übernehmen. Wir können lernen, Veränderungen aus eigener Kraft herbeizuführen.

Der Weg von Einfachheit und Fülle rankt sich um eine authentische Erkenntnis, die in unserer Seele nachhallt: Wir sind schon mit allem Notwendigen versehen, um wirklich glücklich zu werden. Das Wissen darum beinhaltet eine Reise ins Innere, die in einer emotionalen, psychologischen und spirituellen Transformation endet. Ein grundlegender innerer Wandel unserer Realität ist die Folge, der uns mit der schöpferischen Energie des Universums in Einklang bringt. Eine Veränderung von solcher Tragweite ist möglich, wenn wir zulassen, daß uns der Schöpfer die Augen öffnet, um uns jene Fülle des Lebens gewahr werden zu lassen, über die wir bereits verfügen.

Sechs Prinzipien sollen als Orientierungshilfen für die innere Reise dienen, die ein Jahr dauert. Diese sechs Fäden, die ein Leben der Fülle symbolisieren, werden miteinander verwoben und zu einem bunten Teppich der Zufriedenheit geknüpft, der wie ein schützender Kokon die Gefühle inneren Friedens, Wohlbefindens, des Glücks und der Sicherheit und Geborgenheit umgibt. Das erste Prinzip ist die *Dankbarkeit*. Wenn wir uns zu einer mentalen und spirituellen Bestandsaufnahme aller positiven Dinge in unserem Leben entschließen, erkennen wir, daß wir in Wirklichkeit sehr reich sind. Dankbarkeit ebnet dem Prinzip der *Einfachheit* den Weg – dem Wunsch, die wesentlichen Dinge herauszufiltern, auf ihren Kern zu reduzieren und uns bewußtzumachen, was wir tatsächlich für ein erfülltes Leben brauchen. Einfachheit geht Hand in Hand mit der inneren und äußeren *Ordnung* einher. Ein gewisses Maß an Ordnung und Organisiertheit fördert die *Harmonie* in unserem Leben. Und Harmonie leistet dem inneren Frieden Vorschub, den wir brauchen, um die *Schönheit* wahrzunehmen, die uns im Alltag umgibt. Diese Schönheit öffnet uns für das Gefühl der *Erfüllung*. Doch wie bei jeder meisterhaften Petit-point-Stickerei ist auch bei unserem Teppich schwer zu erkennen, wo ein Stich aufhört und der nächste beginnt. Ebenso gehen auf dem Weg der Einfachheit und der Fülle die einzelnen Schritte und Etappen nahtlos ineinander über.

Nehmen wir also gemeinsam die Nadel in die Hand für den ersten Stich am Teppich des Lebens. Bitten Sie den Schöpfer, die Augen Ihres inneren Bewußtseins zu öffnen. Werden Sie still und warten Sie geduldig ab, in dem sicheren Wissen, daß sich die Kett- und Schußfäden unseres heutigen Alltags in die goldenen Fäden von Einfachheit und Fülle verwandeln, die uns morgen erwartet.

4. JANUAR
Das Leben ist keine Generalprobe

Wenn man auf der Bühne steht..., wächst man über sich selbst hinaus – man fühlt sich größer und kraftvoller, schöner. Man kommt sich einige Minuten wie ein Held vor. Das ist Macht. Das ist Ruhm auf Erden. Und sie gehören dir, Abend für Abend.

Agnes de Mille

Leider scheint es nicht allen Frauen bewußt zu sein, daß das Leben keine Generalprobe ist; sie fahren unbewußt mit angezogener Handbremse. Wie eine Schauspielerin, die bei den Proben nicht ihr volles Potential ausschöpft, weil sie ihre kreative Energie und Konzentration für die Premiere aufbewahren möchte, halten wir uns zurück. Vielleicht holen wir das gute Geschirr nur dann aus dem Schrank, wenn wir Gäste haben; und vielleicht laufen Sie, wie ich, im Gammellook herum, wenn Sie allein zu Hause sind. Was spielt das auch für eine Rolle; wir haben ja schließlich kein Publikum, vor dem wir glänzen müssen, oder?

Das ist eine gute Frage, die wir uns zu Beginn des neuen Jahres stellen sollten, um die Qualität unserer Reise durch das reale Leben zu überprüfen. Es erfordert mehr Mühe, den Tisch optisch einladend zu decken, doch dafür essen wir dann auch mit größerem Genuß. Es hebt nicht nur die Stimmung, wenn wir uns ein paar Minuten mehr Zeit nehmen, um uns sorgfältig zu frisieren und Make-up aufzulegen, sondern, was noch wichtiger ist, es geht eine regelrechte Verwandlung mit uns vor sich. Jede Schauspielerin kennt die magische Wirkung, die Kulissen und Kostüme ausstrahlen; diese Äußerlichkeiten schaffen eine bestimmte Atmosphäre, sowohl auf der Bühne als auch beim Publikum.

Man sollte nicht erwarten, daß wir die uns zur Verfügung stehenden Möglichkeiten fortwährend voll entfalten. Aber viele von uns könnten die Macht, die Spannung und die Höhepunkte des Realen Lebens häufiger bewußt erleben, wenn wir uns als Hauptdarsteller in unserem eigenen Leben betrachten würden.

5. JANUAR
Die Frau, die Sie sein sollten

> Viele Frauen empfinden heute eine Traurigkeit, die sie nicht definieren können. Obwohl wir einen großen Teil unserer Pläne verwirklichen, spüren wir, daß irgend etwas in unserem Leben fehlt, und so suchen wir – ergebnislos – »da draußen« nach Antworten. Oft liegt der Fehler allein darin, daß wir den Kontakt zu unserem authentischen Selbstgefühl verloren haben.
>
> *Emily Hancock*

Kennen Sie das Gefühl aus eigener Erfahrung? Sie betrachten Ihr Gesicht im Spiegel, und plötzlich scheint Ihnen eine völlig fremde Person entgegenzustarren. »Wer ist das?« fragen Sie das Spieglein an der Wand. Keine Antwort. Irgend etwas an dem Gesicht kommt Ihnen vertraut vor, aber es weist nur noch vage Ähnlichkeit mit jener Frau auf, die Sie zu sehen erwartet haben. Psychologen bezeichnen dieses Phänomen als »Dislokation des Selbst«, und es tritt häufig in streßbefrachteten Zeiten auf (die für viele Frauen zum Alltag gehören).

Was stimmt nicht mit uns? Was bedeutet diese Traurigkeit, die wir nicht näher bestimmen können? Das ist eine Frage, die einer liebevollen Meditation bedarf. Vielleicht steht im Mittelpunkt unserer melancholischen Anwandlung das Gefühl, nicht die Frau geworden zu sein, die wir hätten sein können. Wir vermissen unser authentisches Selbst, haben keinen Zugang mehr zu unserer wahren Identität. Aber es gibt eine gute Neuigkeit: Auch dann, wenn Sie Ihre Annäherungsversuche seit Jahrzehnten ignoriert haben (»Du solltest öfter Rot tragen... Ein neuer Haarschnitt wäre nicht schlecht... Wolltest du nicht in Paris Kunst studieren? Was ist nun damit?... Lern endlich Tango tanzen...«), läßt Ihr authentisches Selbst Sie nicht im Stich. Es hat geduldig gewartet, daß Sie seiner Existenz gewahr werden und den Kontakt zu ihm wiederaufnehmen. Kehren Sie in diesem Jahr der hektischen Welt dann und wann den Rücken und beginnen Sie, in sich hineinzuhorchen. Lauschen Sie dem Flüstern Ihres Herzens. Richten Sie den Blick nach innen. Ihre stille Begleiterin hat Laternen der Liebe entzündet, um Ihnen den Weg zu einem ganzheitlichen Leben zu erhellen. Endlich ist es soweit: Die Reise, die Ihnen vom Schicksal bestimmt war, hat begonnen.

6. JANUAR
Knietief im Wasser stehen und verdursten

> Die Sehnsucht nach Glück erlischt nie im Herzen [einer Frau].
> *Jean-Jacques Rousseau*

Als ich zum erstenmal Kathy Matteas Version des Countrysongs »*Standing Knee-Deep in a River (Dying of Thirst)*« hörte, fuhr ich gerade zur Schule, um meine Tochter und Kinder aus der Nachbarschaft abzuholen, die zu unserer Fahrgemeinschaft gehörten. Ich mußte anhalten, weil mir die Tränen übers Gesicht liefen und ich die Straße nur noch durch einen Schleier erkennen konnte. Bis zu diesem Zeitpunkt war es ein normaler, von Arbeit erfüllter Tag ohne besondere Vorkommnisse gewesen. Ich hatte kein Gefühl von irgendwelcher Traurigkeit oder Deprimiertheit verspürt. Warum weinte ich dann so mir nichts dir nichts?

Kathy Mattea sang von Freunden, die für sie etwas Selbstverständliches gewesen waren, von Männern, die sie geliebt hatte, und von einer aufregenden Welt mit zahllosen Fremden, die nur darauf warteten, unsere Bekanntschaft zu machen (während wir unsere Augen abwenden). Das Lied hatte mich tief in meinem Innern aufgerüttelt: Es gab so viele Dinge, die aus meiner Sicht zu den Normalitäten des Lebens zählten. Ich schwor mir, in Zukunft nicht mehr blind in den Tag hineinzuleben.

Die Erkenntnis, daß wir alles haben, was wir brauchen, um ein erfülltes Leben zu führen, daß uns aber das Bewußtsein fehlt, unseren Reichtum richtig zu würdigen, kann so erfrischend wie eine eiskalte Limonade an einem heißen Sommernachmittag sein. Oder so erschreckend wie ein Eimer eiskaltes Wasser, das man uns ins Gesicht kippt. Viele Frauen gehen wie ein Roboter und innerlich ausgebrannt durch das Leben, dürstend nach Glück, ohne Blick dafür, daß sie knietief im Wasser der Fülle waten. Doch eines ist gewiß: Das Universum wird unsere Aufmerksamkeit früher oder später auf diese Tatsache lenken, entweder wie eine wohltuende Erfrischung oder wie eine eiskalte Dusche. Lassen Sie uns heute beschließen, unseren Durst nach dem vermeintlich »glanzvollen Leben« anderer zu stillen, indem wir uns jenen Glanz vergegenwärtigen, der unser eigenes Leben schon längst erleuchtet. Dann sind wir imstande, dem Universum die Dankbarkeit des Herzens als unsere Gegengabe zu überreichen.

7. JANUAR
Wie glücklich sind Sie in ebendiesem Augenblick?

> Wenn wir wirklich wüßten, wann wir glücklich sind, könnten wir vielleicht erkennen, was für unser Leben unerläßlich ist.
>
> *Joanna Field*

Wie glücklich sind Sie in ebendiesem Augenblick? Können Sie überhaupt mit Bestimmtheit sagen, ob Sie einen Moment des Glücks empfinden? Die meisten Frauen wissen, was ihre Eltern, Partner oder Kinder glücklich macht. Aber wenn es darum geht, uns die kleinen Dinge des Lebens vor Augen zu führen, die ein Lächeln auf unser Gesicht zaubern und unser Herz mit Zufriedenheit erfüllen, müssen wir oft passen.

1926 hatte Joanna Field, eine junge Engländerin, zunehmend das Gefühl, daß sie ihre wahren Möglichkeiten nicht voll nutzte; sie wußte allerdings auch nicht genau, was erforderlich war, um ein glückliches und erfülltes Leben zu führen. Um Abhilfe zu schaffen und herauszufinden, was ihr im Alltag wirklich Freude machen könnte, begann sie, ein Tagebuch zu führen. Es wurde 1934 unter dem Titel *A Life of One's Own* veröffentlicht. Es war aus der Warte einer Detektivin geschrieben, die den Einzelheiten der profanen Welt auf den Grund geht, um Hinweise für Dinge zu finden, die in ihrem Leben fehlten.

Woran es in unserer Zeit vielen Frauen mangelt, ist das Gefühl, daß wir uns am Leben erfreuen sollten, wie es sich uns darbietet. Es fällt schwer, Glücksmomente voll auszukosten, wenn uns nicht bewußt ist, woran unser Herz in Wirklichkeit hängt. Wir müssen lernen, uns auch über die kleinen, weniger spektakulären Augenblicke in unserem Leben zu freuen, die wirklich zählen und uns Zufriedenheit bringen. Probieren Sie beispielsweise ein neues Kochrezept aus. Nehmen Sie sich die Zeit, einen Blumenstrauß zusammenzustellen und seine Farben, seinen Duft und seine Schönheit zu würdigen. Trinken Sie langsam und mit Genuß eine Tasse Tee, draußen, auf den Treppenstufen Ihres Hauses oder auf dem Balkon, wenn die Sonne scheint. Gönnen Sie sich fünf Minuten Pause, um Ihre schnurrende Katze zu streicheln. Die einfachen Freuden des Lebens warten nur darauf, von Ihnen genossen zu werden. Leider werden sie häufig übersehen.

Joanna Field entdeckte beispielsweise, daß sie rote Schuhe liebte, ein erlesenes Mahl, spontanes Lachen, Bücher in französischer Sprache, Briefe beantworten, das Gedrängel in der Menschenmenge auf Jahrmärkten und Ausstellungen sowie »neue Ideen, wenn sie gerade Gestalt annehmen«.

Lassen Sie uns in diesem Jahr dafür sorgen, daß eine neue Idee Gestalt annimmt. Lassen Sie uns erkunden, was wirklich glücklich macht. Lassen Sie uns persönliche Vorlieben unter die Lupe nehmen und lernen, wie wir die wahren Augenblicke der Erfüllung, die uns allein gehören, erkennen und begrüßen.

8. JANUAR
Die unterschätzte Pflicht

> Es gibt keine Pflicht, die so unterschätzt wird wie die Pflicht, glücklich zu sein. Wenn wir glücklich sind, streuen wir das Saatkorn unbekannter Gaben in der Welt aus.
> *Robert Louis Stevenson*

Vielleicht denken Sie, Sie wären glücklicher, wenn Sie endlich Ihre neue Küche hätten, einen neuen Job oder den Traummann fürs Leben. Aber wollen Sie nicht lieber gleich hier und jetzt anfangen, sich das Glücklichsein zur Gewohnheit zu machen? Mit jedem neuen Morgen haben wir ein wundervolles Geschenk erhalten – einen weiteren Tag im Leben –, und deshalb gilt es, es bestmöglich zu nutzen. Diese Aufgabe kann uns niemand abnehmen. Glück ist kein Besitz, dessen man sich rühmen dürfe, schrieb Daphne du Maurier in *Rebecca*, sondern vielmehr eine Denkweise, ein mentaler Zustand.

Lassen Sie uns das Glück aus einer ganz neuen mentalen Perspektive betrachten. Wir müssen dem Gedanken einen Riegel vorschieben, daß äußere Gegebenheiten, die sich unserem Einfluß entziehen, ein Gefühl der Erfüllung gewährleisten können.

Zugegeben, eine Küche nach unseren Vorstellungen einzurichten, den Job an Land ziehen, der uns seit langem vorschwebt, oder den idealen Partner zu finden kann uns glücklich machen – zumindest für den Augenblick. Aber die magische Saat der Zufriedenheit gedeiht nur tief in unserem Innern. Ein Glücksgefühl, das nichts und niemand auf der Welt uns zu nehmen vermag, kann nur in den geheimen Gärten unserer Seele entstehen. Wenn wir diesen inneren Garten pflegen und das Unkraut unserer Erwartungen an die Außenwelt – als Garant des Glücks – herausreißen, können wir die authentische Erfüllung fördern und wie etwas Schönes, Lebendiges hegen. Glück ist ein *lebendiges* Gefühl.

Glück gehört nicht zu den Luxus- oder Gebrauchsgütern, auf die wir notfalls verzichten könnten. Das Glücksstreben ist ein unabdingbares Recht, das in jede Verfassung aufgenommen werden sollte. Wir müssen gleichwohl bereit sein, aktiv an der Verwirklichung unseres Glücks mitzuarbeiten. Letztendlich können wir den Zustand wahren Glücks nur erreichen, wenn wir bereit sind, ihm in unserem Leben den allerhöchsten Stellenwert einzuräumen. Das kann für manche eine grundlegende Verhaltensänderung bedeuten, und der Gedanke mag zunächst ein wenig beängstigend wirken. Gehen Sie sanft mit sich um. Der Weg zu innerer Erfüllung wird sich Ihnen schrittweise von allein enthüllen. Heute sind Sie vielleicht noch nicht daran gewöhnt, glücklich zu sein. Aber wie jedes neue Verhalten läßt sich auch das Glücklichsein erlernen.

9. JANUAR
Was brauchen Sie wirklich?

Die Kette der Ereignisse in meinem Leben zeigt, daß nichts zufällig geschah. Alles war Folge eines inneren Bedürfnisses.

Hannah Senesh

Haben Sie im Augenblick alles, was Sie brauchen? Wie steht es mit Ihren Wunschvorstellungen? Nur wenige Frauen können behaupten, daß ihre Wünsche sämtlich in Erfüllung gegangen sind, und bisweilen erscheint uns das Streben nach ihrer Verwirklichung sogar als äußerst zeit- und kraftraubend. Wir reagieren empfindlich auf unsere Defizite, zusätzlich noch verwirrt und überstimuliert durch die Massenmedien, die erfolgreiche Menschen und teure Statusobjekte verherrlichen. Da verlieren wir leicht den Überblick über die Dinge, die wir brauchen, um ein authentisches Leben zu führen. Die meisten Frauen sehnen sich *tatsächlich* nach einem erfüllteren Leben. Aber glauben Sie wirklich, das Problem ließe sich durch das Blättern in Hochglanzmagazinen oder flimmernde Illusionen auf der Kinoleinwand lösen?

Wenn wir ein glückliches, kreatives und erfülltes Leben führen wollen, müssen wir zuerst zwischen unseren Wünschen und unseren *Bedürfnissen* unterscheiden. Leider verwechseln viele Frauen diese beiden Begriffe und fragen sich dann, warum sie sich so minderwertig fühlen.

Wir sollten Frieden mit dem Wissen schließen, daß wir nicht alles haben können, was wir uns wünschen. Warum? Weil es wichtiger für uns ist, all das zu erhalten, was wir *brauchen*. Wie kleine Kinder fühlen wir uns rundum zufrieden, wenn unsere grundlegenden Bedürfnisse erfüllt sind.

Also Kopf hoch! Fragen Sie sich: Was benötige ich wirklich, um glücklich zu sein? Die Antwort auf diese wichtige Frage sieht für jeden Menschen anders aus. Vertrauen Sie der Weisheit Ihres Herzens. Erst wenn wir uns über unsere innersten Bedürfnisse im klaren sind, können wir die schöpferische Energie in gezielte Bahnen lenken und dafür sorgen, daß sie sich manifestieren. »Wenn man etwas dringend braucht, ist es nahezu unvermeidlich, daß man es auch findet«, erklärt die amerikanische Schriftstellerin Gertrude Stein. »Was wir brauchen, ziehen wir regelrecht an, wie einen Menschen, den wir lieben.«

10. JANUAR
Solange es nicht in Stein gemeißelt ist

Erst wenn wir wirklich erkannt und verstanden haben, daß unsere Zeit auf Erden begrenzt ist – und daß es keine Möglichkeit gibt zu erfahren, wann sich unsere Zeit dem Ende zuneigt –, beginnen wir, jeden Tag voll auszukosten, als sei er der einzige, der uns noch bleibt.

Elisabeth Kübler-Ross

Der Besuch eines alten Friefhofs kann sehr aufschlußreich sein. Er strahlt Stille, Frieden aus – und Ruhe. Alte Friedhöfe erinnern uns daran, daß uns – solange unsere Lebensdaten nicht in einen Grabstein gemeißelt sind – jeden Tag aufs neue die Möglichkeit zuteil wird, unsere Herzenswünsche zu verwirklichen, wenn wir wissen, was uns glücklich macht.

Eine der Schlüsselszenen in Thornton Wilders Drama *Unsere kleine Stadt* spielt auf dem Friedhof. Die Geister der Toten trösten die junge Hauptperson des Stückes, die gerade im Kindbett gestorben ist. Emily, die sich nach dem Leben sehnt, dem sie gerade jäh entrissen wurde, wünscht sich, einen einzigen ganz normalen, »unwichtigen« Tag in ihrem Leben noch einmal als Zuschauerin hautnah mitzuerleben. Als ihr Wunsch in Erfüllung geht, erkennt sie, wieviel die Lebenden als selbstverständlich erachten, und begibt sich resigniert ins Reich der Toten zurück.

Wir befinden uns in der Jahreszeit des Epiphaniafestes, wenn die Erneuerung des Lichts und die göttliche Offenbarung in der Liturgie der katholischen, Episkopal- und orthodoxen Kirche des Ostens gefeiert werden. Auf unserem neuen Weg zu Einfachheit und Fülle suchen wir die Offenbarung im Alltag, in Situationen, in denen sich das Geheiligte im Profanen präsentiert. Wir streben nach einem spirituellen Erwachen, nach der gleichen Erkenntnis wie Emily, daß wir es uns nämlich nicht mehr leisten können, auch nur einen »unwichtigen« Tag zu vergeuden, weil wir blind sind für die Wunder, mit denen er uns erwartet. Wir müssen bereit sein, die authentischen Glücksmomente, die uns im Alltag begegnen, zu entdecken und wertzuschätzen.

11. JANUAR
Rezession oder Depression?

> Kein Pessimist hat jemals die Geheimnisse der Sterne enthüllt, oder mit dem Segelschiff ein Land entdeckt, das noch nicht auf der Karte verzeichnet war, oder dem menschlichen Geist ein neues Paradies eröffnet.
>
> *Helen Keller*

»Eine Rezession liegt vor, wenn Ihr Nachbar seinen Arbeitsplatz verliert«, konstatierte Harry Truman, »und eine Depression, wenn Sie selbst auf der Straße stehen.« Da die rasante Talfahrt der globalen Wirtschaft immer mehr Haushalte aus dem Gleichgewicht bringt, beginnen wir ernsthaft den finanziellen Maßstab in Frage zu stellen, mit dem wir unseren Nettowert und folglich unser Glück beziffern.

Vielleicht hat sich die Rezession auch auf Sie und jene Menschen ausgewirkt, die Ihnen nahestehen. Es ist schwer zu glauben, daß überhaupt jemand von ihr verschont blieb; zumindest sind die meisten Menschen indirekt davon betroffen. Millionen von Frauen schrauben ihre Erwartungen herunter, wenn es zu definieren gilt, was zu einem »annehmbaren« Leben gehört. Sie bestimmen ihre Werthaltungen neu, setzen andere Prioritäten und akzeptieren die Herausforderung, aus der Not eine Tugend zu machen. Aber es kann sehr schnell passieren, daß wir uns von einer emotionalen Depression unterkriegen lassen, wenn uns eine wirtschaftliche zwingt, den Gürtel enger zu schnallen. Und wir laufen sehr leicht Gefahr, die Zukunft in den düstersten Farben zu malen, wenn uns die Gegenwart so grau in grau erscheint.

Es ist an der Zeit, die Gedanken an den Mangel über Bord zu werfen. Es ist an der Zeit, die Geheimnisse der Sterne zu ergründen, zu neuen Ufern aufzubrechen, ein neues Paradies zu entdecken, in dem sich unsere mentalen Kräfte entfalten können. Aber zuerst müssen wir Veränderungen aktiv herbeiführen. Und ein dauerhafter, tiefgreifender Wandel läß sich nicht über Nacht erzielen. Ein solcher Prozeß vollzieht sich nur in unendlich kleinen Schritten: mit jedem Tag, mit jeder Stunde, mit jeder Minute, mit jedem Herzschlag. Und die Veränderung, zu der ich Sie anspornen möchte, kommt einer Transformation gleich. Holen Sie tief Luft. Wir werden lernen, optimistisch zu sein.

Optimismus kann, wie das Glücklichsein, erlernt und zur Gewohnheit gemacht werden. Beginnen Sie gleich heute mit einem Experiment: Lächeln Sie jeden Menschen an, der Ihnen begegnet. Erwarten Sie, daß Ihnen heute etwas Gutes widerfährt, ungeachtet dessen, was gestern geschehen sein mag. Erkennen Sie, daß Sie nicht auf Gedeih und Verderb an die Vergangenheit gekettet sind. Was früher war, kann Ihr Leben nur dann beeinträchtigen, wenn Sie weiterhin an den negativen Erfahrungen festhalten. Lassen Sie die Vergangenheit los. Eine Welt der Einfachheit und Fülle erwartet Sie.

12. JANUAR
Es gibt keinen Mangel

Wenn Geld in Hülle und Fülle vorhanden ist, gehört die Welt den Männern. Wenn es an Geld mangelt, gehört die Welt den Frauen. Wenn es den Anschein hat, als wären alle mit ihrem Latein am Ende, kommt die Intuition der Frau zum Zuge. Ihr wird die Lösung des Problems überantwortet. Das ist der Grund, warum unsere Welt trotz aller Geschehnisse immer noch existiert.

Ladies Home Journal, Oktober 1932

Wenn wir uns um unsere Gesundheit oder die eines uns nahestehenden Menschen sorgen, bündelt sich unsere Aufmerksamkeit wie ein Laserstrahl. Plötzlich gewinnen wir Klarheit über alle möglichen Aspekte im Leben, weil wir erkennen, was wirklich wichtig ist. Zu leben ist wichtig. Jeder Tag ist ein Geschenk. Wir bitten den Schöpfer inständig um eine Chance, begangene Fehler zu korrigieren. Meistens geht der Wunsch in Erfüllung, und wir sind zutiefst dankbar.

Geldsorgen sind dagegen Probleme, die uns verhöhnen. Sie stehlen uns die Lebensfreude, weil sie uns den lieben langen Tag folgen wie ein düsterer, bedrohlicher Schatten. Nachts lassen sie sich am Fußende unseres Bettes nieder und bringen uns um den Schlaf. Wenn uns finanzielle Nöte bedrücken, graut uns vor dem Tag, und wir leiden in der Nacht Höllenqualen. Ohne nachzudenken, werfen wir die kostbaren vierundzwanzig Stunden weg, die uns geschenkt wurden. Wir hören auf zu leben und existieren nur noch.

Wenn Sie derzeit von Geldsorgen geplagt werden, sollten Sie nicht verzweifeln. Es liegt ganz allein bei Ihnen, Ihr Leben grundlegend zu ändern, das Gefühl des Mangels und der Entbehrung in ein Gefühl der Fülle und Erfüllung zu verwandeln. Geld kommt und geht wie Ebbe und Flut. Was währen sollte, ist die Erkenntnis, daß die Fülle ein spirituelles Geburtsrecht darstellt. Die amerikanische Gospelsängerin Mahalia Jackson hat einmal gesagt: »Es ist leicht, unabhängig zu sein, wenn man Geld hat. Aber unabhängig zu sein, wenn man nichts besitzt – das ist eine Prüfung Gottes.«

Das ist das Geheimnis, das sich mir offenbarte und das ich mit der Suchenden in Ihnen teilen möchte. Je einfacher wir unser Leben gestalten, desto größer die Fülle, aus der wir schöpfen können.

Es gibt keinen Mangel, außer in unserer Seele.

13. JANUAR
Dankbarkeit: Das Herz aus seinem Dornröschenschlaf wecken.

> Die Augen meiner Augen werden geöffnet.
> *E. E. Cummings*

Ist Ihnen jemals etwas Ähnliches widerfahren? Sie nehmen ein Buch in die Hand, Ihre Augen erfassen einen Satz, und Sie haben sofort das Gefühl, als sei er speziell für Sie formuliert worden. Oder Sie hören ein Lied, und eine Zeile erscheint Ihnen wie eine Offenbarung. Manchmal meinen Sie, daß Ihr Schutzengel Ihnen etwas ins Ohr flüstert.

An einem ganz gewöhnlichen Morgen merkte ich plötzlich, wie emotional und körperlich ausgelaugt ich war. Es lag wohl daran, daß ich zu sehr auf bestimmte Dinge fixiert war, die ich gerne gehabt hätte, mir im Moment jedoch nicht leisten konnte. Ich hatte das Gefühl, in einem Teufelskreis zu stecken, aus dem es kein Entrinnen gab. Je mehr ich mein Augenmerk auf das richtete, was ich nicht besaß, desto deprimierter wurde ich. Meine Seele flüsterte mir zu, daß es nicht materielle Sicherheit war, nach der ich mich sehnte, sondern mehr Gelassenheit auf finanziellem Gebiet. Ich wurde still, um in mich hineinzuhorchen. In diesem Augenblick wurde mir mein wahrer Wunsch bewußt: Ich suchte inneren Frieden, den mir nichts und niemand auf der Welt nehmen konnte. Ich bat den Schöpfer um Beistand und versprach, zu folgen, wohin ER mich auch immer führen mochte. Zum ersten Mal in meinem Leben warf ich meine Fünfjahrespläne über den Haufen und wurde eine Suchende, eine Pilgerin, ein Gast auf dieser Erde.

Nachdem ich meinen Wunsch nach materieller Sicherheit aufgegeben hatte und statt dessen nach Gelassenheit auf finanziellem Gebiet strebte, betrachtete ich mein Leben plötzlich mit anderen, offeneren Augen. Ich erkannte, daß ich vieles besaß, wofür ich dankbar sein durfte. Ich fühlte mich beschämt angesichts meines Reichtums und bedauerte, daß ich die Fülle, die es in meinem Leben bereits gab, so lange Zeit für selbstverständlich gehalten hatte. Wie konnte ich mehr vom Universum erwarten, wenn ich nicht einmal zu schätzen wußte, was ich schon besaß?

Unverzüglich machte ich eine Bestandsaufnahme der Aktivposten in meinem Leben: meine Gesundheit, ein wunderbarer Ehemann, eine hübsche, glückliche Tochter, die Gesundheit der beiden Menschen, die ich am meisten liebte, unser Heim und drei vierbeinige Hausgenossen, die treue Begleiter sind und mir viel Freude machen. Es ist immer genug zu essen auf dem Tisch und Wein in der Vorratskammer. Unser Glück wird durch viele großartige Freunde vervollständigt, die uns eng verbunden und in unser Leben einbezogen sind.

Sobald ich einmal angefangen hatte, Bilanz zu ziehen, wurde die Liste immer länger. Meine Arbeit machte mir Spaß; meine Bücher waren veröffentlicht und von den Lesern wohlwollend aufgenommen worden. Viele Frauen hatten mir geschrieben, mein erstes Buch sei eine Bereicherung für ihr Leben gewesen. Ich bin der festen Überzeugung, daß wir tausendfach zurückbekommen, was wir anderen schenken – vielleicht nicht so, wie wir es erwartet haben, doch wenn wir unser Bestes geben, wird uns auch das Beste zuteil. Nach dieser Bestandsaufnahme war der Augenblick gekommen, meine Überzeugungen zu leben.

Als ich die Bilanz meines Lebens betrachtete, wurde mir klar, daß ich sehr reich war. Meine Geldsorgen erwiesen sich lediglich als ein vorübergehendes Problem. Ich erkannte endlich, daß mein persönlicher Nettowert nicht von meinem Kontostand bestimmt wurde. Und das gilt auch für Sie.

Es spielt keine Rolle, wie Sie zu der Erkenntnis gelangen. Was zählt, ist allein, daß Sie sich dessen bewußt werden. Mein Herz begann vor Dankbarkeit überzufließen. Ich gewöhnte mir an, für alles Gute in meinem Leben dankbar zu sein: für die Gänseblümchen im Marmeladenglas auf der Küchenfensterbank, für die frisch duftenden Haare meiner Tochter, für den wohltuenden ersten Schluck Tee am Morgen, für den Braten, der Sonntagmittag auf dem Tisch steht, für die Worte »Ich liebe dich«, die ich vor dem Einschlafen höre. Jeder Tag bot mir ureigenste Augenblicke der Erfüllung und Zufriedenheit. Aber hatte es solche Momente nicht schon vorher gegeben? Der Unterschied bestand darin, daß ich diese Gaben des Alltags nicht bemerkt und zu schätzen gewußt hatte. Die Macht der Dankbarkeit traf mich völlig unvorbereitet.

Alles, worum ich Sie bitte, ist, die »Augen Ihrer Augen zu öffnen«, und Ihr Leben von einer neuen Warte aus zu betrachten. Sind Ihre grundlegenden Bedürfnisse erfüllt? Haben Sie ein Dach über dem Kopf? Genug zu essen? Kleidung? Ein geregeltes Einkommen? Haben Sie noch Träume? Sind Sie geistig und körperlich fit? Können Sie gehen, sprechen, die Schönheit sehen, die uns umgibt? Können Sie die Musik hören, die Ihre Seele anrührt? Haben Sie Familie und Freunde, von denen Sie geliebt werden?

Dann halten Sie einen Moment inne und sprechen Sie ein Dankgebet. Lassen Sie zu, daß Ihr Herz aus dem Dornröschenschlaf erwacht und die Kraft der Dankbarkeit erkennt, die alles verwandelt. Seien Sie offen und bereit, Ihr Bedürfnis nach emotionaler und materieller Sicherheit gegen Gelassenheit einzutauschen. »Es erschallen keine Trompeten, wenn die wichtigen Entscheidungen in unserem Leben fallen«, sagt Agnes de Mille. »Das Schicksal tut sich uns in aller Stille kund.«

14. JANUAR
Journal der Dankbarkeit

> Dankbarkeit entfesselt die Fülle des Lebens. Sie verwandelt das, was wir haben, in genug und mehr. Sie verwandelt Leugnen in Annehmen, Chaos in Ordnung, Verwirrung in Klarheit. Sie kann eine einfache Mahlzeit in ein Festessen verwandeln, ein Haus in ein Heim, einen Fremden in einen Freund. Dankbarkeit gibt unserer Vergangenheit einen Sinn, bringt Frieden in unsere Gegenwart und schafft eine Vision für die Zukunft.
> *Melody Beattie*

Es gibt mehrere Ausrüstungsgegenstände, die ich Ihnen zu Beginn der Forschungsreise in die Innenwelt empfehlen möchte. Obwohl alle dazu dienen, Glück und Zufriedenheit zu fördern und Ihre kreative Kraft zu stärken, wird ein Instrument Ihre Lebensqualität auf unglaubliche Weise verändern: Es ist, wie ich es nenne, das Journal der Dankbarkeit, das wir als erstes brauchen. Ich habe mir ein hübsches Heft zugelegt, in das ich jeden Abend vor dem Zubettgehen fünf Dinge schreibe, für die ich an diesem Tag dankbar sein kann. Manchmal liste ich außergewöhnliche Ereignisse auf; an den meisten Tagen sind es gleichwohl die einfachen Freuden des Lebens. »Mikey hat sich im Sturm verirrt, aber ich habe ihn gefunden; er zitterte, war aber unverletzt. Ich habe bei der Hausarbeit Puccini gehört, und mir wurde wieder bewußt, wie sehr ich Opern liebe.«

An anderen Tagen – wenn das Leben hart mit mir umspringt – fallen mir nicht auf Anhieb fünf Dinge ein, für die ich dankbar sein könnte, und deshalb notiere ich die grundlegenden Lichtblicke in meinem Leben: meine gute Gesundheit, mein Mann und meine Tochter, ihrer beider Wohlbefinden, meine Haustiere, mein Heim, meine Freunde und das kuschelige Bett, in das ich gleich gehen werde, aber auch die Tatsache, daß dieser gräßliche Tag vorüber ist. Dagegen ist nichts einzuwenden. Das wirkliche Leben ist nicht immer ein Zuckerschlecken, und es geht nicht dauernd nach unseren Wünschen. Doch wenn wir uns vergegenwärtigen, welche positiven Aspekte es für uns bereithält, können wir Schwierigkeiten nicht nur überwinden, sondern an den Herausforderungen auch wachsen.

Das Journal der Dankbarkeit muß der erste Schritt auf dem Weg der Einfachheit und Fülle sein, wenn er zum Ziel führen soll. Schlichtheit, innere und äußere Ordnung, Harmonie, Schönheit und Freude – die weiteren Prinzipien, die Ihr Leben von Grund auf verändern werden –, sind ohne Dankbarkeit nicht imstande zu wachsen und zu gedeihen. Wenn Sie mich auf dieser Reise begleiten möchten, dann ist das *Journal der Dankbarkeit ein absolutes Muß*.

Warum? Weil Sie in zwei Monaten nicht mehr derselbe Mensch sein werden, wenn Sie Ihrem Schöpfer jeden Tag für Ihr erfülltes Leben danken. Sie haben damit nach einem uralten spirituellen Gesetz gehandelt: Je mehr Sie besitzen, wofür Sie dankbar sein können, desto mehr wird Ihnen gegeben werden.

Ich habe Ihnen ja bereits angekündigt, daß der Weg von Einfachheit und Fülle einen Verwandlungsprozeß beinhaltet. Wir werden jeweils zwei Monate lang an einem Prinzip arbeiten und uns bemühen, es in den Teppich unseres Alltags einzuweben.

Lassen Sie uns heute beginnen, dankbar zu sein. Wählen Sie die schönste, leere Kladde für Ihr Journal der Dankbarkeit aus. Genießen Sie den Tag außer Haus, wenn Sie sie kaufen. Sehen Sie sich den Einband oder Schutzumschlag genau an. Er sollte Ihnen optisch zusagen und sich gut anfühlen. Ziehen Sie linierte oder unlinierte Seiten vor? Vielleicht finden Sie ein Exemplar mit einem Bändchen als Merkzeichen. Eine der wertvollsten Lektionen auf dem Weg zu Einfachheit und Fülle hat mich gelehrt, daß die Würze des Lebens gerade in den unbedeutend erscheinenden Einzelheiten liegt.

Wenn die Monate vergehen und Sie Ihr Tagebuch mit den positiven Aspekten in Ihrem Leben füllen, wird sich Ihre innere Realität verschieben. Bald werden Sie mit Freuden entdecken, wie zufrieden und hoffnungsvoll Sie sich fühlen. Wenn Sie sich auf die Fülle statt auf den Mangel in Ihrem Leben konzentrieren, zeichnen Sie eine wunderbare neue Blaupause für die Zukunft. Dieses Gefühl der Erfüllung ist Dankbarkeit, wie sie im Buche steht; sie verwandelt Ihre Träume in Realität.

Ein französisches Sprichwort erinnert uns daran, daß »Dankbarkeit das Gedächtnis des Herzens« ist. Beginnen Sie noch heute, dieses wunderbare, lebensbejahende Prinzip zu erkunden und in Ihrem Alltag zu verankern. Das Wunder, nach dem Sie suchen, wird sich als freudige Überraschung vor Ihren Augen entfalten.

15. JANUAR
Einfache Gaben: Die schlichte Fülle begrüßen

> Ein Leben in Schlichtheit zu führen ist eine Gabe,
> Frei zu sein ist eine Gabe,
> Am richtigen Platz zu sein, ist eine Gabe
> Und wenn wir uns am richtigen Platz befinden,
> Werden wir Liebe und Freude erleben.
> *Hymne der Shaker aus dem 19. Jahrhundert*

Gibt es heute noch eine Frau, die sich nicht ein Leben wünscht, das einfach und auf das Wesentliche reduziert ist? Wonach sehnen wir uns wirklich – es einmal so richtig krachen lassen und einen Luxusurlaub in der Karibik verbringen? Oder ist uns eine einfache Freude wichtiger, die wir zum Beispiel bei der Konzentration auf die Aufgabe empfinden, die wir gerade verrichten?

Sobald wir eine Bestandsaufnahme unseres Lebens vornehmen und zulassen, daß die Dankbarkeit ihre Verwandlungsarbeit beginnt, bietet sich der nächste Schritt auf dem Weg zu Einfachheit und Fülle unserem Blick von allein dar. Wenn uns bewußt wird, wie reich wir im Grunde sind, regt sich das Bedürfnis, unsere Ansprüche zu reduzieren, zu den wesentlichen Dingen im Leben zurückzukehren und zu erforschen, was für unser wahres Glück von ausschlaggebender Bedeutung ist. Wir sehnen uns danach zu erkennen, was wirklich wichtig ist. Ist es wichtiger für Sie, Überstunden zu machen, um das neue Eßzimmer zu kaufen, oder bei einem Fußballspiel der Nachwuchsmannschaft zuzuschauen, der Ihr Sprößling angehört? Vielleicht lassen sich Ihr alter Tisch und die Stühle mit einem neuen Anstrich und ein paar bunten Bezügen aufpeppen. Solche Entscheidungen sind Teil des Bestrebens, unser Leben zu vereinfachen. Begrüßen Sie sie. Sie sind Teil der Reise zu Ihrem authentischen Selbst.

Manche Leute glauben, Einfachheit heiße, auf allen Komfort zu verzichten. Das Gegenteil ist der Fall. Wahre Einfachheit als bewußt gewählte Lebensweise erhellt unser Leben von innen. Wahre Einfachheit ist lebenszugewandt und im Überfluß vorhanden; sie ist imstande, den gefesselten Geist von den Ketten und der Bürde der Extravaganzen und Exzesse zu befreien. Wahre Einfachheit vermag ganz gewöhnliche Augenblicke, Langeweile und sogar leblose Objekte – wie jeder bestätigen kann, der einen Blick auf ein meisterhaft gearbeitetes antikes Möbelstück geworfen hat – in etwas Himmlisches verwandeln.

Weniger kann mehr sein für diejenigen, die den Weg der Einfachheit und Fülle gehen wollen. Denken Sie nur daran, wie reizvoll gerade in unserer heutigen Zeit des Überflusses die einfachen Dinge im Leben sein können. Stellen Sie sich einen Strauß gelber Narzissen in einem weißen Milchkrug auf einem Bord aus Kiefernholz vor. Sonnenlicht flimmert durch die blitzblank geputzten Fensterscheiben, der Glanz spiegelblank gebohnerter Holzfußböden, der warme Schimmer und Duft von Bienenwachskerzen. Vertrauen Sie darauf, daß durch den Balsam der Einfachheit Ihre müde, erschöpfte Seele den Platz entdecken wird, an den Sie gehören. Jeder Tag bietet uns einfache Gaben, wenn wir bereit sind, in unserem Herzen nach dem Platz in der Welt zu suchen, der für uns der richtige ist.

16. JANUAR

Ordnungssinn:
Das Gefühl der Zufriedenheit pflegen

Ordnung ist die Form, auf die sich Schönheit stützt.

Pearl Buck

Jahrelang hatte ich angenommen, daß in einem glücklichen und erfüllten Leben Häuslichkeit und Spiritualität unsichtbar, aber unauflöslich miteinander verknüpft sind – ein goldener Faden, ein silberner Faden – und daß sie, ineinander verwoben, einen Teppich der Zufriedenheit bilden. Die Shaker, eine Religionsgemeinschaft, die in Amerika Mitte des neunzehnten Jahrhunderts ihre Blütezeit erlebte, sprachen jeden Morgen ein Dankgebet für die Gnade, ihre Liebe zu Gott durch ihr Tagwerk zum Ausdruck zu bringen – ein Tagwerk, das so einfach und profan sein konnte wie Bettenmachen. Und der Karmelitermönch Laurentius schrieb im siebzehnten Jahrhundert, daß er häufig die Gegenwart Gottes zwischen den Töpfen, Pfannen und Kartoffeln in seiner Küche gespürt habe, während er eine Mahlzeit für seine Mitbrüder zubereitete.

Immer wenn ich mich von den äußeren Umständen überfordert fühle – Probleme mit dem lieben Geld, Sorgen um ein krankes Familienmitglied oder Beklemmungen angesichts geschäftlicher Verhandlungen –, stürze ich mich postwendend in selbstkonzipierte Rituale, um mein inneres Gleichgewicht wiederzufinden. Es zahlt sich auch auf der emotionalen und psychischen Ebene unmittelbar aus, einen umfassenden Hausputz durchzuführen. Wir sind vielleicht nicht in der Lage, die Situation zu beeinflussen, aber wir können lernen, den Blick auf unsere inneren Ressourcen zu richten, die uns aufrichten und uns über den Tiefpunkt hinweghelfen. Ich habe sogar festgestellt, daß ein direkter Zusammenhang zwischen meiner Niedergeschlagenheit und dem Chaos in meinen vier Wänden besteht. Vermutlich stehe ich mit dieser Erfahrung nicht allein da. »Es sind nicht die Tragödien, die uns ins Grab bringen«, merkte Dorothy Parker einmal an, »sondern die chaotischen Situationen.«

Wenn Sie fortwährend das Gefühl haben, dem Schicksal ohnmächtig ausgeliefert zu sein, und dafür keinen Grund finden, dann denken Sie einmal gründlich darüber nach, welche Rolle die Ordnung in Ihrem Leben spielt – beziehungsweise der Mangel daran. Keine Frau kann klar denken, wenn sie ständig von Tumult, Chaos und Konfusion umgeben ist, gleichgültig, wer dafür verantwortlich sein mag. Betrachten Sie ein gewisses Maß an Ordnung nicht als eine Zwangsjacke lästiger Pflichten (Betten machen, Geschirr spülen, den Müll rausbringen), sondern als eine Schablone oder das Fundament für das wundervolle neue Leben, das Sie schaffen wollen. Dazu gehören so einfache Gewohnheiten wie Dinge an ihren Platz zurückzulegen oder den Angehörigen Ihres Haushalts beizubringen, sich ebenfalls an diese Spielregel zu halten, zum Nutzen der Allgemeinheit.

Es gibt eine göttliche Ordnung – eine sublime Ordnung –, die seit Anbeginn der Schöpfung im Universum herrscht. Wir können aus dieser machtvollen Quelle der kreativen Energie schöpfen, wenn wir nach und nach ein gewisses Maß an innerer und äußerer Ordnung in unseren Alltag bringen. Laden Sie die göttliche Ordnung noch heute ein, Ihr Leben zu bereichern, und Sie werden der Zukunft mit mehr Gelassenheit entgegensehen.

17. JANUAR
Harmonie:
Ausgeglichenheit in unserem Leben erreichen

> Mit Noten kann ich nicht viel besser umgehen als viele Pianisten. Aber die Pausen zwischen den Noten – ah, darin steckt die wahre Kunst.
>
> *Arthur Schnabel*

Ein Nocturne von Chopin, gespielt von einem Pianisten, der sich noch in der Ausbildung befindet, klingt anders, als wenn ein Meister seines Fachs in die Tasten greift. Das liegt daran, daß der Virtuose ein Leben lang Zeit hatte, sich zu vervollkommnen und weiß, wann Pausen dem Vortrag mehr Farbe und Ausdruck verleihen.

So ist es auch mit dem Konzert unseres Lebens. Die einzelnen Noten müssen erlernt, gespielt und immer wieder geübt werden, bevor wir ein harmonisches Zusammenspiel erreichen. Und was wir vor allem lernen müssen, ist, wann und wie man eine Pause einlegt.

Harmonie ist die innere Kadenz der Zufriedenheit, wenn wir das Gefühl haben, die Melodie unseres Lebens sei stimmig. Harmonie breitet sich aus, wenn es uns gelingt, die richtige Saite anzuschlagen – die Erwartungen unserer Familie und unsere Verpflichtungen gegenüber der äußeren Welt mit dem inneren Bedürfnis nach spirituellem Wachstum und persönlicher Entfaltung in Einklang zu bringen. Das ist eine der größten Herausforderungen, mit der sich viele Frauen konfrontiert sehen, weil sie erfordert, daß wir jeden Tag von neuem Entscheidungen treffen. Und doch fühlen sich die meisten müder und ausgelaugter für größere Entscheidungen als für die Frage, was wir abends kochen wollen! Vielleicht erklärt das, warum wir oft nichts anderes mehr als eine Kakophonie schriller Forderungen hören; sie übertönen die Symphonien, die zu komponieren unsere Seele sich sehnlichst wünscht. Wenn die Ablenkungen des Alltags unsere Energiereserven aufzehren, klammern wir uns als erstes daran, diejenigen Aspekte auszumerzen, die wir am meisten brauchen: die Zeit, die der Ruhe und Kontemplation gewidmet ist. Zeit zum Träumen, Zeit zum Nachdenken, Zeit zu überlegen, was funktioniert und was verbesserungsbedürftig ist, so daß wir unserem Leben eine Wende zum Besseren geben können.

Auf dem Weg zu Einfachheit und Fülle beginnen wir zu lernen, wie man Pausen zum Durchatmen einlegt. Wenn wir die Prinzipien der Dankbarkeit, Einfachheit und der inneren und äußeren Ordnung in unser Leben einfügen, kristallisiert sich langsam ein harmonisches Gleichgewicht heraus. Wir lernen, Pflichten und Vergnügen, das Verlangen nach Einsamkeit und das Bedürfnis nach Gesellschaft, Arbeit und Freizeit, Aktivität und Ruhe, die innere Frau und die äußere Verpackung, auszutarieren.

Versuchen Sie heute, kürzer zu treten, das Tempo Ihrer Aktivitäten zu drosseln. Gehen Sie den Tag an, als wäre es ein Adagio, eine langsame und getragene Melodie. Hören Sie Musik, die entspannt und Ihre Stimmung hebt. Und während Sie lauschen, machen Sie sich bewußt, wie die einzelnen Noten ineinanderfließen und auf diese Weise die gesamte Komposition zu einem harmonischen Gesamtkunstwerk werden lassen.

So sollte es auch mit Ihrer Welt sein. Mit dem Prinzip der Harmonie als Orientierungshilfe dürfen Sie darauf vertrauen, daß die alltäglichen Augenblicke in Ihrem Leben bald von einer Rhapsodie der Erfüllung widerhallen.

18. JANUAR
Schönheit:
Die Augen für die Schönheit um uns herum öffnen

> Sie werden mir zustimmen – ganz sicher werden Sie mir zustimmen –, daß Schönheit das einzige ist, wofür es sich zu leben lohnt.
>
> *Agatha Christie*

Obwohl der Weg zu Einfachheit und Fülle sanft ist, wohnt den Lektionen eine ungeahnte Kraft inne. Als erstes lernen wir, dankbar zu sein, ungeachtet unserer derzeitigen Lebensumstände. Wenn wir Dankbarkeit für unsere reale Situation bekunden, erkennen wir, wie wir eine Wende zum Besseren einleiten können. Wenn wir die Einfachheit in unserem Leben begrüßen, lernen wir, daß weniger oft mehr bedeutet. Diese Freiheit vom Zwang des Habenwollens spornt uns an, unsere Angelegenheiten in Ordnung zu bringen und die Harmonie in unserer Innenwelt zu pflegen. Wir selbst geben das Tempo vor, mit dem wir unsere Entwicklung vorantreiben. Wir lernen, unsere Grenzen zu erkennen, unsere Fortschritte zu schätzen und die Lektionen in den Tepppich unseres Alltags einzuknüpfen, bis sie uns zur zweiten Natur geworden sind.

Plötzlich fühlen wir uns quicklebendig durch die Suche nach dem Selbst und sehnen uns nach mehr Schönheit. Wir gelangen zu der tiefverwurzelten Erkenntnis, daß unsere wichtigste Aufgabe darin besteht, ein erfülltes Leben zu führen. »Es war, als hätte ich jahrelang am falschen Ende eines Wandbehangs gearbeitet und sämtliche

Musterreihen und Figuren genau gekannt, obwohl Farbe und Glanz fehlten«, gestand die Journalistin Anna Louise Strong im Jahr 1935. Ihre Empfindungen beziehen sich auf die Farbigkeit des Lebens, dessen Glanz und Schönheit von uns entdeckt werden wollen.

Erforschen Sie heute Möglichkeiten, Ihre Welt aus einer neuen Perspektive in Augenschein zu nehmen. Ihre Augen sollen sich satt sehen an der Schönheit, die Sie umgibt. Besuchen Sie in Ihrer Mittagspause eine Galerie oder ein Museum, betrachten Sie ein schönes Gemälde und meditieren Sie dabei. Oder gehen Sie heute nachmittag in den Garten: Vielleicht erwischen Sie ja den Augenblick, in dem das »Licht in einem bestimmten Winkel einfällt«, von dem Emily Dickinson so hingerissen war. Betrachten Sie die Menschen, die Sie lieben, genau. Decken Sie mit Sorgfalt den Tisch, bereiten Sie mit großem Vergnügen das Abendessen zu, genießen Sie es, eine köstliche Mahlzeit auf den Tisch zu bringen. Zünden Sie Kerzen an, füllen Sie Ihre schönsten Gläser mit Wein oder Mineralwasser und feiern Sie diese neue Bewußtheit. Schönheit enthüllt, entfaltet und mehrt sich oft in den unscheinbaren Details des Lebens.

Draußen umschließt uns die Dunkelheit des Winters. In unserem Inneren haben wir unser eigenes Licht gefunden.

19. JANUAR

Freude:
Die Lektionen des Lebens leichten Herzens lernen

> Ich kann nicht glauben, daß sich dieses unergründliche Universum um eine Achse des Leidens dreht; gewiß wird die seltsame Schönheit der Welt irgendwo auf dem Fundament der reinen Freude ruhen.
>
> *Louise Bogan*

Die Reise auf dem Weg der Einfachheit und Fülle führt uns auf unbekanntes Territorium. Wir lernen jeden Tag mehr, wie wir den Grund unserer Seele durch Dankbarkeit bestellen, spüren, wie die Saat der Einfachheit aufgeht und die Schößlinge der inneren und äußeren Ordnung ihre Wurzeln tief im Boden unseres Alltags versenken. Während wir Fortschritte machen, werden wir durch die innere Harmonie inspiriert und ermutigt, ein authentisches Leben für uns selbst und jene Menschen zu schaffen, die wir lieben. Mit ein wenig Geduld gedeiht die Schönheit, und unsere Herzen sind nicht nur von Glück erfüllt, einer wankelmütigen Empfindung, sondern wir haben uns auch eine Quelle der Freude erschlossen, die uns fortwährend erfrischt und erneuert. Wir haben den Platz in der Welt gefunden, an den wir gehören.

Den Kern der Dinge wahrnehmen, das ist die Aufgabe, die an diesem Punkt des Transformationsprozesses auf uns wartet. Aus der Tiefe unseres Innern heraus verspüren wir das Bedürfnis, den Weg des Kampfes zu verlassen, um die Lektionen, die uns das Leben erteilt, ohne Gegenwehr zu lernen. Am Ende sind wir bereit, den Weg der Freude zu beschreiten.

Lernen, im Hier und Jetzt zu leben, gehört zum Weg der Freude. Aber dazu ist eine nachhaltige, innere Veränderung unserer Realität vonnöten. Viele Frauen neigen dazu, das Leben zu dramatisieren: Sie erwarten immer das Schlimmste in einer Situation, nur um später festzustellen, daß ihre dunklen Ahnungen eine sich selbst erfüllende Prophezeiung geworden sind. Unweigerlich schreiben wir das Drehbuch für unser eigenes Melodrama. Und so kämpfen wir uns durchs Leben, von einem Tag zum anderen, von einer Krise zur anderen, müssen Verletzungen hinnehmen und fühlen uns besiegt von den Umständen, ohne zu merken, daß wir immer Alternativen hatten, daß die Wahl ganz allein bei uns lag.

Doch was wäre, wenn Sie lernten, den Katastrophen Einhalt zu gebieten und damit begännen, dem Fluß des Lebens und der Weisheit des Schöpfers zu vertrauen? Ist es nicht möglich, neue Kapitel in Ihrem Leben zu schreiben, mit einem glücklichen Ausgang? Für viele Frauen wäre das mit einer radikalen Abkehr von ihren bisherigen Verhaltensmustern verbunden. Und doch ist ein solcher Wandel möglich. Lassen Sie sich bekehren wie der ungläubige Thomas. Geben Sie Ihrem Herzen einen Stoß, und glauben Sie an eine positive Lebensperspektive. Was haben Sie schließlich zu verlieren außer Ihren trüben Aussichten und dem Gefühl des Mangels?

Fangen Sie gleich heute damit an. Geloben Sie so laut, daß es überall im Universum zu hören ist, daß Sie bereit sind, den Kampf aufzugeben und mit Freuden zu lernen. Bedenken Sie dabei, daß es Sie beim Wort nehmen könnte. Sie werden außerdem verblüfft und beglückt entdecken, daß diese Segnungen des Himmels die ganze Zeit darauf gewartet haben, daß Sie sich ihrer bedienen.

20. JANUAR
Diamantenfelder

> Eure Diamanten sind nicht in weiter Ferne, in den Bergen oder jenseits der Meere zu finden; sie liegen vor eurer eigenen Haustür, und ihr müßt nur danach graben.
>
> *Russell H. Conwell*

Nur wenige motivationsfördernde Worte haben so viele Menschen beeinflußt oder inspiriert wie diese berühmte viktorianische Rede über die »Diamantenfelder«. Russel H. Conwell, ehemaliger Zeitungskorrespondent und Minister, hielt sie zwischen 1877 und 1925 mehr als sechstausendmal. Als sie erstmals in gedruckter Form veröffentlicht wurde, mauserte sie sich auf Anhieb zum Bestseller, und inzwischen zählt sie zu den Klassikern der inspirierenden Literatur.

Die Geschichte, die Conwell in dieser Rede erzählte, besitzt auch heute noch ihren Reiz und ihre Relevanz. Sie handelt vom Leben eines persischen Bauern namens Ali Hafed, der seinen Hof verkaufte und seine Familie verließ, um in die Welt hinauszuziehen und sein Glück zu machen. Er hielt überall nach den Diamantenfeldern Ausschau, von denen er träumte. Schließlich setzte er, einsam, verzweifelt, obdachlos und verarmt, seinem Leben ein Ende. Die Suche nach Reichtum hatte ihn gebrochen. In der Zwischenzeit war der Mann, der das Land von Hafed gekauft hatte, sehr dankbar für jeden Grashalm, der nun ihm gehörte, und er bestellte den Boden mit Liebe und dem Fleiß seiner Hände. Abends, im Kreise seiner Familie, wenn er die Früchte seiner Mühen genoß, fühlte er sich zufrieden. Und eines Tages entdeckte er jenen Schatz, wonach Ali Hafed zeitlebens vergeblich gesucht hatte: Im Hinterhof des von seinem Vorgänger aufgegebenen Anwesens stieß er auf eine Diamantenmine – buchstäblich auf ein ganzes Feld dieser Edelsteine. Der schlichte Bauer wurde reicher, als er sich es je hätte träumen lassen.

Conwell benutzte diese Parabel, um eine außergewöhnliche, wundervolle Botschaft zu veranschaulichen: In jedem Menschen liegen eine unerschöpfliche Quelle des Reichtums und die Saat der Chance verborgen. Jedem von uns wohnt ein ganz individuelles Potential inne, das nur darauf wartet, entdeckt und ans Licht gefördert zu werden. Wenn wir unseren Traum bewahren und Liebe, schöpferische Energie, Beharrlichkeit und leidenschaftliches Engagement bei der Verwirklichung unseres Selbst investieren, werden wir ganz persönliche Erfolge erleben.

Wo verbirgt sich Ihr brachliegendes Diamantenfeld? Wenn Sie genau das tun könnten, was Ihnen Spaß macht, welchen Aktivitäten würden Sie dann nachgehen? Ja, es darf ruhig etwas sein, was Sie derzeit für unmöglich halten! Würden Sie gerne einen eigenen Laden aufmachen, eine Familie gründen, Kleider entwerfen, das Drehbuch für einen Film schreiben?

In uns allen wartet ein Diamantenfeld darauf, entdeckt, gehegt und ausgeschöpft zu werden. Wir alle haben einen Punkt, an dem wir beginnen können, unser wahres Potential zu entwickeln. Lassen Sie Ihrer Phantasie freien Lauf, denn sie beinhaltet das Erfolgsrezept der Seele. Auf dem Weg zu Einfachheit und Fülle werden Sie feststellen, daß Chancen, persönlicher Erfolg, individuelles Glück und Gelassenheit auf finanziellem Gebiet direkt vor Ihrer Nase zu finden sind.

21. JANUAR
Illusionen, die uns einengen, über Bord werfen

> Es gefällt mir zu leben. Manchmal ist es mir ungeheuer schlimm, grauenhaft, durch und durch furchtbar ergangen, der Kummer zehrte an mir; doch trotz alledem weiß ich mit einiger Sicherheit, daß es eine großartige Sache ist, einfach nur lebendig zu sein.
>
> *Agatha Christie*

Für einige Frauen ist der Gedanke, bei der Verwirklichung unserer Träume einer anderen Macht als uns selbst zu vertrauen, eine bedrohliche Vorstellung. Das gilt vor allem dann, wenn wir meinen, jede Situation unter Kontrolle zu haben, oder uns vielmehr an diese Illusion klammern.

Viele schleppen sich mit einem anderen Klotz am Bein durchs Leben: Sie gelangen zu dem Trugschluß, daß ein gleichgültiges, launenhaftes Schicksal unsere Geschicke bestimmt. Nach dem Schock einer ernüchternden Erfahrung, die das Leben uns als Stolperstein in den Weg legt, fürchten wir uns zutiefst davor zu glauben, daß eine liebevolle, großmütige schöpferische Kraft unsere Absichten unterstützen könnte. Wir schrecken zurück, wenn es gilt, darauf zu vertrauen, daß derselbe Schöpfer des Universums vermutlich besser als jeder andere weiß, wie er uns helfen kann, an das heiß ersehnte Stipendium zu gelangen, endlich befördert zu werden, noch einmal auf die Schulbank zurückzukehren, um unsere Ausbildung zu vervollständigen, ein eigenes Geschäft zu eröffnen, einen neuen Arbeitsplatz zu finden. Wie in einem Spiegelkabinett auf dem Rummelplatz, dessen Spiegel unser äußeres Erscheinungsbild verzerren, ist das, was wir mit unseren Augen erblicken, nicht die Wirklichkeit. Wir nähren die Illusion, daß Äußerlichkeiten die ultimative Macht besitzen, uns die Erfüllung unserer Träume zu verwehren.

Und da wundern wir uns, warum wir unglücklich sind?

Werfen Sie die einengenden Illusionen über Bord, die uns an der Erkenntnis hindern, daß es großartig ist, lebendig zu sein. Springen Sie über den Schatten Ihrer Ungläubigkeit. Lassen Sie sich auf ein

Experiment mit einem unterstützenden, liebevollen Universum ein, das auch die Skeptiker willkommen heißt. Seien Sie heute bereit, sich davon überzeugen zu lassen, daß der Schöpfer Sie auf allen Wegen begleitet und den nächsten Schritt kennt.

22. JANUAR
Der Reichtum des Lebens

> Die Frau muß Pionierarbeit leisten, wenn es gilt, im Innern Stärke zu suchen. In gewisser Weise hat sie immer Pionierarbeit geleistet.
>
> *Anne Morrow Lindbergh*

Wir leben heute in einer Zeit großer Herausforderungen, doch sind wir nicht die einzige Frauengeneration, die damit konfrontiert wurde. Es ist tröstlich zu wissen, daß andere Frauen vor uns Beharrlichkeit bewiesen und an den Aufgaben gewachsen sind. Während der düsteren Tage der Weltwirtschaftskrise ermutigte ein Leitartikel in der Oktoberausgabe 1932 des *Ladies' Home Journal* die Leserinnen, sich daran zu erinnern, daß »die Rückkehr der guten Zeiten nicht allein eine Frage des Geldes ist. Das Leben hat großen Reichtum zu bieten, der beinahe genauso wichtig wie das Geld im Portemonnaie ist.« Es wurde außerdem betont, daß die Bereitschaft nicht ausreicht, »aus der gegenwärtigen Situation das Beste zu machen. Resignation bringt uns keinen Schritt weiter. Wir müssen etwas aufbauen, das auf eine neue Nation hinausläuft. Wir müssen die Ideale der Gründerväter wieder zum Leben erwecken. Wir müssen den neuen Wert des Geldes kennen. Es ist an der Zeit, Pionierleistungen zu erbringen – eine neue Sicherheit für Heim und Familie zu schaffen... Wir sollten nicht nur die Ausgaben meistern, sondern auch das Leben.«

Ich erinnere mich noch genau an den Augenblick, als ich dieses Zitat fand. Ich bestellte gerade mein Diamantenfeld: Auf dem Fußboden eines Antiquitätengeschäfts sitzend, blätterte ich in Frauenzeitschriften aus längst vergangenen Zeiten, um Tips für die erfolgreiche

Bewältigung des heutigen Lebens zu finden. Ich war vor einem Jahr auf den Weg zur Einfachheit und Fülle gelangt und hatte das Gefühl, Pionierleistungen erbracht zu haben. Ich konnte mich gut in die Siedlerfrauen hineinversetzen, die ihre Familie und ihre gesamte bewegliche Habe in Boston auf einem Planwagen verstaut hatten, um den amerikanischen Kontinent westwärts zu durchqueren, auf der Suche nach dem Gelobten Land. Zweitausend Meilen lang hatte ich den Traum von einem besseren Leben bewahrt, während ich Angriffe der Indianer, Epidemien, Dürrekatastrophen, Blizzards, Tornados, Schlangen und gepökeltes Rindfleisch über mich ergehen ließ. Der Treck quälte sich durch Nebraska und hatte weitere tausend Meilen vor sich, doch der Zeitpunkt für eine Umkehr war bereits überschritten. Wie jene Siedlerfrauen fühlte auch ich mich bisweilen entmutigt. Als mir die Zeitschrift in die Finger geriet, begrüßte ich sie sofort als eine telegraphische Botschaft an meine Seele: »Mach weiter. Gib nicht auf. Du befindest dich auf dem richtigen Weg, und du bist nicht allein.« Von dem Moment an habe ich nie mehr auf das zurückgeblickt, was hinter mir lag. Ich erfuhr am eigenen Leibe, daß im Weg zur Einfachheit und Fülle die Kraft ruht, das Leben von Grund auf zu verwandeln.

Sind Sie bereit, Pionierarbeit zu leisten? Dann ist es an der Zeit, Ihre Seele mit jeglicher schöpferischen Energie zu füllen, die Ihnen zur Verfügung steht. Betrachten Sie mich als Ihre Kundschafterin, Ihre ganz persönliche Pfad-Finderin. Ich bin Ihnen auf dem Weg vorangegangen und habe das Gestrüpp gerodet. Soviel kann ich Ihnen am Anfang unseres Abenteuers sagen: Der Weg verläuft in einigen Windungen, für die Sie Zeit brauchen – die Reise wird ein Jahr dauern –, aber er ist erfüllend und unserer spirituellen Entwicklung zuträglich. Dazu kommt, daß wir ihn in Etappen zurücklegen: eine pro Tag. Sie brauchen also keine Angst zu haben. Wir sind nicht allein. Wie Pioniere, die zu neuen Ufern aufbrechen, werden wir lernen, uns an unserem eigenen Licht und an den Sternen des Himmels zu orientieren, denn das ist alles, was wir benötigen. Es gibt kein Hindernis, das sich nicht mit wahrer Entschlossenheit und der Gnade des Schöpfers überwinden ließe.

23. JANUAR
Das Reale Leben akzeptieren

Alles im Leben, was wir wirklich akzeptieren, unterliegt einer Veränderung.

Katherine Mansfield

Unsere Lebensumstände akzeptieren und willkommen heißen kann ein ungeheuer wirkungsvolles Instrument für den inneren und äußeren Wandel sein – ein spirituelles Elixier, das Wunder in unserem Leben zu wirken vermag.

Was bedeutet akzeptieren? Akzeptieren heißt, das annehmen, was ist: unsere Lebenssituation, unsere Gefühle, unsere Probleme, unsere finanziellen Belange, unsere Arbeit, unsere Gesundheit, unsere zwischenmenschlichen Beziehungen, die Wartezeit, bis sich unsere Träume erfüllen. Bevor wir etwas in unserem Leben verändern können, müssen wir uns darüber im klaren sein, daß es gilt, den Stein *jetzt* ins Rollen zu bringen. Für mich ist Akzeptieren das geworden, was ich den tiefen Seufzer der Seele nenne. Es ist das Schließen der Augen beim Gebet, vielleicht sogar das stille Vergießen von Tränen. Es sind die Worte »Ich habe keine Angst«, wie in »Ich habe keine Angst; Du zeigst mir den Weg, Schöpfer, ich folge Dir.« Und es sind die Worte »Verzage nicht, alles wird sich zum Guten wenden«. Sie sind der einfache Teil unserer Reise.

Im Laufe der Jahre habe ich festgestellt, daß mein krampfhaftes Bemühen, trotz widriger Lebensumstände Zufriedenheit zu finden, vor allem dann scheiterte, wenn ich mich gegen die Dinge zur Wehr setzte, die mir widerfuhren. Aber ich habe auch gelernt, daß meine Seele ihren eisernen Panzer abwarf, wenn ich mich der Realität einer Situation stellte, wenn ich mich nicht mehr dagegen auflehnte, sondern sie akzeptierte. Plötzlich war ich imstande, mich zu öffnen und die positiven Optionen zu erkennen, die mir in Hülle und Fülle zur Verfügung standen, weil Akzeptanz Entspannung und Erleichterung mit sich bringt. Es war, als hätte ich das Ventil eines Drucktopfs geöffnet und den Dampf des Kämpfens abgelassen.

Was geschieht, wenn wir unsere Lebensumstände akzeptieren? Nun, zuerst entspannen wir uns. Dann verändern wir unsere Schwingungen, unser Energiemuster und die Herzfrequenz. Wir sind in der Lage, Kraft aus der grenzenlosen, positiven Energie des Universums zu schöpfen, die sich stets für uns bereithält. Akzeptieren heißt auch, die Wirklichkeit von allen Seiten durchleuchten, so daß es uns möglich ist, den nächsten Schritt deutlicher zu erkennen.

In welcher Lebenssituation Sie im Augenblick auch immer stecken mögen – akzeptieren Sie, was ist. Schauen Sie sich um, und nehmen Sie Ihre Umgebung bewußt wahr. Da ist meine winzige Küche, der Fußboden ist schmutzig, soviel wiege ich, so ist es um mein Bankkonto bestellt, hier arbeite ich zur Zeit. Das sind die Dinge, die in ebendiesem Augenblick wirklich zu meinem Leben gehören. Es ist in Ordnung, sich diese äußeren Gegebenheiten bewußtzumachen. Das ist das Reale Leben.

Ab heute werde ich nicht mehr dagegen kämpfen, sondern akzeptieren, was ist. Ich werde zulassen, daß der Heilungsprozeß beginnt.

Sie sind bereit für den nächsten Schritt.

24. JANUAR
Die äußeren Lebensumstände als Herausforderung begrüßen

Was wir mit offenen Armen empfangen, wird uns mit offenen Armen empfangen. Wenn wir unser Schicksal verfluchen, wird es uns verfluchen... Eine Situation, die wir begrüßen, hat keine Macht, uns zu verletzen, und selbst wenn sie uns eine Zeitlang beschwerlich erscheint, wird der Kummer langsam verblassen, wenn wir sie aufrichtig annehmen.

Emmet Fox

Nachdem wir unsere derzeitigen Lebenumstände akzeptiert haben, gilt es nun zu lernen, sie freudigen Herzens zu begrüßen.

Sie haben richtig gelesen. Kummer und Probleme als positive Herausforderung begrüßen! Mit zusammengebissenen Zähnen, falls nötig.

Normalerweise wissen wir nicht, wie eine bestimmte Situation zustande gekommen ist, und wir werden es auch nicht herausfinden, wenn wir keine ausreichende emotionale Distanz gewonnen haben, um einen objektiven Blick in die Vergangenheit zu werfen. Anzunehmen und als Herausforderung zu begrüßen, was immer uns an Bürden auferlegt wurde, setzt eine spirituelle Kraft voraus, die selbst die schlimmste Situation zum Besseren wenden kann. Wenn wir unsere Lebensumstände als positive Herausforderung willkommen heißen, folgen wir einer Philosophie, die uns das Vertrauen lehrt. Im Laufe der Jahre waren meine einfachsten und schönsten Lektionen diejenigen, die ich mit Freuden begrüßt habe. Wenn Sie es leid sind, die Lektionen des Lebens mittels Schmerz und Kampf zu lernen, ist der Weg, persönliche Probleme als positive Herausforderung anzunehmen, mit Sicherheit der bessere.

Ein machtvoller Willkommensgruß, den mir Stella Terrill Mann vermittelte, eine Laienpredigerin der Unitarier-Kirche, ermutigt uns, jeden Morgen mit der Bestätigung zu begrüßen: »Gesegnet sei der Morgen für mich und die Meinen.« Und mittags zu beten: »Gesegnet sei der Tag für mich und die Meinen.« Und am Abend: »Gesegnet sei die Nacht für mich und die Meinen.« Wenn Sie berufstätig sind oder in den eigenen vier Wänden Ihren Aufgaben nachgehen, bestätigen Sie: »Meine Arbeit ist ein Gebet, das Gutes für mich und die Meinen bewirkt.« Diese Affirmationen, die besagen, daß Sie freudig annehmen, was das Schicksal für Sie bereithält, werden Ihren Alltag mit vielen positiven Aspekten bereichern, wie es auch bei mir der Fall war.

Dann beginnen Sie, die positiven Aspekte in Ihrem Leben aufzuzählen – und zwar noch heute! Führen Sie eine spirituelle Bestandsaufnahme durch. Können Sie hundert positive Dinge nennen? Wir erfahren soviel Gutes, aber in der Hektik des Alltags bemerken oder erkennen wir es oft nicht. Wenn wir die positiven Aspekte unseres Lebens aufschreiben, konzentrieren wir unser Augenmerk auf die Fülle, die bereits in unserer Reichweite wartet, und verleihen ihr Realität.

25. JANUAR
Mit dem arbeiten, was man hat

Wenn Ihr Alltag Ihnen arm scheint, klagen Sie ihn nicht an; klagen Sie sich an, sagen Sie sich, daß Sie nicht Dichter sind, seine Reichtümer zu rufen; denn für den Schaffenden gibt es keine Armut und keinen armen, gleichgültigen Ort.

Rainer Maria Rilke

Bisher haben wir vielleicht insgeheim geglaubt, daß wir nur abwarten müssen, bis ein gewisses Maß an Ruhe eingekehrt ist, um unsere guten Vorsätze in die Tat umzusetzen. Morgen werden wir damit beginnen, die wahren Freuden des Lebens zu entdecken. Morgen werden wir anfangen, uns selbst pfleglicher zu behandeln. Ab morgen werden wir uns die Zeit nehmen, Spaß zu haben. Morgen, wenn wir mehr Ruhe haben. Soviel kann ich Ihnen aus eigener Erfahrung berichten: Das Leben beruhigt sich niemals lange genug, als daß wir bis morgen damit warten könnten, genau jenes Leben zu führen, das wir verdienen. Das Leben ist fortwährend in Bewegung, immerzu im Wandel begriffen, ständig treten neue, unvorhergesehene Umstände ein. Stetig wird es etwas geben, was unsere Aufmerksamkeit ablenkt: ein Anruf, das Kind, das Faxgerät, das Auto hat seinen Geist aufgegeben, der Scheck, der immer noch nicht im Briefkasten liegt. Machen wir uns doch nichts vor: Soweit es das reale Leben betrifft, befinden wir uns am Rande des Chaos und sind über Gebühr damit beschäftigt, es irgendwie in den Griff zu bekommen.

Was wollen wir also tun? Wir können beschließen, nicht mehr darauf zu warten, daß sich das Leben endlich einmal von seiner Schokoladenseite präsentiert, und statt dessen die uns zur Verfügung stehenden Möglichkeiten einsetzen, um es so befriedigend wie möglich zu gestalten. Wir können unsere Lebensumstände akzeptieren, sie als positive Herausforderung willkommen heißen, unserem Schöpfer dafür danken und unseren Weg beherzt fortsetzen. Heute können wir beginnen, uns an dem Reichtum zu freuen, der uns im Alltag auf Schritt und Tritt begegnet. Heute können wir das Gefühl des

Mangels über Bord werfen und zu einem Gefühl der Fülle gelangen. Durch das Verharren in eingefahrenen Gleisen haben wir viele einmalige Chancen versäumt. Sich mit einer Freundin zum Mittagessen zu verabreden, endlich den neuen Roman zu lesen oder zu schreiben, Ordnung in unsere Papiere zu bringen, ein neues Rezept auszuprobieren, jeden anzulächeln, dem Sie heute begegnen, vor dem prasselnden Kaminfeuer zu sitzen und zu träumen, die seit langem vernachlässigte Stickerei wieder mal in die Hand zu nehmen, anderen zu zeigen, daß Sie dankbar sind zu leben, sie mit Ihrer Freude anzustecken. Denken Sie an etwas, was Ihnen heute wirklich Spaß machen würde, und tun Sie es. Bravo! Der erste Schritt ist immer der schwerste. »Leben erzeugt Leben. Energie schafft Energie«, erinnert uns die berühmte französische Schauspielerin Sarah Bernhardt. »Nur wenn wir uns selbst verschenken, werden wir reich.«

26. JANUAR
Der Weg von Einfachheit und Fülle: Das grundlegende Instrumentarium

> Wähle den sanften Weg.
> *George Herbert*

Das Haus ist wieder still nach dem geschäftigen Durcheinander und der Hektik, die während der Woche in der Frühe herrschen. Obwohl es für geschäftliche Anrufe noch zu früh ist, schalte ich den Anrufbeantworter ein, um jeder Störung vorzubeugen. Im Bett liegend, verbringe ich die nächste Stunde damit, in mich hineinzuhorchen: um in meinem bebilderten Reisejournal an meinem täglichen Dialog zu schreiben, um zu beten, um mich mit meiner Schatzkartencollage zu beschäftigen, um zu meditieren, den Ablauf des heutigen Tages zu planen und dann einfach still dazusitzen. Aufmerksam in mich hineinzuhören. In freudiger Erregung zu warten.

Das ist das grundlegende Instrumentarium, das mir auf dem Weg von Einfachheit und Fülle geholfen hat, meine wahre Identität zu entdecken. Sie können es kombiniert verwenden, wie ich es getan habe, oder mit demjenigen Werkzeug beginnen, das Ihnen am meisten zusagt. Versuchen Sie, jeden Morgen eine Stunde abzuzweigen, die Sie der Reise in die Innenwelt widmen, ein Geschenk, das Sie sich selbst machen. Sie brauchen eine Atempause, um Ihrem Herzen zu gestatten, nach den wirklichen Kostbarkeiten dieser Welt zu fahnden. Oder vielleicht ist es Ihnen lieber, Ihrer Phantasie im Dämmerlicht freien Lauf zu lassen, wo sich die Träume zuerst ansiedeln. Wenn Sie das Gefühl haben, eine ganze Stunde sei ein unerschwinglicher Luxus für den Anfang (das ist er nicht, aber wir gehen behutsam vor), so teilen Sie die Stunde auf: Fangen Sie am Morgen mit einer halben Stunde an, und halten Sie sich eine weitere halbe Stunde am Abend frei, bevor Sie zu Bett gehen.

An den meisten Tagen hat es den Anschein, als wäre keine sichtbare Veränderung in meinem Leben eingetreten, wenn meine Forschungsreise ins Innere abgeschlossen ist. Ich bin lediglich in den Genuß gekommen, eine Stunde ungestört und für mich allein zu verbringen. Ich habe weder neue Erkenntnisse gewonnen noch Inspirationen oder Orientierungshilfen erhalten. Doch manchmal vermag ich danach das Gesamtbild schärfer zu sehen und in den Brennpunkt zu rücken. Auch Sie werden diese Erfahrung machen.

Eines ist gewiß: Wenn Sie oft und tief genug schürfen, werden Sie auf etwas stoßen, was sich letztendlich für Sie auszahlt. Häufig kommt mir der herbeigesehnte Geistesblitz oder die dringend benötigte Erkenntnis lange nach der Meditationsübung, wenn ich beispielsweise mit dem Fahrdienst an der Reihe bin oder das Abendessen zubereite. Aber ungeachtet dessen, ob meine morgendliche Kontemplation sich unmittelbar als erfolgreich erwies oder nicht: Jeder Tag wartet mit seinem eigenen Geschenk auf mich.

27. JANUAR
Der tägliche Dialog

> Ich werde mich selbst gesund schreiben.
>
> *Nancy Mair*

Da ich den ganzen Tag lang beruflich schreibe und sehr hart arbeite, um mich in meinem Metier stilistisch zu verbessern, habe ich mich den größten Teil meines Erwachsenenlebens leidenschaftlich dagegen gewehrt, Tagebuch zu führen. Die Mühe erschien mir einfach zu groß, und außerdem fehlte es mir an Zeit. Doch als ich mich auf den Weg der Einfachheit und Fülle einließ, wurden mir plötzlich die Gespräche bewußt, die ich permanent mit mir selbst führte. Mein Verstand fand selten Ruhe; er arbeitete ständig auf Hochtouren. Immerzu schwirrten Probleme in meinem Kopf herum, wie: Die Katze benimmt sich so seltsam; sie wird doch nicht etwa krank sein. Oder: Wie komme ich nur nach Hause, wenn der Flughafen von Cleveland am Donnerstag eingeschneit ist? Wann trifft endlich der nächste Scheck von meinem Verlag ein? Und so drehte sich das Karussell ohne Ende. Ich stellte fest, daß mein Verstand in aller Regel um einen einzigen Gedanken kreiste, in den er sich verbiß wie ein Pitbullterrier in einen Knochen. Und er ließ nicht eher ab davon, bis ich zu erschöpft war, um noch klar zu denken, oder das Interesse verlor.

Eines Tages, als ich mich wieder einmal verzweifelt bemühte, ein vermeintliches Problem gedanklich zu lösen, nahm ich ein Notizbuch und schrieb eines meiner mentalen Selbstgespräche auf. Alles, was in meinem Kopf herumschwirrte und mir Sorgen bereitete, sprudelte aus meinem Unterbewußtsein heraus. Ich merkte bald, daß es hier weniger um eine chronologische Abfolge ging als vielmehr darum, das mentale Protokoll auszuradieren, das meine kreativen Energiereserven aufzehrte und meinen Verstand erheblich in Mitleidenschaft zog. Nach der Niederschrift war ich imstande, die störenden Gedanken loszulassen und mich auf mein Tagwerk zu konzentrieren. Dieses Ritual half mir maßgeblich dabei, wieder zu mir selbst zu finden, und es übte eine ungeahnte therapeutische Wirkung aus.

Ich führe inzwischen seit vielen Jahren meinen täglichen Dialog, und obwohl ich manchmal ein paar Tage mit dem Schreiben aussetze, freue ich mich immer wieder auf die »Unterhaltung« mit meinem Bewußtsein, weil dieses Mittel zur Erforschung der Innenwelt sich als äußerst wirkungsvoll erweist. Das Zwiegespräch sorgt dafür, daß ich klarer sehe und meine Gedanken zur Ruhe kommen. Sie werden mit Sicherheit die gleiche Erfahrung machen. Interessanterweise nehmen die Seiten mit den Notizen nach einiger Zeit ein Eigenleben an. Die Bezeichnung »täglicher Dialog« habe ich deshalb gewählt, weil Sie in Wirklichkeit Zwiesprache mit einer Person führen, die viel weiser und mental stärker ist als Sie: Ihr authentisches Selbst.

Versuchen Sie, den täglichen Dialog als Experiment zu betrachten, über das Sie drei Wochen lang Buch führen. Das ist genau der Zeitraum, den wir laut Meinung der Psychologen brauchen, um ein neues Verhalten so anzutrainieren, daß es zur Gewohnheit wird. Es ist nicht wichtig, wann und wieviel Sie schreiben; was zählt, scheint allein die der Wiederholung innewohnende Kraft zu sein. Menschen, die unter Streß stehen, sollten sich solche entspannenden Seelenpflege-Rituale, die mit ihrem Gleichmaß den Alltag unterbrechen, zur Gewohnheit machen. Manchmal, wenn mich ein besonders verzwicktes Problem beschäftigt, schreibe ich zwei Seiten am Morgen und komme am Abend noch einmal auf das Thema zurück, um zu sehen, ob sich nicht doch eine Lösung abzeichnet. Oft taucht dann tatsächlich der sprichwörtliche Silberstreif am Horizont auf. Und bis dahin fühle ich mich zumindest erleichtert und hoffnungsvoll.

Wenn Sie mit der Niederschrift des täglichen Dialogs beginnen, werden Sie vermutlich erschrocken feststellen, wieviel Platz Sie dabei auf Klagen verwenden. Es ist nicht nur völlig in Ordnung, sondern auch eine höchst gesundheitszuträgliche Reaktion, Ihrem Frust Luft zu machen. Und keine Bange: Sie werden nicht monatelang schwarz auf weiß über eine Situation jammern, ohne massiv auf Abhilfe zu sinnen. Irgendwann wird Ihnen die Nörgelei zum Hals heraushängen und Ihren Entschluß beschleunigen, daß es nun an der Zeit ist, aktiv zu werden.

Noch ein Tip: Benutzen Sie kein ausgefallenes, schönes Tagebuch für ihren täglichen Dialog. Es könnte Sie einschüchtern und bewirken, daß Sie auch Ihre Eintragungen schönen und ihnen bewußt Tiefgang verleihen. Doch darum geht es bei dieser Übung nicht. Verwenden Sie lieber eine Kladde oder einen Ordner mit losen Blättern. Schreiben Sie einfach ohne langes Nachdenken auf, was Ihren mentalen Horizont verdunkelt und Ihnen Kopfschmerzen bereitet.

Sie können sicher sein, einen Weg gefunden zu haben, wie Sie im Rahmen der Suche nach Authentizität Ihrem Alltag ein neues Gesicht verleihen.

28. JANUAR
Das bebilderte Reisejournal

> Irgendwie scheint uns das Wissen darüber, was wir lieben, regelrecht zuzufließen; wir müssen dafür weder viel lesen noch analysieren oder studieren. Wenn wir etwas genug lieben, scheint das Wissen in uns hineinzusickern, mit Einzelheiten, die wirklicher sind, als ein Schaubild sie darzubieten vermag.
>
> *Jessamyn West*

Der Schlüssel zur Zufriedenheit mit der eigenen Lebensführung liegt in dem Wissen, was wir uns wirklich wünschen. Robert Louis Stevenson definierte diesen Zustand in etwa so: »Die eigenen Vorlieben zu kennen, statt demutsvoll ja und amen zu allem zu sagen, was wir nach jedermanns Ansicht lieben sollten, bewirkt, daß die Seele lebendig bleibt.« Wie wir unser Seelenfeuer erhalten und unsere Kreativität fördern, sind Fragen, die uns heute ganz besonders betreffen.

Eine der besten Möglichkeiten, etwas über unsere persönlichen Präferenzen herauszufinden, besteht darin, ein bebildertes Reisejournal anzulegen. Es dient als unser Logbuch, wenn wir beginnen, uns in diejenigen Bereiche der Terra incognita vorzuwagen, die noch unerforscht sind: unsere ureigenste Innenwelt. Bilder regen unsere

Phantasie an und stellen den Kontakt zu unserem authentischen Selbst her, weil wir uns instinktiv nur mit solchen Bildern umgeben, von denen unsere Seele intuitiv angesprochen wird. Wenn Sie einmal am Tag über einem visuellen Bild meditieren, können Sie Ihre Kreativität in Gang setzen und zu enthüllenden Erkenntnissen gelangen.

Besorgen Sie sich noch heute einen Skizzenblock, eine scharfe Schere und Klebstoff in einem Laden für Künstlerbedarf sowie Ihre Lieblingszeitschriften. Legen Sie diese Utensilien in einen Korb, den Sie neben Ihrem Bett verwahren. Abends, vor dem Schlafengehen, wenn Sie sich in einem schläfrigen, entspannten und aufnahmebereiten Zustand befinden, blättern Sie die Zeitschriften durch. Falls Sie ein Bild sehen, das Ihnen gefällt, schneiden Sie es aus und kleben es in Ihr »Reisejournal«. Versuchen Sie nicht, die Bilder auf bestimmte Weise zu arrangieren. Lassen Sie einfach die Collagen willkürlich Gestalt annehmen. Sie werden Ihnen bald Hinweise darauf geben, in welche Richtung sich Ihr Herz bewegen möchte. Ich habe dem Reisejournal außerdem noch Zitate, handgezeichnete Skizzen, Grußkarten und Kunstpostkarten hinzugefügt und mit Papier eine Landschaft gestaltet, die der Dichter W. H. Auden »eine Topographie meines Planeten« nennt.

29. JANUAR
Eine persönliche Schatzkarte

> Denn wo dein Schatz ist, da ist auch dein Herz.
> *Matthäus 6, 21*

Kein schwadronierender Seeräuber, der etwas auf sich hält, würde sich ohne Karte auf die Suche nach einem vergrabenen Schatz begeben. Warum wollen Sie ohne eine solche Orientierungshilfe auskommen? Die persönliche Schatzkarte ist eine Collage des Wunschlebens, das Ihnen vorschwebt; sie stellt ein visuelles Werkzeug dar, um Ihre schöpferische Energie auf die von Ihnen ins Auge gefaßte Marschrichtung zu lenken.

Zuerst müssen Sie sich Ihr Wunschleben ausmalen. Nehmen Sie sich einen Moment Zeit, um still zu werden und in sich zu gehen. Schließen Sie die Augen. Malen Sie sich nun bildhaft aus, wie Sie leben und wer zu Ihrem Haushalt gehört. Wie sieht Ihr Traumhaus aus? Wo steht es? Haben Sie Kinder? Wie viele? Besitzen Sie einen Garten, und wenn ja, wie sieht er aus? Haben Sie einen Wintergarten oder glasgeschützten Balkon auf der Rückseite des Hauses? Gibt es vielleicht sogar einen Swimmingpool? Halten Sie Haustiere? Welch ein Wagentyp ist in der Auffahrt zur Garage geparkt? Was für einen Beruf üben Sie aus? Veröffentlichen Sie Ihre eigenen Artikel? Führen Sie Regie bei einem Dokumentarfilm, oder züchten Sie Vollblutpferde? Versuchen Sie, Bilder in Zeitschriften zu finden, die Ihren Idealen entsprechen. Schneiden Sie diese aus, und fertigen Sie eine Collage auf einem Stück Karton in DIN-A4-Größe an. Falls Sie kein Bild finden, das mit Ihren Träumen übereinstimmt, so greifen Sie auf Ihr kreatives Potential zurück und zeichnen eines. Wenn Sie fertig sind, suchen Sie ein Foto von sich, das Ihnen besonders gut gefällt. Vergewissern Sie sich, daß Sie strahlend und glücklich darauf wirken. Schneiden Sie es zurecht, und pinnen Sie es in die Mitte ihrer Schatzkartencollage.

Die Fertigung Ihrer persönlichen Schatzkarte sollte vor allem Spaß machen, erfreuliche Gedanken hervorrufen. Versetzen Sie sich in die Zeit zurück, als Sie sieben Jahre alt waren. Das ist keine intellektuelle Übung in Sachen Existentialismus, sondern eine Wunschliste an das Universum. Unsere geheimsten Wünsche sind ein Flüstern unseres wahren Selbst. Wir müssen lernen, sie zu respektieren, sie zu hören.

Und achten Sie vor allem darauf, daß niemand Zugang zu Ihrer persönlichen Schatzkarte hat außer Ihnen. Unsere Wünsche für die Zukunft, unsere Hoffnungen, Träume und Bestrebungen sind unsere wahren Schätze. Hüten Sie die Ihren im Sanktuarium Ihres Herzens. Bewahren Sie Ihre persönliche Schatzkarte zusammen mit dem bebilderten Reisejournal auf, und werfen Sie so oft wie möglich einen Blick darauf. Danken Sie Ihrem Schöpfer für das wundervolle Leben, das Ihnen vergönnt ist. Das größte Geheimnis und der Schlüssel für ein zufriedenes, erfülltes Leben ist die Erkenntnis, daß alles in Gedanken entsteht, bevor es in der Außenwelt Gestalt annimmt. Wir müssen glauben, bevor wir sehen können. Und wir müssen wissen, wonach wir graben, bevor wir den Fundort markieren.

30. JANUAR
Die Meditation vor dem Goldenen Spiegel

> Es ist fast immer die Angst, wir selbst zu sein, die uns vor den Spiegel treibt.
>
> *Antonio Porchia*

Seit Jahren praktiziere ich eine bestimmte Meditationsform, die ich als Meditation vor dem Goldenen Spiegel bezeichne. Ich stelle mir mental einen riesigen, raumfüllenden Spiegel vor, mit einem kunstvoll gearbeiteten Rahmen aus vierundzwanzigkarätigem Gold. Das ist mein Materialisierungsspiegel. Alle Träume, von denen ich mir wünsche, daß sie wahr werden, habe ich zuerst in ihm entdeckt.

Ich möchte Ihnen von einem erstaunlichen »Zufall« erzählen, »Gottes Art, anonym zu bleiben«, wie es in einem französischen Sprichwort heißt. Als ich ungefähr ein Jahr lang vor dem Goldenen Spiegel meditiert hatte, wurde ich beruflich zu einer Reise nach Dublin eingeladen, einer meiner Lieblingsstädte. Ich sollte in einem der ältesten, prächtigsten und teuersten Hotels der irischen Metropole wohnen, im Shelbourne, wo ich noch nie im Leben gewesen war. Als ich in der Nobelherberge ankam und die Lobby betrat, was entdeckte ich da? Eine Manifestation meines täglichen Meditationsinstruments: einen riesigen, wundervoll gearbeiteten Spiegel mit Blattgoldrahmen, der die ganze Wand der Empfangshalle bedeckte. Ich konnte mich vor Freude kaum fassen, als ich mein Spiegelbild darin sah, denn auf diese Weise führte mir das Universum vor Augen, daß alles, was wir uns auf der mentalen Ebene vorstellen, eine Entsprechung in der dinglichen Welt hat.

Nehmen Sie sich heute ein paar Minuten Zeit, um still zu werden und sich auf die Reise in Ihr inneres Selbst zu begeben. Schließen

Sie die Augen. Stellen Sie sich einen großen, prachtvollen goldenen Spiegel vor, umgeben von einem schimmernden weißen Lichtkranz. Dieses Licht ist die Aura der Liebe, die Sie umgibt, umhüllt, umfaßt und Sie beschützt, wenn Sie in den Spiegel blicken. Betrachten Sie darin Ihr Spiegelbild, die Erscheinung einer außergewöhnlichen Frau. Sie ist schön und strahlt eine starke, gesunde, vibrierende Aura aus. Ihre Augen blitzen vor Vergnügen, und Sie schenkt Ihnen ein herzliches Lächeln. Wissen Sie, wer diese Frau ist? Sie kommt Ihnen vertraut vor, als würden Sie sie schon Ihr ganzes Leben lang kennen. Und das ist kein Wunder, denn Sie sehen Ihr authentisches Selbst. Verbringen Sie ein paar Minuten in ihrer Gesellschaft. Was macht sie in ebendiesem Augenblick? Wie tut sie es? Statten Sie ihr im Goldenen Spiegel einen Besuch ab, so oft Sie wollen. Sie wartet nur darauf, Ihnen zu helfen, Ihren Weg zu finden, während Sie sich auf eine Selbstentdeckungsreise begeben.

Es gibt Tage, da fürchten wir den kalten, unpersönlichen Glanz des Spiegels, aber Sie sollten niemals zögern, Kontakt mit der Frau darin aufzunehmen. Sie ist die Reflexion unserer Seele, die Verkörperung der vollkommenen Frau, die in uns schlummert und die uns ihre Liebe schickt, um unseren Weg zu erhellen.

31. JANUAR
Die kleinen Freuden des Lebens genießen

> Jahr für Jahr werden die Vielschichtigkeiten dieser sich rasend schnell drehenden Welt befremdlicher, und so müssen wir jedes Jahr um so dringlicher inneren Frieden und Freude an den einfachen Dingen des Lebens finden.
>
> *Woman's Home Companion,* Dezember 1935

Indem wir auf dem Weg der Einfachheit und Fülle lernen, für unsere eigene Zufriedenheit die Verantwortung zu übernehmen, werden unsere Mühen damit belohnt, daß wir nach und nach inneren Frieden und Freude an den einfachen, aber wesentlichen Dingen des Lebens finden. Sie werden uns zunehmend mehr bedeuten und sind ein gesunder Nährboden für Körper und Seele, weil sie alle unsere

Sinneswahrnehmungen anregen und einbeziehen. Sie lehren uns, im Hier und Jetzt zu leben. Die Bausteine des Lebens fügen sich zu einem stimmigen Gesamtbild zusammen, wenn wir das Geheiligte im Profanen suchen.

Es gibt Tage im Leben, die durch Augenblicke der Freude und des Feierns im Gedächtnis haftenbleiben: die Geburt eines Kindes, eine längst überfällige Beförderung, die endgültige Vertragsunterzeichnung für das Buch. Aber das Leben ist nun mal kein reines Zuckerschlecken, kein endloser, bunter Reigen. Die meisten Tage sind statt dessen angefüllt mit monotoner, erstarrter Routine: beispielsweise der Hausarbeit mit all ihren Begleiterscheinungen. Um uns Lichtblicke im täglichen Einerlei zu bewahren, müssen wir die Fähigkeit entwickeln, den Alltag zu einer Kunst zu erheben und darin die kleinen Dinge zu entdecken, die uns inneren Frieden und Freude schenken. 1949 stellte der englische Schriftsteller J. B. Priestley solche Momente des Glücks in einem Essayband mit dem Titel *Delight* zusammen. Zu den kleinen Freuden seines Alltags gehörten: morgens beim Aufwachen den Duft von frisch gebrühtem Kaffee und Eiern mit Speck riechen; im Bett in Kriminalromanen schmökern; mitten am Tag die Hände in den Schoß legen und die Faulheit genießen; Bücher kaufen; sich in Gesellschaft von Kindern wohl fühlen (statt sie notgedrungen zu ertragen).

Es ist ein kalter Wintertag. Warum kochen Sie nicht für heute abend eine schmackhafte Suppe? Ich genieße diese schlichte Aktivität einmal pro Woche, vor allem im Winter. Das Putzen, Zerkleinern und Schaben von Gemüse ist eine sehr entspannende Tätigkeit. Sehen Sie sich die Farben des Gemüses genau an – das kräftige Orange der Karotten, den hellgrünen Sellerie, die perlweiße Zwiebel. Sie haben ein prachtvolles Stilleben vor sich. Vermeiden Sie hastige Handgriffe, genießen Sie den Vorgang wie eine Zen-Übung, indem Sie sich in die Zubereitung versenken und auf das Kochen konzentrieren. Duftet eine hausgemachte Suppe nicht so köstlich, daß einem das Wasser im Mund zusammenläuft? Sie merken, daß Sie sich freuen, lebendig zu sein oder zumindest das Abendessen in Ihren eigenen vier Wänden zu genießen.

Sehen Sie nun, wie wir die Essenz des Lebens mit beiden Händen ergreifen müssen? Es gilt, das Hier und Jetzt in jedem Augenblick willkommen zu heißen. Entdecken Sie heute diese einfachen Freuden des Lebens, die Balsam für Ihre Seele sind und dem Gefühl des Wohlbefindens allerhöchste Priorität verleihen.

FEBRUAR

◆

Chinesischer Tee, der Duft von Hyazinthen, ein Kaminfeuer und Schalen mit Veilchen – das ist mein mentales Bild von einem stimmungsvollen Nachmittag im Februar.

Constance Spry

Mitunter kalt, naß und verhangen, so klopft der Februar an unsere Tür; seine Geschenke hat er so gut verborgen, daß nur ein Mensch mit großem Scharfblick sie zu entdecken vermag. Dankbarkeit ist der Faden, den wir in diesem Monat in den Teppich des Alltags einweben. Wir danken dem Schöpfer für die einfachen Freuden des Lebens und erbitten eine weitere Gabe: ein dankbares Herz.

Die einfachen Freuden des Lebens im Februar

- Zünden Sie am 2. Februar, an Lichtmeß, überall im Haus Kerzen an. Schwelgen Sie in ihrem sanften Schein. Entspannen Sie sich und sehen Sie, wie verändert sich die Welt ohne elektrisches Licht darbietet, wie der Unterschied zwischen Nacht und Tag verwischt wird. Machen Sie sich bewußt, um wieviel langsamer alle Verrichtungen bei Kerzenlicht werden. Vielleicht wird es Ihnen ja gefallen, öfter nur die Kerzen anzuzünden. Geben Sie ein paar Mark mehr für echte Bienenwachskerzen aus. Sie werden inzwischen in allen Farben des Regenbogens angeboten und reflektieren das Licht auf wunderbare Weise. Wenn sie in der Tiefkühltruhe aufbewahrt werden, brennen sie doppelt so lange und tropfen nicht.
- Laden Sie Freunde am Sonntag vor dem Valentinstag ein, um bei einem »Cupido-Tee« Papiermanschetten für Ihre Lieben herzustellen, die Sie mit Süßigkeiten füllen. Besorgen Sie die schönsten

Papierservietten, die Sie finden können, und dazu mit Draht verstärktes Seidenband, Stoffreste mit Blumenmuster, Geschenkpapier, Sticker und festes Pack- oder Tonpapier. Vergessen Sie nicht den Klebestift und eine scharfe Schere. Leihen Sie aus der Bücherei Gedichtbände zum Vorlesen aus und versuchen Sie, diese vergessene Kunstform wieder zum Leben zu erwecken. Servieren Sie einen Kuchen in Herzform mit rosa Glasur, herzförmige, mit Erdbeermarmelade gefüllte Kekse, Tee und Sherry. Sie können sicher sein, daß dieses gesellige Beisammensein im Februar Tradition wird.

- Schreiben Sie sich einen langen, wundervollen Liebesbrief, von Ihrem authentischen Selbst. Loben Sie sich für alles, was Sie derzeit richtig machen, und für Ihre guten Eigenschaften. Geben Sie sich von Ihrem authentischen Selbst eine Eins mit Sternchen. Schicken Sie den Brief per Post an sich selbst und öffnen Sie den Umschlag erst dann, wenn Sie sich rundum mutlos fühlen.
- Zeigen Sie diesen Monat, daß Sie hoffnungslos romantisch sein können. Lesen Sie Elizabeth Barrett Browning und erfreuen Sie sich am »stillsten Bedürfnis jedes einzelnen Tages«.
- Verschönern Sie ein Kleidungsstück oder ein Regal im Vorratsschrank mit Spitze.
- Haben Sie ein schönes Foto von sich als Zehnjährige gefunden? Wenn ja, dann suchen Sie jetzt einen passenden Rahmen und stellen das Konterfei auf Ihren Schreibtisch oder Ihre Frisierkommode. Wenn Sie noch kein Foto entdeckt haben, das Ihnen gefällt, bitten Sie Ihre Mutter oder diejenigen Personen, die Familienfotos besitzen, ob sie Ihnen weiterhelfen können.
- Beginnen Sie nun, die ersten duftenden Hyazinthenzwiebeln zu ziehen.
- Tragen Sie jeden Tag Parfüm auf.
- Probieren Sie einen neuen knallroten Lippenstift aus.
- Gönnen Sie sich eine langstielige Rose für Ihren Schreibtisch.
- Hören Sie Musik von Cole Porter.
- Leihen Sie sich in der Videothek den Film *Jenseits von Afrika* aus. Lesen Sie Bücher über die Hauptfigur Isak Dinesen und die Pilotin Beryl Markham.

- Stellen Sie nostalgische Schokoladenkaramellen als Geschenk für den Valentinstag her.
- Schaffen Sie einen Altar.

1. FEBRUAR
Kreative Exkursionen: Das Geschenk der Zeit

Ich zelebriere und besinge mich selbst
Ich genieße die Muße und lade meine Seele zu Gast ...
Walt Whitman

Auf den vorangegangenen Seiten sind Sie Ihrem authentischen Selbst begegnet; möchten Sie es nun nicht besser kennenlernen? Das ist ohne weiteres möglich, wenn Sie gemeinsam kreative Exkursionen unternehmen.

Kreative Exkursionen sind regelmäßige Treffen unter vier Augen mit Ihrem authentischen Selbst, eigens zu diesem Zweck organisierte Ausflüge. Das schönste Geschenk, das Sie einem anderen Menschen zu Beginn jeder engen Beziehung machen können, ist sinnvoll miteinander verbrachte Zeit. Das gilt auch für den Kontakt mit Ihrem authentischen Selbst. Sie haben die Frau, die in Ihnen steckt, vermutlich schon seit Jahrzehnten ignoriert; nun ist der Moment gekommen, um Ihre Unterlassungssünde wiedergutzumachen.

Wohin soll der Ausflug gehen, um sich selbst näherzukommen? Feiern Sie sich, indem Sie nach Freizeitbeschäftigungen Ausschau halten, die Ihr Herz erfreuen und Ihren Geist inspirieren. Gehen Sie wieder einmal ins Kino (es darf ruhig einer von diesen rührseligen historischen Herz-Schmerz-Filmen sein, die Ihnen so gefallen), frühstücken Sie außer Haus, bevor Sie zur Arbeit fahren, schlendern Sie durch die Gänge in der neuen Geschäftspassage, schnuppern Sie die edle Luft in einer sündteuren Designerboutique, schmökern Sie in einem Bücherantiquariat, sehen Sie sich in einem Laden für Künstlerbedarf um, und malen Sie sich die ungezählten Möglichkeiten aus, die Ihrer Persönlichkeitsentfaltung dienen. Wenn Sie eine kreative Exkursion unternehmen, wird Ihr authentisches Selbst Ihnen bereitwillig das Geheimnis enthüllen, das *Sie* repräsentieren. Eine solche Erkenntnis stellt sich spontan ein, wenn Sie Ihr persönliches Wachstum als eine geheiligte, innere Verpflichtung betrachten.

Bei allem Ansporn sei auch eine Warnung ausgesprochen: Solche Vorhaben lassen sich nicht so leicht verwirklichen, wie es zunächst den Anschein haben mag. Die kreativen Exkursionen stellten für mich sogar die schwierigste Etappe auf dem Weg der Einfachheit und Fülle dar. Ich war einfach nicht daran gewöhnt, Zeit für ein ausschließlich persönliches Vergnügen abzuzweigen. Ich hatte das Gefühl, dabei leichtfertig wertvolle Stunden zu vergeuden und mich egoistisch zu verhalten. Machen Sie sich auf einen starken emotionalen, inneren Widerstand gefaßt. An Ausreden wird es Ihnen nicht mangeln: Ich bin groggy; ich habe noch viel zuviel zu tun; zunächst brauche ich jemanden, der auf die Kinder aufpaßt; vielleicht nächste Woche, wenn ich nicht so im Streß bin. Bleiben Sie standhaft, und geben Sie der Versuchung nicht nach. Kreative Exkursionen müssen nichts kosten, erfordern gleichwohl, daß Sie Zeit investieren. Keine Frau ist so überlastet und unentbehrlich, daß sie nicht zwei Stunden in der Woche für sich reservieren könnte, wenn sie wirklich will. Wenn nicht, sollten Sie Ihre persönlichen Prioritäten ernsthaft überdenken. Engagieren Sie einen Babysitter oder bitten Sie Ihren Mann, die Kinder während Ihrer Abwesenheit zu betreuen; nehmen Sie sich die Zeit, während der Ihre Spößlinge in der Schule sind; nutzen Sie Ihre Mittagspause für einen solchen Ausflug, wenn Sie im Berufsleben stehen. Es gibt immer Möglichkeiten, sobald wir erkannt haben, daß die Entwicklung unserer Phantasie und der Aufbau einer guten Beziehung zu unserem authentischen Selbst sich als Zeitinvestierung erweisen, die nicht auf die lange Bank geschoben werden sollte. Planen Sie noch in dieser Woche eine kreative Exkursion mit Ihrem authentischen Selbst ein; sie gehört unabdingbar zum Weg der Einfachheit und Fülle, den Sie begonnen haben. Es warten auf Sie Zeichen und Wunder als Hinweisschilder, denen Sie folgen.

2. FEBRUAR
Finden Sie Ihre Vorlieben heraus

Vielleicht ist die Liebe zu bestimmten Dingen der einzig mögliche Ausgangspunkt, um damit zu beginnen, ein Leben nach eigenen Vorstellungen zu führen.

Alice Coller

Eigentlich sollte es klar umrissen sein: das Wissen um die Dinge, die uns gefallen. Aber in Wirklichkeit ist das selten der Fall. Nachdem wir jahrzehntelang zugelassen haben, daß andere unseren Geschmack manipulieren – Medien, Magazine, Mütter, Freunde –, müssen wir nun einen Entzug in Kauf nehmen, mit allen Nebenwirkungen. Die einzige Meinung, die von nun an zählt, ist unsere eigene.

Führen Sie in dieser Woche ein Experiment durch. Planen Sie eine kreative Exkursion in ein Geschäft für Inneneinrichtung und dekoratives Zubehör. Wählen Sie einen Laden aus, in dem Sie noch nie waren, so daß Sie das Angebot von einer objektiven Warte aus betrachten können. Was erstaunt Sie, spricht Sie an, motiviert Sie zum Kauf? Schreiben Sie diese Entdeckungen in ein kleines Notizbuch, das Sie in Ihrer Handtasche verstauen. Faszinieren Sie die Form einer Teekanne, die Farben eines Webteppichs oder die Textur der Materialien in einem Trockenblumengesteck? Sie werden merken, was Ihnen auf Anhieb gefällt, und zwar in dem Moment, in dem Sie es sehen. Dann stellt sich die Ihnen geläufige »Oh ist das schön«-Reaktion ein. Vertrauen Sie diesem Impuls, verinnerlichen Sie den Moment, merken Sie sich diesen Hinweis auf Ihr authentisches Selbst. Sie werden später noch wichtig sein.

In der nächsten Woche unternehmen Sie eine weitere kreative Exkursion (ohne Kaufverpflichtung) in eine Kleiderboutique. Sie wissen schon – das exklusive Geschäft, das zu betreten Ihnen schon immer unter den Nägeln brannte, von dem Sie sich aber tunlichst ferngehalten haben, weil die Preise unerschwinglich sind. Die Frühjahrskollektion ist höchstwahrscheinlich schon eingetroffen. Nehmen Sie in aller Ruhe in Augenschein, was es an Neuem auf dem Modemarkt gibt. Überlegen Sie, was zu Ihnen passen würde: Macht Ihr Herz einen Hüpfer beim Anblick eines Leinenblazers mit Goldrutenmotiv? Warum tragen Sie dann ausschließlich Schwarz? Und wie gefällt Ihnen der hauchdünne Plisseerock aus Georgette mit Blumenmuster und passender Jacke? Wäre das nicht eine Abwechslung zu den Jeans, in denen Sie ständig herumlaufen, weil sie so schön praktisch sind? Es könnte sein, ja, es könnte wirklich sein, daß ein gutes Selbstgefühl stärker ins Gewicht fällt als der praktische Aspekt. Seien Sie also offen und aufgeschlossen für Ihre wahren Wünsche und Bestrebungen.

Denken Sie daran: In diesem Jahr sollen Sie sich Fragen stellen. Und die wichtigste Frage lautet: Was gefällt Ihnen tatsächlich? Üben Sie sich in Geduld. Sie können Ihr Leben, Ihr Heim und Ihre Garderobe nicht in einer Woche von Grund auf umkrempeln. Haben Sie Vertrauen, daß sich Ihr authentisches Leben schrittweise und nach Ihren Vorstellungen entfalten wird.

3. FEBRUAR
Ihr authentisches Selbst entdecken

> Sich selbst zu lieben ist der Beginn einer lebenslangen Romanze.
>
> *Oscar Wilde*

Eine der Überraschungen, die uns erwarten, wenn wir unser authentisches Selbst betrachten, ist die Entdeckung, daß unser Alter ego so positiv und lebensbejahend eingestellt ist. Sie lächelt fortwährend. Sie ist stets ausgeglichen. Sie strahlt Selbstvertrauen aus. Sie fragen Sie sich vielleicht: Wer ist diese Frau? Hat sie tatsächlich Ähnlichkeit mit mir?

Ja und nein. So sind Sie in Ihrem Innern beschaffen. Ihr reales Ich. Wenn Sie nicht ständig in Übereinstimmung mit dieser inneren Persönlichkeit handeln, dann liegt es daran, daß es Ihnen bisher noch nicht gelungen ist, eine höhere Ebene der Existenz zu erreichen.

Diese Feststellung betrifft nicht nur Sie, sondern auch mich. Die Autorin Marianne Williamson glaubt, daß wir zu jener Entwicklungsstufe gelangen, wenn wir »die Göttin umarmen«, die in uns schlummert.

Doch gelegentlich erhaschen wir einen Schimmer des Gefühls, das uns zuteil wird, wenn wir eine höhere Ebene des Daseins erreichen: an einem Tag, an dem unsere Frisur traumhaft sitzt; wenn wir zwölf Stunden ungestört schlafen konnten; wenn wir in der geschäftlichen Besprechung brillieren, weil wir uns gründlich vorbereitet haben; wenn uns die Garderobe vom letzten Jahr noch paßt; wenn wir ein Fest geben, auf dem sich alle prächtig amüsieren. Wenn wir solche Augenblicke erleben, denken wir oft, daß die Welt wirklich wunderbar ist. Alles fügt sich in vollendeter Harmonie zusammen. Was wir dabei nicht erkennen, ist, daß wir selbst wunderbar sind. Wir lassen uns vom Fluß des Lebens tragen, und das ist ein herrliches Gefühl: Wir befinden uns *an dem Ort, an den wir gehören,* in einer besonderen Konstellation, in der unser authentisches Selbst und die Realität zu Ganzheitlichkeit verschmelzen.

Aber wie können wir häufiger aus dieser spirituellen Energiequelle schöpfen? Wie tauchen wir öfter in den Strom des Lebens ein? Wie lernen wir, das Leben beim Schopf zu packen?

Meditation ist dabei eine große Hilfe. Unternehmen Sie lange Spaziergänge, genießen Sie ein duftendes Schaumbad, waschen Sie die Haare einen Tag früher als nötig, lächeln Sie jeden an, der Ihnen begegnet, gehen Sie sanfter mit sich selbst um, betrachten Sie einen Sonnenauf- oder -untergang, streicheln Sie ein Tier, spielen Sie mit einem Kind – gönnen Sie sich ein kleines Vergnügen, um sich auf jeden Tag zu freuen und dankbar zu sein.

Aber seien Sie vor allem aufgeschlossen und offen für Veränderungen. Begrüßen Sie den Wandel. Marianne Williamson meint, eine neue, große Aufgabe stünde uns noch bevor.

4. FEBRUAR
Das wahre Ich ist die Seele, die sichtbar wird

> Meine Aufgabe besteht darin, mich selbst neu zu erschaffen.
> Aber das absolut Beste aus dem zu machen, was Gott geschaffen hat.
>
> *Robert Browning*

Das absolut Beste aus uns selbst zu machen ist keine leichte Aufgabe. Es mag eine befriedigende Bestrebung sein, der Grund dafür, daß wir überhaupt auf der Welt sind, aber sie erfordert Geduld und Durchhaltevermögen. Viele von uns benötigen hierzu außerdem noch ein Gebet. Das liegt daran, daß wir leichter lernen, nach unserer eigenen Fasson selig zu werden, wenn wir uns auf eine höhere Energiequelle verlassen können, die uns den Pfad erhellt, auf dem wir durchs Leben gehen. Die Filmemacherin und Drehbuchautorin Julia Cameron nannte dies das Einschalten des »spirituellen Lichts«, das uns über unsere Grenzen hinaus den Weg weist.

Wie sehr die Formulierung zutrifft, konnte ich auf meiner eigenen Entdeckungsreise feststellen. Normalerweise habe ich nur dann um ein mein Dasein erhellendes Licht gebetet, wenn ein öffentlicher Auftritt bevorstand, wenn also Workshops, Vorträge oder eine geschäftliche Besprechung auf mich warteten. Irgendwann kam mir dann der Gedanke, diese sporadische Bitte um Erleuchtung gleiche jenem Zustand, als würde man in einem mit Elektrizität ausgestattetem Haus leben und das Licht nur alle Monate für wenige Stunden anknipsen. Und da wunderte ich mich, warum ich immer wieder auf Hindernisse stieß! Deshalb bat ich darum, das Licht möge Tag für Tag mein Leben als Mutter, Ehefrau, Schriftstellerin und Freundin erhellen. Und kaum hatte ich die Bitte ausgesprochen, da wurde sie auch schon erfüllt. Sobald ich sie vergaß, tappte ich im Dunkeln. Man muß kein gelernter Elektriker sein, um zu verstehen, daß es der Bestätigung eines Schalters bedarf, wenn man Licht haben will. Den Schöpfer darum bitten ist eine gute Möglichkeit, das spirituelle Licht einzuschalten. Bei hellem Licht sehen wir bemerkenswert gut, klarer. Und wir entdecken, wenn wir unser Innerstes einer Betrachtung unterziehen, daß unser *authentisches Selbst die Seele ist, die sichtbar wird.*

Versuchen Sie gar nicht erst, sich in einen Menschen zu verwandeln, der Sie nicht sind. Machen Sie einfach das Beste aus dem, was der Schöpfer Ihnen mit auf den Weg gegeben hat. Die geheiligte Kunst und das handwerkliche Können, unser eigenes Potential und das der Menschen, die wir lieben, voll zu entfalten, ist Seelenmagie, die von Einfachheit in der Fülle zeugt. Beginnen Sie noch heute damit, das Licht einzuschalten.

5. FEBRUAR
Die Welt zehrt zu stark an uns

> Was ich mit »sich selbst leben« meine, ist Leben in der Welt, nicht von ihr, sondern in ihr.
>
> *William Hazlitt*

Schon vor mehr als zweihundert Jahren klagte der Dichter William Wordsworth darüber, daß die Welt zu sehr am Menschen zehre. Erduldend und gebend vergeude er seine Kräfte. Heute würden ihm viele Frauen zustimmen. Wir fühlen uns chronisch erschöpft vom »Erdulden«, vergeuden zuviel Energie damit, unseren Lebensunterhalt zu verdienen und die Anforderungen von Haushalt und Beruf auf einen Nenner zu bringen. Und die Realität der wirtschaftlichen Rezession bewirkt, daß wir heute teuer für das bezahlen müssen, was wir gestern mit leichter Hand »gegeben« haben.

Aber allen Unkenrufen, die ständig unsere Sinne bombardieren, zum Trotz – es gibt einen Weg, unser Leben freizukaufen und unsere Zukunft wieder nach eigenem Geschmack zu gestalten: Wir müssen der Welt den Rücken kehren und erkennen, was uns wirklich glücklich macht im Leben. Für jeden Menschen bedeutet dieses Gefühl etwas anderes. Erst wenn wir zu dieser inneren Erkenntnis gelangt sind, haben wir die Möglichkeit, unsere Außenwelt gründlich umzukrempeln. Man könne sein Leben leben und wisse am Ende mehr über andere als über sich selbst, meinte lakonisch die Pilotin und Schriftstellerin Beryl Markham. Das dürfen wir nicht länger zulassen.

Kehren Sie Ihren Blick heute bewußt von der Welt ab. Lesen Sie keine Zeitung und sehen Sie sich eine Woche lang keine Abendnachrichten an – oder länger, wenn Sie es aushalten. Meiden Sie die aufwendig gestalteten Hochglanzmagazine, in denen teure Garderobe abgelichtet ist, die den Erfolg im Berufs- und Privatleben angeblich vorprogrammiert. Befreien Sie sich aus dem Meinungsnetz der anderen, so fähig, kreativ und berühmt sie auch sein mögen, während Sie sich auf der Reise ins Innere befinden. Federn Sie den Schock der Erkenntnis ab, daß viele Ihrer Vorlieben und Ansichten in Wirklichkeit gar nicht Ihre eigenen sind. Beginnen Sie statt dessen, auf das leise Flüstern Ihres authentischen Selbst zu hören, das Ihnen den Weg weist. Auf unserer einzigartigen, persönlichen Forschungsreise zeichnet sich stets der nächste Schritt ab. Er kann einfach nur darin bestehen, daß Sie Ihren Schreibtisch aufräumen und dabei die Broschüre der Volkshochschule mit den Terminen für die nächsten Kurse in Aquarellmalerei finden.

Nur wenn der Lärm der Außenwelt verstummt, sind Sie imstande, die tieferen Schwingungen zu vernehmen.

Lauschen Sie aufmerksam.

Aus dem Universum schallt Ihr Lied herüber.

6. FEBRUAR
Erschaffen Sie Ihre Welt neu

> Ich habe meine Welt erschaffen, und es ist eine weit bessere Welt, als ich je eine außerhalb sah.
>
> *Louise Nevelson*

In vielen Schöpfungsmythen heißt es, daß für die Erschaffung der Welt sechs Tage vonnöten waren. Wir brauchen ein wenig länger, um unsere ganz persönliche Welt neu zu gestalten. Aber wir können am gleichen Punkt anfangen wie der Schöpfergeist und feierlich geloben, es werde Licht, um den Pfad der Selbstentdeckung zu erhellen.

Die Tradition der Quäker basiert auf dem »inneren Licht«, das jedem Menschen innewohnt. Diese Religionsgemeinschaft ist ein anschauliches Beispiel für den Balanceakt, im Hier und Jetzt zu leben, ohne sich weder vom einen noch vom anderen vereinnahmen zu lassen. Dieses Kunststück bringen sie dadurch fertig, daß sie sich weigern, zwischen einem geheiligten und einem profanen Bereich zu trennen. Die Quäker glauben vielmehr, daß alle Geschehnisse im Alltag spiritueller Natur sind: von der Zubereitung einer Mahlzeit für die Familie bis hin zu Protesten gegen politische Entscheidungen. Der britische Autor George Gorman hat beobachtet, daß »der Kern der Spiritualität« bei den Quäkern in der Gewißheit ruhe, daß jegliches menschliche Handeln eine religiöse Bedeutung habe. Damit durchtrenne der Mensch keineswegs die Nabelschnur, die ihn mit dem Leben verbindet, sondern er trete nur tiefer und voller in das Leben ein.

Schlichtheit ist der rote Faden, der das Leben der Quäker, ihren Wohn- und Kleidungsstil, miteinander verbindet. Einmal in der Woche findet ein Gottesdienst oder eine Versammlung statt, die aus einer stillen Meditation besteht. Dem Rhythmus des Lebens zu folgen, die Schöpfung zu ehren und durch Kontemplation zur Wahrheit zu gelangen sind Kennzeichen ihrer Religion. Diese Marksteine können auch uns dabei helfen, unsere persönliche Welt neu zu gestalten.

Der erste Schritt besteht darin, unserem Leben Struktur und Rhythmus zu verleihen. Wieviel Gleichmaß herrscht in Ihrer persönlichen Welt? Kinder sind nicht die einzigen, die regelmäßige Mahlzeiten, Schlafens- und Ruhezeiten brauchen. Müttern tun solche zyklischen Wiederholungen ebenfalls gut. Denken Sie an den stetigen, beruhigenden Rhythmus in der Natur – an Ebbe und Flut, an den Kreislauf der Jahreszeiten, den monatlichen Wechsel der Mondphasen und den Tageslauf vom Morgen bis zur Nacht. Ein gewisses Gleichmaß sollte auch als Eckpfeiler in unserer persönlichen Welt »eingebaut« sein. Wir führen alle ein geschäftiges Leben, das sich bei manchen noch hektischer und ermüdender auswirkt als bei anderen. Wir müssen lernen, Grenzen zu setzen und »nein« zu sagen.

Seien Sie heute bereit, still über die Rolle nachzudenken, die

Struktur und Rhythmus in Ihrem Alltag spielen. Ihr Herz wird Ihnen sagen, was gut für Sie ist und was Ihnen nicht bekommt. Unseren täglichen Rhythmus erneut mit einem gewissen Gleichmaß zu unterlegen, vermag das Gefühl der Zufriedenheit und des Wohlbefindens zu erhöhen, von dem wir in Zeiten zehren können, wenn wir nicht imstande sind, uns den Problemen der Welt zu entziehen.

7. FEBRUAR
Eine Künstlerin ist eine Kunstschaffende

> Leben ist eine Form der Ungewißheit, des Nichtwissens, was uns als Nächstes erwartet... Der Künstler ist sich niemals absolut sicher. Wir sind darauf angewiesen, zu raten. Wir mögen fehlgehen, aber wir setzen im Dunkeln einen Schritt vor den anderen.
> *Agnes De Mille*

Die meisten Menschen fühlen sich sicher, wenn sie auf Nummer Sicher gehen. Wir tragen beispielsweise lieber eine echte Perlenkette statt der Gehänge aus handbemalten bunten Glasperlen, die wir auf der Handwerksausstellung mit einem flüchtigen Blick bedacht haben. Und trotzdem sind es genau die auffallenden roten und lila Glasperlen um den Hals einer anderen Frau, die unsere Aufmerksamkeit wecken. »Alle Achtung, die sehen ja toll aus!« müssen wir neidlos anerkennen. Und wir fragen uns, woher sie wohl wußte, welche Faszination sie ausstrahlen.

Wahrscheinlich wußte sie es nicht. Sie hat vermutlich nur einen Schritt im Dunkeln gewagt und ihrer Intuition nachgegeben. Sie besaß die Selbstsicherheit, ihrem eigenen Stilempfinden zu vertrauen. Ihre innere Stimme hat ihr zugeflüstert: »Probier die Halskette an!« Und sie ist lediglich ihrer Eingebung gefolgt. Sie hat im Leben auf Risiko gesetzt – in vernünftigem Rahmen, wohlgemerkt –, aber die Wirklichkeit mit beiden Händen gepackt und eine sich bietende Möglichkeit genutzt.

Jeder Tag bietet uns zahlreiche Gelegenheiten, Neuerungen einzuführen. Sie könnten darin bestehen, daß Sie heute abend Focacchia zum Abendessen servieren statt Knoblauchbrot. Oder daß Sie statt der unifarbenen Strumpfhosen, nach denen Sie automatisch greifen, halterlose Strümpfe mit Blumenmuster kaufen, die dazu reizen, tanzen zu gehen. Oder daß Sie das Tuch, mit dem Sie die Haare aus der Stirn binden, gegen einen pfiffigen Kurzhaarschnitt eintauschen, der Ihnen steht und weniger Arbeit macht.

Die Psychologin Susan Jeffers rät, jeden Tag ein Risiko einzugehen – ein kleines oder kühnes Abenteuer, das ein Gefühl unbändiger Kraft verleihe, sobald es vollbracht sei. Lassen Sie sich heute auf ein authentisches Risiko ein, das Ihr Leben verändern kann: Beginnen Sie, sich selbst als Künstlerin zu betrachten und Ihr Leben als ein unvollendetes Werk. Unvollendete Werke werden definitionsgemäß nie fertig. Sie sind jederzeit imstande, den Handlungsablauf des Drehbuchs umzuschreiben, der Leinwand eine neue Farbe hinzuzufügen. Der Film kann während des Schneidevorgangs gestrafft werden. Kunst entwickelt sich schrittweise, genau wie das Leben. Die Kunst kennt keinen Stillstand, und auch hierin gleicht sie dem Leben. Das wundervolle, authentische Leben, das Sie für sich selbst und alle schaffen wollen, die Sie lieben, ist ein Kunstwerk – und zwar das größte, das es gibt. Wir ähneln keinem Lebewesen, das jemals geschaffen wurde seit Anbeginn der Zeit. Deshalb seien wir unvergleichlich, erkannte Brenda Ueland.

Halten Sie diesen Gedanken fest.

8. FEBRUAR
Sie sind eine Künstlerin

> In dir schlummert ein Künstler, von dem du nichts weißt... Sag schnell ja, wenn du es weißt, wenn du es seit Anbeginn des Universums gewußt hast.
>
> *Jalai Ud-Din Rumi*

Die meisten Frauen fühlen sich unbehaglich bei dem Gedanken, sich als Künstlerin zu sehen. Sie glauben, Künstlerinnen schreiben Romane, malen, entwerfen die Choreographie für ein Ballett, spielen in renommierten Häusern Theater, sitzen an der Töpferscheibe, drehen Dokumentarfilme, kleiden sich von Kopf bis Fuß in Schwarz, trinken Absinth und umranden ihre Augen mit rabenschwarzem Khol.

Aber in jeder Frau steckt eine Künstlerin. Ein Künstler ist ein ganz gewöhnlicher Mensch, der aufmerksam zuhört und Zugang zur kreativen Energie des Universums findet, um auf der dinglichen Ebene etwas zu schaffen, was es zuvor noch nicht gab. Es war Teil des Geistes, bevor wir es als Buch, Gemälde, Ballett oder Film zu Gesicht bekommen.

Und genauso verhält es sich mit dem authentischen Leben, das wir schaffen. Mit jeder Entscheidung, Tag für Tag, kreieren wir nach und nach ein einzigartiges Kunstwerk. Etwas, wozu nur wir befähigt sind. Etwas ebenso Schönes wie Kurzlebiges. Wir wurden aus einem einzigen Grund geboren: um der Welt unseren ureigenen, unverkennbaren Stempel aufzudrücken. Dieser Stempel ist unser authentisches Selbst.

Akzeptieren Sie heute, daß unter Ihren Händen ein Kunstwerk entsteht, indem Sie Entscheidungen im kleinen und im großen treffen und dabei zwischen Sicherheitsdenken und Risikofreude wählen müssen. Gibt es etwas in Ihrem Leben, was Sie anders machen, was Sie ausprobieren möchten? Warum bestellen Sie nicht einmal einen Espresso nach dem Mittagessen im Restaurant, wenn Sie noch nie einen getrunken haben? Oder Sie probieren in der Parfümabteilung die neuen Duftnoten aus, statt automatisch nach den alten, bewährten zu greifen. Oder Sie kaufen eine kleine Flasche Balsamico-Essig, den Sie über eine Scheibe Honigmelone träufeln. Oder Sie schalten nicht irgendeinen Popsender während der Heimfahrt mit dem Auto ein, sondern entspannen sich bei klassischer Musik!

Jedesmal, wenn Sie etwas Neues ausprobieren, sind Sie für Inspirationen offen. Immer wenn Sie ein Experiment im kleinen wagen, zeigen Sie dem Universum an, daß Sie aufmerksam zuhören. Vertrauen Sie auf Ihre Intuition. Glauben Sie daran, daß Ihre geheimen Sehnsüchte ein Segen sind. Respektieren Sie Ihren schöpferischen Drang. Wenn Sie bereit sind, im Dunkeln vertrauensvoll einen Schritt vor den anderen zu setzen, werden Sie entdecken, daß Ihre Entscheidungen genauso authentisch sind wie Sie selbst. Und außerdem werden Sie feststellen, daß Ihr Leben exakt so verläuft, wie es vom Schöpfer vorgesehen ist: als Sonett der Freude und Dankbarkeit.

9. FEBRUAR
Alle vierundzwanzig Stunden eine saubere Leinwand

> Noch etwas Reales! Ich bin noch nicht tot! Ich kann nach wie vor ein Stück Seele ergreifen und in Farbe tauchen, es auf ewig konservieren.
>
> *Keri Hulme*

Bevor eine Malerin mit ihrer eigentlichen Arbeit beginnt, trifft sie einige Vorbereitungen. Sie hat vorher vermutlich Skizzen des Motives gefertigt, das sie als Bild festhalten will. Sie mischt ihre Farben an, um die richtigen Nuancen zu erhalten. Sie hat die Leinwand außerdem mit einer Fixierschicht versiegelt, so daß die Farben haftenbleiben. Alle diese Schritte erfordern Zeit. Natürlich nehmen wir die Vorbereitungen nicht wahr, wenn wir uns in das vollendete Werk vertiefen; wir sehen lediglich das Gesamtbild. Und deshalb vertrat die Malerin Helen Frankenthaler die Meinung, daß ein schönes und wirkungsvolles Gemälde den Anschein erwecken müsse, als sei es in einem einzigen Zug entstanden. Es gefalle ihr nicht, wenn die Konturen des Pinselstrichs oder ein Farbtropfen zu erkennen seien.

Vorbereitende Schritte sind unerläßlich in jeder künstlerischen Disziplin. Sie lassen sich auch nicht vermeiden, wenn wir ein authentisches Leben führen wollen. Alle vierundzwanzig Stunden erhalten wir eine saubere Leinwand zugeteilt, die für unsere Vision vom Leben präpariert werden muß. Unsere Gedanken in einer Meditation zur Ruhe bringen, Zeit zum Träumen und für unsere persönliche Entfaltung mittels des täglichen Dialogs und des bebilderten Reisejournals abzweigen, uns Klarheit über unsere authentischen Vorlieben verschaffen, das Tempo im Alltag drosseln, um uns auf jeweils eine Aufgabe zu konzentrieren – das alles sind vorbereitende Schritte, die wir einleiten müssen, wenn wir ein zufriedenes, erfülltes Leben führen wollen.

Die Mühe wird nicht vergebens sein. Denn wenn wir uns vom Fluß des Lebens tragen lassen, das Hier und Jetzt voll auskosten, sind die Pinselstriche nicht zu erkennen. Gehen Sie bei der inneren Vorbereitung heute nicht zu übereilt vor, wenn Sie ein Stück Ihrer Seele auf die Leinwand des Lebens bannen.

10. FEBRUAR
Ein authentisches Leben für Sie selbst und die Menschen schaffen, die Sie lieben

> Es ist eine seltsame Sache mit dem Leben; wenn man sich weigert, etwas anderes als das Beste zu akzeptieren, erhält man es sehr oft.
>
> *Somerset Maugham*

Es ist viel leichter, ein sorgloses, bequemes Leben zu führen, wenn dem Budget keine Grenzen gesetzt sind. Solange die Haushaltskasse gefüllt ist, bleiben uns die Lektionen erspart, die wir lernen müssen, wenn die Erfüllung unserer Wünsche auf sich warten läßt. Aber Geld haben bedeutet noch lange nicht, ein authentisches Leben zu führen. Und sich mit schönen Dingen umgeben ist keine Garantie für ein lebenslanges Glück. Wenn Sie eine Hiobsbotschaft erhalten, ist der Gedanke, daß Ihre Tränen in ein Damastkissen mit Seidenquasten fließen, keinen Deut tröstlicher.

Als ich mich auf den Weg der Einfachheit und Fülle begab, praktizierte ich mehrere Monate bewußt eine Abkehr von den weltlichen Ablenkungen. Ich las weder Zeitschriften noch Zeitungen, mied die Nachrichten im Fernsehen, und vor allem verzichtete ich auf Einkaufsbummel (mit Ausnahme von Lebensmitteln und absolut notwendiger Kinderkleidung übte ich Konsumverzicht). Die Symptome, die ich verspürte, erwiesen sich als ähnliche Tortur wie bei einem Drogenentzug. Es gab Zeiten, da fühlte ich mich buchstäblich am ganzen Körper zerschlagen, ich zitterte und litt unter

Schwindelanfällen. Wenn das geschah, pflegte mein authentisches Selbst mein bewußtes Selbst (das nicht viel von dem neuen Kurs zu halten schien) zu beruhigen, daß ich eine tiefgreifende Veränderung der inneren Realität erlebte. Ich lernte, zwischen Bedürfnissen und Wünschen zu unterscheiden, und erst, als ich diese nachhaltige Lektion aus dem Effeff beherrschte, konnte ich meinen Weg fortsetzen. Ich mußte lernen, welche Dinge in meinem Leben entbehrlich waren. Und was ich wirklich brauchte, ließ sich von meinem Haushaltsbudget bestreiten. Mit anderen Worten: Ich konnte es haben, aber zuerst mußte ich zu Selbsterkenntnis gelangen.

Wenn Sie sich darüber klarwerden, auf welche Dinge Sie gut und gerne verzichten können, sind Sie imstande, nur das Beste vom Leben zu fordern, weil Sie die Gabe des Scharfblicks besitzen. Sie üben sich in Geduld, während Sie demutvoll und dankbar warten, bis sich das Beste verwirklicht, denn Sie wissen, daß dieser Tag kommen wird. Sie können ein authentisches Leben für sich selbst und diejenigen Menschen schaffen, die Ihnen nahestehen, weil Sie in der Lage sind, wohlüberlegte Entscheidungen zu treffen. Sich von der Welt ab- und dem Glück zuwenden ist der Weg, der zu Ihrer Authentizität führt.

11. FEBRUAR
Göttliche Unzufriedenheit: Lernen, mit dem eigenen Licht zu leben

> Die göttliche Gnade trifft uns wie ein Blitzschlag, wenn wir voller Kummer und Ratlosigkeit sind... Manchmal durchbricht in diesem Augenblick eine Welle des Lichts unsere Dunkelheit, und es ist, als spräche eine Stimme: »Du bist angenommen.«
> *Paul Johannes Tillich*

Was können wir erwarten, wenn wir üben, das »spirituelle Licht« einzuschalten, von dem Julia Cameron in ihrem Buch *The Artist's Way: A Spiritual Path to Higher Creativity* spricht? Mehr Energie und Inspiration, verblüffende, scheinbar zufällige, positive Überraschungen und die Fähigkeit, unsere Ziele mit links zu erreichen? Ja, gewiß. Das war zumindest meine Erfahrung.

Aber eines haben Sie vielleicht nicht erwartet – eine Situation, die Sie aus der Bahn werfen könnte: die Unzufriedenheit, die Sie empfinden, wenn die göttliche Macht nicht anwesend ist, wenn Sie im dunkeln tappen und ganz auf sich allein gestellt sind, weil Sie vergessen haben, das Licht einzuschalten. Ich habe gelernt, daß Bitten der einzige Weg ist, die spirituelle Energie zu aktivieren. Sie ist immer für mich da, aber ich muß darum bitten.

Die Unzufriedenheit, die wir empfinden, wenn das spirituelle Licht ausgeschaltet ist, manifestiert sich auf verschiedene Weise. Plötzlich gefällt uns ein Raum in unserem Haus nicht mehr. Die Einrichtungsfehler vergangener Zeiten verfolgen uns bis in unsere Träume. Die Garderobe paßt nicht mehr oder sieht nicht mehr gut an uns aus. Die Gerichte, die wir kochen, sind immer gleich und langweilig; uns fällt einfach nichts Neues mehr ein. Es nervt, daß wir die Arme hochreißen müssen, um den Kopf zu schützen, sobald wir den Flurschrank öffnen, aus dem uns alles entgegenquillt. Und schlimmer noch: Die überschwengliche, ja sogar an Euphorie grenzende Hoffnung, die daher rührte, daß wir die Dankbarkeit in unseren Alltag integrieren wollten, macht einer inneren Rastlosigkeit und Unzufriedenheit Platz. Uns kommt der Gedanke, daß der Weg der Einfachheit und Fülle bei manchen Frauen ja wahre Wunder wirken mag, jedoch nicht für uns. Aber eines möchte ich Ihnen sagen: Halten Sie durch. Wie die englische Historikerin Dame Cicely Veronica Wedgwood erklärt, sind Unzufriedenheit und Unordnung Zeichen der Energie und Hoffnung, aber nicht der Verzweiflung.

Was mit uns geschieht, ist ein unerläßlicher Bestandteil des Prozesses, den ich göttliche Unzufriedenheit nenne. Diese schöpferische zweite Chance in unserem Leben erhalten wir, wenn wir uns selbst ungeschminkt begegnen. Wenn wir unser Leben endlich selbst in die Hand nehmen und dem Schicksal unsere Zukunft abtrotzen. Wenn wir lernen, Stroh zu Gold zu spinnen. Wenn wir dankbar erkennen, daß wir mit unserem eigenen Licht leben können, sobald wir Zugang zur göttlichen Energie finden.

Bitten Sie darum. Fordern Sie Ihr Recht ein. Noch heute.

12. FEBRUAR
Es war einmal ...
Ihr intuitives Selbst, dem Sie blind vertrauen

Sobald du dir vertraust, sobald weißt du zu leben
Johann Wolfgang von Goethe

Versuchen Sie heute ein Foto von sich zu finden, auf dem Sie ungefähr zehn Jahre alt sind. Wählen Sie eines, auf dem Sie lächeln. Stellen Sie es in einem hübschen Rahmen auf Ihre Frisierkommode oder auf den Schreibtisch, oder legen Sie es in Ihr bebildertes Reisejournal und werfen Sie jeden Tag einen Blick darauf. Betrachten Sie das Kind, das Sie einst waren, mit Liebe. Versuchen Sie, sich in Ihrer Phantasie in die Zeit zurückzuversetzen. Vollziehen Sie nach, wie Sie mit zehn waren: zu Hause, in der Schule, beim Spielen. Wo haben Sie gewohnt? Können Sie Ihr Elternhaus oder die Wohnung und die Straße vor sich sehen, in der das Haus stand? Schlendern Sie durch die Räumlichkeiten, in denen Sie Ihre Kindheit verbracht haben. Wie sah Ihr Kinderzimmer aus? Mit wem waren Sie befreundet? Hatten Sie eine »beste Freundin«? Wer oder wie war sie? Was haben Sie miteinander gespielt? Welche Buntstiftfarbe war Ihnen die liebste? Haben Sie gelernt, ein Musikinstrument zu spielen? Gab es eine Lieblingspuppe in Ihrer Sammlung? Können Sie sich noch an den Geruch von Knetgummi erinnern? Hatten Sie ein Lieblingsgericht? Können Sie sich daran erinnern, welche Unterrichtsfächer Sie in der fünften Klasse besonders gern gemocht haben? Versuchen Sie, sich beim Schreiben Ihrer täglichen Dialogseiten noch einmal das Mädchen ins Gedächtnis zu rufen, das Sie mit zehn waren.

Diese Übung wird Ihnen Spaß machen, denn mit zehn haben Sie vermutlich zum letzten Mal blind Ihrer Intuition vertraut. Sie haben nicht auf die Meinung Ihrer Mutter oder Freundinnen gehört, weil Sie Ihre eigene hatten.

Meine zehnjährige Tochter in der Umkleidekabine eines Kaufhauses zu beobachten, war für mich eine Offenbarung: »Nein, das paßt nicht zu mir«, sagte sie immer wieder, wenn ich ihr ein Kleidungsstück zum Anprobieren hereinreichte. Mit einer Sicherheit, um die ich sie beneidete, suchte sie sich eine Gobelinweste und einen schwarzen Filzschlapphut aus. »Das finde ich toll«, verkündete sie mit zufriedener Miene,»das paßt zu mir.« Ich erinnere mich, daß es einmal eine Zeit gab, in der auch ich meiner Intuition blind vertraute, und Ihnen wird es nicht anders ergangen sein. Es gab einmal eine Zeit, in der wir nicht zweimal überlegen mußten und uns in unserer Entscheidung auch dann noch nicht sicher fühlten. Diese Zeit können wir wieder aufleben lassen.

Versuchen Sie, Kontakt zu dem Mädchen aufzunehmen, das Sie einst waren. Es ist inzwischen erwachsen geworden. Es ist Ihr authentisches Selbst, und es wartet, um Sie daran zu erinnern, wie schön, vollkommen und außergewöhnlich Sie in Wirklichkeit sind.

13. FEBRUAR
Sie haben eine einzigartige Position: Lieben Sie Ihre Authentizität

> Ein ernüchternder Gedanke: Was wäre, wenn ich in ebendiesem
> Augenblick mein Lebenspotential voll ausgeschöpft hätte?
> *Jane Wagner*

Atmen Sie tief ein und entspannen Sie sich. Ich habe eine gute Nachricht für Sie: Sie haben Ihr Potential noch nicht voll ausgeschöpft, denn sonst hielten Sie dieses Buch jetzt nicht in der Hand. Sie sind immer noch dabei, ihre Wünsche und Bestrebungen zu verwirklichen, zu träumen, sich zu sehnen, an sich zu arbeiten. Auch ich habe mein Potential noch nicht voll ausgeschöpft, denn sonst hätte ich dieses Buch nicht geschrieben. Sie und ich, wir haben uns in ein aufregendes Abenteuer gestürzt, das bisweilen ein wenig angst machen kann. Einer der wichtigsten Meilensteine auf unserem Weg ist der Augenblick, an dem wir endlich unsere einzigartige Position im Leben finden und erkennen, daß sie unbezahlbar ist. Sie habe zeitlebens an die Stärke und Kompetenz anderer geglaubt und niemals ihre eigenen Fähigkeiten erkannt, analysierte die Autorin Joan Mills ihr Leben. Bis sie zu der verblüffenden Entdeckung gelangte, »daß *meine* Fähigkeiten real sind«. Sie verglich ihre Erkenntnis mit dem Fund eines Vermögens im Futter eines alten Mantels.

Heute, oder sobald Sie können, sollten Sie sich in gute Stimmung versetzen. Deponieren Sie dazu fünf Zehnmarkscheine in den Taschen Ihrer Mäntel und Jacken. Und nun vergessen Sie das Ganze. Wenn Sie das nächste Mal Ihren Mantel anziehen und zehn Mark darin finden, sollten Sie sich freuen und daran denken, daß Sie jeden Tag Ihre eigene, einzigartige Position im Leben lieben, ehren und respektieren sollten: Sie sind der Entdeckung eines Schatzes einen Schritt nähergerückt.

Nun müssen Sie nur noch eines tun: Beginnen Sie, sich selbst pfleglicher zu behandeln. Fangen Sie mit einem Zehnmarkschein an, sich zu verwöhnen. Kaufen Sie sich einen schönen Blumenstrauß für Ihren Schreibtisch, genießen Sie ein Buttercroissant zu Ihrem Morgenkaffee, halten Sie an einem schicken Friseursalon und besorgen Sie sich ein Shampoo mit Mandelduft. Tun Sie einfach irgend etwas Außergewöhnliches, was auf Anhieb Ihre Laune verbessert. Um auf dieser Welt etwas zu erreichen, müsse man sich zuerst wirklich selbst lieben, riet die US-Schauspielerin Lucille Ball. Denn dann ergebe sich alles andere von allein.

14. FEBRUAR
Begrabene Träume

> Wo es bedingungslose Liebe gibt, gibt es auch immer Wunder.
> *Willa Cather*

Es bedarf bedingungsloser Liebe und einigen Mutes, begrabene Träume wieder ans Tageslicht zu befördern. Heute bietet der Tag, der für die Liebe vorgemerkt ist, eine einmalige Gelegenheit, in sich zu gehen und mit Zuneigung und Verständnis auf die bisherigen Etappen Ihres Lebensweges zurückzublicken.

Es gab einmal eine Zeit, da wollten wir die Welt mit dem Feuer unserer Leidenschaft verbrennen. Erinnern Sie sich? Heute haben wir alle unser Päckchen Asche zu tragen, gemeinsam mit den Erinnerungen an einige Funken, die für unsere Anstrengungen stehen. Im Laufe der Jahre haben wir so manchen kostbaren Traum unter Ruß und Schuttbergen begraben. Naivität, gute Absichten, Verzicht, bitteres Scheitern, Umwege, Enttäuschungen, Zurückweisungen, falsche Entscheidungen, ein schlecht gewählter Zeitpunkt, verpatzte Bemühungen, dumme Fehler, unvorhergesehene Umstände, Launen des Schicksals und verpaßte Gelegenheiten türmen sich in mehreren Schichten übereinander. Kein Wunder, daß wir Mut brauchen, um unsere ursprüngliche Fährte wiederzufinden. Doch Mut sei der Preis, den das Leben dafür fordere, daß es inneren Frieden gewährleiste, gibt die Pilotin Amelia Earhart zu bedenken.

Eine kluge Frau hat mir einmal empfohlen, nicht darüber nachzugrübeln, was ich wäre, wenn ... sondern *einfach zu sein, die ich bin.* Und während ich gelernt habe, daß Träume genausoviel Tun wie Sein erfordern, habe ich auch erfahren, daß das Sein immer an erster Stelle stehen muß.

Heute ist der Tag des Seins. Verbringen Sie Zeit mit den Menschen, die Sie lieben, seien Sie nett zu sich selbst. Werden Sie still und befördern Sie den Traum, den Sie vor langer Zeit begraben haben, an die Oberfläche Ihres Bewußtseins. Die Asche glüht noch in Ihrer Seele. Sehen Sie ihn plastisch vor sich, umfangen Sie ihn mit Ihrem Herzen. Einen Augenblick mit ihm vereint zu leben, gestand Anaïs Nin, »das war das Wunder«.

15. FEBRUAR
Der Forscherin begegnen,
die sich in Ihrem Innern verbirgt

> Es gibt nur ein einziges Mittel. Gehen Sie in sich.
>
> *Rainer Maria Rilke*

Alexandra David-Neal schrieb 1923, wie sie sich danach gesehnt habe, einfach die Gartenpforte hinter sich zu schließen und sich auf den Weg in unbekannte Gefilde zu begeben. Es handelte sich dabei um ihre Erinnerungen an ihre wagemutige Himalaya-Reise, die eine Suche nach spiritueller Wahrheit und ein inspirierendes Abenteuer darstellte. Die in Paris geborene ehemalige Schauspielerin und Forscherin verkleidete sich als Pilgerin und unternahm auf eigene Faust eine Expedition in das Herz Tibets, nach Lhasa, eine geschlossene Stadt. Bis dahin hatte keine einzige Frau aus dem Westen die heilige Stätte zu Gesicht bekommen.

Während ich nachmittags die Kinder aus der Schule abhole, die zu unserer Fahrgemeinschaft gehören, frage ich mich, wie eine Frau heute eine solche Wanderlust befriedigen würde. Wie könnte ich beispielsweise den Traum vom Besuch des Tempels der ägyptischen Königin Hatschepsut unweit der antiken Stadt Theben mit der Realität in Einklang bringen, einen Kombi voller Kinder von der Schule zum Fußballtraining zu kutschieren?

Wenn auch Sie sich nach der großen weiten Welt jenseits der Gartenpforte sehnen, sollten Sie das gleiche tun wie ich, um den Funken der Abenteuerlust lebendig zu erhalten: Begeben Sie sich auf eine Expedition in Ihr Inneres, um dort der authentischen Forscherin zu begegnen. Wohin geht deren Reise? Welchen Ort auf der Welt würden Sie erkunden, wenn alle Unkosten bezahlt wären und ein Babysitter zur Verfügung stünde? Und warum gerade diese Stätte? Wen würden Sie mitnehmen? Wie lange würden Sie wegbleiben? Was würden Sie dort tun?

Ja, das ist eine erstklassige Phantasie, und sie macht Spaß. Um Stoff für Ihre hochgesteckte, schöpferische Visualisierungsübung zu sammeln, sollten Sie auf einen Sprung in der nächstgelegenen Bibliothek vorbeischauen und in den Regalen mit der Reiselektüre stöbern. Lesen Sie ein Buch über berühmte Frauen, die wagemutige Expeditionen unternommen haben. Verinnerlichen Sie die Reiseberichte und speichern Sie sie in Ihrem unbewußten Gedächtnis.

Als nächstes unternehmen Sie eine kreative Exkursion in ein Reisebüro und holen sich farbenprächtige Kataloge für Ihr Reisejournal. Falls man Sie fragt, lassen Sie den Reisetermin einfach offen. Niemand muß wissen, daß Sie im Lehnstuhl verreisen und sich an einem kalten Winterabend in Ihre Phantasie versenken, da Sie die Forschungsreise als eine persönliche Metapher betrachten.

Und wozu das Ganze? fragen Sie vielleicht. Weil wir, wie die Schriftstellerin Alice Walker sehr scharfsinnig beobachtet hat, jeden Tag aufs neue lernen, daß »die meisten fremden Länder in unserem Inneren liegen«. Wir sind unser eigener unerforschter Kontinent, unsere eigene *Terra incognita*. Viele Wunder warten dort auf Entdeckung, wenn wir den Weg zu unserem authentischen Selbst unbeirrt fortsetzen.

16. FEBRUAR
Am Ende unserer Selbsterforschung

Wir werden nicht aufhören zu forschen,
Und das Ende unserer Erkundungen wird sein,
daß wir dort ankommen, wo wir unsere Reise begonnen haben
Und den Ausgangspunkt zum ersten Mal erkennen.
T. S. Eliot

Wenn wir ein authentisches Leben führen, entdecken wir zum ersten Mal unseren wahren Platz in der Welt. Doch diese Selbsterkenntnis kommt nicht von ungefähr. Durchhaltevermögen und Mut sind erforderlich, um auf unserer Erkundungsreise in die finstersten Winkel des Selbst vorzudringen. Wer weiß, was wir dort vorfinden werden? Es genügt eben nicht, einen leibhaftigen Drachen gedanklich zu ignorieren, wenn man in seiner Nähe lebe, erklärt der Schriftsteller J. R. R. Tolkien.

Unsere Drachen sind die Ängste, die am Tag hinter uns herschleichen und uns nachts schweißgebadet aufwachen lassen. Die Angst vor dem Unbekannten. Die Angst zu scheitern. Die Angst, etwas Neues zu beginnen und zu scheitern – wieder einmal. Oder eine handgreifliche Angst, die uns von Kopf bis Fuß erschaudern läßt: die Angst vor dem Erfolg, die Angst, die Verwandlung in unser authentisches Selbst und den Veränderungen ins Gesicht zu sehen, die unweigerlich damit einhergehen. Wir mögen unzufrieden sein mit dem Leben, das wir derzeit führen, aber wenigstens empfinden wir es als vertraut und sicher.

Wir wissen nicht, wohin der Weg führt, und das bereitet uns großes Unbehagen. Alte Träume werden wieder lebendig, neue Wünsche buhlen darum, erfüllt zu werden. Statt Klarheit zu gewinnen, wächst unsere Verwirrung. In solchen Augenblicken ist es tröstlich, sich T. S. Eliots Überzeugung zu vergegenwärtigen: Er hat gesagt, daß wir uns vor der Selbsterkenntnis nicht zu fürchten brauchen, denn am Ende unserer Selbsterforschung werden wir dort ankommen, wo unsere Reise begonnen hat, und wissen, daß wie letztendlich an genau diesen Platz gehören.

Frauen haben immer gewußt, wie man mit den Drachen umgeht, die sich unter den Betten verstecken oder im Schrank lauern. Wir knipsen das Licht an und geben den Furchtsamen und von Alpträumen Gequälten Sicherheit durch unsere Liebe. Wir müssen die Drachen in unseren Köpfen auf ähnliche Weise besiegen.

Wenn Sie heute Angst oder Unsicherheit angesichts der Zukunft empfinden, dann nehmen Sie das zweischneidige Schwert des Lichts und der Liebe als Waffe in die Hand. Denken Sie stets daran: Ein Abenteuer, in dem keine Drachen vorkommen, ist es nicht wert, erzählt zu werden. Aber genau wie in den besten altüberlieferten Märchen werden Sie am Ende Ihrer Forschungsreise entdecken, daß Sie danach glücklich und zufrieden leben – bis ans Ende Ihrer Tage.

17. FEBRUAR
Eine mentale Safari ins innere Selbst

Die Wälder wurden geschaffen für die, die nach Träumen jagen,
Die Bäche für die, die Lieder fischen,
Den Jägern, die zu waffenlosen Spielen eilen,
Gehören die Ströme und Wälder.

Sam Walter Foss

Im Sommer 1893 reiste eine Engländerin namens Mary Kingsley auf der Suche nach ihrem authentischen Selbst in den unwegsamsten, gefährlichsten Teil von Französisch-Kongo. Ihre Eltern waren soeben erst verstorben, und plötzlich, mit einunddreißig Jahren, stellte Mary Kingsley fest, daß sie nicht nur »von Kummer überwältigt«, sondern auch »jeden Lebenssinns beraubt« war. Ihre Abenteuer in Westafrika veränderten ihr Leben. Einige Jahre später erregten ihre Berichte und naturkundlichen Entdeckungen, einschließlich der Dokumentation unbekannter Fischarten und Tierspezies, innerhalb des wissenschaftlichen Establishments der viktorianischen Epoche großes Aufsehen.

Mary Kingsley verfolgte wie ein Jäger ihren Traum: Sie wollte wissen, wer sie wirklich war und an welchen Platz in der Welt sie gehörte. Das zu erkunden, haben Sie sich ebenfalls vorgenommen. Auch ohne jeden Tag den Gefahren ins Auge blicken zu müssen, denen die mutige Britin sich gegenübersah – wilde Tiere, die Feindseligkeit der Eingeborenen und tödliche Krankheiten –, haben Sie sich auf ein Abenteuer eingelassen, das so aufregend ist wie das jedes anderen Forschungsreisenden. Die Quellen des Nils zu entdecken oder den Verlauf des Amazonas zu kartographieren sind äußere Parallelen zur inneren Reise, die Sie heute unternehmen, eine mentale Safari ins innere Selbst.

Wenn man in Afrika auf Safari geht – das Kisuaheli-Wort für Reise – läßt man die Sicherheit des zivilisierten Lebens zurück, um sich in die Wildnis hinauszuwagen. Jedesmal, wenn Sie auf die Frau in Ihrem Innern hören – Ihr authentisches Selbst –, lassen Sie sich auf das gleiche Abenteuer ein. Erinnern Sie sich immer wieder daran. »Sie müssen die Stadt Ihrer Bequemlichkeit verlassen und sich in die Wildnis Ihrer Intuition begeben«, rät der amerikanische Schauspieler Alan Alda der Forscherin, die sich in Ihrem Innern verbirgt. »Was immer Sie auch entdecken mögen, es wird wunderbar sein. Was Sie entdecken, sind Sie selbst.«

18. FEBRUAR
Das Leben auf einer Safari

> Das Herz ist ein einsamer Jäger, das auf einem einsamen Hügel jagt.
>
> *Fiona MacLeod*

Im Winter herrscht in Afrika eine Dürreperiode; es ist die Zeit, in der die Safaris stattfinden. Wir können von den Dürreperioden im Leben lernen, und vom Leben auf einer Safari.

Eine mentale Safari ins Selbst ist bisweilen von Einsamkeit gekennzeichnet. Aber wir wissen, daß wir nie allein sind. Es ist tröstlich zu erkennen, daß dieses Gefühl der Isolation unabdingbar ist, wenn wir Geheimnissen auf die Spur kommen wollen, und diese Geheimnisse sind ein unverzichtbarer Teil der Safari. Jeder Tag in der Wildnis bringt den Kampf ums Überleben und das erhöhte Bewußtsein mit sich, wie wunderbar es ist, einfach nur zu beobachten, wie die Sonne abends untergeht und am Morgen wieder aufgeht. Jeder Tag auf einer Safari wird voll ausgekostet, weil er alles ist, wofür wir eine Gewähr haben. Wenn wir nur imstande wären, diese Lektion auch in unserem Alltag zu beherzigen.

Heute sollten Sie erwarten, daß sich viele Dinge um das Lagerfeuer Ihres Herzens versammelt haben. Irgend jemand hört zu. Irgend jemand spricht zu Ihnen, ermutigt Sie, den nächsten Schritt zu wagen, wenn Sie in Ihre innerliche Wildnis vordringen.

Erwarten Sie, daß Ihre Hoffnung wieder aufflammt. Erwarten Sie, daß Ihre Bitten auf wundersame Weise erhört werden. Die Dürreperioden im Leben dauern nicht ewig an.

19. FEBRUAR
Begegnung mit der authentischen Archäologin

> Nicht kann entfachen, wer es will,
> Des Herzens innere Feuersglut,
> Der Geist erhebt sich und ist still,
> Die Seele im Mysterium ruht.
> *Matthew Arnold*

Wie die Forschungsreisende, die im Innern nach Abenteuern und dem Unbekannten sucht, versteht die authentische Archäologin sich darauf, die Überreste der Erinnerung, die tief im fruchtbaren Boden des Unbewußten vergraben sind, freizulegen. Archäologen können Kunstwerke »entschlüsseln«, ähnlich wie ein Detektiv Spuren liest. Wir wollen die authentische Archäologin zum Leben erwecken, weil sie Ihr wahres Selbst ausgraben soll.

Wie, woran und warum wir uns erinnern, trage in hohem Maß zur Entwicklung einer höchst persönlichen Landkarte unserer Individualität bei, sagt Autorin Christina Baldwin. Lassen Sie heute die Bereitschaft erkennen, sich zu erinnern. Rüsten Sie sich für eine behutsame, aber authentische Ausgrabung, die Ihnen helfen wird, das Geheimnis, welches Ihre Seele umhüllt, zu lüften.

Ob es Ihnen bewußt ist oder nicht – Sie haben viele Leben gelebt, und ein jedes hat Ihrer Seele einen unauslöschlichen Stempel aufgedrückt. Ich spreche nicht von Reinkarnation, sondern von den Episoden und Etappen auf unserem Lebensweg: Kindheit, Adoleszenz, Studium oder frühe Berufswahl, Ehe, Mutterschaft, vielleicht ein Leben als alleinerziehende Mutter, Witwenschaft und so weiter. Jede Phase unseres Lebens wird von Lachen und Weinen begleitet. Doch was noch wichtiger ist für unsere Interessen: Wir entwickeln bestimmte Vorlieben. Jede Lebenserfahrung lagert eine Schicht Erinnerungen in unserem Gedächtnis ab, als ob es ein Hügel aus Sedimentgestein sei: Dinge, die wir geliebt haben, und Augenblicke der Zufriedenheit, die wir nicht missen möchten. Wenn wir sie wieder ausgraben, schimmert unter allen diesen Schichten unser authentisches Selbst hindurch.

Einige Frauen zögern, sich ihre Vergangenheit ins Gedächtnis zurückzurufen, weil sie Angst haben, dabei auf schmerzliche Erinnerungen zu stoßen. Aber genauso, wie jede Krankheit ein Geschenk in sich birgt, wenn wir danach Ausschau halten, enthält jede schmerzhafte Erinnerung ein Friedensangebot. Es gibt nichts, wovor wir uns fürchten müßten. Die Vergangenheit bittet lediglich darum, erinnert zu werden.

20. FEBRUAR
Die Ausgrabung des authentischen Selbst

Manchmal muß ein Mensch zurückgehen, weit zurück – um alles wahrzunehmen und zu verstehen, was war und ihn geprägt hat–, bevor er einen Schritt nach vorne machen kann.
Paule Marshall

Die Freilegung eines Mosaiks gehört zu den spannendsten Momenten einer archäologischen Ausgrabung. Ein Mosaik ist ein Bild oder dekoratives Muster aus Tausenden kleiner, bunter Steinchen, die zu einer größeren visuellen Darstellung zusammengefügt wurden. Das Mosaik gehörte früher in den Bereich der sakralen Kunst und erzählte Geschichten über längst vergangene Welten; sie gaben Aufschluß darüber, wie die Menschen lebten und was ihnen wichtig war. Sie bieten den Archäologen Einblicke in die Vergangenheit.

Bei unserer persönlichen Ausgrabung werden wir uns auch auf die Suche nach einem Mosaik begeben und ergründen, welche Augenblicke uns in der Vergangenheit Freude und Zufriedenheit gebracht haben. Bei diesem Rückblick sollten Sie sich stets vergegenwärtigen, daß unsere Erinnerung wankelmütig ist. Wir müssen sie umschmeicheln und hofieren, wenn sie unserem Zauber erliegen soll.

Manchmal überrascht sie uns mit ihrer Großzügigkeit, und wir erinnern uns mit großer Klarheit an bestimmte Augenblicke im Leben. Die meiste Zeit sind unsere Erinnerungen gleichwohl zersplittert, bruchstückhaft wie kleine bunte Mosaiksteinchen. Dann brauchen wir Geduld, um die Sedimentablagerungen der Vergangenheit abzutragen.

Bereiten Sie sich heute umsichtig auf eine persönliche Ausgrabung vor. Lassen Sie Ihre authentische Archäologin Artefakte sammeln, die Ihrer Erinnerung auf die Sprünge helfen könnten: alte Fotos, Briefe, Notizen. Sorgen Sie dafür, daß Sie allein und ungestört sind, und nehmen Sie sich Zeit für eine vergnügliche Reise in die Vergangenheit. Trinken Sie dazu ein Glas Wein oder eine Tasse Tee. Hören Sie Ihre Lieblingsmusik von gestern: Elvis, die Beatles, die Bee Gees. Vertiefen Sie sich in die Fotos, blättern Sie in alten Schülerzeitungen, oder lesen Sie wieder mal die Liebesbriefe, die Sie erhalten haben. Verfolgen Sie die Etappen in Ihrem Leben, als Sie zehn, sechzehn, einundzwanzig, fünfundzwanzig, dreißig, fünfunddreißig, vierzig usw. Jahre alt waren. Welche Erinnerungen werden wach, wenn Sie Ihre Bekanntschaft mit dem Mädchen und der Frau erneuern, die Sie einst waren? Verweilen Sie bei den glücklichen Zeiten. Wonach Sie suchen, ist ein Muster in Ihren persönlichen, authentischen Freuden und Vorlieben. Sie sind die Bausteine in Ihrem Mosaik des Lebens. Mit Geduld und stiller Beobachtung werden sich die Ereignisse der Vergangenheit für die Suchende in Ihnen als »roter Faden der Enthüllung« erweisen.

21. FEBRUAR
Graben Sie Ihr wahres Ich aus – Teil I

> Vielleicht ist die Aufgabe, man selbst zu sein, immer selbst auferlegt.
>
> *Patricia Hampl*

Die eigentliche Freilegung ist keine spektakuläre Arbeit bei einer archäologischen Ausgrabung. Sie erfordert Gewissenhaftigkeit und Mühen angesichts oft widriger Bedingungen. Tonnenweise Schutt muß sorgfältig abgetragen und von der Fundstelle beseitigt werden, wenn die Suche nach den Schätzen der Vergangenheit erfolgreich sein soll. Wie gespannt und ungeduldig alle an der Ausgrabung Beteiligten auch immer sein mögen, dieser Prozeß läßt sich nicht beschleunigen. Wir würden uns nur um den Nervenkitzel bringen, der mit jeder aufregenden Entdeckung verbunden ist, wenn wir uns nicht genug Zeit lassen, den Schutt langsam abzutragen.

Wir müssen uns beim Graben in Geduld üben und unseren Stift benutzen, um unser wahres Selbst ans Tageslicht zu befördern. »Solange man nach ihnen sucht, werden sich Antworten ergeben«, sagt die Sängerin Joan Baez. Und wonach suchen wir? Nach Scherben unseres authentischen Stils.

Jahrhundertelang haben Frauen ihr angeborenes Stilempfinden der Welt durch ihre Wahl bekundet: in ihrem persönlichen Kleidungsstil, bei der Gestaltung ihres Heims, als Gastgeberin, im Rahmen ihrer Arbeit und bei den persönlichen Leidenschaften, denen sie frönen. Je mehr wir über uns und unsere Vorlieben erfahren, desto leichter fällt es uns, unsere Wahl zu treffen. Und die schöpferische Entscheidung bildet den Kern der Authentizität.

Wahlmöglichkeiten deuten auf Freiheit hin – die Freiheit, Neues zu begrüßen, weil es zu unserer Seele spricht und wir zuhören. Seien Sie heute bereit, die Entscheidungen unter die Lupe zu nehmen, die Sie früher getroffen haben; sie sind die Spuren, die Ihr Leben hinterläßt. Waren es für Sie die richtigen? Treffen Sie Entscheidungen mit dem Kopf, mit dem Herzen oder aus dem Bauch heraus? Fühlen Sie sich wohl bei dem Gedanken, wie Sie zu einer Entscheidung gelangen, oder würden Sie gerne eine andere Methode ausprobieren? Haben Sie in der Vergangenheit Möglichkeiten nicht wahrgenommen, was Sie aus heutiger Sicht bereuen?

Vielleicht winkt Ihnen ein längst begrabener Traum noch immer von einem Weg zu, den Sie bewußt nicht gegangen sind. In einem solchen Fall sollten Sie sich nicht länger einreden, es sei zu spät. Daß wir unsere Träume auf die lange Bank schieben, bedeutet nicht, daß uns die Erfüllung bis in alle Ewigkeit versagt bleibt. Vielleicht verfügen Sie inzwischen über die Lebensklugheit, Ihren Traum so abzuändern, daß er sich verwirklichen läßt. Möglicherweise sind Sie inzwischen so weise, eine andere Entscheidung zu treffen.

Graben Sie mit Ihrem Schreibstift. Führen Sie einen Dialog mit

Ihrem wahren Ich. Fragen Sie die Frau, die sich in Ihnen verbirgt, nach den Alternativen, für die sie sich entschieden oder die sie abgelehnt hat. Hören Sie auf die klugen Ratschläge, die sie Ihnen geben kann.

22. FEBRUAR
Graben Sie Ihr wahres Ich aus – Teil II

Mein Gedächtnis liegt untrüglich in meinen Händen. Ich kann mich nur dann an Dinge erinnern, wenn ich einen Bleistift in der Hand halte und damit schreibe und spiele. Ich glaube, meine Hand konzentriert sich für mich. Ich weiß nicht, warum das so ist.

Dame Rebecca West

Wir haben uns heute morgen wieder an den Fundort Ihrer Seele begeben, um weiterzugraben. Vielleicht fragen Sie sich verwundert, warum wir soviel Zeit mit einer solchen Knochenarbeit verbringen. Möglicherweise schrecken Sie davor zurück, Ihre Vergangenheit nach Hinweisen abzuklopfen, wie Sie in der Gegenwart Zufriedenheit finden. Seien Sie offen und aufgeschlossen: Der Ausgrabungsprozeß erweitert ihr Gefühl für das Mögliche, weil er Ihnen ein inneres, verborgenes Wissen vermittelt. Nehmen Sie den Bleistift in die Hand, um damit zu spielen, und kehren Sie auf Ihren täglichen Dialogseiten in das Elternhaus zurück, in dem Sie Ihre Kindheit verbracht haben.

Wie war es eingerichtet? Erinnern Sie sich? Gehen Sie in Gedanken durch die Räume und stellen Sie sich alles genau vor. Haben Sie Ihr Zimmer selbst in Ordnung halten müssen? War die Tür in der Regel verschlossen? Gab es einen Lieblingsplatz im Haus? War Ihre Mutter eine gute Köchin?

Wie hat Ihre Mutter Sie gepflegt und getröstet, wenn Sie krank waren? Wann haben Sie zum letzten Mal eine Suppe mit Buchstabennudeln und Brot vom Serviertablett im Bett gegessen?

Wo haben Sie Ihre Ferien verbracht? Haben Sie eine Ihrer Großmütter besucht? Können Sie sich an sie erinnern? Gibt es eine Sinneswahrnehmung, die sich in Ihr Gedächtnis eingeprägt hat und die Sie automatisch mit Ihrer Kindheit assoziieren?

Nun spulen Sie den Film im Zeitraffer bis zu Ihrer Teenagerzeit vor. Gab es in Ihrer Klasse Mädchen, die Sie bewundert haben? Wer waren sie, und warum wollten Sie ihnen nacheifern? Haben Sie an der Abschlußfeier teilgenommen? Beschreiben Sie Ihr Kleid. Wie trugen Sie damals Ihre Haare? Wer hat Sie in die weiblichen Schönheits- und Körperpflegerituale eingeführt? Gab es eine ältere Frau in Ihrem Leben, deren Stilempfinden Sie beeindruckend fanden?

Und weiter geht's mit Riesenschritten durch die Zeit: Sie richten Ihre erste eigene Wohnung ein, entweder als junge berufstätige Frau oder nach der Heirat. Wo befand sich das Heim, das Sie bezogen haben? Wie war es eingerichtet? Haben Sie immer noch das eine oder andere gute Stück aus Ihrem ersten Hausstand in Gebrauch? Spiegeln Sie die Persönlichkeit wider, die Sie heute sind, oder sind Sie diesem Stil oder Objekt inzwischen entwachsen? Leben Sie inmitten von Erbstücken Ihrer Familie oder Mobiliar aus zweiter Hand, das andere erübrigen konnten? Paßt die Einrichtung wirklich zu Ihnen?

Richten Sie Ihr Augenmerk nun langsam wieder auf den Raum, in dem Sie sich wirklich befinden. Sie haben einige weitere authentische Mosaiksteinchen ausgegraben. Wir glauben oft, es seien die wichtigen, spektakulären Ereignisse, die unser Leben als Marksteine begleiten; in Wirklichkeit hinterlassen jedoch die scheinbar nebensächlichen Augenblicke im Gedächtnis ihren Widerhall. Greifen Sie heute liebevoll eine angenehme Erinnerung auf, um darüber nachzudenken.

23. FEBRUAR
Dem Leben Ihren eigenen Stempel aufdrücken

> Gott ist in den Details.
> *Ludwig Mies van der Rohe*

Wenn Sie dem Leben Ihren eigenen Stempel aufdrücken wollen, bedeutet das: Sie müssen genau wissen, wie Sie »den eigenen, unverkennbaren Stil« zum Ausdruck bringen, wie mein wunderbarer irischer Vater zu sagen pflegte. Wissen Sie, wie? Heute werden wir fortfahren, den Sinn für das uns Mögliche zu erweitern und Antworten auf die Frage zu finden. Malen Sie sich einmal folgende Szenarien aus, nur zum Spaß:

Sie ziehen in ein völlig leeres Haus und beginnen bei Null – Sie gestalten es ganz nach Lust und Laune, wobei Geld keine Rolle spielt. Schreiben Sie zwanzig Besonderheiten auf, die Ihr Traumhaus hat, angefangen von architektonischen Merkmalen bis hin zu Einrichtungsgegenständen, die in Ihren Augen ein »absolutes Muß« darstellen. Das kann eine Fensterbank in der oberen Diele, ein englischer Clubsessel oder eine mit Quasten verzierte Ottomane neben dem offenen Kamin sein. Lassen Sie Ihrer Phantasie und Ihren schöpferischen Neigungen freien Lauf. Sind die Einrichtungsgegenstände ein Überbleibsel Ihrer Vergangenheit? Wo haben Sie sie zum ersten Mal zu Gesicht bekommen? Erinnern Sie sich? Wie lange haben Sie davon geträumt, sie zu besitzen? Haben Sie auch noch Mobiliar oder Dekorationsobjekte aus Ihrer Kindheit?

Als nächstes stellen Sie sich vor, Ihre Schränke und Kommodenschubladen wären vollständig leer. Sie müssen sie füllen. Welches sind die ersten zehn Dinge, die Sie hineinhängen oder -legen würden? Sie können entweder die Lieblingsstücke aus Ihrer derzeitigen Garderobe behalten oder sich ganz neu ausstaffieren. Was steht bei Ihnen an erster Stelle – bequeme Freizeitklamotten oder chice Berufskleidung?

In Ihren Küchenschränken herrscht gähnende Leere. Sie müssen neues Porzellan, Besteck, Gläser und Tischdecken für den täglichen Gebrauch und für festliche Anlässe besorgen. Womit fangen Sie an? Welches Muster möchten Sie jeden Tag vor Augen haben? Welche Form haben die Gläser, aus denen Sie gerne trinken? Haben Sie jemals darüber nachgedacht? Ziehen Sie eine Steingut- oder eine hauchdünne Porzellantasse für Ihren morgendlichen Tee vor? Solche Einzelheiten offenbaren Ihre authentischen Vorlieben.

Die Seife im Bad, die Blumen im Garten, das Buch auf dem Nachttisch – all dies seien machtvolle Symbole für ein Leben, das sich stetig weiterentwickle, schrieb die Autorin und Innendekorateurin Charlotte Moss in ihrem Buch *A Passion for Detail*. Bei der

Betrachtung dieser Einzelheiten entfaltet sich eine ganze Welt vor unseren Augen. Jeden Tag erschaffen Sie sich aufs neue, durch Ihre Entscheidungen. Wenn Sie auf die Details achten – Ihre authentischen Gesten –, geben Sie der persönlichsten Kunstform Ausdruck: Sie drücken dem Leben Ihren ureigenen Stempel auf.

24. FEBRUAR
Nun, da ich Ihre Aufmerksamkeit geweckt habe

> Irgendwann in unserem Leben begeben wir uns auf die Reise.
> Es wird die längste Reise sein, die wir je unternommen haben.
> Es ist die Reise, auf der wir uns selbst suchen.
>
> *Katherine Sharp*

Vor beinahe zwei Monaten haben wir beschlossen, uns auf die Reise in unser Inneres, auf die Suche nach Authentizität zu begeben. Vielleicht haben Sie inzwischen zugelassen, daß die Dankbarkeit den Boden Ihrer Seele durchpflügt und ihn für die Saat der Einfachheit und Fülle vorbereitet: Es gilt, das Geheiligte im Profanen zu finden, zu erkennen, daß Sie schon alles besitzen, was Sie brauchen, kreative Entscheidungen willkommen zu heißen und die kleinen, unspektakulären Augenblicke im Leben zu genießen. Vielleicht haben Sie auf der Suche nach Ihrem authentischen Selbst Zeit für den täglichen Dialog abgezweigt, träumen voller Freude über dem bebilderten Reisejournal oder versenken sich in die Meditation vor dem Goldenen Spiegel, um mit der Frau in Ihrem Innern Zwiesprache zu halten.

Doch vielleicht haben Sie noch gar nicht damit angefangen...

Fragen Sie sich, was mich zu dieser Vermutung veranlaßt? Ich sage Ihnen ehrlich, daß es mir ebenso wie Ihnen ergangen ist. Ich weiß, warum nichts weitergeht. Ich weiß, wie einem Tage, Wochen, Monate und Jahre durch die Finger rinnen. Ich weiß, wie es ist, wenn man den Bedürfnissen der anderen dauernd einen höheren Stellenwert beimißt als den eigenen, so daß man am Tag nicht einmal eine halbe Stunde für sich selbst hat. Ich weiß, wie leicht es ist, Entschuldigungen dafür zu finden, warum wir nicht imstande waren, endlich ein neues Kapitel in unserem Leben aufzuschlagen, auch wenn wir es uns verzweifelt wünschen. Ich weiß, wie leicht uns der Spruch »Morgen ist auch noch ein Tag« unbewußt herausrutscht. Morgen wird alles anders. Morgen. Ich kenne das aus eigener Erfahrung.

Aber ich weiß auch, daß es nicht dasselbe ist, etwas über eine Reise zu lesen und sie wirklich zu unternehmen.

Nun, da ich Ihre Aufmerksamkeit geweckt habe, möchte ich Ihnen etwas über den Rest des Jahres erzählen. Von nun an werden wir das reale Leben, den grauen Alltag, als Grund zum Feiern betrachten. Sie haben richtig gelesen, zum Feiern. Ich habe auf dem Weg der Einfachheit und Fülle viele Lektionen gelernt. Zu den wichtigsten zählt, daß von den kleinen Dingen im Leben große Wirkung ausgehen kann, daß Erfahrungen nicht ausschließlich gemacht werden, um uns abzuhärten, und daß alles als Sprungbrett der Inspiration dienen kann, wenn wir bereit und offen sind für die positiven Dinge, die uns das Leben beschert.

Wie oft haben wir in der Vergangenheit aus freien Stücken entschieden, unser Leben nicht zum Besseren zu wenden, einfach, weil wir einer Entscheidung aus dem Weg gegangen sind? Treffen Sie heute Ihre Wahl. Beschließen Sie, den Weg der Einfachheit und Fülle fortzusetzen oder dieses Buch jetzt gleich ein für allemal zu schließen. Wenn Sie entscheiden, es wegzulegen, wünsche ich Ihnen alles Gute für Ihren weiteren Lebensweg. Schenken Sie das Buch einer Freundin.

Wenn Sie mich auch weiterhin begleiten wollen, wissen Sie, was Sie *heute* tun müssen, und nicht morgen. Nehmen Sie Ihr Leben noch einmal genau unter die Lupe. Danken Sie Ihrem Schöpfer dafür. Akzeptieren Sie Ihre Situation, wie sie ist. Danken Sie Ihrem Schöpfer dafür. Zählen Sie auf, wieviel Gutes Ihnen in Ihrem Leben bereits widerfahren ist. Danken Sie Ihrem Schöpfer dafür. Lassen Sie sich auf die tägliche Meditationsübung ein. Seien Sie bereit, dem grundlegenden Rüstzeug für die Reise eine faire Chance einzuräumen, sich zu bewähren. Es sind Orientierungshilfen, die Ihnen den Weg weisen. Und haben Sie vor allem Vertrauen zu sich selbst und dem göttlichen Wandel.

Setzen Sie die Segel. Holen Sie den Anker ein. Nehmen Sie Kurs auf unbekannte Gefilde. Spüren Sie den Wind in Ihrem Rücken. Heften Sie die Augen auf den Horizont.
Oder bleiben Sie am Ufer.
Aber entscheiden Sie sich.

25. FEBRUAR
Wie Sie Ihre Prioritäten neu ordnen

Lernen Sie, Kontakt zu der Stille in Ihrem Inneren zu knüpfen und machen Sie sich bewußt, daß alles im Leben einen Sinn hat.
Elisabeth Kübler-Ross

Die meisten Frauen, die ich kenne, setzen sich bewußt nur eine Priorität: den Tag irgendwie zu überstehen. Das ist eine direkte Folge der Tatsache, daß wir jahrzehntelang rund um die Uhr in tausend verschiedene Richtungen gezerrt werden. Die Schriftstellerin, Pilotin, Ehefrau und Mutter Anne Morrow Lindbergh bezeichnet diese schwer zu vereinbarenden Anforderungen als »Zentrifugalkräfte von heute«. Sich die Prioritäten vergegenwärtigen, sie anerkennen und neu ordnen, so daß unser Alltag einen Sinn erhält, ist eine ganz persönliche Aufgabe, die wir erfüllen müssen, wenn wir lernen wollen, nach unserem eigenen inneren Licht zu leben.

Vorrangige Priorität kann allen Dingen eingeräumt werden, die wichtig für uns sind. Systematisch Geld für die Ausbildung der Kinder auf die hohe Kante legen, könnte ein primäres Ziel sein. Oder die Verbesserung des körperlichen Wohlbefindens und der Vitalität durch eine gesunde Ernährung und sportliche Aktivitäten. Für viele ist auch mehr Gelassenheit im finanziellen Bereich von wesentlicher Bedeutung, genauso wie die Befriedigung der Bedürfnisse unserer Familie und eine liebevolle, harmonische Ehe.

Prioritäten werden nicht in Granit gemeißelt. Sie müssen flexibel sein und sich ändern, genau wie wir. Ich finde es ganz nützlich, mir Prioritäten wie Holzrahmen vorzustellen, in die wir die saubere Leinwand des Tages spannen, damit wir dem Kunstwerk, das wir schaffen, Farbe und Form verleihen können, ohne daß unser Gemälde mittendrin auseinanderbricht.

Wir brauchen inneren Frieden und einen klaren Verstand, um unsere persönlichen Prioritäten auf sinnvolle Weise neu zu ordnen. Vielleicht ist das der Grund, warum so viele Menschen in ihren eingefahrenen Gleisen verharren. Doch je mehr unser Leben und unsere Aufmerksamkeitsspanne durch Kinder, berufliche Laufbahn, Ehe und das Bedürfnis nach persönlicher Entfaltung in Bruchteile zersplittert werden, desto größer ist die Notwendigkeit, uns mit denjenigen Dingen zu identifizieren, die in unserem Leben wirklich wichtig sind.

Viele Frauen gehen davon aus, daß wir den Alltag schon irgendwie in den Griff bekommen, wenn wir die Kunst der »Improvisation« beherrschen. Das gelingt uns nicht bis zum Sankt-Nimmerleins-Tag. Wir brauchen einen Gegenpol zu Streß und Hektik, die uns zu zerreißen drohen. Folgen Sie dem Rat von Anne Morrow Lindbergh und betrachten Sie es als Ziel von allerhöchster Priorität, eine kleine Portion des Tages für sich selbst zu reservieren.

Stellen Sie heute den Kontakt zur Stille in Ihrem Innern her und betrachten Sie dies als ein Ziel von allerhöchster Priorität. Während Sie dessen Verwirklichung anstreben, werden Sie staunen, wie plötzlich auch alles andere ohne Ihr Zutun seine eigene Ordnung findet.

26. FEBRUAR
Das Reale Leben beginnt mit Ehrfurcht

> Laßt Wissen wachsen mehr und mehr,
> Doch Ehrerbietung wohne mehr in uns,
> Daß Herz und Seele im Zusammenklang
> Sich eine Harmonie wie früher schaffen.
> *Alfred Lord Tennyson*

Als meine Tochter vier Jahre alt war, fragte ich meinen Mann, ob es ihm etwas ausmache, wenn ich ein Wochenende ganz allein wegführe. Er hatte nichts dagegen einzuwenden. Es war das erste Mal seit Katies Geburt, daß sie und ich voneinander getrennt waren, und ich spürte, daß ich ein wenig Zeit für das brauchte, was mir zu Hause einfach nicht gelingen wollte: um zu mir selbst zu finden. Zu diesem Zeitpunkt hatte ich noch nicht erkannt, daß die Einsamkeit in den Teppich meines alltäglichen Lebens eingewoben werden mußte. Obwohl mir Phantasievorstellungen darüber, vierundzwanzig Stunden ununterbrochen zu schlafen und mir im Hotel das Frühstück und Abendessen auf dem Zimmer servieren zu lassen, kurzfristig verlockend erschienen, beschloß ich am Ende, ein Klausurwochenende für Frauen in einem kontemplativen Nonnenkloster zu verbringen. Mir wurde bewußt, daß ich mir in Wirklichkeit wünschte, die zarten Geräusche der Stille zu hören.

Es gab an diesem spezifischen Wochenende viele wundervolle Augenblicke, die mir lieb und teuer waren, aber eines ist mir in besonderer Erinnerung geblieben: die schweigende Ehrfurcht, die das Leben innerhalb der Steinmauern des Konvents wie ein Kokon einhüllte.

Ehrfurcht ist der verwandelte Bewußtseinszustand, in dem wir Staunen empfinden, weil wir spüren, daß der Schöpfer uns nahe ist. Ehrfurcht hüllt uns in ihren vollendeten inneren Frieden ein, weil es weder Vergangenheit noch Zukunft gibt, nur den gegenwärtigen Augenblick, in dem wir uns eins fühlen mit Himmel und Erde. Die Trennlinie zwischen Körper und Seele ist verwischt. Meditation kann bisweilen diesen ganz besonderen Moment der Ganzheitlichkeit herbeiführen; er entsteht auch, wenn wir etwas Wundervolles schaffen, gleich ob es sich dabei um ein köstliches Gericht, ein Gemälde oder ein Blumenbeet handelt. Sich jeweils auf eine Aufgabe konzentrieren, die wir mit Sorgfalt und Aufmerksamkeit bewältigen, kann ebenfalls Ehrfurcht auslösen.

Leider leben die meisten von uns nicht hinter den Mauern von Klöstern, wo die Ehrfurcht beheimatet ist. Aber ich habe auf dem Weg der Einfachheit und Fülle gelernt, daß Dankbarkeit das Tor zu einer Welt darstellt, die uns Ehrfurcht im Alltag lehrt. Der deutsche Philosoph Meister Eckhart, der im dreizehnten Jahrhundert lebte und mit seinen Schriften großen Einfluß auf die Quäkerbewegung nahm, war der festen Überzeugung, wenn das einzige von uns jemals in unserem Leben ausgesprochene Gebet ein »Danke« wäre – es würde schon genügen.

Das Reale Leben – das zufriedene, erfüllte Leben, das uns vom Schöpfer zugedacht wurde – beginnt, wenn wir wieder ein Gefühl der Ehrfurcht für die Dinge empfinden, die unseren Alltag ausmachen. Halten Sie heute nach dem Geheiligten im Profanen Ausschau, mit Dankbarkeit im Herzen – und wer sucht, der wird finden.

27. FEBRUAR
Betrachten Sie das spirituelle Erwachen als innere Verpflichtung

> Ich glaube nicht, ich weiß.
> *Carl Gustav Jung*

Inzwischen ist es kein Geheimnis mehr, daß der Weg der Einfachheit und Fülle nicht nur spirituell, sondern auch kreativ und praxisbezogen ist. Das Konzept zeitigt sogar dann Wirkung, wenn Sie nicht an die Existenz Gottes glauben. Wenn Sie sich bewußt bemühen, Dankbarkeit, Schlichtheit, innere und äußere Ordnung, Harmonie, Schönheit und Freude in Ihren Alltag zu integrieren, wird sich Ihre Welt grundlegend wandeln, ungeachtet dessen, ob Sie der Überzeugung sind, daß eine höhere Macht dabei die Hand im Spiel hat. Doch wenn Sie das spirituelle Erwachen als eine innere Verpflichtung und als wichtigsten Teil dieses Transformationsprozesses betrachten, wird ein Wunder geschehen. Sie werden das Leben nicht mehr als bedrohlich, hektisch oder zersplittert empfinden, weil Sie erkennen, daß sich Spiritualität, Kreativität und Alltagsbewältigung nicht voneinander trennen lassen. Ein jeder Aspekt fällt ins Gewicht, hat seine ureigene Bedeutung. Und alle drei sind unauflöslich miteinander verwoben.

Sie meinen vielleicht, daß Sie nur einen Hackbraten zubereiten, während Sie damit in Wirklichkeit die Bedürfnisse hungriger Bäuche und müder Seelen stillen, die Liebe und Nahrung brauchen. Eine Freundin ist schwer erkrankt, und so kaufen Sie in Ihrer Mittagspause eine Grußkarte mit Genesungswünschen, die Sie ihr schicken. Einige Monate später erzählt sie Ihnen am Telefon, wieviel Trost Ihre Worte vermittelt haben, auch über die Entfernung hinweg. Eine Frau betritt Ihr kleines Versandgeschäft, das hart zu kämpfen hat, um sich über Wasser zu halten; sie sucht nach einem bestimmten Artikel, den Sie derzeit nicht auf Lager haben. Sie kann nicht warten, bis Sie ihn nachbestellen, weil sie ihn als Geburtstagsgeschenk für ihre Tochter braucht. Statt sie enttäuscht gehen zu lassen, geben Sie ihr die Telefonnummer eines Konkurrenten, der den Artikel ebenfalls im Sortiment führt. Sie setzen einen positiven Kreislauf in Gang, der alles in Gold verwandelt, was des Weges kommt.

Vor einem Jahr wären Sie dazu vielleicht noch nicht bereit gewesen, aber jetzt wissen Sie, daß es in der spirituellen Welt keine Konkurrenz gibt. Noch vor einem Jahr war Ihnen nicht bewußt, daß jede Wahl, die Sie Tag für Tag treffen, Teil des geheiligten Ganzen ist. Noch vor einem Jahr hätten Sie vielleicht nicht geglaubt, daß ausgerechnet Ihnen so etwas passiert. Aber mit jedem Tag der Reise sind Sie offener für das Geheimnis, den Zauber und die Majestät des übergeordneten Plans geworden, weil Sie es als innere Verpflichtung betrachten, einen aktiven Beitrag zu Ihrem spirituellen Erwachen zu leisten. Sie müssen nicht mehr glauben, weil Sie *wissen*.

28. FEBRUAR
Einen Altar schaffen

Wir brauchen einen Raum oder eine bestimmte Stunde am Tag, wo wir nicht wissen, was in der Morgenzeitung stand... einen Platz, an dem wir uns einfach selbst erleben und voranbringen, was wir sind und sein könnten... Zuerst meinen wir vielleicht, daß nichts geschieht... Doch wenn wir uns einen Altar geschaffen haben und ihn benutzen, wenn wir Vorteile daraus schöpfen, dann wird etwas geschehen.

Joseph Campbell

Ich habe mich sehr lange gegen die Vorstellung gewehrt, einen Altar für mich allein zu schaffen. Die Ausreden, die mir spontan in den Sinn kamen, lauteten: Erstens bin ich keine Nonne, und Altäre gehören in Kirchen oder Klöster. Zweitens wohne ich in einem sehr kleinen Haus und habe keinen Platz, den ich für mich abzweigen könnte. Drittens möchte ich nicht, daß mein Mann, der meine spirituelle Suche akzeptiert und respektiert, sich aber nicht daran beteiligt, oder meine Tochter mich für exaltiert halten.

Aber ich entdecke immer wieder, daß Schriftstellerinnen, die ich bewundere (und die in meinen Augen nicht im mindesten exaltiert sind), wie Joan Borysenko und Julia Cameron, sich ebenfalls einen Altar geschaffen haben, und die Idee faszinierte mich. Und eines Tages, während einer Meditation, schlug mein authentisches Selbst vor, einen Bereich einzurichten, in dem ich meine innere Arbeit feiern, mich darauf konzentrieren und sie dem Schöpfer weihen könnte. »Na gut«, sagte ich mir. »Dann werde ich die Möglichkeit objektiv in Betracht ziehen, aber ich weiß trotzdem nicht, wo.«

Am nächsten Morgen saß ich, gegen die Kissen gelehnt, im Bett und schrieb meine täglichen Dialogseiten. Als ich aufblickte, »sah« ich mit meinem inneren Auge zur Schlafzimmerwand hinüber, die von einer weißen Lichtaura umgeben war. Ein strahlend helles Licht, wie auf unserer Veranda. Ich sprang wie elektrisiert aus dem Bett und begann, aus verschiedenen Winkeln des Hauses bedeutungsvolle Gegenstände zusammenzutragen, die Liebe und Dankbarkeit in mir weckten. Eine halbe Stunde später hatte ich mir einen Altar geschaffen, der mich begeisterte.

Ich möchte Ihnen nun von dem »Meditationstisch« erzählen, wie er inzwischen von der Familie genannt wird (falls jemand mein Verhalten merkwürdig fand, ließ er kein Wort darüber verlauten). Die dunkelblau lackierte Bank, nur fünfundvierzig Zentimeter lang und zwanzig Zentimeter tief, steht vor meiner blauen Schlafzimmerwand, bedeckt von einem schmalen, weißen Leinentischläufer mit Häkelspitze. Auf dem Tischchen steht in der Mitte ein großer goldener Kerzenleuchter in Säulenform; des weiteren eine viktorianische Litographie von einem Engel, ein Sinnbild meines Schutzengels, der mich auf Schritt und Tritt begleitet; ein Druck von der Madonna mit Kind in einem ovalen Goldrahmen (sie stellen die männliche und weibliche Natur des Göttlichen dar), dann ein schmaler goldgerahmter Spiegel für die Meditation, vor dem ich mit meinem authentischen Selbst Zwiesprache halte; Fotos von meiner Familie und meinen Haustieren; eine kleine blauweiße Porzellanvase (ein Hochzeitsgeschenk) für frische Blumen; Rosenquarzkristalle als Symbol der natürlichen Welt; ein Räucherstäbchenhalter mit Rosenmuster und eine kleine Schale mit einem Duftpotpourri aus Rosen und Jasmin. Über dem Tischchen in Augenhöhe (direkt vor mir, wenn ich knie oder sitze) befindet sich der goldgerahmte Druck eines Werks des Malers Michael Podesta, das den Kern der Einfachheit und Fülle darstellt. Der Tisch ist nicht mehr als sechzig Zentimeter vom Fußende meines Bettes entfernt, so daß ich meinen Rücken bequem anlehnen kann, wenn ich im Sitzen meditiere. Die bequeme Stellung erleichtert es mir, häufiger zu meditieren.

Nachdem ich alles zusammengetragen hatte, weihte ich den Altar mit einem kurzen rituellen Segen. Danach war ich verblüfft über die positive Energie, die er ausstrahlte. Natürlich weiß ich inzwischen, daß diese Energie Liebe ist. Ihr ist dieser Altar zu verdanken, sobald ich offen für den Gedanken wurde und ihn in mein Leben einließ. Die Gegenstände auf dem Meditationstisch symbolisieren alles, was ich liebe und wofür ich unendlich dankbar bin.

Vielleicht möchten auch Sie sich einen Altar schaffen, um zu feiern, sich zu konzentrieren und Ihre innere Arbeit zu weihen. Dafür brauchen Sie nicht viel Platz. Joan Borysenko hat inzwischen ein Haus, das groß genug für einen kleinen Meditationsraum wäre, aber sie benutzt genau wie früher »die Kommode, eine Ecke in der Küche, eine Nische im Flur« als Altar. Julia Cameron ermutigt die Suchende in uns, ein kleines persönliches Reich für die innere Arbeit zu schaffen, und wenn es nur die Fensterbank ist.

Denken Sie bitte nicht: Das mag bei anderen funktionieren, aber doch nicht bei mir! Heute bitte ich Sie lediglich darum, offen für einen kreativen Raum zu sein, für einen Altar, den Sie sich in Ihrer Welt schaffen können. Dann wird der Schöpfer schon für den Rest sorgen.

29. FEBRUAR
Ein Tag der Gnade

> Neunundzwanzigster Februar!
> Dies Jahr ist günstig uns zur Zeit,
> Schnell! Sei du närrisch' Herz bereit!
> Nimm nun dein Vorrecht war!
> *Walter De La Mare*

Was für ein herrliches, unerwartetes Geschenk ist dieser zusätzliche Tag im Schaltjahr zusammen mit der Erkenntnis, daß es ein Jahr der Gnade sein wird. Wir müssen die Gelegenheit unverzüglich beim Schopf packen, denn dieser Tag kommt erst in vier Jahren wieder.

Wir könnten damit beginnen, nur um einen Teil, einen einzigen Teil der Gnade zu bitten, die uns heute leiten soll. So halte ich es jeden Morgen, bevor ich aufstehe.

Nun möchte ich Ihnen ein Geheimnis anvertrauen, das sich mir im Hinblick auf die göttliche Gnade offenbarte. Ich habe in meinem Leben häufig auf Knien gebetet. Glücklicherweise wurden viele meiner Bitten erhört, wie ich gehofft hatte. Einige Bitten blieben unbeantwortet oder wurden zumindest nicht so erfüllt, wie ich gedacht hatte. Bei anderen ließ die Erfüllung auf sich warten, bis ich meinte, mir würde es das Herz brechen. Und wiederum andere wurden mir rundheraus verwehrt. Aber ich mußte nie auf das tägliche Quantum Gnade verzichten, um das ich gebeten hatte.

Gnade ist für alle Menschen erhältlich, jeden Tag – unser spirituelles, tägliches Brot –, aber wir sollten daran denken, mit dankbarem Herzen darum zu bitten und uns nicht den Kopf zu zerbrechen, ob für morgen genug übrigbleibt. Gnade ist immer in Hülle und Fülle vorhanden.

MÄRZ

◆

> Es ist der erste milde Tag im März.
> Jede Minute ist süßer als die vorherige...
> Es liegt ein Segen in der Luft...
> *William Wordsworth*

Der dritte Monat des Jahres – der Winter bläst zum Rückzug, und der Frühling läßt das erste zaghafte Flüstern vernehmen. Langsam, im Gleichschritt mit der Natur, erwachen unsere Lebensgeister aus einem langen Winterschlaf. Zweige, die noch vor wenigen Tagen kahl waren, erblühen nun und wachsen. Tief in unserem Innern fühlen wir ein hoffnungsvolles Regen. Pflügen Sie die Erde Ihres inneren Gartens um. In diesem Monat werden wir die Saat des zweiten Prinzips der Einfachheit und Fülle – die Einfachheit – in den Nährboden unserer Seele versenken.

Die einfachen Freuden des Lebens im März

- Wenn sie nicht in Ihrem Garten wachsen, kaufen Sie sich einen Strauß Narzissen, die nun in allen Blumenläden und bei Straßenhändlern erhältlich sind, um Ihrem Eßzimmertisch einen Farbtupfer zu verleihen.
- Unternehmen Sie einen Frühlingsspaziergang, besorgen Sie aus Ihrem Garten oder in einer Gärtnerei ein paar noch kahle Zweige, die bald Knospen treiben: Kirsche, Holzapfel, Forsythie, Birke. Schneiden Sie die unteren Enden mit einem scharfen Messer schräg an und stellen Sie die Zweige in verschiedene Behältnisse – große Vasen, bunte Glasflaschen, Tonkrüge oder in eine alte Milchkanne –, gefüllt mit lauwarmem Wasser. Lassen

Sie Ihrer Phantasie bei der Gestaltung freien Lauf! Plazieren Sie die Zweige an einem sonnigen Platz und warten Sie darauf, daß der Frühling Einkehr hält.
- Suchen Sie nach einem Laden, der »Ramschartikel« mit nostalgischem Flair führt. Stöbern Sie in den Regalen oder am Wühltisch der Kaufhäuser. Sie werden erstaunt sein, welche Artikel von gestern auch heute noch hergestellt werden. Kaufen Sie Geschirrtücher mit altmodischem Muster und Wimperntusche, die man mit einem nassen Bürstchen aufträgt.
- Feiern Sie den Saint Patrick's Day (17. März). Tragen Sie an diesem Tag etwas Grünes. Backen Sie ein köstliches irisches Sodabrot, das Sie zu einem deftigen Eintopf aus Rindfleisch, Weißkohl, Kartoffeln und Karotten (Irish Stew) servieren. Bringen Sie dieses köstliche Nationalgericht der Iren mit heißem Tee und kaltem Bier auf den Tisch. Für diejenigen, die keinen Alkohol trinken, gibt es Softdrinks, die genausogut schmecken, aber keinen schweren Kopf machen. Legen Sie irische Folkloremusik auf und tanzen Sie in Ihrem Wohnzimmer eine Gigue. (Das meine ich ernst!) Stellen Sie eine kleine Vase mit Klee (als Wahrzeichen Irlands) auf Ihren Schreibtisch.
- Begehen Sie die Frühlings-Tagundnachtgleiche am 21. März mit einem Festessen aus Lachsschinken, frischem Spargel und neuen Kartoffeln.
- Basteln Sie aus Weidenkätzchen, entweder auf einem Spaziergang gesammelt oder im Blumengeschäft gekauft, einen Frühlingskranz, den Sie draußen über die Eingangstür hängen. Besorgen Sie sich in einem Bastelladen einen Drahtring und befestigen Sie die Zweige überlappend mit Blumendraht. Fügen Sie eine festliche Schleife mit lang herunterhängenden Bändern hinzu, die im Märzwind flattern.
- Sprechen Sie laut Ihre bevorzugten Selbstbestätigungen und zeichnen Sie diese mit dem Kassettenrecorder auf. Danach legen Sie sich auf Ihr Bett, schließen die Augen und spielen den Text über Kopfhörer ab. Wiederholen Sie diese Übung mehrmals während der Woche. Das ist ein äußerst wirkungsvolles Instrument, um einen inneren Wandel herbeizuführen.

- Wenn die Melancholie – der heimliche Saboteur – Sie heimsucht, besteht mein bevorzugtes homöopathisches Abwehrmittel darin, meine Lieblingsmusik anzuhören, bis ich mich wieder aufraffen kann. Wenn Whoopie Goldberg den Roy-Orbison-Hit »You got it« auf völlig neue Weise interpretiert, höre ich die Stimme meines authentischen Selbst, die mir versichert, es sei nichts gegen einen gelegentlichen Durchhänger einzuwenden; ich stünde damit nicht allein da. Das gilt auch für Sie. Hören Sie sich »Power of Two« von The Indigo Girls an, um sich die liebevolle Beziehung vor Augen zu halten, die Sie mit Ihrem authentischen Selbst pflegen können. Diese Musik ist phantastisch und sehr heilsam auf einer tiefen Bewußtseinsebene.
- Falls Sie den Platz haben, ist der März ein idealer Monat, um Blumen und Gemüse im Haus zu ziehen. Jetzt sollten Sie auch Stiefmütterchen und Primeln kaufen. Nächsten Monat werden sie – je nach Gegend – von der Bildfläche verschwunden sein. Stellen Sie die Blumentöpfe in einen hübschen Korb und lassen Sie sich von den hellen, kleinen »Gesichtern« der Blüten aufmuntern.
- In der letzten Märzwoche ist es an der Zeit, einen Osterkorb aus frischem Gras zu basteln. Besorgen Sie sich einen hübschen, pastellfarbenen Korb, legen Sie ihn mit dicken Kieselsteinen aus (oder mit einer wiederverwendbaren Pflanzenfolie, im Gartencenter erhältlich) und schütten Sie etwa fünf Zentimeter hoch Blumenerde hinein. Streuen Sie den Samen von schnell wachsendem Raigras obenauf, den Sie mit einer weiteren dünnen Erdschicht (rund sechs Millimeter) bedecken. Das Ganze gut wässern und ein paar Tage lang mit einer braunen Papiertüte abdecken, bis der Samen keimt. Wenn das Gras sprießt, stellen Sie den Korb auf eine warme, sonnige Fensterbank und gießen weiterhin regelmäßig. Binnen einiger Wochen wächst das Gras. Schmücken Sie den Korb am Griff mit einer Schleife und legen Sie ein paar buntbemalte Ostereier aus Holz und einen kleinen ausgestopften Osterhasen hinein. Das ist auch ein originelles Mitbringsel, wenn Sie Ostern zum Essen eingeladen sind.
- Haben Sie in diesem Monat begonnen, Ihre Aussteuertruhe, die

Spielzeugkiste und die Trostschublade zu bestücken? Wenn nicht, sollten Sie nach den Gründen für das Versäumnis forschen. Wenn es am Geld hapert, dann wählen Sie zunächst nur einen kleinen, symbolischen Gegenstand aus, der Ihnen gefällt. Wichtig ist vor allem, daß Sie die Fürsorge, die Sie sich selbst angedeihen lassen wollen, sichtbar bekunden.
- Wie viele kreative Exkursionen haben Sie diesen Monat unternommen? Denken Sie daran, sie müssen keinen Pfennig kosten; alles, was Sie brauchen, ist ein wenig Zeit.

1. MÄRZ
Gelassenheit in den Alltag einbringen

> Möge Gott uns die Stärke verleihen, mit Gelassenheit zu akzeptieren, was sich nicht ändern läßt;
> Den Mut, die Dinge zu ändern, die geändert werden sollten,
> Und die Weisheit, das eine vom anderen zu unterscheiden.
> *Reinhold Niebuhr*

Wenn ich über innere Gelassenheit nachdenke, fallen mir auf Anhieb die berühmten Verse ein, die der protestantische Theologe Reinhold Niebuhr geschrieben hat. Bei Meditationsveranstaltungen werden sie immer wieder zitiert und »Bitte um Gelassenheit« genannt.

Ich glaube indessen, daß es für uns an der Zeit ist, Gelassenheit nicht länger mit denjenigen Dingen in Verbindung zu bringen, die wir nicht ändern können. Wir sind nämlich durchaus imstande, unsere Lebensqualität merklich zu verbessern, wenn wir Heiterkeit und Gelassenheit bewußt in unseren Alltag einbringen.

Wie läßt sich dieses Vorhaben noch zu unseren Lebzeiten realisieren? *Indem wir Frauen aufhören, herumzuwirbeln wie die tanzenden Derwische.*

Wenn Sie häufig das Gefühl haben, vor lauter Streß gleich von unserem Planeten abzuheben, dann liegt das vermutlich daran, daß diese Gefahr tatsächlich besteht. Eine Frau aus meinem Bekanntenkreis fing an, sich die Zähne zu putzen und lief dann plötzlich los, um die Betten zu machen, noch mit Zahnpastaschaum im Mund. Und warum? Weil sie aus dem Augenwinkel die zerknüllten Laken gesehen hatte. Ohne sich Zeit zu nehmen, den Mund auszuspülen, hatte sie sich bereits in die nächste Tätigkeit gestürzt. Man muß wohl nicht betonen, daß ein Tag, der so hektisch beginnt, nur noch schlimmer werden kann.

Frauen, die den Tag gelassen beginnen, lassen sich nicht ständig ablenken. Frauen, die ständig etwas Neues beginnen, ohne das Alte zu Ende zu führen, werden nie innere Gelassenheit erreichen. (Ein Nervenzusammenbruch ist wahrscheinlicher.) So einfach ist das.

Heute müssen wir damit beginnen, unsere mentale Gesundheit zu stärken. Das gelingt uns nur, wenn wir uns voll und ganz auf eine einzige Aufgabe konzentrieren und erst nach deren Abschluß die nächste in Angriff nehmen, egal zu welcher Zeit, bis der Tag vorüber ist. Wie die Teilnehmer des Meditationsprogramms werden wir tun, als wären wir gelassen, indem wir unsere gesamte Aufmerksamkeit und unser Bewußtsein ausschließlich auf diejenige Aktivität richten, der wir gerade nachgehen – vom Zähneputzen bis zum Gutenachtkuß für die Kinder. Was wir bei dieser Übung gewinnen, ist innerer Friede, der sich von der Fähigkeit herleitet, uneingeschränkt im Hier und Jetzt zu leben.

Mir ist natürlich klar, daß mein Vorschlag für die meisten Frauen, die daran gewöhnt sind, mit sechs Bällen gleichzeitig zu jonglieren, lächerlich klingen mag. Sie fragen sich vielleicht, wie Sie Ihr tägliches Pensum schaffen sollen, wenn Sie nicht sämtliche Aufgaben sofort und möglichst gleichzeitig angehen. Aber ich versichere Ihnen, daß Sie alles, was Sie sich vorgenommen haben, bewältigen, und zwar leichter, wirksamer und mit mehr Freude und innerer Befriedigung, wenn Sie Geist, Körper und Seele in jene Tätigkeit einbringen, die Sie gerade verrichten.

Erst dann werden Sie innere Gelassenheit erleben.

2. MÄRZ

Meditation:
Viele Wege führen zum Hier und Jetzt

Meditation hat einfach damit zu tun, wir selbst zu sein und zu wissen, wer das ist. Dabei geht es um die Erkenntnis, daß wir uns auf einem Weg befinden, ob es uns gefällt oder nicht, auf einem Weg, der unser Leben ist.

Jon Kabat-Zinn

Wenn Sie nicht schon einige Übung im Meditieren haben, dann beschwört das Wort wahrscheinlich die Horrorvision herauf, mit gekreuzten Beinen in der unbequemen Lotusposition zu sitzen. Der Rücken tut weh, während die Gedanken zu tausend Dingen rasen, die Sie noch erledigen müssen, und Sie viel zu schnell nach Luft schnappen und hyperventilieren, weil Sie krampfhaft darauf achten, ob Sie richtig atmen.

Das Bild ist wenig reizvoll und falsch. Aber es ist ziemlich schwierig zu erklären, warum so viele Menschen nichts vom Meditieren halten. Es gibt indessen zwingende physiologische, psychologische und spirituelle Gründe, die für eine regelmäßige Meditation sprechen. Sie ist der Mörtel, der Geist, Körper und Seele zusammenhält.

Es gibt viele Arten zu meditieren. Die begabte und begnadete Psychologin, Wissenschaftlerin und spirituelle Lehrerin, Dr. Joan Borysenko, erklärt, Meditation sei die bewußte Konzentration auf ein Thema, das profaner oder spiritueller Natur sein kann. Ich selbst richte meine Meditation jeweils nach meinem inneren Bedürfnis aus: die Meditation vor dem Goldenen Spiegel, das Schreiben meiner täglichen Dialogseiten, die intensive Betrachtung einer Kerzenflamme, die Konzentration auf eine Gebetszeile, die mir hilft, meine eigene Mitte zu finden, mein Augenmerk auf einen Gedichtvers richten, um darin eine tiefere, persönliche Bedeutung zu finden, oder mich bei einem Spaziergang in mich selbst zu versenken. Es führen viele Wege zum Hier und Jetzt.

Ziehen Sie sich heute in einen stillen Winkel zurück, in dem Sie sich bequem hinsetzen oder auch hinlegen und Ihren Körper entspannen. Schließen Sie nun die Augen; lassen Sie Ihren Atem langsam und gleichmäßig ein- und ausströmen. Nehmen Sie Kontakt zur Stille in Ihrem Innern auf. Überlegen Sie, wie Sie jeden Tag zwanzig Minuten abzweigen können, um zu meditieren. Mehr verlangt vorläufig niemand von Ihnen: Ziehen Sie nur alle Möglichkeiten in Betracht.

3. MÄRZ
Gönnen Sie sich einen persönlichen Sabbat

> Jeder kann den Sabbat befolgen, aber ihn zu heiligen erfordert zweifellos den Rest der Woche.
>
> *Alice Walker*

Unser Schöpfer empfand es als recht und billig, am siebten Tag zu ruhen, aber viele Frauen, die heute mit beiden Beinen im Leben stehen, sind der Meinung, dazu fehle ihnen die Zeit. Schließlich würden sie die Welt ja nicht sechs Tage die Woche schaffen, sondern lediglich ihre Last auf den Schultern tragen.

Die Griechen hatte eine treffende Bezeichnung für diese Einstellung zur Ruhe: Hybris. Hybris bedeutet »Hochmut« und der kommt bekanntlich vor dem Fall. Ein Herzinfarkt ist in aller Regel eine nachhaltige Warnung und zwingt zu einer gemäßigten Gangart; es erstaunt mich nicht im geringsten, daß Herzerkrankungen inzwischen auch bei Frauen zu den vorrangigen Todesursachen gehören.

Emily Dickinson bekannte, daß sie sonntags am liebsten zu Hause bliebe. Genauso ist es bei mir. Es gibt Sonntage, vor allem im Winter oder wenn es draußen regnet, an denen ich meinen Schlafanzug nicht vor zwölf Uhr mittags ausziehe. Ich bin schon vor langer Zeit davon abgekommen, mir deswegen Schuldgefühle zu machen, weil ich gelernt habe, meinen Sabbat zu heiligen und harmonisch zu gestalten. Viele Menschen betrachten den Sonntag als den Tag, an dem die Arbeit ruhen sollte; für andere dauert der Sabbat von Freitag bei Sonnenuntergang bis Sonntag. Es spielt keine Rolle, welchen Wochentag Sie als Ihren persönlichen Ruhetag auswählen; was zählt, ist allein, daß Sie ihn einhalten.

Hier eine kurze Liste von Aktivitäten, auf die Sie an Ihrem persönlichen Sabbat verzichten sollten: anstrengende Arbeiten im Haushalt (Mahlzeiten zubereiten ist gestattet, aber sie sollten entweder einfach oder festlich sein, je nach Wahl); Projekte beenden, mit denen Sie in der letzten Woche nicht fertig geworden sind, oder Projekte vorbereiten, die am Montag beginnen; und Einkaufsbummel in großen Kaufhäusern, die mit verführerischen Werbeprospekten in der Wochenendausgabe der Tageszeitung locken.

Und dafür eignet sich Ihr persönlicher Sabbat: beten, ausruhen, den leeren Akku wieder aufladen, verjüngende Schönheitspflege, entspannende Rituale, Freizeitaktivitäten genießen, sich daran erinnern, daß Sie allen Grund haben, zufrieden mit Ihrem Leben zu sein, und »Danke« sagen. Das können Sie in einer Kirche, Moschee, im Tempel, in einer Synagoge, während eines Spaziergangs, beim Patinieren von Möbelstücken, wenn Sie auf Kissen gestützt mit Ihrem Frühstückstablett im Bett sitzen und ein wundervolles Buch lesen, wenn Sie vor dem offenen Kamin, in dem ein Feuer brennt, Kreuzworträtsel lösen, wenn Sie eine Kunstausstellung oder eine Matinee im Kino besuchen, oder wenn Sie eine Oper anhören, während Sie in der Küche stehen, an Ihrem Sherry nippen und ein opulentes Festmahl zubereiten. Was zählt, ist, etwas Besonderes zu tun, das Ihre Seele anspricht und Ihnen Spaß macht. Die Aktivitäten, denen Sie am Sabbat nachgehen, sollen Ihnen Auftrieb geben und Sie ausreichend inspirieren, um die kommende Woche zu bewältigen.

Der Sonntag gleiche einem Stück leuchtendgoldenen Brokats, das sich in einem Berg weißer Musselinwochentage verstecke, schrieb Yoshiko Uchida in *A Jar of Dreams*. Wenn es nicht das ist, was der Schöpfer im Sinn hatte, als er den Sabbat schuf, dann weiß ich nicht, was heilig ist.

4. MÄRZ
Vorbereitende Rituale,
um aus dem Brunnen der Inspiration zu schöpfen

> Der Brunnen der göttlichen Vorsehung ist tief. Unsere Eimer sind klein.
>
> *Mary Webb*

Immer, wenn ich mich aufs Schreiben vorbereite, erfolgt ein sorgfältig durchgeführtes Ritual der Entspannung, das mich behutsam in den Bereich der Kreativität führt. Ich arbeite im Bett, mit einer Kanne frisch aufgebrühtem Tee auf dem Nachttisch, während im Hintergrund leise Nocturnen vom Band ertönen. Vor mir liegt ein neues Spiralheft und meine Lieblingsstifte, daneben ein Stapel Bücher mit Eselsohren, die ich sehr liebe. Wie Sie sehen, bin ich nicht allein, sondern befinde mich in Gesellschaft meiner Schutzheiligen: Schriftstellerinnen, die ich besonders gerne mag und von denen jede ihre eigene, authentische Stimme und eine besondere Botschaft für mich hat. Ich schwelge wieder einmal in der Arbeit ihrer Hände, Herzen und Gedanken, um den Fluß meiner eigenen kreativen Säfte zu stimulieren.

Mein Schreibritual besteht in den Vorbereitungen, mit deren Hilfe ich »aus dem Brunnen« der Inspiration schöpfe«. Bevor sich auf althergebrachte Weise, nämlich mit der Handpumpe, Wasser aus dem Brunnen hochbefördern läßt, muß man einen kleinen Krug Wasser hineingießen, um sie in Gang zu setzen. Ich bereite mich auf die »schöpferische« Tätigkeit mit einem bestimmten Ritual vor, weil die Wiederholung meine rechte Hirnhemisphäre aktiviert, in der die kreativen Fähigkeiten angesiedelt sind. Ich benutze immer dieselbe Tasse für den Tee, höre mir dabei dieselbe Musik an, schreibe mit den gleichen Schreibstiften in den gleichen Notizbüchern, lese immer wieder aufs neue in denselben Büchern. Anhand des immer gleichen Rituals erkennt mein Gehirn, daß ich nun arbeiten will. Bevor es mir bewußt wird, mache ich mir Notizen, indem ich die Worte, die mir der Schöpfer eingibt, aufschreibe. Sobald ich die Rohfassung fertig habe, gehe ich in mein Arbeitszimmer, um den Text in den Computer einzugeben. Erst dann beginnt die eigentliche Niederschrift. Wieder einmal habe ich die Inspiration genötigt, mir durch die Macht des Rituals zu helfen.

Sie sollten ein eigenes, entspannendes Ritual schaffen, um Zugang zu Ihrem inneren kreativen Reservoir zu finden, in dem die Phantasie angesiedelt ist. Entwickeln Sie doch eine Einladungszeremonie, während Sie über Ihrem bebilderten Reisejournal sitzen! Wenn Sie feststellen, daß Sie nicht jeden Tag Eintragungen machen können, wählen Sie einen Abend in der Woche aus, um nach den visuellen Bildern zu fahnden, die Ihnen Aufschluß über Ihre authentischen Vorlieben geben. Gestalten Sie diesen Suchprozeß so verlockend wie möglich. Vielleicht lassen Sie sich, wenn die Kinder schlafen, ein heißes Bad ein, in dem Sie sich nach Herzenslust aalen. Und wenn Sie sich dann wie neu und entspannt fühlen, holen Sie den Korb mit den gesammelten Zeitschriften, Schere und Ihrem Journal ans Bett. Bereiten Sie sich ein köstliches heißes Getränk zu, das ausschließlich diesem Moment vorbehalten ist. Zünden Sie eine Kerze auf der Frisierkommode an, um die Inspiration zu fördern.

Denken Sie in dieser Woche über entspannende Rituale nach, die als persönliche Vorbereitung dienen, um aus dem Reservoir der Inspiration zu schöpfen. Tauchen Sie mit einer entsprechenden Zeremonie einen großen Eimer in den Brunnen der Vorsehung ein.

5. MÄRZ
Eine Aussteuertruhe bestücken

> »Hoffnung« ist das Ding mit Federn –
> das in der Seele nistet...
> *Emily Dickinson*

Aussteuertruhen schenkten die Mütter einem uralten Brauch folgend ihren Töchtern in einer Zeit, als Bräute noch alle nur erdenklichen Gegenstände zur Ergänzung des Hausstands mit in die Ehe brachten. Die Aussteuertruhen enthielten Bettwäsche, Quilts,

Tischtücher, irdenes Geschirr, Bestecke und Träume von häuslicher Harmonie.

Ich erhielt keine Aussteuertruhe, als ich heiratete. Wie war das bei Ihnen? Ich hatte zwar seit dem sechzehnten Geburtstag davon geträumt, aber meinen Eltern fehlte das Geld dafür, und so hob ich mir die Verwirklichung meines sehnlichsten Wunsches für später auf. Ich erinnere mich, wie ich die Anzeigen von Lane Furniture in der Zeitschrift *Seventeen* betrachtete, in denen eine liebevolle Mutter und ihre Tochter gemeinsam die Zukunftshoffnungen der jungen Frau in einer wunderschön gearbeiteten Zedernholztruhe verpackten.

Warum erinnere ich mich daran? Weil ich mein authentisches Selbst ausgrabe. Wenn wir tief genug schürfen, wird uns vieles wieder einfallen. Sie werden erstaunt sein, was Sie alles dabei entdecken. Ich ertappe mich dabei, wie ich mir heute, dreißig Jahre später, wieder einmal Werbeanzeigen für den Inhalt von Aussteuertruhen anschaue.

Da ich meinen Hausstand ohne sie eingerichtet habe, unterscheidet sich meine Aussteuertruhe von derjenigen der herkömmlichen Art. Ich benutze beispielsweise einen Picknickkorb aus Weidengeflecht, gefüllt mit Projekten, die ich in Zukunft zu verwirklichen hoffe. Vor ein paar Wochen habe ich im Räumungsverkauf einen Stoff gefunden, der sich in eine hübsche Tischdecke nebst passenden Servietten verwandeln läßt, um am Erntedankfest damit zu glänzen. Bis ich Zeit finde, um sie zu nähen, verstaue ich das Material in meiner Aussteuertruhe.

Eine Freundin, die sich nach dreißigjähriger Ehe von ihrem Mann getrennt hatte, fing noch einmal ganz von vorne an und gestaltete das Haus, das sie gemeinsam bewohnt hatten, von Grund auf neu. Sie entdeckte in einem Secondhandladen wundervolle Petit-point-Stickereien, mit denen sie an einem verregneten Samstagnachmittag die Stühle im Eßzimmer beziehen will. Sie eignen sich hervorragend für die Aussteuertruhe, bis sich die Gelegenheit ergibt, das Vorhaben zu verwirklichen.

Verstehen Sie nun, was ich damit sagen will? Nicht jeder unserer Wünsche geht unverzüglich in Erfüllung. Wir müssen lernen, geduldig zu warten, bis sie Wirklichkeit werden – vor allem auf dem Weg, den wir gewählt haben. Doch während wir uns in Geduld üben, müssen wir uns symbolisch einen Raum für Hoffnungen und Träume schaffen. Ich habe angefangen, für meine Tochter einen Weidenkorb mit den Büchern meiner Lieblingsautorinnen zu füllen, den ich ihr zum sechzehnten Geburtstag schenken werde. Ich »hoffe«, ihr diesen Schatz in einer kunstvoll gearbeiteten Zedernholztruhe überreichen zu können. Dann werden sich meine Träume von einer liebevollen Mutter, die gemeinsam mit ihrer Tochter Hoffnungen für die Zukunft verpackt, realisieren.

Ich glaube fest daran, daß sich diese Hoffnung verwirklicht. Und der Glaube ist das erste und wichtigste, was in eine Aussteuertruhe gehört.

6. MÄRZ
Eine Spielzeugkiste einrichten

> Ich bitte Euch... Euer Spiel bedarf keiner Rechtfertigung. Rechtfertigt Euch niemals.
>
> *William Shakespeare*

Als meine Tochter auf die Welt kam, bestand eine der unverhofften Freuden der Mutterschaft darin, daß ich endlich einen überzeugenden Vorwand hatte, Spielsachen zu kaufen. Seit Katie älter wird und sich ihre Vorlieben in puncto Geschenke unvermeidlich vom Miniaturteeservice auf CDs und Klamotten verlagern, muß ich mich ständig daran erinnern, daß ich keine Entschuldigung mehr brauche, um Spielzeug in mein Leben zu integrieren. Wenn ich auch als Mensch und Künstlerin wachsen und mich weiterentwickeln will, ist es unumgänglich, die Macht des Spiels zu akzeptieren. Deshalb habe ich meine eigene Spielzeugkiste eingerichtet.

Spielen fällt den meisten Frauen, die ich kenne, schwer. Wenn Sie eine eigene Spielzeugkiste besitzen, deutet diese symbolhaft darauf hin, welchen Stellenwert der Spaß in Ihrem Leben einnimmt, der Sie befähigt, Ihren Aufgaben mit voller Kraft nachzukommen.

Als erstes sollten Sie sich eine geeignete Kiste suchen. Ein Picknickkorb aus Weidengeflecht oder ein kleiner mit Stoff ausgeschlagener Holzkasten mit Deckel kann die gleiche Funktion erfüllen. Der Deckel ist indessen das wichtigste Merkmal, denn was sich in der Kiste befindet, geht nur Sie etwas an. Sie enthält Ihre persönlichen Spielsachen. Es ist Ihre Spielzeugkiste. Vielleicht lassen Sie andere einen Blick hineinwerfen, vielleicht aber auch nicht. Nehmen Sie das Behältnis mit in Ihr Schlafzimmer und stellen Sie es auf das oberste Regal im Kleiderschrank. Schließen Sie die Schranktür.

Planen Sie in dieser Woche eine kreative Exkursion ein, um die Kiste zu füllen. Nehmen Sie nicht mehr als zwanzig Mark mit und schauen Sie sich in einem gutsortierten Geschenkeladen mit preiswerten Artikeln oder einem großen Papierwarengeschäft um. Kaufen Sie Aufkleber, bunte Heftklammern, hübsche Schreibstifte und ausgefallene Radiergummis. Sehen Sie sich nun die witzigen Grußkarten an. Wählen Sie die eine oder andere aus, die Ihre Phantasie beflügelt. Was fesselt Ihren Blick sonst noch auf Anhieb? Ein Milchkrug in Kuhform, eine Lichterkette aus Plastikpaprikaschoten, ein Zauberstab. Verstauen Sie die Aufkleber und Karten in Ihrer Spielzeugkiste, bis der richtige Moment gekommen ist, um sie zu benutzen. Legen Sie die Heftklammern und Radiergummis auf den Schreibtisch, an dem Sie arbeiten, hängen Sie die Paprikalichterkette über Ihr Gewürzregal, stellen Sie den Milchkrug in Kuhform in den Kühlschrank, damit Sie visuell daran erinnert werden, Spaß am Leben zu haben.

Denken Sie nun an die Spielsachen, die Sie sich als Kind gewünscht, aber nie bekommen haben. Es ist nie zu spät, einen Steiff-Teddybären zu kaufen, eine Puppenstube mit elektrischen Lampen zu basteln oder ein Puzzle mit tausend Teilen anzufangen und zu beenden. Ändern Sie Ihre Weihnachts- oder Geburtstagswunschliste. Sie müssen nicht nach einem neuen Superstaubsauger schielen, wenn Ihnen eine echte, alte Porzellanpuppe in Wirklichkeit tausendmal lieber wäre. Sprechen Sie mit den Menschen, die in Ihrem Leben eine wichtige Rolle spielen, über Ihre neuen Vorlieben.

»Spiel ist der Triumph des Möglichen«, konstatiert der chassidische Philosoph Martin Buber. Besorgen Sie sich Ihr Spielzeug und spielen Sie damit wie ein liebes, großes Mädchen.

7. MÄRZ
Ausstattung der Trostschublade

> Ein wenig von dem, was wir uns in unserer Phantasie vorstellen, tut uns gut.
>
> *Marie Lloyd*

Das Leben erfordert, daß wir uns auch auf die unvermeidlichen Zeiten vorbereiten, in denen unsere Seele auf eine harte Probe gestellt wird. Dabei leistet uns eine »Trostschublade« gute Dienste. Trostschubladen sind für diejenigen Abende gedacht, an denen man sich am liebsten die Decke über den Kopf ziehen und nie mehr darunter hervorkommen möchte. Meine Trostschublade befindet sich unten rechts in meiner Frisierkommode, und in ihr sammeln sich im Laufe des Jahres etliche kleine mentale Trostpflaster an. Viele waren ursprünglich Geschenke, die ich einfach für Tage aufbewahrt habe, an denen ich ein Heilmittel gegen ein hausgemachtes Gefühl der Unzufriedenheit oder des Unglücklichseins brauche.

Sehen wir einmal nach, aus was der Inhalt der Schublade besteht: eine Schachtel Schokoladentrüffel, Fruchtliköre in Miniaturformat (von der Größe eines Glases) und Digestifs; ein Aromatherapie-Badeöl zur inneren und äußeren Entspannung; verschiedene britische Einrichtungszeitschriften (halten Sie in internationalen Zeitschriftenläden Ausschau, die Publikationen aus aller Welt anbieten); eine kleine Phiole mit »Notfalltropfen« aus dem Bach-Blütentherapie-Set, eine homöopathische Essenz, die es in Apotheken und Reformhäusern zu kaufen gibt; ein mit Kräutern gefülltes Samtkissen, das gute Träume fördert; eine Augenmaske aus Satin, um Ablenkungen auszuschalten; ein Badezusatz und Talkumpuder mit Rosenduft; alte Liebesbriefe, mit einem Seidenband verschnürt; eine Kladde mit persönlichen Notizen; eine Dose mit leckeren Keksen und eine Auswahl außergewöhnlicher Teesorten in Geschenkformat.

Haben Sie das Muster der schlichten, freudespendenden Fülle erkannt? Es ist alles vorhanden, um eine Frau nach Strich und Faden zu verwöhnen, die der Welt überdrüssig ist: ein Bad, das die Sinne belebt, etwas Leckeres zum Knabbern, etwas, das glückliche Erinnerungen heraufbeschwört, etwas Gutes zu trinken und etwas Interessantes zum Lesen. Wechseln Sie die Bettwäsche, füllen Sie Ihre Wärmflasche und stellen Sie ein halbes Dutzend weiße Teelichte auf ein Tablett. Deponieren Sie das Tablett auf der Frisierkommode vor einem Spiegel, zünden Sie ein Streichholz an und schaffen Sie in einer feierlichen Handlung Ihre eigenen Nordlichter. Legen Sie entspannende Musik auf und ziehen Sie Ihren Lieblingspyjama oder Ihr schönstes Nachthemd an. Kriechen Sie ins Bett und genießen Sie den Luxus. Wenn das nicht hilft, nehmen Sie zwei Aspirin und rufen mich am nächsten Morgen an.

Kleiden Sie Ihre Trostschublade mit Schrankpapier aus, das ein florales Muster aufweist, und geben Sie eventuell ein Duftkissen hinein, damit Sie schon beim Öffnen der Schublade friedlich gestimmt werden. Wickeln Sie Ihre Schätze in juwelenfarbenes Seidenpapier, das Sie mit hübschen Bändern schmücken. Wenn Sie Ihre Schublade öffnen, sehen Sie auf Anhieb eine farbenfrohe Ansammlung von Präsenten – Herzensgeschenke für eine Ihnen bekannte Person, die sie in besonderem Maß verdient.

8. MÄRZ
Den Kopfsprung ins kalte Wasser wagen

> Solange wir nicht Frieden mit dem Menschen schließen, der wir wirklich sind, werden wir nie zufrieden mit dem sein, was wir haben.
>
> *Doris Mortman*

Die Schlichtheit gewinnt an Bedeutung in unserem Leben, wenn wir Frieden mit uns selbst schließen. Das liegt an der inneren Erkenntnis, zu der wir nach und nach gelangen, daß wir Lilien nicht vergolden müssen. Einige dieser Fallstricke lassen sich vermeiden, weil das Wahre, Authentische, das sich hinter der schillernden

Fassade verbirgt, endlich bereit ist, sich unserem Blick zu enthüllen.

Ich bezeichne diese Phase im Prozeß der Einfachheit und Fülle als »den Kopfsprung ins kalte Wasser wagen«. Es gehört nämlich eine beachtliche Portion Mut und Glaube auf der persönlichen Ebene dazu, wenn wir erforschen, wie wir unsere Persönlichkeit der Außenwelt präsentieren. Dieser Prozeß beinhaltet weit mehr als Kleidungsstil oder Frisur. Hier geht es um die vielen subtilen Möglichkeiten, die wir wählen, um unser authentisches Selbst zu feiern oder zu verstecken. Hier geht es letztlich darum, die Frau in unserem Innern bewußt wahrzunehmen und zu akzeptieren. Hier geht es darum zu lernen, sich mit dem Menschen wohl zu fühlen, der wir wirklich sind. Wir würden nicht auf einmal geboren, sondern Stück für Stück. Zuerst der Körper, und später der Geist, schrieb Mary Antin 1912 in *The Promised Land*. Unsere Mütter hätten die physischen Schmerzen der Geburt erdulden müssen; wir selbst hätten die länger andauernden Schmerzen unseres spirituellen Wachstums zu erleiden.

Simone de Beauvoir hat es anders ausgedrückt, indem sie konstatierte, man werde nicht als Frau geboren, sondern zu einer gemacht. Dieser Wachstumsprozeß erfordert seine Zeit. Wir brauchen Zeit: um unsere Möglichkeiten zu erkunden, um nachzudenken, um kreative Entscheidungen zu treffen, um den schützenden Kokon abzustreifen, um unsere mentalen Schränke zu leeren, und um die psychischen Spinnweben zu entfernen, damit wir bis zum Kern unseres Wesens vordringen können.

Einige Frauen verharren seit Jahren in einem Dornröschenschlaf, der blind macht für unsere wahre Schönheit. Unsere Sinneswahrnehmungen sind durch lähmende Mißbilligung, nagende Selbstzweifel und gelinde Vernachlässigung abgestumpft. Problembewältigungsstrategien, die uns früher einmal ein Gefühl der Erleichterung verschafften, rufen inzwischen nur noch ein Gefühl des Bedauerns hervor. Um den entstandenen Schaden zu reparieren und die Verbindung zu unserem authentischen Selbst wiederherzustellen, müssen wir den Kopfsprung ins kalte Wasser wagen, im Vertrauen darauf, daß der Schöpfer sein Sicherheitsnetz ausbreiten wird. Es gilt, uns selbst fürsorglich und mit jener Sanftmut zu behandeln, die wir Menschen mit Gedächtnisschwund angedeihen lassen würden, die immer wieder eine geduldige Bestätigung ihrer wahren Identität brauchen.

9. MÄRZ
Ein strahlendes Spiegelbild:
Wie Sie Ihr authentisches Selbst projizieren

> Viele Frauen wissen einfach nicht, wie phantastisch sie wirklich sind. Sie kommen zu uns mit einem äußeren Erscheinungsbild, das en vogue, und einem inneren Erscheinungsbild, das vage ist.
> *Mary Kay Ash*

Nur wenige Frauen wissen, wie wunderbar sie wirklich sind. Um der Wahrheit die Ehre zu geben: Wir müßten wahrscheinlich alle eingestehen, daß wir ein ziemlich vages Gefühl bei der Beurteilung unseres persönlichen Erscheinungsbildes haben. Viele Frauen würden sich am liebsten gegen eine schlankere Version eintauschen. Einige tragen schon seit zehn Jahren stets die gleiche Frisur – nicht, weil sie ihrem Typ schmeichelt, sondern weil sie sich in den alten Gleisen sicher fühlen. Und wieder andere haben seit ihrem zwanzigsten Lebensjahr ihr Make-up nicht verändert, obwohl dem Gesicht im Spiegel das knallige, blaustichige Rot des Lippenstifts längst nicht mehr so gut steht wie früher.

Doch selbst wenn wir nicht bewußt wahrnehmen, wie wir unsere äußere »Verpackung« gestalten sollen – es gibt jemanden, der es weiß. Wenn wir erst mit unserer Expertin für Stilfragen, Mode und Wohlgefühl auf vertrauterem Fuß stehen, werden wir aufwachen und sensibler für unser eigenes strahlendes Erscheinungsbild werden. Diese Expertin, unser authentisches Selbst, wartet nur darauf, uns bei der schrittweisen Verwandlung in die Frau zu helfen, die wir tatsächlich sein sollen.

Eine einfache Möglichkeit, ihr den Arbeitsanfang zu erleichtern, besteht darin, Versandhauskataloge zu bestellen. Immer, wenn Sie eine ruhige Minute erübrigen können, blättern Sie darin. Schneiden Sie die Bilder derjenigen Frauen aus, die Sie attraktiv finden, und die Kleider tragen, die Sie gerne hätten. Überlegen Sie dabei nicht, ob Sie sich einen der von Ihnen ausgewählten Artikel leisten könnten oder ob Sie just in diesem Moment hineinpassen würden. Sie veranstalten lediglich ein kreatives Brainstorming, also eine wahllose Ideensammlung, ohne Werturteil. Denken Sie daran, daß Träume – schöpferische Visualisierungen – der physischen Manifestation immer vorausgehen. Spielen Sie mental mit den Bildern in Ihrem Reisejournal. Fertigen Sie eine Collage von Ihrer Idealfrau: Suchen Sie die perfekte Frisur, stellen Sie ihr die Garderobe für Freizeit und Beruf zusammen. Die Übung soll Ihnen vor allem Spaß machen. Erinnern Sie sich, wie Sie als Zehnjährige Puppen aus Papier angezogen haben. Nehmen Sie Ihre Entdeckungen bewußt wahr. Ähnelt eines der Kleidungsstücke der Reisejournal-Collage jener Garderobe, die in Ihrem Schrank hängt? Überlegen Sie sorgfältig.

Nun geben Sie sich selbst ein Versprechen. Da Sie sich auf dieses Abenteuer eingelassen haben, um ein Gespür für Ihr authentisches Selbst zu entwickeln und Ihren eigenen Stil zu entdecken, sollten Sie gewillt sein, erst dann etwas Neues zum Anziehen zu kaufen, wenn Sie meinen, Sie könnten nicht ohne dieses Kleidungsstück auskommen. Geben Sie sich nicht mehr mit etwas zufrieden, was nicht zu Ihnen paßt oder »zweite Wahl« ist. Auf dem Weg der Einfachheit und Fülle werden Sie die Freude entdecken, sich nur mit Dingen zu umgeben, die Ihnen wirklich gefallen. Und Sie werden das phantastische Gefühl erleben, nur solche Kleidungsstücke zu tragen, in denen Sie genauso wunderbar aussehen, wie Sie sich fühlen, und die das Bild von Ihrem authentischen Selbst in die Außenwelt projizieren. Lassen Sie zu, daß sich das ungeheure Kraftpotential der Einfachheit auch in Ihrem Alltag entfaltet. Verzichten Sie auf alles in Ihrem Leben, was nicht Ihrer wahren Identität entspricht.

10. MÄRZ
Sie sind nicht Ihr äußeres Erscheinungsbild, aber wissen das die anderen?

> Die Tragödie unserer Zeit ist, daß wir uns in einem so ungeheuren Maß auf unsere Augen konzentrieren und uns so sehr vom äußeren Erscheinungsbild blenden lassen.
>
> *Jessamyn West*

Wir alle sind imstande, uns von Zeit zu Zeit am Riemen zu reißen. Manchen gelingt dieses Kunststück sogar laufend. Aber keine Frau möchte sich in jeder Minute des Lebens »am Gängelband« führen. Denken wir einmal an die Zeit zurück, in der uns unser Aussehen völlig gleichgültig war oder wir uns zu ausgelaugt fühlten, um auch nur die Haarbürste in die Hand zu nehmen. Können wir uns auch in schmutzigen Jeans, mit ungewaschenem Gesicht und fettigen Haaren inspirieren lassen? Gelangen wir zu Erkenntnissen über das Wesen der physischen Schönheit, wenn der Rock zu eng sitzt und die Strumpfhose immer wieder von den Hüften herunterrutscht?

Ich hoffe es. Denn ich kenne solche Tage, und diese Tage kennen mich.

Vermutlich hat man Ihnen, genau wie mir, beigebracht, daß es sehr wichtig ist, wie wir uns der Welt präsentieren. Leider zählt unsere äußere Verpackung oft mehr, als sie sollte. Wenn wir den Erwartungen, die alle Welt an uns, unser Aussehen oder unser Verhalten hat, nicht gerecht werden, geraten wir häufig in einen Teufelskreis der Selbstverachtung und Selbstverleugnung, dem man nur schwer ohne Schrammen und Narben entrinnt. In solchen Zeiten ist es tröstlich, sich daran zu erinnern, daß unsere Seele blendender ist als Zellophan. Schönheit sei ein inneres Licht, ein spirituelles Strahlen, über das alle Frauen verfügen. Die meisten würden es indessen unter den Scheffel stellen, womit sie seine Existenz unbewußt leugneten. Und was wir nicht als unseren Besitz anerkennen würden, bliebe unsichtbar, gibt Marianne Williamson zu bedenken.

Wenn Sie erst vertrauter mit Ihrem authentischen Selbst geworden sind, wenn Sie Ihre wahre, strahlende Identität wiederfinden, werden Sie eine allmähliche, aber unanfechtbare physische Verwandlung erleben. Es ist absolut unmöglich, das spirituelle Wachstum als innere Verpflichtung zu betrachten und sensibel für das eigene strahlende Licht zu werden, ohne daß sich dieser Transformationsprozeß auch nach außen hin enthüllt. Es sei Gottes Wille, daß wir schön sind, daß wir lieben und geliebt werden, und daß wir in allen positiven Bereichen des Lebens eine gedeihliche Entwicklung erfahren, erinnert uns Marianne Williamson. Ebenfalls sei es Gottes Wille, »daß wir uns alle in jene Göttinnen verwandeln, als die wir erschaffen wurden«.

11. MÄRZ
Persönliche Signale senden und empfangen

> Wenn Sie beschließen, jeden Tag an Ihrer Selbstverwirklichung zu arbeiten, ändert sich Ihre ganze Welt... Die beiden Frauen, die Sie in sich vereinen, können Sie grundlegend verwandeln.
> *Werbeanzeige* Good Housekeeping, *Dezember 1947*

Ich hatte meine Freundin seit Monaten nicht mehr gesehen. Als sie in der Menge auf mich zukam, hätte ich sie beinahe nicht erkannt. Ihr Haar, sonst immer tadellos frisiert, war zerzaust, ihr ungeschminktes Gesicht rot und aufgedunsen, mit dunklen Ringen unter den Augen. Sie trug Jeans und eine ausgebeulte wollene Strickjacke statt der schicken Laura-Ashley-Garderobe, die sie normalerweise bevorzugte. Ich war wie vom Donner gerührt. Was stimmte nicht an diesem Bild?

Als wir miteinander eine Tasse Kaffee trinken gingen, erzählte sie mir von einer schweren Lebenskrise, die sie gerade durchmachte. Doch auch bevor sie sich mir anvertrauen konnte, wußte ich, daß sie riesige Probleme hatte.

Jeder Mensch übermittelt auf tausendfache Weise Tag für Tag persönliche Signale über sein Selbstwertgefühl. Die meisten sind nicht so spektakulär wie bei meiner Freundin, sondern wesentlich subtiler. Wenn wir uns in Hochstimmung befinden und glauben, die Welt aus den Angeln heben zu können, gehen wir mit federnden Schritten, lächelnder Miene und blitzenden Augen durchs Leben. Und dann gibt es Phasen, in denen wir aufgrund des Mangels an Zeit, Energie oder Emotionen nachlässig werden in unserer Haltung und persönlichen Pflege. Unser Selbstinteresse schwindet – bis es aussieht, als wären wir uns völlig gleichgültig. Natürlich sind wir uns tief in unserem Innern keineswegs einerlei.

Es gibt gleichwohl einen wichtigen Grund, warum wir über unser persönliches Erscheinungsbild nachdenken sollten, auch wenn wir allein leben: nämlich die innere Zufriedenheit, die sich einstellt, wenn wir das Beste aus uns machen. »Viele Frauen haben tief in ihrem Innern das Gefühl, daß sie es versäumt haben, sich in vollem Umfang zu verwirklichen«, heißt es in einer anderen Werbeanzeige, die 1949 in der Märzausgabe von *Good Housekeeping* erschien. »Und doch müssen sie diesen Mangel nicht einfach hinnehmen – Hilfe finden sie in sich selbst. Sie können es in sich selbst spüren – das innere Streben nach Glück. Die enge Wechselbeziehung zwischen dem inneren und dem äußeren Ich – die beinahe mutwillige Macht jeder dieser beiden, die andere zu ändern – kann Eintönigkeit in freudige Selbsterfüllung verwandeln.«

Als ich erstmals diese »New-Age«-Werbeanzeigenserie für Kosmetikartikel entdeckte, die nun fast ein halbes Jahrhundert alt ist, war ich belustigt – und später sehr dankbar. Denn eine der nachhaltigsten Lektionen, die Sie auf dem Weg der Einfachheit und Fülle lernen können, lautet: Wenn Sie Ihr Herz für Veränderungen öffnen, sind Sie imstande, persönliche Signale der Ermutigung zu erkennen, die Ihr authentisches Selbst fortwährend übermittelt, wie unwahrscheinlich die Quelle auf den ersten Blick auch erscheinen mag.

12. MÄRZ
Wie sehe ich aus?

Wie Frauen aussehen und wie sich ihr äußeres Erscheinungsbild im Verlauf ihres Lebens ändert, ist keine oberflächliche Frage... »Wie sehe ich aus?« will sie wissen, wenn ihre Augen den Augen im Spiegel begegnen. Sie lauscht aufmerksam auf die Antwort, denn diese könnte sich als erhellend erweisen.

Kennedy Fraser

»Wie sehe ich aus?« ist eine Frage, die wir alle uns ein Leben lang stellen. Aber nun, da Sie sich auf dem Weg zu Authentizität befinden, haben Sie den Punkt erreicht, an dem Sie diese schwierige Frage behutsam an sich *selbst* richten müssen. Sobald sie im Raum steht, gilt es, in sich hineinzuhorchen, um die Antwort zu vernehmen. Noch besser ist es, sich beim Blick in den Spiegel zu fragen: »Wie fühle ich mich?«, weil unser Selbstgefühl das Aussehen mehr beeinflußt als unsere Garderobe.

Nach Jahren der Konzentration auf die glitzernde äußere Verpackung müssen wir unsere Auffassung von Schönheit grundlegend überdenken und ändern. Die persönliche Transformation beginnt mit einem starken Innenleben. Wir sollten zulassen, daß der Schöpfer uns den Weg weist, ganz gleich, ob es darum geht, den Kleidungsstil grundlegend zu ändern, abzunehmen oder die richtige Frisur für unseren Typ zu finden. Zwanzig Minuten Meditation am Tag, eine stille Kontemplation oder ein Spaziergang, um Energie aufzutanken und Ihrem authentischen Selbst nachzuspüren, bewirken mehr für Ihr äußeres Erscheinungsbild, als Sie für möglich halten. Aber natürlich werden Sie erst dann restlos überzeugt sein, wenn Sie die Verwandlung mit eigenen Augen sehen. Also, worauf warten Sie noch? Fangen Sie gleich heute an. Wählen Sie ein Werkzeug für die Arbeit an Ihrem Innenleben aus, das zum festen Bestandteil Ihres täglichen Schönheitsrituals werden sollte. »Wenn wir in uns gehen, werden wir feststellen, daß wir genau das besitzen, was wir uns wünschen«, erklärte die französische Philosophin und Mystikerin Simone Weil. Halten Sie sich diese Weisheit immer vor Augen.

13. MÄRZ
Akzeptieren Sie sich so, wie Sie heute sind

Suche nicht außerhalb deines Selbst; der Himmel befindet sich in deinem Innern.

Mary Lou Cook

Heute schließen wir Frieden mit der Vergangenheit: mit dem Körper und dem Gesicht, mit denen wir geboren wurden und die sich im Verlauf der Jahre zu dem entwickelt haben, was sie heute sind. Heute heißen wir die Furchen und Falten in unserem Gesicht willkommen, die uns beim Blick in den Spiegel ins Auge springen, die Wangen, die schlaffer geworden sind, und die Tränensäcke, die Locken, die nicht halten, oder die Haare, die sich nicht glätten lassen.

Es wird einiges an Arbeit erfordern, bis wir gelernt haben, diese »Zeichen der Vergänglichkeit« auch zu lieben. Bevor jedoch echte Liebe gedeihen kann, müssen wir uns so akzeptieren, wie wir heute sind. Nicht morgen oder in der nächsten Woche, oder wenn wir zehn Kilo abgenommen haben. Denken Sie daran, Akzeptanz bedeutet, die Realität einer Situation anzunehmen: daß wir beispielsweise mehr Gewicht auf die Waage bringen, als wir möchten, oder daß unser Teint zu rot oder zu blaß ist, oder daß die ersten grauen Strähnen zu sehen sind, oder daß hautenge Leggings uns einfach nicht mehr stehen. Die meisten von uns halten andere Frauen für schön, aber nie sich selbst. Doch jede Frau wurde vom Schöpfer als eine wahre Schönheit erschaffen. Wir lernen erst dann, der Welt unser einzigartiges Strahlen zu enthüllen, wenn wir es uns selbst bewußtmachen. Üben Sie heute Ihr persönliches Mantra: »Ich bin, die ich bin, und was ich bin, ist wunderbar.«

14. MÄRZ
Ganzheitlichkeit durch Selbstliebe

Ich habe mich nicht auf einen Schlag verloren. Ich habe mein Gesicht im Laufe der Jahre ausradiert und meinen Schmerz auf ähnliche Weise weggewaschen, wie in Stein gemeißelte Linien durch das Wasser verblassen.

Amy Tan

Das Leben fordert seinen Tribut, gleichgültig, ob wir reich oder arm, Persönlichkeiten des öffentlichen Lebens oder ein anonymes Rädchen im Getriebe sind. Die Narben, die wir davontragen, können klaffende Schnitte oder blutige Schrammen sein. Nach außen hin mag es scheinen, als hätten wir unser Leben fest im Griff, aber jede Frau sieht sich düsteren, stürmischen Zeiten gegenüber, in denen wir uns sehr klein, sehr zerbrechlich und sehr verängstigt fühlen. Wir haben Angst, in tausend Scherben zu zersplittern und in herzerweichendes Schluchzen auszubrechen, wenn uns jemand auch nur die einfache Frage stellt: »Wie geht es dir?«

Wenn wir uns so ausgelaugt fühlen, sollten wir sanft mit uns umgehen und uns nicht noch zusätzlich niederknüppeln. Das können wir getrost anderen überlassen. Unsere Empfindungen haben ihre Gültigkeit, und unsere Ängste sind real, auch wenn sie vermutlich nicht auf einer realen Grundlage basieren. Denken Sie immer daran: Die beste Definition von Angst ist »falsche Indizien, die echt erscheinen«.

Wenn Sie solche Situationen in Ihrem Leben bewältigen müssen, halten Sie sich vor Augen, daß Ihre wichtigste Aufgabe darin besteht, sich selbst in Ihrer Ganzheitlichkeit zu lieben. Wie? Indem Sie sich mit schlichten Freuden und kleinen Aufmerksamkeiten verwöhnen. Indem Sie sich wie das kleine, schutzbedürftige Kind behandeln, das Sie derzeit sind. Wie wäre es, wenn Sie sich aus einem chinesischen oder indischen Restaurant zum Abendessen etwas Gutes mit nach Hause nähmen? Oder gönnen Sie sich einen Strauß der ersten Narzissen oder Tulpen, die jetzt in den Blumenläden angeboten werden. Vielleicht können Sie sich einen halben Tag frei nehmen und sich im Kino eine Nachmittagsvorstellung ansehen. Und wenn nicht, leihen Sie sich zwei oder drei Klassiker im Videoshop aus, um zu Hause einen Filmemarathon und eine große Schüssel Popcorn zu genießen! Und warum nicht mal ein Eis aus der Tüte statt des Mittagessens in der Kantine, das Sie im Park beim Sonnenbaden schlecken, während Sie dem Zwitschern der Vögel lauschen? Und was wäre, wenn Sie die nächste Bitte, rasch noch eine Tätigkeit zu übernehmen, mit einem klaren »Nein« beantworten?

Ja, dazu sind Sie imstande! Sie müssen nicht in allen Töpfen gleichzeitig kochen und es jedermann recht machen. Wenn Sie der Meinung sind, daß Sie keine weitere Arbeit mehr erledigen können, ohne einen Tobsuchtsanfall zu bekommen oder in Tränen auszubrechen, haben Sie vermutlich recht. Fangen Sie an, klar und deutlich zu sagen: »Nein, tut mir leid, ich habe etwas Wichtigeres zu tun.«

Denn das haben Sie tatsächlich. Heute sollen Sie nur für sich selbst da sein. Denken Sie daran: Wir verlieren uns nicht auf einmal. Aber wir gewinnen unser authentisches Selbst mit einer einzigen liebevollen Geste zurück.

15. MÄRZ
Sich selbst pfleglich behandeln: Die schwerste Aufgabe unseres Lebens

> Jedes noch so unbedeutende Experiment, uns selbst zu verwöhnen, ist für die meisten von uns sehr erschreckend.
> *Julia Cameron*

Warum finden die meisten Frauen den Gedanken so beängstigend, sich selbst zu verwöhnen? Warum schrecken sie davor zurück? Wenn Sie meinen, daß dies nicht für Sie gilt, dann sollten Sie überlegen, wie viele kreative Exkursionen Sie letzten Monat unternommen haben. Haben Sie Ihre Trostschublade gefüllt? Oder damit begonnen, Ihre Aussteuertruhe oder Spielzeugkiste zu bestücken? Haben Sie an Ihrem Reisejournal gearbeitet oder Ihre täglichen Dialogseiten geschrieben? Na...?

Vielleicht ähneln wir alle Ebenezer Scrooge, der Dickens-Figur, denn wenn wir uns selbst pfleglich behandelten, könnte unsere Kreativität erblühen wie eine Pflanze, die sich dem Licht entgegenstreckt. Natürlich würde das bedeuten, daß wir einige Veränderungen in unserem Leben einleiten müßten, und Hand aufs Herz: Wir wissen alle, was wir angesichts von Veränderungen empfinden, selbst gegenüber positiven. Vielleicht verharren wir schon seit langem im alten Trott, aber der Status quo lullt uns auf seine eigene, hinterhältige Weise ein.

Mit Riesensprüngen und weit ausholenden Schritten den Weg zu unserem authentischen Selbst zu finden setzt jedoch nur Veränderungen im kleinen voraus. Betrachten Sie ehrlich und objektiv, wie pfleglich Sie mit sich selbst umgehen. Wieviel Schlaf gönnen Sie sich? Gehen Sie oft genug spazieren, treiben Sie regelmäßig Gymnastik oder Sport? Haben Sie der Möglichkeit zu meditieren eine faire Chance eingeräumt? Wieviel Zeit steht Ihnen pro Woche zur Verfügung, nur um zu entspannen? Um zu träumen? Um Hobbys nachzugehen, die Ihnen Spaß machen? Wann haben Sie das letzte Mal gelacht? Julia Cameron behauptet, es bestehe eine enge Verbindung zwischen der Fürsorge, die man sich selbst angedeihen lasse, und der Selbstachtung.

Mich selbst pfleglich zu behandeln, war für mich immer ein zähes Ringen. Aber glauben Sie mir, ich habe auf dem Weg zu Einfachheit und Fülle gelernt, fürsorglicher mit mir umzugehen, um ein ganzheitliches, erfülltes Leben zu führen. Diese Aufgabe kann uns niemand abnehmen. Stellen Sie heute eine Liste der zehn besten Dinge zusammen, die Sie für sich tun können. Wählen Sie eine Aktivität aus, die Sie verwirklichen. Sie haben nicht das geringste zu verlieren, wenn Sie sich auf das Experiment einlassen und beginnen, sich selbst zu verwöhnen; Sie können nur auf ganzer Linie gewinnen.

16. MÄRZ
Was gefällt Ihnen an sich selbst?

Wenn wir die Antworten auf die großen Fragen über unsere Seele finden wollen, beginnen wir am besten mit den kleinen Antworten über unseren Körper.

George Sheehan

Auch Sie betrachten sich vermutlich jeden Tag im Spiegel. Aber wann haben Sie zum letzten Mal bei Ihrem Anblick anerkennend mit dem Kopf genickt? Heute möchte ich Sie bitten, etwas völlig Neues auszuprobieren: Betrachten Sie sich liebevoll und beginnen Sie zu akzeptieren, was Sie sehen.

Diese Übung geht unter die Haut, weil Sie eine Bestandsaufnahme der Merkmale und Eigenschaften durchführen sollen, die Ihnen an sich selbst gefallen. Die meisten von uns sind sehr schnell mit Selbstkritik bei der Hand. Wir finden immer irgend etwas an unserem äußeren Erscheinungsbild auszusetzen. Heute werden wir entdecken, was uns gefällt und unserem Schöpfer dafür danken.

Nehmen Sie sich für diesen Tag eine Stunde Zeit, um den wunderbaren Menschen zu feiern, der Sie wirklich sind. Lassen Sie sich ein heißes Bad ein, das Sie mit einem ätherischen Öl oder einem anderen duftenden Badezusatz parfümieren. Stellen Sie eine Kerze auf und baden Sie bei Kerzenschein. Bleiben Sie mindestens zwanzig Minuten im warmen Wasser liegen, um sich rundum zu entspannen und sich wie ein neuer Mensch zu fühlen. Bitten Sie Ihr authentisches Selbst, Ihnen dabei zu helfen, sich alle positiven Dinge ins Bewußtsein zu rufen, die Sie heute abend entdecken werden. Nachdem Sie sich abgetrocknet haben, tragen Sie Talkumpuder oder Körperlotion auf. Massieren Sie sich sanft von den Schultern bis zu den Zehenspitzen, und stellen Sie sich bildlich vor, wie Ihr Körper von einer unvorstellbar schönen, lichten Aura umgeben ist. Dieses Licht ist die Liebe, die Sie in jede Zelle Ihres Körpers aussenden. Bestätigen Sie sich mit Ihrer sanftesten Stimme, wie wunderbar Sie sind.

Nun gehen Sie ins Schlafzimmer, und bevor Sie sich Ihren Schlafanzug oder das Nachthemd anziehen, betrachten Sie sich liebevoll im Spiegel. Sehen Sie sich so lange an, bis Sie zehn Gesichts- oder Körpermerkmale gefunden haben, die Ihnen uneingeschränkt gefallen: eine vollendet geformte Nase, schöne Hände, schmale Fesseln. Fangen Sie oben an und arbeiten Sie sich langsam nach unten vor. Berücksichtigen Sie jede Kleinigkeit. Ihnen gefällt vielleicht Ihre Frisur nicht, wohl aber Ihre Haarfarbe. Notieren Sie alle zehn Merkmale in Ihrem Journal der Dankbarkeit. Denken Sie nun über Aspekte Ihrer Persönlichkeit nach, die Ihnen zusagen. Sie sind vielleicht eine Improvisationskünstlerin ohnegleichen, eine gewiefte Einkäuferin, eine einfühlsame Zuhörerin, eine kreative Köchin, eine geduldige und liebevolle Mutter, eine Frau, die auch auf die Details achtet. Schreiben Sie alles akribisch auf. Machen Sie erst dann Schluß, wenn Sie auf zehn Eigenschaften gestoßen sind, für die Sie dankbar sein können. Und nun übertragen Sie diese in Ihr Journal der Dankbarkeit.

Und wenn Sie der Meinung sind, Sie wären nicht in der Lage, zwanzig Vorzüge an sich zu entdecken, dann kehren Sie noch einmal zum Spiegel zurück. Wiederholen Sie diese Übung jeden Tag, bis Sie die Liste problemlos zustande bringen. »Die Natur wiederholt sich nie, und die Möglichkeiten der einen menschlichen Seele kann man niemals in einer anderen finden«, schrieb Elizabeth Cady Stanton 1892 in *Solitude of the Self*. Seien Sie heute bereit, ernsthaft nach Ihren Möglichkeiten und positiven Eigenschaften zu suchen und sich an Ihrer göttlichen Authentizität zu freuen.

17. MÄRZ
Die positiven Aspekte hervorheben

> Warum sollte ein Windhund versuchen,
> wie ein Pekinese auszusehen?
> *Dame Edith Sitwell*

In einer Epoche, in der die Schönheit einer Frau als ihr größtes Kapital galt, war die berühmte englische Dichterin Dame Edith Sitwell, 1887 geboren, eine Ausnahmeerscheinung. Aber nicht aus den

Gründen, die man erwarten könnte. Als junges Mädchen war sie so reizlos, linkisch und dürr, daß ihre Familie jede Hoffnung aufgegeben hatte, einen Mann für sie zu finden. Man muß wohl nicht betonen, daß die »arme kleine E«, wie sie genannt wurde, eine freudlose, einsame und frustrierende Kindheit hatte, bis ihre geliebte Gouvernante sie in die Welt der Literatur und Musik einführte. Sie verliebte sich in die Verse des englischen Dichters Swinburne und die Lyrik der Symbolisten, und so begann sie nach und nach, auch ihr authentisches Selbst zu lieben.

Diese Authentizität kam in ihren Gedichten und in einer exzentrischen Lebensweise zum Ausdruck, die ihre Wurzeln in einer lebhaften Phantasie und der Vorliebe für dramatische Effekte hatte. Sie war bekannt für ihre langen, fließenden, präraffaelitischen Gewänder aus Brokat oder kostbaren Polsterstoffen, für ihre Pelze und extravaganten Hüte, die ihr hartes, knochiges Profil unterstrichen und zu ihrem ureigenen unverwechselbaren Markenzeichen wurden. Um ihre langen, schmalen Finger zu betonen (auf die sie sehr stolz war), ließ sie ihre Fingernägel so lang wie die eines Mandarin wachsen, lackierte sie rot und trug protzige Ringe.

Dame Ediths auffallender Stil ist nicht jeder Frau Sache. Aber ihre glanzvolle Art, sich selbst ins rechte Licht zu setzen und die positiven Aspekte ihres Erscheinungsbildes zu unterstreichen, kann jede Frau nacheifern. Inzwischen haben Sie gewiß Gesichts- und Körpermerkmale an sich entdeckt, die Ihnen gefallen. Jede Frau verfügt mindestens über ein charakteristisches Kennzeichen, das sie von allen anderen Menschen unterscheidet. Heben Sie Ihre Vorzüge hervor? Sind Ihre Augen das Schönste an Ihnen? Dann betonen Sie sie jeden Tag sorgfältig mit Make-up, selbst wenn Sie zu Hause bleiben, in Gesellschaft der Kinder. Haben Sie die ersten grauen Strähnen entdeckt? Wie wär's mit einer silbern schimmernden Haartönung? Haben Sie ein bezauberndes Lächeln und volle, sinnliche Lippen? Dann benutzen Sie einen knallroten Lippenstift, um die Aufmerksamkeit darauf zu lenken.

Sie habe sich oft gewünscht, sich dann und wann in Bescheidenheit zu üben, gestand Dame Edith gegen Ende ihres Lebens. Doch sei sie zu beschäftigt gewesen, um über sich selbst nachzudenken.

Die meisten von uns verbringen nicht annähernd genug Zeit damit, nach den positiven Aspekten in ihrem Erscheinungsbild zu suchen. Folgen Sie heute Dame Ediths Beispiel. Entdecken, betonen und zelebrieren Sie Ihre authentischen Vorzüge.

18. MÄRZ
Erwachen aus dem Dornröschenschlaf

> Wir sind die Heldinnen unserer eigenen Geschichte.
> *Mary McCarthy*

In jeder Frau verbirgt sich ein Dornröschen, das darauf wartet, durch die Liebe wachgeküßt zu werden. Da sie so lange geschlafen hat, muß sie sehr behutsam in die Wirklichkeit zurückgeholt werden. Doch statt sich in Geduld zu üben, bis der schöne Prinz den Deckel des gläsernen Sarges öffnet, sollten wir die magischen Kräfte unseres authentischen Selbst heraufbeschwören, um den grausamen Zauberspruch zu bannen, der unseren Blick für die eigene Schönheit verschleiert hat.

Ich möchte Ihnen die Geschichte eines hübschen Mädchens erzählen, das ich in jungen Jahren gekannt hatte. Es war einmal eine kleine Stadt, meine Heimatstadt, in der die Müllabfuhr streikte. Wochenlang türmte sich der Abfall an den Straßenrändern. Eines Tages kreuzte der Fotograf einer Zeitung auf und erkundigte sich, ob irgendwo in der Nachbarschaft Kinder wohnten. Er wollte Aufnahmen von ihnen vor den Plastiktüten machen, um zu zeigen, wieviel Müll sich inzwischen angesammelt hatte. Das kleine Mädchen versteckte sich schüchtern hinter seiner Mutter, als er an seine Tür klopfte, und so wurde es ausgewählt und für das Foto auf den Müllberg gesetzt. Nachdem das Bild in der Zeitung erschienen war, hänselten die anderen Kinder das kleine Mädchen und gaben ihm den Spitznamen »Müllberg«. Diese Demütigung machte es lange Zeit blind für seine eigene Schönheit. Auf dem Müllberg zu sitzen war für es so ähnlich, als hätte es sich mit der Spindel in den Finger gestochen und sei in einen hundertjährigen Schlaf gesunken.

Wäre das kleine Mädchen, wenn es sich nicht in den Finger gestochen hätte, auf die Idee gekommen, sich jeden Nachmittag in sein Bett zurückzuziehen und Trost in der Welt der Bücher zu suchen? Und hätte es, als es älter wurde, Theaterwissenschaften studiert, um die Geheimnisse der Schauspielkunst zu ergründen? Wäre es nach Paris und London gereist, um über die Mode zu schreiben und mehr über die verschiedenen Stilrichtungen zu lernen? Ich denke nicht, und ich muß es wissen.

Wie sah Ihre Spindel aus? In welcher Phase Ihres Lebens haben Sie sich gestochen und sind in einen Dornröschenschlaf gesunken? Oder haben Sie ganz allmählich die Rolladen heruntergezogen? Vielleicht wurde der grausame Zauber von Eltern ausgelöst, die an allem etwas auszusetzen hatten, von einer verheerenden Trennung oder von einer betäubenden Sucht nach Essen, Medikamenten, Drogen oder Alkohol.

Es ist Zeit zu erwachen, Dornröschen. Ihre Kreativität, Phantasie und Ihr authentisches Stilempfinden sind jedem Zauberspruch überlegen – ungeachtet dessen, wie machtvoll er auch sein mag.

19. MÄRZ

Seelenruhe

> Seelenruhe ist eine Eigenschaft, die viele unterschätzen... Inmitten des Tumults fühlt man sich unwiderstehlich zu einer Frau hingezogen, die anmutig entspannt dasitzt, die ihre Hände stillhält, mit leiser Stimme spricht und deren Blick und Lächeln Aufmerksamkeit verraten. Sie schafft einen Zauberkreis, der sie umgibt, und Ohr, Auge und Geist in seinen Bann zieht.
>
> *Good Housekeeping*, November 1947

Wir kennen sie alle, diese besondere Frau, die uns mit ihrem strahlenden Lächeln wie magisch anzuziehen scheint. Ihre Augen leuchten auf, wenn wir ihr erzählen, wie es uns in letzter Zeit ergangen ist. Sie fasziniert Männer, Frauen, Kinder und Tiere gleichermaßen, denn ihre ungeteilte Aufmerksamkeit übt eine beruhigende und beinahe hypnotische Wirkung aus. Wenn wir uns von ihr verabschieden, haben wir das Gefühl, in einem wundervollen warmen Licht gebadet zu haben.

Und genau das haben wir. Dieses Licht wird Liebe genannt, und der Schlüssel zu diesem uralten Geheimnis der Schönheit steht uns allen zur Verfügung. Wenn wir uns aufrichtig für andere interessieren, sind wir für diese von einem Reiz umgeben, der zwingend ist. Ich wollte, jede von uns könnte eine solche Frau sein, würde sich in eine solche Frau verwandeln.

Das können wir.

Die meisten erleben weitaus mehr hektische als stille, ruhige Augenblicke in ihrem Alltag. Doch wenn wir uns die Zeit nehmen, aus unserer eigenen Sphäre herauszutreten und uns anderen zuzuwenden, öffnen wir uns für die Macht des Schöpfers. Plötzlich leuchten wir von innen heraus, und dieser Glanz kann unser äußeres Erscheinungsbild nachhaltiger und wirksamer verändern als jedes raffinierte Make-up, das man im Schönheitssalon auflegt.

Handeln Sie heute wie die Frau, zu deren hervorstechendsten Eigenschaften die Seelenruhe gehört. Grüßen Sie alle Menschen, denen Sie begegnen, mit einem herzlichen Lächeln. Lassen Sie, ungeachtet dessen, wieviel Sie auch zu tun haben mögen, bei Begegnungen mit Kollegen, Familienangehörigen und Freunden keine Hast aufkommen. Sprechen Sie mit sanfter Stimme. Hören Sie aufmerksam zu. Vermitteln Sie Ihren Gesprächspartnern das Gefühl, daß die Unterhaltung mit ihnen das wichtigste ist, was heute auf Ihrem Terminplan steht. Blicken Sie Ihren Kindern oder Ihrem Lebenspartner in die Augen, wenn Sie mit ihnen reden. Streicheln Sie die Katze, kraulen Sie Ihren Hund. Begegnen Sie heute jedem Lebewesen mit Liebe. Machen Sie sich bewußt, um wieviel besser Sie sich am Ende des Tages fühlen werden.

20. MÄRZ
Innere Schönheit, äußere Anmut

> Gefällt es Ihnen nicht, wenn unglaublich schöne Frauen wie Linda Evans oder Cindy Crawford uns sagen, das Geheimnis wahrer Schönheit liege darin, unser inneres Licht zu finden? Nein, verdammt. Aber ich habe das gleiche getan wie diese Frauen, um mein inneres Licht zu finden, und obwohl es zutrifft, daß ich mich glücklicher fühle, sehe ich nicht aus wie sie.
> *Marianne Williamson*

Wir können nicht alle wie Linda Evans oder Cindy Crawford aussehen, aber wir sind imstande, das Beste aus uns zu machen. Die Schlichtheit spielt eine entscheidende Rolle, um eine Saite in uns zum Klingen zu bringen. Das geschieht ganz von selbst, wenn wir darüber nachdenken, wie wir unser Erscheinungsbild, unser authentisches Aussehen, optimal verändern. Nach und nach lernen wir, daß »weniger mehr bedeutet«; diese Philosophie läßt sich nicht nur auf Make-up und Mode, sondern auch auf die Dekoration unserer eigenen vier Wände und die Feste anwenden, zu denen wir Gäste einladen.

Es ist wohl eine Ironie des Schicksals, daß der Wunsch, das Beste aus unserem Typ zu machen, erst dann erfolgt, wenn wir es als Verpflichtung betrachten, an unserem Innern zu arbeiten. Wenn wir in uns gehen, nach Möglichkeiten des spirituellen Wachstums suchen, beginnen wir, auch äußerlich aufzublühen. Die Zeit, die wir mit einer Meditation verbringen, schenkt uns mehr Gelassenheit, und dieser Wandel zeigt sich in unserem Gesicht. Wenn wir lernen, uns so zu lieben, wie wir sind, fühlen wir uns motiviert, uns stetig weiterzuentwickeln, gleichgültig, ob wir nach einer gesünderen Ernährung oder nach der passenden sportlichen Betätigung Ausschau halten. Vielleicht fangen wir an, häufiger Make-up aufzulegen und mehr auf unsere Garderobe zu achten, selbst wenn wir nur schnell eine Besorgung machen oder im Rahmen der Fahrgemeinschaft die Kinder herumkutschieren. Das sind unterschwellige Veränderungen, die sich jedoch nachhaltig auf unser Selbstwertgefühl auswirken.

Warum findet die Arbeit an unserer inneren Schönheit in äußerer Anmut ihren Niederschlag? Vielleicht liegt es daran, daß beides unauflöslich miteinander verbunden ist. Ein gnostischer Lehrsatz lautet: »Wie das Innere, so das Äußere.« Frauen, die ihr volles Potential ausschöpfen, erfreuen den Schöpfer mit ihrem Strahlen. Marianne Williamson erzählt uns, daß der Prozeß der persönlichen Transformation, gleichgültig, ob er sich auf die Lebensführung oder das äußere Erscheinungsbild bezieht, »die wahre Arbeit am spirituellen Wachstum ist«.

21. MÄRZ
Was ist Selbstvertrauen?

> Mein Gesicht nach dem vierzigsten Lebensjahr weckte in mir ein angenehmeres Gefühl als alles, womit ich vorher gelebt hatte. Selbstvertrauen ist ein starkes Schönheitselixier; ich sah besser aus, weil ich mich besser fühlte. Versagen und Kummer, aber auch Erfolg und Liebe waren mir gut bekommen. Endlich fand ich Zugang zu dem am schwersten gewonnenen Schmelz der Jugend: zur Weisheit.
>
> *Nancy Collins*

Viele Frauen verwechseln Selbstachtung mit Selbstvertrauen. Für mich beinhaltet Selbstachtung die Gefühle, die wir wirklich, im innersten Sanktuarium unserer Seele, uns selbst gegenüber empfinden. Sind wir imstande, uns bedingungslos zu lieben, zu akzeptieren und anzuerkennen? Glauben wir, daß wir die Liebe anderer Menschen und nur das Beste verdienen, was uns das Leben zu bieten hat? Das Ausmaß der Selbstachtung ist eng mit der Beziehung zu unseren ersten und wichtigsten Kritikern verknüpft: unseren Eltern. Wenn sie uns uneingeschränkt geliebt, akzeptiert und anerkannt haben, dann werden wir es höchstwahrscheinlich ebenfalls tun.

Das Selbstvertrauen ist gleichwohl ein besonderes Elixier, das der Schöpfer zubereitet hat, damit wir uns den Herausforderungen des Lebens stellen und sie meistern. Es handelt sich um eine würzige Mischung, bestehend aus stärkenden Essenzen: innere Einstellung,

Erfahrung, Wissen, Weisheit, Optimismus und Glaube. Hatten wir das Glück, in einem liebevollen, unterstützenden Elternhaus aufzuwachsen, und eine gehörige Portion Selbstachtung zu entwickeln, so waren wir schon sehr früh im Leben imstande, unsere eigene homöopathische Formel zu entdecken. Wenn nicht, müssen wir lernen, unsere persönliche hausgemachte Essenz zusammenzumischen. Wichtig ist die Erkenntnis, daß Selbstvertrauen zu den Eigenschaften zählt, die sich jede Frau aneignen kann.

Eine optimistische Einstellung ist für das Selbstvertrauen von wesentlicher Bedeutung. Genauso wie die Bereitschaft, aus Fehlern zu lernen und sich bewußtzumachen, daß alle Geschehnisse im Leben eine Lektion beinhalten, wenn wir willens sind, sie zu erkennen und anzunehmen. »Wenn wir glauben, etwas zu können, können wir es auch«, erklärte die amerikanische Kosmetikherstellerin Mary Kay Ash. »Und wenn wir glauben, wir schaffen es nicht, haben wir vermutlich recht.«

Sagen Sie sich heute, daß Sie alles schaffen, was Sie sich vornehmen. Weil Sie es können. Wie bei einem Parfüm brauchen wir nur einen Hauch Selbstvertrauen, um unsere authentische Aura zu stärken.

22. MÄRZ
Warum man Selbstvertrauen nicht kaufen, aber ausleihen kann

> Man hielt mich für »blasiert«. Das war ich aber nicht. Ich fühlte mich selbstsicher. Das war und ist für die Unsicheren immer eine unverzeihliche Eigenschaft.
>
> *Bette Davis*

Es wäre wunderbar, wenn wir einfach eine Drogerie oder Parfümerie aufsuchen und eine Flasche Selbstvertrauen kaufen könnten, ähnlich wie die »Revitalisierungs-« oder »Aktivcremes« fürs Gesicht. Leider wirkt dieses spirituelle Elixier wie ein teures Parfüm, nämlich aufgrund der individuellen chemischen Beschaffenheit der Haut bei jeder Frau anders.

In meinen jüngeren Jahren bestand mein Selbstvertrauen aus einer Mixtur, die stark angereichert war mit einer positiven Einstellung, Optimismus und Glaube; Erfahrung, Wissen und Weisheit sollten erst später hinzukommen. Doch noch heute erfordert jede neue Chance oder Herausforderung, der ich mich gegenübersehe, daß ich mir selbst zunächst einmal einen Spezialcocktail mixe. Das heißt, ich bereite mich so gründlich wie möglich vor und sehe so aus, wie es meiner Rolle entspricht: Ich trage beispielsweise Kleidung, die selbst dann noch Selbstvertrauen ausstrahlt, wenn sie im Schrank hängt. Als nächstes bete ich und bitte den Schöpfer um Kraft und Erleuchtung. Dann ist es Zeit für den »großen Auftritt«. Ich tue so, als strotzte ich vor Selbstsicherheit, und die anderen nehmen es mir ab.

Wenn es Ihnen an Selbstsicherheit mangelt, das Leben indessen verlangt, daß Sie Ihren eigenen Wert kennen, dann ist es tröstlich, sich daran zu erinnern, daß Sie Selbstbewußtsein stets bei Ihrem authentischen Selbst borgen können. Die Frau in Ihrem Innern weiß, wie großartig Sie sind, und kann Ihr Selbstwertgefühl aufpolieren; und das ist tatsächlich alles, was Sie brauchen. Unser Unterbewußtsein vermag nicht zwischen Wirklichkeit und Phantasie zu unterscheiden (deshalb hat die Technik der kreativen Visualisierung eine so durchschlagende Wirkung). Wenn wir so tun, als hätten wir Selbstvertrauen, fühlen wir uns auch selbstsicher – zumindest für eine kleine Weile. Sollte das Leben Sie vor schier unüberwindliche Herausforderungen stellen, dann lassen sich diese bewältigen, indem Sie den Schöpfer um Beistand bitten und einen Hauch Selbstvertrauen bei Ihrem authentischen Selbst ausleihen.

23. MÄRZ
Seien Sie stets eine erstklassige Version von sich selbst

> Wir sollten stets eine erstklassige Version von uns selbst sein, statt die zweitrangige Version eines anderen Menschen.
>
> *Judy Garland*

Ich würde eine schreckliche Judy Garland abgeben, aber ich bin eine ziemlich gute Sarah Bran Breathnach. Ich habe fast mein ganzes Leben lang gebraucht, um zu dieser Erkenntnis zu gelangen, doch seither bin ich nicht mehr dieselbe. Auch Sie werden einen grundlegenden Wandel erleben, sobald Ihnen diese Wahrheit dämmmert.

Wir werden, gleichgültig, ob wir uns dessen bewußt sind oder nicht, von der Welt ständig darauf programmiert, eine andere Frau zu sein, als wir wirklich sind. Man impft uns ein, auszusehen wie Model Claudia Schiffer, eine vollendete Gastgeberin zu sein wie Gabriele Henkel und als Dekorationskünstlerin zu brillieren wie André Putman. Angesichts dieser weitverbreiteten, gesellschaftlichen Schizophrenie ist es kein Wunder, daß die meisten Frauen unter großer Verwirrung leiden und keine Ahnung mehr haben, wer sie wirklich sind.

Im Wörterbuch steht unter dem Begriff »authentisch«: nicht der Phantasie entsprungen, nicht falsch oder imitiert. Authentisch sein bedeutet echt, glaubwürdig, vertrauenswürdig, tatsächlich und auf den Punkt genau das zu sein, was man vorgibt zu sein. Das einzige, was wir mit Fug und Recht zu sein behaupten können, ist, wir selbst zu sein. Unser Bestes zu geben ist gerade gut genug, selbst an schlechten Tagen. Eine meiner Bekannten ist als hochkarätige Managerin in der New Yorker Werbebranche tätig. Ich kenne niemanden auf der Welt, der kreativer, beredter, leistungsmotivierter und amüsanter wäre, aber an manchen Tagen sieht sie sich ganz anders. Sie wuchs in einem Elternhaus auf, in dem Leistungen immer einen hohen Stellenwert besaßen, und infolgedessen geht sie außerordentlich hart mit sich selbst ins Gericht. Was für sie »befriedigend«

ist, würde von anderen vermutlich mit »hervorragend« bewertet werden.

Wir alle stellen außerordentlich hohe Anforderungen an uns selbst. Wir wollen nicht nur wie andere sein, sondern sind auch bestrebt, unserer Umgebung eine noch perfektere Version des Originals zu bieten.

Ich möchte Ihnen ein Ereignis im Leben einer anderen Frau aus meinem Bekanntenkreis erzählen. Als ihr erstes Buch erschien, führte sie sich laut Bekunden von Freunden auf, als hätte sie den Verstand verloren. Statt sich nach zehn Jahren mühevoller Arbeit zu ihrem Meisterwerk zu gratulieren, war sie kurz davor, sich von den Klippen zu stürzen, nur weil sie in einem Satz die falsche Zeit benutzt hatte. Statt ihre Spitzenleistung zu feiern, brachte sie sich selbst um den Genuß, die Früchte ihrer Arbeit zu ernten.

Glücklicherweise ist sie inzwischen zur Vernunft gekommen. Wußten Sie, daß die Frauen der Amish, einer religiösen Gemeinschaft in Amerika, bewußt einen minderwertigen Flicken in ihre Quilts einarbeiten, um sich vor Augen zu halten, daß nur der Schöpfer imstande ist, etwas Vollkommenes zu schaffen? Daran sollten wir uns erinnern. Lassen wir es mit dem Bestreben bewenden, eine erstklassige Version von uns selbst zu sein. Und unser Bestes ist gerade gut genug.

24. MÄRZ
Der heimliche Saboteur: Melancholie

> Auf unser Herz hören ist nicht leicht. Herausfinden, wer wir wirklich sind, ist nicht leicht. Es gehören harte Arbeit und Mut dazu, zu ergründen, wer wir sind und was wir wollen.
>
> *Sue Bender*

Nach dem pfleglichen Umgang mit uns selbst ist das In-sich-hinein-Horchen, um das Flüstern unseres Herzens zu vernehmen, vermutlich die am schwersten zu bewältigende Aufgabe. An manchen Tagen scheint sich uns der Weg der Einfachheit und Fülle ganz natürlich zu erschließen. Wir erkennen, daß wir in Wirklichkeit alles haben, was wir brauchen. An anderen Tagen ist es unmöglich, unsere Wünsche und Bedürfnisse zum Schweigen zu bringen. Es scheint, als plagten uns zu viele Sehnsüchte und Träume, deren Erfüllung auf die lange Bank geschoben wurde. Wir haben die Nase gestrichen voll, darauf zu warten, daß sich der innere Wandel in einer Veränderung unserer äußeren Lebensumstände manifestiert.

Wenn die düsteren Stunden kommen, sollten wir uns daran erinnern, daß jeder Tag uns selbst dann, wenn ein heimlicher Saboteur – der Trübsinn – sein Unwesen treibt und zeitweilig unsere Fortschritte behindert (oder es scheint zumindest so), ein Geschenk bietet, wenn wir bewußt danach Ausschau halten. Manchmal sind wir aus einem ganz offenkundigen Grund traurig: ein überwältigender Verlust beispielsweise, Geldsorgen oder gesundheitliche Probleme. Zu anderen Zeiten wissen wir nicht, warum wir uns so deprimiert fühlen, was unsere Laune noch verschlechtert. Es können tausend verschiedene Ursachen für unser Stimmungstief vorliegen: Mangel an Anerkennung (durch uns selbst und andere), körperliche Erschöpfung, das Wetter, die Hormone, eine nahende Grippe. Doch die Melancholie gehört nun einmal zum Prozeß der persönlichen Transformation.

Ich wünschte, ich könnte Ihnen sagen, daß spirituelles und kreatives Wachstum reibungslos, in voraussehbaren Schüben und schmerzlos vonstatten geht. Jedoch werden »die besten grundlegenden Veränderungen von Kummer begleitet«, erklärt Autorin Fay Weldon. Dies sei ihr Zweck. Die persönliche Entwicklung vollzieht sich außerdem in Wellen: wir machen drei Schritte vorwärts, dann zwei zurück, und danach folgt eine lange Phase, in der es den Anschein hat, als sei ein Stillstand eingetreten. Aber es ist wichtig zu erkennen, daß diese Ruhepause offenbar immer einem kräftigen Wachstumssprung vorausgeht. Leider sind wir während dieser Periode der Stagnation häufig deprimiert und beschließen, vorzeitig das Handtuch zu werfen.

An solchen Tagen können wir uns kaum aufraffen, uns anzuziehen und einen Fuß vor die Tür zu setzen. Wir finden, daß wir gräßlich aussehen, und es ist uns völlig egal. Wir können uns nicht daran erinnern, ob wir gestern geduscht oder wann wir uns zuletzt die Haare gewaschen haben. Die Stimmen der Kinder sind laut und fordernd, und unsere eigene klingt schrill. Es mangelt uns an Geduld. Das Leben kommt uns öde vor, es enthält keinen Lichtblick. Es erfordert mehr Arbeit, als wir erwartet haben, zu entdecken, wer wir wirklich sind, und im Augenblick sind wir nicht einmal sicher, ob wir es überhaupt herausfinden wollen.

Was sollen wir anderes tun, als durchhalten und warten, daß der Sturm vorüberzieht, wenn sich dunkle Wolken über uns zusammenballen? Wir haben zwei Alternativen. Die eine besteht darin, einfach nachzugeben, keinen Widerstand mehr zu leisten. Wir fühlen uns melancholisch, na und? Aber zuerst sollten wir den Schöpfer um Beistand bitten – und dann den Tränen freien Lauf lassen. Gehen Sie heute ein paar Stunden früher nach Hause. Machen Sie ein Nickerchen und versuchen Sie, die Melancholie durch Schlaf zu vertreiben. Gönnen Sie sich, ohne Schuldgefühle, aus rein medizinischen Gründen, etwas Gutes, zum Beispiel ein Stück Käsekuchen oder eine Schüssel Eiscreme. Aber bitte schlingen Sie eine solche Köstlichkeit nicht im Stehen vor dem Kühlschrank hinunter. Setzen Sie sich gemütlich hin, essen Sie langsam und genußvoll. Wenn Sie noch genug Energie besitzen, bereiten Sie für heute abend ein wohlschmeckendes Gericht als Trostpflaster vor. Wenn nicht, machen Sie etwas Einfaches, bringen Sie etwas Einfaches auf den Tisch, zum Beispiel eine Suppe oder ein Sandwich. Leihen Sie sich einen Videofilm aus, wenn möglich eine Komödie. Bringen Sie die Kinder zeitig zu Bett. Legen Sie sich in die Badewanne und entspannen Sie sich im heißen Wasser. Stöbern Sie in Ihrer Trostschublade. Ziehen Sie sich die Decke über den Kopf und rollen Sie sich zusammen. Denken Sie über fünf Dinge in Ihrem Leben nach, für die Sie dankbar sein können. Knipsen Sie das Licht aus.

Eine alternative Möglichkeit, der Melancholie ein Schnippchen zu schlagen, besteht darin, eine andere Gangart einzulegen. Bitten Sie den Schöpfer um seinen Beistand. Telefonieren Sie mit einer guten Freundin und vertrauen Sie sich ihr an. Stellen Sie den Wasserkessel auf, um eine frische Kanne Tee zuzubereiten. Waschen Sie sich das Gesicht, kämmen Sie sich die Haare, schminken Sie sich die

Lippen, tupfen Sie Parfüm auf und stecken Sie sich Ohrringe an. Lächeln Sie sich im Spiegel zu. Räumen Sie das Wohnzimmer auf, damit Sie ein Plätzchen finden, um sich gemütlich hinzusetzen. Unternehmen Sie einen Spaziergang um den Block, damit Sie einen klaren Kopf bekommen. Wenn Sie im Büro beschäftigt sind, geben Sie sich selbst die Erlaubnis, die Arbeit an dem neuen Projekt bis morgen aufzuschieben, wenn Sie sich wieder besser konzentrieren können. Schaffen Sie statt dessen Ordnung auf Ihrem Schreibtisch und in Ihren Papieren. Kaufen Sie sich auf dem Heimweg einen Strauß Narzissen, um sich zu verwöhnen. Blättern Sie in Ihren Kochbüchern und bereiten Sie etwas ganz Besonderes zum Abendessen zu.

Ungeachtet dessen, welche Route Sie auch einschlagen – der Tag ist in vierundzwanzig Stunden vorüber. Morgen sollte sich nach menschlichem Ermessen ein Silberstreif am Horizont abzeichnen. Falls nicht, und falls auch am übernächsten und den darauffolgenden Tagen keine Besserung Ihres Gemütszustands eintritt, sollten Sie Freunde, eine unterstützende Gruppe, einen Therapeuten, einen Arzt oder den Himmel um Hilfe bitten. Wir alle kennen solche trübsinnigen Tage. Sie bieten uns gleichwohl eine hervorragende Gelegenheit zu lernen, nett zu uns selbst zu sein. Ob Sie es glauben oder nicht, jeder Tag wartet mit einem verborgenen Schatz auf uns, wenn wir bereit sind, danach zu suchen.

25. MÄRZ

Reales Leben:
Garderobe, die Ihrer Lebensweise entspricht

»Ich habe nichts zum Anziehen!« heißt natürlich nicht, daß wir nackt herumlaufen oder uns in die Einöde zurückziehen müssen. Es bedeutet, daß unsere Garderobe nichts enthält, was unserer Stimmung entspricht oder ein angemessenes Spiegelbild unseres derzeitigen Lebens bietet.

Kennedy Frazer

Die meisten Frauen haben schon einmal einen Blick in den aus allen Nähten platzenden Kleiderschrank geworfen und nichts zum Anziehen gefunden, was ihrer derzeitigen Stimmung entspricht. Mit einem resignierten Seufzer kehren wir dann zu unserer erprobten und für gut befundenen »Uniform« zurück, gleichgültig, ob es sich dabei um ein schwarzes Kleid mit Perlenkette oder um einen Jeansrock, Strickjacke und Stiefel handelt.

Tatsache ist, daß Frauen überwiegend, mit einigen wenigen löblichen Ausnahmen, stets das gleiche oder ein »Nachfolgemodell« tragen. Die Grundgarderobe wird je nach Jahreszeit leicht abgewandelt; woran sich aber nichts ändert, ist unsere Abhängigkeit von einigen wenigen »Basics«, die auf ihre eigene Weise widerspiegeln, wie wir unser Leben momentan betrachten. Die legendäre Herausgeberin der Modezeitschrift *Vogue*, Diana Vreeland, war dafür bekannt, daß sie am liebsten schwarze Designerröcke und Strickjacken trug, und das über Jahre, an jedem Arbeitstag.

Was machen wir also mit den Kleidern, die wir nicht anziehen? Nichts. Sie hängen einfach vergessen im Schrank: wegen ihrer Größe und Farbe oder mangels Gelegenheit, sie zu tragen, weil sie kneifen oder weil wir den letzten grauenvollen Streit mit unserem Exehemann hatten, als wir dieses Kleid trugen, und nicht an den Kummer erinnert werden wollen. So verbringen manche Kleider jahrein, jahraus im Schrank, Phantome, die auf eine unverhoffte Gelegenheit für ihren großen Auftritt warten, die sich nie ergibt.

Das Frühjahr ist die richtige Jahreszeit für eine Bestandsaufnahme unserer Garderobe und um grundlegende Überlegungen bezüglich unserer Beziehung zur Kleidung anzustellen. Der frische Wind der Veränderung liegt in der Luft. Wir sehnen uns danach, unsere schweren Mäntel und dicken Pullover zugunsten leichterer Kleidung auszuwechseln. Lassen Sie uns unsere überholten Vorstellungen von Mode ausmustern und durch neue Ideen darüber ersetzen, wie wir unsere persönlichen Vorteile im realen Leben zur Geltung bringen und unsere Authentizität spiegeln.

Was wäre, wenn Ihnen alles gefiele, was in Ihrem Kleiderschrank hängt, wenn er nur Sachen enthielte, in denen Sie erstklassig aussehen oder sich erstklassig fühlen? Denken Sie nur, in welch guter Stimmung Sie jeden Tag wären! Wenn Sie das zweite Prinzip der Einfachheit und Fülle willkommen heißen, können Sie ein solches Wunder wirken.

Später werden Sie Ihre Schränke und Kommodenschubladen durchforsten, um alles Überflüssige auszusortieren – doch nicht jetzt. Heute möchte ich Sie lediglich bitten, über Ihr reales Leben und die Kleidung nachzudenken, die Sie normalerweise tragen. Spiegelt sie wirklich die Frau wider, die sich in Ihrem Innern verbirgt? Was ist mit der Garderobe in Ihrem bebilderten Reisejournal, die Sie ansprechen? Was ist mit den Kleidern, die unbeachtet in Ihrem Schrank hängen? Jedes Kleid, jeder Rock, jede Hose oder Jeans, Blusen, Strickjacken, T-Shirts und Blazer erzählen ihre eigene Geschichte. Werden Sie ruhig, gehen Sie in sich, und seien Sie bereit, den Geschichten zu lauschen, die das Leben mit seinen bunten Fäden gewebt hat.

26. MÄRZ
Die ungesprochene Sprache der Authentizität

> Kleider auswählen, entweder im Geschäft oder zu Hause,
> beinhaltet, uns selbst zu definieren und zu beschreiben.
> *Alison Lurie*

Die meisten Frauen denken nicht daran, daß wir einen Dialog mit unserer Psyche, unserer Familie und der Außenwelt führen, wenn wir uns morgens anziehen. Aber so ist es. Die Schriftstellerin Alison Lurie erzählt uns in ihrem faszinierenden Buch *The Language of Clothes* (»Die Sprache der Kleidung«), daß der Wortschatz unserer Garderobe mehr Signale übermittelt als wir uns je hätten träumen lassen. »Lange bevor ich Ihnen nahe genug gekommen bin, um mit Ihnen auf der Straße, in einer Geschäftsbesprechung oder während eines Festes eine Unterhaltung zu beginnen, geben Sie mir durch Ihre Kleidung Aufschluß über Geschlecht, Alter und die Gesellschaftsschicht, der Sie angehören. Und höchstwahrscheinlich übermitteln Sie mir wichtige Informationen (oder Fehlinformationen) über Beruf, soziale Herkunft, Persönlichkeit, Ansichten, Geschmack, sexuelle Wünsche und die Stimmung, in der Sie sich gerade befinden. Ich bin vielleicht nicht in der Lage, meine Beobachtungen in Worte zu fassen, aber ich registriere die Informationen unbewußt, und Sie tun das gleiche mit mir. Zu dem Zeitpunkt, wo wir uns begegnen und miteinander plaudern, haben wir bereits in einer älteren und universelleren Sprache einen Dialog geführt.«

Nachdem wir uns auf die Suche nach unserem authentischen Selbst begeben haben, gelangen wir zu der noch verblüffenderen Erkenntnis, daß jahrelang eine andere Frau die Gespräche für uns geführt hat: zu Hause, am Arbeitsplatz, bei gesellschaftlichen Anlässen – ja sogar dann, wenn wir Besorgungen machen. Zuerst kann diese Entdeckung verwirrend, wenn nicht entmutigend sein. Aber bei einigem Nachdenken ist sie aufregend, denn seit Sie beginnen, Ihr authentisches Selbst durch kreative Entscheidungen zu entwickeln und in sinnvolle Bahnen zu lenken, sprechen Sie nicht nur zwei

Sprachen, sondern lernen auch, sich fließend auszudrücken. Die berühmte französische Modeschöpferin Gabrielle »Coco« Chanel hat einmal gestanden, es sei erstaunlich, wie viele Sorgen man loswerde, wenn man den Entschluß fasse, nicht etwas, sondern jemand zu sein.

27. MÄRZ
Der Schimmer aus dem Goldenen Spiegel

> Es ist nie zu spät, der Mensch zu sein,
> der man gewesen sein könnte.
>
> *George Eliot*

Als ich mit regelmäßigen Meditationen vor dem Goldenen Spiegel begann, um Kontakt zu meinem authentischen Selbst herzustellen, machte ich immer wieder eine Entdeckung, die zwar nicht besonders spirituell war, mir dafür aber ungeheuren Auftrieb gab. Ich erkannte erfreut, daß mein authentisches Selbst sehr gut gekleidet war und es immer irgendwie schaffte, gut auszusehen – gleichgültig, ob die Situation, die meine kreative Visualisierung heraufbeschwor, ein lässiges Baumwoll-Shirt von Gap oder einen eleganten Baumwollkrepp-Hosenanzug von Giorgio Armani erforderte. Sie haben vermutlich ebenfalls den einen oder anderen enthüllenden Schimmer von der anderen Seite des Goldenen Spiegels entdeckt. Wenn wir den unterschwelligen Signalen Aufmerksamkeit schenken, die uns die Frau in unserem Innern immer wieder zu senden versucht, können wir lernen, das Beste aus dem Bild zu machen, das wir der Außenwelt bieten, selbst wenn unser Bankkonto nicht unserem erlesenen Geschmack entspricht.

Als ich mein Augenmerk auf die feinen Nuancen richtete, wurde mir bewußt, daß Schlichtheit die Handschrift meines authentischen Selbst war. Sie ist außerdem der Schlüssel für die Fähigkeit, den persönlichen Stil mit atemberaubender Wirkung zu finden und zu vermitteln. Das ist die Geheimwaffe einer Frau mit Substanz. Denken Sie an Katharine Hepburns Hosen in den dreißiger Jahren, an Grace

Kellys Frisur und die Handtaschen in den fünfziger Jahren, an Jacqueline Kennedys Pillbox-Hütchen in den sechziger Jahren, an Lauren Huttons weiße T-Shirts und Khakihosen in diesem Jahrzehnt.

Schlichtheit ist eine Modeaussage, zu der heute jede Frau fähig ist, ungeachtet dessen, wie ihr früherer persönlicher Stil auch gewesen sein mag. Das liegt daran, daß echte Schlichtheit nie enttäuscht. Sobald Sie lernen, daß weniger mehr bedeuten kann, wird »genug« zur Fülle, und Ihre ganze Lebensanschauung, einschließlich der Einstellung zur Mode, erfährt eine grundlegende Wandlung.

Heute sollen Sie überlegen, ob Sie den modischen Ballast vergangener Inkarnationen, der in Ihrem Kleiderschrank lauert, nicht ausmustern wollen. Nur, weil Sie die Sachen früher einmal schön gefunden und gekauft haben, müssen Sie sie ja nicht bis zum Sankt-Nimmerleins-Tag aufbewahren. Unterziehen Sie Ihre Garderobe dem Lackmustest der Einfachheit, um sie auf ihren authentischen Kern zu reduzieren: Stellen Sie fest, welche Kleider Sie wirklich so lieben, daß Sie meinen, ohne sie nicht leben zu können. Das ist alles. Überlegen Sie und treffen Sie Ihre Wahl, während Sie sich daran erinnern, daß es nie zu spät ist, die Frau zu werden, die Sie von Anfang an sein sollten. Heute sind Sie ihr wieder einen Schritt näher gekommen.

28. MÄRZ
Ausrangieren:
Sich von modischen Fehlgriffen trennen

> Es ist nie zu spät – im Roman wie im richtigen Leben –,
> Korrekturen vorzunehmen.
>
> *Nancy Thayer*

Die Aufgabe, unsere Garderobe kritisch unter die Lupe zu nehmen, damit sie unser authentisches Selbst widerspiegelt, beginnt damit, sich gnadenlos von modischen Fehlern und Fehlgriffen zu trennen, die zuhauf im Kleiderschrank hängen und unsere Gedanken benebeln. Aber lassen Sie uns realistisch sein. Die meisten Frauen, die ich kenne, brauchen einen moralischen Ansporn, damit sie ein solches Projekt überhaupt in Angriff nehmen. Kleiderschränke und Kommodenschubladen auszusortieren ist ein erschreckender Gedanke (o Gott, das viele Geld, die zahlreichen Fehlentscheidungen) und ein hartes Stück Arbeit, wenn man sich erst einmal dazu entschlossen hat. Doch nur wenige Dinge erfüllen mit solcher Befriedigung, wie Ordnung in einen Kleiderschrank zu bringen, in dem Chaos herrscht. Der Wechsel der Jahreszeiten bietet eine erstklassige Gelegenheit, sich dieser Aufgabe zu widmen, denn es ist an der Zeit, die Wintersachen einzumotten und die Frühlings- und Sommergarderobe vom Speicher herunterzuholen. Eine wirksame Angriffsstrategie dient dazu, gleichzeitig auch mit der Vergangenheit aufzuräumen.

Planen Sie zwei Stunden für diese Arbeit ein; für viele Frauen ist der Samstagnachmittag ideal. Vergewissern Sie sich, daß genügend Kartons und große Müllsäcke bereitliegen, damit Sie Ihre Energie nach Beginn der Aufräumaktion nicht damit vergeuden, dauernd aus dem Zimmer zu laufen, um neue Behältnisse zum Entsorgen zu suchen. Legen Sie Ihre Lieblingsmusik auf; ich höre dabei sehr gerne Broadway-Musicals. Holen Sie tief Luft. Und nun räumen Sie alle Kleider aus dem Schrank und breiten sie auf Ihrem Bett aus. Gut so! Jetzt ist es zu einem Rückzieher sowieso schon zu spät.

Sehen Sie sich Ihre Garderobe an, Stück für Stück. Probieren Sie das eine oder andere Teil an, wenn Sie sich nicht ganz sicher sind, und betrachten Sie sich ehrlich, aber liebevoll in einem Spiegel, der Sie in voller Lebensgröße zeigt. Werfen Sie auch einen kritischen Blick auf die modischen Accessoires: Schmuck, Schals, Handtaschen, Hüte, Schuhe. Behalten Sie nur jene Sachen, die Ihnen wirklich auch heute noch gefallen, die Ihnen blendend stehen oder in denen Sie sich wohl fühlen. Das ist Schlichtheit in der Praxis. Was machen Sie mit Kleidung, die Ihnen im Augenblick nicht paßt, die Sie aber heiß und innig lieben? Heben Sie nur solche Teile auf, die eine Nummer kleiner sind als die Größe, die Sie derzeit tragen. Diese Garderobe irgendwann wieder anziehen zu können, ist ein realistisches und erstrebenswertes Ziel, auf das Sie hinarbeiten sollten.

Berücksichtigen Sie die verschiedenen realen Lebensbereiche, in denen Sie sich bewegen, und die Garderobe, die Sie dafür benötigen: Arbeits-, Ausgeh- und Freizeitbekleidung. Wenn Sie etwas ein Jahr lang nicht angezogen haben, sollten Sie sich ehrlich nach dem Grund fragen. Trennen Sie sich davon, es sei denn, das gute Stück hat einen unersetzlichen, sentimentalen Erinnerungswert. Ich habe beispielsweise vor zehn Jahren eine Phase erlebt, in der ich ausschließlich Laura-Ashley-Kleider trug. Heute passen die Blümchenmuster im Landfrauenstil nicht mehr zu mir. Doch da ich so viele glückliche Erinnerungen an die Zeit habe, als meine Tochter und ich im Partnerlook gingen, bringe ich es nicht übers Herz, mit meiner Laura-Ashley-Vergangenheit zu brechen. Deshalb habe ich die Sachen für meine Tochter auf dem Speicher verstaut, wenn sie älter ist. Wenn Sie Platz haben, Ihre Lieblingskleider, die nostalgische Erinnerungen wecken, einzulagern, sollten Sie sich keinen Zwang antun. Wenn nicht, geben Sie sie jemandem, dem sie genausogut gefallen wie früher Ihnen.

Und nun wagen Sie den Sprung ins kalte Wasser und bringen Sie den Rest in die Kleidersammlung, für Menschen, die bedürftig sind und Ihnen Ihre Großzügigkeit danken werden. Sie werden danach Dankbarkeit über die Fülle empfinden, die Ihnen zeigt, wieviel Sie zu verschenken haben. Diese positive Haltung ist von entscheidener Bedeutung, um unser Leben auf materieller und spiritueller Ebene zu bereichern. Eine meiner Freundinnen hat eine sehr heilsame Methode entdeckt, mit den teuren ausgemusterten Artikeln umzugehen, die ihr frugales, bewußtes Selbst horten möchte. Sie schenkt sie einer gemeinnützigen Einrichtung für Sozialhilfeempfängerinnen, die anständige Kleidung brauchen, um sich bei einem potentiellen Arbeitgeber vorzustellen. Das erleichtert ihr das Aussortieren der Garderobe, weil sie weiß, daß sie anderen Frauen damit hilft. Ich darf hinzufügen, daß sich meine Freundin außerordentlich gut kleidet und immer wieder sagenhafte Schnäppchen macht. Sie ist der Meinung, das sei reiner Zufall. Ich glaube jedoch, das ist die Art des Universums, sie für den Kreislauf der guten Taten zu belohnen, den sie in Gang gesetzt hat.

Jeder Frau sind in der Vergangenheit modische Fehlgriffe unterlaufen, die ihr Stilempfinden getrübt und sie veranlaßt haben, heute über ihre Garderobe zu jammern. Wenn wir unsere Schränke von früheren Inkarnationen befreien, verschaffen wir uns den Spielraum und die Freiheit, künftig Kleidung auszuwählen, die wirklich die Frau widerspiegelt, zu der wir uns entwickeln.

29. MÄRZ
Bequeme Freizeitkleidung und was sie bedeutet

> Mein modischer Geschmack stützt sich auf alles, was nicht kneift.
>
> *Gilda Radner*

Die meisten Frauen lieben ihre Freizeitkleidung und lassen nichts auf sie kommen. Ich besitze einen Baumwollschlafanzug mit Paisley-Muster, den ich am liebsten rund um die Uhr, sieben Tage in der Woche, anbehalten möchte, wenn ich wüßte, wie ich ungestraft davonkomme. Tagsüber wartet er geduldig an einem Haken in meinem Schlafzimmerschrank; nachts flüstert er meinen Namen. Da ich diesen Schlafanzug so unermüdlich trage, muß er natürlich oft gewaschen werden, und deshalb ist er inzwischen so weich wie die Wange eines Babys. Ach, ich habe vergeblich nach einem vergleichbaren Exemplar gesucht, um mehr Abwechslung in meine »Hauskleidung« zu bringen, aber weder der Stil noch der Stoff entsprachen hundertprozentig meinem Paisley-Pyjama, und so geht die Suche nach dem heiligen Gral weiter.

Früher habe ich einmal eine heißgeliebte Strickjacke aus einem unglaublichen Seiden-Baumwoll-Gemisch besessen. Ich trug und wusch sie so häufig, daß sie an den Seiten aufzuribbeln begann. Das konnte mich nicht erschrecken. Ich nannte sie meine literarische Glücksjacke, denn die Tage, an denen ich sie anhatte, entpuppten sich als ungeheuer produktiv. Das muß daran gelegen haben, daß ich mich den ganzen Tag ungeheuer wohl in meiner herrlich bequemen Kleidung fühlte und offen für kreative Wege war. Als das Buch, an dem ich damals gerade schrieb, schließlich fertig war, flehte mein

Mann mich an, das fadenscheinige alte Ding wegzuwerfen. Da mich Fremde in unserer Stadt als »Frau des Bürgermeisters« kannten, erklärte ich mich widerwillig einverstanden. Nun baut sich eine unserer Katzen im Keller ein Nest mit meiner verlorenen Liebe. Der Ausdruck unverfälschter Wonne über den geerbten Schatz tröstet mich bis zu einem gewissen Grad über den Verlust hinweg. Bis zu einem gewissen Grad, wohlgemerkt, aber nicht ganz.

Ich bin überzeugt, daß wir in bequemer Freizeitkleidung das Beste in uns zum Vorschein bringen. Mittels der Alchimie von Fasern und gutem Sitz werden wir vielleicht wieder ins Paradies zurückversetzt. Doch dieses Mal treten wir nicht nackt vor die Große Göttin, sondern in den bequemen Kleidern, die wir nach ihrem Willen tragen sollen.

Leider führt der lässige Freizeitlook im Leben der meisten von uns ein Schattendasein; er steht nicht im Rampenlicht, wie er es mit Sicherheit täte, wenn eine einfühlsame Frau die Geschicke auf Erden lenken würde. Vielleicht fühlen wir uns von vierundzwanzig Stunden acht Stunden lang rundum wohl, aber das ist nicht annähernd genug. Für die restliche Zeit quetschen wir uns in unbequeme Kleidung, die wir dauernd zurechtzupfen müssen, die kneift, uns einzwängt, uns erstickt, kratzt, hoch- oder herunterrutscht und uns etliche Tage im Leben vergällt. Wir reden uns ein, diese Folterkreationen zu tragen, um anderen ein annehmbares Bild zu bieten. Aber warum sollten wir nicht vielmehr eine Möglichkeit finden, andere für uns annehmbar zu machen?

Spielen Sie diese Woche Detektiv. Werfen Sie einen genauen Blick auf die Kleidungsstücke in Ihrem Schrank, nach denen Sie automatisch greifen, wenn Sie etwas Bequemes suchen. Halten Sie nach Hinweisen Ausschau, um Zwänge in Ihrem Leben abzubauen. Welche Stoffe fühlen sich gut auf Ihrer Haut an? Machen Sie sich Notizen in dem kleinen Spiralblock, den Sie in Ihrer Handtasche aufbewahren. In welcher Kleidergröße fühlen Sie sich wirklich wohl? Seien Sie ehrlich und nicht eitel. Ich habe die Erfahrung gemacht, daß bequeme Kleidung normalerweise diejenige in unserer tatsächlichen Größe ist oder sogar eine Spur locker sitzt. Wenn Sie sich in ein Kleidungsstück hineinquetschen müssen, können Sie sich nicht wohl fühlen, also schlüpfen Sie in etwas Bequemeres. Welche Kragenform empfinden Sie beim Tragen als angenehm? Ja, gerade solche Einzelheiten können einen merklichen Unterschied bewirken. Erweitern Sie das Konzept der Bequemlichkeit auch auf die Instandhaltung Ihrer Garderobe. Wählen Sie in Zukunft vor allem pflegeleichte Kleidung; beschränken Sie die Anzahl der Sachen mit dem Etikett »Chemisch reinigen«.

Halten Sie von jetzt an Ausschau nach Kleidung, die Ihren persönlichen Vorlieben entspricht, und seien Sie bereit zu warten, bis Sie genau das finden, was Ihnen vorschwebt. Überlegen Sie, ob Sie letztlich nicht Geld sparen und bequeme Freizeitkleidung von erstklassiger Qualität kaufen sollten, die Sie den ganzen Tag lang und über Jahre tragen können. Der Weg der Einfachheit und Fülle ermutigt uns, uns in Geduld zu üben, bis wir das finden, was hundertprozentig zu uns paßt, statt weiterhin unser Geld, unsere Energie und unsere Gefühle zu verschwenden, indem wir uns mit der zweiten Wahl oder dem zweiten Rang zufriedengeben.

30. MÄRZ
Stilsicherheit entwickeln

> Der Geschmack ist mit breitgefächertem, lebenslangem Fortschritt befaßt und macht nie Fehler; Stilrichtungen entwickeln sich sprunghaft und sind gelegentlich glänzend.
>
> *Kennedy Fraser*

Ihren authentischen Stil durch die Kleidung zu feiern, die Sie tragen, ist eine Kunstform. Doch wie so viele andere Künste muß das Stilempfinden gepflegt werden, das uns vom Schöpfer mit auf den Weg gegeben und in die Wiege gelegt wurde. Stilsicherheit beginnt, wenn Sie Ihre persönlichen Stärken entdecken und Ihre Schokoladenseiten bedingungslos hervorheben. Der persönliche Stil entfaltet sich zu voller Blüte, wenn Sie erkennen, daß Sie gar nicht soviel Kleidung, Accessoires, Schmuck oder Make-up brauchen, wie Sie früher meinten, weil Sie etwas Wichtigeres besitzen: die richtige innere Einstellung. Der Autorin Leah Feldon-Mitchell zufolge zeugt Ihre Kleidung, »gleichgültig, wie pompös oder schlicht auch immer, nicht nur von Geschmack, sondern auch von Intelligenz und gesundem Menschenverstand«. Es ginge dabei nicht um das Bedürfnis, einem Modetrend zu folgen, sondern darum, sich selbst zu definieren. »Stil ist eine Verbindung aus dem, was man trägt, und dem, was man ist.«

Vergegenwärtigen Sie sich heute, daß Sie eine Künstlerin sind. Bei der Suche nach Ihrem authentischen Selbst werden Sie Ihr eigenes, unverkennbares Markenzeichen in puncto Mode entdecken. Das können Hüte sein, die Sie tragen, die Augen, die Sie mit rauchgrauem Kholstift betonen, die schicke Kurzhaarfrisur und die auffallenden Ohrringe, die langen, schlanken Beine in den schimmernden Seidenstrümpfen und eleganten Pumps oder das weiße Baumwoll-T-Shirt, das Sie zu einem maßgeschneiderten Wollblazer tragen.

Seien Sie in diesem Jahr bereit zu experimentieren, um herauszufinden, was zu Ihnen paßt und wovon Sie besser die Finger lassen sollten. Danach bleiben Sie bei dem, was Ihnen steht, ungeachtet dessen, was alle anderen tragen. Die Moderatorin Linda Ellerbee glaubt, daß sich Stilrichtungen ändern, wie alles andere. Doch nicht der eigene Stil. Ihr persönliches Stilempfinden mag rückständig sein, aber wenn es sich zu entwickeln beginnt – und das wird es, soviel kann ich Ihnen versichern –, dann werden Sie eine Glanzzeit erleben.

31. MÄRZ
Bleiben Sie Ihrem eigenen Modestil unbedingt treu

> Die Mode kommt und geht. Nur der Stil bleibt.
> *Coco Chanel*

Frauen entbrennen gelegentlich in heißer Liebe für einen Modetrend, aber wenn wir die Wahl haben, würden wir lieber eine lebenslange Verbindung mit unserem eigenen, unverkennbaren Stil eingehen. Das liegt auch daran, daß dieser Stil uns nicht enttäuscht

– wie ein guter Lebenspartner. Wenn die Mode uns verführt, kühlt die Leidenschaft in aller Regel noch vor der nächsten Saison von allein ab.

Mode ist ein auffälliges Zurschaustellen, bei dem es darum geht, im Trend zu liegen, der Konkurrenz um Nasenlängen voraus zu sein. Stil kennt das alles aus dem Effeff und weiß, daß den klassischen Leitsätzen der Schlichtheit, Ästhetik und Eleganz eine Macht innewohnt, die alle Zeitläufte überdauert. Mode ist ein Kult, Stil eine Philosophie.

Die Mode spottet der Individualität, der Stil feiert sie. Vergessen Sie nie, daß die Mode zwar gelegentlich ein Charmeur ist, aber auch ein selbstsüchtiger und oberflächlicher Langweiler sein kann. Stil beflügelt und zeigt sich großzügig, ist geneigt, aller Welt Ihre Vorzüge zu präsentieren. Mode trachtet danach zu provozieren, Stil zieht es vor, die Wogen zu glätten. Mode klopft sich ständig anerkennend auf die Schulter, während der Stil auf die unumgänglichen Komplimente wartet. »Mode kann man kaufen«, schrieb Edna Woolman Chase 1954. »Stil muß man besitzen.«

Die Mode ist auf Rätselraten angewiesen, und so bleibt ihr nichts anderes übrig, als zu bluffen. Der Stil weiß, was ihm zuträglich ist. Die Mode ist ungeduldig und verblaßt nach und nach. Der Stil ist beharrlich und wartet auf das Erwachen jeder Frau, denn echt und unverwechselbar entsteht er nur auf der mentalen Ebene.

APRIL

◆

April, der Engel der Monate.
Vita Sackville-West

Vielleicht liegt es daran, daß der April an manchen Tagen vor blendendem Sonnenlicht nur so strotzt. Vielleicht liegt es daran, daß uns die Erde grüner erscheint. Vielleicht liegt es daran, daß die Auferstehung das markanteste Kennzeichen dieses Monats ist. Fühlen wir uns deshalb so leicht und beschwingt? Nun verblaßt die dunkle Jahreszeit, während die lichtvolle an Stärke gewinnt. Im Garten entfalten Primeln, Stiefmütterchen, Veilchen, Tulpen und Flieder ihre Farbenpracht. Blumen, Pflanzen und Büsche zeugen von der Macht der Authentizität. In diesem Monat wachsen wir auf unserem Weg der Einfachheit und Fülle mit Dankbarkeit, Kreativität und Freude ein Stück weiter in unsere wahre Identität hinein, so daß wir uns unserer eigenen Schönheit bewußt werden.

Die einfachen Freuden des Lebens im April

- Erinnern Sie sich noch daran, wieviel Spaß es machen kann, jemanden »in den April zu schicken«? Überraschen Sie Ihre Lieben und die Kollegen auf eine nette Art, statt sie mit derben Späßen zu ärgern – durch komische, absurde und amüsante Situationen. Stellen Sie die häuslichen Gewohnheiten auf den Kopf: Servieren Sie Pizza zum Frühstück und Müsli oder frische Brötchen zum Abendessen. Sagen Sie den Kindern, daß Sie einen Termin beim Hausarzt oder Zahnarzt ausgemacht haben – und gehen Sie statt dessen mit ihnen in die Eisdiele.
- Kaufen Sie ein informatives Buch über die Geschichte der Sin-

nesorgane. Vertiefen Sie sich in Lektüre, die Sie inspiriert, Ihre Sinneswahrnehmungen zu schärfen.
- Der April eignet sich hervorragend für Spaziergänge aller Art, sei es bei einem warmen Regenschauer oder bei Sonnenschein, der wie Balsam auf unserer Haut wirkt. Der Geruch der Erde, die zu neuem Leben erwacht, und der Anblick der Farbenpracht, mit der Mutter Natur aufwartet, wird Ihnen Auftrieb geben und Sie daran erinnern, wie herrlich es ist zu leben.
- Probieren Sie in einem Hutgeschäft verschiedene Kopfbedeckungen an. Sie mögen in einem schwarzen, weichen Filzhut atemberaubend aussehen, aber vielleicht beflügelt ein breitkrempiger Strohhut mit einer Stockrose Ihre Phantasie. Experimentieren Sie mit allen verfügbaren Formen und Farben. Sie erhaschen vielleicht einen flüchtigen Blick auf Ihr authentisches Selbst im Spiegel.
- Wählen Sie ein großes Stoffgeschäft für eine kreative Exkursion aus, auch wenn Sie nicht selbst nähen. Stöbern Sie in den Polsterstoffresten. Daraus lassen sich preiswerte Tischtücher oder Möbelbezüge fertigen. Blättern Sie in den Schnittmusterbüchern. Stellen Sie sich die Dekorationsmöglichkeiten bildlich vor. Gibt es etwas, was Sie gerne für sich selbst nähen würden? Fürs Haus? Überlegen Sie, wie sich Ihre Wünsche verwirklichen lassen. Erkundigen Sie sich nach Nähkursen, die beispielsweise von den Volkshochschulen angeboten werden.
- Sehen Sie Ihre Wäscheschublade durch. Sortieren Sie fadenscheinige, aufgetragene Unterwäsche aus und gönnen Sie sich das Vergnügen, hübsche neue Dessous zu kaufen. Kleiden Sie die Schubladen mit duftgetränktem Schrankpapier aus und legen Sie mit Lavendel gefüllte kleine Kissen zwischen die Wäsche.
- Überprüfen Sie Ihre Schminkutensilien und werfen Sie alles weg, was alt und ausgetrocknet ist. Ersetzen Sie die dunklen Winterfarben durch Pastelltöne für den Frühling. Ergründen Sie das Geheimnis, eine Teintgrundierung so leicht und geschickt aufzutragen, daß sie völlig natürlich wirkt. Das gelingt Ihnen, wenn Sie die Ansätze nicht mit den Fingern verwischen, sondern mit einem Kosmetikschwämmchen und einem dicken, weichen Pinsel. Erkundigen Sie sich in der Kosmetikabteilung eines Kaufhauses,

wann Werbewochen abgehalten und Kundinnen kostenlos, mit allem Drum und Dran, geschminkt werden. (Viele Kosmetikfirmen präsentieren zu dieser Jahreszeit ihr neues Frühjahrs-Make-up und sind für Modelle dankbar.) Es besteht kein Kaufzwang! Wenn die Kosmetikerin fertig ist, bedanken Sie sich einfach und erklären, Sie möchten sich eine Weile mit Ihrem neuen Gesicht vertraut machen und sehen, wie es Ihnen gefällt, bevor Sie Geld in die neuen Produkte investieren.

- Besuchen Sie ein großes Musikgeschäft, nur um sich zu informieren. Machen Sie sich bewußt, wie viele verschiedene Musikrichtungen es gibt – Klassik, Country-/Volksmusik, Softrock, instrumentale New-Age-Musik, Gospel, Opern, Jazz, Rhythm and Blues, Musicals und Soul. Stellen Sie einmal einen Rundfunksender ein, den Sie sonst nicht hören, und geben Sie einer völlig anderen Musikrichtung eine faire Chance. Leihen Sie in einer großen Bibliothek Kassetten und CDs aus, die Sie kostenlos anhören können, bevor Sie sie kaufen. Verbringen Sie einige Stunden in absoluter Stille (wenn Sie alleine zu Hause sind), und entdecken Sie, wie Sie Ihre Batterien dadurch aufladen.
- Sammeln Sie Regenwasser, um sich damit die Haare zu waschen. Die Frauen der Viktorianischen Epoche waren der Überzeugung, daß Regenwasser die Haare weich macht.
- Wählen Sie eine frische neue Duftnote für Ihr Frühlingsparfüm; probieren Sie Rosenwasser, Flieder oder Maiglöckchen aus. Tragen Sie jeden Tag ein Parfüm, das Ihnen gefällt.
- Färben Sie Ostereier und verstecken Sie diese für Kinder und Junggebliebene aller Altersgruppen.
- Unternehmen Sie am Wochenende wieder einmal einen ausgiebigen erholsamen Einkaufsbummel. Halten Sie auf Trödelmärkten oder bei Haushaltsauflösungen nach altem Leinen (oder Bettwäsche und Tischtüchern) Ausschau sowie auf Bauernmärkten nach Pflanzen und Kräutern.
- Kuscheln Sie sich nachmittags in eine Decke, wenn es regnet, und lauschen Sie den Regentropfen, die gegen das Fenster prasseln.
- Backen Sie ein Blech mit heißen Rosinenbrötchen oder gönnen Sie sich etwas Süßes, wie Erdbeeren mit Schlagsahne.

- »Fahnden« Sie nach einem neuen Hut, der perfekt zu Ihnen paßt, oder peppen Sie einen alten Hut auf.
- Sie können sich über die heilenden Kräfte und die schönheitsspendende Wirkung der Aromatherapie in Büchern wie *Die praktische Anwendung der Original Bach-Blütentherapie* von Mechthild Scheffer (Goldmann Tb Nr. 13793) informieren. Ätherische Öle eignen sich nicht zum Einnehmen; sie sind giftig und können sogar tödliche Wirkung haben. Falls Sie eine empfindliche Haut haben, ist es ratsam, das Öl erst einmal in der Armbeuge auszuprobieren, bevor Sie es als Badezusatz verwenden. Ätherische Öle sollten, ähnlich wie Medikamente, außerhalb der Reichweite von Kindern aufbewahrt und mit der gleichen Vorsicht benutzt werden. Beifuß sollte beispielsweise nicht während der Schwangerschaft verwendet werden. Außerdem ist es nicht ratsam, ätherische Öle unverdünnt in den Körper einzumassieren; sie müssen mit einem neutralen Grundstoff vermischt werden, wie Mandel-, Weizenkeim- oder Jojobaöl. Informieren Sie sich gründlich und sprechen Sie mit einer erfahrenen Aromatherapeutin. Adressen erfahren Sie in Reformhäusern, Kräuterläden, Naturkosmetikläden, in einer Massagepraxis oder durch Mund-zu-Mund-Propaganda. Auch hier gilt: Wer suchet, der findet.

1. APRIL
Verkleiden: Gönnen Sie Ihrem authentischen Selbst ein bißchen Spaß

> Lerne die Kunst zu erkennen, wie wir unser Herz öffnen und unsere Kreativität entfalten. In unserem Innern brennt ein Licht.
>
> *Judith Jameson*

Der heutige Tag – der Tag der Aprilscherze – wurde schon seit Jahrhunderten mit Schabernack und Mummenschanz in Verbindung gebracht. Er ist perfekt dafür geeignet, uns an den Stellenwert der Freude in unserem Leben zu erinnern. Spontane Fröhlichkeit steht immer in engem Zusammenhang mit dem Willen des Schöpfers. Denken Sie an Ihren Bruder, der Sie zum Lachen bringt, oder an die Freundin, die Sie anruft und bittet, sofort Eis mit ihr essen zu gehen. Fühlen Sie sich nicht wohl in der Gesellschaft solcher Menschen? Fröhliche Menschen besitzen die besondere Gabe, wie die Tänzerin Judith Jameson berichtet, ihr Herz dem Leben zu öffnen und ihre Kreativität zu entfalten. Vielleicht liegt es daran, daß sie auch heute noch dem Kind Rechnung tragen, das in unserem Innern schlummert. Diese geheiligte Kunst des Wissens können auch wir nach und nach erlernen und pflegen; sie versüßt uns den Weg, den wir gewählt haben.

Kinder verkleiden sich für ihr Leben gerne. Denken Sie an die Aufregung, wenn ein kleiner Junge sein Karnevalskostüm anzieht oder ein kleines Mädchen die Wonnen genießt, an einem verregneten Nachmittag im Kleiderschrank oder in der Schmuckschatulle der Mutter zu stöbern. Heute werden auch wir uns verkleiden. Mir macht dieser Zeitvertreib im Frühjahr, wenn ich die Wintergarderobe gegen die Sommergarderobe austausche, besonders viel Freude. Eine Maskerade ist immer lustig, gleichgültig, ob Sie das Verkleiden allein oder in Gesellschaft einer Komplizin genießen, zum Beispiel Ihrer Tochter oder einer guten Freundin. (Eine Warnung vorab: Ihre Tochter wird garantiert immer wieder fragen: »Brauchst du das wirklich noch?« Ja, und ob!)

Betrachten Sie Ihre geschrumpfte Garderobe mit ganz neuen Augen. Selbst die kleinsten Veränderungen können große Wirkung auf Ihr äußeres Erscheinungsbild haben. Probieren Sie Blazer mit verschiedenen Röcken und Hosen an, um zu sehen, ob sich nicht völlig neue Kombinationsmöglichkeiten ergeben. Experimentieren Sie mit einer schmalen, taillierten Crêpe-de-Chine-Jacke und einem Rüschenrock. Statt dauernd in der burgunderfarbenen Seidenbluse herumzulaufen, die Sie passend zum marineblauen Kostüm erstanden haben, probieren Sie eine weiße Baumwollbluse mit Spitzenjabot und breiten Manschetten dazu an. Wenn Sie den Kragen normalerweise offen tragen, schließen Sie ihn einmal bis obenhin und mildern den strengen Effekt mit einer hübschen Brosche. Fühlen Sie sich wie neugeboren? Warum auch nicht? Nun bürsten Sie die Haare nach hinten und prüfen, wie Sie mit langen, herunterbaumelnden Ohrringen aussehen. Holen Sie Ihre Schuhe heraus. Tragen Sie immer schlichte Pumps zum Kostüm? Wie wär's, wenn Sie zu Wildledersandalen mit Keilabsatz überwechseln würden? Variieren Sie mit dem, was Sie haben. Die Experimente sollen Ihnen vor allem Spaß machen. Denken Sie an die Zeit zurück, als Sie sieben Jahre alt waren und Sie das Verkleiden in vollen Zügen auskosteten! Die Journalistin und Buchautorin Gail Sheehy hat erkannt, daß uns die »Freuden der Selbstentdeckung stets zugänglich sind«. Der Tag der Aprilscherze ist perfekt geeignet, diese Weisheit in unserem Herzen festzuschreiben.

2. APRIL
Verve: Das Geheimnis des unverkennbaren, persönlichen Stils

> Die Seele sollte immer in Habachtstellung stehen, bereit, eine mitreißende Erfahrung zu begrüßen.
>
> *Emily Dickinson*

Französinnen sind bekannt für ihre übersprudelnde Lebenskraft und einen unverkennbaren, schwungvollen Charme, den man auch Verve nennt. Auch Prinzessin Diana, die eine Vorliebe für farbenfrohe Kleider und atemberaubende Hüte hat, verfügt zweifellos über Verve. Genauso wie die amerikanische Schauspielerin Diane Keaton, die Frauen mit ihrem unverkennbaren »Annie Hall«-Look 1977 in die Wunderwelt der Männerkleidung einführte. Vor einem Jahrhundert ließ Emily Dickinson diese Eigenwilligkeit erkennen, als sie es vorzog, sich das ganze Jahr über von Kopf bis Fuß in Weiß zu kleiden – und das zu einer Zeit, als die Frauen der Viktorianischen Epoche überwiegend dunkle, gedeckte Farben trugen. Vielleicht wußte Miss Dickinson, daß sie durch die Phantasie, die sie in ihrer Garderobe zum Ausdruck brachte, den mitreißenden Erfahrungen Tür und Tor öffnete, die sie so eifrig suchte und anderen zu suchen ans Herz legte.

Verve beinhaltet die Fähigkeit, etwas in einem ureigenen, mitreißenden Stil zu präsentieren, angefangen von der Garderobe bis hin zu Gedichten. Verve findet auch in unser Leben Eingang, wenn wir endlich gelernt haben, unserer Intuition zu vertrauen. Wenn wir bereit sind, Risiken einzugehen, die sich auszahlen. Verve steht für Leidenschaft und für das Geheimnis des persönlichen Stils. Verve ist konzentrierte, schöpferische Energie, das Gefühl der Lebenskraft oder Lebensfreude.

Und wie lernen wir, dieses Potential zu entwickeln? Indem wir den Einzelheiten Beachtung schenken. Indem wir akzeptieren, daß jeder Tag uns etwas über unser authentisches Selbst zu lehren vermag. Indem wir ständig nach mitreißenden Erfahrungen Ausschau halten: nach Situationen, die uns Freude bescheren oder zu Tränen rühren, die bewirken, daß uns das Blut zu Kopf steigt, unser Herz einen Hüpfer macht, unsere Knie zittern und unsere Seelen seufzen.

3. APRIL
Ein Leben im verborgenen: Geheimtips von unserem imaginären Selbst

> In meinem Innern befindet sich ein Ort, an dem ich ganz allein lebe, und hier erneuern wir unsere Quellen, die niemals versiegen.
>
> *Pearl Buck*

Was wollen Sie werden, wenn Sie erwachsen sind? Lassen Sie uns heute über die Wege nachdenken, die wir nicht eingeschlagen haben, die Wege unseres geheimen, imaginären Selbst. Jede Frau führt verschiedene Leben, stellvertretend und oft gleichzeitig. Wenn wir diese verborgenen Existenzen zur Kenntnis nehmen und bereit sind, von der Weisheit unseres imaginären Alter ego zu profitieren, können wir Geheimtips sammeln, die uns helfen, unsere Stilsicherheit zu verbessern.

Was würden Sie tun, wenn Sie noch zehn weitere Leben führen könnten? Jedesmal, wenn ich mir Musik von Mary Chapin Carpenter anhöre, bin ich Sängerin/Texterin von Country- und Western-Musik. Wenn ich Texte des mystischen Mönchs und Poeten Thomas Merton lese, bin ich Klosterfrau in einem kontemplativen Orden.

Vielleicht möchten Sie Diskjockey im Rundfunk sein, Bergsteigerin, Bühnenautorin, deren Stücke am Broadway oder in international renommierten Häusern aufgeführt werden, Filmemacherin, Romanschriftstellerin, Gehirnchirurgin, freiberufliche Journalistin, Psychiaterin, Gartenbauarchitektin, Tierärztin, Befürworterin einer ganzheitlichen Medizin oder Töpferin. Sie bestimmen, wo's langgeht. Als erstes müssen Sie überlegen, wer Sie sein wollen, wenn nicht Sie selbst. Listen Sie die geheimen Personen, die sich in Ihnen verbergen, auf. Wie leben sie? Wie kleiden sie sich? Was können Sie tun, um einen Hauch des Zaubers ihrer imaginären Leben in Ihren Alltag einzubringen? Sammeln Sie alle Ideen, die Ihnen Ihr authentisches Selbst eingibt, ohne sie zu ordnen oder zu werten. Ich liebe beispielsweise den farbenprächtigen Stil der Country- und Western-Sängerinnen. Ihre ausgeflippte, extravagante Kleidung ist für mich ungeheuer reizvoll, obwohl ich als Person des öffentlichen Lebens in unserer Gemeinde eher zur Untertreibung neige. Wie bringe ich Phantasie und Realität besser auf einen Nenner und mehr Pep in mein Leben? Vielleicht ist die Antwort auf diese Frage so einfach wie die Erkenntnis, daß ich in Wirklichkeit wahnsinnig gerne rote Cowboystiefel aus Leder besitzen würde. Da diese Phantasie immer wiederkehrt, spare ich, um mir den Wunsch zu erfüllen, und halte die Augen nach Schnäppchen offen. Wenn ich sie finde (zum reduzierten Preis, natürlich), werde ich sie mit einem Outfit kombinieren, in dem ich mich unschlagbar fühle.

Gehen Sie heute in sich und genießen Sie die Nabelschau. Vielleicht sind rote Cowboystiefel nicht gerade das, was Ihnen vorschwebt. Aber eine der verborgenen Gestalten, die in Ihnen schlummern, könnte Ihnen einen lange gehegten Herzenswunsch enthüllen. Diese imaginären Persönlichkeiten stecken voller Überraschungen. Seien Sie aufgeschlossen, um die Geheimnisse Ihres ureigensten Stils zu lüften.

4. APRIL
Eine elegante Kunst: Lernen, daß weniger mehr bedeuten kann

> Für mich bedeutet Eleganz nicht, unbemerkt zu bleiben, sondern zum Kern dessen vorzudringen, was man ist.
>
> *Christian Lacroix*

Viele glauben, daß Ludwig Mies van der Rohe, einer der Gründer der modernen Architekturbewegung, als erster feierlich erklärt hat, daß »weniger mehr« sei. Überraschenderweise stammt dieser Ausspruch jedoch von dem englischen Dichter Robert Browning, der ihn bereits 1855 formulierte. Was für die Bau- und Dichtkunst gilt, läßt sich gleichermaßen auf den persönlichen Stil anwenden.

Eleganz ist die Kunst der vornehmen Zurückhaltung. Berühmte, reiche Frauen, die für ihren Chic bekannt sind, achten darauf, sich nicht wie ein Pfau herauszuputzen: sie tragen am Tag lässige, maßgeschneiderte Kostüme in neutralen Schattierungen, schlichte, bestechende Abendkleider, erlesenen Schmuck, der nie protzig wirkt, sondern dem Anlaß entspricht. Was eine elegante Frau von anderen unterscheidet, ist ihre unauffällige Selbstsicherheit; sie weiß, daß sie selbst ein Schmuckstück ist, auf das sich alle Augen richten, und nicht eine Wagenladung goldener, klimpernder Armreifen.

Obwohl Geld nicht schaden kann, nehmen die meisten Frauen an, es sei unabdingbar, um sich elegant zu kleiden. Zum Glück ist das ein Trugschluß. Eleganz bestehe nicht darin, jedesmal ein neues Kleid zu tragen, versichert uns die unvergleichliche Modeschöpferin Coco Chanel. Eleganz auf der Ebene des persönlichen Stils beinhaltet lediglich, daß sich eine Frau auf die klassischen Ingredienzen versteht, als da sind Bequemlichkeit, Farbe, Form, Material, Qualität und Übereinstimmung mit dem Anlaß. Eleganz bedeutet, daß Kleider niemals die sie tragende Frau in den Schatten stellen, sondern vielmehr ihr inneres Licht zum Leuchten bringen sollten. Das Know-how läßt sich in der Mode genauso wie im richtigen Leben in klingende Münze umsetzen: Man braucht weniger, wenn man mehr darüber weiß. Das ist eine grundlegende Lektion, die jede Frau beherzigen kann.

Der Kern der Eleganz ist vielleicht die schlichte Fülle der Ideen. Diana Vreeland war der Meinung, daß »die einzig wirkliche Eleganz im Kopf« bestehe; habe man das begriffen, »kommt der Rest wirklich von allein«.

5. APRIL
Wen bewundern Sie?

> Zweifellos werden wir das, was wir uns vorstellen.
> *Claude M. Bristol*

Wen bewundern Sie? Wenn Sie mir verraten, für wen Sie schwärmen, kann ich Ihnen vermutlich einiges über Ihre Hoffnungen, Träume und Ihren persönlichen Stil sagen – obwohl ich keine Psychiaterin bin. »Menschen ändern sich und vergessen, es den anderen mitzuteilen«, beobachtete die Drehbuchautorin Lillian Hellman. Oft ist es jedoch die Frau in Ihrem Innern, die sich wandelt, und zwar mit Lichtgeschwindigkeit. Es kann Probleme geben, wenn Ihr authentisches und Ihr bewußtes Selbst sich nicht über den neuen Kurs einigen, den Sie einschlagen. Und es findet höchstwahrscheinlich kein solcher Austausch statt, wenn Sie nicht zu einem introspektiven Werkzeug wie dem täglichen Dialog greifen, mit dem bebilderten Reisejournal arbeiten oder meditieren. Kein Wunder, daß Sie sich verwirrt und orientierungslos fühlen. Aber keine Panik: Das ist ein Zeichen dafür, daß ein gesundes, neues Wachstum stattfindet.

Ich werde Ihnen erklären, was ich damit meine. Nachdem mein erstes Buch erschienen war, führte ich jahrelang Workshops durch und hielt Vorträge. Von der Verfasserin eines Werkes über viktorianische Familientraditionen erwarteten die Leute ein äußeres Erscheinungsbild, das dieser Rolle entsprach, und ich enttäuschte sie nicht. Nachdem ich jedoch den Weg zur Einfachheit und Fülle betreten und angefangen hatte, ein bebildertes Reisejournal zu führen, entdeckte ich plötzlich, daß ich immer wieder Bilder von Lauren Hutton – ein ästhetischer Genuß mit ihrem schlichten Kleidungsstil, der chic und nicht überladen war – aufgeklebt hatte. Zu diesem Zeitpunkt trug ich noch romantische, verspielte Kleider mit Blumenmuster, und meine Haare waren lang und lockig. Bald jedoch begann ich mich immer unwohler in meiner eigenen Haut zu fühlen, wie ein Geist, der unfähig ist, den Körper zu verlassen, von dem er Besitz ergriffen hat. Ohne es bewußt wahrzunehmen, hatte ich mich innerlich verändert, die Erwartungen anderer abgeschüttelt und war meiner eigenen, wahren Identität ein Stück näher gekommen. Aber das wurde mir erst klar, als sich die Schlichtheit auch visuell in meinem Journal bemerkbar machte. Unser authentisches Selbst sorgt ständig dafür, daß wir für subtile Hinweise empfänglich sind, zum Beispiel mittels der Fotos und Vorstellungsbilder von Menschen, die wir bewundern. Unser wahres Ich macht sich nicht in voller Lautstärke bemerkbar, sondern zieht es vor, leise zu flüstern.

Heute möchten Sie vielleicht Ihr Netz auswerfen, um Inspirationen einzufangen, und einen Kreis bilden, um die Botschaften von Geistern zu empfangen, die Ihnen wohlgesonnen sind und aus Frauen bestehen, deren persönliche Stilsicherheit Sie bewundern. Schneiden Sie Bilder aus, die zeigen, wie sie sich kleiden, ihr Haar tragen und Make-up auflegen, und sammeln Sie diese in Ihrem Reisejournal wie ein Entdecker, der Kursänderungen in seinem Logbuch vermerkt.

Zerbrechen Sie sich in dieser Phase des Veränderungsprozesses nicht den Kopf darüber, daß Sie andere nachahmen. Abgesehen davon, daß es sich hier um die ursprünglichste Form der Schmeichelei handelt, werden Sie immer Ihrem eigenen Stil treu bleiben, wenn Sie gelernt haben, Ihrer Intuition zu vertrauen. Betrachten Sie die Frauen, die Sie bewundern, einfach nur als persönliche Tutorinnen. Sie versuchen nicht, in ihre Haut zu schlüpfen, sondern streben lediglich danach, Ihr authentisches Selbst zu werden. Nach einigen Monaten überprüfen Sie, ob Sie ein Muster entdecken, das Sie inspiriert und motiviert, die atemberaubende Frau zu werden, die Sie in Ihrem Innern sind.

6. APRIL
Klassischer Chic: Die Geschichte der Farben

Kleidung ist nie etwas anderes als ein Spiegelbild des Selbst.
Coco Chanel

Als ich Anfang der siebziger Jahre in London als Modejournalistin arbeitete, merkte ich, daß ich als erstes über die »Geschichte der Farben« berichten mußte. Diese Reportage gestaltete sich als äußerst launisch und wechselvoll: in einer Saison waren »Neonfarben« gefragt, wie »Wassermelone« (ein knalliges Pink) und »Limone« (ein helles Grün), und in der nächsten die »Erdtöne«, wie »Aubergine« (dunkles Purpur) und »Safran« (goldgelb). Auch wenn man ein kleines Vermögen auf den Tisch blätterte, um mit der Mode zu gehen, hing im Kleiderschrank nichts, was jemals im Trend lag.

Während der Modemessen in Europa fielen zwei Kategorien von Frauen zu beiden Seiten des Laufstegs auf: diejenigen, die in der Modeindustrie arbeiteten oder über sie schrieben, waren ganz in Schwarz gekleidet, und diejenigen, die von der Modeindustrie hofiert wurden, die wohlhabenden Damen der Gesellschaft, trugen klassische Farben. Die Moral der Geschichte: die Farben, die so kurzlebig wie Eintagsfliegen waren, prangten auf dem Laufsteg, in den Auslagen der Geschäfte und auf den Seiten der Modemagazine, aber das wahre Geld wurde in den klassischen Stil investiert.

Wenn Sie inzwischen begonnen haben, Ihre Garderobe und Ihren persönlichen Stil kritisch zu überprüfen, sollten Sie die Rolle überdenken, die Farben in Ihrem Leben spielen. Um sich mit einer Garderobe auszustaffieren, die alle Launen der Mode überdauert, sollten Sie bei der Grundausstattung auf die klassischen Farben setzen: Schwarz, Weiß, Marineblau, Grau, Beige, Kamelhaarfarben, Braun, Khaki, Elfenbein und die »Rottöne«, einschließlich Wein- und Rostrot. Innerhalb dieser Palette gibt es buchstäblich Hunderte von Schattierungen. Die klassischen Farben schränken uns nicht ein, sie befreien uns vielmehr. Farben dienen dazu, einen ganz persönlichen Chic mit Selbstvertrauen zu entwickeln und durch vielfältige Kombinationen einen individuellen Stil zu kreieren. Das bedeutet, daß Sie beispielsweise die teure Designerjacke in einer klassischen Farbe, die Sie erst dieses Jahr gekauft haben, mit einem Rock vom Vorjahr oder mit Hosen tragen können, die im nächsten Jahr modern sein werden. Mit klassischen Farben wächst Ihre Garderobe allmählich und wird nie altmodisch. Und Sie unterscheiden Ihren persönlichen Stil, indem Sie Farbakzente setzen, die Ihnen gefallen und stehen.

Wie entdecken Sie die Farben, die Ihren Typ am besten zur Geltung bringen? Durch Experimentieren, wobei Sie sich mit neutralem Blick im Spiegel betrachten sollten. Wir alle haben Farben, die uns besonders gut stehen, je nach Teint. Während der achtziger Jahre wurde die Farbberatung zu einer Wachstumsindustrie. Heute gibt es zahllose Bücher im Handel, die Ihnen helfen, diejenigen Farben zu finden, die Ihnen schmeicheln, und manche Volkshochschulen bieten Kurse für die persönliche Farbwahl an.

Und schließlich sollten Sie niemals die Macht der Liebe unterschätzen. Vor Jahren habe ich mich einmal leidenschaftlich in einen schwarzen Seidenschal mit roten Kirschen, goldgelben Birnen und dunkelgrünem Blattwerk verliebt. Er war so wunderbar, daß mir das Herz bis zum Halse schlug. Obwohl das bedeutete, in anderen Bereichen des Budgets einen Monat lang zu knausern, habe ich in das Halstuch investiert. Es wurde zu einem ganz persönlichen Farbtupfer, der mir heute noch genausogut gefällt wie früher. Vertrauen Sie Ihrer Intuition. Denn dann werden Sie jedesmal, wenn Sie sich im Spiegel betrachten, mit dem Anblick Ihres authentischen Selbst belohnt.

7. APRIL
Belebende Farbtupfer

Mit Farbakzenten zum Preis eines Topfs mit Anstrichfarbe können die Leute ihren eigenen unverwechselbaren Stil und ihre Individualität zum Ausdruck bringen. Aber wie mit dem Stil muß auch ein sicheres Farbempfinden durch Experimentieren entwickelt werden. Wenn man nichts wagt, ist man zur Monotonie verdammt.

Shirley Conran

Meine erste einschneidende Erfahrung, wie Farbe mein Leben verändern kann, hatte ich während meiner Teenagerzeit. Wir waren von New York in eine Kleinstadt im Bundesstaat Massachusetts umgezogen, wo meine Eltern ein wundervolles Anwesen im neuenglischen Kolonialstil aus dem Jahre 1789 gekauft hatten. In einigem Abstand von der Hauptstraße erbaut und von einer hohen Steinmauer umgeben, besaß die Außenfassade des Hauses wie viele andere in der Gegend eine weiße Schindelabdeckung und die traditionellen schwarzen Holzjalousien. Kurz nach dem Einzug strich meine Mutter die Wände des Wohnzimmers in einem kräftigen Rotton. Das war lange, bevor die Farbe in Mode kam, und als Teenager konnte ich nicht begreifen, was in sie gefahren sein mochte. Unseren neuen Nachbarn ging es nicht anders. Aber von der Straße aus betrachtet sah das rote Wohnzimmer, eingerahmt von der schwarzweißen Außenfassade, atemberaubend schön aus. Mutter hatte die Familie von ihrem kühnen Vorhaben nicht in Kenntnis gesetzt; sie war lediglich ihrer Intuition gefolgt, und das Ergebnis war verblüffend. Das ist häufig der Fall, wenn wir unsere wahre Identität suchen und finden. Obwohl ich unglücklich wegen des Ortswechsels war, freute ich mich stets, wenn ich unser neues Heim durch die vordere Eingangstür betrat. Der rote Raum veränderte meine Haltung.

Heute sind meine Wohnzimmerwände nicht rot gestrichen, sondern in einem kräftigen Goldgelb gehalten, wie Claude Monets Eßzimmer in seinem Haus in Giverny, in dem der Maler seinen Lebensabend verbrachte. Durch unser Wohnzimmerfenster dringt nicht viel Licht herein, und deshalb wollte ich mit dem Farbklecks eine heitere Atmosphäre schaffen, vor allem während der Wintermonate. Aber ich hatte nicht gewußt, wie sehr mir gelbe Wände zusagten, bis ich eines Tages, es ist schon mehrere Jahre her, einen kreativen Ausflug in einen mir unbekannten Laden unternahm, der sich auf Inneneinrichtung und anderen Schnickschnack fürs Haus spezialisiert hatte. Die Wände waren in einem warmen Gelbton gestrichen, und das sichtbare Balkenwerk prangte in einem satten Dunkelgrün. Ich hatte das Gefühl, in einem wunderschönen Garten zu stehen und nicht in Geschäftsräumen mitten in der Stadt. Ich war so hingerissen von der Farbkombination, daß ich mich nach den Einzelheiten erkundigte und sofort loszog, um mir im Malerfachgeschäft die gleiche Schattierung zu besorgen. Mein Mann ließ sich von meiner Begeisterung anstecken, und nun liebt die ganze Familie das gelbe Wohnzimmer.

Die Farben, die Sie tragen, müssen nicht die gleichen sein wie die Farben, in denen Sie leben. Ich trage gerne Rot und Schwarz, kräftige, kreative und dramatische Farben, fühle mich aber nur in einer Umgebung wohl, die in sanften Pastelltönen gehalten ist. Ihr authentisches Selbst hat ebensoviele Facetten wie ein wundervoller Diamant, und Farben dienen dazu, Ihre jeweilige Stimmung auszudrücken.

Denken Sie heute über die Farben nach, die Ihnen gefallen. Ist Ihr häusliches Dekor oder Ihre Garderobe darauf abgestimmt? Und wenn nicht, warum fehlen Ihre Lieblingsfarben? Suchen Sie nach weiteren Möglichkeiten, Ihrem Leben in diesem Frühjahr einen Farbtupfer zu geben. Viele haben Angst, mit Farben zu experimentieren. Unternehmen Sie diese Woche eine kreative Exkursion in ein Farbenfachgeschäft und sehen Sie sich das Farbspektrum an. Welche Farben sprechen Ihre Seele an? Kaufen Sie die eine oder andere Dose, in der kleinsten Ausführung. Als nächstes halten Sie in einem Stoffgeschäft nach einem Muster Ausschau, das auf Anhieb Ihren Blick fesselt. Drapieren Sie den Stoff über der Couch oder befestigen Sie ihn mit Heftzwecken an der Wand. Leben Sie einen Monat lang damit, dann nähen Sie ein Kopfkissen aus dem Stoff und streichen einen Raum oder ein Möbelstück in dem neuen Farbton. Setzen Sie Farbakzente auf Ihrem Schreibtisch, mit bunten Aktenordnern, Heftklammern und Notizblöcken. Legen Sie farbenfrohe Papierservietten bei, wenn Sie Ihr Mittagessen fürs Büro einpacken. Arrangieren Sie bunte Früchte in einer farbigen Keramikschale auf dem Küchentisch, so daß Sie das pittoreske Stilleben immer vor Augen haben. Wenn Sie in der Nähe eines Museums oder einer Kunstgalerie wohnen, kaufen Sie Kunstpostkarten, die Sie an einer Pinnwand oder am Kühlschrank befestigen, gerahmt auf den Schreibtisch stellen oder an Freunde verschicken. Lassen Sie sich auf den Flügeln farbiger Impulse davontragen.

Der englische Kunstkritiker John Ruskin glaubte, daß »die urwüchsigsten und gedankenvollsten Menschen« diejenigen seien, die Farben am meisten lieben. Möge Ihre Liebe zu Farben die vielen Schattierungen und Nuancen Ihres vibrierenden, authentischen Selbst zum Ausdruck bringen.

8. APRIL
Mehr Mut als Geld

> Ein guter Geschmack muß nicht mehr kosten.
> *Micky Drexler*

Angenommen, Ihr authentisches Selbst würde Ihnen enthüllen, daß Sie gerne einen Cashmere-Blazer von Giorgio Armani für zweitausend Mark tragen würden. Leider reicht Ihr Budget aber nur für ein Schnäppchen im Kaufhaus. Wie bringen Sie einen teuren Geschmack und ein dürftiges Bankkonto auf einen Nenner? Micky Drexler, Präsident der Boutiquenkette Gap, ist der Meinung, das sei nicht erforderlich, und ich stimme ihm zu. Aber oft müssen wir uns, vor allem auf dem Weg der Einfachheit und Fülle, mit der Tatsache abfinden, daß zwischen unseren materiellen Wünschen und unserem Portemonnaie eine unüberbrückbare Kluft besteht. Das stellt uns vor ein ernsthaftes Dilemma, wenn wir uns nicht auf der Gefühls- und auf der Verstandesebene unserem spirituellen Wachstum verpflichtet fühlen.

Wie Jesus in einer seiner weniger bekannten und beliebten Lehren gesagt hat, sollen wir uns nicht den Kopf über unsere Kleidung zerbrechen. (Denken Sie an die Lilien auf dem Felde, die weder schwer für ihren Lebensunterhalt schuften müssen noch spinnen!) Aber die fromme Mahnung fruchtet natürlich nichts. Jesus hat seine Jünger gelehrt, die Quelle der Kraft und Erkenntnis zuerst in ihrem Innern zu suchen, und daß sich alles andere dann von alleine ergibt. Oder um es frei nach Marianne Williamson zu zitieren: »Strebe zuerst danach, das himmlische Königreich zu erlangen, und der Maserati wird dann vor der Tür stehen, wenn die Zeit gekommen ist.«

Genauso verhält es sich mit dem Armani-Blazer. In der Zwischenzeit beweisen Sie Ihre Findigkeit, um den Mangel auszugleichen. Ihre Kreativität ist eine Gottesgabe. Vielleicht erweist sich der Frust darüber, daß Sie sich Ihren Wunsch nicht erfüllen können, als Antriebskraft, die Sie in einen Nähkurs katapultiert und Sie letztendlich befähigt, Ihre eigenen Kreationen zu entwerfen und zu schneidern. Vielleicht verwandeln Sie sich in eine bestens informierte, aufgeklärte Verbraucherin, gewieft und mit Köpfchen. Suchet, heißt es schon in der Bibel, und ihr werdet finden, gleichgültig, ob es sich um ein Kostüm oder um Spiritualität handelt. Sobald wir in unserem Innern nach den besonderen Gaben und Talenten fahnden, die uns der Schöpfer in die Wiege gelegt hat, verringern sich unsere materiellen Wünsche, egal, ob durch Nähen oder durch Schnäppchenjagd. Es ist nicht unser Bewußtsein, sondern vielmehr unsere Seele, die auf Entbehrliches verzichtet.

9. APRIL

Ein Luxus, den Sie sich leisten können

> Luxus muß keinen Preis haben –
> das Wohlgefühl selbst ist ein Luxus.
> *Geoffrey Beene*

Wenn Frauen vom Weg der Einfachheit und Fülle hören, glauben viele, er sei Teil jener neuen und hochgelobten Bewegung, die eine Rückkehr zur Philosophie des Maßhaltens fordert. Das ist ein Trugschluß, denn die Maßhaltebewegung der neunziger Jahre stützt sich auf Angst, und Angst begrüßt die Fülle nicht, sondern lehnt sie ab. Statt praktischer Lebensweisheiten, wie einen »Notgroschen« auf die hohe Kante legen, bombardiert man uns mit Ermahnungen, unsere Mittel haushälterisch zu verwalten und aus Stroh Gold zu spinnen.

Der Weg der Einfachheit und Fülle enthält uns nichts vor. Es geht auch nicht darum, mehr auszugeben, als wir uns leisten können, damit wir uns besser fühlen. Für mich ist der Weg der Einfachheit und Fülle eine tägliche Meditationsform geworden, in der das wahre Wohlgefühl und die Freude der Bescheidenheit im Mittelpunkt stehen. Er stellt aber auch eine sanfte Orientierungshilfe dar, die uns zeigt, wie wir uns den guten Dingen des realen Lebens öffnen.

Das Universum ist nicht knauserig. Wir sind es. Einige von uns haben eine sehr kleinliche Seele. Vielleicht äußert sich dieser Geiz nicht in der Art, wie wir andere behandeln – unsere Familie, Freunde und Bedürftige, die weniger Glück im Leben hatten als wir –, sondern wie wir mit uns selbst umgehen. Wie kann der Schöpfer uns mehr Gaben zuteil werden lassen, wenn wir unsere Fäuste, unser Herz und unseren Verstand fest verschließen? Der Weg der Einfachheit und Fülle verlangt von uns, endlich zu lernen, das Gefühl der Armut und des Mangels ein für allemal über Bord zu werfen und statt dessen den Reichtum und Überfluß wahrzunehmen, der uns allenthalben umgibt.

Eine der Möglichkeiten, unseren Alltag zu bereichern, besteht darin, uns selbst einen Luxus zu gönnen, den wir uns leisten können. Geld in Kaminholz zu investieren, um im Winter vor einem lodernden Feuer zu sitzen, ist ein solcher Luxus. Einen Becher Kakao, den man vor dem Feuer trinkt, mit Schlagsahne und geriebener Schokolade verfeinern, gehört ebenfalls in diese Kategorie; damit verwandelt man ein schlichtes Vergnügen in eine Wonne. Ein erschwinglicher Luxus weckt unser Bewußtsein für die Fülle, die jedem Menschen zur Verfügung steht, sobald wir endlich »kapiert« haben, was damit wirklich gemeint ist.

Viele Leute glauben, daß Schlichtheit und Luxus unvereinbar sind, und lehnen letzteres ab. Die Shaker führten ein karges Leben, aber die »Gläubigen«, wie sie genannt wurden, gönnten sich trotzdem den sublimen Luxus von Gourmet-Gerichten. Sie verwendeten nur frische Zutaten und experimentierten mit Gewürzen und Kräutern, lange bevor die Nouvelle cuisine in Mode kam. 1886 erklärte ein Besucher, der bei den Shakern zu Tisch geladen war, das Mahl sei »eines Delmonicos würdig« gewesen, damals ein berühmtes lukullisches Wahrzeichen in New York City, in dem die Gutbetuchten zu speisen pflegten.

Denken Sie über einen Luxus nach, den Sie sich leisten können, wenn Sie Ihren unverwechselbaren, persönlichen Stil kreieren und pflegen. Welche einfachen Freuden des Lebens könnten bewirken, daß Sie sich unendlich reich fühlen? Vielleicht tragen Sie erst einmal Cashmere-Strümpfe, während Sie für ein Cashmere-Twinset sparen; oder Sie gönnen sich das »ansteckende« Vergnügen, Ihren Lieblingsduft in Form von Parfüm, Körperpuder und Körperlotion zu kombinieren; oder das sinnliche Gefühl seidener Unterwäsche oder eines Pyjamas aus reiner Baumwolle auf der Haut; die Investition in eine Lederhandtasche, die zu allem paßt; Sie können auch die Papiertaschentücher gegen weiße Leinentaschentücher austauschen; die Haare zwischen den regulären Friseurbesuchen färben oder schneiden lassen; Ihre Fingernägel einmal in der Woche manikür̃en; die billigen Plastikknöpfe an Ihrer Kleidung durch augenfällige ersetzen; sich mit einer Gesichts- oder Ganzkörpermassage verwöhnen lassen; oder Schmuck, der »besonderen Anlässen« vorbehalten ist, beispielsweise Ihre aufsehenerregenden Brillantohrstecker, an einem ganz gewöhnlichen Wochentag tragen.

Heute sollten Sie dem Universum verkünden, daß Sie offen dafür sind, das Füllhorn der Gaben zu empfangen, das es geduldig für Sie bereithält. Jeder Tag bietet uns das Geschenk einer besonderen Gelegenheit, wenn wir lernen, daß Nehmen mit Würde und dankbarem Herzen genauso selig macht wie Geben.

10. APRIL

Trompe l'œil: ein richtiges Schnäppchen

> Schönheit hängt ausschließlich von den Augen des Betrachters ab.
>
> *Margaret Wolfe Hungerford*

Jennie Jerome Churchill, eine berühmte amerikanische Schönheit und Mutter des britischen Premierministers Sir Winston Churchill, glaubte, daß »Sparsamkeit und Abenteuer selten Hand in Hand gehen«. Die bedauernswerte Jennie, deren extravaganter Geschmack bewirkte, daß sie ständig knapp bei Kasse war, wußte nicht, wo man gut und billig einkauft.

Lassen Sie uns heute über die Annehmlichkeiten des Recycling sprechen. Dabei geht es jedoch nicht um Flaschen und Dosen, sondern beispielsweise um die abgelegten Klamotten der Reichen und Schönen, die nun für einen Bruchteil ihres ursprünglichen Preises zu haben sind. In Fundgruben, Secondhandläden, und Nostalgieboutiquen, die sich auf Klassiker einer bestimmten Ära spezialisiert haben, finden Sie zahllose Schnäppchen, die mit den Namen berühmter Modegurus protzen.

Jede Frau, die ihre sieben Sinne beisammen hat, sollte die Adressen von solchen Recyclingzentren in der Hinterhand haben. Es gibt drei Kategorien, die Sie abklappern können: Da sind zunächst die Fundgruben und Basare gemeinnütziger Organisationen. Da hier gespendete Kleidung verkauft wird, weiß man nie, welche Qualität einen erwartet, aber es lohnt sich, einen Blick darauf zu werfen. Die Secondhandläden sind auf einer höheren Ebene der Skala angesiedelt; hier werden wohlhabende Frauen, die meinen, unbedingt mit der neuesten Mode gehen zu müssen, in aller Heimlichkeit jene Sweatshirts los, die während der letzten Saison »in« waren. Hier finden Sie Designerkostüme, Mäntel, Kleider, Abendgarderobe und Accessoires fast zu Schleuderpreisen. Und es gibt Nostalgieboutiquen, die sich auf Klassiker aus einer bestimmten Ära spezialisiert haben – angefangen von den weißen Baumwoll-Petticoats der Viktorianischen Epoche bis hin zu Salz-und-Pfeffer-Tweedhosen, die während der dreißiger Jahre groß in Mode waren. Ich würde Ihnen empfehlen, sich langsam bis zu letzteren hochzuarbeiten; diese Boutiquen können süchtig machen, wie ein Glas Portwein am Nachmittag.

Es sind einige Grundregeln zu beachten, um es in der Kunst des Trompe l'œil (»Täuschung des Auges«) zu wahrer Meisterschaft zu bringen und die Spreu vom Weizen zu trennen. Als erstes sollten Sie sich in der richtigen mentalen Verfassung befinden: Begeben Sie sich nicht auf Schnäppchensuche, wenn Sie müde oder im Streß sind. Sie sollten die Entscheidung nicht übereilen: Nehmen Sie sich Zeit und lassen Sie Ihren gesunden Menschenverstand sprechen. Begeben Sie sich allein auf die Suche, so daß die Erfahrung wie eine Meditation wirken kann. Erwarten Sie nicht, etwas Bestimmtes zu finden. Freuen Sie sich einfach auf das, was immer kommen mag, wie bei einer Schatzsuche. Eine meiner Lieblingsaffirmationen lautet: »Die göttliche Fülle ist meine einzige Realität, und die göttliche Fülle manifestiert sich für mich in der richtigen Kleidung zum richtigen Preis.« Dieser Leitspruch hat sich immer ausgezahlt. Und außerdem müssen Sie diese verborgenen Quellen sowieso regelmäßig aufsuchen, denn es kommt ständig neue Ware herein. Der schwarze Cashmere-Pullover mit Rollkragen auf Ihrer Wunschliste taucht vielleicht schon nächsten Dienstag auf.

Geben Sie sich diese Woche einem neuen Vergnügen hin: mit Blick auf den Geldbeutel in Fundgruben zu stöbern. Der Nervenkitzel, der damit einhergeht, wenn Sie Schnäppchen und Abenteuer finden, macht die Suche lohnenswert.

11. APRIL
Der letzte Schliff:
Die Kunst, Accessoires auszuwählen

Vielleicht ist zuviel von allem genauso schlecht wie zuwenig.
Edna Ferber

Elizabeth Taylor betont ihren persönlichen Stil mit unbezahlbarem Geschmeide; Anjelica Hustons Markenzeichen ist eine Wagenladung klimpernder Goldarmreifen; *Vogue*-Herausgeberin Anna Wintour sieht man nie ohne ihre dunkle Sonnenbrille, die sie selbst in geschlossenen Räumen trägt und die ihr etwas Geheimnisvolles verleiht. Ihre Vorgängerin Diana Vreeland war der Ansicht, das wichtigste Accessoire einer Frau sei ein Paar schwarze Lederschuhe, die zu allem passen, während die extravagante Coco Chanel für Parfüm plädierte, das »unsichtbare, aber unvergeßliche modische Beiwerk«.

Frauen können zwiespältige Gefühle hinsichtlich ihrer Kleidung hegen, aber es verbindet sie oft eine leidenschaftliche Beziehung zu ihren Accessoires: die goldene Anstecknadel mit dem Monogramm, die Ihre beste Freundin Ihnen an jenem denkwürdigen, runden Geburtstag geschenkt hat; die schwarze, mattglänzende Hose von Donna Karan, in der Sie sich gertenschlank und sexy fühlen, die silberne Halskette, die Sie während Ihres letzten Urlaubs in Italien gekauft haben, der kräftig-blaue Seidenschal, den Ihre Schwester Ihnen aus Paris mitgebracht hat, die bunte Strohtasche aus Nairobi, in der Sie die wichtigsten Dinge Ihres Lebens aufbewahren.

Modische Accessoires sind die Artefakte unseres authentischen Selbst. Sie können einen sentimentalen Erinnerungswert haben, als Barometer unserer Stimmungsschwankungen dienen, uns ein Gefühl der Sicherheit verleihen, unsere Persönlichkeit positiv unterstreichen oder unsere eifrigsten Bemühungen untergraben. Aufgrund der Gefühle, die wir in sie investieren, sind unsere persönlichen Accessoires in vieler Hinsicht noch wichtiger als unsere Kleidung: Sie geben unserer Selbstdefinition den letzten Schliff. Zahlreiche berühmte Modeschöpfer, wie Bill Blass, glauben, daß

Frauen ihre Liebe zu Accessoires übertreiben. Ich bin da anderer Meinung. Ich denke, daß sich viele von uns bei der Wahl der modischen Accessoires zurückhalten, in Übereinstimmung mit dem, was wir gesellschaftlich als annehmbar oder sicher erachten. Wir fühlen uns besser, wenn wir innerhalb akzeptierter Grenzen Farbe bekennen.

Doch wenn eine Frau zuläßt, daß der Schöpfer sie bei der Suche und Entfaltung ihres authentischen Selbst leitet, dann können diese modischen Accessoires ihr dabei helfen, überschaubare Risiken einzugehen, die wichtig sind, weil sie ihr Selbstvertrauen stärken. Kleider und Accessoires in wagemutiger Kombination können ein Gefühl der Autonomie und Selbstbestimmtheit wecken. Denken Sie daran, wie weit Dorothy Gale in blaukariertem Baumwollstoff und rubinroten Slippern gereist ist. Die Schuhe, Unterwäsche, Gürtel, Schals, Schmuckstücke, Hüte, Handschuhe, Handtaschen und Düfte, die Sie auswählen, können einen großen Unterschied bewirken, wenn Sie aller Welt verkünden, wer Sie wirklich sind, während Sie dieses Geheimnis gleichzeitig im stillen Kämmerlein für sich selbst enthüllen. Denken Sie einfach daran, daß modische Accessoires, genauso wie Ihre Garderobe, Ihren persönlichen Stil destillieren und dessen reinsten Kern spiegeln sollten. Sie sollten lieben, was Sie tragen, oder die Finger davon lassen.

Und schließlich gilt es, niemals zu vergessen, daß die meisten wichtigen Accessoires – diejenigen, auf die eine Frau nicht verzichten kann – von innen kommen. Ein großmütiges Herz, ein spontanes Lächeln und Augen, die vor Freude funkeln, können ein Markenzeichen im äußeren Erscheinungsbild jeder Frau sein, die empfänglich für ihre authentische Schönheit wird.

12. APRIL
Ihren Körper lieben und ehren lernen

> Der Körper ist eine heilige Hülle. Er ist die erste und letzte Hülle; darin betreten und verlassen Sie dieses Leben, und er sollte in Ehren gehalten werden.
>
> *Martha Graham*

Was kommt zuerst: unseren Körper lieben lernen oder ein positives Bild von unserem Körper besitzen? Beides erfüllt seinen Zweck. Wenn wir kein positives Bild von unserem Körper haben, und das ist bei den meisten Frauen der Fall, müssen wir lernen, unsere physischen Merkmale zu akzeptieren. Der Feministin Gloria Steinem zufolge fühlen wir uns befreit, wenn wir lernen, mit dem eigenen Aussehen zufrieden zu sein, und nicht damit hadern, wie wir auszusehen meinen.

Für uns ist es an der Zeit zu erkennen, daß wir uns erst dann in großem Stil verändern können, wenn wir uns in kleinem Stil lieben und dadurch unsere Selbstachtung stärken. Wir müssen beginnen, den selbstzerstörerischen Teufelskreis der unrealistischen Erwartungen zu durchbrechen, vor allem unserer eigenen.

Fangen Sie noch heute an, den Schönheitsidealen der restlichen Welt den Rücken zu kehren, denn sie ändern sich fortwährend. Kleopatra wünschte sich sehnlichst Krampfadern, die Schönen des Mittelalters stopften sich die Kleider aus, um einen dicken Bauch vorzutäuschen. Warten Sie nicht darauf, daß die Welt Ihre Schönheit preist. Suchen Sie sich selbst eine »Marktnische«. Konzentrieren Sie sich auf Ihre Stärken und vergessen Sie Ihre Schwachstellen. Erfreuen Sie sich an Ihrem eigenen Spiegelbild. Statt auf ein Idealaussehen fixiert zu sein, das Sie ohne einen persönlichen Fitneßtrainer nie verwirklichen können, sollten Sie überlegen, wie Sie sich einfach wohler in dem Körper fühlen, den Sie derzeit bewohnen.

Lernen Sie aus erster Hand die Zauberkraft kennen, mit der Selbstliebe über die Natur triumphiert. Verwöhnen Sie Ihren Körper mit einer gesunden Ernährung und viel Mineralwasser. Legen Sie eine langsamere Gangart ein und denken Sie daran, vor jedem

Bissen tief ein- und auszuatmen. Lassen Sie mit jedem Atemzug Streß und negative Gedanken aus Ihrem Körper ausströmen, tanken Sie mit jedem Einatmen Sauerstoff und positive Energie. Entdecken Sie aufs neue, wie herrlich es ist, sich zu bewegen: Dehnübungen, tanzen, spazierengehen, laufen, springen, hüpfen, spielen, einen anderen Menschen umarmen. Tun Sie Ihrem Körper etwas Gutes, indem Sie bequeme Kleidung tragen, Ruhepausen einlegen und entspannende Schönheitsrituale zum festen Bestandteil Ihres Lebens machen.

Die Beziehung einer Frau zu ihrem Körper sei die wichtigste ihres Lebens. Sie sei wichtiger als ihr Mann, ihr Liebhaber, die Kinder, Freunde, Kollegen.»Das ist nicht Selbstsucht, sondern eine Tatsache«, sagt uns Gesundheits- und Fitneßexpertin Diane K. Roesch. Der Körper sei, wörtlich genommen, »ein Vehikel unseres Daseins – um zu geben, zu lieben, für Bewegung und Gefühle –, und wenn er nicht funktioniert, ist es ziemlich sicher, daß andere Dinge in unserem Leben auch nicht funktionieren«.

Statt Ihren Körper zu hassen, sollten Sie heute Frieden mit ihm schließen. Geloben Sie, die geheiligte Hülle, die Ihnen der Schöpfer auf die Reise durchs Leben mitgegeben hat, zu lieben und zu ehren.

13. APRIL
Die einzige Hilfe beim Abnehmen, die Sie brauchen

> Selbstliebe ist die einzige Hilfe beim Abnehmen, die langfristig wirklich etwas bewirkt.
>
> *Jenny Craig*

Am Anfang war das Essen als eine der sublimen, einfachen Freuden des Lebens gedacht. Aber dann biß Eva in den Apfel (soviel zur Theorie von der kalorienarmen, fettarmen, nährstoffreichen Kost), und seither stehen Frauen mit der Nahrung auf Kriegsfuß.

Aber das Essen ist nicht unser Feind. Wenn wir das Leben genießen wollen, müssen wir das Essen lieben. Nahrung ist die Quelle des vitalen Brennstoffs, den unser Körper in Energie umsetzt, um zu überleben. Der Wunsch, nicht zu essen – wie bei der Anorexie oder einer Erkrankung – ist ein Signal dafür, daß mit uns etwas nicht stimmt, daß wir ein schwerwiegendes Problem haben. Bekämpfen Sie den Hunger nicht. Nehmen Sie ihn zur Kenntnis und reagieren Sie auf dieses grundlegende Bedürfnis, indem Sie Ihrem Körper eine nährstoffreiche Kost zuführen, die alle Ihre Sinne anspricht – die nicht nur ein Gaumenschmaus ist, sondern auch verlockend aussieht und einladend duftet. Doch darauf zu vertrauen, daß unser Körper uns schon sagen wird, was er braucht, ist ein Gedanke, der die meisten Frauen in Schrecken versetzt. Wir fürchten, daß wir nicht mehr aufhören können zu essen, wenn wir alle Diätvorschriften über Bord werfen und als wandelnde Tonne ins *Guinness-Buch der Rekorde* eingehen werden.

Je mehr wir hungern, desto mehr nehmen wir letztendlich wieder zu, und am Ende hassen wir uns selbst. Jede Frau, die sich mehr als einmal auf eine Reduktionsdiät eingelassen hat, kennt die schmerzliche Wahrheit. Der einzige Weg, den belastenden Kreislauf der Selbstverachtung zu durchbrechen, besteht darin, mit dem Fasten aufzuhören und unseren gesunden Menschenverstand walten zu lassen. Essen Sie nur dann, wenn Sie wirklich hungrig sind, trinken Sie, wenn Sie Durst verspüren, schlafen Sie, wenn Sie müde sind, stellen Sie durch ausreichende Bewegung oder regelmäßigen Sport eine harmonische Beziehung zu Ihrem Körper her und führen Sie sich durch Gebet und Meditation stärkende Seelennahrung zu. »Demjenigen, der ein ganzheitliches Leben führt, wird alles gegeben werden«, erklärte der chinesische Weise Laotse seinen Anhängern. Dazu gehört auch die Kunst, am Ende Frieden mit dem eigenen Gewicht zu schließen. Der Taoismus – die fernöstliche religiös-philosophische Richtung, als deren Begründer Laotse gilt – lehrt uns, der einzige Weg zu einem ganzheitlichen Leben bestünde darin, daß wir uns in unser Schicksal fügen. Wir haben die Tatsache zu akzeptieren, daß unser Körper auf eine Weisheit reagiert, die höher anzusiedeln ist als der Wunsch, wie die halbverhungerten Streunerinnen auf den Titelseiten von Modezeitschriften wie *Vogue* auszusehen.

Jede Frau hat ein Gewicht, das für sie ideal ist – und das hat nichts mit dem sogenannten Idealgewicht zu tun. Wenn Sie dieses Gewicht auf die Waage bringen, fühlen Sie sich rundum wohl, verfügen über ein Höchstmaß an Energie, haben die besten Chancen, gesund zu bleiben, und sind mit Ihrem Aussehen zufrieden. Wir können dieses Gewicht erreichen, wenn wir beginnen, den Bedürfnissen unseres Körpers zu vertrauen. Vergessen Sie die Kleidergrößen und räumen Sie die Waage weg. Statt sich pausenlos zu wiegen, ergründen Sie mit Hilfe Ihrer Lieblingskleider, welche Fortschritte Sie machen. Und vertrauen Sie vor allem der Führung Ihres authentischen Selbst. Gehen Sie in sich und visualisieren Sie die Frau, die sich in Ihnen verbirgt. Sehen Sie vor sich, welches Gewicht sie hat. Bitten Sie sie um Hilfe, damit Sie Ihr ideales Gewicht durch die Macht der Liebe erzielen. Seien Sie heute bereit zu glauben, daß Selbstliebe das einzige Mittel ist, das Sie wirklich brauchen, um abzunehmen, weil es das einzige ist, das wirklich funktioniert.

14. APRIL
Wenn wir hungern und dürsten

> Der Körper braucht Nahrung, psychisch, emotional und spirituell. Wir sind spirituell ausgehungert in diesem Kulturkreis – nicht fehlernährt, sondern unterernährt.
>
> *Carol Hornig*

Viele Frauen, ich selbst eingeschlossen, verschlingen das Leben in dem Versuch, es steuerbar zu machen. Ich meine das wörtlich und im übertragenen Sinn. Immer, wenn wir Angst empfinden, uns Sorgen machen, nervös oder niedergeschlagen sind, greifen wir instinktiv, ohne nachzudenken, zu fester oder flüssiger Nahrung, um das unangenehme, negative Gefühl loszuwerden, das wir in unseren Eingeweiden verspüren. Wir hungern und dürsten, aber nicht nach einem Becher Eiskreme oder einem Glas Wein, sondern nach innerem Frieden und einer tieferen Bindung.

Carl Gustav Jung, der berühmte Schweizer Psychiater, glaubte, daß Alkoholismus eine gottgesandte Krankheit sei. M. Scott Peck bezieht sich in seinem Buch *Further Along the Road Less Traveled* darauf, wie Jung auf die Idee kam, es sei vielleicht kein Zufall, daß alkoholische Getränke als Spirituosen bezeichnet werden, und daß Alkoholiker möglicherweise Menschen sind, die es mehr nach dem großen Geist dürstet als andere, daß Alkoholismus vielleicht eine geistige Störung sei oder vielmehr ein spiritueller Zustand. Ich glaube, das gilt auch für die Eßsucht, ein zwanghaftes Verhalten, unter dem viele Frauen leiden. Wir haben einen so unstillbaren Appetit auf das Leben, daß wir einfach nicht mehr wissen, was wir wirklich brauchen, um unsere unersättlichen Gelüste nach Ganzheitlichkeit zu befriedigen.

Als mir erstmals bewußt wurde, daß ich in Wirklichkeit nach Freude und Gelassenheit hungerte und dürstete, wenn ich das Leben »verschlang«, geriet dieser Augenblick zu einem Wendepunkt, ab dem ich lernte, pfleglicher mit mir umzugehen. Endlich begriff ich, daß ich nicht fehlernährt, sondern spirituell unterernährt war. Ich bemerkte, daß ich in mich gehen und meine Seele – mein wahres Selbst – nach meinen wahren Bedürfnissen erforschen konnte. Ich lernte, mich zu fragen: »Wie kann ich dir jetzt etwas Gutes tun? Wie kann ich dich lieben? Was ist es, was du wirklich brauchst?«

Das nächste Mal, wenn Sie die Hand ausstrecken, um sich irgend etwas in den Mund zu stopfen, konzentrieren Sie sich bewußt auf das, was Sie gerade tun wollen, bevor Sie es tun. Essen Sie, weil Sie hungrig sind oder weil ein Problem an Ihnen nagt? Wenn Sie nervös sind, wäre ein Spaziergang um den Block sinn- und liebevoller als ein Gang in die Küche. Schenken Sie sich am Ende eines langen Tages aus reiner Gewohnheit ein Glas Wein ein, um zu signalisieren, daß es an der Zeit ist, zu entspannen? Warum nehmen Sie sich nicht statt dessen ein paar Minuten Zeit, um bequeme Kleidung anzuziehen und ein Glas Mineralwasser mit Fruchtgeschmack zu trinken, während Sie das Abendessen zubereiten und den Wein erst zum Essen genießen? Schaffen Sie persönliche Zeremonien und Rituale, die Ihnen Vergnügen bereiten und Ihren tieferen Bedürfnissen entsprechen. Wenn Sie Ihre mentalen Sehnsüchte befriedigen, werden die physischen, krankhaften Begierden ihren Zugriff lockern.

Machen Sie sich heute bewußt, daß Sie aus einem bestimmten Grund hungern und dürsten. Bitten Sie Ihr authentisches Selbst,

Ihnen Ihre Bedürfnisse auf einer tieferen Ebene zu enthüllen, so daß der Schöpfer Ihre ausgedörrte und heißhungrige Seele erquicken und laben kann.

15. APRIL
Die Triebfeder kreativer Bewegung entdecken

> Der Körper wird geformt, diszipliniert und geehrt, und irgendwann vertrauen wir ihm.
> *Martha Graham*

Die Frauen, die ich kenne, lassen sich zwei Kategorien zuordnen: in diejenigen, die Sport treiben, und die anderen, die dankend darauf verzichten. Die Sportlichen scheinen mehr Energie, weniger Streß, weniger Gewichtsprobleme und im allgemeinen eine Lebenseinstellung zu haben, die positiver und optimistischer ist. Frauen, die sich körperlich in Topform befinden, werden Ihnen sagen, daß die sportliche Aktivität das Wichtigste sei, was sie zur Verbesserung ihrer Lebensqualität unternommen haben.

Frauen, die keinen Sport treiben, glauben nicht daran und finden immer eine Ausrede, warum sie nicht selbst die Probe aufs Exempel machen können oder wollen: sie haben keine Zeit, sind seit langem nicht mehr in Form, eine Grippe ist im Verzug, es ist zu kalt oder zu heiß, sie sind zu müde, zu deprimiert, vielleicht nächste Woche. Ich kenne solche Frauen, die nichts von sportlichen Aktivitäten halten, in- und auswendig, weil ich bis vor kurzem selbst dazugehörte. Das änderte sich auch dann nicht, als mein Hausarzt mir eine Gardinenpredigt hielt und meine Familie mir mit gutem Beispiel voranging, was mich beschämte. Wir sind Seelenverwandte des Schriftstellers Robert Maynard Hutchins, der sich immer dann, wenn er meinte, Sport treiben zu müssen, ins Bett legte und wartete, bis das Gefühl vorüberging.

Das ist nicht gut und der Absicht, unseren Körper pfleglich zu behandeln, wenig zuträglich. Das ist nicht gesund. Da wir intelligente Frauen sind, muß es einen Weg geben, unseren Verstand allmählich davon zu überzeugen, daß er besser auf unseren Körper achtgeben sollte. Aber dieser Sinneswandel läßt sich nicht erreichen, indem wir unserem bockbeinigen Bewußtsein ein strenges Gebot auferlegen, denn dann wird es uns immer »austricksen«. Zwang hat früher schon nicht funktioniert, also warum sollte diese Methode heute erfolgreicher sein?

Wir ändern uns nur dann, wenn wir sanft dazu verführt werden. Sprechen Sie nicht mehr von Sport oder Gymnastik. Wenn Sie der Aktivität überhaupt einen Namen geben müssen, dann vielleicht »kreative Bewegung«. Vergessen Sie das Fitneßcenter, Jogging, das Training mit Gewichten und die Aerobicstunden, die von Frauen ohne Knochen abgehalten werden. Stellen Sie sich die kreative Bewegung als eine Freizeitbeschäftigung vor, die zur Verbesserung der Lebensqualität beiträgt und Spaß macht, weil dem so ist. Halten Sie nur einen Augenblick inne und malen Sie sich sämtliche Möglichkeiten aus, sich kreativ zu bewegen und Spaß daran zu haben: Tanzen (Ballett, Jazz oder Steppen), Schwimmen, Fechten, Reiten, Racquetball/Squash, Tennis, Golf oder Fahrradfahren. Und wie wäre es mit einer Körper und Geist einbeziehenden Form der kreativen Bewegung, wie Yoga oder der uralten chinesischen Bewegungskunst Tai Chi? Überlegen Sie, ob Sie heute nicht die Sonne ausnutzen und einen Spaziergang machen sollten. Spazierengehen ist die beste Form der kreativen Bewegung, die es gibt, und sie kostet keinen Pfennig. Sie erhalten dabei einen klaren Kopf, füllen die Lungen mit frischer Luft, lassen Dampf ab, bauen Stärke auf und zentrieren Ihre geistigen Kräfte. Setzen Sie sich in Bewegung, einen Fuß vor den anderen, Schritt für Schritt. Die positive Triebfeder wird dann ein übriges tun.

Glauben Sie mir, diese Form der sanften Verführung funktioniert. Es gab einmal eine Zeit, als ich schreiend davongelaufen bin, wenn nur das Wort Fitneß fiel. Heute bin ich nahezu versessen auf Zwerchfellatmung und Dehnübungen, kombiniert mit sanften Yoga-Bewegungen, und auf Meditation bei einem Spaziergang. Ich fühle mich besser und bin bereit, den nächsten Schritt auf dem Weg der Einfachheit und Fülle zu wagen.

16. APRIL
Spazierengehen als Meditationsübung

Ich werde euch sagen, was ich gelernt habe. Mir hilft ein langer, fünf- oder sechsstündiger Spaziergang. Und ich muß allein gehen, und jeden Tag.

Brenda Ueland

Solange ich Spazierengehen als sportliche Übung betrachtet habe, bin ich nie weiter als bis zur Haustür gekommen. Aber eines Tages war ich so nervös, daß ich befürchtete, jeden Moment zu explodieren, und deshalb hetzte ich um die Mittagszeit aus dem Haus, als würde ich überstürzt vom Schauplatz eines Verbrechens fliehen. Randvoll mit Enttäuschungen, schmerzvollen Erinnerungen und meinen eigenen unrealistischen Erwartungen aus der Vergangenheit – voller Angst vor dem, was die Zukunft bringen würde und den Veränderungen, die unvermeidlich schienen –, war der einzige sichere Ort für mich, das Hier und Jetzt zu spüren: meine Füße auf dem Pflaster, den Wind im Gesicht, den Atem, der meinen Körper mit Sauerstoff versorgte. Vierzig Minuten später hielt ich inne und stellte zu meiner Verblüffung fest, daß ich mich auf der anderen Seite unserer kleinen Stadt befand; ich kehrte nach Hause zurück, ruhig und gesammelt. Seither gehe ich regelmäßig spazieren.

Nach und nach entdecke ich, was sich bereits Henry David Thoreau offenbart hatte: nämlich daß es einer direkten Fügung des Himmels bedarf, um ein Spaziergänger zu werden. Aber ich gehe immer noch nicht spazieren, um sportlichen Gelüsten zu frönen, sondern meiner Seele wegen, und meinen Körper schleppe ich mit. Es gibt verschiedene Gründe spazierenzugehen: um den Herzschlag zu beschleunigen und Kraft aufzubauen, um ein schöpferisches Problem zu lösen, um einen Streit mit sich selbst oder einem anderen Menschen beizulegen, um gemächlich durch Ihre Welt zu wandern und sie mit offeneren Sinnen aufzunehmen, und um zu meditieren. Ich unternehme aus allen diesen Gründen lange Spaziergänge, aber meistens, um mich zu bewegen und dabei zu meditieren, um meinen Geist fit zu halten. Ich versuche, die Stimmen in meinem Kopf zum Schweigen zu bringen, gehe mit weit ausholenden Schritten und konzentriere mich auf den langsamen, stetigen Rhythmus meines Atems, der durch die innere Stille ruhig geworden ist.

Mitunter werden meine Tagträume durch das Zwitschern eines Vogels, Hundegebell oder den Anblick eines schönen Gartens unterbrochen, doch inzwischen verstehe ich mich darauf, mein Bewußtsein gemächlich wieder auf den physischen Akt des Gehens zurückzulenken. Denn ich habe im Hier und Jetzt, Schritt für Schritt, Frieden gefunden.

Wenn es Ihnen schwerfällt, sich hinzusetzen und zu meditieren, sollten Sie es einmal bei einem Spaziergang probieren, vor allem bei gutem Wetter, das jetzt wieder häufiger herrscht. Berücksichtigen Sie Ihre persönlichen Vorlieben: Wenn Sie ein Morgenmuffel sind, gehen Sie während der Mittagszeit, am Nachmittag oder nach dem Abendessen unter dem Sternenhimmel spazieren. Selbst wenn Sie tagsüber in einer Großstadt arbeiten, können Sie während der Mittagspause aufbrechen. Niemand muß wissen, daß Sie sich vor der Welt abgeschottet haben, während Sie die Straße hinunterschlendern. Zwanzig Minuten bis eine halbe Stunde jeden Tag reichen aus, um ein Gefühl der Gelassenheit hervorzurufen. Ich habe festgestellt, daß während eines Spaziergangs sämtliche Arten von Meditation möglich sind. Manchmal erwarten wir eine unmittelbare, sinnliche Erfahrung der Jenseitigkeit und sind enttäuscht, wenn es scheint, als sei nichts Aufregendes geschehen. Erwarten Sie nichts, und das Leben wird sich von allein entfalten, Schritt für Schritt.

17. APRIL
Schließen Sie Frieden mit Ihrem Haar

Geniale Fähigkeiten sind für eine Frau, die nicht weiß, was sie mit ihren Haaren anfangen soll, von geringem Nutzen.

Edith Wharton

Jahrhundertelang wurden die Haare als »ganzer Stolz« der Frauen bezeichnet, aber jede Frau in meinem Bekanntenkreis empfindet die intime Beziehung zu ihnen als Alptraum. Ich kenne keine einzige Frau, die wirklich mit ihren Haaren zufrieden ist; die meisten haben lediglich gelernt, mehr schlecht als recht damit zu leben. Das Haar ist eine lebendige, einflußreiche, unbeständige, metaphysische, energiegeladene Macht, die man achten, ins Kalkül ziehen und beschwichtigen sollte; sie läßt sich gleichwohl genausowenig unter Kontrolle bringen wie die Kernfusion. Gelegentlich gelingt es uns, unsere Haare in ihre Schranken zu verweisen (wir bezeichnen diese Entgleisungen als Tage, an denen »unsere Haare sitzen«), aber sie lassen sich nicht zum Gehorsam zwingen. Denken Sie an das viele Geld, die Zeit, die schöpferische Energie und die Empfindungen, die wir in unsere Haare investiert haben. Und doch bestehen sie meistens darauf, ihr Eigenleben zum Ausdruck zu bringen, das sich nicht zwangsläufig mit unserem deckt. Ich weiß nicht, wie es Ihnen ergeht, aber ich bin erschöpft von den Miniaturscharmützeln, die ich jeden Tag mit dem Leben ausfechte, und der Kampf mit meinen Haaren steht dabei nicht an letzter Stelle.

Die meisten von uns leiden unter einer kollektiven Halluzination, die Naomi Wolf den »Schönheitsmythos« genannt hat. Wir wurden einer Gehirnwäsche unterzogen: uns wurde eingeredet, wenn wir das richtige Shampoo, Conditioner, Dauerwelle, Farbe und Haarschnitt kaufen, wird unser Haar letztlich so liegen wie das der Frauen, die es professionell im Film, Fernsehen und in der Mode zur Schau stellen. Nebenbei bemerkt: Diese Luxuswesen frisieren sich nicht eigenhändig. Wir alle hätten, wenn schon nicht fabelhafte, so doch zumindest vorzeigbare Köpfe, wenn uns jeden Tag auf Abruf ein Hairstylist zur Verfügung stünde oder wenigstens dann, wenn ein Auftritt in der Öffentlichkeit oder ein Fototermin bei den Printmedien ins Haus steht. Aber so ist mein reales Leben nicht beschaffen, und Ihres vermutlich auch nicht.

Zu Hause sieht mein Haar nie so aus wie in dem Augenblick, in dem ich gerade vom Friseur komme, was einmal im Monat der Fall ist. Das liegt daran, daß ich noch lernen muß, wie man gleichzeitig den Fön und die Rundbürste in Händen hält und beides genauso handhabt wie mein Haarkünstler, wenn er in seinem Salon um mich herumwirbelt. Zu Hause habe ich das Üben längst aufgegeben. Ich wasche meine Haare, knete Haarschaum hinein, lasse sie trocknen und bringe sie dann mit elektrischen Lockenwicklern und dem Lockenstab in Form. Manchmal sieht das wundervoll aus, an anderen Tagen katastrophal, und doch ist das Verfahren buchstäblich das gleiche. Unsere Haare demütigen uns, und deshalb müssen wir Frieden mit ihnen schließen.

Das gelingt uns, wenn wir ihre eigenständige Persönlichkeit zur Kenntnis nehmen und akzeptieren – gleichgültig ob sie dick oder dünn, kräftig oder fein, glatt oder lockig, gesplißt durch die Dauerwelle, von den ersten grauen Strähnen durchzogen oder mit einem unfreiwilligen Mittelscheitel versehen sind, in den sie widerborstig immer wieder zurückfallen. Ihre Haare kennenlernen und mit ihnen zu arbeiten, statt ständig gegen sie anzukämpfen, ist der erste Schritt zu einer stetigen Annäherung und dient dem Seelenfrieden. Während mein authentisches Selbst sein Haar schulterlang trägt, in präraffaelitischen blonden Wellen, muß ich mich mit der Tatsache aussöhnen, daß ich keine wellige blonde Mähne haben kann, solange man keine Dauerwelle erfindet, die gefärbtes Haar nicht häßlich kräuselt (und die gibt es noch nicht). Ich habe also der Farbe einen höheren Stellenwert als der Lockenfrisur eingeräumt. Unter dem Strich läßt sich alles auf eine kreative Entscheidung zurückführen.

Wenn Sie derzeit unglücklich über Ihre Haare sind, sollten Sie geduldig nach Bildern mit Frisuren suchen, die Ihnen gefallen. Nehmen Sie diese zu einem Friseur mit, der Ihnen von Freundinnen empfohlen wurde, um sich zuerst einmal gründlich beraten zu lassen. Sprechen Sie über die haarigen Gegebenheiten und setzen Sie die Realität zu Ihren Phantasievorstellungen in bezug. Berücksichtigen Sie die Zeit, die Sie jeden Tag opfern müssen, um Ihre Haare zu pflegen. Dieser Punkt ist sehr wichtig. Überlegen Sie, ob sich nicht ein Mittelweg finden läßt, der Sie zufriedener stimmt. Sollten Sie einen drastischen Schritt in Erwägung ziehen, beispielsweise lange Haare abschneiden zu lassen, so klemmen Sie ein paar Wochen lang Fotos der neuen Frisur am Spiegel fest, um sich mit den Veränderungen vertraut zu machen, bevor Sie diese wirklich einleiten. Das mindert den Schock, der Sie vielleicht erwartet. Bemühen Sie sich vor allem, nicht einem Impuls nachzugeben. Jede Frau kennt die Tage, an denen wir am liebsten schreien würden: »Verflixt noch mal, was mache ich bloß mit diesen gräßlichen Haaren?« Aber das ist nicht der richtige Moment, um zu handeln. Denken Sie daran, die Frisur, die Sie kennen, läßt sich leichter pflegen als eine Frisur, deren Tücken neu und unbekannt sind. Seien Sie aber trotzdem offen für Veränderungen, weil es nur wenige Freuden im Leben gibt, die sich mit der Zufriedenheit vergleichen lassen, endlich »die richtige« Frisur gefunden zu haben. Und schlimmstenfalls halten Sie sich vor Augen, nachdem Sie diese getrocknet haben, daß es ja nur Haare sind, die Sie gelassen haben. Sie werden wieder wachsen, und Sie selbst sind durch den Schaden um einiges klüger geworden.

Lernen Sie vor allem zu akzeptieren, daß Ihre Haare Teil des Prozesses sind, Selbstliebe zu entwickeln. Die Dichterin Marianne Moore sagte einmal, daß die Dornen der beste Teil von uns seien. Und sie hat recht.

18. APRIL
Das Gesicht im Spiegel

Das schönste Make-up einer Frau ist die Leidenschaft.
Aber Kosmetikartikel lassen sich leichter kaufen.

Yves Saint-Laurent

Wen sehen Sie vor sich, wenn Sie das Gesicht im Spiegel anschauen? Beginnen Sie, Ihr authentisches Selbst zu erkennen? Fühlen Sie sich wohler, wenn Sie das schöne Gesicht betrachten, das Ihren Blick erwidert? Ich hoffe es. Aber diese wachsende Selbstakzeptanz und Selbstliebe ist Teil eines langsamen und sehr subtilen Prozesses, vor allem, nachdem er jahrelang vernachlässigt wurde.

Eine Möglichkeit, unser Gesicht lieben zu lernen, besteht darin, seine Vorzüge mit Make-up zu unterstreichen. Ich habe verschiedene Entwicklungsphasen mit meinem Make-up erlebt. Es gab eine Zeit, als ich ungefähr zwanzig war und im Mode- und Theaterbereich arbeitete, wo mir nicht im Traum eingefallen wäre, ohne meine Kriegsbemalung auch nur einen Schritt vor die Tür zu setzen. Für mich war das Make-up eine gekonnte Maske, die mir Selbstvertrauen verlieh. Dann, als ich dreißig war, geheiratet, meine Tochter zur Welt gebracht und viel Zeit damit verbracht hatte, in den eigenen vier Wänden meiner schriftstellerischen Tätigkeit nachzugehen, schminkte ich mich überhaupt nicht mehr, außer wenn ich abends mit meinem Mann ausging. Es war für mich eine Erleichterung, auf Kosmetika zu verzichten, denn so hatte ich die Chance, meine natürlichen Gesichtszüge zu akzeptieren. Die Welt, aus der ich kam, war in erster Linie mit sich selbst beschäftigt und nahezu zwanghaft auf Äußerlichkeiten fixiert gewesen. Nun knüpfte ich erste Kontakte zu der Frau in meinem Innern und konzentrierte mich nicht mehr auf ihre äußere Verpackung. Aber nach und nach bemerkte ich einen Unterschied in meinem Selbstwertgefühl, wenn ich kein Make-up trug. Wenn ich mich schminkte, gefiel mir das Bild, das ich im Spiegel sah; wenn nicht, machte ich mir kaum die Mühe, genauer hinzuschauen. Langsam dämmerte mir, daß unser Bestreben, so gut wie möglich auszusehen, mit dem zu arbeiten, was wir haben und unsere natürliche Schönheit zur Geltung zu bringen, kein so oberflächliches Ziel ist, wie ich ursprünglich gemeint hatte. Make-up war lediglich ein Vehikel, das mir half, das Beste aus meinem Typ zu machen. Wenn ich bestmöglich auszusehen glaubte, fühlte ich mich auch gleich besser. Und wenn ich mich besser fühlte, besaß ich mehr Energie, Leistungsvermögen und Lust, mich auf andere Menschen einzulassen. Und wenn ich mehr persönliche Erfolge erzielte und auf andere zuging, reagierten diese positiv, woraufhin meine Selbstachtung wuchs. Die Rückkehr zum Make-up wurde zu einem Selbstläufer, zu einem Kreislauf der Akzeptanz. Doch wichtiger war noch, daß damit ein Ritual in Gang gesetzt wurde, bei dem ich mir selbst eine pflegliche Behandlung angedeihen ließ. Ich entdeckte, daß die zehn Minuten, die ich mir am Morgen Zeit nahm, um mit meinem besten Gesicht den Tag zu beginnen – ausschließlich für mich selbst und nicht für andere –, ein kleiner, aber wichtiger Baustein für die Entwicklung und Pflege meines authentischen Selbst war. Auch das Ritual des Schminkens kann, wenn es von Herzen kommt, eine spirituelle Erfahrung sein.

Wenn Sie heute in den Spiegel schauen, seien Sie dankbar für das Gesicht, das Ihren Blick erwidert, und schminken Sie ihm die Lippen.

19. APRIL
Frühlingsrituale als Jungbrunnen

Lassen wir die Gedanken zur Ruhe kommen und die Schönheit der Welt erkennen, und die ungeheuren, unendlichen Schätze, die sie bereithält.

Alles, was wir in uns finden, alles, was unser Herz begehrt, alles, wofür uns die Natur in besonderem Maß ausgestattet hat – das oder seine Entsprechung wartet auf uns, eingebettet in das große Ganze. Es wird uns sicher zuteil werden.

Doch wird es mit gleicher Gewißheit nicht einen Augenblick vor der Zeit kommen, die dafür bestimmt ist. All unser Jammern, Fiebern danach wird keinen Unterschied bewirken.

Deshalb sollten wir gar nicht erst mit diesem Spiel beginnen.

Edward Carpenter

Der Frühling ist die Jahreszeit der Erneuerung und des Erwachens. Welche bessere Möglichkeit gäbe es, ihn zu beginnen, als über die Worte des englischen Dichters Edward Carpenter zu meditieren, der gesagt hat, daß alle unsere Bedürfnisse durch das große Ganze befriedigt werden. Worauf immer wir auch warten mögen – Seelenfrieden, Glück, Gottes Gnade, die innere Erkenntnis von Einfachheit und Fülle –, es wird uns gewiß zuteil werden, aber nur dann, wenn wir bereit sind, es mit offenem und dankbarem Herzen zu empfangen.

Während Sie geduldig warten, sollten Sie Zufriedenheit und Freude aus einfachen Frühlingsritualen herleiten, die wie ein Jungbrunnen wirken. Zu meinen liebsten gehört die Suche nach einem neuen Sanktuarium in der Außenwelt. Das erinnert mich daran, daß wir unsere innere Gelassenheit stets mit uns herumtragen, wohin wir auch gehen mögen. Ein schattiges Plätzchen unter den Bäumen auf einem alten Friedhof, ein gepflegter öffentlicher Park, den Sie zum ersten Mal betreten, ein Museum oder eine Galerie, die hohen Regale einer alten Bibliothek, das Schweigen in einer Kapelle, in der Sie eine Kerze anzünden, ja sogar ein Straßencafé, in dem Sie friedlich in der Sonne sitzen, können Ihnen dabei helfen, den unerschöpflichen Reichtum und die spirituelle Erneuerung einer wunderbaren Stunde zu erleben, in der Sie die Stille und Einsamkeit genießen.

20. APRIL
Badefreuden: Unterziehen Sie sich einer Kur

> Es muß ein paar Dinge geben, die man mit einem heißen Bad nicht kurieren kann, aber mir sind nicht viele bekannt.
>
> *Sylvia Plath*

Jede Frau sollte sich bewußtmachen, daß ein merklicher Unterschied zwischen »baden« und »ein Bad nehmen« besteht. Baden bedeutet lediglich, sich zu reinigen, aber Schmutz und Schweiß kann man in Dreiteufelsnamen auch unter der Dusche entfernen! Ein Bad nehmen ist, wie Ambrose Bierce, ein Sozialkritiker der Viktorianischen Epoche, schrieb, »eine Art mystischer Zeremonie, die eine religiöse Andacht ersetzt«.

Ich glaube an die verjüngende Kraft der Hydropathie als einem positiven Anhängsel der Psychotherapie. Noch vor einem Jahrhundert waren Kuren in Seebädern der letzte Schrei, um die »neue Reizbarkeit« oder »Neurastenie« zu bekämpfen, welche unsere Altvordern heimsuchte, als sie bemüht waren, sich dem gnadenlosen Einbruch der Technologie und den daraus resultierenden Turbulenzen des »hektischen, modernen Lebens« anzupassen, das beispielsweise in Form von Telefon und Elektrizität über sie hereinbrach. Die Menschen der Viktorianischen Epoche suchten scharenweise Zuflucht in den Kurorten, um mineralreiches Wasser zu trinken und medizinische Anwendungen über sich ergehen zu lassen, in der Hoffnung, damit die innere Nervosität und den rasenden Puls zu dämpfen, die mit Angstschüben, Schlaflosigkeit, Depressionen und Kopfschmerzen einhergingen.

Heute können wir uns in unseren eigenen vier Wänden unseres Badezimmers einer »Kur unterziehen«. Und da wir so große Stücke auf den gesunden Menschenverstand halten, sollten wir uns dieses

Vergnügen täglich gönnen. Unterschätzen Sie die Vorteile eines heißen Bades nicht. Es kann Ihre Gedanken zur Ruhe bringen, Ihren müden, verspannten Körper lockern und Balsam für Ihren gestreßten Geist sein. Es kann Ihnen helfen, in Morpheus' Arme zu sinken und den heilsamen Schlaf zu genießen, oder als Muntermacher wirken, so daß Sie dem Tag mit Enthusiasmus und Elan entgegensehen.

Meine Lebensphilosophie ist sehr einfach: im Zweifelsfall ein Bad nehmen.

Schließen Sie die Tür, drehen Sie den Hahn auf, geben Sie Badesalz und ätherisches Öl ins Wasser, legen Sie flauschige Handtücher in Griffweite, stecken Sie Ihre Haare hoch oder zurück und kehren Sie der Welt den Rücken, indem Sie sich wohlig in der Badewanne ausstrecken. Für mich ist ein Bad ebenso lebenswichtig wie die spirituelle Erneuerung und Konzentration auf die Mitte, die ich mit Gebet und Meditation erziele. Ein Bad mit allem Drum und Dran ist in meinen Augen sogar die beste Möglichkeit zur Meditation – denn wo wollte man, sobald man vom wunderbar duftenden, heißen Wasser umschmeichelt wird, in diesem Augenblick lieber sein? Nehmen Sie einmal bei Kerzenschein, klassischer Musik, einem kalten Drink oder mit einem guten Buch ein Bad (keine schwerverdauliche Lektüre), oder lassen Sie sich einfach von der beruhigenden Stille einlullen, die nur von dem Geräusch des nachgefüllten heißen Wassers und dem Plätschern der Wellen gegen Ihre Zehen unterbrochen wird.

Legen Sie sich nach und nach eine Sammlung von Accessoires zu, um Ihr Bad in ein Erlebnis zu verwandeln, das alle Sinne anspricht: eine langstielige Bürste zum Rückenschrubben, eine aufblasbare Nackenrolle, damit Ihre Haare nicht naß werden, eine Ablage für die Badewanne. Wenn Sie gefragt werden, was Sie sich zum Geburtstag, zu Weihnachten oder zum Muttertag wünschen, bitten Sie um Badeprodukte; davon kann man nie genug haben. Es gibt inzwischen eine verwirrende Fülle von Duftsalzen, Ölen, pulverisierten Badezusätzen, Schaum- und Milchbädern im Handel. Versuchen Sie, Ihre Lieblingsprodukte ausfindig zu machen, und betrachten Sie diese als einen Luxus, den Sie sich leisten können. Vor fast neun Jahrzehnten schrieb Susan Glaspell, sie könne sich keinen Kummer der Welt vorstellen, der sich nicht mit einem heißen Bad lindern ließe – »zumindest ein wenig« (vermutlich, während sie in der Badewanne saß). Sie wußte, wovon sie sprach.

21. APRIL
Aromatherapie: Die Macht der Düfte

> Gerüche sind sicherer als Geräusche und Gesichte, wenn es gilt, die eisernen Bande des Herzens zu zerreißen.
>
> *Rudyard Kipling*

Skeptiker haben als Spürhunde einen besonders guten Riecher. Zu der Erkenntnis gelangte ich, als ich die erneuernde Kraft und die heilsamen Eigenschaften der duftenden Essenzen entdeckte: die Aromatherapie. Die Anregung stammte von einer Freundin, der ich voll und ganz vertraue: Sie ist tagsüber stellvertretende Leiterin eines College und nach Feierabend Mystikerin. Doch bevor ich die Aromatherapie – die uralte therapeutische Kunst, ätherische Öle oder Extrakte, die aus aromatischen Blumen, Pflanzen, Kräutern und Früchten für medizinische Zwecke destilliert werden – selbst ausprobiert hatte und mich zu der einfachen Freude und Macht des Duftes als Arznei für meinen Körper, aber auch als probates Mittel für Stimmungsverbesserung und Streßabbau bekehren ließ, hielt ich das Ganze für einen Hokuspokus der New-Age-Bewegung. Tatsache ist, daß sie seit Jahrtausenden in den großen Zivilisationen dieser Welt immer Teil der medizinischen Praxis war, einschließlich der altägyptischen und römischen Kultur. Warum? Weil sie erstaunliche Ergebnisse zeitigt.

Ich habe entdeckt, daß Lavendelöl, in die Schläfen einmassiert, Kopfschmerzen vertreibt, und statt mir eine weitere Tasse koffeinhaltigen Kaffees zu kochen, wenn ich mein Energiereservoir auffüllen muß, verteile ich ein paar Tropfen eines ätherischen Öls, das munter macht, in der Luft, wobei ich tief einatme: Nelkenöl (zur Stimulierung des Gehirns), Rosmarin (um das Gedächtnis zu aktivieren), Minze (zur Förderung der mentalen Klarheit und Schärfe) und Salbei (als Tonikum bei mentaler Erschöpfung und Streß). Während ich diese Zeilen schreibe, schwebt eine kräftigende Duftwolke über meinem Schreibtisch, die mir gefällt und mich inspiriert.

Und so wirkt die Aromatherapie: Der Geruchssinn ist unsere urtümliche Verbindung zum Gehirn. Wenn wir einen Duft einatmen, lösen Neurotransmitter in unserem Gehirn die Produktion von biochemischen Stoffen aus, die unsere Stimmungen, Gefühle und Empfindungen beeinflussen. Kommt ein ätherisches Öl in Form eines Badezusatzes oder durch Massage mit der Haut in Berührung, so durchdringt es die Epidermis, stimuliert unser weitverzweigtes Lymphbahnensystem und tritt in den Blutkreislauf ein, wobei es unseren turbulenten Gedanken am Ende das Gefühl des Wohlbefindens übermittelt.

Die Aromatherapie läßt sich auf verschiedene Weise anwenden. Eine Körper- oder Gesichtsmassage gibt uns das Gefühl, wie neugeboren zu sein. Oder man stäubt den Duft ringsum in die Luft und atmet tief ein. Sie können auch ein paar Tropfen ätherisches Öl (die Wahl der Duftnote hängt von Ihrem jeweiligen Bedürfnis ab) und Wasser in eine Duftlampe aus Keramik oder in eine Schale mit einem Duftpotpourri geben, die Sie über einem Teelicht erwärmen. Ätherische Öle können auch in beliebiger Mischung als individueller Badezusatz verwendet werden, oder Sie träufeln ein paar Tropfen auf ein Baumwolltaschentuch, das Sie bei Bedarf herausnehmen, um den Duft während des Tages immer wieder voll, tief und langsam einzuatmen; das fördert die Entspannung. Sie können auch Räucherstäbchen beim Meditieren oder abends eine Duftkerze in Ihrem Schlafzimmer anzünden, wenn Sie lesen und sich entspannen.

Heute sollten Sie neugierig auf die spirituelle Erneuerung sein, die uns die Aromatherapie bieten kann. Ich möchte mich dem Urteil der Schriftstellerin Helen Keller anschließen, der zufolge der Geruch ein »mächtiger Zauberer ist, der uns über Tausende von Meilen und alle Jahre unseres Lebens hinwegträgt«. Die erneuernde Kraft der Düfte besitzt außerdem die Fähigkeit, unser Wohlbefinden zu fördern und die kommenden Tage zu bereichern.

22. APRIL
Das Erwachen der Sinne

Nichts vermag die Seele zu heilen als unsere Sinne, genauso wie nichts unsere Sinne zu heilen vermag als die Seele.

Oscar Wilde

Wir wurden geboren, um Erfahrungen zu machen, zu deuten und die Welt durch unsere Sinne zu erleben – die Fähigkeit zu riechen, zu schmecken, zu hören, zu berühren, zu sehen und intuitiv zu wissen. Obwohl wir empfindende Wesen und als solche imstande sind, »die Welt mit ihrer überwältigenden Schönheit und ihren Schrecken unmittelbar im Pulsieren unseres Blutes wahrzunehmen«, wie die Dichterin, Pilotin, Autorin, Forscherin und Naturalistin Diane Ackerman in *A Natural History of the Senses* anmerkte, gehen die meisten Menschen wie in Trance durchs Leben, blind und taub für die Geheimnisse, die uns umgeben. Um uns zu sensibilisieren und »das verzehrende Fieber zu begreifen, das unser Bewußtsein ist, müssen wir die Sinneswahrnehmungen verstehen«, erklärt Diane Ackerman. »Sie versuchen nicht nur, dem Leben in einem kühnen oder subtilen Akt der Klarheit einen *Sinn zu geben*, sondern sie zerreißen die Wirklichkeit auch in vibrierende Bruchstücke und setzen sie zu neuen, bedeutungsvollen Mustern zusammen.«

Für die nächste Woche möchte ich Sie bitten, jeden Tag einen Moment innezuhalten und mit mir gemeinsam über die Gaben der Natur zu staunen, mit denen wir so reich beschenkt wurden. Heute wollen wir den blauen Himmel betrachten, das Gras unter unseren Füßen wachsen hören, den Duft des Frühlings einatmen, die Früchte der Erde auf unserer Zunge zergehen lassen, unsere Hand den Menschen entgegenstrecken, die wir lieben, und sie umarmen. Bitten Sie den Schöpfer, Ihre Sinne für die geheiligten Wahrnehmungen Ihrer Sinne zu schärfen.

23. APRIL
Der Duft einer Frau

Denn der Geruchssinn besitzt, mehr noch als jeder andere, die Macht, Erinnerungen zurückzurufen, und es ist jammerschade, daß wir so wenig Gebrauch davon machen.

Rachel Carson

Jeder Mensch hat seinen eigenen Duft, der ebenso unverwechselbar ist wie die DNS, die Träger der genetischen Informationen. Das Bukett ist eine sehr persönliche Mischung aus Ernährung, Hormonen, Hygiene und aktuellem Gesundheitszustand. Napoleon schrieb seiner Gemahlin Josephine, sie solle »nicht baden«, denn er werde in drei Tagen heimkehren und liebe ihren unverkennbaren Duft. Als meine Tochter kleiner war und ich auf Geschäftsreisen ging, pflegte sie auf meinem Daunenkopfkissen zu schlafen und unter meine Daunendecke zu schlüpfen, weil sie »wie du riecht, Mami«. Als mein Vater starb, schenkte meine Mutter mir seine Taschentücher. Ich habe eines in meiner Nachttischschublade aufbewahrt, und wenn ich daran schnuppere, fühle ich mich durch seine unmittelbare Gegenwart getröstet, denn der Duft weckt Erinnerungen, die Zeit, Ort und die Ewigkeit überdauern.

Auch die Wohnung oder das Haus, in dem wir leben, hat ihren beziehungsweise seinen ganz eigenen Geruch. Es duftet nach frischgebackenem Brot, Möbelpolitur mit Zitronenaroma, nach Katzenstreu, nassem Hundefell, nach Matsch auf dem Fußabtreter vor der Eingangstür, nach frisch gewaschener Wäsche im Tragekorb. Nach Kaffee, gebratenem Speck und reifendem Obst in der Küche, nach Seifenschaum im Bad, nach zerknüllten Bettlaken im Schlafzimmer, nach Schnittblumen, brennenden Holzscheiten im Kamin und nach der Druckfarbe von der Zeitung im Wohnzimmer.

Und was wäre, wenn wir unseren Geruchssinn verlieren, wenn wir plötzlich an einer Anosmie erkranken würden, an der zwei Millionen Amerikaner leiden? Ohne diesen äußeren Sextanten, den Geruchssinn, wären wir hilflos den Unbilden des Lebens ausgesetzt.

Lassen Sie uns heute in den einfachen Freuden unseres Geruchssinns schwelgen. Umgeben Sie sich mit Düften, die Sie lieben. Unternehmen Sie eine kreative Exkursion auf einen Markt oder in einen Laden, der Importprodukte aus Italien führt; essen Sie in einem chinesischen Restaurant zu Mittag; stöbern Sie in einem Antiquariat; statten Sie der Parfümabteilung eines großen Kaufhauses einen Besuch ab und atmen Sie das pure Vergnügen ein. Legen Sie sich in Ihrem Garten ins frische Gras, graben Sie die Erde um, stecken Sie die Nase in einen Strauß Flieder (der Ende des Monats allmählich zu blühen beginnt) und nehmen Sie den unvergleichlichen Duft des Frühlings wahr. Machen Sie, nachdem es geregnet hat, einen Spaziergang im Wald, durch den Garten oder durch Ihr Wohnviertel; kaufen Sie auf einem Bauern- oder Wochenmarkt duftende Kräuter – Rosmarin, Salbei, Zitronenkraut, Estragon, Minze, Basilikum und frischen Lavendel –, die Sie auf der Küchenfensterbank ziehen. Stellen Sie eine Duftgeranie ins Bad. Bereiten Sie eine Sauce aus frischen Cocktailtomaten, Knoblauch, Zwiebeln und Paprikaschoten in Olivenöl zu, die Sie heute abend zu frischer Pasta essen. Lassen Sie Nelken, Orangenschale, Zimt und Äpfel auf kleiner Flamme köcheln – was eine himmlische Duftmischung ergibt –, oder experimentieren Sie mit Ihrer eigenen Duftkombination. Genießen Sie ein wohlriechendes Schaumbad und lassen Sie anschließend eine unserer frühesten Dufterinnerungen aufleben, indem Sie sich mit Babypuder einstäuben.

Die Welt, die uns umgibt, strömt einzigartige Düfte aus, die unsere Erinnerungen stimulieren, unsere Emotionen beeinflussen und unsere Gefühle und Stimmungslagen verwandeln können. Die Macht des Duftes war so heilig, daß Gott der Herr Moses befahl, einen Altar zu errichten und Weihrauch anzuzünden, wenn er betete. Wenn Sie heute einen Duft einatmen, der Ihre Sinne betört, danken Sie dem Schöpfer für diese wunderbare Gabe.

24. APRIL
Geschmack am Leben

> Ich wünsche euch alle Arten des Reichtums, mit ein wenig mehr Geschmack.
>
> *Alan René Le Sage*

Der Geschmack ist die jüngere Schwester des Geruchssinns; er ist auf die Führung der Älteren angewiesen, aber erpicht darauf, so früh wie möglich ein eigenständiges Leben zu führen, wenn man ihn läßt. Diane Ackerman erklärt in *A Natural History of the Senses*, daß ein Kind mehr Geschmacksknospen besitzt als Erwachsene (die zehntausend Geschmackssensoren im Mund haben, vornehmlich auf der Zunge, aber auch im Gaumen, in der Rachenhöhle und den Mandeln). Unsere Geschmacksknospen nutzen sich ab und regenerieren sich in jungen Jahren alle zehn Tage. Leider erneuern sie sich im mittleren Lebensalter nicht mehr so häufig, wie wir es uns vielleicht wünschen. Die Theorie, daß unsere Sinnesorgane mit dem Alter abstumpfen – und ein neues Erwachen und frischen Wind erfordern –, ist leider eine Tatsache.

Das Wort »Geschmack« hatte schon immer eine mehrfache Bedeutung. Wenn wir die schlichten Freuden dieser ungeheuer intensiven persönlichen Sinneswahrnehmung genießen, sollten wir sämtliche Versionen berücksichtigen. Die vorrangige Definition des Begriffs »Geschmack« beschreibt die sensorische Fähigkeit, Substanzen, die sich in unserem Mund auflösen, als süß, sauer, bitter oder salzig zu erkennen. Die anderen Definitionen beziehen sich auf die Fähigkeiten, Dinge zu »riechen« und aufgrund der Freude, die sie uns machen, zu erkennen und zu unterscheiden.

Lassen Sie uns erkunden, wie wir unsere Fähigkeit verbessern, Freude oder »Geschmack am Leben« zu finden, indem wir diese einfachen und gleichzeitig hochkomplexen Sinnesempfindungen bewußt wahrnehmen.

Eine Möglichkeit besteht darin, einen Abstecher in einen Lebensmittelladen zu machen, der ethnische Produkte führt (karibische, orientalische, indische oder pakistanische, französische, italienische, spanische, koschere oder Seelennahrung). Seien Sie aufgeschlossen und neugierig. Da draußen finden Sie die »Schokosplitter« einer Welt, die nur darauf warten, entdeckt und gekostet zu werden. Atmen Sie tief die betörenden Düfte ein und bringen Sie wundersame, unbekannte Zutaten mit nach Hause, aus denen Sie diese Woche köstliche Gerichte zaubern, die ganz anders sind als alles, was Sie sonst auf den Tisch bringen.

Als nächstes sortieren Sie Ihren Gewürzschrank aus. Das ist nicht nur eine symbolische Geste, sondern auch notwendig, um Platz zu schaffen. Die Vielfalt ist schließlich das Salz in der Suppe des Lebens, und neue Gewürze bieten den Sinnesorganen eine breite Palette neuer Empfindungen. Ich hatte meinen Gewürzschrank aus Zeitmangel nicht mehr auf Vordermann gebracht, seit wir in unser Haus gezogen waren und ich den Weg der Einfachheit und Fülle einschlug, der mich zu dem Bemühen motivierte, mehr Ordnung in meine tagtäglichen Angelegenheiten zu bringen. Ich gestehe diese pathetisch klingende, peinliche Wahrheit mit Erstaunen und Verblüffung ein, denn als ich meinen Gewürzschrank in Angriff nahm, entdeckte ich verdattert, daß sich elf Döschen Geflügelgewürz und elf Döschen Kürbiskuchengewürz darin angesammelt hatten. Können Sie sich vorstellen, wieviel Platz zweiundzwanzig Gewürzbehältnisse verbrauchen?

Man muß nicht Miß Marple sein, um mit detektivischem Spürsinn daraus abzuleiten, was sich im Leben einer Frau zugetragen hatte, die Gebieterin über eine solche Küche ist. An jedem Erntedankfest seit 1981 hatte sie neue Döschen Geflügel- und Kürbiskuchengewürz gekauft. Und warum? Lag es daran, daß sie als renommierte Feinschmeckerin und Superköchin das Aroma ihrer Gewürze mit besonders argwöhnischem Blick überwachte?

Ich denke nicht.

Der Grund war vielmehr, daß sie als gestreßte, desorganisierte Hausfrau nicht die geringste Ahnung von der Menge übriggebliebener Gewürzreste vom letzten Jahr hatte, und natürlich wollte sie einem Mangel an selbigen vorbeugen.

Lernen Sie aus dieser traurigen Geschichte. Ich habe nämlich den leisen Verdacht, daß ich nicht die einzige Frau auf der Welt bin, die Erinnerungen an frühere Festessen hortet. Und ein guter Grund dafür, daß wir in unseren Gewürzschränken Ordnung schaffen sollten, ist, Platz für neue zu schaffen (falls Sie sich wundern: Kardamom und Koriandersamen werden nach einem Jahrzehnt steinhart) und sie zu benutzen, um unseren Sinnesempfindungen Abwechslung zu bieten und sie dadurch wieder zu schärfen. Malen Sie sich aus, wie indischer Curry, Reis und Mango-Chutney zum Abendessen schmecken, oder Lasagne in der Auflaufform, kräftig mit Basilikum, Oregano und Knoblauch gewürzt, oder ein Topf scharfes mexikanisches Chili. Wahrscheinlich lauteten die letzten Worte des berühmten Kit Carson, Westernheld aus dem neunzehnten Jahrhundert: »Hätte ich bloß noch Zeit für eine letzte Portion Chili!« Zum Glück haben wir diese Zeit.

Guten Appetit!

25. APRIL
An einem klaren Tag kann man die Ewigkeit sehen

> Die größte Leistung eines menschlichen Wesens in dieser Welt besteht darin, zu sehen... Klar sehen ist Poesie, Prophezeiung und Religion, alles in einem.
>
> *John Ruskin*

Ich habe die fürchterliche Phase meines Lebens erreicht, in der ich nicht mehr gut sehen kann, ungeachtet dessen, ob ich meine Brille aufsetze oder nicht. Deshalb trage ich sie ständig mit mir herum und gerate augenblicklich in Panik, wenn ich sie verlegt habe. Seit sich meine Sehkraft ab der Mitte des Lebens zunehmend verschlechtert, wird mir bewußt, wie kostbar unser Augenlicht ist.

Meine Freundin Susan Abbott ist eine außergewöhnliche Künstlerin; sie benutzt die gesamte Palette der Aquarellfarben, um Bilder zu malen, die in ihren exquisiten Einzelheiten atemberaubend wirken. Ihre Augen und Hände schaffen einen visuellen Katalog vom Alltag einer Frau, wobei sie den unterschwelligen Nuancen besondere Aufmerksamkeit schenkt. Nichts ist zu unbedeutend oder trivial für Susans scharfes Auge. Ähnlich einer brillanten Fotografie halten ihre Stilleben einen Augenblick in Zeit und Raum fest und verleihen ihm eine verblüffende Wirkung. Für Künstler ist der Gesichtssinn besonders wichtig und eine geheiligte Gabe.

Pablo Picasso hat einmal gesagt: »Wenn wir doch nur unser Gehirn herausreißen und ausschließlich unsere Augen benutzen könnten« – wir würden staunen über die Welt, die uns umgibt. Und der Maler Paul Klee erklärte: »Das eine Auge sieht, das andere fühlt.« Als Paul Cézanne älter wurde, zweifelte er an seiner Wahrnehmungsfähigkeit und fürchtete, die Authentizität seiner Kunst sei nichts anderes als eine Laune der Natur. Als seine Sehfähigkeit nachließ, fragte er sich, ob seine einzigartige Weltsicht, die er mit ungeheuer präzisen, vereinzelten Pinselstrichen auf die Leinwand bannte, lediglich ein Produkt des Zufalls sei, statt, wie er geglaubt hatte, eine natürliche Begabung. Vielleicht hat Georgia O'Keeffe es am treffendsten ausgedrückt, als sie anmerkte: »In gewisser Hinsicht sieht niemand eine Blume wirklich. Sie ist so klein, und wir haben nicht die Zeit. Zu sehen erfordert aber Zeit, ebenso wie es Zeit erfordert, eine Freundschaft zu pflegen.«

Zu sehen erfordert Zeit. Und uns fehlt diese Zeit. Das ist die schonungslose Wahrheit, und sie jagt uns einen Schauer über den Rücken, läßt uns erzittern bis in die Tiefen der Seele. Den meisten Menschen wurde eine unschätzbar wertvolle Gabe in die Wiege gelegt – die Fähigkeit zu sehen –, aber wir nehmen uns nicht die Zeit, der Welt, die uns umgibt, mehr als einen flüchtigen Blick zu schenken. Wir betrachten unseren Gesichtssinn als Selbstverständlichkeit. Eine gute Freundin von mir hat Probleme mit den Augen, und als sie mir von ihrer Angst berichtete, blind zu werden, fühlte ich mich hilflos. Was sie zu verlieren fürchtet, ist darüber hinaus die Möglichkeit, sich an der Fahrgemeinschaft zu beteiligen, die Kinder zum Zahnarzt zu bringen, ihre Lebensmittel einzukaufen, neue Rezepte auszuprobieren, Zeitung zu lesen, die Gesichter der Menschen anzuschauen, die sie liebt, Make-up aufzulegen. Unendlich viele, kostbare Augenblicke, die sich zu den Tagen unseres Lebens summieren.

Betrachten Sie die Welt, die Sie umgibt, heute mit aufmerksamem

Blick: Ihre Familie, Ihr Zuhause, Ihre Haustiere, Ihre Kollegen und die Fremden, denen Sie auf der Straße begegnen. Nehmen Sie jeden Menschen mit einem Lächeln wahr, weil Sie ihn sehen können. Die Gabe des Sehens ist so kostbar, daß Gott, als er die Welt erschuf, zuerst befahl: Es werde Licht. Und nach getaner Arbeit betrachtete der Herr sein Werk und »sah, daß es gut war«.

Auch wir sollten sehen, wie gut die Schöpfung gelungen ist.

26. APRIL
Die Dur- und Mollakkorde der Freude

> Mit stammelnden Lippen und unzureichenden Lauten
> strebe und trachte ich danach
> die Musik meiner Wesensart richtig zu übermitteln...
> *Elizabeth Barrett Browning*

Die meisten Frauen, die über eine gehörige Portion gesunden Menschenverstand verfügen, glauben, wenn wir ein Sinnesorgan einbüßen müßten, dann würde uns der Verlust des Augenlichts am härtesten treffen. Doch Helen Keller, die nach einem rätselhaften Fieber, an dem sie mit neunzehn Monaten erkrankte, zeitlebens blind und taub war, beklagte den Verlust ihres Gehörs mehr als die aller anderen Behinderungen. Die Schriftstellerin Hannah Merker berichtet in *Listening*, einer anrührenden Meditation über den Verlust des Gehörs, daß Psychologen die Ansicht vertreten, daß Taubheit oder eine nachhaltige Beeinträchtigung des Hörvermögens, die bei einem Menschen auftreten, der das Hören kennengelernt hat, zu den »schlimmsten traumatischen Erfahrungen« zählen.

Vor dreizehn Jahren war ich mit meiner damals fast zwei Jahre alten Tochter in unserem bevorzugten Fast-food-Restaurant beim Essen, als ein Deckenpaneel herunterkrachte und mich am Kopf traf, so daß ich hart auf dem Tisch aufschlug. Es dauerte beinahe zwei Jahre, bis die Kopfverletzung vollends ausgeheilt war. Während der ersten drei Monate nach dem Unfall war ich ans Bett gefesselt, und alle meine Sinne waren in Mitleidenschaft gezogen. Meine

Sicht war verschwommen, ich war extrem lichtempfindlich, und die unterschiedlichen Muster der Quiltdecke auf dem Bett zu betrachten rief ein solches Schwindelgefühl hervor, daß wir sie umdrehen mußten, so daß die einfarbige schwarze Unterseite zuoberst lag. Ich konnte weder lesen noch die Worte auf einer Seite verstandesmäßig erfassen und behalten. Was jedoch in noch höherem Maß zur Orientierungslosigkeit beitrug, war die Beeinträchtigung des Gehörsinns. Ich war nicht in der Lage, Musik zu hören, weil ich mich völlig benommen fühlte. Ich konnte nicht einmal telefonieren, denn ohne visuelle Hinweise, wie das Ablesen von den Lippen, vermochte ich die Laute, die meine Ohren an das Gehirn weitergaben, nicht zu verarbeiten und sinnvollen Bedeutungsmustern zuzuordnen.

Die Nebenwirkungen, die mich völlig aus der gewohnten Bahn warfen, dauerten einige Zeit an, aber im Verlauf von achtzehn Monaten kehrten meine Sinnesempfindungen nach und nach zurück, wofür ich zutiefst dankbar bin. Ich habe Ihnen diese Geschichte erzählt, weil Sie einmal darüber nachdenken sollen, wie viele Dinge im Leben wir so lange als selbstverständlich betrachten, bis wir sie verlieren, entweder zeitweilig oder für immer. Es betrübt mich zutiefst, daß zahlreiche Menschen erst von Kummer und Leid heimgesucht werden müssen, um aus dem Dornröschenschlaf aufzuwachen. Heute bemühe ich mich nach besten Kräften, nicht im Abseits des Lebens zu stehen, mit abgestumpften, apathischen, teilnahmslosen Sinnesempfindungen, bis ein weiterer Schock mich mit der Nase auf das Wunder, den Zauber und das Geheimnis stößt, die diese Gottesgaben umgeben. Und danach sollten auch Sie streben.

Kate Chopin fragte sich im Jahre 1900, »ob jemand anderer ein Ohr habe, das so geneigt und geschärft sei wie das meine, um Musik zu entdecken – nicht Sphären-, sondern irdische Klänge...« Zu meinen liebsten Geräuschen gehören: mitten in der Nacht, wenn ich nicht schlafen kann, dem ruhigen, gleichmäßigen Atem meines Mannes zu lauschen; »ich liebe dich« und »wir sind wieder zu Hause« zu hören, während gleichzeitig die Schritte der Heimkehrer auf der Treppe zu vernehmen sind; die Stimme einer Freundin am Telefon; Regentropfen auf dem Dach; Katzen, die schnurren, und Hunde, deren wedelnder Schwanz auf den Boden klopft; der pfeifende Teekessel; der Klang der Worte, aneinandergereiht zu einem Satz, der die Phantasie aufwühlt und die Seele erleuchtet; die unnachahmlichen Laute der Stille, die mich wie eine Kaskade einhüllt, wenn ich mich einen Augenblick lang fallenlasse und dem Universum gestatte, ohne meine Hilfe oder Kontrolle das Schicksalsrad weiterzudrehen; und Musik – Musik, die beruhigt, inspiriert und mich in unverhofften Wellen sublimer Freude wiegt. Das Reale Leben gibt ein Konzert: Genießen Sie mit Dankbarkeit im Herzen die Dur- und Mollakkorde seines wundervollen Refrains.

27. APRIL
Reichen Sie einem anderen Menschen die Hand

> O unsichtbare Welt, wir schauen dich,
> O unantastbare Welt, wir berühren dich,
> O unbekannte Welt, wir kennen dich.
> *Francis Thompson*

Die Berührung ist die erste Sinneswahrnehmung in unserem Leben, wenn uns eine Hand aus dem dunklen Reich der Seele in das kalte, unpersönliche Licht der Welt zieht. Nach der Geborgenheit und Wärme des Mutterleibs umgibt eisige Luft unseren zarten, nackten Körper, bis wir Trost in den Armen unserer Mutter finden, wobei der Tastsinn unsere ersten bewußten Augenblicke lenkt. Für viele Menschen ist die Berührung auch die letzte Sinnesempfindung, wenn wir diese Welt verlassen: der Druck der Hand eines geliebten Menschen. Gesichtssinn, Geruchssinn, Gehör und Geschmack haben sich schon vor uns verabschiedet.

Wir beschreiben Stimmungsschwankungen als »Auf und Ab der Gefühle«, und wenn eine tiefe, sentimentale Saite in uns zum Klingen gebracht wird, sind wir »gerührt«. Wenn wir uns Menschen oder Situationen entfremdet haben, zerrissen und orientierungslos sind, sprechen wir von der Angst, den »Kontakt zur Realität« zu verlieren. Denn alle Menschen empfinden das tiefverwurzelte Bedürfnis, in den Arm genommen zu werden; die liebevolle Berührung ist nicht nur für eine gedeihliche Entwicklung unabdingbar, sondern eine Grundvoraussetzung für das Überleben schlechthin.

Eine gute Freundin, eine hart arbeitende alleinerziehende Mutter mit zwei kleinen Buben, verwöhnt sich regelmäßig mit einer therapeutischen Gesichts- und Ganzkörpermassage, bei der sie ätherische Öle benutzt. Sie spart eisern, um diese Ausgaben von ihrem monatlichen Budget bestreiten zu können, und betrachtet sie als Präventivmedizin: Die Kosten werden nicht von der Krankenkasse übernommen, doch diese vorbeugenden Maßnahmen sind von immenser Bedeutung für ihren Seelenfrieden und ihr persönliches Wohlgefühl. Sie gestand mir, daß sie in ihrem derzeitigen Leben – ohne intime Beziehung – selten eine liebevolle Berührung erfährt und oft unter Isolation, gesundheitlichen Problemen und dem Gefühl des Mangels litt, bis sie erkannte, daß dieser Körperkontakt ein therapeutisches Heilmittel war. Seit sie einmal im Monat mit den Massagen begonnen hat, ist sie kaum noch krank gewesen und strahlt ungeheure Energie aus, die sie für ihr geschäftiges und an Herausforderungen reiches Leben dringend benötigt. Die heilende Wirkung einer solchen Massage kann, wie sie mir bestätigte, bis zu drei Wochen anhalten; dann ist es an der Zeit für die nächste Behandlung. »Du solltest es einmal ausprobieren«, empfahl sie mir eindringlich, aber als praktisch denkender, vernünftiger Mensch (dachte ich zumindest) beherzigte ich ihren Rat natürlich nicht – bis sie vor ein paar Jahren eine Gesichts- und Körpermassage bei mir durchführte, als Geburtstagsgeschenk.

Und so wurde ich zu einem »sensorischen« Menschen (jemand, der über geschärfte Sinneswahrnehmungen verfügt, im Gegensatz zu einem »sinnlichen« Menschen, der sich vornehmlich auf die physische Belohnung konzentriert). Das Rezept? Man schotte eine gestreßte Frau eine Stunde lang von der Außenwelt ab, in einem ruhigen Raum, der sich für eine Massage eignet. Nun sensibilisieren Sie Ihre physischen Sinne: durch ätherische Öle; durch eine hypnotische Streichmassage von Gesicht und Körper (vor allem Füße und Zehen); durch die sanften Klänge von Pachelbels »Kanon«, die leise im Hintergrund ertönen; durch den Anblick der gebündelten Sonnenstrahlen, die auf dem Holzfußboden tanzen; und durch den erfrischenden Geschmack von Mineralwasser mit einem Spritzer Zitrone, nachdem die alle Sinne belebende Massage vorüber ist.

Meine erste Massage bot mir die magische Möglichkeit, die Vergänglichkeit der Zeit hautnah zu spüren: Danach empfand ich Seelenfrieden und eine solche Freude und Entspannung, als hätte ich Champagner zum Frühstück getrunken oder ein transzendentales Erlebnis gehabt. Diese auf natürliche Weise herbeigeführte Euphorie dauerte mehrere Stunden an, und in der Nacht ward mir der Schlaf der Gerechten zuteil. Am nächsten Tag fühlte ich mich so stark, als könnte ich die Welt aus den Angeln heben.

Während der achtziger Jahre wurden die Leser in einer beliebten Werbeanzeige des Kommunikationskonzerns AT & T aufgefordert, »einem anderen Menschen die Hand zu reichen«. Machen Sie sich heute wieder mit dieser machtvollen, lebensbereichernden Sinnesempfindung vertraut, deren Bedeutung so oft verkannt wird. Nehmen Sie Ihr Kind in die Arme, streichen Sie ihm über das Haar, wiegen Sie es in den Armen (ungeachtet wie alt oder verlegen es angesichts einer solchen Geste der Zuneigung auch sein mag), küssen Sie den Mann, den Sie lieben, streicheln Sie Ihre Haustiere, machen Sie sich bewußt, wie sich die Berührung verschiedener Stoffe auf Ihrer Haut anfühlt – ziehen Sie Seide oder Lambswool vor? Genießen Sie ein sinnebetörendes, heißes, duftendes Schaumbad, anschließend schlüpfen Sie nackt unter die frische Baumwoll-Bettwäsche. (Und falls Sie nicht allein schlafen, seien Sie bereit für das, was folgen könnte.) Überlegen Sie, ob Sie sich nicht eine therapeutische Ganzkörper- oder Gesichtsmassage gönnen. Rufen Sie in einer Massagepraxis an, informieren Sie sich über die Preise und legen Sie jede Woche einen bestimmten Betrag für diesen Luxus zurück, sofern möglich. Und keine Schuldgefühle, bitte! Betrachten Sie die Massage genauso wie den Besuch bei der Kosmetikerin, beim Friseur oder Optiker, um sich eine neue Brille anpassen zu lassen, als eine gelegentliche, aber unerläßliche Auslage, um Ihr physisches Wohlbefinden auf lange Sicht zu erhalten.

Der englische Dichter William Wordsworth widmete eines seiner Gedichte einem Wesen, dem die Berührung der irdischen Jahre nichts anzuhaben vermochte. Lassen Sie uns Frauen werden, die imstande sind, die uns zugemessene Zeit auf Erden mit Leidenschaft zu leben, indem wir die Sinnesempfindlichkeit der menschlichen Berührung genießen.

28. APRIL
Die Intuition: Eine starke Sinnesempfindung

> Intuition ist eine spirituelle Befähigung;
> sie bietet keine Erklärung, sondern weist einfach den Weg.
> *Florence Scovel Shinn*

Die Intuition wurde als »sechster Sinn« bezeichnet, als eine Fähigkeit, die in erster Linie Frauen zugeschrieben wird. Der englische Schriftsteller D. H. Lawrence glaubte, daß die Erkenntnis, die sich aus Sexualität und Schönheit herleitete, Intuition sei, während die Anthropologin Margaret Mead schloß, daß die weibliche Intuition das Ergebnis unseres »lebenslangen Trainings menschlicher Beziehungen« sei. Ich habe nicht vor, über die Existenz der Intuition zu debattieren – die Gabe, etwas spontan zu erfassen, ohne rationale Beweise für den Tatbestand anführen zu können –, weil ich weiß, daß es sie gibt. Sie werden mir gewiß zustimmen. Mich interessiert allein die Frage: Machen Sie von Ihrer Intuition ausreichend Gebrauch? Haben Sie das Radarsystem des inneren Instinkts eingeschaltet, das uns ständig Signale übermittelt? Haben Sie, wie bei einem Rundfunkgerät, klar ein intuitives Programm eingestellt? Empfangen Sie Informationen immer dann, wenn Sie diese dringend benötigen, oder dringen nur atmosphärische Störungen zu Ihnen vor?

Intuition ist eine wunderbare Sinneswahrnehmung, mit der uns der Schöpfer ausgestattet hat, um uns sicher durch das Labyrinth des realen Lebens zu lotsen. Tiere verlassen sich auf ihren Instinkt, um in freier Wildbahn zu überleben; wir sollten unserer Intuition vertrauen, um als Menschen zu wachsen und zu gedeihen. Katherine Butler Hathaway war davon überzeugt, daß nur dann ein reiches Leben möglich ist, wenn man seinen tiefverwurzelten Instinkten folgt.

Ließen wir zu, daß die Angst vor den Folgen einer Entscheidung uns daran hindert, uns diesen tiefverwurzelten Instinkten anzuvertrauen, so würde das Leben zwar sicher, jedoch eintönig und jämmerlich sein.

Die Intuition läßt sich etwas einfallen, um Kontakt mit uns aufzunehmen. Ein Weg besteht darin, wie meine Freundin, die Skriptberaterin Dona Cooper, es nennt, »ein undefinierbares Gefühl« zu wecken. Es macht sich urplötzlich bemerkbar, um unsere Aufmerksamkeit auf etwas zu lenken, indem es eine psychische, viszerale Reaktion im Körper hervorruft. Eines dieser intuitiven Signale ist das emotionale Zittern, das eine kreative Entdeckung begleitet oder uns davor warnt, einen bestimmten Aktionskurs einzuschlagen. Eine weitere intuitive Botschaft erreicht ihr Ziel, wenn uns plötzlich dämmert, daß es durchaus von Vorteil sein kann, uns auf etwas Neues einzulassen: Wir sind bereit für eine neue Erfahrung und empfinden plötzlich ungeheure Freude über unseren Wagemut. Von Intuition kann man auch dann sprechen, wenn wir eine Erleuchtung haben, ein inneres Wissen, das uns genau zur richtigen Zeit am richtigen Ort sein läßt. Auf diese Weise können wir uns vom Fluß der Gleichzeitigkeit der Ereignisse tragen lassen, der uns so bequem an das uns vorbestimmte Ziel bringt, wie das Universum es zu bewerkstelligen vermag.

Gehen Sie heute in sich und konzentrieren Sie sich auf die Weisheit und Anleitung Ihres authentischen Selbst. Die Frau, die sich in Ihrem Innern verbirgt, spricht fortwährend zu Ihnen durch das Flüstern Ihrer Phantasie und den Hauch einer Intuition. Doch wenn Sie lernen wollen, dieses wundersame Potential zu entwickeln, müssen Sie erst einmal bereit sein, blind an seine Existenz zu glauben und ihm zu vertrauen. Machen Sie in kleinen Schritten Gebrauch von dieser Gabe, jeden Tag, und am Ende wird sich Ihr sechster Sinn voll entfalten und Ihr Leben auf die gleiche Weise bereichern wie die anderen fünf Sinne.

29. APRIL
Zauberkräfte: Das Geheimnis der Weiblichkeit

> Lebensfreude ist die beste Kosmetik einer Frau.
> *Rosalind Russell*

Ingrid Bergman besaß ihn in dem Kultfilm *Casablanca*. Fünfzig Jahre später ließ Michelle Pfeiffer ihn als Komtesse Ellen Olenska in der Filmversion von *Zeit der Unschuld* aufblitzen. Die Rede ist vom Zauber der Frauen, den hypnotischen Kräften, mit denen sie jemanden mittels Charme oder einem geheimnisvollen Wesen faszinieren und wie ein Magnet in ihren Bann ziehen.

Wir halten heute nicht mehr viel von Geheimnissen, was jammerschade ist. Wir leben in einer Zeit der Talk-Shows, die gnadenlos enthüllen, der Bücher, die auf Klatsch und Tratsch ausgerichtet sind, und der Regenbogenpresse, die uns ihre gefärbte Wahrheit präsentiert. Doch für mich gilt immer noch: »Wo eine Frau ist, ist auch ein Zauber«. Darin stimme ich der Überzeugung Ntozake Shanges voll und ganz zu. Aber ich denke auch, daß eine Frau nicht nur von einem Zauber, sondern auch von einem Geheimnis umgeben sein sollte. Was mich am meisten fasziniert, ist das Geheimnis – der Zauber, den manche Frauen scheinbar mühelos anwenden –, die verschiedensten Aufgaben und Rollen unter einen Hut zu bringen. Das ist ein Aspekt des Geheimnisses der Weiblichkeit, das Nachforschungen verdient und herausfordert. Wer sind diese Frauen, und wie haben sie sich in höhere Wesen verwandelt?

Wir treffen sie in einer geschäftlichen Besprechung, selbstbewußt und sicher, denn sie haben die Situation voll unter Kontrolle. Oder wir begegnen ihnen heiter und gelassen lächelnd im Korridor der Schule, wo sie geduldig darauf warten, die eigenen Sprößlinge und die anderen Kinder aus der Fahrgemeinschaft am Nachmittag nach Hause zu bringen, ein Baby auf dem Arm, ein Krabbelkind im Schlepptau. Diese Frauen sehen nicht gestreßt, erschöpft oder genervt, sondern phantastisch aus. Sie verstehen es nicht nur, mit mehreren Bällen gleichzeitig zu jonglieren, sondern sie auch spielerisch leicht durch die Luft wirbeln zu lassen. Da fragt man sich: Wie schaffen die das, was ist ihr Geheimnis? Nehmen die vielleicht Aufputschmittel? Oder liegt es daran, daß sie keine Geldsorgen haben, generalstabsmäßig organisiert sind und positiv denken? Oder hat es etwas mit der vorteilhaften Konstellation der Himmelskörper zum Zeitpunkt ihrer Geburt zu tun? Vielleicht ist der Grund tiefer verwurzelt: nämlich eine intensive spirituelle Verbindung zum Universum.

Stürzt der Computer ausgerechnet dann ab, wenn diese Frauen einen dringenden Termin wahrnehmen müssen? Sind die Kinder den ganzen Tag unleidlich, hat der Wagen den Geist aufgegeben und muß abgeschleppt werden, und gilt es, den Hund zum Tierarzt zu bringen, der sich gerade auf ein Kräftemessen mit einem erheblich stärkeren Artgenossen eingelassen hat? Sie und ich kennen solche Unbilden des Schicksals zur Genüge, und deshalb fühlen wir uns gelegentlich reif für die Insel. Und dann putzen wir ohne Unterlaß laufende Nasen, wechseln schmutzige Windeln, tauen Hamburger in der Mikrowelle auf, kochen einen Topf Spaghettisauce, nähen einen abgerissenen Knopf am Mantel an, helfen den Kindern bei den Hausaufgaben. Irgendwann halten wir einen Augenblick inne und fragen uns, was wohl wäre, wenn es uns nicht gäbe, und erkennen im selben Atemzug, daß wir schrecklich froh sind, daß es uns gibt. Und uns geht der Gedanke durch den Kopf, daß wir wohl auch irgendeinen verlockenden Zauber ausstrahlen müssen, weil wir alle Mitglieder unseres Haushalts magnetisch anziehen. Sogar mitten in der Nacht ist unsere Anwesenheit gefragt.

Und es gibt sicher genügend Geheimnisse zu ergründen – wie jenes, was als nächstes passieren wird. Doch statt sich den Kopf darüber zu zerbrechen oder nur noch an die Schicksalsschläge zu denken, die Sie erwarten könnten, entscheiden Sie sich dafür, es drauf ankommen zu lassen, und einfach abzuwarten, was die Zukunft bringt. Sie beschließen, sich über das reale Leben zu freuen, wie es sich Tag für Tag ein Stück weiterentwickelt, einen Herzschlag nach dem anderen. Ihr Gesicht wird vielleicht niemals auf der Kinoleinwand zu bewundern sein – meines auch nicht. Aber wir können zu dem inneren Bewußtsein gelangen, daß leben und lieben allein schon ein Zauber ist, der jeden in seinen Bann schlägt.

30. APRIL
Wann fanden Sie sich besonders attraktiv?

> Ich glaube nicht, daß Make-up und die richtige Frisur allein eine Frau schön machen. Die strahlendste Frau im Raum ist immer diejenige, die Leben und Erfahrung besitzt.
>
> *Sharon Stone*

Denken Sie heute an eine Zeit in Ihrem Leben zurück, als Sie sich besonders attraktiv fanden. Ich habe dabei zu meiner Verblüffung entdeckt, daß wahre Schönheit immer mehr war als das Resultat einer gekonnten Kombination aus Frisur, Make-up und Kleidung.

Die Augenblicke, in denen ich mich als besonders schön und attraktiv empfand, waren mein Hochzeitstag, der Tag, an dem meine Tochter geboren wurde, und als ich das erste Mal einen Workshop über den Weg der Einfachheit und Fülle durchführte. An jenem Tag, an dem ich heiratete, machten meine Haare mir einen Strich durch die Rechnung. Während der Bräutigam nervös in einem Raum voller Gäste wartete, die sich wohl über die Verzögerung ihre eigenen Gedanken machten, probierte ich so lange an meiner Frisur herum, daß ich zu meiner eigenen Trauung zwanzig Minuten zu spät kam. Da wir in der Wohnung von Freunden den Bund fürs Leben schließen sollten und ich aus dem Schlafzimmer im ersten Stock nicht herauskam, hatte er allen Grund, sich zu fragen, warum ich nicht pünktlich war. Schließlich setzte ich einfach einen Hut mit Schleier auf und ging lächelnd die Treppe hinunter, um ein neues Leben zu beginnen. Wenn Freunde heute mein Hochzeitsbild anschauen, fällt nie eine Bemerkung über meine Haare; sie sagen lediglich etwas über das strahlende Glück, das sich auf meinem Gesicht spiegelt.

Das nächste Mal, als ich mich besonders schön und attraktiv fühlte, war an dem Tag, als unsere Tochter geboren wurde. Auf diesen Bildern sehe ich aus wie ein gestrandeter Wal, der aufrecht im Krankenhausbett sitzt, aber ich strahle dennoch. Dieses Strahlen ist es, was mir heute auffällt, wenn ich die Fotos betrachte.

Nach meinem ersten Workshop über den Weg der Einfachheit und Fülle kehrte ich in mein Hotelzimmer zurück und warf zufällig einen Blick auf die wunderschöne Frau im Spiegel; ich war ehrlich über ihr Aussehen verblüfft. »Wer bist du?« fragte ich, und mein authentisches Selbst erwiderte mein Lächeln. Die Veranstaltung war erfüllend und inspirierend gewesen, und ich hatte eine solche Nähe zu den Teilnehmerinnen gespürt, daß ich mich vom erregenden Strom des Lebens tragen ließ. Dieses Gefühl der Euphorie spiegelte sich in meinem Gesicht wider.

Und genau das ist das Geheimnis, das sich mir immer wieder offenbart, wenn ich versuche, das Rätsel der Schönheit zu lösen. Die Situationen in meinem Leben, in denen ich mich am attraktivsten fand, konnten unterschiedlicher nicht sein, aber eines hatten sie gemein: Liebe. Die Liebe in meinem Innern war es, die mich verwandelte, und nicht die Schönheitsmittelchen, die äußerlich anwendbar sind: die Liebe zu meinem Mann, die Liebe, die ich für meine Tochter empfinde, die Liebe zu meiner Arbeit. Das ist vielleicht die wichtigste Lektion in Sachen Schönheit, die jede Frau lernen sollte. Liebe besitzt die Kraft, uns über unsere physischen Grenzen und Beschränkungen hinaus zu verwandeln.

Lassen Sie uns also ständig nach den Wundern in unserem Leben Ausschau halten. Wenn wir wieder das kindliche Staunen lernen, werden wir merken, daß die Liebe, die tief in unserem Innern wurzelt, hohe Wellen schlägt. Wenn kindliches Staunen und Liebe so unverzichtbar für Sie werden wie Teintgrundierung und Rouge, dann werden Sie sich in die strahlendste Frau der Welt verwandeln.

MAI

♦

Mögen alle Freuden wie der Monat Mai sein.

Francis Quarles

Der Monat Mai wirft seinen Zauberbann aus, während sich die Verheißungen des Frühlings endlich erfüllen. In diesem Monat richten wir unser Augenmerk heimwärts, während wir weiterhin den roten Faden der Einfachheit in unseren Alltag einweben und uns mit dem dritten Leitsatz der Einfachheit und Fülle und seiner Kraft der Verwandlung vertraut machen: der inneren und äußeren Ordnung. Wir betrachten unsere täglichen Pflichten aus einer ganz neuen Perspektive, mit ungetrübtem Blick und liebevollem Herzen, das zu schätzen weiß, was wir haben. Während wir lernen, die Offenbarungen jedes einzelnen Tages zu genießen, begegnen wir dem Geheiligten im Profanen.

Die einfachen Freuden des Lebens im Mai

- Hängen Sie am 1. Mai einen Korb mit Blumen an Ihre Eingangstür und die Ihrer unmittelbaren Nachbarn. Ein Frühlingsstrauß, der den Kern der Einfachheit und Fülle spiegelt, läßt sich aus zarten, pinkfarbenen Hartriegelstengeln, Flieder und weißen Pfingstrosen zaubern. Schenken Sie einer Arbeitskollegin ein solches Bukett. Tragen Sie ein kleines Sträußchen am Revers Ihrer Jacke.
- Gönnen Sie sich am Muttertag selbst ein Geschenk (Sie wissen, was Ihnen wirklich Freude macht), um die Große Mutter in Ihrem Innern zu ehren. Vielleicht finden Sie ja eine Kleinigkeit auf Ihrer Trost-Wunschliste. Feiern Sie den Muttertag, gleich-

gültig, ob Sie Kinder haben oder nicht. Falls Sie Kinder haben, verzeihen Sie sich selbst, daß Sie Ihren eigenen Erwartungen nicht gerecht geworden sind (wer könnte das schon?); radieren Sie die Schuldgefühle, die sich während des letzten Jahres angesammelt haben, mental aus und schlagen Sie ein neues Kapitel in Ihrem Leben auf. Sofern Ihre Mutter noch lebt, nehmen Sie sich dieses Jahr Zeit, ihr den langen Brief zu schreiben, den Sie ihr schon immer schicken wollten, und ihr darin jene liebevollen Dinge mitzuteilen, die sie wissen soll. Andernfalls sprechen Sie in Ihrem Herzen mit ihr. Sie wird es hören.

- Machen Sie sich mit der uralten chinesischen Kunst des Feng Shui vertraut. Eine gute Informationsquelle ist *Feng Shui – Die Kunst des Wohnens* von Derek Walters (Goldmann Verlag). Stellen Sie siebenundzwanzig Gegenstände um, wenn Sie beginnen, Ordnung in Ihr Heim zu bringen.
- Nehmen Sie eine Kramschublade in Angriff, nicht mehr.
- Räumen Sie an einem Samstagnachmittag eine Stunde lang um und legen Sie dabei Ihre Lieblingsmusik auf. Weisen Sie Ihrer Sammlung persönlicher Andenken und Bilder einen neuen Platz zu. Schwelgen Sie in angenehmen Erinnerungen. Genießen Sie die mentale Reise in die Vergangenheit.
- Leihen Sie sich Videokassetten mit Filmen aus den dreißiger und vierziger Jahren aus und zappen Sie durch die Kabelfernsehsender auf der Suche nach nostalgischen Schätzen. Halten Sie nach Einzelheiten für Ihre Innendekoration Ausschau, wie Polsterbezüge, Vorhänge, Krimskrams in der Küche. Überlegen Sie, warum uns dieses altmodische Ambiente bezaubert und zum Verweilen einlädt.
- Hängen Sie Bilder von der Wand und räumen Sie Tische und Kaminsims ab; lassen Sie alles eine Woche lang leer, um »die Fülle des Nichts« zu erfahren. Was möchten Sie an seinen angestammten Platz zurückbringen?
- Haben Sie Ihre Objekte, falls Sie eine passionierte Sammlerin sind, dekorativ zur Schau gestellt? Überlegen Sie, welche anderen, bisher nicht erforschten Möglichkeiten es gibt, sich mit Dingen zu umgeben, die Sie lieben.

- Gehen Sie regelmäßig auf »Stöbertour«, um dem materiell orientierten Kind, das sich in Ihnen verbirgt, eine Ablenkung zu bieten. Schauen Sie in die Zeitung, wann und wo Privatverkäufe und Flohmärkte stattfinden werden. Auch auf den Anschlagtafeln in Supermärkten finden sich Hinweise auf so manches Schnäppchen.
- Besorgen Sie sich Bücher mit Dekorationsanregungen.
- Stauben Sie den Grill ab, bereiten Sie einen Kartoffelsalat zu und genießen Sie mit Angehörigen und Freunden den lauen Abend eines Mai-Wochenendes.
- Seien Sie glücklich.
- Seien Sie dankbar.

1. MAI
Die Offenbarungen des Alltags

> Heute geht eine neue Sonne für mich auf; alles lebt, alles ist beseelt, alles scheint zu mir von Leidenschaft zu sprechen, alles lädt mich ein, es in Ehren zu halten.
>
> *Anne de Lenclos*

Eines der berühmtesten Gedichte, die jemals geschrieben worden sind, ist »Elegie auf einem Dorffriedhof« aus der Feder des englischen Dichters Thomas Gray. Als er 1751 im Dämmerlicht über den Friedhof ging, sann er über die Bedeutung des Lebens nach, über die Mühsal der Erfolgreichen und der Erfolglosen, über das Blendwerk der Eitelkeit, das Glücksstreben sowohl der Armen als auch der Reichen und schließlich darüber, was für einen Unterschied das alles für diejenigen Menschen macht, die ihr Haupt »in den Schoß der Erde gebettet haben«. Keinen großen, folgerte Gray: Die einfachen Freuden des Lebens sind ein für allemal vorüber, das weitere Schicksal ist ungewiß.

Wir sollten eine Elegie für jeden Tag schreiben, der in unserem Leben unbemerkt und ungewürdigt zerronnen ist. Besser wäre es, ein Danklied für alle Tage zu komponieren, die uns noch auf Erden vergönnt sind.

Manchmal spüren wir die Dichterin, die in uns schlummert, und registrieren jeden kostbaren Augenblick in unserem Leben. Häufiger verbringen wir die Tage indessen wie in einem Nebel oder in Hektik, bis wir durch eine unvorhergesehene Bedrohung für einen Menschen, den wir lieben, dessen Anwesenheit aber als selbstverständlich erachtet haben, jäh unser Bewußtsein einschalten. Ich nenne diese Augenblicke der Erleuchtung die »Offenbarungen des Alltags«, weil Sie uns zwingen wahrzunehmen, wie reich wir sind, wieviel uns erspart geblieben ist und wieviel es gibt, wofür wir dankbar sein können. Durch die geheimnisvolle Alchimie der göttlichen Gnade und Danksagung wird das, was ein Klagelied hätte werden können, in einen Jubelgesang umgewandelt: über unsere eigene Genesung oder die eines geliebten Menschen, der schwer erkrankt war; über die unsägliche Erleichterung, wenn ein Kind, das – wenn auch nur für wenige Minuten – als vermißt galt, sicher und unverletzt gefunden wird; über die Versöhnung nach einem schmerzvollen Zerwürfnis; über die Erkenntnis, wieviel Glück uns beschieden ist, wenn wir eine Tätigkeit verrichten, die uns Spaß macht; über die unbeschreibliche Freude, die einen lang ersehnten Initiationsritus umgibt; über die ungeheure Befriedigung, die man nach erfolgreicher Bewältigung einer schwierigen Aufgabe verspürt; über die Gelassenheit, die uns erfüllt, wenn wir nicht mehr kämpfen, sondern annehmen, was ist.

Die Offenbarungen des Alltags ermutigen uns, alles in unserem Leben wertzuschätzen. Heute ist eine neue Sonne aufgegangen. Alles lebt. Alles kann mit großer Leidenschaft zu unserer Seele sprechen, wenn wir still genug werden, um zu lauschen. Die Schauspielerin Jane Seymour fordert, daß wir jeden einzelnen Tag auf eine Weise auskosten sollten, die uns ein gutes Gefühl hinsichtlich unseres Lebens vermittelt, »so daß wir zufrieden sein könnten, wenn morgen alles vorüber wäre«.

2. MAI
Im Haus des Großen Geistes leben

Wie man glücklich sein kann, wenn man sich elend fühlt. Pflanzen Sie japanische Mohnblumen mit Kornblumen und Reseda, und setzen Sie die Petunienschößlinge zwischen die Wicken, so daß sie sich gegenseitig mit ihrem Duft umhüllen. Schauen Sie zu, wie die Wicken sprießen.

Trinken Sie einen guten Tee aus einer dünnen Worcester-Porzellantasse in einer Farbe zwischen Apricot und Pink...

Rumer Godden

Es seien die kleinen, hilfreichen Dinge gewesen, die sie eines nach dem anderen genossen habe, erinnert sich die englische Schriftstellerin Rumer Godden in ihren Memoiren. Als ihr Leben aus dem Ruder gelaufen war und es an innerer wie äußerer Ordnung mangelte, ermahnte sie sich, gerade diesen »Banalitäten« mehr liebevolle Aufmerksamkeit zu widmen.

Heute ist Ordnung eine Seltenheit: Verschiedene Zeitpläne und Bedürfnisse sind unvereinbar, und im häuslichen, realen Bereich ist die innere Verweigerung gang und gäbe. Dieses Chaos ist eine Reflexion der Konfusion im Kopf, die allenthalben herrscht. Meine natürliche Neigung, die ich nur mit großer Willenskraft durchkreuzen kann, besteht darin, Ordnung im Haus zu schaffen. Wenn ich damit aufhöre, unterbreche ich den Rhythmus des Tages. Mir verbleiben nur wenige Stunden ungestörter Arbeit, während meine Tochter in der Schule ist. Einige wenige kostbare Stunden, um einen Gedanken in meinem Kopf von allen Seiten zu durchleuchten, um ihn zu verfolgen, bis er zu Ende gedacht ist, selbst wenn ich den ganzen Vormittag dazu brauche.

Einer der Gründe dafür, daß mir Rumer Goddens Werke so gut gefallen, ist ihre Fähigkeit, die bunten Fäden ihrer schöpferischen und spirituellen Aktivitäten so geschickt miteinander zu verknüpfen. Die Nähte, die ihre verschiedenen Lebensbereiche zusammenhalten, sind selten zu stramm oder weisen Lücken auf, wie meine es öfter tun, als ich zugeben mag. Sie begann ihre Karriere 1936 und hat in annähernd sechzig Jahren siebenundfünfzig Bücher geschrieben: Romane für Kinder und Erwachsene, Sachbücher, Kurzgeschichtensammlungen und Gedichte. Viele ihrer bekannten Romane, die sehr mystisch angehaucht sind, zelebrieren die Fruchtbarkeit des realen Lebens: die Magie, das Geheimnis und das irdische Denken und Fühlen. Von allen ihren Büchern mag ich ihre Memoiren am liebsten. Mich fasziniert die Art, wie sie ihr Leben eingerichtet, ihre Familie betreut und überall auf der Welt aus dem Nichts ein Heim geschaffen hat, während sie gleichzeitig fast ununterbrochen schrieb. Sie ist eine fabelhafte Erzählerin, aber keine Geschichte kann sich mit dem realen Leben messen, das sie führte.

Die Seelenmagie, die erforderlich ist, um einen sicheren Hafen zu schaffen, ein Sanktuarium abseits der hektischen Welt, in dem man die einfachen Freuden des Lebens pflegen und genießen kann, ist ein immer wiederkehrendes Thema in ihren Werken, gleichgültig, ob sich dieser Hafen hinter Klostermauern oder im Kinderzimmer am Ende der Treppe befindet. Rumer Goddens Geheimnis, ein authentisches Leben zu führen, besteht offensichtlich darin, daß sie im Haus des Großen Geistes wohnte, ungeachtet dessen, wo sie ihre Zelte in der Realität aufschlug. Sie bezieht sich in ihren Erinnerungen auf ein indianisches Sprichwort oder eine Maxime, die besagt, daß jeder Mensch ein Haus mit vier Räumen sei: »einem physischen, einem mentalen, einem emotionalen und einem spirituellen«. Die Mehrheit von uns neigt dazu, die meiste Zeit in einem Raum zu leben, aber wenn wir nicht jeden Tag von einem Raum zum anderen wandern, und wenn auch nur, um ihn stets zu lüften, »sind wir kein ganzer Mensch«.

3. MAI
Ein Refugium: Das Heim als sicherer Hafen in einer hektischen Welt

> Jeder Geist errichtet sich ein Haus, und jenseits des Hauses eine Welt, und jenseits der Welt einen Himmel. Darum wisse, daß es diese Welt für dich gibt.
>
> *Ralph Waldo Emerson*

Während des neunzehnten Jahrhunderts galt das Heim einer Familie als »Himmel auf Erden«, als geheiligter Hafen in einer Welt der Unwägbarkeiten. Wenn Männer, Frauen oder Kinder die Schwelle überschritten, befanden sie sich in Sicherheit. Heute werfen viele einen wehmütigen Blick zurück. Das Viktorianische Zeitalter erscheint uns in nostalgischer Verklärung als so idyllisch und friedlich und nostalgisch, als so ganz anders als unser heutiges. Doch die vier Jahrzehnte zwischen dem amerikanischen Bürgerkrieg und der Jahrhundertwende gehörten zu den politisch, gesellschaftlich und wirtschaftlich turbulentesten in der Geschichte der USA. Warum empfinden wir also eine Epoche mit so radikalen Umbrüchen als Zeitalter der Unschuld, der Stabilität und der Ruhe?

Ich glaube, daß diese Illusion zum größten Teil auf das Vermächtnis der Generation unserer Urgroßmütter zurückzuführen ist, die in ihren häuslichen vier Wänden herrschten wie Königin Viktoria über ihr Reich. Die Frauen der Viktorianischen Ära besaßen kein Wahlrecht, noch machten sie Anstalten, mit der öffentlichen Macht zu liebäugeln (sie verfügten über kein persönliches Einkommen, das ihnen wirtschaftliche Unabhängigkeit garantierte), aber sie waren der moralische, spirituelle und physische Mittelpunkt des häuslichen Lebens. Sie zeichneten dafür verantwortlich, ein Refugium der Schönheit, Geborgenheit und Zufriedenheit zu schaffen, das alle ihre Lieben schützte, förderte und unterstützte. Deshalb erhoben selbst die gewöhnlichen Frauen der Mittelschicht die häuslichen Tugenden zu einer Kunst, angefangen beim Sonntagsessen, das auf einem weißen Leinentischtuch serviert wurde, bis hin zum Picknick am Unabhängigkeitstag (dem 4. Juli), bei dem die blaukarierte Baumwolltischdecke nicht fehlen durfte. Frauen betrachteten die häuslichen Pflichten – Kochen, Einrichten und Dekorieren der Wohnung, Gartenarbeit, Handarbeiten und als Gastgeberin bei Gesellschaften fungieren – nicht als Bürde, sondern als eine Form der Persönlichkeitsentfaltung und als Mittel, um andere von dieser Lebensweise zu überzeugen. Traditionen, welche die Freuden des häuslichen Alltags und des Familienlebens feierten, dienten als mystischer Mörtel, der Körper und Seele in einer von Turbulenzen geprägten Welt, die sich in rasendem Tempo veränderte, eisern zusammenhielt.

Das »Zuhause« sei jener Ort, von dem wir ins Leben hinausgingen«, erklärte T. S. Eliot. Heute, ein Jahrhundert nach seiner Geburt, ist »zu Hause« der Ort, nach dem sich viele Frauen zurücksehnen – nicht buchstäblich, so doch im übertragenen Sinn. Beginnen Sie zu glauben, daß die Zeit, Energie und Gefühle, die Sie täglich in die Seelenmagie der *häuslichen Aufgaben* investieren – mit dem Ziel, einen sicheren Hafen für sich selbst und die Menschen zu schaffen, die Sie lieben – ein geheiligtes Unterfangen ist. Das Leben bietet uns heute genausowenig Garantien wie den Frauen in der Viktorianischen Epoche. Und doch sahen jene der Zukunft mit Freude entgegen, entschlossen, ein unvergängliches Kunstwerk zu schaffen: ein anheimelndes, Geborgenheit ausstrahlendes und optisch ansprechendes Refugium, in dem Liebe und Lachen herrschten.

Auch wir sind dazu imstande.

4. MAI
Die Persönlichkeit, die Ihr Heim spiegelt

> Ein Heim spiegelt wider, wer wir sind,
> und nicht, wer wir sein sollten.
> *Jill Robinson*

Ob es uns gefällt oder nicht, die Persönlichkeit, die unser Heim widerspiegelt, ist ein Barometer, das anzeigt, woher wir kommen, was derzeit in unserem Leben vorgeht und wer wir sind – heute, in ebendiesem Augenblick. Daraus läßt sich allerdings nicht zwangsläufig ersehen, wohin unser Weg in Zukunft führen wird.

Zugegeben, das ist nicht gerade ein beruhigender Gedanke für eine Meditation, vor allem, wenn Sie um den Zustand meines Hauses wüßten, während ich diese Zeilen schreibe. Dennoch ist das die Wahrheit. »Wir bringen unsere Persönlichkeit in den häuslichen vier Wänden zur Geltung, ob es uns gefällt oder nicht«, meint die Mutter des modernen Stils, Elsie de Wolfe, die mit ihrem 1913 geschriebenen Buch *The House in Good Taste* den ein halbes Jahrhundert währenden Geschmack der Amerikaner in puncto Inneneinrichtung revolutionierte.

Ihre Antwort lautet vermutlich: »Klar, wenn ich genug Geld hätte, mein Haus völlig neu einzurichten, dann könnte ich zeigen, was wirklich in mir steckt.« Daran kann es keinen Zweifel geben. Ich widerspreche Ihnen nicht. Aber wir können es uns nicht leisten, unser Leben und unsere Kreativität auf Eis zu legen, bis wir besser bei Kasse sind, denn damit würden wir uns selbst und den Menschen, die uns nahestehen, Sand in die Augen streuen. Wir sind durchaus auch heute schon imstande, den Weg der Einfachheit und Fülle zu gehen – Akzeptanz und Dankbarkeit für unsere derzeitigen Lebensumstände bekunden, unsere persönlichen Vorlieben entdecken –, um unserer Authentizität auch in der Pflege und Dekoration unseres Hauses uneingeschränkt Ausdruck zu verleihen. Dann werden die Prinzipien der Dankbarkeit, Einfachheit und der inneren wie äußeren Ordnung unser Heim in ein Refugium verwandeln, in dem Behaglichkeit und Zufriedenheit herrschen – mit oder ohne die neuen Schonbezüge.

Nachdem mein Erstlingswerk erschienen war, wollten mir Redakteure eines Lifestylemagazins, bekannt für seine farbenprächtigen Bildreportagen (die ich liebe), einen Besuch abstatten, um einen Blick auf »die Frau hinter dem Buch« zu werfen. Offenbar hatte ich den Geist der Viktorianischen Epoche so erfolgreich zum Leben erweckt, daß die Repräsentanten der Zeitschrift annahmen, mein Haus gliche dem wohlgeordneten Hausstand einer Frau im neunzehnten Jahrhundert. Was auch sonst?

Leider war das ganz und gar nicht der Fall. Und folglich geriet ich in Panik. »Beruhige dich«, tröstete mich eine langjährige Freundin, die in Hollywood arbeitet. »Fokussier dich und schau dich einmal genau um.« In der Filmbranche bedeutet »fokussieren«, die Linse der Kamera so einzustellen, daß man ein möglichst scharfes Bild erhält. »Dein Zuhause ist gemütlich, gefällig, heimelig, interessant, einladend. Überall bieten sich hübsche Motive. Geh doch nicht so hart mit dir selbst ins Gericht.« Aber als Journalistin wußte ich, was das Magazin erwartete, und ein solches Ambiente konnte ich nun einmal nicht bieten. Wenn mein Heim schon der Öffentlichkeit präsentiert werden sollte, dann mußte es perfekt sein. Ich bemühte mich verzweifelt, den Erwartungen anderer gerecht zu werden, statt zu erkennen, daß es schwierig genug war, jene Ansprüche zu erfüllen, die ich mir selbst stellte. Die Presseabteilung meines Verlags sorgte also dafür, daß das Interview beim Nachmittagstee in einem Hotel stattfand.

Während Geld zweifellos eine große Hilfe ist, uns im häuslichen Umfeld zu entfalten, setzt ein gemütliches, einladendes Heim, das unsere Persönlichkeit spiegelt, keineswegs voraus, daß wir einen Innenarchitekten engagieren und Kreditkarte oder Scheckbuch zücken.

Betrachten Sie heute Ihr Heim mit den Augen der Liebe, gleichgültig, wo oder wie Sie leben. Schlendern Sie durch die Räume und danken Sie dem Schöpfer für die sicheren vier Wände und das Dach über dem Kopf, das Sie und Ihre Lieben beherbergt. Halten Sie einen Augenblick inne, um an alle Frauen zu denken, die ihr Heim durch Tod, Scheidung, Schulden oder einen tragischen Schicksalsschlag verloren haben. Seien Sie dankbar für Ihr Zuhause und machen Sie sich bewußt, daß Sie alles haben, was Sie wirklich brauchen.

5. MAI
Inbesitznahme:
Wessen Heim ist das hier eigentlich?

Ihr Zuhause ist nur dann Ihr Zuhause, wenn Sie das Gefühl haben, daß es unter Ihre Rechtsprechung fällt.

Joan Kron

Wenn Sie nicht alleine leben, stellt sich die Frage, ob Ihr Zuhause wirklich Ihr Zuhause ist. Ja, es gibt Enteignung, selbst in unseren Breiten. Unser Besitz kann eine Domäne sein, auf die auch andere einen Nutzungsanspruch erheben. Deshalb dient das Wohnzimmer in dem kleinen Appartement in der Stadt Ihrem Mann, der sein tägliches Brot als Schriftsteller erwirbt, tagsüber als Arbeitszimmer. Und deshalb sind Tisch und Stühle im Eßzimmer nicht nur der Labsal zugedacht, sondern auch Spielmobiliar für die lieben Kleinen. Und deshalb wird Ihr Näh- und Bügelzimmer zum Schlafzimmer für einen Nestflüchter umfunktioniert, der nach Hause zurückkehrt. Und deshalb wurde das Gästezimmer zu Großmutters Reich erklärt: Ihre Schwiegermutter ist krank, aber nicht bereit, in ein Pflegeheim zu übersiedeln. Und deshalb wurde der Hobbykeller, den die ganze Familie genutzt hat, völlig neu gestaltet, damit sich die Teenager dort wohl fühlen, die ebenfalls eine Domäne für sich beanspruchen. Die eigenen Bedürfnisse und die Bedürfnisse der Menschen zu erkennen und zu akzeptieren, die mit Ihnen unter einem Dach leben, ist der erste Schritt, um das Zusammenleben aller Haushaltsmitglieder reibungslos und harmonisch zu gestalten, so wie es in einem gemütlichen Heim sein sollte.

Bis unsere Tochter Katie annähernd vier Jahre alt war, blieben sämtliche Tische im Haus schmucklos (wenn man Malstifte und Legosteine nicht mitzählt); erst dann schien sie alt genug, Kunstobjekte nur mit den Blicken zu würdigen, ohne mit ihnen zu spielen. Das geschah sowohl ihrer Sicherheit als auch meiner geistigen Gesundheit zuliebe. Nach und nach tauchten Hochzeitsgeschenke aus Waterford-Kristall auf, die eine friedliche Koexistenz mit ihrem

Spielzeug eingingen, als sich unsere Habe miteinander verband und die Persönlichkeit aller Haushaltsmitglieder widerzuspiegeln begann. Doch unlängst schmuggelte sich (dank Katie) ein junger Kater namens Mickey, der nicht an das Gesetz der Enteignung oder Schwerkraft gebunden ist, in unsere Familie ein, und einiges von unserem leicht zerbrechlichen, heißgeliebten Nippes wurde wieder in den Schrank verbannt, bis er gelernt hatte, nicht auf dem Kaminsims herumzuturnen.

Da Platz in diesem Jahrzehnt ein Luxus ist, den sich nicht viele Frauen leisten können, stellt sich die Frage, ob wir die transformative Aufgabe, ein echtes, gemütliches Zuhause zu schaffen, bis zum Sankt-Nimmerleins-Tag aufschieben müssen. Können wir im alten Trott verharren, wenn wir unserem Seelenfrieden wirklich einen hohen Stellenwert beimessen? Die Ruhe, die ein Haus ausstrahlt, kommt immer von innen, ungeachtet der äußeren Umstände. Der Raum, den die Seele erfordert, um sich zu entfalten, läßt sich nicht in Zentimetern, Quadratmetern oder harter Währung ermitteln.

Lassen Sie sich nicht von Ihren praktischen Überlegungen ins Bockshorn jagen, selbst wenn Sie in ebendiesem Augenblick den Traum, Ihrer Persönlichkeit durch das häusliche Ambiente Ausdruck zu verleihen, noch eine Zeitlang zurückstellen müssen. Beginnen Sie, mit den Einschränkungen Ihres realen Lebens konstruktiv zu arbeiten, statt Sturm gegen sie zu laufen. Vergessen Sie nie, daß Lebensqualität und Inneneinrichtung Kunstwerke sind, die sich stetig weiterentwickeln. Die Innendekorateurin und Autorin Alexandra Stoddard ist der Meinung, daß die Position, die wir »in unserem Leben und in der Beziehung zu *anderen*« erreicht haben, Vorrang vor der Frage haben muß, wie wir uns in unseren eigenen vier Wänden einrichten – und sie hat recht: Ein authentisches Heim als Spiegelbild der Menschen, die darin wohnen, werde sich Besuchern stets mit entwaffnender Frische und Originalität präsentieren. Und mit der richtigen Perspektive auch für alle, die darin leben.

6. MAI

Vollendete Tatsachen:
Die Kunst der dekorativen Entdeckung

Wenn Freunde ein Haus betreten, spüren sie seine Persönlichkeit und seinen Charakter, den Lebensstil der Familie. Diese Elemente machen ein Haus lebendig und verleihen ihm Identität, Energie, Enthusiasmus und Wärme, und es verkündet: »Das sind wir, so leben wir.«

Ralph Lauren

Kurz nachdem mein Mann und ich geheiratet hatten, zogen meine Eltern in ein kleineres Haus in einem anderen amerikanischen Bundesstaat und mußten sich von verschiedenen Möbelstücken und anderen Besitztümern trennen. Aufgrund meiner Liebe zu Antiquitäten aus der Viktorianischen Epoche schenkte mir meine Mutter die aus dem neunzehnten Jahrhundert stammende Einrichtung aus dem Salon meiner Großmutter – ein kleines, zweisitziges Sofa und zwei Sessel –, die sie 1921 bei einer Auktion im Hotel Ritz in New York City ersteigert hatte. Außerdem erhielt ich ein zusammengehöriges Paar Porzellanlampen aus der Zeit um die Jahrhundertwende. Die Lampen (die auf einem Messingfuß thronten und annähernd 1,20 Meter hoch waren) waren wie Urnen geformt und waldgrün, mit Goldblattornamenten verziert und einer riesigen, pinkfarbenen Calla in der Mitte.

Die Lampen waren gräßlich. Aber es dauerte Jahre, bis ich es wahrhaben wollte.

Diese authentische Erkenntnis gewann ich erst, als ich versuchte, Ordnung, das dritte Prinzip auf dem Weg der Einfachheit und Fülle, in unser Leben zu bringen. Es begann damit, daß ich durch die Räume unseres Hauses spazierte und emotionslos unsere Lebensmuster in Augenschein nahm: wie wir Dinge verstauten (oder auch nicht), welche Bereiche zum Sammelbecken wurden, wo wir der Versuchung erlagen, Dinge herauszukramen, aber nicht mehr zurückzulegen, weil wir gerade Wichtigeres zu tun hatten. Während meiner

Inspektion richtete ich meine Aufmerksamkeit wie ein Detektiv, der den Schauplatz eines Verbrechens nach Spuren absucht, auf die dekorativen Gegenstände, die mich umgaben; vor allem machte ich mir ihre Präsenz und ihre Daseinsberechtigung bewußt. »Wer lebt hier?« fragte ich mich, als ich mit der Fahndung nach mir selbst begann. Jedesmal, wenn ich das Wohnzimmer betrat, zuckte ich beim Anblick der Lampen zurück, wie ich feststellen mußte. »Gott, sind die grauenvoll«, murmelte ich und ging schnell weiter. Eines Tages ermahnte mich Gottes Innendekorateurin verzweifelt: »Trenn dich endlich von den verdammten Dingern und hör auf zu jammern!«

»Was machst du da?« wollte mein Mann wissen, als ich die Schreckensgebilde, die nichts als Widerwillen bei mir verursachten, entfernte. »Ich hasse die Dinger und halte es nicht mehr aus, sie auch nur einen Augenblick länger um mich zu haben«, erwiderte ich.

»Und ich habe diese Lampen seit fünfzehn Jahren gehaßt, aber nie einen Ton gesagt, weil ich dachte, daß sie dir gefallen.«

»Ich dachte, sie müßten mir gefallen, schließlich bin ich ja mit ihnen aufgewachsen, und meine Mutter hat sie mir geschenkt. Aber ich finde sie gräßlich, und daran wird sich auch in Zukunft nichts ändern.«

»Das darf doch nicht wahr sein«, meinte mein Mann ungläubig. »Du hast fünfzehn Jahre gebraucht, um das zu entdecken? *Fünfzehn Jahre?*«

Was soll ich sagen? Einige von uns schlafen tief und fest und wachen nur sehr langsam aus ihrem Dornröschenschlaf auf. Zwanzig Jahre können ins Land gehen, bevor Sie an einem wundervollen sonnigen Morgen feststellen, daß der Konzertflügel Ihrer Mutter nicht in Ihr winziges Appartement in der Stadt oder zu Ihrem Lebensstil paßt – vor allem, weil Sie gar nicht Klavier spielen können. Oder Sie sind längst über die Schlafzimmermöbel aus Schleiflack hinausgewachsen, die Sie im Billigmöbelladen für Ihre erste eigene Wohnung erstanden und seither dreimal neu gestrichen haben. Sollte allein die Vorstellung, den Pinsel wieder in die Hand nehmen zu müssen, Ihnen die Tränen in die Augen treiben, so lassen Sie's bleiben, auch wenn es praktisch wäre. Halten Sie statt dessen nach einem anderen Schnäppchen Ausschau, mit dem Sie lieber leben würden.

Während der siebziger und achtziger Jahre des letzten Jahrhunderts breitete sich auf beiden Seiten des Atlantiks Bewegung aus, die sogenannte Ästhetik, die sich auf die Verschönerung jedes Aspekts im viktorianischen Lebensstil konzentrierte. Die Künstler, die im Zentrum dieser Stilrichtung standen, erkannten die Bedeutung des Bemühens, der Seele durch ein optisch ansprechendes Ambiente Nahrung zu geben. Diese Woche möchte ich Sie auffordern, langsam durch die Räumlichkeiten zu gehen und einen objektiven Blick auf die Möbel und Gegenstände zu werfen, mit denen Sie sich umgeben haben. Fühlen Sie sich wirklich wohl damit, und was flüstern sie Ihnen zu? Gefallen sie Ihnen, oder haben Sie sich nur daran gewöhnt, mit ihnen zu leben? Es spielt keine Rolle, wie Sie in Ihren Besitz gelangt sind. Sie müssen auch nicht auf der Stelle entscheiden, ob Sie sie behalten wollen. Sie sollen lediglich eines versuchen: Ihren Lebensraum bewußt wahrzunehmen. Und es muß Ihnen nicht peinlich sein zu erkennen, wie lange Sie gebraucht haben, um mit der Suche nach Ihrer wahren Identität zu beginnen. »Jemandem, der sich auf die Kunst des Wartens versteht, offenbaren sich alle Dinge von selbst, solange er den Mut aufbringt, in der Dunkelheit nicht zu verleugnen, was« er bei Licht gesehen hat«, versichert uns Coventry Patmore, ein englischer Dichter aus dem neunzehnten Jahrhundert.

7. MAI
Paradies im Alltag: Ein Tag im Garten Eden

> Heim ist die Definition Gottes.
> *Emily Dickinson*

»Eden ist das altmodische Haus, in dem wir jeden Tag wohnen«, erinnert mich Emily Dickinson, während ich mein Wohnzimmer inspiziere und dabei ein purpurfarbenes Haarband, dicke bunte Malstifte, den Zeichenblock einer jungen Künstlerin, einen Tennisschläger, das Protokoll der letzten Stadtratssitzung, einen Stapel *Beckett's Baseball Card Monthly*, ein buntes Sammelsurium von CDs, ein Stiefmütterchen, verschiedene Versandhauskataloge, die Zeitungen der letzten drei Tage, zwei Paar Schuhe, eine leere Chipstüte, die zusammengeknüllt neben der Couch liegt, und eine Haarbürste (meine, aber vermutlich benutzt von der Besitzerin des purpurfarbenen Haarbands) aufklaube.

Sieht so der Garten Eden aus?

Dichter haben, wie mir scheint, ihre Verse über die häuslichen Wonnen jahrhundertelang nur deshalb schmieden können, weil sie mit liebevollen, geduldigen, fürsorglichen Frauen zusammenlebten, die ihnen den Himmel auf Erden oder ein Sanktuarium der Stille und Ordnung bereitet haben, in dem sie friedlich und ungestört arbeiten konnten.

Haben Sie gewußt, daß die unverheiratete, schrullige Emily Dickinson – die nach dem vierunddreißigsten Lebensjahr kaum noch einen Fuß vor die Tür setzte – sehr häuslich war? Tatsache ist, daß zu den größten Freuden in ihrem Leben angeblich das Kochen und das Verfassen von Gedichten gehörte. Und da das Gros ihrer Gedichte erst nach ihrem Tod im Jahre 1886 veröffentlicht wurde, erntete die Schöne von Amherst, Massachusetts, zuerst mit ihren Kochkünsten Ruhm. Sie brillierte (unter anderen kulinarischen Köstlichkeiten) mit einem saftigen, dicht belegten dunklen Früchtekuchen, den sie eines Nachmittags zur Teezeit nebst einigen Päckchen, die leckere Ingwerkekse enthielten, in einem Korb aus ihrem Allerheiligsten, einem Schlafzimmer im ersten Stock des Hauses, für die hungrigen Nachbarskinder herunterließ. Durch die Kluft eines Jahrhunderts von uns getrennt, erscheint uns ihre selbstzufriedene und selbstgewählte Abgeschiedenheit von der Welt wie ein idealer Gegenpol zum hektischen Leben im ausklingenden zwanzigsten Jahrhundert.

Wie auch ich mich manchmal nach Rückzug sehne. Einfach zwanzig Minuten lang still dasitzen, im Garten hinter dem Haus, mich von der Sonne bescheinen lassen, die Vögel beobachten, die ihre Nester bauen, die Katzen betrachten, die den Vögeln auflauern, die ersten Knospen im Garten begrüßen, eine frisch aufgebrühte Tasse Tee und Miss Dickinsons Briefe genießen.

Bevor ich mich in diese Idylle versenken kann, muß ich jedoch Ordnung schaffen. Es gilt, die Überreste unseres Alltags aufzusammeln und das Zimmer aufzuräumen, denn ich kann das Chaos, das Durcheinander und den Wirrwarr keine Minute länger ertragen. Ich habe einfach keine Zeit für poetische Träumereien.

Oder doch?

Vielleicht habe ich gerade jetzt – wo ich nahe daran bin, physisch, emotional und psychisch unter dem Kleinkram und Alltagstrott zusammenzubrechen – die Ehrfurcht der Dichter vor dem Geheiligten im Profanen am meisten nötig. Dann werde ich vielleicht nicht nur die Besitztümer der übrigen Haushaltsmitglieder erkennen, sondern auch die Schönheit, Freude und Fülle, die mir buchstäblich zu Füßen liegt. Wenn es mir gelingt, einen Augenblick still zu werden und mich voll auf die Erfahrung einzulassen, Ordnung und Harmonie in mein Heim zu bringen, dann kann ich vielleicht die Poesie dieses Nachmittags in der mentalen Wahrnehmung meiner Aufgaben entdecken.

Denn worin besteht der Zweck der Ordnung, die ich in diesem Raum schaffen will? Geht es einfach nur darum, aufzuräumen, was liegengeblieben ist, und die Zeitung von gestern wegzuwerfen? Oder handelt es sich um einen Akt der Inspiration? Verändere ich nicht im Verlaufe des Prozesses, diesen Raum in einen sicheren, heiteren Hafen zu verwandeln, in dem meine Familie zusammenkommen und sich in Gesellschaft der übrigen Haushaltsmitglieder wohl fühlen kann, auch die Einstellung zu meiner Arbeit?

Wir alle werden jeden Tag vor die Wahl gestellt. Wir können negativ auf die Anforderungen reagieren oder beschließen, ein reiches Leben zu führen und das Negative in etwas Positives, Bedeutungsvolles zu verwandeln. Das A und O ist die innere Einstellung. Wenn ich es versäume, meinem Leben und meiner Tätigkeit einen Sinn zu geben, wird mir diese Aufgabe niemand abnehmen. Wenn ich selbst den Wert meiner Aufräumaktion im Wohnzimmer nicht anerkenne, wird sie mit Sicherheit kein anderer zu würdigen wissen. Und wenn die Hausarbeit nicht heilig ist, dann, verzeihen Sie mir bitte, weiß ich nicht, was göttlich wirklich bedeutet.

Und so höre ich mir, um mich aufzumuntern und meine Entscheidung zu feiern, ein Bach-Konzert an, während ich Ordnung schaffe. Ich stelle den Wasserkessel auf den Herd, um mir eine frische Kanne Tee aufzubrühen. Ich reiße die Fenster weit auf, um die Frühlingsbrise einzufangen. Bald wird meine Familie in den heimeligen, einladenden Raum zurückkehren.

Vorher werde ich jedoch ein kostbares Zwischenspiel genossen haben: nämlich eine kurze Zeitspanne, die mir allein gehört. Ich werde mich zwanzig Minuten lang still in den Garten hinter dem Haus zurückziehen, mich von der Sonne bescheinen lassen, gemeinsam mit den Vögeln, den Katzen und den Knospen, und über den Segen nachdenken, einen weiteren Tag im Paradies verbracht zu haben.

8. MAI
Die Wiederentdeckung der Seelenmagie, ein gemütliches Heim zu schaffen

> Die ganz gewöhnlichen Künste, die wir jeden Tag ausüben, sind für die Seele wichtiger als ihre Einfachheit andeuten könnte.
> *Thomas Moore*

Jahrhundertelang haben Frauen gelernt, wie man einen Haushalt führt, kocht und Kinder erzieht, indem sie sich an die Rockzipfel ihrer Mütter und Großmütter klammerten. George Eliot berichtet in ihrem Roman *Die Mühle am Floss*: »In der Familie Dodson wurden die Dinge auf bestimmte Weise erledigt – eine gewisse Art, das Leinen zu bleichen, Husten- und Abführsaft aus Himmelsschlüsselchen herzustellen oder Schinken zu räuchern und Stachelbeeren einzumachen –, daß keine Tochter jenes Hauses gleichgültig gegenüber dem Privileg war, eine geborene Dodson statt eine Gibson oder eine Watson zu sein.«

Leider bin ich keine geborene Dodson. Trotzdem habe ich in meinem letzten Jahr in der High-School einen Preis gewonnen: Ich wurde zur »Hausfrau von morgen« gekürt. Das fanden die Nonnen, die mich unterrichteten, ziemlich komisch und verwirrend, vor allem angesichts der Tatsache, daß Hauswirtschaft nicht einmal auf dem Stundenplan stand. Meine Mutter war wie vom Donner gerührt; sie kannte den Zustand, in dem sich mein Zimmer häufig befand, und dachte wohl an die fortwährenden Kämpfe, mich zum Aufräumen zu motivieren. Aber ich hatte den Wettbewerb gewonnen – das Bewertungskriterium war ein Aufsatz und kein Auflauf –, indem ich über die Bedeutung der Haushaltsführung als eine vom Aussterben bedrohte Tätigkeit schrieb. Das war im Jahr 1965, als sich das Säbelrasseln der feministischen Bewegung erstmals in den USA vernehmbar machte. Mitte der sechziger Jahre bereitete man eine Tochter nicht auf das Leben vor, indem man ihr beibrachte, wie man Betten macht, die weiße Wäsche von der Buntwäsche trennt, die Schränke platzsparend bestückt oder einen Hackbraten zubereitet. Statt dessen verteilten viele Mütter Exemplare von Betty Friedans *Der Weiblichkeitswahn*, nachdem sie das Buch selbst verschlungen hatten.

Heute, drei Jahrzehnte später, wissen Frauen, wie man erfolgreich eine Direktversandfirma gründet, Banken und Zeitschriften aus der Taufe hebt, im Weltraum spazierengeht, sich als Börsenmaklerin an der Wall Street profiliert, in der Filmbranche Millionengeschäfte tätigt, in ein hohes Staatsamt gewählt wird, die Spätnachrichten im Fernsehen moderiert, als Bundesrichterin Urteile fällt und den Nobelpreis gewinnt. Wir können gewieft in Finanzfragen, kreativ, innovativ und zähe Verhandlungspartner sein. Aber wir hasten auch nach der Arbeit mit müden, quengeligen Kindern im Schlepptau in den Supermarkt, um schnell noch etwas zum Abendessen einzukaufen, waschen die Wäsche, wenn niemand in der Familie mehr etwas Sauberes zum Anziehen hat, und sehnen uns, am Ende eines langen Tages, inmitten des Tohuwabohus nach einem ruhigen Plätzchen. Viele Frauen haben zwar leitende Positionen, aber nicht die geringste Ahnung von kompetenter Haushaltsführung, was einer der Gründe dafür ist, daß wir uns innerlich zerrissen fühlen.

Für uns ist es an der Zeit, Nabelschau zu betreiben. Daran zu denken, daß die Hausarbeit ein Ausdruck unserer Authentizität sein kann. Wir wissen vielleicht nicht mehr, wie man Leinen bleicht, Husten- und Abführmittel aus Himmelsschlüsselchen herstellt, Schinken räuchert oder Stachelbeeren einmacht, aber es ist nie zu spät, ein geheiligtes Handwerk wiederzuentdecken, das Seelenmagie beinhaltet: für ein gemütliches Zuhause zu sorgen. Ein anheimelndes, optisch ansprechendes Ambiente zu schaffen und das A und O der Haushaltsführung aus dem Effeff zu beherrschen, kann zu den befriedigendsten und spirituell erhellendsten Erfahrungen gehören. Wie bei jeder Form des Kapitals wird die Investition von mehr Zeit und schöpferischer Energie in Ihr Heim einen großen emotionalen Gewinn für Sie selbst und Ihre Familie abwerfen.

9. MAI
Ihr Haus in Ordnung bringen

> In meinem Leben wird es immer schmutziges Geschirr geben.
> Wenn dieses Abwaschbecken
> eine Stätte der Kontemplation werden kann,
> dann lehre mich hier Beständigkeit.
>
> *Gunilla Norris*

Weil uns davor graut, schieben wir diese Aufgabe so lange wie möglich vor uns her, bis wir uns nur noch mit Mühe selbst ausgraben können. Viele Frauen gehen die unerbittlichen, monotonen, erschöpfenden und unproduktiven Aufgaben, die wir Hausarbeit nennen, wie die Leiden des Sisyphos an: Nachdem er wider den Göttervater Zeus gefrevelt hatte, wurde Sisyphos bestraft, indem er einen riesigen Felsblock einen steilen Berg hinaufwälzen mußte. Jedesmal, bevor er den Gipfel erreichte, rollte der Stein zurück, und der Arme mußte wieder von vorne beginnen. Frauen ist das gleiche Schicksal beschieden, beobachtete Simone de Beauvoir in ihrem Buch *Das andere Geschlecht*: »Das Saubere wird schmutzig-, das Schmutzige saubergemacht, wieder und wieder, Tag für Tag.«

Vorausgesetzt natürlich, daß wir jeden Tag dazu kommen. Denn zwei Drittel der amerikanischen Frauen sind berufstätig, und das bedeutet, daß die Hausarbeit zwischen sieben Uhr abends und sieben Uhr morgens erledigt werden muß.

Wen wundert es da, daß der Schmutz liegen bleibt, bis wir ihn nicht mehr ertragen können?

Als ich frustriert entdeckte, daß Ordnung das dritte Prinzip ist, das es vorsichtig zu erkunden und auf dem Weg der Einfachheit und Fülle zu akzeptieren galt, zuckte ich erschrocken zurück. Obwohl ich mich häufig erschöpft und orientierungslos fühlte, vor allem, wenn ich etwas Bestimmtes suchte oder das Chaos ringsum zu ignorieren bemüht war, erschien mir die Tugend der Ordnung sehr altmodisch, wenig einfallsreich und bar jeder Inspiration – genauso öde und freudlos wie das Wort *Pflicht*. Ich wollte mehr Schwung und Elan in mein Leben bringen.

Doch als ich über das einfache, geruhsame und *heitere* Leben der Amish, der Quäker und vor allem der Shaker nachdachte, verblüffte mich die scheinbar nahtlose Einheit von Leben, Arbeit und Kunst, die durch den Faden der göttlichen Ordnung zusammengehalten wurden.

Ordnung prägte und tränkte jeden Aspekt im Leben der Shaker, angefangen von den täglichen Aufgaben, die ins Haus standen, bis hin zu der Art, wie sie ihrer wahren Identität in den Objekten, mit denen sie sich umgaben, Ausdruck verliehen. Mutter Ann Lee, die 1774 die »United Society of Believers in the First and Second Appearance of Christ« gründete, ermahnte ihre Anhänger, sich zu vergegenwärtigen, daß Ordnung das oberste Gesetz des Himmels sei. »Im Himmel gibt es keinen Schmutz«, pflegte sie ihren Schützlingen zu predigen. Die Mitglieder der »Shaker-Familie« mußten ihre persönliche Habe und ihr Werkzeug in so vollkommener Ordnung halten, daß sie etwas in Null Komma nichts fanden – bei Tag und in der Nacht. Deshalb erhoben die Shaker die Ordnung zu einer geheiligten Kunst: Man braucht nur einen Blick auf die erlesene Schönheit und Eleganz der eingebauten Kommoden und Schränke der Shaker zu werfen, um zu erkennen, daß im Haus des Schöpfers ein behagliches Plätzchen auf uns wartet, das unseren Namen trägt. Die Shaker waren der Ansicht, daß ihr Tagwerk, einschließlich der Hausarbeit, Ausdruck ihrer persönlichen Frömmigkeit sei. Wir sollten von ihnen lernen, denn wie wir unsere Hausarbeit verrichten, ist eine subtile, aber aufschlußreiche Manifestation unserer Selbstachtung.

10. MAI

Alles an seinem Platz: Ein persönlicher Plan, der dem Erhalt Ihrer mentalen Gesundheit dient

> Wenn die Hausarbeit keinen Sinn macht,
> dann macht nichts Sinn.
>
> *Henrietta Ripperger*

Wir sehnen uns danach, einen Sinn in der Arbeit zu finden, die wir zu Hause verrichten. Wir träumen davon, die geheiligte Kunst und das Handwerk der Haushaltsführung zu beherrschen und einen Mikrokosmos der heiteren Gelassenheit, Geborgenheit und mentalen Stärke für uns selbst und die Menschen zu schaffen, die wir lieben. Aber wie und wo fangen wir an, vor allem, wenn man uns nie beigebracht hat, die Dinge so zu verstauen, daß wir sie am nächsten Tag wiederfinden? Und wenn wir diese rudimentären Lektionen selbst nicht gelernt haben, wie sollen wir dann unseren Kindern die lebenserhaltenden Fähigkeiten vermitteln, die sie brauchen, von der Kooperation bis zum Kochen? Unser Heim in Ordnung zu halten und unsere Kinder zu lehren, was Ordnung wert ist, gehört zu den kostbarsten Geschenken, die wir ihnen und uns selbst machen können.

Nachdem ich mir die Haushaltsratschläge eines ganzen Jahrhunderts einverleibt hatte, war mir eines klar: Eine gute Planung fördert die mentale Gesundheit. Denken Sie immer daran, daß jedem gelungenen Projekt eine entsprechende Vorbereitung vorausgeht. Bevor Sie einen Plan aufstellen, müssen Sie sich Ihren Weg durch die Hausarbeit *denken*, genauso wie Sie ein vielschichtiges Projekt am Arbeitsplatz konzipieren, bevor Sie loslegen.

Keiner Frau käme es in den Sinn, sich ohne vorherige Überlegung in eine Arbeitsaufgabe zu stürzen, für die sie bezahlt wird. Warum sollten wir es anders mit Tätigkeiten halten, die mit Kost und Logis, Liebe und Zufriedenheit vergütet werden? Wenn wir zuerst nachdenken, statt blindlings auf Pflichten, Störungen und Forderungen zu reagieren, mit denen wir konfrontiert werden, können wir die Kontrolle über unseren Alltag gewinnen. Wir müssen lernen, den

Haushalt zu führen, statt zuzulassen, daß uns der Haushalt am Gängelband führt.

Als erstes sollten Sie feststellen, welche Anforderungen Sie an eine ideale Haushaltsführung stellen. Denken Sie daran, bei Ihnen muß nicht alles so perfekt sein wie bei Ihrer Mutter. Schließen Sie die Augen und malen Sie sich aus, wie Sie Ihr Haus durch die Eingangstür betreten. Wie sehen die Räume nach Ihrer Vorstellung aus? Ihr persönlicher Standard sollte das Minimum an Hausarbeit sein, mit dem Sie leben und zufrieden sein können. Ich selbst bin beispielsweise imstande, mit Staub zu leben (obwohl meine Schmerzgrenze erreicht ist, wenn ich meinen Namen auf der Kommode im Schlafzimmer schreiben kann), aber Unordnung macht mich verrückt. Es ist für mich wichtig, daß die Gemeinschaftsräume und mein Schlafzimmer aufgeräumt sind, während ich keinen Wert darauf lege, sie mit dem weißen Handschuh auf Staubablagerungen zu testen. Wenn ich wenig Zeit habe und Prioritäten setzen muß, bin ich zufrieden, wenn das Haus einigermaßen ordentlich ist, und zwar auf ständiger Basis; es muß nicht in einem Tipptoppzustand sein, als würden jeden Moment Fotografen hereinschneien und Aufnahmen für ein Hochglanzmagazin machen. Bestimmen Sie Ihren Toleranzquotienten. Das ist der erste Schritt zur Entwicklung eines persönlichen Haushaltsplans, der Ihnen die Arbeit erleichtert.

Als nächstes sollten Sie feststellen, welche Arbeiten erledigt werden müssen, wer sie übernehmen kann und wann. Die einfachste Möglichkeit besteht darin, die Hausarbeit zu unterteilen: in täglich anfallende Aufgaben, wöchentliche Aufgaben, monatliche Aufgaben und Arbeiten, die erst mit dem Wechsel der Jahreszeiten ins Haus stehen. Notieren Sie schwarz auf weiß, wieviel Sie wirklich zu erledigen haben. Sie werden erstaunt sein. Und nun überlegen Sie, welche Mitglieder Ihres Haushalts Ihnen einen Teil der Bürde abnehmen können. Sobald Sie die Arbeiten und die verfügbaren »Aufgabenträger« ermittelt haben, erstellen Sie eine entsprechende Liste. Was Sie da entwickeln, ist eine Strategie der Einfachheit und Fülle, die nicht nur Ordnung und Harmonie in Ihr Heim bringt, sondern Ihnen gleichzeitig genug Zeit und Freiraum verschafft, um die Reise ins Innere zu genießen. Wir haben gerade erst begonnen, unsere

Energie und Phantasie dem Erhalt des Lebens auf unserer Mutter Erde zu widmen. (Es ist genauso notwendig, sich für den Erhalt des Lebens sterblicher Mütter einzusetzen; aber warum sollen wir mit dieser Aufgabe warten, bis wir an den Rand der emotionalen Zerstörung gelangen?

Um endlich Ordnung in unser Heim zu bringen, habe ich vier altmodische Regeln für Sie ausgegraben, die Ihrem Leben schon heute eine neue Dimension verleihen können. Wiederholen Sie dieses Rezept für die Verbesserung Ihres Wohlbefindens jeden Morgen und Abend laut, einundzwanzig Tage lang. Es sollte Ihr persönliches Mantra werden, und es dient dazu, sich in heiterer Gelassenheit zu üben. Schreiben Sie die Anleitungen auf Karteikarten und bringen Sie diese gut sichtbar in jedem Raum an. Lehren Sie Ihre Kinder die Worte der Weisheit, und flüstern Sie sie Ihrem Partner ins Ohr:

1. Wenn du etwas herausnimmst, lege es wieder zurück.
2. Wenn du etwas öffnest, schließe es wieder.
3. Wenn dir etwas heruntergefallen ist, hebe es wieder auf.
4. Wenn du etwas heruntergenommen hast, hänge es wieder auf.

11. MAI
Das Tao der häuslichen Aufgaben

> Zeit, wieder Staub zu wischen.
> Zeit, mein Heim zu umarmen,
> seine sämtlichen Oberflächen zu streicheln.
> Ich will daran denken wie an eine Art, Liebe zu machen
> ...die Gelegenheit, durch Berührung wertzuschätzen
> womit ich lebe und was ich in Ehren halte.
>
> *Gunilla Norris*

Wie es heißt, verließ der Weise Laotse (der fünfhundert Jahre vor Christus geboren wurde), sein Heimatland, weil er von der korrupten und dekadenten Dynastie, die über China herrschte, zutiefst enttäuscht war. Als er die Grenze erreichte, bat ein Wächter den weisen Alten, vorher ein Buch zu schreiben und die Suchenden in der »Kunst des Lebens« zu unterweisen. Laotse stimmte bereitwillig zu.

Er nannte sein Werk das *Tao-te-king*. Als es fertig war, verließ er China und kehrte nie mehr zurück.

Das *Tao-te-king* ist eine Aphorismensammlung, die »Bibel« einer chinesischen Glaubensrichtung, die Taoismus genannt wird und das meistübersetzte Buch aller Zeiten. Die Anhänger dieser religiös-philosophischen Richtung streben danach, ein Leben nach den Prinzipien des Tao zu führen, das ihrem Glauben zufolge die Ordnung des Universums hervorbringt. Wie Zen ist auch Tao (»der Weg«) ein spiritueller Pfad: Er muß metaphysisch und nicht intellektuell erfahren werden, wenn man persönliche Erkenntnisse daraus ableiten will. Eines seiner wichtigsten Themen ist die Einheit und Harmonie mit allem, was existiert, und die sich durch Nachgeben statt Widerstand erreichen lassen. (»Tao ist das Absolute ohne Handeln, und doch bleibt nichts ungetan.«) Wenn sich Suchende auf »den Weg« begeben, legen sie ihre Erwartungen ab. Sie werden zu einem leeren Gefäß, das bis zum Rand mit Yin und mit Yang, den einander entgegengesetzten männlichen und weiblichen Lebensenergien, gefüllt wird: Karriere und Haushalt, Dunkelheit und Licht, Kummer und Freude, Intimität und Einsamkeit, Angriffslust und Passivität.

Wie kann uns der uralte geheimnisvolle Rat eines chinesischen Philosophen dabei helfen, Ordnung in unserem Haushalt zu schaffen? Wenn unsere Seele pausenlos damit beschäftigt ist, Unordnung zu beseitigen, wie soll da jemals Ordnung entstehen?

Unerklärlicherweise geschieht das, wenn wir innehalten. Wenn wir darüber nachsinnen, wie unser Leben sich entwickelt, tagein, tagaus. Wenn wir überlegen, was funktioniert und was nicht. Wenn wir nachdenken, bevor wir handeln, wird uns bewußt, wie die Natur aller Dinge – selbst die lästigen Einzelheiten in der häuslichen Sphäre – zur Harmonie des Ganzen beiträgt. Eine der aufschlußreichsten Lektionen des Laotse lautet, daß »die Namensgebung der Ursprung aller Besonderheiten« ist, und daß »Mysterium und Manifestation aus derselben Quelle stammen«.

Ich habe mir diese Weisheiten zu Herzen genommen, vor allem in bezug auf die Hausarbeit. Der langweilige Trott läßt sich, wenn wir von ganzem Herzen dazu bereit und offen sind, in einen Liebesdienst verwandeln. Aus den »Pflichten« werden »Aufgaben«. Hören

Sie auf, Ihre tagtägliche Hausarbeit »Tretmühle« zu nennen; sprechen Sie statt dessen von »Haushaltspflege«. Wenn wir unsere Arbeit neu definieren, hüllen wir unser Bewußtsein in einen subtilen, aber machtvollen Zauber ein. Und schließlich ist die Pflege – die Sie sich selbst, den Menschen, die Sie lieben, Ihren Haustieren und Ihrem Haushalt angedeihen lassen – das, was Sie wirklich tun, wenn Sie Staub wischen, das Katzenklo säubern, die Wäsche aussortieren, im Rahmen der Fahrgemeinschaft die Kinder herumkutschieren, Essen kochen und Gartenarbeit verrichten.

Göttliche Offenbarungen in der häuslichen Sphäre sind sichtbare Manifestationen, daß der Schöpfer in Ihrem Haus eine Heimstatt gefunden hat. Wir finden sie, wenn wir nach dem Geheimnisvollen im Gewöhnlichen suchen, das Geheiligte im Profanen entdecken. Für mich ist dies das Herzstück »des Weges«, das Tao der häuslichen Aufgaben. Laotse forderte die Suchenden auf, »das Geringe als wichtig« zu erachten und »viel aus wenig« zu machen. Versuchen Sie heute, alles was Sie zu Hause tun, ungeachtet dessen, wie nichtig es Ihnen auf den ersten Blick auch erscheinen mag, als Teil des authentischen Weges zu betrachten, der einen ganzheitlichen Menschen aus Ihnen macht. Dann wird Ihr Wunsch in Erfüllung gehen.

12. MAI
Die Harmonie in Ihrem Lebensraum wiederherstellen

> Wenn die Chinesen, die alles wissen, ein Haus bauen, richten sie sich, wie verlautet, nach den Unterweisungen einer uralten Kunst, Feng Shui genannt. Sie sagt ihnen genau, wann und wo welche Arbeit getan werden muß, und so bringt sie dem Heim Glück bis in alle Ewigkeit.
>
> *Jan Morris*

Vor tausend Jahren im alten China berieten die Bewanderten in der geheimen Kunst der richtigen Plazierung, *Feng Shui*, Kaiser und Adel, wie sie mittels der Einrichtung ihrer Räumlichkeiten Harmonie, Gesundheit, Wohlstand und Glück in ihrem Leben fördern konnten.

Gemäß ihrer Auffassung, daß dem kosmischen Atem oder der essentiellen, alles durchströmenden Lebensenergie, Chi genannt, der freie Fluß in Harmonie mit der Natur gestattet werden muß, boten die esoterischen Seher des Feng-Shui-Kultes Ratschläge für alle möglichen Lebensbereiche an, von der Auswahl einer günstigen Begräbnisstätte (für ein schönes Leben nach dem Tod) bis hin zur Planung ganzer Kaiserstädte. Diese umfassende und pragmatische fernöstliche Kunst hat auch im Westen Anhänger gefunden, seit die Menschen in unseren Breiten zunehmend aufgeschlossener dafür werden, neue Lebensinhalte in uralten Weisheiten zu suchen. Amerikanische Banken, Wirtschaftsunternehmen und Restaurants, die in asiatischen Metropolen Niederlassungen errichten, haben Feng-Shui-Experten engagiert, die sie in jedem Aspekt des Designprozesses berieten, von den Bauzeichnungen bis hin zum richtigen Standort für die Schreibtische. Damit hofft man, den Geschäftserfolg und das Wohlbefinden der Mitarbeiter vorzuprogrammieren.

Katherine Metz, eine zeitgenössische Feng-Shui-Expertin, ist der Meinung, daß »wir alle einfache und bezahlbare Veränderungen in unserer häuslichen Sphäre und am Arbeitsplatz durchführen können, die unser natürliches Potential verbessern, dynamisch, empfänglich für Reize und so konzentriert wie möglich zu sein. In unserer heutigen Zeit, die sich so rapide wandelt, können die einfachen Feng-Shui-Anpassungen Klarheit, inneren Frieden, Freude und Wohlstand fördern.«

Zu den Vorschlägen, wie man durch das Mystische über das Profane hinauswächst, gehört unter anderem, eine Windharfe aus Messing an der Eingangstür aufzuhängen, um Klarheit zu gewinnen; Bücher zu einem Blickfang zu machen, der ins Auge springt, sobald man das Haus betritt, um die Erkenntnisfähigkeit zu verbessern; einen Spiegel im Schlafzimmer aufzuhängen, um Liebe, Einfühlungsvermögen und Verständnis in einer intimen Beziehung zu fördern; Blumen ins Schlafzimmer, in die Küche und ins Arbeitszimmer zu stellen, um uns das Glück gewogen zu machen; und einen Spiegel an die Wand neben oder hinter dem Ofen aufzuhängen, um die Herdflammen zu reflektieren, ein Symbol für Reichtum und Wohlstand. Wenn Sie in eine Sackgasse oder unangenehme Situation geraten sind (wie Trägheit), empfiehlt Metz, »siebenundzwanzig Gegenstände im Haus zu verrücken, die im vergangenen Jahr nicht bewegt wurden«, um »die Fähigkeit zu verbessern, im Leben vorwärtszukommen«. Während wir uns bemühen, mehr Ordnung in unser Leben zu bringen, bietet uns diese Woche die perfekte Gelegenheit, mit Feng Shui zu experimentieren, um unseren Lebensraum harmonischer zu gestalten: Räumen Sie Ihre Schränke und Kramschubladen auf, oder rücken Sie die Möbel vor, um dahinter Staub zu wischen. Vertrauen Sie mir, Sie werden das Chi buchstäblich spüren, wenn es Sie umwirbelt, während die positive Energie in Ihrer Umgebung freigesetzt wird.

Es mag dem starren, westlich orientierten Verstand unlogisch und unerklärlich erscheinen, daß wir dem Glück auf die Sprünge helfen können, indem wir Spiegel aufhängen und unser Bett oder unseren Schreibtisch in einer bestimmten Weise aufstellen. Aber es schadet nicht, neugierig zu sein und ein kleines Experiment zu wagen. Denn letztlich werden wir nie finden, wenn wir nicht suchen.

13. MAI
Die Große Mutter ehren

> Mich selbst zu bemuttern ist eine Möglichkeit geworden, meinen innersten Bedürfnissen Gehör zu schenken und auf sie zu reagieren, während ich gleichzeitig auf das Kind in meinem Innern reagiere.
>
> *Melinda Burns*

Heute morgen herrscht unten ein geschäftiges Treiben, das zu beobachten mir verboten ist. »Geheimnis... kann ich dir unmöglich verraten«, flüstert mein Mann, während er die Schlafzimmertür schließt und mit Verschwörermiene lächelt. Ich höre, wie Töpfe und Pfannen hin und her geschoben werden, das Öffnen und Schließen von Schubladen, das Quirlen des Mixers. Nun klingt es, als würde das Frühstückstablett gedeckt: das Klirren meines besten Porzellans hallt im ganzen Haus wider. Normalerweise verzichte ich auf das Frühstück. Aber heute werde ich eine Ausnahme machen. Es ist Muttertag, während ich diese Zeilen schreibe.

Später erscheinen köstliche, von meiner Tochter gebackene Muffins mit Erdbeermarmelade, goldgelb und buttertriefend, noch frisch und ofenwarm, auf der Bildfläche. Ich bin erstaunt, stolz, perplex, zu Tränen gerührt, zutiefst dankbar. Wer ist diese bemerkenswerte junge Frau mit dem wunderbaren, strahlenden Lächeln, die von Herzen kommende Geschenke hereinbringt, um meinen Körper und meine Seele zu laben? Ich denke, hier muß die spirituelle Vorsehung am Werk gewesen sein, denn ich habe nie im Leben Muffins mit Erdbeermarmelade gemacht und nicht die geringste Ahnung, wie Katie an das himmlische Rezept gekommen ist. Es ist ein perfekter Augenblick, um über die kosmische Große Mutter zu meditieren, die uns alle inspirieren kann; der weibliche Geist der Fürsorge, DIE GÖTTIN genannt, die in uralter Zeit verehrt wurde und heute von den Frauen wiederentdeckt wird.

Viele Frauen, die ich kenne, sehnen sich nach Fürsorge, was sie jedoch selten zum Ausdruck bringen. Sie sehnen sich danach, umhegt zu werden. Dieses verzehrende Bedürfnis ist tief verwurzelt, spürbar und oft ungestillt. In aller Regel sind wir diejenigen, die anderen Fürsorge angedeihen lassen, hin und her gerissen zwischen den Anforderungen, die Kinder, betagte Eltern, Partner, Freunde und Arbeitskollegen an uns stellen.

Obwohl wir erwachsen sind, wachsen wir nie über den Wunsch nach einem Menschen hinaus, der einen ganz besonderen Stellenwert in unserem Leben einnimmt, der uns in den Armen hält, übers Haar streicht und uns versichert, daß morgen alles wieder gut sein wird. Vielleicht müssen wir uns bewußt wieder mit der mütterlichen, Geborgenheit vermittelnden Dimension des Göttlichen vertraut machen, um zu lernen, mütterliche Gefühle für uns selbst zu entwickeln. Der beste Weg, damit zu beginnen, besteht darin, als eine Form der Andacht ein gemütliches Zuhause zu schaffen, ein Nest, das alle diejenigen beschützt, in ihrer persönlichen Entwicklung fördert und unterstützt, die eine Zufluchtsstätte darin suchen.

Gloria Steinem hat anrührend über das Bedürfnis geschrieben, wieder in die fürsorgliche Mutterrolle zu schlüpfen, nachdem sie in der Lebensmitte das Thema Selbstachtung erforscht hatte. Da ihre Eltern sich scheiden ließen, als sie zehn war, und ihre Mutter unter schweren, lebensbeeinträchtigenden Depressionen litt, übernahm die Herausgeberin der Zeitschrift *Ms.* die Rolle der fürsorglichen Mutter, die ihre Familie zusammenhält. Jahrzehnte später, als Galionsfigur der Feministinnen in Amerika, war sie damit befaßt, Veranstaltungen zu organisieren, zu reisen, Vorträge zu halten, die Werbetrommel zu rühren und Spenden für die politischen Anliegen der Frauenbewegung zu sammeln. Aber sie wußte nicht, wie man sich selbst pfleglich behandelt – emotional, psychisch und physisch –, obwohl sie sich zeitlebens um die Bedürfnisse anderer gekümmert hatte. Nirgendwo wurde diese Wahrheit offenkundiger als in ihrer häuslichen Sphäre. Sie enthüllt in ihrem Buch *Revolution from Whithin: A Book of Self-Esteem*, daß ihre Wohnung »kaum mehr als eine Abstellkammer war, wo ich die Kleider wechselte und Papiere in Pappkartons stopfte«. Nach und nach gelangte sie zu der späten Erkenntnis, daß die Räumlichkeiten, die man bewohnt, ein »Symbol des Selbst« darstellen; und erst mit fünfzig begann sie, ihr erstes richtiges Zuhause zu genießen.

Wenn Sie heute durch Ihr Haus oder Ihre Wohnung gehen, sollten Sie an Möglichkeiten denken, sich selbst mütterliche Gefühle entgegenzubringen – jeden Tag, nicht nur einmal im Jahr. Es können Kleinigkeiten sein, mit denen Sie Ihre Selbstfürsorge spürbar zum Ausdruck bringen. Angefangen beim Wohnzimmer bis hin zum Schlafzimmer sollte es gemütliche Winkel geben, die Sie einladen, sich einen Moment auszuruhen, zu schlafen, zu entspannen und ungestört nachzudenken. Sorgen Sie, von der Küche bis zum Badezimmer, für kleine, aber feine Aufmerksamkeiten, mit denen Sie sich verwöhnen. Überall sollten Quellen der Schönheit zu finden sein, die Sie inspirieren, sollte ein gewisses Maß an Ordnung herrschen, das dazu beiträgt, Kraft zu tanken, sollte die stille Anmut der Schlichtheit dominieren, die uns innerlich zur Ruhe kommen läßt. Die Dichterin Ntozake Shange schreibt, sie habe die Göttin in sich selbst gefunden und sie geliebt – leidenschaftlich geliebt. Es gibt keine schönere Art, die Liebe der weiblichen Gottheit zu würdigen, die nur darauf wartet, uns zu bemuttern, als jenen Tempel heilig zu halten, in dem ihr Geist auf Erden weilt.

14. MAI
Ein Gefühl für den Charme eines Hauses entwickeln

> Warum lieben wir bestimmte Häuser, und warum scheinen sie uns zu lieben? Es ist die Wärme unseres eigenen Herzens, die sich in unserer Umgebung widerspiegelt.
>
> *T. H. Robsjohn-Gibbings*

In dem Moment, in dem wir ein Haus betreten, spüren wir, ob es Charme besitzt oder nicht. Es hat etwas Anheimelndes, das uns mit fröhlicher Gastfreundschaft in seinen Bann zieht. Die Wärme, die in einem Raum ihren Widerhall findet, lädt uns ein, in dieser Geborgenheit zu versinken und uns rundum zufrieden zu fühlen. Schlichte Schönheit ist immer eine Augenweide. Heitere Gelassenheit, Harmonie und Ordnung erzeugen innere Ruhe. Ein Hauch von Exzentrik belustigt. Persönliche Erinnerungen verknüpfen die Gegenwart wieder mit der Vergangenheit. Die Welt ist noch in Ordnung in einem derart einbindenden und einladenden Haus. Denken Sie an das gemütliche Ambiente in den wunderbar schnulzigen Filmen der vierziger Jahre. In letzteren verliebt sich ein gutaussehender, vom Krieg schwer gezeichneter Frontkämpfer in ein einfaches Dienstmädchen, und der Charme spielt den Cupido: Er belegt die Umgebung, in der sich die beiden begegnen, mit einem Zauberbann, der das Leben von zwei einsamen Menschen grundlegend verwandelt. »Wenn man ihn besitzt«, schrieb der englische Dramatiker Sir James M. Barrie 1907 zum Thema Charme, »braucht man nichts anderes; und wenn man ihn nicht besitzt, spielt es keine große Rolle, was man anderes zu bieten hat.«

Mit Geld kann man wundervolle Möbel und dekorative Accessoires kaufen, aber sie bieten keine Gewähr dafür, daß sie ein Ambiente ergeben, das einen gewissen Charme ausstrahlt. Das mag daran liegen, daß Charme eine Eigenschaft der Seele ist, die man weder kaufen noch veräußern kann. Charme läßt sich dagegen von einem kreativen Geist herleiten. Er wird uns durch unsere Authentizität zuteil und drückt sich in unserer persönlichen Note, im Flair, aus. »Schönheit hat nichts mit Geldausgeben zu tun, sondern mit der Fähigkeit, das wenige, was uns zur Verfügung steht, künstlerisch zu gestalten«, heißt es in einem Artikel mit dem Titel »Der Charme des Unerwarteten«, der im August 1917, während des Ersten Weltkriegs, in der Zeitschrift *The Mother's Magazine* erschien. Damals war es eine unabdingbare Notwendigkeit, mit wenig auszukommen. Erkennen Sie heute, daß »der Wunsch, ein Heim denjenigen lieb und teuer zu machen, die darin leben«, noch immer ein Geheimnis ist, das alle Zeiten überdauert hat: Es verleiht einem Haus seinen ganz besonderen Charme.

15. MAI
Fortschritt, nicht Perfektion

Perfektionismus beinhaltet ein Höchstmaß von Mißbrauch der eigenen Person.

Anne Wilson Schaef

Es war ein herrlicher Sonntagnachmittag im Mai: sonnig und warm, mit einer erfrischenden Brise – einfach perfekt. Genau der Tag, von dem man mitten im Winter träumt. An diesem Morgen hatten meine Tochter und ich einen Ausflug auf den Bauernmarkt unternommen, um junge Salatköpfe, Basilikum, Tomatenpflanzen, Kapuzinerkresse und Ringelblumen zu kaufen. In der Woche zuvor hatten wir mit Erfolg nach einem großen Terrakottakübel gefahndet, in dem wir französische Salatkräuter ziehen wollten. Ich hatte die Idee für einen Miniaturgarten in einem Hochglanz-Lifestylemagazin entdeckt und dachte, es würde Spaß machen, ebenfalls einen anzulegen. Katie war der gleichen Meinung. Und so machten wir uns daran, mit großer Begeisterung und Freude zu planen und zu pflanzen.

Als wir mit der Arbeit fertig waren, hatten wir Mühe, die lose, nasse Pflanzerde von den Seiten des Kübels wegzuwischen. Ich benutzte einen Schwamm, der bald schlammverschmiert war; Katie duschte den Topf mit einer Gießkanne ab und erzielte bessere Ergebnisse, aber das Bild war immer noch nicht so, wie es sein sollte. Es ist mir peinlich, Ihnen zu gestehen, wie lange wir in unserem Perfektionsstreben herumwerkelten, doch schließlich hatte ich die Nase voll: »Jetzt sind wir fertig. Er ist wunderschön.«

»Aber er sieht nicht so aus wie ihrer«, nörgelte meine Tochter.

»Das stimmt – keine Frage. Es sieht wie unser Pflanzkübel aus. Und der ist phantastisch. Wunderbar. Gut genug.«

»Aber ihrer ist super. Alles, was sie macht, ist super. Ich möchte, daß unserer auch super ist«, quengelte eine widerborstige elfjährige junge Dame frustriert.

Auszeit, um mich zu sammeln. Gelassenheit ist Trumpf. Fortschritt, nicht Perfektion. Zuallererst, erklärte ich, stehen den berühmten Lifestylegurus in Büchern, Zeitschriften und Fernsehsendungen, Vollzeitprofis zur Verfügung, die für sie arbeiten, einschließlich Stylisten, die mit einem magischen Pinsel, in die Farbschattierung Siena getaucht, Matschflecken auf Terrakottakübeln übertünchen, bevor die Klappe fällt oder die Filmspule sich dreht. »Das ist Phantasie, Illusion, eine Scheinwelt. Eine Millionenindustrie. Was wir sehen, ist nicht immer die Realität. Und das hier«, klärte ich sie mit zufriedener Miene auf, »ist echt, mit Matsch und allem, was dazugehört. Echt und wunderbar.«

Schließlich überzeugte ich meine gestrenge Kritikerin abzuwarten (Mutter Natur hat mich nicht enttäuscht, und die Regenschauer im Frühling entpuppten sich als unser Stylist). Wir verbrachten den Rest des Nachmittags damit, vergnügt die Erde umzugraben, die hart wie Granit war, um einen altmodischen, duftenden Bauerngarten mit Englischen Rosen, Lavendel, Stockrosen und Rittersporn anzulegen. Die Katzen, die in unserer Nähe herumstrichen, waren ganz aus dem Häuschen über das neue Beet mit Katzenminze.

Wie groß ist der Teil unseres Lebens, den wir verschwenden – vergeuden, vertun oder vertrödeln –, weil wir an unserem neurotischen Perfektionstrieb festhalten? Vielleicht haben unsere Eltern von uns erwartet, daß wir Ansprüche erfüllen, denen sie selbst nie gerecht werden konnten, wie ihnen sehr wohl bewußt war. Gewiß wollten sie, daß wir es einmal besser im Leben haben sollten und mehr erreichen. Aber mehr von was? Mehr Kummer? Hatten Sie nicht genug dergleichen? Akzeptieren Sie heute, daß Perfektion ein unerreichbares Ziel ist. Im realen Leben sollten wir danach streben, unser Bestes zu geben, und nicht den Anspruch an uns stellen, uns als Supercracks auf gleich welchem Gebiet zu profilieren. Es wird also immer ein Wort geben, das wir falsch geschrieben haben, einen Fleck auf dem Teppich oder einen Terrakottakübel mit Matschstreifen.

Vollkommene Frauen manifestieren sich nicht auf dieser Existenzebene. Berühmtheiten, die uns Perfektion vorgaukeln, sind eher zu bedauern, als kritisch zu beurteilen, zu beneiden oder nachzuahmen. Warum? Weil sie trotz ihres Ruhms und ihrer dicken Bankkonten sehr selten Augenblicke der Ruhe und des inneren Friedens erleben; die ganze Welt beobachtet sie mit Argusaugen und wartet nur auf einen Fehltritt.

Vielen Dank, das ist nichts für mich. Ich passe. Sie auch? Perfektion läßt so wenig Raum für Verbesserungen. So wenig Chancen für Akzeptanz – oder Freude. Auf dem Pfad, den wir gewählt haben, ist der Fortschritt ein schlichtes Vergnügen, das wir von ganzem Herzen genießen können – täglich. Natürlich werden auch perfekte Augenblicke auf uns warten, wie einen sonnigen Nachmittag im Garten mit meiner Tochter verbringen. Das Leben und Pflanzkübel müssen nicht perfekt sein, um uns zufrieden zu stimmen.

16. MAI
Aussortieren, was nicht nützlich oder schön ist

> Wir sollten nichts in unserem Heim aufbewahren, von dem wir nicht wissen, daß es nützlich, und nicht glauben, daß es schön ist.
> *William Morris*

Ab den achtziger Jahren des vorigen Jahrhunderts wehte ein frischer Wind durch die viktorianischen Salons Englands, nachdem der Dichter, Kunsthandwerker und Erfinder William Morris die einflußreiche Bewegung »Art and Crafts« gegründet hatte. Morris und seinesgleichen zogen gegen die billigen, schäbig verarbeiteten, in Massen produzierten Möbel und Dekorationsgegenstände zu Felde, mit denen die zu Wohlstand gelangte Mittelschicht in ihrer ungezügelten Kauflust ihre Häuser vollstopfte.

Morris drängte seine Landsleute vor allem, sich von den häßlichen, nutzlosen und unbequemen Möbeln zu trennen und schlichtem und »echtem« Mobiliar den Vorzug zu geben. Der irische Dichter William Butler Yeats bezeichnete Morris' Forderung nach einer ästhetischen Alchimie aus Schönheit und Funktionalität in der Inneneinrichtung als »lange erwartete Geburt der dekorativen Künste«.

Auf dem Weg der Einfachheit und Fülle findet die Geburt unseres authentischen Dekorationsstils statt, wenn wir die von Morris aufgestellte Regel akzeptieren und anwenden – uns von allem befreien, was wir nicht als schön oder nützlich erachten –, während wir Ordnung in unseren vier Wänden schaffen und unser Leben vereinfachen.

Beginnen Sie gleich in dieser Woche damit und nehmen Sie Block und Bleistift zur Hand. Gehen Sie bewußt und meditativ durch die Räumlichkeiten. Lassen Sie sich vom göttlichen Geist der Schlichtheit, Ordnung, Harmonie und Schönheit begleiten. Betrachten Sie Ihre Umgebung mit wachem Blick – das Mobiliar und die Dekorationsobjekte. Danken Sie dem Schöpfer für das, was Sie in diesem Augenblick besitzen. Und nun beginnen Sie mit Ihrer Recherche. Fragen Sie jedes Ihrer Besitztümer: Bist du schön? Nützlich? Oder ist es für dich an der Zeit für einen Ortswechsel? Sie werden zweifellos an einen Gegenstand geraten, der weder schön noch zweckmäßig ist, aber sentimentale Erinnerungen birgt. Schaffen Sie eine neue Kategorie (tut mir leid, Mr. Morris) auf Ihrer Inventurliste. Üben Sie sich in der Tugend der Selbstbeschränkung. Zerreißt es Ihnen wirklich das Herz, wenn Sie sich von einem Objekt trennen müßten? Würden Sie trauern, wenn es aus Ihrem Gesichtsfeld verschwände? Seien Sie ehrlich. Niemand erfährt etwas von dieser Übung außer Ihrem authentischen Selbst, und die Frau in Ihrem Innern versucht, Ihnen etwas mitzuteilen. Hören Sie aufmerksam zu. (Wenn die drohende Verbannung ein anderes Familienmitglied in

Trauer versetzt, schaffen Sie das Objekt in ihr oder sein Zimmer.) Notieren Sie alle Informationen. Nehmen Sie sich Zeit, um mit Blick auf das Papier darüber nachzudenken, bevor Sie handeln.

Der nächste Schritt im Prozeß besteht in der kalendarisch fixierten Verpflichtung, sich jeden Monat einen Raum für die Entrümpelungsaktion vorzunehmen. An besagtem Tag sollten Sie ein paar Stunden für diese Aktivität einplanen (wie beim Aussortieren Ihrer Garderobe, erinnern Sie sich?) Vergewissern Sie sich, daß Sie genügend Kartons bereitgestellt haben. Und nun fangen Sie an mit dem Sortieren: Wenn etwas nicht schön oder nützlich ist oder einen Erinnerungswert hat, dann weg damit! Eine Kiste sollte Gegenständen vorbehalten sein, die Sie vielleicht auf Trödelmärkten oder an Secondhandläden verkaufen können – wie Großtante Margas Vase mit den Nymphen oder das italienische Espresso-Set, das Sie zur Hochzeit bekommen und auf Anhieb gehaßt haben. Und in eine weitere Kiste kommen alle noch sehr gut erhaltenen Dinge, in die Sie früher einmal vernarrt waren, die Ihr Herz heute aber nicht mehr höher schlagen lassen. Sie können als künftige Geschenke einer neuen Bestimmung zugeführt werden.

Ein uraltes metaphysisches Gesetz besagt, daß wir zuerst ein Vakuum erzeugen müssen, um das erwünschte Gute empfangen zu können, wenn wir unser Leben durch Einfachheit und Fülle bereichern wollen. Wie kann das Gute Einzug in unser Leben halten, wenn uns der Platz dafür fehlt? Dieses Vakuum stellen wir her, indem wir die Dinge weggeben, die wir nicht mehr brauchen oder mögen, die anderen aber gute Dienste leisten.

Wir alle ändern uns, wenn wir wachsen und uns weiterentwickeln (daran merken wir, daß wir Fortschritte machen). Das schließt unseren persönlichen Geschmack ein. Wenn Ihnen Ihre bunten Keramik-Müslischalen nicht mehr gefallen und Sie eine Vorliebe für Hutschenreuther-Porzellan entdeckt haben, oder wenn das edle Frühstücksgeschirr, das Sie von Ihrer Großmutter geerbt haben, nicht zu Ihrer formlosen und rustikalen Art paßt, Gäste zu bewirten – verschenken Sie es. Es zeugt von Fülle und schlichter Freude, einer Freundin, die Sie eingeladen hat, ein köstliches, selbstgebackenes Bananenbrot als Geschenk auf einer Platte mitzubringen, die Ihnen nie wirklich gefallen hat, von Ihrer Gastgeberin aber stets bewundert wurde.

Der Entschluß, unser Leben zu vereinfachen und Ordnung in unseren Hausstand zu bringen, indem wir die Dinge, die uns nicht mehr gefallen, einer neuen, glücklicheren Bestimmung bei Menschen zuführen, die sie aufrichtig schätzen, ist eine Möglichkeit, uns für den Empfang einer Fülle zu öffnen, die perfekt auf uns abgestimmt ist.

17. MAI
Das Frühlingsritual der Erneuerung à la Ruskin

> Drei Dinge sind erforderlich, damit Menschen Zufriedenheit in ihrer Arbeit finden: Sie müssen dafür qualifiziert sein. Sie müssen nicht zuviel davon tun. Und sie müssen das Gefühl haben, Erfolg damit zu erzielen.
>
> *John Ruskin*

Die Sonne scheint, die Fenster haben Streifen, und in den weißen Vorhängen scheint sich der Grauschleier eingenistet zu haben. Das Haus könnte einen Frühjahrsputz gebrauchen. Doch die Fenster und Vorhänge müssen noch warten, weil das Sofa und ein neues Buch so verführerisch sind.

Auch die Kramschubladen werden sich noch eine Weile gedulden müssen. Schließlich wissen wir ja, daß die schwarzen Löcher, die hinter der ordentlichen Fassade lauern, Krimskrams und weiß Gott noch was enthalten. Verlorene Gegenstände. Gefundene Gegenstände. Gegenstände, die irgend jemand in der Familie in einem anderen Leben noch einmal gebrauchen könnte. Oder nicht mehr bestimmbare Gegenstände. Was immer man sich vorstellen mag, wir entdecken es hier.

Nun, ich weiß nicht, wie Sie es halten, aber ich hatte (habe – das Leben gleicht hier Ebbe und Flut) Kramschubladen in jedem Zimmer des Hauses. Es wurde so schlimm, daß ich sie nie freiwillig zu öffnen pflegte, außer, um mit geschlossenen Augen einen weiteren

Gegenstand hineinzustopfen. Ich bin süchtig nach Kramschubladen. Doch seit ich die Lektionen der Einfachheit und Fülle verinnerlicht habe, sehe ich meiner zwanghaften Sammelleidenschaft beherzt ins Auge. Ich wurde nach außen hin ordentlicher, aber unter der Oberfläche brodelte die häusliche Anarchie. Ich wußte es. Mein authentisches Selbst wußte es. Und auch mein Mann und meine Tochter waren sich darüber im klaren. Ich fühlte mich angesichts dieser Situation nicht besonders wohl. Uns Frauen bleibt letztlich nichts anderes übrig, als unseren ganzen Mut zusammenzunehmen und uns der Aufgabe zu stellen, unsere Kramschubladen zu entrümpeln. Holen Sie tief Luft. Ich halte Ihnen die Hand.

Die beste Methode besteht darin, das kunterbunte Sammelsurium eines Lebens in kleinen, zu bewältigenden Mengen zu entsorgen, wenn Sie dem Rat von John Ruskin folgen wollen. Fangen Sie also nicht zuviel auf einmal an; auf diese Weise bekommen Sie den Erfolg Ihrer Bemühungen unmittelbarer zu spüren. Nehmen Sie jeden Monat einen Raum oder eine »Deponie« in Angriff. Dann unterteilen Sie das Zimmer in einzelne Bereiche: In der ersten Woche sind die Kramschubladen an der Reihe, danach die Schränke und im Anschluß die spezifischen Abstellflächen – unter den Betten, im Wäscheschrank, im Arzneischränkchen, im Nähkorb. Versuchen Sie gar nicht erst, alles in einem Durchgang zu bewältigen, weil sie ansonsten Ihre Arbeit eigenhändig sabotieren. Ist der Schrank mit den Spielen, an dem die ganze Familie ihre Freude hat, in den letzten fünf Jahren jemals aufgeräumt worden? Keine Sorge, er kann auch noch weitere zwei Monate oder so lange warten, bis Sie die Zeit finden, sich um ihn zu kümmern. Nehmen Sie sorgfältig diejenigen Bereiche Ihres Hauses ins Visier, die Ihnen im Augenblick am meisten Verdruß bereiten, und ordnen diesen Prioritäten je nach Grad der Frustration zu.

Obwohl ich fest davon überzeugt bin, daß die Hausarbeit geteilt werden sollte, habe ich mich widerstrebend zu der Einsicht durchgerungen, daß die Aussortieraktion in unserem Haushalt mein »Privileg« ist. Sie müssen diese Aufgabe allein bewältigen. Ich kann das nicht oft genug betonen. Ehemänner oder Partner und Kinder werden nicht zulassen, daß Sie etwas wegwerfen. »Oh, da ist es ja!« werden sie ausrufen und buchstäblich jeden Gegenstand an sich reißen, den Sie entsorgen wollten (einschließlich der steinharten Knete), um ihn dann irgendwo im Haus an einer Stelle zu deponieren, über die Sie stolpern. Vergessen Sie's. Wenn Ihre Familie fünf oder zehn Jahre ohne das gute Stück leben konnte, dann wird sie in der Lage sein, bis in alle Ewigkeit darauf zu verzichten. Vertrauen Sie mir, Sie müssen sich den Ballast allein vom Hals schaffen, denn wenn andere ein Wörtchen mitzureden haben, werden Sie vollends den Verstand verlieren.

Eine letzte Warnung bei der Entrümpelung: Überlegen Sie sich genau, was mit Objekten der Kategorie »Ich weiß nicht, was das ist und wohin es gehört« geschehen soll. Wenn ein Gegenstand nicht von einem Familienmitglied identifiziert und zugeordnet werden kann, dann weg damit, auf Nimmerwiedersehen. Das ist der einzige Aspekt der Aufräumaktion, bei dem ich Beratung wünsche. Aber denken Sie daran, hart zu bleiben. Und im Zweifelsfall gilt: wegwerfen. Sie brauchen den Gegenstand nicht. Nein, er wird Ihnen auch nicht eines fernen Tages gute Dienste leisten. Und außerdem wollen Sie unter gar keinen Umständen, daß der Inhalt Ihrer Kramschubladen am Ende in »Müllsäcken« endet (eine sehr reale Möglichkeit für chronische Hortende), die nur ein Stockwerk tiefer auf einer unterirdischen Müllkippe landen, die im allgemeinen Sprachgebrauch »Keller« genannt wird. Aber das ist, wie es heißt, eine andere Geschichte, die wir uns für einen anderen Tag aufheben.

Jede entrümpelte Kramschublade, jeder Schrank und jeder erfolgreiche Organisationsversuch bestärkt Sie in dem Gefühl, daß Sie nach und nach die Kontrolle über Ihr Leben zurückgewinnen. Mir war nie richtig bewußt geworden, wie schwer die Unordnung unter der Oberfläche auf meinen Gedanken lastete. Doch sobald der Plunder aus meinem Leben verschwunden war, hatte ich das wunderbare Gefühl, wie neugeboren zu sein, einschließlich Freude und innerem Frieden. Das war der Kern der Einfachheit und Fülle, und er hatte mich nur Zeit (um zu planen), Mut (um die Aufgabe in Angriff zu nehmen) und kreative Energie (um sie zu Ende zu führen) gekostet.

Sie sollten nicht überrascht sein, wenn Sie an einem herrlichen Frühlingstag plötzlich den dringenden Wunsch verspüren, die Vorhänge zu waschen und die Fenster zu putzen. Das Licht ist wundervoll, und Sie sehen danach alles ganz klar.

18. MAI
Vereinfachen, vereinfachen und nochmals vereinfachen

Inmitten des Wirrwarrs gilt es, das Einfache zu finden.
Albert Einstein

Nachdem ich einen ganzen Vormittag damit verbracht hatte, das Schöne, Nützliche und Nutzlose zu durchforsten und zu sortieren, warf ich einen Blick auf unseren Wohnzimmerboden. Er ähnelte einer archäologischen Ausgrabungsstätte mit kleinen Bergen von Artefakten, fein säuberlich nach ihren häuslichen Kategorien getrennt. Ich fragte mich beklommen, was ein Anthropologe des ausgehenden zwanzigsten Jahrhunderts, der das einträchtige Nebeneinander von Schund und kostbaren Erinnerungen der Welt wohl über die Frau berichtet hätte, deren Leben nun auf eine Reihe genau abgezirkelter Häufchen reduziert worden war.

Recht bald wurde es Zeit, alles wieder dort einzuordnen, wo es hingehörte. Das war, ob Sie es glauben oder nicht, eine Quelle, aus der ich großen Trost schöpfte. Während ich gemächlich durch die Räume des Hauses schlenderte, begann ich, nach dem roten Faden im Leben der größten spirituellen Lehrer und in der Geschichte der religiösen Traditionen der Welt zu suchen: Jesus Christus, Mohammed, Buddha, Laotse, die hebräischen Propheten, die moslemischen Sufis, die katholischen Heiligen, die heiligen Männer im Hinduismus, die Shaker, die Quäker, die Amish. *Diese Religionsstifter und Glaubensgemeinschaften besaßen mit Sicherheit keine Kramschubladen.* Das lag daran, daß sie sich für eine schlichte Lebensführung entschieden hatten. Spiritualität, materielle Genügsamkeit und Gelassenheit scheinen eine heilige Dreieinigkeit zu bilden: drei göttliche Eigenschaften einer ordnungsliebenden Seele. Der Philosoph und Naturalist Henry David Thoreau war der Ansicht, daß unser Leben

»mit Nichtigkeiten vergeudet« wird. Dem kann ich nicht zustimmen. Ich bin der Meinung, daß wir unser Leben durch das Versäumnis vergeuden, uns auf das Wesentliche zu konzentrieren. Aber wie können wir unsere Aufmerksamkeit auf das wirklich Wichtige im Leben richten, wenn wir fast den Verstand verlieren, weil wir in unseren häuslichen vier Wänden nichts wiederfinden? Wie dem auch sei, Thoreaus Geheimrezept, um der Zeitverschwendung Paroli zu bieten, lautete: das Leben vereinfachen, vereinfachen und nochmals vereinfachen.

Überlegen Sie diese Woche, daß es an der Zeit wäre, sich mit ein wenig Courage und Kreativität den Raum zum Atmen zu verschaffen, nach dem Sie sich insgeheim sehnen. Sie mögen denken, daß Sie nur die Kramschublade entrümpeln oder ein paar Stunden opfern, um Ihr Haus auf Vordermann zu bringen. Aber Ihre Seele weiß es besser.

19. MAI
Die innere Ordnung

> Was für eine Gottesgabe ist die Fähigkeit, aus dem inneren Chaos einen gewissen Anschein von Ordnung zu schaffen.
> *Katherine Paterson*

Der Frühling ist nicht nur die traditionelle Jahreszeit für das Großreinemachen, sondern bietet uns zugleich die perfekte Gelegenheit, Ordnung in unserem Innern zu schaffen.

Ein Weg, nach innerer Ordnung zu streben, besteht darin, sich mit den Gegebenheiten auszusöhnen, die uns geradezu verrückt machen, die zu ändern wir aber noch die Zeit oder die Möglichkeit haben.

Spulen Sie einen typischen Arbeitstag ähnlich einem Videofilm mental ab und beobachten Sie die Frau am Ende ihres Gängelbands mit Sympathie. Was läßt Sie vor Schreck zusammenzucken? Das kann alles mögliche sein, angefangen bei der Sorge, daß Sie in der Eile, mit der Sie sich morgens auf den Weg zur Arbeit gemacht haben, etwas vergessen haben könnten, was Sie an diesem Tag im

Büro brauchen, bis hin zu der Erkenntnis, daß Sie nie ein Kleidungsstück finden, was nicht zerknittert wäre. Oder Sie stellen während des Kochens fest, daß Ihnen eine Zutat ausgegangen ist, die für das Gericht unbedingt erforderlich ist. Solche Situationen bedürfen dringend der Ordnung, genauso wie Ihre zersplitterte Seele.

Es gibt eine Möglichkeit, sich das Leben zu erleichtern. Sie setzt voraus, daß wir in unserem Innern Ordnung schaffen, so daß diese Disziplin auch in der Realität unseres Alltags sichtbar wird. Streben Sie nach dieser inneren Ordnung, indem Sie Ihren Tag mit einem mentalen Rahmen versehen: Beginnen und beenden Sie den Tag mit Nachdenken über das, was sein wird, und das, was war. Diese Ruhe vor und nach dem Sturm wird Sie daran erinnern, daß Sie jeden Morgen frei entscheiden, in der Welt zu leben, sich von ihrer Hektik aber nicht vereinnahmen zu lassen – vor allem, wenn diese hausgemacht ist. Ihr mentaler Rahmen muß nicht mehr als fünfzehn Minuten umfassen. Ich weiß, daß ich bereits vorgeschlagen habe (und auch weiterhin empfehlen werde), Verschnaufpausen einzulegen, die Ihnen ganz allein gehören. Sie glauben nicht, daß Sie Zeit dafür erübrigen können? Vielleicht nicht heute. Aber nehmen Sie sich morgen die Zeit. Gestehen Sie sich eine Viertelstunde zu, bevor alle anderen Mitglieder Ihres Haushalts aufstehen und nachdem sie zu Bett gegangen sind.

Wie nutzen Sie die Zeit, nachdem Sie als erste aufgewacht sind, oder kurz bevor Sie einschlafen? Werden Sie innerlich ganz ruhig, sammeln Sie sich, bringen Sie sich in Stimmung für den Tag, sinnen Sie über ein bestimmtes Thema nach, spintisieren Sie, gehen Sie auf mentale Entdeckungsreise. Denken Sie darüber nach, begreifen Sie, halten Sie sich vor Augen, gestehen Sie sich ein, machen Sie sich bewußt, daß alles in unserem Innern beginnt. Beten Sie oder lesen Sie in der Bibel, erbauliche Gedichte oder eine Meditation in einem inspirativen Buch. Denken Sie an den Tag, der vor Ihnen liegt, und malen Sie sich aus, wie er sich Schritt für Schritt entwickelt. Rufen Sie die göttliche Ordnung an, bitten Sie den Schöpfer, Ihr Leben heute und immerdar zu leiten. Stellen Sie sich vor, wie Sie sich am Ende eines fröhlichen, streßfreien, produktiven Tages fühlen, wie Sie sich entspannen und die wohlverdiente Freizeit am Abend genießen. Gehen Sie mit einer Tasse Kaffee in den Garten, auf den Balkon, setzen Sie sich auf die Veranda oder auf die Außentreppe Ihres Hauses und warten Sie darauf, daß die Sonne aufgeht. Beobachten Sie, wie sanft und zuverlässig sich die Natur jeden Tag erneuert. Mutter Zeit kennt keine Hast; sieben Uhr sagt nicht zu sechs Uhr: »Jetzt aber schnell, du mußt los, zur Besprechung, oder Faxe schicken!«

Wenn Sie Kinder haben, anderthalb Stunden zu Ihrem Arbeitsplatz unterwegs sind oder Kunden im Ausland telefonisch erreichen müssen (wie sehr gute Freunde von mir), scheint mein Vorschlag auf den ersten Blick undurchführbar zu sein, empfohlen von einer Frau, die offensichtlich keinen blassen Schimmer davon hat, wie es im wirklichen Leben zugeht. Ihren Tag mental einzurahmen, indem Sie Ihren Geist mit Nahrung versorgen, bedeutet, daß Sie früher aufstehen müssen, auch wenn Sie von den Mühen des gestrigen Tages noch so erschöpft sind, daß Sie nur schwer aus den Federn finden. Oder daß Sie am Abend eine ruhige Minute mit sich selbst verbringen, auch wenn Sie dagegen ankämpfen müssen, nicht auf der Stelle einzuschlafen. Wissen Sie, was ich morgens und abends mache? Eine halbe Stunde, bevor der Wecker klingelt, und abends kurz vor dem Einschlafen liege ich im Bett und höre mir gregorianische Choräle an – die sublimen alten Bittgebete in lateinischer Sprache, die von den Benediktinermönchen in den vergangenen 1500 Jahren gesungen wurden. Es ist jammerschade, daß ich nicht jedes Wort verstehe, aber das spielt keine Rolle. Ich weiß aber, daß die leisen, rhythmischen Gesänge mir auf einer sehr tiefen Ebene Ruhe und Gelassenheit vermitteln. Manchmal bete ich gemeinsam mit den Mönchen, oder ich stelle mir vor, daß sie *nur für mich* beten. Das ist ein sanfter, kontemplativer und tröstlicher Hinweis darauf, daß es noch eine andere Realität gibt, die wahrhaftiger ist als die sichtbare, was ich inmitten eines geschäftigen Tages häufig vergesse – genau wie Sie, wie ich vermute. Streben Sie heute danach, Ordnung in Ihrem Innern zu schaffen, so daß sich die göttliche Ordnung in der Außenwelt Ihres Alltags manifestiert.

20. MAI
Die Kunst des Umräumens

Umräumen ist in Wirklichkeit eine Zeit, die man mit sich selbst verbringt, um zu träumen und in Kontakt mit dem Ich zu treten... Umräumen ist Selbstentdeckung.

Alexandra Stoddard

In meinen Augen gibt es einen bedeutsamen Unterschied zwischen aufräumen, ausräumen und umräumen. Die beiden ersten häuslichen Aufgaben stellen das Fundament dar; sie schaffen die Ordnung, die eine unerläßliche Voraussetzung für das Ritual ist. Umräumen könnte man als Mittelding zwischen Selbstprüfung und Inspiration definieren. Diese Tätigkeit steht nicht auf unserer »Zuerledigen-Liste«, und deshalb kann sie uns gestreßte Frauen becircen, auf die Mitte konzentrieren und verlocken. Es macht mir keinen Spaß, für persönliche Erinnerungsstücke oder eine Vase mit Blumen einen neuen Platz zu suchen, an dem sie besonders gut zur Geltung kommen, wenn ringsum Chaos herrscht und in allen Ecken Spinnweben lauern. (Gewiß bin ich nicht die einzige Frau auf der Welt, die an der Wohnzimmerdecke ein solches Meisterwerk entdeckt hat, das für eine Fernsehdokumentation über das Leben der Spinnen geeignet wäre!) Deshalb behalte ich mir gewöhnlich den Samstagnachmittag zum Umräumen vor, wenn das Haus nach dem Großputz fürs Wochenende noch einigermaßen ordentlich ist und einer frischen Leinwand gleicht, auf der ich meine kreativen Ideen umsetzen kann.

Im Gegensatz zum Aufräumen, einer Aufgabe, die als Gruppenaktivität bewältigt werden kann, ist das Umräumen eine Beschäftigung, der Sie im Alleingang nachgehen sollten, und zwar völlig ohne Hast, um ein Höchstmaß an positiven, metaphysischen Erfahrungen daraus abzuleiten. Der Kern des Umräumens ist das Neuarrangement, obwohl ich dazu auch das Putzen von Silber, das Polieren von Porzellan und Gläsern, das dekorative Anordnen von Blumen und das Verrücken von Möbeln rechne. Ein Teil des Vergnügens, das damit einhergeht, ist die freie Assoziation. Stellen Sie sich das Umräumen wie einen häuslichen Rorschach-Test vor. Statt Tintenkleckse zu deuten, sinnen wir über die verborgene Bedeutung persönlicher Besitztümer nach, bis wir uns vom Fluß der Gedanken tragen lassen und zu Träumen, Optionen, Risiken, Vergnügungen und authentischen Vorlieben gelangen. Sie denken vielleicht, daß Sie nur den Nippes auf dem Kamin, dem Bücherregal oder dem Beistelltisch von A nach B transportieren, doch in Wirklichkeit entwerfen Sie eine völlig neue, innere Lebenslandkarte.

Musik spielt in diesem Zusammenhang eine wichtige Rolle; sie ist Teil meines Umräumrituals. Ich höre gerne Musik bei der Hausarbeit, und meine Auswahl, die jeweils von der zu erledigenden Aufgabe und meiner momentanen Stimmung abhängt, rangiert zwischen Bach und Broadway-Musicals. Besonders gut meditieren und umräumen kann ich, wenn im Hintergrund die Musik zum Film *Jenseits von Afrika* läuft. Wenn ich John Barrys eindringlicher Komposition lausche, während ich Familienbilder oder meine kleine Sammlung geschliffener irischer Gläser neu ordne oder die Trockenblumensträuße vom letzten Winter durch frische Schnittblumen ersetze, muß ich unwillkürlich an Isak Dinesen denken, wie sie ihr Silber, ihre Trinkbecher aus Kristall und ihr Limoges-Porzellan packt, bevor sie unmittelbar vor Beginn des Ersten Weltkriegs von Dänemark nach Afrika auswandert. Sie konnte sich nicht vorstellen, gleich wo auf der Welt ohne ihre heißgeliebten persönlichen Habseligkeiten zu leben. Judith Thurman erklärt in der Biographie *Isak Dinesen: The Life of a Storyteller*, daß »ihr Ehrgeiz darin bestand, ihr Heim in eine Oase der Zivilisation zu verwandeln«. Diesen Ehrgeiz kenne ich aus eigener Erfahrung, auch wenn meine Wildnis eine Kleinstadt in Maryland und keine Savanne in Kenia ist.

Einerlei, ob sich Ihr häusliches Domizil in der Stadt, auf dem Lande oder in Suburbia befindet, es gibt überall fruchtbaren Nährboden für die Aussaat Ihrer Träume. Beim Umräumen werden die Samenkörner verstreut. Und zu gegebener Zeit können wir eine wahre Fülle der Zufriedenheit ernten.

21. MAI
Ein Nest voller Geborgenheit

> Ach! Es gibt nichts Schöneres, als es sich daheim so richtig gemütlich zu machen.
>
> *Jane Austen*

Jane Austens Romane sind bekannt für ihre Lebensklugheit, ihre feine Ironie und ihre scharfe Beobachtungsgabe, mit der Ausschnitte aus dem englischen Familienleben des achtzehnten Jahrhunderts geschildert werden. Sie enthüllen aber auch, zwischen den Zeilen, die Liebe der Autorin zu einem »Nest«, das Geborgenheit vermittelt. Jane Austen, die an einem kleinen Tisch unweit der offenen Feuerstelle zu schreiben pflegte, beschreibt einen solchen Hafen in ihrem Roman *Mansfield Park*, in den sich ihre Heldin Fanny Price zurückziehen kann: in einen Raum mit ihr vertrauten Gegenständen – dem Schreibtisch, den Pflanzen und den Büchern.

Ungeachtet unseres Einrichtungsstils – des tatsächlichen oder angestrebten – ist die wahre spirituelle Schönheit, die ein Haus ausstrahlen sollte, der Trost der Geborgenheit. Wenn wir unsere wahre Identität entdecken und sie durch die Gestaltung unseres Lebensraums zum Ausdruck bringen, rückt die Geborgenheit auf der Liste der Prioritäten an die erste Stelle. Nachdem ich den Weg der Einfachheit und Fülle betreten hatte, entdeckte ich erschrocken, daß es in unserem Haus nur wenige Winkel gab, in denen ich mich rundum wohl und geborgen fühlte. Die Suche nach Authentizität läßt sich mit dem Leben in einem Landstrich vergleichen, der häufig von Erdbeben heimgesucht wird: Man weiß nie, wann der Boden unter den Füßen zu schwanken beginnt. Eines Tages erkannte ich, wieviel Zeit ich damit verbrachte, in meinem Schlafzimmer zu lesen, unbeabsichtigt – in einiger Distanz von meinem Mann und meiner Tochter. Das lag nicht daran, daß ich unbedingt meine Privatsphäre brauchte, sondern daß ich keinen einzigen bequemen Sessel im Wohnzimmer besaß, in den ich mich hineinkuscheln konnte. Mein Mann hatte seinen Stammplatz auf dem großen Sofa, meine Tochter beanspruchte das kleine Sofa für sich, und ich landete oft in Ermangelung eines geeigneten Sitzmöbels im Schlafzimmer, obwohl ich meine Zeit viel lieber in ihrer Gegenwart verbracht hätte. Als mir dies bewußt wurde, beriefen wir den Familienrat ein und diskutierten darüber, wie wir es uns zu Hause gemütlicher machen könnten. Nun sparen wir und suchen in aller Ruhe nach den Dingen, die wir brauchen, um ein Nest zu schaffen, das Körper und Seele Geborgenheit vermittelt.

Denken Sie heute an Ihr eigenes Nest. Ist es so gemütlich, daß Sie es am liebsten überhaupt nicht mehr verlassen würden? So sollte es sein. Wann haben Sie diesem Aspekt der Geborgenheit zum letzten Mal die Aufmerksamkeit geschenkt, die sie verdient? Schreiben Sie heute eine Wunschliste: weiche, kuschelige Sitzecken; dicke Kissen, die Sie sich in den Rücken stopfen, wenn Sie lesen wollen, oder die zu einem Nickerchen einladen; eine Möglichkeit, die Füße hochzulegen; Leselampen mit ausreichender Beleuchtung; genügend Bücherregale; interessante, informative oder unwiderstehliche Lektüre in greifbarer Nähe; Abstellflächen, auf denen Sie Ihre heißgeliebten Dekorationsobjekte richtig zur Geltung bringen können; gemütliche Beistelltische für Erfrischungen; ein geordneter und gut ausgestatteter Schreibtisch als Schaltzentrale in Ihrem Leben; eine Stereoanlage in der Qualität, die Ihr Geldbeutel zuläßt, und eine Musiksammlung, die Ihre unterschiedlichen Stimmungen widerspiegelt; eine anständige Kaffeemaschine, eine hübsche Teekanne oder Saftpresse; Pflanzen und Blumen als Blickfänger; Gartenmöbel, die zum Ausruhen verlocken, und ein Garten oder eine Terrasse, die Sie zum Verweilen einladen. Die Liste sieht für jeden anders aus. Nehmen Sie sich die Zeit, etwas über Ihre wahren Bedürfnisse herauszufinden. Denken Sie an Räume, in denen Sie sich auf Anhieb wohl gefühlt haben, auch wenn es nicht Ihre eigenen waren. Was hat Sie daran so fasziniert, daß Sie am liebsten gar nicht wieder gegangen wären? Der Schlüssel des Geheimnisses war vermutlich die Geborgenheit, die sie ausstrahlten. Überlegen Sie heute, was Sie brauchen, um ein persönliches Nest zu schaffen, das Körper und Seele Geborgenheit vermittelt.

22. MAI
Das Heim Ihrer Träume

Wenn ich den größten Vorteil eines Hauses nennen sollte, würde ich sagen: Das Haus beherbergt Tagträume.

Gaston Bachelard

Haben Sie vielleicht den Filmklassiker *Nur meiner Frau zuliebe* aus dem Jahre 1948 mit Cary Grant und Myrna Loy in den Hauptrollen gesehen? Diese bezaubernde Komödie enthält eine versteckte Warnung, die heute noch relevant ist. Sie handelt von einem erfolgreichen New Yorker Werbemanager und seiner Familie, die in einer aus allen Nähten platzenden Wohnung mitten in der Stadt leben, und von einem Eigenheim in ländlicher Umgebung träumen. Sie lassen sich auf ein kostspieliges Abenteuer ein, um das von Rosen überwucherte Cottage in Connecticut zu errichten, das ihnen vorschwebt. Jeden Tag wird das Häuschen ein bißchen höher, und mit ihm wachsen auch die Rechnungen. Es ist eine Geschichte, die jeder Eigenheimbesitzer aus eigener Erfahrung kennt. Doch am Ende der Leidenszeit, die den Blandings ins Haus steht, wird ihr Traum wahr, auch wenn die Nerven bloßliegen und das Bankkonto aus dem letzten Loch pfeift. Ich hoffe, daß sie danach bis an ihr Lebensende glücklich waren, denn das Haus sah märchenhaft aus.

Es dauert mitunter Jahre, bis ein Traum das Licht der Welt erblickt, gleichgültig, ob es sich um die Gründung einer Familie, die berufliche Karriere, ein Eigenheim oder einen bestimmten Lebensstil handelt. Auch Träume haben ihren Preis. Ein uraltes Sprichwort besagt: »Nimm dir, was du willst, spricht der gütige Gott, aber sei bereit, dafür zu bezahlen.« Träume kosten Geld, Schweiß, Frustration, Tränen, Mut, knifflige Entscheidungen, Ausdauer und außerordentliche Geduld. Aber die Realisierung eines Traumes erfordert noch eines: Liebe. Nur die Liebe kann ein Haus, in dem Einzelpersonen mit ureigenen Bedürfnissen und Interessen leben, in eine fürsorgliche, in dick und dünn zusammenhaltende Familie verwandeln, aus einer Passion eine Möglichkeit machen, den Lebensunterhalt zu verdienen, oder ein bloßes Dach über dem Kopf zu einem Heim werden lassen, das unser authentisches Selbst perfekt widerspiegelt.

Selbst wenn Geld keine Rolle spielt, sind immer noch Liebe und Zeit unabdingbar, um ein Haus in ein Zuhause zu verwandeln. Samuel Clemens zog 1874 mit seiner geliebten Frau Lily und seinen drei Töchtern in sein Traumhaus. Es war ein imposantes viktorianisches Herrenhaus, aus rotem Backstein im neugotischen Stil errichtet, mit neunzehn Zimmern. In den nächsten fünfunddreißig Jahren investierte Mr. Clemens so viel Geld in die Einrichtung und Renovierung des Anwesens, daß seine Leidenschaft ihn in den Bankrott trieb. (Ein Dilemma, das er überwand, als er anfing, Bücher unter dem Pseudonym »Mark Twain« zu schreiben.) Aufgrund der innigen Gefühle, die er und seine Familie dem Haus entgegenbrachten, »besaß es ein Herz und eine Seele, und Augen, um zu sehen; und die Fähigkeit, Beifall zu bekunden, und Ängste und tiefstes Mitgefühl; es war einer von uns, und wir besaßen sein Vertrauen und lebten in seiner Anmut und im Frieden seiner Segnungen. Wir kamen nie nach einer längeren Abwesenheit zurück, ohne daß sich sein Gesicht aufhellte und es uns beredt willkommen hieß – und wir konnten nicht eintreten, ohne tief bewegt zu sein.«

Gibt es eine Frau, die sich nicht danach sehnt, in einem derartigen Haus zu leben? Ein Haus, das uns umfängt, behütet, unterstützt und inspiriert? Und doch meinen viele, ein solcher Traum ließe sich nur erfüllen, wenn wir das Geld für einen Umzug aufbrächten. Aber das ist auch an dem Ort möglich, an dem Sie in diesem Augenblick leben. Sie sollten sich nur einmal genauer umschauen, einen weiteren Blick hinter die Kulissen werfen. Richten Sie Ihren Blick nicht auf die Probleme, sondern halten Sie nach Chancen Ausschau. Es spielt keine Rolle, ob Sie zur Miete oder in einem Eigenheim wohnen, oder ob Sie sich vorübergehend in einer Pension einquartiert haben. Das Dach, das Sie derzeit über dem Kopf haben, entspricht vielleicht nicht Ihrem Traum, aber es beherbergt Ihre Träume. Diese Träume können die vier Wände, in denen Sie leben, in das Heim verwandeln, nach dem Sie sich sehnen. Liebe weiß, wie man Wände streicht, Möbel renoviert, mit Mörtel, Tapeten und Schablonen umgeht, pflanzt, sät und baut, selbst wenn man äußerst kanpp bei Kasse ist. Liebe weiß, daß sich das Fehlen eines gutgepolsterten Bankkontos durch die Investition von Zeit, schöpferischer Energie und emotionalem Engagement wettmachen läßt. Wir müssen nur den Dekorationsgeheimnissen der Liebe auf die Schliche kommen.

Doch bevor wir Hammer und Pinsel oder die Tageszeitung mit den Immobilienanzeigen in die Hand nehmen, sollten wir tagträumen. Gehen Sie mit offenen Augen durch die Räume, in denen Sie essen, schlafen und leben. Segnen Sie die vier Wände, das Dach über dem Kopf, die Fenster und das Fundament. Danken Sie Ihrem Schöpfer, wenn Sie das Haus, in dem Sie leben, genau unter die Lupe nehmen und von allem unnützen Ballast befreien, vereinfachen und ihm Ordnung verleihen. Machen Sie sich bewußt, daß sich das Heim Ihrer Träume in Ihrem Innern befindet. Sie müssen es heute in dem geheimen Refugium Ihres Herzens suchen, bevor Sie die Schwelle zum Morgen überschreiten.

23. MAI
Ihr authentisches Flair pflegen

> Eine Inneneinrichtung ist die natürliche Projektion der Seele.
> *Coco Chanel*

Die Entdeckung des authentischen Einrichtungsstils ist kein Ziel, sondern der Ausgangspunkt. Ich betrachte gerade – während ich schreibe – mein gesamtes Haus wieder einmal mit ganz neuen Augen. Es ist nicht so, daß ich umziehen möchte, aber ich habe den Wunsch, auch weiterhin mit Freuden darin zu leben. Ich möchte wieder einmal ergründen, wie es seinen derzeitigen Funktionen gerecht wird, wie es aussieht, wem es ähnlich sieht. Heute ähnelt es mit Sicherheit nicht jemandem, den ich darin kenne.

Wenn Sie mehr Gespür für Ihre wahre Identität entwickeln, werden Sie vielleicht bemerken, daß nackte Wände, Fenster und Fußböden Ihnen einladende Blicke zuwerfen wie bei frischverliebten Paaren, während der Schnickschnack, der sich im Verlauf eines Lebens angesammelt hat, nicht einmal Ihre Anwesenheit im Raum zu bemerken scheint. Ich stelle mir vor, wie schön es wäre, heute abend mit meinem Mann und meiner Tochter auf einer Lattenkiste bei Kerzenlicht zu essen und auf die neuen Möbel zu warten – die authentische Projektion meiner Seele –, die morgen früh geliefert werden. Mein Bankkonto (vielleicht ergeht es Ihnen ähnlich) gestattet mir indessen die Verwirklichung solcher Phantasien nicht, und so muß ich mich gedulden und mich mit Veränderungen im kleinen bescheiden. Wir sollten eine solche Situation nicht als Hemmschuh, sondern vielmehr als Chance betrachten. Das Budget im realen Leben kann die Verwirklichung unserer Träume länger hinauszögern, als es unserem Bewußtsein lieb sein mag – besonders, wenn wir selbstquälerisch in den Lifestylemagazinen blättern –, aber das ist genau das richtige Tempo, um authentisches Flair zu entwickeln.

Um der Wahrheit die Ehre zu geben: Heute morgen weiß ich nicht genau, wie ich meine Persönlichkeit durch die Gestaltung meines Lebensraums entfalten könnte. Sie etwa? Ich dachte, Sie wären sich darüber im klaren. Ich hänge inbrünstig an einigen Dingen, die mir seit fünfundzwanzig Jahren große Freude machen. Aber ich habe auch mit Objekten gelebt, die ich so abgrundtief haßte, daß ich psychisch abgestumpft auf ihre Anwesenheit reagierte. Der Weg der Einfachheit und Fülle konzentriert sich auf die innere und äußere Transformation. Aber diese grundlegende Verwandlung ist nicht ohne Übergangsstadien möglich. In diesen Phasen befinden Sie sich an der Schwelle des Bewußtseins, wo die Dinge noch kaum wahrnehmbar sind – hier handelt es sich um einen persönlichen Initiationsritus, der vom Schlafwandeln zum Erwachen führt. Der Prozeß ist die Realität, und sie läßt sich nicht zur Eile antreiben.

Wir lernen also, uns in Geduld zu üben. Zu überlegen. Zu sparen. Zu reflektieren. Zu vereinfachen. Die innere und äußere Ordnung zu begrüßen. Uns zu rüsten. Zu experimentieren. Zu beobachten. Uns auf einen kreativen Einkaufsbummel zu begeben und in Trödelläden und auf Fachmessen, Auktionen, in Hobby- und Heimwerkermärkten, Secondhandläden, auf Flohmärkten, bei Privatverkäufen und Haushaltsauflösungen, in Museen, Heim- und Handwerksmessen, Geschäften mit eleganten Dekorationsobjekten, in den Ausstellungsräumen der Möbelhäuser und Galerien umzusehen. Wenn Sie etwas sehen, was Ihnen gefällt, fragen Sie, ob es in absehbarer Zukunft eine Werbeaktion oder Sonderangebote gibt. Machen Sie sich detaillierte Notizen. Schauen Sie sich genau an, wie andere wohnen oder gewohnt haben, indem Sie beispielsweise eine Spritztour durch Inneneinrichtungsläden, zu historischen Gedenkstätten und jetzt im Frühjahr Busreisen zu Schlössern und Parks unternehmen. Informieren Sie sich in Büchern, Zeitschriften und Katalogen. Rüsten Sie sich bestmöglich mit visuellen Bildern, indem Sie alles auf Papier sammeln und notieren, von erlesenen Tischdekorationen bis zu originellen Gardinen.

Mary Emmerling – eine Frau, die ich heiß und innig liebe, mit einem unglaublichen, unverkennbaren Stil, der in gesundem Menschenverstand wurzelt – empfiehlt, sich ein persönliches Dekorationshandbuch zuzulegen, um meditative Gedanken festzuhalten. Sie benutzt ein Loseblatt-Notizbuch (Format DIN-A5) mit Segeltucheinband, Reißverschluß und vielen Taschen, die Platz für Werkzeug wie Maßband, Schere, Kugelschreiber, Bleistifte, Anspitzer und Taschenrechner bieten. Jedem Zimmer wurde darin eine bestimmte Anzahl von Seiten zugeordnet, die eine Wunschliste, Fotos der Veränderungen, den Grundriß und einen Umschlag mit Proben der Anstreichfarben, Stoffreste und Anleitungen für Hobbybastler enthalten. Hinten im Notizbuch bewahrt sie einen Jahreskalender auf; hier notiert sie die Sonderangebotsaktionen und andere Verkaufsveranstaltungen und in einem persönlichen Adreßbuch die Namen und Telefonnummern von Läden, Galerien, Händlern, Handwerkern und Materiallieferanten. Es ist ein Traumarchiv, das sie ständig mit sich herumträgt und es ihr ermöglicht, die Inspirationen, die ihren Weg kreuzen, sofort zu Papier zu bringen, bevor sie sich verflüchtigen.

Wenn Sie einige dieser Tips beherzigen, sind Sie auf dem besten Weg, Ihr ganz eigenes, unverkennbares Flair zu entwickeln und zu pflegen. Statt frustriert mit den Zähnen zu knirschen, werden Sie dankbar sein, daß Sie ein außergewöhnliches Geschenk erhalten haben: Zeit zu erkennen, was Sie mögen, damit Ihnen gefällt, wie Sie leben.

24. MAI

Die Fülle des Nichts

Da wir die Realität nicht ändern können, sollten wir den Blick ändern, mit dem wir die Realität betrachten.

Nikos Kazantzakis

Mein Mann kam gestern abend von der Arbeit nach Hause und blickte verwirrt um sich. »Warum ist der Kaminsims so leer? Und wo sind all die Bilder geblieben?« Während ich uns beiden ein Glas Wein einschenkte, erzählte ich ihm, daß ich gerade mit positiven und negativen Flächen experimentierte.

»Positiven und negativen was?«

»Flächen, Dad«, erklärte die Künstlerin in unserer Familie und blickte von den Hausaufgaben hoch, die auf dem Eßzimmertisch ausgebreitet lagen. »Maler benutzen sie, um ein harmonisches Gesamtbild zu schaffen.«

»Und die Japaner ebenfalls«, fügte ich hinzu.

»Alles gut und schön – für Künstler, Japaner, wen auch immer –, aber was hat das zu bedeuten, daß alle möglichen Sachen von der Bildfläche verschwunden sind?«

Rechnen Sie damit, daß die Menschen, die in Ihrem Leben eine Rolle spielen – vor allem, wenn Sie Ihnen sehr nahestehen –, sich in aller Unschuld spontan in Ihre Angelegenheiten einmischen, wenn Sie sich auf dem Weg zu Authentizität befinden. Die Frau, in der sie lesen können wie in einem offenen Buch, ist ihnen vertrauter als die Frau, die sie nicht kennen, selbst wenn sie ihr reales Ich repräsentiert.

Bevor eine Malerin mit einer Skizze oder einem Gemälde beginnt, zieht sie sorgfältig die Ausgewogenheit zwischen »positiven Formen« und »negativen Flächen« in Betracht. Positive Formen sind auf Anhieb erkennbare Gegenstände, die auf Papier oder Leinwand festgehalten werden: wie eine Obstschale in einem Stilleben. Die negativen Flächen umgeben die Objekte und definieren sie durch die Umrißlinien. Wie viele Maler bestätigen werden, ist es weitaus einfacher, die negativen Flächen zwischen den positiven Formen einzuzeichnen, bevor man alles andere in Angriff nimmt. Das liegt daran, daß dem Auge, das auf Ästhetik konditioniert ist, nichts entgeht. Was für uns normale Sterbliche leer ausssieht, ist aus der Sichtweise des Künstlers ein umfassendes Geheimnis, das seine eigene Daseinsberechtigung hat. Der Fläche rund um die Obstschale kommt die gleiche Bedeutung zu, wie der Schale selbst, wenn die Komposition harmonisch und ganzheitlich wirken soll.

In der japanischen Kultur gilt der negative Raum in Kunst, Philosophie, Religion, Design, Geschäftsleben und Privatsphäre nicht als leer, sondern als »Fülle des Nichts«. Richard Tanner Pascale erklärt in *Zen und die Kunst der Unternehmensführung*, daß leere Räume oder »die Hülle des Unbekannten, die bestimmte Ereignisse umgibt«, im Japanischen als *ma* bezeichnet werden, ein Wort, für das es keine Übersetzung gibt. Nach westlicher Auffassung ist dieses Konzept schwer zu definieren. Aber für die Denkweise eines Orientalen ist der leere Raum oder die negative Fläche angefüllt mit Möglichkeiten und umhüllt von Unbekannten, bis die Zeit für die Enthüllung gekommen ist. Wie der geheimnisvolle irische Dramatiker Samuel Beckett sagte (der stärker in der Zen- als in der keltischen Kultur verwurzelt war): »Nichts ist wirklicher als das Nichts.«

Damit erklärt sich, warum auf meinem Kaminsims im Augenblick völlige Leere herrscht. Nach und nach habe ich auf dem Weg der Einfachheit und Fülle entdeckt, daß ich über die Dekorationsobjekte hinausgewachsen bin, die dort viele Jahre verbracht haben, und mein authentisches Selbst muß mir nicht erst enthüllen, was künftig, falls überhaupt, ihren Platz einnehmen sollte. So genieße ich, zumindest für eine kleine Weile, die Fülle des Nichts. Es fällt vielen schwer zu akzeptieren, daß Leere – im Leben oder in unserem Lebensraum – sich positiv auswirken kann. Ich denke, wir müssen lernen, mehr leere Flächen zu tolerieren. Wir müssen uns entweder mit dem Gedanken anfreunden, zu *warten*, bis wir die Leere mit etwas Authentischem füllen können, oder bereit sein, die köstliche Fülle des Nichts uneingeschränkt zu akzeptieren. Die Topographie des Lebens wird wesentlich interessanter, wenn wir erkennen, daß es eine ganze Dimension gibt, die wir vorher niemals bedacht haben – weil wir sie einfach nicht sehen konnten.

Mein leerer Kaminsims verströmt eine aufgeräumte Eleganz und verleiht dem Raum ein erfrischendes Flair der Selbstdisziplin, das ich als ungewohnt und einladend empfinde. Was ich damit einlade, ist mein authentisches Selbst, das durch die Gestaltung meines Lebensraums zur Entfaltung kommen soll, wenngleich vorläufig nur in einem einzigen Gegenstand. Heute möchten Sie vielleicht leere Flächen in Ihrem Haus schaffen und Ihre Fähigkeit erproben, die Dinge in einem ganz neuen Licht zu sehen. Entfernen Sie das eine oder andere Möbelstück aus dem Raum. Hängen Sie Bilder von einer Wand ab. Räumen Sie alles von den Tischen herunter. Leben Sie eine Woche lang mit der Fülle des Nichts. Stellen Sie sich vor, Sie wären gerade erst in Ihr Haus eingezogen. Und seien Sie nicht erstaunt, wenn die Frau, die Sie werden, Ihnen enthüllt, daß Sie mehr Freiraum braucht, um zu wachsen.

25. MAI
Leidenschaft: Die authentische Muse

> Was ist Leidenschaft?
> Zweifelsohne das Werden eines Menschen.
> *John Boorman*

Viele Frauen sehnen sich nach Leidenschaft in ihrem Leben, sich hinreißen zu lassen – jedoch aus sicherer Distanz und in geringer Dosierung. Deshalb fühlen wir uns zu schmalztriefenden Schmonzetten, Herz-Schmerz-Filmen, Seifenopern, platonischen Flirts und einer Regenbogenpresse hingezogen, die sich auf die Welt der Reichen und Schönen konzentriert und eine Lebensweise verherrlicht, die mehr Glamour zu bieten hat als unsere eigene. Leidenschaft bedeutet schließlich Verzicht auf die Vernunft, um sich ohne Abstriche der puren Sinnenfreude hinzugeben: sich einen argentinischen Polospieler als Liebhaber zu angeln und mit ihm durchzubrennen, statt die eigenen Kinder und die aus der Nachbarschaft durch die Gegend zu kutschieren.

Leidenschaft ist zügellos, chaotisch, unvorhersehbar. Permissiv.

Exzessiv. Obsessiv. Glenn Close in *Gefährliche Leidenschaften*. Leidenschaftliche Frauen können nicht anders: Sie müssen im Triumph ihrer Gefühle schwelgen, ihre geheimen Sehnsüchte auskosten, den Mond anheulen, ihre Phantasien ausleben und ihr Süppchen auf großer Flamme kochen.

Wir übrigen Sterblichen haben reale Verpflichtungen, die uns wenig Raum lassen (das glauben wir zumindest), unseren leidenschaftlichen Impulsen nachzugeben: laufende Nasen abwischen, mit dem Hund Gassi gehen, Pakete an Verwandte schicken, Kekse backen, an Verkaufskonferenzen teilnehmen, einen Termin beim Orthopäden ausmachen, Formulare für das Sommerferienlager der Kinder ausfüllen, Züge, die es zu erwischen gilt, pünktlich das Essen auf den Tisch bringen. Und so geht der Tag dahin. Und so geht das Leben dahin, nicht mit Pauken und Trompeten, sondern in trostloser, eintöniger Hektik.

Was wir nicht erkennen, ist, daß die Leidenschaft die Muse der Authentizität ist. Sie stellt die urwüchsige, pulsierende Energie dar, die alles Lebendige durchströmt, die übernatürliche Präsenz, die sich uns mit jedem Herzschlag offenbart. Leidenschaft enthüllt sich nicht nur in klammheimlichen, romantischen, miedersprengenden Klischees. Die Natur der Leidenschaft verbirgt sich auch unter dem Deckmantel einer als zutiefst befriedigend empfundenen, subtilen, stillen, engagierten Tätigkeit: ein Baby stillen, einen Rosengarten anlegen, ein Festessen zubereiten, einen geliebten Menschen pflegen, der krank ist, sich an den Geburtstag einer Freundin erinnern, einen Traum beharrlich verfolgen. Jeder Tag bietet uns neue Chancen, ein leidenschaftliches Leben zu führen, statt in Passivität zu verharren; wir müssen nur der unverrückbaren Gegenwart der Passion im Prosaischen Rechnung tragen, indem wir aufhören, uns die Freuden des Lebens zu versagen.

Leidenschaft ist etwas Heiliges – ein unergründliches Geheimnis, das uns durch den Bruch mit allem, was war, über uns selbst hinauswachsen läßt und verwandelt. Wir müssen akzeptieren, daß ein geheiligtes Feuer in unserem Innern lodert, einerlei, ob wir uns angesichts dieser Wahrheit wohl in unserer Haut fühlen oder nicht. Die Leidenschaft ist Teil der Verpackung, in der sich uns das reale

Leben präsentiert, denn wir wurden durch die Liebe, für die Liebe und zum Lieben geschaffen. Wenn wir unseren Leidenschaften keine Möglichkeit zur äußeren Entfaltung lassen, werden wir uns selbst zerstören, weil unsere Seele auch ohne unser Zutun verbrennt.

Wußten Sie, daß sowohl der Koran als auch der jüdische Talmud lehren, daß wir dereinst für jede statthafte Leidenschaft zur Rechenschaft gezogen werden, die das Leben uns dargeboten hat, die zu genießen wir aber während unseres Erdendaseins abgelehnt haben? Dorothy L. Sayers, die zutiefst spirituelle englische Schriftstellerin, glaubte, daß die einzige Sünde, welche die Leidenschaft begehen könne, jene der Freudlosigkeit sei.

Also los. Gehen Sie hin in Frieden und sündigen Sie nicht mehr.

26. MAI
Machen Sie die Leidenschaft zu Ihrer Muse

> Leidenschaft brauchen wir, um gut in unserem Tun zu sein, eine unerbittliche Leidenschaft.
>
> *David Easton*

Eine meiner Lieblingsbeschäftigungen ist die Lektüre von Romanen, die häusliche Wonnen zelebrieren. Die Werke von Kathleen Norris, Laurie Colwin und Rosamund Pilcher enthüllen nicht nur leidenschaftliche Liebesaffären, sondern auch erquickliche Beschreibungen von köstlichen Gerichten und kostbarem Mobiliar, die meine Phantasie noch mehr fesseln als die Handlung selbst. Eine weitere Heimschriftstellerin, für die ich eine Vorliebe hege, ist Daphne du Maurier.

Authentische Harmonie durch die Gestaltung unseres Lebensraumes – uns mit untrüglichem und sicherem Instinkt nur das anzueignen, was unser Selbstgefühl am besten zum Ausdruck bringt – erreichen wir, wenn wir nach und nach wieder Ordnung in unserem Leben und in unseren vier Wänden schaffen. Doch selbst wenn Sie bisher noch keine Zeit gefunden haben, die Schränke und Schubladen zu entrümpeln oder Ihre Siebensachen auszusortieren und zu entscheiden, was schön, nützlich oder mit einem sentimentalen Erinnerungswert behaftet ist, sollten Sie sich nicht entmutigen lassen. In Ihrem Innern finden trotzdem wichtige Arbeits- und Entwicklungsprozesse statt, die bald sichtbar werden.

Weil ich Schriftstellerin bin, denke ich wahrscheinlich, daß die Entwicklung des authentischen Einrichtungsstils große Ähnlichkeit mit den kreativen Phasen hat, die im Zuge der Entstehung eines Buches auftreten. Ein Buch mag wie ein lebloser Gegenstand erscheinen, aber es lebt, atmet und drückt das Wesen des Verfassers in gleichem Maße aus wie die häusliche Sphäre.

Als Schriftstellerin braucht man zuerst den Anflug einer Inspiration; Ihr Einrichtungsabenteuer könnte mit dem Bild eines Wohnzimmers beginnen, das Ihnen einen sehnsuchtsvollen Seufzer entlockt. Um die ursprüngliche Idee mit Fleisch und Blut zu füllen, muß ich recherchieren; genau das tun Sie, wenn Sie sich mit Ihrem mobilen Einrichtungsarchiv auf eine kreative Exkursion begeben. Als nächstes muß ich den Handlungsstrang oder Inhalt grob skizzieren; Sie stellen einen Plan oder ein Budget auf. An diesem Punkt fühle ich mich normalerweise entmutigt von der ungeheuren Aufgabe, die vor mir liegt; das könnte auch für Sie gelten. Bei mir schwindet dieses Gefühl erst dann, wenn ich mich kopfüber in die Arbeit stürze und die Rohfassung des Manuskripts schreibe; vielleicht rollen Sie den alten Teppich auf, um die Fußböden einer Grundüberholung zu unterziehen, oder Sie beginnen, die alten Tapeten oder Farbreste abzulösen. Sobald die Rohfassung fertig ist, seufze ich in aller Regel erleichtert auf, gefolgt von einer neuen Welle der Panik. (Ist mein Werk wirklich so gut, wie es ich mir wünsche?) Sobald ich jedoch mental einen Schritt zurücktrete und mit der Korrektur beginne, kehrt meine innere Ruhe zurück. Die Ideen kommen schnell, sobald das Buch – oder der Raum – Konturen gewinnt und Gestalt annimmt. Jetzt beginnt der eigentliche Spaß, der Feinschliff. Das ist die Phase, in der ein Raum eine persönliche Note erhält und aufblüht, in der schmückende Einzelheiten und Accessoires hinzugefügt werden, die eine besondere Bedeutung haben. Ich liebe die Feinschliffphase, weil man korrigieren muß, was nicht ins Konzept paßt, und das Gelungene vielleicht noch verbessern kann. Aber wir sind längst noch nicht fertig: auf die erste, die Rohfassung, folgt immer eine zweite, und noch eine und noch eine, bis meine Lektorin mich ermahnt, es sei nun endlich an der Zeit, zu einem Ende zu kommen.

Wenn Sie Ihre visuellen Memoiren durch die Gestaltung Ihres Lebensraumes schreiben, lassen Sie sich auf eine endlose Geschichte ein. Doch Sie haben einen Vorteil: Sie müssen nicht ein für allemal Schluß machen, wenn Ihr Projekt beendet ist. Und was noch wichtiger ist, Sie können gar nicht aufhören. Sie werden immer neue Aspekte Ihrer Persönlichkeit entdecken, wenn Sie gründlich recherchieren. Sie werden die bestehende Version ständig überarbeiten und die Dinge aussortieren, denen Sie entwachsen sind. Sie werden sowohl subtile als auch ganz offenkundige, gewichtige Veränderungen in der Einrichtung vornehmen, wenn bestimmte Kapitel Ihres Lebens eine Neufassung gestatten oder verlangen.

Ob wir nun ein Buch schreiben oder ein gemütliches Heim schaffen, wir müssen in unsere Arbeit leidenschaftliches Engagement einbringen. Machen Sie die Leidenschaft zu Ihrer Muse, zu Ihrer authentischen Innendekorateurin. Lassen Sie sich von ihr leiten und lernen Sie, Ihrer Intuition zu vertrauen. Streben Sie danach, sich nur mit solchen Dingen zu umgeben, an denen Sie leidenschaftlich hängen. Und üben Sie sich in Geduld: Ein wahres Meisterwerk zu erschaffen dauert nicht selten ein Leben lang.

Die berühmte Innenarchitektin Elsie de Wolfe gab zu, weder malen noch schreiben, geschweige denn singen zu können. Aber sie könne ein Haus einrichten und führen, es beleuchten und wärmen und es behandeln wie etwas Lebendiges. Wenn Sie das leidenschaftliche Engagement Ihrer authentischen Innenarchitektin nutzen, kann jeder Raum in Ihrem Haus eine spannende Geschichte über die außergewöhnliche Frau erzählen, die ihm mit ihrer Anwesenheit einen ganz eigenen Reiz verleiht.

27. MAI
Bestandsaufnahme der inneren Visionen

> Wir prägen unseren Wohnraum,
> und danach prägt der Wohnraum uns.
> *Winston Churchill*

Angenommen, Sie malen sich aus, daß Sie bei der Gestaltung und Einrichtung eines Raumes mit einer Farbe, einer Couch oder einem Geschirrschrank aus Pinienholz beginnen, in den Sie sich rettungslos verliebt haben. So weit, so gut. Was kommt als nächstes? Sie runden das Bild per Zeitraffer ab, wobei Ihre kreativen Entscheidungen zur Entfaltung kommen: mit Teppich, Vorhängen, Geschirr und Couchtisch in einer bestimmten Stilrichtung – eine Frau, die zum Beispiel Art déco oder den englischen Landhausstil liebt.

Aber was ist, wenn Sie im Moment keine Ahnung haben, was Sie über die Couch hängen, auf den Boden legen oder in die Regale stellen sollen? Was ist, wenn die Couch noch aus der ersten Ehe Ihres Mannes stammt, der Teppich von Ihrer Mutter und der Couchtisch vom Sperrmüll? Was ist, wenn Sie genau wissen, was Sie wollen, aber zwischen einem Pinienschrank und dem dringend benötigten fahrbaren Untersatz wählen müssen?

Dann ist es Zeit für eine Bestandsaufnahme Ihrer inneren Visionen. Einer der Vorteile, die beim Durchforsten Ihrer Habe zutage getreten sind – als Sie ermittelt haben, was schön, nützlich oder mit einem Erinnerungswert behaftet ist –, besteht darin, daß Sie sich dadurch einen klaren Überblick verschaffen. Sie werden vermutlich verblüfft entdecken, wieviel Sie bereits besitzen, was eine neue Perspektive, einen neuen Platz, eine neue Polsterung, eine neue Politur gebrauchen könnte. Seien Sie aber nicht erstaunt, wenn Sie entdecken, daß einige Objekte, die Sie schön finden, bei nüchterner Überlegung nicht mehr zu Ihnen passen.

Eine gute Freundin sammelte seit Jahren mit großer Leidenschaft Kelimkissen. Aber eines Tages fiel ihr auf, daß sie schon seit längerem nicht mehr soviel Zeit wie früher im Wohnzimmer verbrachte, obwohl sie viel Geld und Energie in die Einrichtung gesteckt hatte, die ihr immer noch gefiel. Schließlich erkannte sie, daß die Muster zu unruhig waren, wenn sie nach einem langen, harten Arbeitstag nach Hause kam, und daß die dunklen Farben zwar dramatisch wirkten, aber eine deprimierende Wirkung auf sie hatten.

Hin und her gerissen zwischen praktischen Erwägungen – den Raum so zu belassen, wie er war – und dem Wunsch zu erkunden, was ihr wirklich gefiel, entschied sie sich für das Vergnügen. Sie wollte den Raum nicht nur zum Leben erwecken, sondern mußte auch imstande sein, darin zu leben. Ihre neue Passion entpuppte sich als ein Mittel, um Seelenfrieden zu finden. Der erste Schritt bestand darin, das Wohnzimmer bis auf die Sofas, die sie mit einem schlichten weißen Überwurf versah, völlig leerzuräumen. Sie strich die Wände und Bücherregale weiß und entfernte die Kissen. Da diese immer noch schön sind, wurden sie eingemottet, bis ein anderes Ambiente ihre Anwesenheit verlangt. Der einzige Farbtupfer im Raum sind ihre geliebten Bücher. Ihr neuer persönlicher Stil ist schlichte Zurückhaltung. Wenn sie heute nach Hause kommt, fühlt sie sich zufrieden, und genau das ist es, worum es bei der authentischen Inneneinrichtung geht.

Einrichten heißt nicht, blind nachzuahmen, was in einer Zeitschrift für schönes Wohnen abgebildet ist, sondern den eigenen Gefühlen in einem Raum Ausdruck zu verleihen. Wenn Sie Räume mit einem authentischen Dekor schaffen, dann muß als erstes die Selbsterforschung erfolgen, noch vor der Auswahl von Farbtiegeln und Stoffmustern.

Der persönliche Stil kann Brücken bauen, während wir geduldig darauf warten, unsere innere Vision in unserer Außenwelt umzusetzen. Vielleicht können Sie sich im Augenblick noch kein neues Sofa leisten, wohl aber ein paar neue, kuschelige Kissen, um den Raum aufzupeppen. Vielleicht geben Sie einer Lampe mit einem neuen Lampenschirm ein neues Gesicht, arrangieren Blumen einmal in einer Teekanne statt wie gewöhnlich in einer Vase, benutzen eine hübsche Porzellantasse als Behältnis für die Stifte auf Ihrem Schreibtisch, stellen ein Bild auf eine kleine Staffelei statt es aufzuhängen, knüpfen einen Teppich nach eigenem Muster, nehmen die Türen der Küchenschränke heraus und machen sich bewußt, auf welche Dinge Sie gut und gerne verzichten können. Ihren persönlichen Stil können Sie für wenig Geld oder kostenlos entwickeln, wenn Sie bereit sind, in leidenschaftliches Engagement, Ausdauer und eine neue Perspektive zu investieren.

28. MAI
Von Liebe besessen

Ihre Besitztümer drücken Ihre Persönlichkeit aus. Nur wenige Dinge, die Kleidung eingeschlossen, sind persönlicher als unsere geliebten Ziergegenstände. Die Pionierfrauen, die quer durch einen unerschlossenen Kontinent reisten und an ihren Schätzen hingen, die sie mitnahmen, wußten, daß eine Uhr, ein Bild, ein Paar Kerzenständer zu Hause bedeuteten, selbst mitten in der Wildnis.

Good Housekeeping, August 1952

Im Juli 1864 verließ Margaret Reed widerstrebend ihr geliebtes Heim in Springfield, Illinois, um mit ihrem Mann James, den vier Kindern und ihrer siechen Mutter nach Kalifornien aufzubrechen. Margaret hatte sich den eindringlichen Bitten ihres Mannes, sich dem Treck anzuschließen, monatelang widersetzt und ihn angefleht, das bequeme und behagliche Leben, das sie führten, nicht aufzugeben. Doch James, ein wohlhabender Möbelhersteller der Viktorianischen Epoche, gelüstete es nach noch größerem Reichtum und Abenteuern, und am Ende setzte er seinen Willen durch.

Das gelang ihm dank des Versprechens, daß Margaret mit beispiellosem Luxus und Komfort reisen könne, einschließlich aller Habe, die ihr ans Herz gewachsen sei. Und er hielt Wort. Der Planwagen, in dem sich die Reeds auf die Reise begaben, war einmalig: zwei Stockwerke hoch, mit einer Galerie zum Schlafen, war er mit Sprungfedersitzen wie in den besten Pferdekutschen der damaligen Zeit, mit einem gußeisernen Ofen, Samtvorhängen und ihrem geliebten Harmonium ausgestattet. In den Vorratskammern hatte man für sechs Monate Nahrung und erlesene Weine verstaut. Als sich der

Planwagen mit dem Rest des Donner-Trecks in die Karawane einfädelte, um gen Westen zu ziehen, wurde das Wunderwerk allenthalben mit offenem Mund und angehaltenem Atem bestaunt.

Das tragische Schicksal des Donner-Trecks gehört zu den unauslöschlichsten Geschichten des Triumphs und der Verzweiflung, die in der Chronik des amerikanischen Westens verzeichnet sind. 2500 Meilen von ihrer Heimat entfernt und nur zwei Tagesreisen bis zum nächsten Fort, das ihnen Unterschlupf geboten hätte, wurden einunddreißig Männer, Frauen und Kinder von einem der schlimmsten Schneestürme aller Zeiten überrascht und mußten in den unwirtlichen Bergen der Sierra Nevada überwintern. Ohne Lebensmittel und halbverhungert nahmen einige der Gestrandeten zum Kannibalismus Zuflucht, um zu überleben. Margaret und ihre Kinder gehörten nicht dazu. Sie hielt ihre Familie mit Eintöpfen aus Schnee, Baumrinde und gekochtem Leder über Wasser, bis James, der mit anderen Männern nach Kalifornien vorausgeritten war, um Hilfe zu holen, zurückkehrte. Die Tatsache, daß ihre Familie überlebte – physisch und spirituell –, hatte nichts mit den irdischen Gütern zu tun, die sie mitgenommen hatten, denn den Planwagen mitsamt allem, was sich darauf befand, mußten sie unterwegs zurücklassen, weil er für die Fahrt durchs Gebirge zu schwer und zu plump war. Die Besitztümer, die Margaret und ihre Lieben vor dem Untergang retteten, waren geistiger Art: ihr gesunder Menschenverstand, ihr Mut und ihr Glaube.

Die Patentante meiner Tochter lebt in Hollywood. Bei dem schrecklichen Erdbeben, das 1994 Los Angeles heimsuchte, verlor sie fast ihre gesamte Habe. Sie und ihr Mann blieben unverletzt, Gott sei Dank, und auch ihr Haus wurde nicht dem Erdboden gleichgemacht, aber sie lernte dennoch eine wichtige Lektion. Vieles hatte sich über Nacht verändert: Das Zuhause war nicht mehr so, wie es gewesen war, ihr grundlegendes Gefühl der Sicherheit war ins Wanken geraten, und die handfesten Beweise der Existenz, für die unsere Besitztümer ein sichtbares Zeugnis ablegen, gab es plötzlich nicht mehr. Innerhalb weniger Minuten hatte sich alles, von den wertvollen Antiquitäten bis hin zu sentimentalen Souvenirs, in einen Haufen von Glas, Porzellanscherben und zersplittertem Holz verwandelt, der darauf wartete, zusammengekehrt zu werden und auf der Mülldeponie zu landen.

Sobald der anfängliche Schock nachgelassen habe, habe sich der Verlust ihrer Habe als sehr befreiend erwiesen, erzählte sie. Nach dem Kummer kehrte Frieden ein. Alle möglichen Dinge, von denen sie gemeint hatte, nicht ohne sie leben zu können, Dinge, die in ihren Augen wichtig gewesen waren, um ihrer Persönlichkeit Ausdruck zu verleihen, wurden auf einmal das, was sie waren: Dinge. Nun hat sie sich ein neues behagliches Nest gebaut und sich dabei nur mit Gegenständen umgeben, die sie wirklich braucht oder liebt – schöne und nützliche Objekte –, aber in bescheidenerem Ausmaß. Ihr Blick ist kritischer und wählerischer geworden. Sie hat erkannt, auf was sie verzichten kann und fühlt sich auch mental leichter. Sie gibt zu, daß sie ihre neuen Besitztümer genießt, aber mit einer gewissen Distanz, denn sie weiß, daß sie ihr durch ein weiteres Beben jederzeit genommen werden könnten.

Auf dem Weg der Einfachheit und Fülle habe ich Einrichtungsbücher und Frauenzeitschriften aus dem letzten Jahrhundert zu Rate gezogen, auf der Suche nach den einfachen Freuden des Lebens, die man mit anderen teilen kann. Sie lassen die allgemeine Überzeugung erkennen, daß sich ein Mensch über seinen Besitz definiert. Während der Viktorianischen Epoche wurden irdische Güter als Beweis für Gottes besondere Gunst betrachtet, und ich denke, daß diese Haltung immer noch stark im kollektiven Bewußtsein vieler Menschen verankert ist. Ich für meinen Teil war dieser Ansicht, bis ich mich auf die Reise zu meiner wahren Identität begab. Als ich meditierte, überlegte, grübelte und darüber zu schreiben versuchte, wie der Besitz den Menschen prägt, zuckte mein authentisches Selbst zurück. Bäumte sich auf und weigerte sich, mit mir gemeinsame Sache zu machen. Verschloß sich, damit ich den Mund hielt und nicht solchen Unsinn von mir gab. Wenn eine kreative Blockade eintritt, dann liegt das normalerweise daran, daß eine Schriftstellerin nicht an das glaubt, was sie zu Papier bringt.

Wollen Sie wissen, was ich wirklich glaube? Ich glaube, daß unser Besitz sehr enthüllend sein und uns sehr intime und aufschlußreiche Erkenntnisse über unsere Persönlichkeit vermitteln kann. Ich glaube, daß wir uns mit Dingen umgeben sollten, die unsere Seele ansprechen und uns wahrhafte Augenblicke der Freude bringen. Aber ich glaube nicht, daß unser Besitz sagt, wer wir sind.

Ich glaube statt dessen, daß die Dinge, die Sie lieben, Ausdruck der authentischen Frau sind, die sich in Ihrem Innern verbirgt, und kein Symbol dessen, was Sie Ihr eigen nennen.

Als Jacqueline Onassis starb, wurde viel über ihren unvergleichlichen Stil und ihre Stärke, über ihren Charme und ihre Schönheit geschrieben. Wenn es je eine Frau gab, die sich im Leben von ihrem eigenen Licht leiten ließ, dann war es Jackie O. Und doch war für die Frau, die imstande gewesen wäre, sich buchstäblich jeden Wunsch zu erfüllen, ihre Privatsphäre der kostbarste Besitz – ein Geschenk, über das Sie vermutlich nicht groß nachdenken.

Aber was eine noch tiefere Saite in mir zum Klingen gebracht hat, waren die Worte ihres Sohnes, der daran erinnerte, was ihr im Leben am meisten bedeutet hatte: »Die Liebe zum Wort, die Bindung an ihr Heim und ihre Familie und ihre Lust am Abenteuer.« Diese Passionen charakterisieren diese außergewöhnliche Frau am treffendsten.

Heute wünsche ich Ihnen und mir, daß wir am Ende unseres authentischen Abenteuers der Nachwelt als Menschen in Erinnerung bleiben mögen, die von Liebe besessen waren.

29. MAI

Lieblingsobjekte: Ein Sammelsurium, das uns teuer ist

Jedes Stück in der Sammlung hat seine eigene Geschichte, seine eigenen Erinnerungen – die Suche, der Tag, an dem ich es gekauft habe, wer mich begleitet hat, der Urlaub...
Tricia Guild und Elizabeth Wilhide

Mein Mann sammelt Baseball-Videofilme und Wahlkampfliteratur, Katie liebt Erinnerungen an die Glanzzeit Hollywoods, und ich liebe Teekannen, blauweiß gemustertes Porzellan, das Glitzern von Waterford-Kristall und Bücher. In diesem Jahr waren es jedoch keine Objekte, sondern die Gedanken anderer Frauen, die ich gesammelt und in den Teppich meines Alltags eingewebt habe. Es ist wahrscheinlich die kostbarste Sammlung, die ich besitze, und sie hat mich nur Zeit und schöpferische Energie gekostet.

Was sammeln Sie? Welche Lieblingsstücke haben sich im Lauf der Jahre angehäuft, die Sie nun mit viel Lust und Liebe im Haus gut sichtbar anordnen, damit alle sie bestaunen können? Ich hoffe, Sie sammeln das, was Ihnen gefällt, mit Leidenschaft, denn es gibt nur wenige Freuden, die sich mit dem Stöbern in Trödelläden und auf Flohmärkten vergleichen lassen, wenn Sie nach dem geheimnisvollen Objekt der Begierde fahnden, dessen Wert Sie als einziger Mensch auf der Welt zu erkennen scheinen. Der Nervenkitzel der Jagd wird nur noch vom Augenblick der Entdeckung übertroffen. Sie sehen den Schatz – da drüben! Seine unvergleichliche Schönheit lädt Sie ein, näher zu treten und einen zweiten Blick zu riskieren. Kaum hörbar flüstert er Ihnen zu: »Nimm mich mit nach Hause!« Ihr Herz klopft zum Zerspringen, Sie drehen ihn um, ein schneller Blick auf den Preis, um zu sehen, ob Sie dieses Ansinnen überhaupt in Betracht ziehen können. Uff, es geht! Angelegentlich, denn Sie wollen Ihr Geheimnis nicht preisgeben, zahlen Sie, tauschen Artigkeiten aus, dann schlendern Sie gemächlich zur Tür hinaus, milde lächelnd (wie ein Honigkuchenpferd über das Schnäppchen strahlen wäre schlechter Stil). Der Inhaber des Ladens hat offenbar keinen blassen Schimmer, was für eine Kostbarkeit da gerade für einen Apfel und ein Ei über den Ladentisch gegangen ist. Hauptsache, Sie wissen es!

Dann kommt die Aufregung, Ihre Trophäe in ihr neues Heim zu tragen und ihresgleichen so zu verrücken, daß die Neuerwerbung richtig zur Geltung kommt. Sie treten einen Schritt zurück. Sie sind perfekt: der Augenblick und Ihre Sammlung.

Ich habe einige Jahre meiner Leidenschaft für Sammeltassen mit viktorianischen Motiven gefrönt. Das erste Mal, als ich auf eine dieser Porzellantäßchen aus dem neunzehnten Jahrhundert stieß (die mir »denk an mich!« zuriefen), machten Katie und ich einen Bummel durch die Antiquitäten- und Trödelläden in Saragota Springs,

New York, mit einem der liebsten Menschen auf der Welt, meiner Schwägerin Karen. Es war ein herrlicher Sommernachmittag, wir genossen das Beisammensein und waren sehr ausgelassen und fröhlich. Plötzlich war sie da, stand ganz still auf einem Tisch, eine weiße Porzellantasse mit burgunderfarbenen, goldblättrigen Blumen und eingeprägter Beschriftung. Ich hatte vorher nie eine Sammeltasse zu Gesicht bekommen und war auf Anhieb wie verzaubert. Ich hob sie auf und stellte sie wieder hin. Schlenderte eine Weile im Laden herum und kam später noch einmal zurück. Katie überzeugte mich schließlich, daß ich sie für zehn Dollar einfach mitnehmen mußte. (Es gibt nichts Schöneres, als mit einer Komplizin einen Einkaufsbummel zu machen.)

Ich war so zufrieden mit meinem Kauf, daß ich an Ort und Stelle beschloß, diese Tassen zu sammeln, und in den darauffolgenden Jahren begab ich mich kreuz und quer im ganzen Land auf Schatzsuche. Doch diejenigen, die folgten, weckten nie wieder ganz die reine Freude in mir, die ich empfand, als ich mein erstes Sammlerstück erstand. Und so verlor ich nach und nach das Interesse an ihnen.

Dann las ich während eines Memorial-Day-Wochenendes am Strand wieder einmal Anne Morrow Lindberghs *Muscheln in meiner Hand*, ein alljährlich wiederkehrendes Ritual der Erneuerung – besonders befriedigend, wenn ich dabei meine Zehen im nassen Sand eingraben kann. Am Morgen hatte ich eine Erkundungstour durch die Läden unternommen und eine weitere Tasse entdeckt, die meine Aufmerksamkeit fesselte. Eigentlich erstaunte mich dieses Phänomen ein bißchen. Mrs. Lindbergh meinte, daß der Sammler mit Scheuklappen herumlaufe, er habe nichts anderes als die Trophäe vor Augen. Sein Kauftrieb lasse sich nicht mit der Würdigung der Schönheit vereinbaren. Das erklärte gewiß meine Enttäuschung über die Tassen, die der ersten folgten. Ich war weniger behext von ihrer individuellen Schönheit, sondern überwältigt vom inneren Zwang, sie meiner Sammlung einzuverleiben. In Wirklichkeit wollte ich jedoch die wundervolle Erinnerung an den Tag, den ich mit Karen und Katie verbracht hatte, wiederaufleben lassen. Nun steht die erste Tasse – die greifbare Erinnerung – auf meinem Schreibtisch als Behältnis für meine Schreibstifte. Ihre einzigartige Schönheit zieht meinen Blick immer wieder magisch an. Ich habe angefangen, die anderen Tassen zu verschenken, und freue mich dabei mehr als über den Kauf.

Ich bringe auch heute noch gerne Schätze nach Hause, die ich irgendwo ausgrabe, aber wenn mir jetzt etwas ins Auge springt, halte ich einen Moment inne und erinnere mich an Mrs. Lindberghs Rat, »sich zu fragen, nicht mit wieviel, sondern mit wie wenig ich mich begnügen kann – wenn ich versucht bin, meinem Leben noch ein weiteres Sammelstück hinzuzufügen«. Wenn ich zu der Schlußfolgerung gelange, daß ich ohne das Objekt meiner Begierde nicht leben und ich es mir finanziell leisten kann, dann kaufe ich es. Aber ich gönne mir vorher stets eine Bedenkzeit. Der Weg der Einfachheit und Fülle hat nichts damit zu tun, unseren schöpferischen Impulsen mit einem pauschalen »Nein« eine Abfuhr zu erteilen, einerlei, ob es sich um die Sammelleidenschaft, um Kleider oder um die Inneneinrichtung handelt. Es geht vielmehr darum zu erkennen, wann wir »genug« sagen sollten, denn uns ist bewußt: Wir haben alles, was wir brauchen. »Man kann nicht all die wunderschönen Muscheln am Strand sammeln. Man kann nur eine kleine Auswahl mit nach Hause nehmen, und sie kommen besser zur Geltung, wenn es weniger sind.«

30. MAI
Finden, behalten: Der Spaß am Stöbern

> Der Nervenkitzel beim Stöbern in Trödel besteht darin, daß man einfach weiß: Auf dem nächsten Tisch befindet sich genau das, wonach man sein Leben lang gesucht hat.
>
> *Mary Randolph Carter*

Zu dieser Jahreszeit treffen Sie mich an den Wochenenden selten zu Hause an. Ich bin unterwegs, auf Achse, auf der Jagd; ich folge den Anzeigen in Zeitungen und den Hinweisschildern am Straßenrand. Ich suche alles und nichts. Warum sollte ich mir mit meinen Erwartungen auch selbst Beschränkungen auferlegen? Die Sonne scheint, der Benzintank ist voll, die eiskalte Limonade wartet in der Thermosflasche auf mich, Geld habe ich eingesteckt. Manchmal begleitet mich eine Komplizin, ansonsten bin ich mutterseelenallein und vogelfrei, nur einen Herzschlag davon entfernt, genau das zu finden, wonach ich mein Leben lang gesucht habe, auch wenn nur der Himmel zu wissen scheint, was das sein mag. Vielleicht gelingt es mir ja heute, dieses Geheimnis zu ergründen.

Der Frühling ist die Jahreszeit der Ramschverkäufe bei Straßenfesten und der Wochenend-Flohmärkte. Es ist an der Zeit, die überdachten Einkaufszentren gegen die Verlockung der Verkaufsstände im Freien einzutauschen. Stöbern ist Balsam für die Seele. Oft brauchen wir, wenn wir eine wichtige Veränderung in unserem Leben eingeleitet und den Gürtel enger geschnallt haben – egal, ob freiwillig oder gezwungenermaßen –, eine Ablenkung, die dem Gift der Entbehrung den Stachel nimmt. Die Welt hat nicht aufgehört, ihre Waren feilzubieten; wir haben nur aufgehört, sie zu kaufen. Wir sind jedoch nicht gegen Selbstmitleid gefeit, vor allem, wenn wir von allen Seiten mit aalglatter Werbung bombardiert werden, die genau die richtigen emotionalen Knöpfe drückt, um uns zu überzeugen, daß wir mehr, und nicht weniger, brauchen. Auf der Verstandesebene wollen wir uns vielleicht von der Gier nach irdischen Gütern befreien, aber das materiell orientierte kleine Mädchen in uns leidet noch immer an Habsucht. Am besten bringe ich es zum Schweigen, wenn ich es häufiger auf »Stöberpirsch« mitnehme.

Ich ordne alle Einkaufsbummel unter freiem Himmel den »Flohmarkttouren« zu, obwohl es Unterschiede gibt, die es wert sind, erwähnt zu werden. In den USA sind die »Heimverkäufe« beliebt, die in der Garage oder im Vorgarten veranstaltet werden: Hier hofft jemand, daß ein anderer den Plunder, den er loswerden will, als Kostbarkeit betrachtet. Bei solchen Gelegenheiten kann man ein echtes Schnäppchen machen, aber oft muß man sich erst durch Berge von Tupperware kämpfen, um den Schatz zu entdecken. Es kann gleichwohl nicht schaden, die Augen offenzuhalten. Bei Verkäufen im Zuge einer Haushaltsauflösung oder eines Umzugs findet man die besten Möbel, Haushaltswaren und Kleider aus zweiter Hand. Häuser werden in den USA meistens von professionellen Immobilienmaklern veräußert, mitsamt verschiedenem Inventar, das man das ganze Wochenende durchgehend in Augenschein nehmen kann. Im Lokalblatt sind Zeit und Ort der Besichtigung angegeben. Hier gilt das Motto: wer zuerst kommt, mahlt zuerst; aber oft macht man die besten Geschäft in den Abendstunden oder am Sonntagnachmittag, kurz vor »Torschluß«. Auf den Wochenend-Flohmärkten bieten vor allem die professionellen Händler, teilweise aus großen Entfernungen angereist, ihre Waren unter freiem Himmel feil. Hier gibt es buchstäblich nichts, was es nicht gibt auf der Skala zwischen Antiquität und Ramsch, und die Preise spiegeln diese Bandbreite wider.

Ich möchte Ihnen ein paar Tips geben, die sich an der Philosophie der Einfachheit und Fülle orientieren, und Ihnen helfen, Ihren Einkaufsbummel unter freiem Himmel angenehmer zu gestalten:

1. Denken Sie *immer* daran und gehen Sie davon aus, daß die göttliche Fülle Ihre *einzige* Realität ist; sie manifestiert sich im richtigen Kauf zum richtigen Preis, wenn Sie das Richtige gefunden haben.
2. Fragen Sie sich *immer*: »Ist das die beste Möglichkeit?« Das ist ein guter Weg, ein Verhandlungsgespräch mit sich selbst einzuleiten, dessen Ausgang *nie* gewiß ist.
3. Überlegen Sie *immer*, was Sie mit dem Objekt machen werden, wenn Sie es zu Hause haben. Ich kenne eine Frau, die einen Ramschverkauf in ihrem Garten veranstalten mußte, um den Schrott loszuwerden, den sie zehn Jahre lang infolge von Impulskäufen bei ähnlichen Veranstaltungen angehäuft hatte.
4. Setzen Sie sich *immer* eine Grenze bezüglich dessen, was Sie ausgeben wollen, um ohne Schuldgefühle einzukaufen. Mein Limit liegt bei zehn bis zwanzig Dollar je Stöberwochenende. (Alles, was über diesen Betrag hinausgeht, ist kein kreativer Impuls, sondern eine kreative Entscheidung, die sorgfältiger Überlegung bedarf.) Mit Bargeld lassen sich Ihre Ausgaben besser kontrollieren, und die meisten Händler nehmen ohnehin keine Schecks oder Kreditkarten. Der Betrag, den Sie sich als Grenze setzen, spielt eine geringere Rolle als die psychologische Beschränkung, die damit verbunden ist. An vielen Wochenenden kehre ich heim, ohne etwas gekauft zu haben. Und da Sie natürlich fest ent-

schlossen sind, nur etwas zu kaufen, was nützlich oder schön ist (vorzugsweise beides), verschwenden Sie Ihr Geld nicht, sondern investieren es in Ihre Kreativität. Schließlich können Sie bei einer Kommode für fünfzig Mark Experimente mit einer neuen Maltechnik durchführen, zum Beispiel Farbe mit dem Schwamm auftupfen, mit dem Pinsel oder mit der Zahnbürste aufspritzen. Sollte es danebengehen, so versuchen Sie etwas anderes.

Es ginge hier nicht um Preis oder Provenienz, sagt die Autorin und Fotografin Mary Randolph Carter bezüglich der Schönheit der ertrödelten Objekte. »Wir stellen eine Beziehung zu ihnen her. Wir wollen ihnen ein Heim und ein neues Leben geben.« Der Flohmarktbesuch bietet uns außerdem die Möglichkeit, das Alte, Abgehalfterte von einer neuen Warte zu betrachten – wir holen es durch Kreativität und eigene Wahl aus der Versenkung hervor, wie jeden neuen Tag unseres Lebens, und entschädigen es für sein Schattendasein mit unserer Liebe.

31. MAI
Ein Kinderspiel: Dem Dekor eine heitere, originelle Note verleihen

> Was für ein Spaß, ein Haus zu betreten und auf Anhieb den Funken zu spüren, der uns sagt, daß wir hier angenehme Stunden verbringen werden.
>
> *Mark Hampton*

Viele Frauen gehen das Thema Inneneinrichtung bitterernst an. Aber oft sind die Wohnungen oder Häuser, die den unverkennbaren, eigenen Stil ihrer Besitzer am besten widerspiegeln, mit leichter Hand gestaltet. Sie versprühen einen Funken Heiterkeit, die uns auf Anhieb sagt, daß die guten Zeiten Teil der persönlichen Geschichte dieses Hauses sind. Unser Sinn für Humor muß sich nicht in sichtbaren Gags äußern, sondern kann durch den subtilen Charme von Frohsinn und phantasievollem Ambiente zum Ausdruck kommen.

Von der Sammlung kitschiger Souvenirs auf dem Sideboard im Eßzimmer bis zum kunterbunten Pfeffer- und Salzstreuer-Sammelsurium auf den Regalen in der sonnigen Küche kann der Geist der Spontaneität Ihr Heim mit Heiterkeit erfüllen.

Die originelle Welt der Mary Engelbreit – wie die wunderbaren Engelbreit-Zeichnungen und Illustrationen, die alle möglichen Gegenstände schmücken: von Grußkarten bis zum Wandschmuck – übt auf viele einen intuitiven Reiz aus. Das Gemisch aus anheimelnder Nostalgie und verschrobenem Mutterwitz wirkt sowohl anrührend vertraut als auch entwaffnend frisch. Eine stetige Quelle der Inspiration sind für sie die klassischen Kinderbücher, die ihrer Großmutter gehörten. In Marys eigenem Haus schließt ihr persönlicher Inneneinrichtungsstil eine Alchimie aus kräftigen, farbenprächtigen Mustern ein, ergänzt durch schwarzweiß karierte Bordüren und kühne rote Kirschen, die zu ihrem Markenzeichen geworden sind. Handgezeichnete Finger- und Fußabdrücke in Hülle und Fülle auf dem Treppengeländer, auf dem Mobiliar und auf den Fußböden. Quer über den Kamin im Wohnzimmer hat sie ihre persönliche Lebens- und Dekorationsphilosophie aufgemalt: »Wärme ist Trumpf, innen und außen.«

Illustrationen aus einer längst vergangenen Epoche, die von einer unbeschwerten Kindheit zeugen, können auch für Sie ein reichbestücktes Archiv mit Einrichtungstips sein. Halten Sie in Antiquariaten nach Kinderbüchern Ausschau, die im Zeitraum zwischen der Jahrhundertwende und den fünfziger Jahren erschienen sind. Wenn Sie die ersten Einflüsse auf Ihrem Inneneinrichtungsstil noch einmal kritisch überdenken, entsteht vielleicht wieder der längst vergessene Wunsch, das leise Ticken einer Uhr auf dem Kaminsims zu hören oder sich von einer Fenstersitzbank inspirieren zu lassen, auf der Sie es sich an einem verregneten Tag gemütlich machen. Oder Sie möbeln eine überladene Fußbank vom Flohmarkt mit einem alten Leinenstoff auf, legen eine Tischdecke auf den Küchentisch, auf dem verstreute Früchte prangen, oder verschönern einen Vorhang mit Posamenten.

»It don't mean a thing, if it ain't got that swing«, erinnert uns Duke Ellington. Ja, das gewisse Etwas ist wichtig, einerlei, ob in der Musik oder bei der Gestaltung unseres Heims. Verleihen Sie heute Ihren Dekorationsideen eine spielerisch heitere Note, inspiriert von den Räumen, die Sie in Ihrer Kindheit angesprochen und ihren Charme bis heute bewahrt haben.

JUNI

♦

Ich frage mich, wie es wohl wäre, in einer Welt zu leben, in der immer Juni ist.

L. M. Montgomery

Der Juni geht äußerst großzügig mit seinen authentischen Gaben um. Wieder sind die Tage sonnig und warm. Die Rosen und Päonien stehen in voller Blüte, und es ist an der Zeit, sich an Erdbeeren mit Sahne gütlich zu tun. Die Sommerferien der Kinder beginnen, und Urlaubsvisionen spuken in unseren Köpfen herum. In diesem Monat entdecken wir wieder einmal, daß die Bereicherung des Lebens und nicht der Reichtum im Leben wahre Zufriedenheit schafft.

Die einfachen Freuden des Lebens im Juni

- Wandeln Sie auf den Pfaden der Erinnerung, indem Sie im Dämmerlicht versuchen, Glühwürmchen oder Glühwürmchen zu fangen. Bereiten Sie ihnen eine bequeme Unterkunft in einem sauberen Mayonnaiseglas, in dessen Deckel Sie Löcher gebohrt haben, und legen Sie den Boden mit Gras aus (wissen Sie noch, wie Sie es als Kind gemacht haben?). Doch sollten Sie Ihre Gäste nach kurzem Aufenthalt wieder ziehen lassen!
- Entspannen Sie sich bei einem Krug eiskalter Limonade und einem anregenden Gespräch, wenn Sie von der Arbeit nach Hause kommen. Obwohl die kühle Erfrischung an den meisten Tagen eine Wohltat ist, könnten Sie zur Abwechslung auch einmal einen altmodischen Nektar aus frischen Limonen und Zuckersirup zubereiten! Wie? Verkochen Sie fünf Minute lang zwei Tassen körnigen Zucker und die in feine Streifen geschnittene Schale von

drei Limonen (oder Zitronen) mit dem Inhalt von einer Tasse Wasser. Lassen Sie den Sirup abkühlen und fügen Sie den Saft von acht Limonen hinzu. Nun das Ganze durch ein Sieb passieren und in einem zugedeckten Behältnis in den Kühlschrank stellen. Nehmen Sie, für Limonade, zwei Eßlöffel Sirup auf ein Glas eisgekühltes Leitungs- oder Mineralwasser mit Kohlensäure.

- Halten Sie nach einer Erdbeerplantage Ausschau oder ziehen Sie Ihre eigenen im Garten. In der Viktorianischen Epoche hießen diese Kostbarkeiten aus dem Eigenanbau »Erdbeerschmaus«, und zu einem Menü gehörte Erdbeerkonfekt in allen nur erdenklichen Formen. Geben Sie diesen Monat doch einmal eine Party für Ihre Freundinnen, zu der jede ihr Lieblingsdessert mit Erdbeeren mitbringt. Guten Appetit!
- Denken Sie daran, daß Eiscreme gut für die Seele ist. Frieren Sie selbstgemachtes Eis ein, gönnen Sie sich zum Mittagessen ein Hörnchen.
- Kaufen Sie an einem Juniwochenende eine ganze Wassermelone; legen Sie sie mindestens einen Tag lang in den Kühlschrank, damit sie eiskalt wird. Schneiden Sie die Melone in große Stücke und setzen Sie sich auf die Veranda oder auf den Balkon und essen Sie die Wassermelone mit Ihrer Familie oder Freunden. Veranstalten Sie einen Wettbewerb, wer die Kerne am weitesten spucken kann.
- Befestigen Sie eine Hängematte und entspannen Sie sich darin.
- Feiern Sie die Sommersonnenwende am 21. Juni mit einem Camping im Garten. Stellen Sie ein Zelt auf, holen Sie die Schlafsäcke vom Speicher, zünden Sie ein Lagerfeuer auf dem Grill an. Servieren Sie Hot dogs und gebräunte Marshmellows zum Nachtisch. (Oder machen Sie Leckerschmecker: zwischen zwei Graham-Cracker einen dünnen Schokoladenriegel und ein gebräuntes Marshmellow schichten. Das schmeckt nach mehr!) Erzählen Sie sich Gespenstergeschichten und schlafen Sie im Mondlicht.
- Verwöhnen Sie Ihr authentisches Selbst mit dem schönsten Strohhut, den Sie finden können.
- Lackieren Sie Ihre Zehennägel rot.
- Sie sind vielleicht nicht in der Lage, einen geheimen Garten an-

zulegen, aber ein verborgener Winkel für Sie ganz allein läßt sich schaffen, wenn Sie mit Holzpfählen und Schnur ähnlich einem indianischen Tipi eine Rankhilfe im Garten bauen und scharlachrote Bohnen, Trichterwinden oder Gartenwicken pflanzen. Binden Sie die Schößlinge dieser Kletterpflanzen an den Schnüren hoch. Ziehen Sie sich so oft wie möglich in Ihr »Tipi« zurück, um über den Sinn des Lebens zu meditieren. Jeder Mensch braucht ein Refugium, in dem es kein Telefon und kein Faxgerät gibt.

- Selbst wenn Sie aus Platzgründen keinen Garten anlegen können, gibt es traumhafte Gartenbücher, die Sie inspirieren, Pflanzkübel und Schippe in die Hand zu nehmen. Solche Bücher enthalten zahlreiche Tips und Anleitungen wie man mittels Balkonkästen, Fässern, Bottichen, Urnen, Körben und allen möglichen bepflanzbaren Behältnissen einen Garten Eden schafft. Eine tolle Idee für Blumenzwiebeln besteht darin, zwei verschiedene Tulpensorten übereinander in einem Topf zu ziehen, damit sie im Haus ihre Schönheit entfalten.
- Pflanzen Sie Rosmarin, der der Stärkung Ihres Gedächtnisses dient – und wenn Sie schon einmal dabei sind, auch Lavendel, Salbei und Thymian. Eine Vielzahl von Büchern enthalten köstliche Rezepte und Vorschläge, was Sie mit den selbstgezogenen und geernteten Kräutern anfangen können.

1. JUNI
Begegnung mit Hestia

> Der Hausputz ist mein Gebet, und wenn ich fertig bin, wird mein Gebet erhört. Und beugen, bücken und wienern reinigt meinen Körper, wie es ein Gebet nicht vermag.
>
> *Jessamyn West*

Sie entrümpeln einen vollgestopften Schrank, sortieren schrittweise Kleider aus, überlegen, was Sie behalten, auf dem Speicher verstauen oder verschenken wollen. Sie ist da. Sie sammeln die Früchte der Erde ein und stellen sie auf den Altar Ihres Küchentischs, backen nicht nur einen Brombeerkuchen, sondern führen vielmehr ein Dankritual durch, erbitten wortlos einen Segen für alle, die an Ihrem Liebesmahl teilhaben. Sie ist da. Sie richten das Gästezimmer für den Logierbesuch her, beziehen das Bett mit Ihrer besten Bettwäsche, legen weiche Handtücher auf den Stuhl, stellen einen Blumenstrauß in die Vase neben der Leselampe und den Stapel mit Ihren Lieblingsbüchern. Sie ist da. Sie polieren das Silber, legen die Wäsche zusammen, bügeln die Tischdecken, waschen das Geschirr ab, ersetzen die heruntergebrannten Kerzen. Sie ist da: Hestia, der dienstbare Hausgeist. Sie kennen ihren Namen vielleicht nicht, aber Sie haben ihre Gegenwart gespürt, wenn Sie bei Ihrer täglichen Arbeit Freude empfinden.

Vor dreitausend Jahren, im alten Griechenland, war Hestia die Göttin des Herdfeuers, Hüterin des Familienlebens und des Tempels. An Hestia wandten sich die Frauen, wenn sie Schutz und Inspiration brauchten, damit sie auf andächtige Weise ihr Haus in ein Heim verwandeln konnten, das Schönheit und Behaglichkeit gleichermaßen Rechnung trug. Hestia war eine der zwölf Göttinnen des Olymp in der klassischen griechischen Mythologie, wenn auch die am wenigsten bekannte. Es ranken sich keine Legenden um sie, obwohl Zeus ihr das Vorrecht einräumte, im Mittelpunkt des Göttersitzes zu thronen, so daß sie die besten Opfergaben der Sterblichen in Empfang nehmen konnte. Während die anderen Götter und Göttinnen in Skulpturen und Gemälden personifiziert wurden, verewigte man Hestia nicht in menschlicher Gestalt. Ihrer spirituellen Gegenwart gedachte man vielmehr mit einer ewigen Flamme, die in einer runden, offenen Feuerstelle brannte. Die Autorin Jean Shinola Bolen, Psychoanalytikerin und Anhängerin Jungs, schreibt in ihrem Buch *Göttinnen in jeder Frau*, daß Hestias geheiligtes Herdfeuer Helligkeit, Wärme und jene Hitze verströmte, die für die Nahrungszubereitung erforderlich war. Trotz ihrer jahrhundertelangen Anonymität »besaß die Präsenz der Göttin Hestia in Häusern und Tempeln für das tägliche Leben eine zentrale Bedeutung« im alten Griechenland.

Heute, wie vor langer Zeit, sei das Nachdenken über Hestia ein Mittel, um die Aufmerksamkeit nach innen zu lenken, zum spirituellen Mittelpunkt der Persönlichkeit einer Frau, erklärt Dr. Bolen. Auf diese Weise gelingt es uns, bei unserer täglichen Arbeit innere Harmonie zu empfinden. Hestia ist nicht gestreßt, und ihre mentale Gesundheit hängt nicht an einem seidenen Faden. Hestia besitze laut Dr. Bolen »Bodenhaftung« inmitten des ringsum herrschenden Chaos, in Zeiten des Wirrwarrs oder der gewöhnlichen, alltäglichen Geschäftigkeit. Alle Aufgaben im Haushalt lassen sich dank ihrer Hilfe mit Leichtigkeit und Anmut bewältigen. Wenn wir in unserem Alltag bewußt Kontakt zu Hestia aufnehmen, indem wir ihre stille, ruhige, geordnete Präsenz auf unser Verhalten einwirken lassen, können wir zu der Erkenntnis gelangen, daß sich auch im Profanen das Geheimnis des Göttlichen verbirgt.

Vor allem erinnert uns Hestia, wie Dr. Bolen erklärt, daran, daß die Erledigung der Hausarbeit eine Aktivität darstellt, die eine ähnliche innere Sammlung wie die Meditation beinhaltet, wenn wir uns entschließen, sie aus dieser Warte zu betrachten. Wenn Sie das Gefühl haben, daß Ihnen die Zeit zum Meditieren fehlt, wenn Sie immer eine plausible Entschuldigung finden, um die Kommunikation mit dem Schöpfer zu verschieben, weil Sie jetzt dringend den Fußboden wischen müssen, dann sollten Sie sich eines vergegenwärtigen: Sobald Sie diese Aufgaben wie eine Andacht angehen, verwandeln Sie nicht nur Ihr häusliches Domizil. Die Göttin weiß, was erforderlich ist, um ein Haus in Ordnung zu halten: Sie hat diese Arbeiten als heilig erachtet. Und was ihr recht war, sollte Ihnen nur billig sein.

2. JUNI
Ein Lob der Bescheidenheit

> Stil bedeutet, Schönheit in der Bescheidenheit zu entdecken.
> *Andrée Putman*

Bescheidenheit ist keine besonders aufregende Tugend. Ein sparsamer oder strenger Stil kann künstlerisch ausgefeilt und dramatisch wirken, doch Bescheidenheit erscheint uns oft langweilig und erinnert an das Mauerblümchen im Musselinkleid, das beim Abschlußball ihres Tanzkurses kein einziges Mal zum Tanzen aufgefordert wird. Doch die französische Designerin Andrée Putman, die von Hoteleinrichtungen bis zu Kugelschreibern alles nur Erdenkliche neu interpretiert hat, meint, wenn es am Gefühl für das geheime Wissen mangele, daß bescheidene Dinge schöner sein können als teure, »wird man nie Stil entwickeln.«

Vielleicht hat man Ihnen schon früh beigebracht, sich selbst nicht über den grünen Klee zu loben, auch dann nicht, wenn Sie Glanzleistungen vollbracht haben. Oder Sie wurden mit Nachdruck ermahnt, sich die Flausen aus dem Kopf zu schlagen und »die Ansprüche herunterzuschrauben, damit du später nicht enttäuscht wirst, Kind!« Und wenn Sie nun versuchen, Ihre Authentizität zu entfalten, hält Ihnen eine vertraute Stimme eine Gardinenpredigt, weil Sie eine »Angeberin« sind.

Und gleichzeitig, aus dem Augenwinkel, haben Sie gesehen, daß es die *großen* Gesten waren, die Aufmerksamkeit weckten: Glanz, Ruhm, Reichtum – die heilige Dreieinigkeit dessen, was alle Welt für erlesenen Geschmack hielt und anbetete. Oder zumindest wirkte es so aus Ihrer Warte. Es waren immer die Reichen, die auf der Liste der weltweit bestangezogenen Frauen die ersten Plätze belegten, und die Luxusvillen der berühmten Filmstars, die in den Hochglanzmagazinen abgelichtet wurden. Es reicht nicht aus, einen ordentlich konzipierten Roman zu schreiben; es muß ein Bestseller werden, sonst hat man seine liebe Not, einen Verleger für ein Nachfolgewerk zu finden. Es genügt nicht, eine talentierte Schauspielerin zu sein, man muß schon zumindest eine Oscar-Nominierung vorweisen, um als wirklich erfolgreich zu gelten. Wer bietet schon einem Bronzemedaillengewinner im Sport einen Werbevertrag in Millionenhöhe an?

Die meisten von uns können ihren Namen nicht auf einer Leuchtreklame am Broadway bewundern, und deshalb werfen wir das Handtuch: Tut mir leid, daß ich es überhaupt erst versucht habe. Unser Selbstwertgefühl erhält einen Knacks. Einen »bescheidenen« Erfolg zu verzeichnen, damit lockt man heute einfach keinen Hund mehr hinter dem Ofen hervor. Wir hören »bescheiden« und denken automatisch »mittelmäßig«.

Meditieren Sie einen Augenblick über die Bescheidenheit. Stellen

Sie sich vor, daß sie nicht die fade Tugend wäre, die Zurückhaltung, sich einschränken erfordert, sondern gezügelte Leidenschaft! Stellen Sie sich vor, Bescheidenheit wäre eine Tugend, die ein so hohes Maß an Selbstbewußtsein voraussetzt, daß sie sich von der hohlen Glitzerwelt nicht aus dem Konzept bringen läßt! Der amerikanische Schriftsteller und Illustrator Oliver Herford hält Bescheidenheit für die sanfte Kunst der Untertreibung, für die Fähigkeit, »die eigenen Vorzüge ins rechte Licht zu setzen, indem man vorgibt, sich deren nicht bewußt zu sein«. Menschen, die über einen authentischen Stil verfügen, wissen, was sie sind – aber wichtiger noch, *sie wissen, was sie nicht sind*. Sie scheren sich nicht um die Etikette; für sie zählt allein die Entfaltung der eigenen Persönlichkeit. Der amerikanische Architekt Frank Lloyd Wright wäre nie auf die Idee gekommen, Laura Ashley zu bitten, sein Haus neu zu gestalten, obwohl beide der Bescheidenheit in ihrer Arbeit ein Denkmal setzen. Der Trick besteht darin, tief genug zu schürfen, um zum Kern der Authentizität vorzudringen. Als erstes gilt es herauszufinden, was Ihnen gefällt, gleichgültig, ob es sich um einen Mantel, eine Couch oder Ihre berufliche Laufbahn handelt. Zerbrechen Sie sich über die Verpackung und das Preisschild später den Kopf.

Ich überlasse Sie heute diesem Gedanken. Goldlöckchen war ein bescheidenes Wesen, das keine großen Ansprüche an das Leben stellte. Sie wußte genau, was »richtig« für sie war – egal, ob eine Schüssel Brei, ein Stuhl oder ein Bett –, und sie traf ihre Wahl selbstsicher und kreativ. Sie ist mein Vorbild: So möchte ich sein, wenn ich einmal groß bin!

3. JUNI
Bitten, bitten und nochmals bitten

> Bittet, dann wird euch gegeben; sucht, dann werdet ihr finden; klopft an, dann wird euch geöffnet.
>
> *Matthäus 7, 7*

Wann haben Sie das letzte Mal jemanden um etwas gebeten – um einen Rat, um Hilfe oder um Anleitung – und sich dabei wohl in Ihrer Haut gefühlt? Ich habe die letzten zwanzig Jahre damit verbracht, als Journalistin um die Beantwortung von Fragen zu bitten, so daß man meinen könnte, es fiele mir leicht, auf privater Basis eine Bitte zu äußern.

Das ist nicht der Fall. Dennoch habe ich unlängst etwas entdeckt, was ein gewisses Maß an Spannung in meinen Alltag gebracht hat. Es ist so einfach, daß es mich bisweilen erschreckt.

Das Abenteuer besteht darin, um das zu bitten, was man sich wünscht: um Hilfe, Rat, Weisheit, Anleitung, Informationen – vor allem Informationen. Diese Auskünfte waren es, die mich in ein wunderbares neues Café geführt haben. Während ich diese Zeilen schreibe, genieße ich ein Glas Eiskaffee an einem Tisch draußen auf dem Gehsteig, beschattet von einem bunten, rotweiß gestreiften Sonnenschirm und umgeben von dekorativen weißen Töpfen mit Geranien. Ab und zu werfe ich vergnügt einen Blick in die Einkaufstüte zu meinen Füßen, um meinen neuen Zweiteiler aus Sommerleinen zu betrachten. Rock und Oberteil haben die Nagelprobe der Einfachheit und Fülle bestanden: Sie sehen phantastisch aus, fühlen sich ebenso an und waren im Preis reduziert. Nachdem ich »klar Schiff« in meinen Kleiderschränken und Schubladen gemacht hatte, besaß ich noch ein einziges Ensemble, mit dem ich auf die Straße hätte gehen können (das ist kein Scherz!). Aber alles, was mir in den Geschäften ins Auge sprang, war unerschwinglich und das andere nicht ganz das, was ich mir optisch oder vom Material her vorgestellt hatte. Monatelang vermied ich es also, mir etwas Neues zum Anziehen zu kaufen. Dann traf ich zufällig eine Frau, deren todsicheres Stilempfinden mir bekannt ist. Ihre Garderobe macht etwas her, aber sie würde auch noch in einem Kartoffelsack Eindruck schinden. Immer, wenn ich ihr begegnete, pflegte ich hinterher neidisch zu seufzen. Diesmal kam ich direkt auf den Punkt und fragte sie, wo sie ihre Garderobe kaufte. Sie nannte mir netterweise nicht nur die Namen der Geschäfte, sondern sprach auch über den Stil, den sie bevorzugt. Dann riet sie mir, schnellstmöglich eine bestimmte Boutique aufzusuchen; dort hatte man die Ware im Moment kräftig heruntergesetzt. Sie empfahl mir, mich auf die Mailing-Liste setzen zu lassen, um die Werbeanzeigen bezüglich Sonderangebotsaktionen automatisch zugeschickt zu bekommen.

Es sei lange her, daß er den Himmel um etwas gebeten habe, doch seine Arme wollten sich immer noch nicht demütig senken, sann der spanische Dichter Antonio Porchia über den tiefverwurzelten Konflikt des Bittens nach. Wünsche, Bedürfnisse, Sehnsüchte, Begierden nagen an uns, und doch sind wir nicht imstande, darum zu bitten. Unsere Arme bleiben auch weiterhin stolz erhoben. Das Ver- langen ist uns bewußt, aber wir empfinden keine innerliche Verpflichtung, nach Erfüllung zu streben. Wir legen unsere Karten nicht offen auf den Tisch. Wir bitten nicht, weil wir Angst haben, von jemandem abgewiesen zu werden. Von wem? Das spielt keine Rolle. Es könnte der Schöpfer sein, der Ehemann, der Lebenspartner, unsere Vorgesetzten. Doch wenn es dem Wunschdenken nicht auf magische Weise gelingt, unsere Sehnsüchte zu verwirklichen, haben wir das Gefühl, uns sei etwas versagt worden. Und so befinden wir uns, wenn wir es auch in Zukunft nicht fertigbringen, um etwas zu bitten, was wir uns wünschen, in einem Zustand des stetigen Mangels.

Mit einer Bitte ist keine Garantie auf Erfüllung verknüpft. Im großen Schweigen der Wünsche, die unerfüllt bleiben, hört man nur das eigene Schluchzen. Ich weiß das aus eigener Erfahrung. Aber ich weiß auch, daß wir nicht beten, wenn wir nicht bitten.

Beginnen Sie heute zu bitten. Sie sehen eine Frau mit einer tollen Frisur? Bitten Sie sie, Ihnen den Namen ihres Friseurs zu nennen. Bitten Sie das Verkaufspersonal in einem Heimwerkermarkt, Ihnen den Namen der Farbe zu nennen, mit der dort die Wände gestrichen sind; bitten Sie um ein Rezept für ein köstliches Gericht, mit dem Sie als Gastgeberin alle Ehre einlegen können; um den Titel eines Musikstücks, das Sie in einem Plattengeschäft hören. Bitten Sie Ihren Mann, die Kinder einen Nachmittag lang zu betreuen, so daß Sie Zeit für sich haben. Bitten Sie Ihre Kinder, das Spielzeug aufzuheben, damit Sie ihnen nicht dauernd hinterherräumen müssen. Bitten Sie um eine Terminverlängerung. Bitten Sie um einen freien Tag. Bitten Sie um eine Gehaltserhöhung. Bitten Sie um Auskunft darüber, wann Ihre Lieblingsboutique das nächste Mal mit Sonderangeboten wirbt. Bitten Sie den Schöpfer um Kraft, Ihren Alltag zu meistern. Bitten Sie ihn in seiner unendlichen Weisheit, Ihnen den rechten Weg zu weisen. Bitten Sie Ihren Schutzengel, seine Hand über Sie zu halten. Und während Sie bitten, beten Sie um ein Wunder.

Bitten Sie um das, was Sie brauchen und sich ersehnen. Bitten Sie darum, daß Ihnen die richtigen Fragen eingegeben werden. Bitten Sie um Antwort auf Ihre Fragen. Bitten Sie darum, daß sich der göttliche Plan für Ihr Leben in Freude entfalten möge. Bitten Sie höflich. Bitten Sie inbrünstig. Bitten Sie mit dankbarem Herzen, und Sie werden erhört werden.

Aber bitten Sie.

4. JUNI
Klassischer Chic – aus zweiter Hand

> Stil hat nichts mit Geld zu tun. Jeder kann Stil entwickeln, der Geld hat. Die wahre Kunst besteht darin, Stil mit nichts zu entwickeln.
>
> *Tom Hogan*

Da die Welt, von einigen wenigen löblichen Ausnahmen einmal abgesehen, den Secondhandchic nicht honoriert, sollten wir uns fragen, warum wir um keinen Deut besser sind. Es gibt fünf einfache Strategien der Einfachheit und Fülle, die von entscheidender Bedeutung für die Förderung der Talente sind, Dingen aus zweiter Hand einen erstklassigen, neuen Chic zu geben (das gilt sowohl für die Mode als auch für die Inneneinrichtung): 1. Sparen, suchen, finden; 2. ein Blick für Maße und Proportionen; 3. unserer Intuition vertrauen; 4. unser Auge schulen; 5. sich Zeit nehmen.

1. *Sparen, suchen, finden.* Oder wie es in einer Weisheit aus grauer Vorzeit heißt: »Wachse und gedeihe.« Wenn Sie den Gürtel während der Zeit, in der Sie suchen, was Ihnen wirklich gefällt, enger schnallen, werden Sie es schließlich auch finden und das nötige Geld haben, um es sich zu leisten. (Genau das ist die Art, wie sich das Universum herausputzt und schmückt.) Es mag länger als eine Woche dauern, aber es wird geschehen. Jahre später, wenn wir uns, vermutlich in einem Secondhandladen oder einer Möbelfundgrube, begegnen, wären wir imstande, uns an dem Glitzern in unseren Augen zu erkennen. Wir würden uns mit der geheimen Losung begrüßen: »Sparen. Suchen. Finden.« Ich hoffe nur, daß Sie nicht gerade Hand an den Spiegel gelegt haben, mit dem ich für meinen Kaminsims liebäugele. Aber bitte, ich lasse Ihnen den Vortritt: Greifen Sie nur zu, wenn er genau das ist, was Ihnen vorschwebt. Ich weiß, daß der Spiegel, der perfekt zu mir paßt, bereits irgendwo auf mich wartet.

2. *Ein Blick für Maße und Proportionen.* Der wahre Grund, warum Ihr Zimmer oder Ihr Outfit nicht genauso wie auf den Bildern aussieht, hat weniger mit dem Stoff, der Farbe oder dem Stil zu tun, für den Sie sich entschieden haben, als vielmehr mit Maßen und Proportionen. Tom Hogan, Mitinhaber des superschicken Trödelladens Chartreuse in New York, ist der Meinung, das Geheimnis eines reizvollen Dekors (oder Kleidungsstücks) ließe sich unter dem Strich auf das Streben nach Gleichgewicht zurückführen. Nicht nach Symmetrie, sondern vielmehr nach dem visuellen Gewicht, das Maßen und Proportionen beigemessen wird. Wenn beispielsweise an einem Ende des Raumes ein großes, schweres Möbelstück steht, sollten Sie durch ein ähnliches Pendant am anderen Ende einen harmonischen Ausgleich schaffen. Wenn Sie Modernes und Antikes mischen wollen, um dem Raum eine ganz eigene Note zu verleihen – nur zu. Aber vergewissern Sie sich, daß jede Stilrichtung in gleichen Anteilen repräsentiert ist.

3. *Vertrauen Sie Ihrer Intuition.* Sie wissen am besten, was Ihnen gefällt. Lassen Sie sich nicht von »Models, Marotten und Modetrends« in die Irre führen, rät Tom Hogan. Wenn Sie nach deren Pfeife tanzen, werden Sie in einem halben Jahr Ihre Neuerwerbung so satt haben, daß Sie den Raum oder die Ankleidekammer am liebsten nicht mehr betreten würden. Das Geld ist verschwendet.
4. *Ihr Auge schulen.* »Ihr Auge ist an einen bestimmten Stil gewöhnt, und so erscheint ihm alles merkwürdig, was davon abweicht«, sagt Tom. Bevor Sie zwanzig Meter von dem neuen Bezugsstoff bestellen, sollten Sie einige Wochen mit einem Stoffmuster leben, das Sie über die Sessel oder die Couch drapieren. Falls sich Ihr Auge nicht anpaßt, wissen Sie, daß Sie einen Fehlgriff getan haben. Ihr Auge ist möglicherweise auch nicht an den Anblick eines Möbelstücks gewöhnt, das Ihrem Stilempfinden völlig zuwiderläuft. Also geben Sie ihm die Chance, sich darauf einzustellen. Nach einer Woche merken Sie vielleicht, daß Ihr Tisch nicht ins Eßzimmer paßt, aber hervorragend im Schlafzimmer aussähe, wenn Sie ihn weiß streichen würden.
5. *Nehmen Sie sich Zeit.* »Hetzen Sie nicht, um alles passend zusammenzustellen. Viele begehen den Fehler, die Dinge zu überstürzen, und am Ende ist ihnen alles zuwider«, erklärt Tom. Die besten Einrichtungen und Garderoben scheinen sich schrittweise zu entwickeln. Sie sind nicht ausgereift im Kopf oder fix und fertig im Laden zu finden. Und lassen Sie stets Raum für Inspirationen. Man kann nie wissen, auf welchen »Fund Ihres Lebens« Sie morgen stoßen werden.

Wenn Sie wieder einmal aus dem Haus stürmen, um sich auf eine Einkaufsexpedition zu begeben, denken Sie daran: Ein authentischer Stil hat nichts mit Geld zu tun, sondern einzig mit der Bereitschaft, Ihrer Intuition zu vertrauen.

Dann los! Der Unterricht ist beendet.

5. JUNI
Ihr Schlafzimmer: Wiege der Zivilisation

Alles, was man wirklich braucht, ist ein himmlisch verlockendes Bett.

Mrs. Winston Guest

James Joyce mag imstande gewesen sein, die Stadt Dublin von seinem Schreibtisch in Paris aus zu schildern, und die Schriftstellerin Willa Carter beschwor von New York City aus Bilder der Prärie herauf. Doch wenn ich die Wiege der Zivilisation anschaulich beschreiben will – das Schlafzimmer –, dann geht das nur im Bett. Tatsache ist, daß der größte Teil dieses Buches im Bett entstand, was ich erstaunlich finde, genau wie meine Familie.

Sie betrachten einen Raum aus einer anderen Warte, wenn es sich um Ihre persönliche Domäne handelt. Sie verbringen vermutlich nicht soviel Zeit im Schlafzimmer wie ich, aber es sollte trotzdem Ihren persönlichen Stempel tragen. In den nächsten Wochen werden wir uns auf einen Spaziergang durch jene Räume begeben, die in den meisten Häusern oder Wohnungen vorhanden sind. Lassen Sie uns über ihre Bedeutung im Hinblick auf unser Leben nachdenken und wie sie uns mehr schlichte Freuden schenken können.

Was mich angeht, so werden Schlafzimmer aus zwei Gründen geschaffen: der Bequemlichkeit und des Vergnügens wegen. Angesichts dieser beiden Kriterien stellt sich nun die Frage: Sind Sie glücklich mit Ihrem Schlafzimmer? Sie werden selbst am besten wissen, ob Sie es am liebsten so selten wie möglich verlassen möchten. Beginnen wir mit dem Blickfänger im Raum, mit dem Bett. Ist es groß genug für Sie, und haben Sie eine gute Matratze, die Ihrer Wirbelsäule eine ausreichende Stütze bietet?

Des weiteren brauchen Sie Bettlaken von guter Qualität. Ich ziehe es vor, im Frühjahr und Sommer auf kühlen Laken aus reiner Baumwolle und im Spätherbst und Winter auf kuscheligem Flanell zu schlafen. Statt Wolldecken und Quilts zum Zudecken empfehle ich eine mit Enten- oder Gänsefedern gefüllte Daunenbettdecke sowie

Baumwollbettbezüge (waschbar) statt eines Umschlagtuchs. Das Bettenmachen wird dann zu einer Traumreise. Nichts ist so kuschelig, wie zusammengerollt in Daunen zu schlafen. Das gleiche gilt für daunengefüllte Kopfkissen, die Sie sich beim Sitzen hinter den Rücken stopfen. Die richtige Kissenkombination zu finden ist keine Zeitverschwendung, wenn Sie ein zufriedenes Leben führen wollen. Wenn Sie sich mit dem nächstbesten Schaumgummiklotz begnügen, sollten wir uns einmal ernsthaft unterhalten. Setzen Sie den Kissenkomfort auf die Liste Ihrer persönlichen Prioritäten.

Wie sieht Ihr Schlafzimmer aus? Macht es Ihnen Spaß, es zu betreten? Hier wird Freude durch den visuellen Charme ins Spiel gebracht. Die Wände sollten in einer sanften Farbe gehalten sein – Weiß, Blau, ein pudriges Rosé, Pastellgrün. Wählen Sie eine Farbe, an der Sie sich nicht so schnell satt sehen. Sie wollen sich, wenn Sie ins Schlafzimmer gehen, vielleicht aufheitern lassen, aber nicht aufheizen. Sparen Sie sich Zitronengelb, Orange und Knallrot für die Räume auf, die Aktivitäten vorbehalten sind. Ich ziehe kahle Wände vor, mit Ausnahme eines Bildes über meinem Meditationstisch, das eine harmonische Ergänzung zu meinen rauchblauen Wänden darstellt; es wirkt heiterer. Falls Sie Bilder aufhängen, vergewissern Sie sich, daß Sie sie gerne anschauen. Sie sind das erste, was Sie am Morgen, und das letzte, was Sie am Abend zu Gesicht bekommen.

Ihr Bett sollte genauso einladend zum Ansehen wie bequem zum Liegen sein. Ich vertrete die Ansicht, daß eine Frau ihre Bettwäsche leidenschaftlich lieben sollte. Hier geht es nicht nur um die Ästhetik, sondern auch um die Ermutigung, das Schlafzimmer in Ordnung zu halten, weil das Bett hübsch aussieht, wenn es gemacht ist. Und wenn Sie das Bett gemacht haben, können Sie gleich noch Ihre Kleider aufhängen und den Schminktisch aufräumen. Sie werden sehen, das führt zu sublimer Ordnung, zumindest in einem Raum des Hauses.

Nun fügen Sie die persönlichen Dekorationsobjekte hinzu, die einen großen Unterschied bewirken können: gute Leselampen, eine blühende Pflanze, persönliche Erinnerungen, heißgeliebte Fotografien und einen Platz für Bücher. Halten Sie das Chaos mit einigen hübschen, stoffbezogenen Schachteln in Schach. Wenn Sie Platz für einen Schminktisch haben, wunderbar! Genießen Sie diesen Luxus.

Obwohl ich in meinem Schlafzimmer meine Bücher schreibe, ist eines darin verpönt: Geschäftsangelegenheiten! Irgendwie habe ich das Gefühl, das sei nicht der richtige Ort dafür. Wenn ich geschäftlich mit jemandem telefonieren muß oder auf einen Anruf warte, gehe ich in mein Arbeitszimmer. Ich möchte nicht, daß die Welt in mein Heiligtum eindringt. Wenn Sie sich abends in Ihr Schlafzimmer zurückziehen, schalten Sie den Anrufbeantworter ein. Falls Sie zu Hause ein Faxgerät besitzen, vermeiden Sie, es ins Schlafzimmer zu stellen. Sie brauchen ein Refugium. Soll sich die Welt ohne Sie weiterdrehen; klinken Sie sich aus!

Mit unserem Schlafzimmer haben wir nicht nur die Möglichkeit, einen Raum nach unseren Vorstellungen zu gestalten, sondern können auch ein Saktuarium schaffen, in dem wir uns selbst liebevolle Fürsorge angedeihen lassen.

6. JUNI

Das Badezimmer:
Ein heimlicher Hafen der Selbstversenkung

> Wenn ich Psychiater wäre, würde ich vermutlich zuerst das Badezimmer meiner Patienten in Augenschein nehmen, bevor ich in gleich welchem anderen Bereich ihres Lebens Nachforschungen anstellte.
>
> *Mark Hampton*

Heute morgen habe ich über die Freuden nachgedacht, die ein Badezimmer uns bereiten kann, während ich darauf wartete, es benutzen zu können. Wir besitzen nur ein Bad, und mein Mann und meine Tochter, die beide früh aus dem Haus müssen, haben morgens den Vortritt. Einer landesweiten Erhebung zufolge, die ein führender Hersteller von Badezimmerprodukten in Auftrag gegeben hatte, wird das Potential dieses Raumes nicht voll genutzt. Die Umfrage enthüllte, daß bei vielen Menschen das Badezimmer der bevorzugte Raum ist, um zu telefonieren, zu essen, zu schlafen, zu rauchen, Liebe oder Hausaufgaben zu machen und zu tanzen!

Nicht in meinem Badezimmer. Mein Badezimmer hat die Ausmaße eines lateinischen Wörterbuchs – geschlossen, wohlgemerkt. Das ist meistens ein dicker Wälzer, aber seine Dimensionen lassen schwer zu wünschen übrig, wenn man bedenkt, daß es sich um den beliebtesten und meistfrequentierten Raum des Hauses handelt.

Der Innendekorateur Mark Hampton gibt zu, daß im Zuge sämtlicher Umbau- und Verschönerungsprojekte, die im Verlauf des Lebens durchgeführt werden, die Aussicht auf eine grundlegende Neugestaltung des Badezimmers die lähmendste ist. Ich stimme ihm zu, aber nicht aus den von ihm genannten Gründen, die mit der Koordination zahlloser Fachkräfte bei einem solchen Mammutprojekt zu tun haben – Architekt, Raumausstatter, Maurer, Fliesenleger, Elektriker, Installateur. Mich schrecken die exorbitanten Kosten, die alle diese Fachleute verursachen, wenn sie mein Bad wie von Zauberhand verwandeln, und die Tatsache, daß rund um die drei bereits vorhandenen Sanitäranlagen keine Handbreit Platz mehr übrig ist.

Dennoch läßt sich die Bedeutung des Badezimmers nicht bestreiten. Wie Mark Hampton ganz richtig bemerkt hat, stellt das Bad »einen Raum dar für die sehr persönliche Pflege, für eine genußsüchtige Stimmung, über die man ansonsten mißbilligend die Stirn runzeln würde. Abgeschirmt vom forschenden Blick der anderen, ist dieser Raum ein heimlicher Hafen der Selbstversenkung.«

Halten Sie diesen Gedanken fest: *ein heimlicher Hafen der Selbstversenkung*. Eine Anpassung der inneren Einstellung, die sich ständig weiterentwickelt. Nur weil das Badezimmer klein und das Budget noch kleiner ist, bedeutet das noch lange nicht, daß es sich nicht in einen heimlichen Hafen der Selbstversenkung verwandeln ließe. Ich kann das. Und auch Sie sind dazu imstande.

Wissen Sie, wie? Ich werde es Ihnen verraten.

Eine meiner Lieblingsphantasien besteht darin, mich eines fernen Tages eine ganze Woche lang in einem Luxuskurort verwöhnen zu lassen. Wie der Reisende, der nie aus seinem Ohrensessel herauskommt, sammle ich Informationen über Kurorte und klebe sie in mein Reisejournal ein. Auf diese Weise bin ich in Null Komma nichts unterwegs und weiß, welche Route ich einschlagen will, sobald mir das Reale Leben die Chance bietet, meinen Traum zu verwirklichen. In der Zwischenzeit habe ich mir einen Kurort der Einfachheit und Fülle geschaffen – sieben Abende, an denen ich meiner hausgemachten Leidenschaft fröne. Ich betrachte diese Stunden als *Happy Hour* oder Balsam für die Psyche. Vielleicht haben auch Sie Spaß daran. Probieren Sie eine Woche lang jeden Abend ein neues Badeprodukt aus: ätherische Öle, Badesalz, Gel, Badeschaum, Bademilch, Badekugeln und Zusätze auf rein pflanzlicher Basis. Viele Erzeugnisse werden in kleinen Mengen angeboten, so daß Sie mit ihnen für wenig Geld experimentieren können. In der Vorweihnachtszeit werden Sie oft als Werbegeschenk verteilt, wenn Sie etwas kaufen. Bewahren Sie die Artikel in Ihrer Trostschublade auf, bis Sie eine Badekurwoche brauchen.

Nachdem Sie ein ausgiebiges heißes Bad in einem Raum genossen haben, der nur von Duftkerzen erhellt wird, dabei wunderbare Musik gehört und sich ein Glas Wein oder prickelndes Mineralwasser mit Fruchtgeschmack zu Gemüte geführt haben (eiskaltes mit Brombeer- oder Pfirsichgeschmack ist himmlisch), sollten Sie sich je eine Schönheitsbehandlung pro Abend gönnen. Wie wär's mit einer Schlammpackung fürs Gesicht, einer Haarkur mit heißem Öl, Maniküre und Pediküre, einer Körpermassage gegen Cellulite oder einer Körperlotion mit Algenzusatz? Am letzten Abend probieren Sie Make-up und Frisuren aus.

Ihre Wunschliste für »Badezimmer-Spielzeug« könnte folgendes enthalten: eine Brause mit einer Vorrichtung zur Regulierung der Wassermenge; Naturschwämme und Massagehandschuhe zum Schrubben; einen weiteren Frotteebademantel mit Kapuze; große Saunahandtücher; einen Vergrößerungsspiegel, so daß Sie jeden Handgriff genau verfolgen können; und eine Badewannenablage, sofern Sie nicht schon eine besitzen. Eine aufblasbare Nackenrolle tut gut, um den Kopf anzulehnen, und mit einer langstieligen Bürste können Sie sich selbst wunderbar den Rücken schrubben. Ein Kurort, an dem Sie autark sind, ist der beste.

Konzentrieren Sie sich heute nicht auf die Mängel, die Sie in Ihrem Badezimmer entdeckt haben. Wenn es hier heißes und kaltes Wasser aus dem Hahn gibt, den man aufdrehen kann, um eine Badewanne zu füllen, haben Sie alles, was Sie brauchen. Sobald Sie eine Woche lang mit ihrer hausgemachten Kur experimentiert haben, werden Sie, zu welcher Jahreszeit auch immer, ein Ritual daraus machen. Sieben Abende, an denen Sie sich rundum verwöhnen, sind nicht leicht zu realisieren, aber glauben Sie mir, man kann sich daran gewöhnen.

7. JUNI
Die Freuden des Wohnzimmers

> Einige Wohnzimmer verdienen diesen Namen in Wirklichkeit nicht. Sie sind so reizlos, daß man sie statt dessen als Existenzraum bezeichnen sollte. Ich betrachte das Wort »Wohnzimmer« als eine Abkürzung für den Begriff »Gerne-Bewohn-Zimmer«. Genau das sollte es sein: ein wohnlicher Raum, angefüllt mit Lebensfreunde und Glück und Schönheit.
>
> *Lucy Abbot Throop*

Letzte Woche war ich bei einer Freundin zum Mittagessen eingeladen, und als ich den Flur betrat und einen Blick in ihr Wohnzimmer warf, blieb mir vor Überraschung die Spucke weg. Es war ungefähr sechs Monate her seit meinem letzten Besuch, und der Raum wirkte wie verwandelt. Alles sah absolut perfekt aus. Ich machte ihr sofort Komplimente, über das wunderbare Aussehen und die Ausstrahlung des Raumes. Als ich mir ihn etwas genauer betrachtete, bemerkte ich, daß sie gar nichts umgeräumt, sondern nur ein paar dekorative Einzelheiten hinzugefügt hatte, die dem Raum Lebendigkeit verliehen: Sie hatte Bilder an einer anderen Stelle aufgehängt, die Dekoration auf dem Kaminsims verändert und ihre Sofas mit augenfälligen neuen Webkissen ausstaffiert, welche die blassen Farben der Polster hervorhoben. Und zudem eröffnete sie mir, daß sie die Kissen im Sonderangebot erstanden und die gesamte Verjüngungskur weniger als fünfzig Dollar gekostet hatte.

Das Endergebnis war, daß ihr Wohnzimmer – das immer elegant, ästhetisch perfekt und ein wenig fad gewesen war – nun vor Leben vibrierte. Der Raum strahlte etwas Anheimelndes aus, ohne vollgestopft zu sein; er verströmte sichtbaren Charme und Gemütlichkeit. Er war so einladend, daß ich mich gar nicht davon lösen mochte. Jeder Winkel fesselte meine Aufmerksamkeit: ihre heißgeliebten Familienfotos, der Stapel mit ihren bevorzugten Büchern, der atemberaubend schöne Strauß weißer Hortensien, am Morgen frisch im Garten gepflückt, und die Porzellaneier-Sammlung auf dem winzigen Beistelltisch mit der verspiegelten Platte.

Aber hier spürte ich noch etwas anderes, was mich faszinierte, und deshalb wollte ich mehr wissen. »Na ja, wir leben inzwischen in diesem Raum«, meinte sie lächelnd und gab zu, daß sie wesentlich mehr Zeit darin verbrachte als früher. Ihre schöpferische Energie war spürbar, ihr authentisches Flair sichtbar und ihre neue Begeisterung offenkundig, was auch ihr zweites Buch einschloß, an dem sie gerade zu schreiben begonnen hatte. Ihr Wohnzimmer spiegelte diese Lebensenergie perfekt wider. Ich fühle mich immer inspiriert, wenn ich sehe, wie der Weg der Einfachheit und Fülle in der Praxis reiche Früchte trägt.

Für viele Frauen ist der Gedanke, die Inneneinrichtung grundlegend zu verändern, ähnlich wie bei den meisten anderen Lebensbereichen, überwältigend. Auf der mentalen Ebene nehmen wir ja nicht nur einen Winkel in einem Raum in Angriff, den wir so lange umgestalten, bis er uns gefällt, sondern versuchen, das ganze Haus an einem einzigen Tag auf den Kopf zu stellen. Die Vorstellung von dieser Strapaze ist so erschreckend, daß wir gar nicht erst anfangen. Statt die Innendekoration als eine Bürde zu betrachten, sollten wir eine positive Haltung einnehmen und in der Umgestaltung eine nie versiegende Quelle sehen, unsere Persönlichkeit zu entfalten und Zufriedenheit zu finden.

Dafür werden keine Preise verliehen, aber Sie finden statt dessen Dinge, die Ihnen wirklich Freude machen.

Wenn Sie nach Möglichkeiten suchen, Ihr Wohnzimmer wohnlicher zu gestalten, dann sollten Sie als erstes die verschiedenen Funktionen in Betracht ziehen, die es im Alltag Ihrer Familie ausübt. Wenn Ihre Wohnung oder Ihr Haus groß genug ist für einen Aufenthaltsraum außerhalb des Wohnzimmers, den die ganze Familie nutzt, dann sollten Sie innehalten und ein Dankgebet sprechen.

Viele Frauen würden Sie als Glückspilz betrachten. Als ich begann, Ordnung in das Geflecht des Alltags zu bringen – und als erstes kam dabei das Wohnzimmer an die Reihe – mußte ich als größten Stolperstein das Eingeständnis aus dem Weg räumen, wieviel Zeit, Energie und Gefühle (kostbare natürliche Ressourcen) ich mit der Wut auf die Tatsache verschwendete, daß unser Haus nicht geräumiger war. Ebendiese Wut lähmte mich psychologisch und machte mich blind für die vielen positiven Qualitäten, die sich mit einiger Phantasie schöpferisch nutzen ließen. Ein uraltes metaphysisches Gesetz besagt, daß wir niemals eine unangenehme Situation überwinden, solange wir sie nicht lieben oder zumindest erkennen, daß Liebe darin waltet. Ich mußte viele harte Lektionen über die Ordnung in Kauf nehmen. Nun weiß ich tief in meinem Innern, daß mein kleines Haus der beste Lehrer ist, den man sich vorstellen kann. Welche Vorteile böte denn ein großes Haus, wenn ich nicht einmal in der Lage bin, ein kleines in Schuß zu halten?

»Ein schönes Heim ist ein Lehrmeister für sich, aber es ist nicht an einem Tag entstanden; es muß langsam wachsen«, erklärte Lucy Abbot Throop, die in den ersten Dekaden unseres Jahrhunderts über Inneneinrichtung schrieb, ihrer Leserschaft im Jahre 1910. Halten Sie heute nach den liebevollen Lektionen Ausschau, mit denen Ihr Heim aufwarten kann. Beginnen Sie mit dem Wohnzimmer. Geben Sie ihm eine anheimelnde, behagliche Atmosphäre mittels der Ressourcen, die Ihnen zur Verfügung stehen, und es wird eine Freude sein, darin zu wohnen.

8. JUNI
Ein Lob dem Eßzimmer im Realen Leben

Wenn wir unsere wahre Identität kennen und unseren Lebensraum so einfach wie möglich gestalten, dann führen wir ein einfaches, wunderbares Leben.

Alexandra Stoddard

Wir alle wünschen uns, im sicheren Gefühl zu leben, daß unsere Anwesenheit in dieser Welt willkommen ist. Normalerweise kommt uns der Gedanke nur dann, wenn wir anderswo zu Gast sind. Aber ich bin inzwischen zu der Überzeugung gelangt, daß wir vor allem das Gefühl brauchen und haben möchten, in unserem eigenen Haus willkommen zu sein.

Ich sitze an meinem Eßzimmertisch, schreibe und warte darauf, daß ich ein Blech mit Brownies, kleinen Schokoladenkuchen, aus dem Backofen nehmen kann. Der hübsche runde Eichentisch, auf dem die Kekse abkühlen sollen, ist die Radnabe unseres Familienlebens. Von seiner robusten Mitte gehen die Speichen seelenvoller Mahlzeiten, Gespräche, Geselligkeiten, Traditionen und Erinnerungen aus, die in unserem Alltag ihren äußeren Widerhall finden.

Hier findet weit mehr statt als Essen. Der Eßtisch dient dazu, Zeitung zu lesen, die Post zu sortieren, eine Unterhaltung zu führen, die Hausaufgaben zu machen, Rechnungen zu bezahlen, Kuchen zu glasieren, die zu zahlende Einkommenssteuer zu errechnen, Blumen zu arrangieren, Spiele zu veranstalten, Vertraulichkeiten auszutauschen, Familie und Freunde in fröhlicher Runde zu versammeln. Der Eßtisch ist die Entsprechung des Herdfeuers der griechischen Göttin Hestia: hier zelebrieren wir die Initiationsriten, begehen die Feiertage, sprechen jeden Tag ein Dankgebet, bieten Geist, Körper und Seele Nahrung.

Wir bewirten in diesem Raum mehrmals im Jahr Gäste. Aber wir lieben ihn und leben jeden Tag darin.

Es ist derzeit anscheinend Mode zu empfehlen, daß eine Familie in Wirklichkeit kein separates Eßzimmer braucht, das sich bei unseren Eltern und Großeltern so großer Beliebtheit erfreute, weil wir heute ein völlig anderes Leben führen. Der Fortschritt hat seinen Preis und wir müssen praktisch denken, vor allem, wenn wir in einem winzigen Appartement mitten in der Stadt oder in einer kleinen Eigentumswohnung am Stadtrand wohnen. Die tatsächlichen Bedürfnisse des modernen Lebens sollten Vorrang vor einem Ideal haben, das nichts als eine nostalgische Illusion darstellt, erklären diejenigen, die in Sachen Ambiente den Ton angeben. Angesichts des knappen Wohnraums sei es ratsam, das Eßzimmer in eine Bibliothek, ein Spielzimmer oder eine Diele umzufunktionieren.

Ich weiß eigentlich nicht, was an diesem Vorschlag so reizvoll sein soll, vor allem, weil unser Eßzimmer alle die genannten Funktionen bereits erfüllt. Meine Kochbuchsammlung füllt eine Ecke des Raumes, und Kinder und Katzen spielen hier. Ein Minifernseher auf einem Eßzimmerstuhl, der zur Küchentür geschoben werden kann, gestattet mir, die Abendnachrichten anzusehen, während ich koche. Unser Eßzimmer ist ein Allzweckraum: er beherbergt uns morgens, abends und während des Tages. Die ungetrübte Wirklichkeit dieses Raumes – das einfach schöne *Leben*, das hier jeden Tag stattfindet – beschwört Ehrerbietung herauf und verlangt danach, bewahrt zu werden.

Hier sind Familien über Generationen greifbar miteinander verbunden, durch Porzellan, Kristall und Silber, das von den Eltern an die Kinder weitergegeben wurde. Diese Schätze werden liebevoll aus offenen Regalen geholt und auf den Tisch gestellt, mit der tröstlichen Wiederkehr eines zeitlosen Rituals der Gastfreundschaft, des Willkommens und der Ganzheitlichkeit. Die jüdisch-englische Romanschriftstellerin und Gelehrte Grace Aquilar schrieb 1847, das Wirkliche sei die einzige Grundlage des Idealen. Wenn ich das Eßzimmer und mein Herz darauf vorbereite, einen weiteren authentischen Segen zu empfangen, frage ich mich oft, ob sie wohl in ihrem Eßzimmer zu dieser umwälzenden Erkenntnis gelangt ist.

9. JUNI
Ein gewisses Maß an Ordnung in die Küche bringen

> Ein wirrer Verstand ist nicht imstande, flinke Hände zu lenken, und was ist verwirrender als ein liederlicher, unordentlicher Arbeitsplatz? Und was wäre weniger einladend? Der wohltuende Anblick von Ordnung – das ist der einzig wichtige Maßstab der Frauen, um die Haushaltsführung ihrer Geschlechtsgenossinnen zu beurteilen. Und jede gute Hausfrau weiß, daß dies auf keinen anderen Raum mehr zutrifft als auf die Küche.
> *Woman's Home Companion, August 1924*

Ich könnte nachts nicht mehr ruhig schlafen, wenn ich bei Ihnen den Eindruck erweckte, das Aufräumen der Küche wäre für mich das größte Vergnügen der Welt. Allein der Gedanke daran erinnert mich an ein Interview für eine Zeitung, das ich mit zwei netten, humorvollen Frauen führte, die eine Reihe beliebter Bücher über das Thema Haushaltsführung geschrieben hatten.

Mich hätte beinahe der Schlag getroffen, als sie mir gestanden, daß sie selbst keinen Finger mehr rührten, sondern sich dank ihres Erfolges nun endlich eine Putzfrau leisten konnten. Es war, als wäre ich hinter einen Vorhang getreten und dort dem leutseligen alten Mann begegnet, den die Munchkins, die Mümmler, für den Zauberer von Oz hielten. Wenn ich diese heikle Information an meine Leserinnen weitergegeben hätte, wären sie den vermeintlichen »Superhausfrauen« an die Gurgel gesprungen, wo doch Gewalttätigkeiten noch nie meine Sache waren. Davon abgesehen waren die praktischen Tips in ihren Büchern nicht nur sinnvoll, sondern auch kurzweilig zu lesen. Dennoch fiel es mir schwer, die Reportage zu schreiben (die den beiden Frauen und dem Herausgeber der Zeitung im übrigen gefiel).

Lassen Sie mich also die erste sein, die unumwunden zugibt, bisher noch keine Möglichkeit gefunden zu haben, die das Aufräumen der Küche in ein schieres Vergnügen verwandelt. Da ich ein Mensch aus Fleisch und Blut bin, brauche ich etwas mehr Zeit, um mich weiterzuentwickeln. Das erklärt vermutlich, daß ich mich stets fürs Kochen entscheide, wenn die Hausarbeit in unserer Familie verteilt wird. Das macht mir Freude, die sich noch steigert, wenn mein Liebster sich freiwillig zum Küchendienst meldet – an den Abenden, an denen keine Sitzungen stattfinden (einer der Gründe, warum ich ihn liebe!). Doch wenn er durch Abwesenheit glänzt, stehe ich am Abwaschbecken in der Küche, verzweifelt bemüht, von dem vietnamesischen buddhistischen Mönch, Dichter und Autor Thich Nhat Hanh den spirituellen Weg des Geschirrspülens zu lernen. In einem seiner Bücher schlägt er vor, das Geschirrspülen so anzugehen, als wäre es das Wichtigste im Leben. Wir sollen jede schmutzige Schale als heilig betrachten. Bis zu dieser transzendentalen Ebene bin ich bisher noch nicht vorgedrungen, aber ich versuche mein Bestes, das Geschirrspülen als das Wesentlichste in ebendiesem Augenblick zu erachten.

Ein großer Teil unseres alltäglichen Lebens spielt sich in der Küche ab. Kochen und Saubermachen können kontemplativ sein, aber nicht, wenn Sie ringsum von Chaos umgeben sind. Dennoch graute mir oft davor, die Küche auch nur zu betreten. Ich vertagte das Großreinemachen monatelang und fand immer eine dringlichere Aufgabe, die meiner harrte. Aber der Prozeß der Einfachheit und Fülle ist eine göttliche Gnade, die am Ende stets die Oberhand gewinnt. Nachdem die anderen Räume in meinem Haus allmählich ein gewisses Maß an Ordnung und Organisation erkennen ließen, ärgerte mich der Zustand der Küche nicht nur, sondern versetzte mich jedesmal, wenn ich eine Schranktür öffnete, nachgerade in Rage. »Zurück, zurück, zurück!« schrie ich, wenn mir zahllose angebrochene Margarinebecher entgegenquollen. Schließlich blieb mir keine andere Wahl, als der Wahrheit ins Gesicht zu sehen: Wenn dieser Raum wirklich das Herzstück meines Hauses war, dann verwunderte es keineswegs, daß ich jedesmal mit knapper Not einem Herzinfarkt entging, wenn ich mich hier an die Arbeit begab.

Wie beim Durchforsten des Wohnzimmerdekors sortierte und organisierte ich meine Küche nach bestem Wissen und Gewissen, wobei ihre Funktionen mir als Orientierungshilfe dienten. Wir haben eine kleine, enge Küche von der Größe einer Schiffskombüse, und

Platz ist ungeheuer kostbar. Wenn Sie Ihre Küche ungeachtet ihrer Größe auf Vordermann bringen, sollten Sie die unterschiedlichen Aktivitäten berücksichtigen, die hier stattfinden: das Vorbereiten der Mahlzeiten, das Kochen, das Servieren, das Ab- und Aufräumen, das Geschirrspülen.

Sobald ich einmal angefangen hatte, ging mir das Großreinemachen zügig von der Hand; Sie werden feststellen, daß es Ihnen ähnlich ergehen wird. Wie in den anderen Räumen landete alles, was ich nicht eindeutig den bereits beschriebenen Kategorien zuordnen konnte, in einem Karton, den mein Mann inspizieren durfte. Dabei entspinnt sich in aller Regel ein denkwürdiger Dialog zwischen den Partnern. Sie werden herausfinden, warum man Männer das »andere Geschlecht« nennt, wenn Ihr Lebens- oder Ehepartner sein Urteil über die Gegenstände in der Kiste fällt. Die Stunde der Wahrheit ist gekommen, wenn er versucht, Objekte aus dem Müllsack zu retten: zum Beispiel die ekelhafte, zerkratzte Teflonbratpfanne aus seiner Studienzeit, die jetzt erst die richtige »Patina« hat. Oder den Entsafter, um Most herzustellen, ein Überbleibsel aus einem früheren Leben. Oder den elektrischen Wasserkocher, der sich nie richtig reinigen läßt, weil die Schnur herunterbaumelt. Vergewissern Sie sich, daß Sie sich notfalls klammheimlich dieser sentimentalen, wie ein Schatz gehüteten Erinnerungen entledigen. Wie ich bereits empfohlen habe, ist das »Ausmisten« eine Beschäftigung, die frau im Alleingang bewältigen sollte.

Das nächste Mal, wenn Sie nach der Küchenschere fahnden, den Kühlschrank abtauen oder einen fettverschmierten Bräter schrubben, halten Sie sich vor Augen, daß wir das Geheiligte im Profanen finden, wenn wir danach suchen. Ich kann Ihnen nicht versprechen, daß dieser Trick jedesmal funktioniert, doch selbst, wenn er uns nur ein einziges Mal gelingt, ist er es wert, in die Annalen unseres Herzens einzugehen.

10. JUNI
Ein persönlicher Schlupfwinkel

> In der Einsamkeit betrachten wir mit besessener Aufmerksamkeit unser Leben, unsere Erinnerungen und die Einzelheiten, die uns umgeben.
>
> *Virginia Woolf*

Im Oktober 1928 hielt die englische Erzählerin und Literaturkritikerin Virginia Woolf zwei Vorlesungen über Frauen und Fiktion an der Universität Cambridge. Sie kleidete dabei zum ersten Mal öffentlich in Worte, was Frauen insgeheim schon seit Jahrhunderten wußten: um unsere schöpferischen Talente voll entfalten zu können, brauchen wir Privatsphäre, Frieden und ein eigenes Einkommen. Im darauffolgenden Jahr wurden diese Vorträge in *Ein Zimmer für sich allein* publiziert: Das Werk enthielt Woolfs Empfehlungen für Frauen, die ihrer Kreativität Rechnung tragen und sie weiterentwickeln wollten, damit sie nicht »durch Folterqualen des Schweigens den Verstand verlieren«.

Viele Frauen leben heute in kreativer Stille. Es ist dies nicht die Stille des Herzens, derer es bedarf, um das Unausgedrückte des Schöpfers zu offenbaren, sondern es ist die schöpferische Lautlosigkeit, von Lebensumständen verursacht, die sich vermeintlich unserem Einfluß entziehen: Zeitmangel und/oder das Fehlen eines Raumes oder Ortes, an den wir uns zurückziehen können, um einer schöpferischen Aktivität nachzugehen. Vielleicht leiden wir auch an mangelnder Klarheit, an der Unfähigkeit zu erkennen, wie wichtig es ist, täglich die geheiligte Gabe der Kreativität zu pflegen.

Viele Frauen haben keinen Raum für sich persönlich, es sei denn, sie leben allein. Aber das bedeutet nicht, daß wir nicht ein kleines psychisches Eckchen – auch wenn es nicht mehr als ein Schlupfwinkel ist – unser eigen nennen könnten. Ich habe eine Freundin, die sich ein persönliches Refugium in der Nische einer Stadtwohnung geschaffen hat, abgeschirmt durch einen Blumenmusterparavent aus den dreißiger Jahren, der von einem Flohmarkt stammt.

Dahinter stehen, in Fensternähe, ein kleiner Tisch und ein Stuhl, an die sie sich zurückzieht, um ihre Batterien aufzuladen.

Kein Platz für einen Paravent, einen Tisch und einen Stuhl? Dann beginnen Sie mit einem eigenen Bücherregal. Wichtig ist, daß es Ihnen allein gehört: Es bietet einen psychischen Schlupfwinkel, der Sie vehement daran erinnert, Ihren künstlerischen Impulsen nachzugeben, und Sie ermutigt, Ihr kreatives Potential auszuschöpfen.

11. JUNI
Ein Plan zum Ordnen der persönlichen Papiere

> Habe alle meine Papiere in Ordnung gebracht. Habe viel zerrissen und erbarmungslos vernichtet. Das ist immer eine große Befriedigung.
>
> *Katherine Mansfield*

Lassen Sie uns heute morgen gemeinsam überlegen, in welchem Maß wir unsere natürlichen Ressourcen – unsere Zeit, kreative Energie und Gefühle – vergeuden, um Ausschau nach den Waisenkindern der Unordnung zu halten: den längst überfälligen Rechnungen, den verlegten Einladungen (mit Wegbeschreibung), oder dem Anmeldeformular für den Schwimmkurs unseres Sprößlings, der heute nachmittag beginnt.

Wenn Sie nicht wissen, wie Sie sich den Weg durch das Labyrinth der persönlichen Papiere bahnen können, dann sollten Sie sich in dieser Woche zwei Stunden Zeit nehmen, um einen Plan aufzustellen, der Ihnen als Orientierungshilfe dient. Außer natürlich, Sie halten es mit A. A. Milne, dem Autor des Kinderklassikers *Pu der Bär*, der meinte, einer der Vorteile der Unordentlichkeit bestünde darin, ständig aufregende Entdeckungen zu machen. Aber mein Leben ist aufregend genug, auch ohne die ständige Pirsch nach unbotmäßigen Kassenzetteln, wenn es gilt, einen Artikel umzutauschen. Und Ihres vermutlich auch.

Ich habe eine sehr einfache Methode entwickelt, meine Papiere in Ordnung zu halten. Sie enthebt mich beinahe der Notwendigkeit zu denken, was bisweilen sehr erholsam sein kann. Ich habe ein ähnliches System wie Kinder, die ihr Spielzeug in Kisten aufbewahren und verschiedene stoffbezogene Schachteln und viereckige Körbe auf den Regalen über meinem Schreibtisch aufgestellt. Die eine Schachtel ist für unbezahlte Rechnungen und Bankbelege; sobald sie mit der Post ankommen, werden sie hier abgelegt. Wenn sie bezahlt sind, landen sie in einem Aktenordner. In der zweiten Schachtel hebe ich die persönliche Korrespondenz, getrennt von der Geschäftskorrespondenz, auf. In der dritten Schachtel sind meine zur Veröffentlichung bestimmten Papiere getrennt von meinem Workshop-Arbeitsmaterial verstaut, und dann gibt es noch eine vierte für meine geschäftlichen Quittungen (sobald ich von einer Besorgung oder einer Reise nach Hause zurückkehre, werden sie hier deponiert, bis es an der Zeit für die Steuer ist). Die fünfte Schachtel ist den Familienpapieren vorbehalten, die wir in unmittelbarer Zukunft brauchen werden: Anmeldeformulare für Kurse, Einladungen, Wegbeschreibungen zu den Freundinnen meiner Tochter. Ich weiß ungefähr, in welcher Schachtel ich was suchen muß. Sie können mir glauben, dieses System ist eine große Hilfe.

Einmal im Monat, für gewöhnlich am Nachmittag des letzten Samstags, folge ich Katherine Mansfields Rat und kehre in meinem Ablagesystem gnadenlos das unterste zuoberst. Wenn ich diese Aufgabe regelmäßig einmal pro Monat erledige, brauche ich dafür nicht mehr als eine Stunde, und das Gefühl, meine persönlichen Papiere unter Kontrolle zu haben, ist ungeheuer beruhigend. Begeben Sie sich heute in Ihrem Haus auf die Jagd und stöbern Sie jedes herumstreunende Blatt Papier auf, das Ihren Weg kreuzt. Sammeln Sie alles in einem großen Pappkarton. Schenken Sie sich ein erfrischendes Getränk ein. Legen Sie flotte Musik auf. Und nun fangen Sie an, die Papiere einzeln durchzusehen und sie verschiedenen Kategorien zuzuordnen. Wenn Sie nicht genug Kartons oder Körbe vorrätig haben, verstauen Sie die Stapel vorläufig in großen, beschrifteten Umschlägen, bis Sie das nächste Mal einkaufen gehen. Werfen Sie alle Papiere weg, die Sie nicht unbedingt aufheben müssen.

Denken Sie an die vielen Stunden, die Sie vergeuden, wenn Sie nicht wissen, wo Sie etwas finden, wenn Sie es dringend brauchen. Und nun denken Sie an die vielen Stunden, die Sie gewonnen haben, weil Sie stets auf dem laufenden sind.

12. JUNI
Geheime Passion: Duftende Wäscheschränke

> Und weiter schlief sie einen Schlaf mit azurnen Augenlidern,
> In gelbleichtem Linnen, weich und lavendelduftend.
> *John Keats*

Schließen Sie einen Moment lang die Augen und lassen Sie eine azurne Phantasievorstellung vor Ihrem mentalen Auge entstehen. Sie öffnen eine weiße Tür. Dort, auf tiefen Holzregalen, deren vordere Kanten mit einer Spitzenborte versehen sind, finden Sie fein säuberlich aufgereiht Weidenkörbe, in denen sich perfekt gefaltete Laken stapeln, kuschelige Wolldecken, flauschige Frotteehandtücher, knisternd gestärkte weiße Damasttischtücher, fleckenlose Stoffservietten, Geschirrtücher aus Leinen mit Monogramm und Paradekissenbezüge, eingefaßt mit Baumwollhäkelspitze, denen die Patina vergangener Zeiten anhaftet. Die Bündel werden von blassen Seidenbändern zusammengehalten, zu formvollendeten Schleifen geknüpft. Sie stehen wie angewurzelt vor diesem achten Weltwunder, ein Schatz, der es wert wäre, in den Geschichten der Händler gepriesen zu werden, die man sich auf der »Seidenstraße von Samarkand bis zu den Zedern des Libanon« erzählt. Die Luft ist erfüllt von einem atemberaubenden Wohlgeruch. Ein Seufzer der Wonne entringt sich Ihren Lippen. Das alles gehört Ihnen. Wird Ihnen gehören.

Die Schriftstellerin Mary Cantwell sann über das Luxusleben nach, das die Gurus des häuslichen Ambiente in den Printmedien führen; sie besitzen selbstverständlich duftende Wäscheschränke. Sie erinnert sich, daß auch sie einmal in die Versuchung geriet, sich einen solchen Duftschrank zuzulegen, ihr aber nicht nachgab, weil »ich leider faul und nicht gut darin bin, Schleifen zu binden«.

Dennoch kann man sich dem Sog der Perfektion nur schwer entziehen. Ihre Wäsche fein säuberlich zu stapeln wäre einer Form der Selbstverteidigung in einer Welt gleichgekommen, »die ich chaotisch fand«, vertraute Mary ihren Leserinnen sehnsuchtsvoll an. Beim Anblick meiner Schränke im oberen Flur möchte ich ihr aus vollem Herzen zustimmen. Hier gibt es keine Seidenbänder. Hier kämpfen auf fünf Regalen die Bettlaken gegen die Handtücher und Waschlappen um jeden Millimeter Platz, während sich Grippemedikamente, Toilettenpapier, Papiertücher und Seife gemeinsam mit Glühbirnen, Verlängerungskabeln, Fönen und Lockenwicklern gegen Desinfektions- und Putzmittel zu behaupten versuchen.

Aber wo Leben ist, ist auch Hoffnung. Und solange es Hoffnung gibt, gibt es Leben. Er wird mir gehören, der Traumschrank. Irgendwann einmal.

Vielleicht träumen auch Sie insgeheim von einem duftenden Wäscheschrank. Hier ist mein Plan, um den Traum noch in diesem Jahr zu verwirklichen. Körbe dämmen das Chaos in Schränken ein. In Schuhsäcken aus durchsichtigem Vinyl an einer Hakenleiste, die man über der Tür einhängt, lassen sich Medikamente, die Hausapotheke und Schönheits- und Körperpflegeprodukte, die in drangvoller Enge im Regal stehen, übersichtlicher verstauen. Sie entdecken darin auf den ersten Blick, wonach Sie suchen. Die Säcke sind in Versand- und in den meisten Kaufhäusern erhältlich.

Die beste Tischwäsche aus altem Leinen finde ich bei Wohnungsauflösungen und in Trödelläden. Auf Flohmärkten sind sie oft stockfleckig und fadenscheinig, in Antiquitätenläden kaum noch erschwinglich (es sei denn natürlich, Sie haben eine preisgünstige Quelle entdeckt).

Im Winter- und Sommerschlußverkauf kann man gute und preiswerte Bettwäsche und Handtücher erstehen; vermerken Sie die Zeiten auf Ihrem Kalender. Selbst wenn Sie nichts kaufen wollen, sind die prächtig dekorierten großen Kaufhäuser in dieser Zeit eine Quelle der Inspiration. Ich habe gestern eine kurzweilige halbe Stunde damit verbracht, mich in einem Schlaf- und Badezimmer umzusehen, das mit Ralph-Lauren-Produkten ausgestattet war, und mir einige tolle Ideen geholt.

Und nun zum Duftteil. Messen Sie die Seitenwände Ihres Wäscheschranks zwischen den Regalbrettern aus. Meistens gibt es hier drei waagerechte Unterteilungen. Schneiden Sie für jede Unterteilung zwei Stoffstreifen in gleicher Größe aus weißem Musselin zu, mit rund zwei Zentimetern Nahtzugabe an beiden Seiten. Legen Sie einen gleich großen Streifen Baumwollwattierstoff auf den Musselinstreifen. Bestreuen Sie ihn großzügig mit getrockneten Lavendelblüten (in Kräuter- oder Naturkostläden und auf Bauernmärkten erhältlich). Nähen Sie die beiden Musselinstreifen zusammen. Befestigen Sie die Duftstreifen mit einem Tacker oder einer Heftmaschine an den Schrankwänden. Hängen Sie getrocknete Lavendelzweige über dem obersten Regal auf. Treten Sie einen Schritt zurück und bewundern Sie Ihre Kreation der Einfachheit und Fülle.

Und was die Bänder angeht: Wir mögen sie himmlisch finden, aber wenn wir nicht allein leben, sollten wir emotional und psychisch den Gedanken aufgeben, Wäschestapel haben zu wollen, die fein säuberlich mit Seidenbändern verschnürt sind. Ich spreche aus Erfahrung. Es ist nicht so, daß man solche Schmuckbänder heute nicht mehr findet: Es gibt sie auf Flohmärkten und in Stoffgeschäften zu kaufen, und drahtverstärkte Bänder (die sich besonders leicht zur Schleife binden lassen) werden auch in Läden angeboten, die sich auf Artikel zum Basteln und gehobenen Schnickschnack für die Wohnung spezialisiert haben. Aber welches Haushaltsmitglied würde sich, außer Ihnen, die Mühe machen, die Schleife wieder zu binden? Warum wollen Sie sich selbst das Leben schwermachen? Trotzdem: Die Wonne, den Wäscheschrank ein einziges Mal perfekt vor sich zu sehen, bevor unser letztes Stündlein schlägt, ist die Mühe wert. Machen Sie ein Foto von Ihrem Prachtstück, um diesen unbeschreiblichen Moment für alle Zeiten zu bannen.

13. JUNI
Geheime Passionen:
Eine Vorratshaltung, die von Phantasie zeugt

> Die in Reih und Glied aufgestellten Behältnisse versetzten sie zunächst in Erstaunen, aber John liebte Gelee, und die hübschen kleinen Gläser würden so gut aussehen auf dem obersten Regal.
>
> *Louisa May Alcott*

Heute werden wir uns einer unterhaltsamen Sommerphantasie widmen: der von alters her überlieferten Tradition, Eßbares auf Vorrat einzulagern und ihm den gebührenden Platz einzuräumen. Was wäre ein Sommer ohne eine Betrachtung all der guten Dinge, die sich einmachen, süßsauer einlegen, konservieren, glasieren und mit Hochprozentigem aromatisieren lassen? Diese Köstlichkeiten sind das Salz in der Suppe einer phantasievollen Vorratshaltung.

Wie der duftende Wäscheschrank gilt die reichbestückte Vorratskammer seit jeher als eine typisch weibliche Passion. Waren in den prähistorischen Höhlen von Gargas Vorratskammern in Stein gehauen? Und ob. Wo sonst hätte man die gepökelten Wildschweinkeulen aufbewahren sollen? Zwanzigtausend Jahre später erhoben die Frauen der Viktorianischen Epoche die Vorratshaltung zu einer esoterischen Kunst, inspiriert von den literarischen Beschreibungen eines Hausstands im neunzehnten Jahrhundert. Hier wurden tiefe Schubladen, Kammern und Behältnisse beschrieben, groß genug, um Mais- und Grahammehl darin zu horten; geräumige Borde, auf denen man riesige Platten mit Truthahn unterbringen konnte; und eine Fülle eingemachter Köstlichkeiten in hübschen Behältnissen, die eine Augenweide darstellten.

Jede Frau sollte sich die unbeschreibliche Freude gönnen, einen Blick auf die makellos funkelnden Gläser mit winziger Blumenmusterschärpe und weißem Häkelhäubchen zu werfen. Aber wo und wie anfangen?

Nein, ich schlage Ihnen nicht vor, hundert Gläser Zucchinimarmelade in einer glutheißen Küche von der Größe einer Schuhschachtel einzumachen (ausgerechnet dann, wenn Sie Ihre Kinder nacheinander zum Fußballtraining und Klavierunterricht fahren müssen, wenn die Aufstellung des Budgets, das Ihrem Büro im nächsten Jahr zur Verfügung steht, noch den letzten Schliff braucht oder wenn die Koffer für den Urlaub am Meer noch gepackt werden müssen).

Vielleicht haben Sie aber genausoviel Freude wie ich an selbstgemachtem Kümmelzwieback, Tomatenmark (aus Tomaten, die in der Sonne getrocknet und so teuer wie das Lösegeld für eine Königin sind, wenn man sie in einem Delikatessengeschäft kaufen würde), würzigen Blaubeeren, Obstessig und, mir das liebste, Früchtehonig, der kein Honig ist, sondern eine berückende Kreuzung aus Sirup und eingemachtem Obst, die man eßlöffelweise über Pfannkuchen und Desserts träufelt oder direkt vernascht.

Begeben Sie sich getrost auf einen Bauernmarkt und holen Sie sich Eßwaren für die Vorratskammer, die von tüchtigen und kreativen Frauen für alle feilgeboten werden, die nicht eingemacht haben. Kaufen Sie ein Stück kleingemusterten Stoff und schneiden Sie Kreise aus, ein bißchen größer als die Deckel Ihrer Marmeladen- und Geleegläser, die Sie mit Schmuckband, Bast oder Zwirn festbinden. Hübsche Etiketten zum Beschriften sind in Supermärkten, Küchen- und Schreibwarenläden erhältlich. Ich sammle auch Eingemachtes aus aller Welt, wenn wir Urlaub machen, das heißt, ich lege immer Wert auf eine Vorratshaltung, die von Phantasie zeugt. Im übrigen bin ich der Meinung, daß jede Frau eine Vorratskammer haben sollte, wie bescheiden auch immer sie sein mag.

14. JUNI
Dekoration nach Jahreszeit: Sommerhäuser

> Die Englische Rose grüßt den Sommergarten mit ihren verschwenderischen Farben und Düften, und unsere Türen und Fenster stehen weit offen, damit die berauschende Atmosphäre uns und unsere Häuser einhüllen kann.
>
> *Sydney A. Sykes*

Die Produktpalette von Mutter Natur ist eine unerschöpfliche Quelle der Inspiration, um unser Heim optisch ansprechend zu gestalten. Wenn wir die Jahreszeiten mit ihrem individuellen Schmuck ins Haus holen, der nicht viel kostet, werden wir uns am Interieur nicht so schnell satt sehen.

»Veränderung ist ein ausgezeichnetes Heilmittel gegen den Überdruß. Und mit ›Veränderung‹ meine ich nicht zwangsläufig einen Tapetenwechsel«, schrieb Elsie King Moreland 1934 in der Zeitschrift *American Home*. »Die Möbel umzustellen ist für eine Frau das, was der Urlaub für einen Mann darstellt... Nichts scheint mir mehr Auftrieb zu geben, mir ›neue Lebenskraft‹ zu verleihen, als wenn ich mein Klavier in einer anderen Ecke des Raumes sehe, das Büfett unter den Fenstern steht und ich vom Bett aus auf eine andere Wand blicke.«

Traditionsgemäß haben Frauen ihr Heim auf den Sommer vorbereitet, indem sie alles aussortieren, was warm war oder schwer wirkte. Schauen Sie sich einmal in Ihren eigenen vier Wänden um. Rollen Sie die Web- oder Dhurrie-Brücken und Teppiche aus derbem indischen Baumwollstoff auf; verstauen Sie die Petit-point-Kissen oder beziehen Sie sie mit gerüschtem Drillich oder einem Kopfkissenbezug aus weißem Leinen. Wohlhabende Frauen pflegten ihre Polstermöbel während der Sommermonate mit eigens gefertigten Schonbezügen zu überziehen. Dazu sind wir nicht alle in der Lage, aber wir können vielleicht einen weißen Überwurf verwenden, um ihnen ein freundlicheres Aussehen zu geben. Fabrikreste mit kleinen Fehlern sind ein echtes Schnäppchen (normalerweise unter zwanzig

Mark pro Meter) und fabelhaft dafür geeignet. Den gleichen Zweck erfüllen Bettüberwürfe aus weißen, gesteppten Baumwollstoffen, die man über Sofa und Sessel drapiert. Auch große weiße Damasttischtücher, bei Nachlaßversteigerungen, Haushaltsauflösungen oder auf Flohmärkten einigermaßen preisgünstig zu finden, sind eine sommerliche Augenweide für Polstermöbel. Legen Sie weiße Musselindeckchen auf die Beistelltische und drapieren Sie ein feines Moskitonetz locker über eine Gardinenstange aus Holz und hängen Sie weiße Spitzenpaneele, schlichte Kaffeehausgardinen oder Bambusrollos an den Fenstern auf.

Lassen Sie den Boden unbedeckt oder legen Sie Sisal- oder Seegrasmatten auf einen von Wand zu Wand verspannten Teppichboden. Räumen Sie Simse und Tische ab. Dekorieren Sie die Räume mit Blumen der Jahreszeit, die Sie günstig bei Straßenhändlern oder auf Bauernmärkten kaufen oder im eigenen Garten pflücken. Schlichte, füllige Sträuße, bestehend aus nur einer Blumenart, die Sie in einem dekorativen Behältnis arrangieren, sind ein reizvoller Blickfang.

Sie sollten alles »einmotten«, was poliert werden muß: Messing, Zinn, Kupfer, Silber. Tauschen Sie das schwere Steingutgeschirr gegen Bast-, Weiden- und Strohkörbe aus. Stellen Sie einen großen Korb mit Trockenblumen in die Öffnung des Kamins, falls Sie einen haben. Rücken Sie die Möbel von der Feuerstelle weg und stellen Sie sie an die Wand, um den Raum optisch weitläufiger und offener zu gestalten.

Muscheln und natürliche Dekorationsobjekte schaffen die richtige Atmosphäre für ein Sommerhaus, selbst wenn Sie nicht an der Meeresküste leben. Drapieren Sie ein Fischernetz mit großen Seesternen über dem Kamin. Fügen Sie Treibholz, Bilderrahmen aus Ästen, ein Vogelnest (nachdem die Vögel es verlassen haben) oder ein Vogelhaus als Glücksbringer hinzu.

Rote, weiße und blaue Farbakzente, Jeansstoff und Segeltuch sind im Sommer reizvoll. Buntgestreifte Badehandtücher oder farbige Chenille-Bettüberwürfe stellen eine hervorragende Tarnung für die ausgebleichten Kissen auf Ihren Garten- und Balkonmöbeln dar. Im Sommer schmeckt das Essen auf einer rotweiß- oder blauweiß karierten Tischdecke noch besser. Zahllose weiße Bienenwachskerzen in Windlichtern und Laternen werfen einen mondlichtähnlichen Glanz über die sommerlich dekorierten Räume.

Nicht alle sind finanziell in der Lage, einen ganzen Monat auf dem Lande zu verbringen oder Urlaub in einem Haus am Meer zu machen, aber wir können unser Heim in ein Reich verwandeln, das Sommerfrische ausstrahlt, wenn wir den Fingerzeig des Kalenders aufgreifen. Wie jede Gabe der Einfachheit und Fülle beginnt die Einrichtung eines »Sommerhauses« mit einem mentalen Plan.

15. JUNI
Die geheimen Gedenktage des Herzens

> Die heiligsten Festtage sind jene,
> Die wir alleine in Stille und Abgeschiedenheit begehen,
> Die geheimen Gedenktage des Herzens...
> *Henry Wadsworth Longfellow*

Der Juni ist traditionsgemäß der Monat der Orangenblüten, von Spitzenschleier und Reis, aber ich denke dabei nicht an Hochzeiten, sondern an individuelle Initiationsriten, die geheimen Ehrentage des Herzens. Das sind Gedenktage im Leben, über die wir nie sprechen, die wir allein in Stille und Abgeschiedenheit begehen. Bei Ihnen ist es vielleicht der erste Kuß, während ich nicht vergessen kann, wie ich zum letzten Mal die Hand meines Vaters gehalten habe.

Ich habe heute morgen mit einer guten Freundin telefoniert. Sie bereitete gerade mit viel Lust und Liebe ein Festmahl für einen wundervollen neuen Mann in ihrem Leben vor. Letztes Jahr ging ihre zwanzigjährige Ehe in die Brüche, und sie gestand mir, sie sei dankbar gewesen, daß ihr Mann sie zu einem Zeitpunkt verließ, als die Natur zu welken begann. Sie sagt, sie wäre nie darüber hinweggekommen, wenn er gewartet und einen Tag vor Weihnachten seine Siebensachen gepackt hätte. Ich glaube, ich weiß was sie meint, aber ich bete, daß ich mir nie durch eigene Erfahrung Gewißheit verschaffen muß. Sie hat mir wieder vor Augen geführt, daß die Empfindungen, die mit einer Jahreszeit verbunden sind, Anlaß für einen geheimen Gedenktag des Herzens sein können. Eine andere Freundin erinnert sich daran, wie ihre Mutter ihr die Haare geflochten hat, ein Ritual, das ihr immer dann wieder einfällt, wenn sie im Frühjahr in den Garten geht und der erste Flieder blüht. Auf der Frisierkommode ihrer Mutter stand stets ein Fliederstrauß.

Jedes Jahr im Juni, wenn ich in den Swimmingpool meiner ehemaligen Zimmergenossin Dawne wate, stehe ich wieder im Pool von Tante Mary und Onkel Joe, den besten Freunden meiner Eltern. Vierzig Jahre sind inzwischen ins Land gegangen: aber ich höre noch immer Kinderlachen, das Klirren der Eiswürfel in den Limonadengläsern, ich spüre die heiße Sommersonne auf meinen Schultern, das Plätschern des kühlenden Wassers auf meinem Gesicht. Alles ist wieder lebendig, als ob es erst gestern gewesen wäre – die schattigen, blätterüberdachten Winkel im Garten, der mit Steinplatten ausgelegte Weg, der muffige Geruch des hölzernen Spielhauses, in dem meine »Cousinen« Mary Anne und Diane und meine Schwester Maureen und ich unsere Abenteuer aussheckten. Die Grillfeste, die Picknicks, das Übernachten bei den Freundinnen, die Cocktailpartys der Erwachsenen im oberen Stockwerk, die Kinderpartys im Hobbykeller, die Spiele im begrünten Innenhof, die spürbare Liebe und Geborgenheit, das kindliche Entzücken, die Aufregung und das Staunen – alle Freuden der Kindheit empfinde ich im Monat Juni unerwartet aufs neue. Meine Tochter hat inzwischen ihre eigenen geheimen Gedenktage an Zeiten, die sie im Haus von Tante Dawne und Onkel Tom verbringen durfte – Ferien am Strand, Weihnachtsfestessen, Ostereier suchen. Diese lieben Freunde, ihre hübschen Töchter und die guten Zeiten, die unsere Familien im Laufe der Jahre gemeinsam verlebt haben, sind ein bunter Faden im Teppich meines Lebens.

Die geheimen Gedenktage des Herzens verblassen nicht im Verlauf der Jahre. Obwohl ich es nicht vorgehabt hatte, werde ich Dawne heute nachmittag einen kurzen Brief schreiben. Und ich muß mich auch bei Tante Mary wieder melden und ihr für die kostbaren Erinnerungen danken. Ich möchte jemanden an dem teilhaben lassen, was ich viele Jahrzehnte in meinem Herzen bewahrt, aber nie in Worte gekleidet habe. Heute ist der Augenblick gekommen, um zwei wundervolle Frauen wissen zu lassen, wie sehr ich sie liebe. Ich hatte es vergessen. Es war offenbar erst ein geheimer Gedenktag des Herzens erforderlich, um mich daran zu erinnern, daß immer genug Zeit für Erinnerungen bleibt. Aber es bleibt nie Zeit genug, uns vor Augen zu halten, was uns lieb und teuer ist. Wenn wir nicht innehalten und die heiligsten aller Festtage dann begehen, wenn sie kommen.

16. JUNI
Ein Haus voll vertrauter Düfte

> Ich wünsche mir, das Leben wäre nicht billig, sondern heilig.
> Ich wünsche mir Tage, die Jahrhunderten gleichen,
> erfüllt, duftend.
>
> *Ralph Waldo Emerson*

Von dem Augenblick an, als Männer, Frauen und Kinder erstmals begannen, den Wahrnehmungen ihrer Nase zu folgen, war der Duft wie ein Magnet, der Herz und Phantasie unwiderstehlich in die eigene Domäne zog. »Es gibt nichts, was sich mit dem eigenen Heim vergleichen ließe«, schrieb John Howard Payne 1823, als er sich an den Geruch nach Wald und Rauch aus der offenen Feuerstelle eines alten, schindelgedeckten Cottage in East Hampton auf Long Island erinnerte, wo er die ersten Jahre seiner Kindheit verbracht hatte. Vielleicht läßt sich deshalb kein Platz auf der Welt mit dem eigenen Zuhause vergleichen, weil nichts so vertraut riecht wie die eigenen vier Wände.

Während ich schreibe, erfüllt das köstliche Aroma eines geschmorten Hühnchens in Teriyakisauce das ganze Haus. Mag meine Hütte auch noch so bescheiden sein, es gibt keinen Ort, an dem ich heute abend lieber wäre. Bald werden meine beiden »Heimkehrer« – meine Tochter aus dem Feriencamp, mein Mann aus seinem Büro in der Stadt – da sein. »Willkommen daheim!« rufe ich ihnen aus der

Küche zu. »Willkommen daheim!« schallt es in unserer ureigenen, rituellen Begrüßung zurück, während die Geräusche abgeworfener Sporttaschen, Aktentaschen und Rucksäcke die friedliche Stille des Tages beenden. »Mhm, was riecht denn da so lecker?« »Wann gibt's Abendessen?« Es bleibt Zeit genug für ein Antipasto aus freudiger Erwartung, eine kurze Radtour rund um den Block, einen Gang durch den Garten, ein Glas Wein, das Gefühl, wieder zu Hause zu sein.

Ein Haus voll vertrauter Düfte ist ein schlichtes Vergnügen, angefüllt mit Gewißheit und Geborgenheit. Vertraute Gerüche in allen Räumen, die sich in Schichten überlagern, verleihen dem Wohnraum ein luxuriöses Flair. Hier sind einige Tips, damit Ihr Haus himmlisch duftet.

Lüften Sie die Räume regelmäßig, auch im Winter, indem Sie die Fenster weit öffnen, damit die frische Luft zirkulieren kann. In den heißen Sommermonaten, wenn die Fenster tagsüber geschlossen sind, sollten Sie die Abendstunden abwarten, bis es sich abgekühlt hat. Denken Sie daran, daß Sie die Fenster nach einem sommerlichen Regenschauer weit aufreißen, damit der frische Duft ins Haus strömen kann.

Falls Sie Haustiere haben, sollten Sie beim Staubsaugen jedesmal einen Teppichschaum mit Natron benutzen, um unangenehme Gerüche zu entfernen. Wir gewöhnen uns an den Geruch unserer vierbeinigen Hausgenossen, aber er kann für Gäste, die nichts Böses ahnen, lästig sein.

Füllen Sie Duftpuder in den Staubsaugerbeutel, um den Wohlgeruch zu verbreiten, wenn Sie Ihre Teppiche säubern. Putzmittel mit Kiefernaroma wirken belebend. Kaufen Sie statt Möbelspray Möbelpolitur mit Zitronenaroma. Sie erhalten einen besseren Glanz und obendrein köstlich duftende Räume.

Lassen Sie Apfelessig, Zimt und Nelken eine Weile auf kleiner Flamme in Wasser köcheln. Das ist ein Trick, den Immobilienmakler empfehlen, um eine anheimelnde Atmosphäre zu schaffen, wenn potentielle Hauskäufer zur Besichtigung erscheinen. Auf diese Weise kommt ein solch einladendes Ambiente zustande, daß Sie es sich mit dem Ausziehen vielleicht noch überlegen.

Reiben Sie ohne Druck aromatische Öle in unbehandelte oder ungestrichene Holzmöbel ein, zum Beispiel an der Unterseite von Tischen und Stühlen, an Türwänden und Fensterbänken, auf der Innenseite von hölzernen Kommoden, Kleiderstangen und Regalen. Diese Öle können Sie auch auf die Metall- und Terrakottafassungen von Glühbirnen geben (aber nur dann, wenn die Glühbirne kalt ist); sobald Sie das Licht einschalten, durchwabern die Duftschwaden den Raum. Duftkerzen und Weihrauchstäbchen bringen einen Hauch Romantik in Ihre häusliche Sphäre.

Hängen Sie Duftkugeln und -kissen in die Schränke; legen Sie die Schubladen mit duftgetränktem Papier aus.

Verbrennen Sie aromatisiertes Holz und Gräser im Kamin. Sammeln Sie Treibholz am Flußufer oder Strand und Tannenzapfen, die Sie mit ätherischen Ölen beträufeln (Balsam, Lavendel oder Zimt), oder legen Sie getrocknete Rosmarinbündel ins Feuer. Verbrennen Sie eine Handvoll Wacholder- und Tannenzweige zusammen mit den Holzscheiten. Einige Indianerstämme Nordamerikas verbrennen Salbeibündel, um ihre Unterkünfte einer rituellen Reinigung zu unterziehen und die Götter zu bitten, den geheiligten Raum, den sie bewohnen, zu segnen. Folgen Sie ihrem Beispiel.

Stellen Sie überall im ganzen Haus Schalen mit einem Duftpotpourri auf, aber beschränken Sie sich auf eine einzige Duftnote, sonst machen die Aromen sich gegenseitig Konkurrenz. Ich bevorzuge blumige Düfte im Frühjahr und Sommer sowie würzige im Herbst und Winter. Eine eigene Duftmischung herzustellen ist eine entspannende Beschäftigung, die Spaß macht, genau wie die Produktion von Duftkissen für Schränke oder fürs Kopfkissen, von Duftkugeln und Duftwässerchen. Es gibt nichts Schöneres, als ein Baumwolltaschentuch in eine Flasche mit eisgekühltem Lavendelwasser zu tauchen, wenn man von draußen aus der Hitze kommt. Betupfen Sie damit Gesicht und Hals, wie unsere Großmütter, wenn sie ihre Arbeit im Küchendunst oder Waschküchendampf beendet hatten. Unsere Tage in der häuslichen Sphäre können berauschend und angefüllt mit atemberaubenden Momenten sein, wenn wir wieder Sinn für die Romantik duftender Räume entwickeln.

17. JUNI
Ein Luxus, den sich jede Frau leisten kann

Es gab und gibt kein Haus in einem so miserablen Zustand, daß man es nicht in eine Kostbarkeit verwandeln könnte.

Elsie de Wolfe

1972 zog ich nach London, um mein Glück auf jenen Brettern zu machen, die angeblich die Welt bedeuten. Ich griff voll daneben, und so mußte ich mich eine Zeitlang für hundert Dollar die Woche als Sekretärin über Wasser halten. Da ich knapp bei Kasse war, wohnte ich zwangsläufig in einem grauenvoll tristen Loch, das man schönfärberisch als »Wohnschlafraum« bezeichnete. Die Minimansarde war mit einer Kochplatte, einem Waschbecken und einem »Kühlschrank« mit zwei Fächern ausgestattet. Sie war nicht größer als eine Abstellkammer mit vier schlampig verputzten Wänden, beleuchtet von einer nackten Glühbirne, die an der Decke baumelnd ihr trübes Licht ausstrahlte. Das Badezimmer lag außerhalb, am anderen Ende des Ganges, und jedesmal, wenn ich baden wollte, mußte ich einen Shilling in den Heizautomaten stecken, damit dieser fünf Minuten lang Wärme von sich gab. Meine Kemenate befand sich im obersten Stockwerk eines vornehmen alten Gebäudes aus der Viktorianischen Epoche, an einer malerischen, typisch englischen Straße, einem weitläufigen Park gegenüber. Das Haus hatte eine granitene Außentreppe, eine massive Eingangstür aus schwarzem Holz mit einem Löwenkopf aus Messing als Türklopfer, unverzierte weiße Holzverblendungen rund um die schmalen, hohen Fenster und davor schwarze schmiedeeiserne Blumenkästen, üppig mit Pflanzen bestückt. Von außen wirkte es aristokratisch, und ich war stolz, wenn ich »meinen Palast« betrat, weil er mir das Gefühl gab, »zu Höherem geboren zu sein«. Den Schlüssel im Schloß umzudrehen war eine andere Sache, denn nachdem die Tür hinter mir zugefallen und ich schweren Schrittes die vier Treppen hinaufgetrottet war, glich ich Aschenputtel, wenn es Mitternacht geschlagen hatte. Aber ich war eine Träumerin, und ich träumte davon, eines Tages in Luxus zu leben.

Eines Freitagnachmittags kam ich auf meinem Heimweg von der Arbeit am Schaufenster eines großen Kaufhauses vorüber. Dort fand ein Räumungsverkauf statt, und die heruntergesetzten Stoffe in den Auslagen waren märchenhaft. Neugierig geworden, ging ich hinein und sah mich um, und sofort gaukelte mir die Phantasie Bilder von Glanz und Gloria vor. Wohlgemerkt, ich besaß keine Nähmaschine; ich wußte nicht einmal, wie man von Hand einen Knopf annäht. Doch das spielte in diesem Augenblick keine Rolle. Der Anblick der Wühltische, auf denen sich die herrlichsten Stoffballen aneinanderreihten, die ich je gesehen hatte, war berauschend, inspirierend, unwiderstehlich. Das war der erträumte Luxus, und ich konnte ihn mir leisten. Für rund zwei Dollar pro Meter erwarb ich einen ganzen Ballen – rund fünfunddreißig Meter – indischen Stoff mit Paisleymuster in Rost, Jägergrün und Safran. Ich hatte annähernd einen Wochenlohn auf den Tisch geblättert, aber mein Schnäppchen war jeden Penny wert.

An diesem Wochenende hatte ich alle Hände voll damit zu tun, den Stoff zuzuschneiden, zu kleben, zu tackern, zu drapieren und aufzuhängen. Ich verkleidete damit die Wände, raffte Stoffbahnen, die locker von der Decke hingen, nähte Vorhänge von Hand, überzog damit meine Sprungfedermatratze, zauberte eine Tagesdecke, passende Kissen und einen Baldachin fürs Bett, so daß ich nun eine Schlafnische besaß. Am Sonntagabend waren wir beide verwandelt, der Raum und ich. Ich fühlte mich wie im siebten Himmel, als ich mein neues Reich betrachtete und an das kreative Risiko dachte, auf das ich mich eingelassen hatte.

Anhand dieses Beispiels möchte ich Sie überzeugen, daß es keinen Raum in Ihrem Haus oder Ihrer Wohnung gibt, der sich nicht mit ein bißchen Stoff, Farbe, Säge, Hammer, Nägeln, Nadel und Faden, Nähmaschine, Klebstoff, mit der erstaunlich vielseitigen Heftmaschine (Tacker) und ein bißchen Phantasie, Zeit und Energie wohnlicher gestalten läßt.

Das Wichtigste an der Innendekoration ist, Spaß daran zu haben. Am besten, Sie legen einfach los, mit Selbstvertrauen, Freude an der Sache und einer scharfen Schere, ohne viel Federlesens zu machen.

18. JUNI
Die Entscheidung, zu erblühen

Und es kam der Tag, an dem das Wagnis, in der Enge der Knospe zu verharren, peinigender erschien als das Wagnis, das damit verbunden war, zu erblühen.

Anaïs Nin

Wieviel Zeit, schöpferische Energie und Gefühle verschwenden wir darauf, uns Veränderungen zu widersetzen, weil wir annehmen, daß Wachstum immer schmerzhaft sein muß? Ein großer Teil der persönlichen Wachstums- und Entwicklungsprozesse ist mit Unannehmlichkeiten verbunden, vor allem, wenn wir lernen müssen, in einer zwischenmenschlichen Beziehung unsere eigenen Grenzen zu setzen. Wenn wir es als innere Verpflichtung betrachten, uns selbst pfleglicher zu behandeln, werden die Menschen, die uns nahestehen, den Wandel bemerken. Das Frühjahr ist die Jahreszeit, in der sich das Wachstum im Garten, das bisher stetig und in kleinen Schritten erfolgte, merklich beschleunigt. Das Frühjahr ist auch für uns die Jahreszeit der Veränderung, denn jetzt haben wir bereits die Hälfte der Reise zur Ganzheitlichkeit hinter uns gebracht.

Es kann sich als schwierig erweisen, aus einem authentischen Bedürfnis heraus zu sagen: »Tut mir leid, das schaffe ich nicht«, wenn andere meinen, wir wären durchaus in der Lage, diese oder jene Aufgabe zu verrichten. Aber es wäre noch schlimmer, das Erwachen Ihrer Authentizität zu vereiteln. Der Tag wird kommen – vielleicht heute schon –, an dem das »Verharren in der Enge der Knospe« schmerzhafter ist als das Erblühen. Gartenarbeit sei eine kreative Beschäftigung, genau wie Malen oder das Verfassen eines Gedichts, sagt die viktorianische Schriftstellerin Hanna Rion. Sie sei ein persönlicher Ausdruck unseres Selbst, eine individuelle Vorstellung von Schönheit. Gartenarbeit ist auch ein hervorragender Weg, Themen zu erforschen, die mit dem persönlichen Wachstum und der Entfaltung Ihrer wahren Identität einhergehen. Mutter Natur ist eine geduldige Lehrmeisterin.

Suchen Sie nach einer perfekt geformten Rosenknospe, entweder in Ihrem Garten oder in einem Blumenladen. Stellen Sie sie auf Ihren Schreibtisch oder Ihr Nachtschränkchen. Im Talmud heißt es: »Jeder Grashalm hat seinen Schutzengel, der sich über ihn beugt und ihm zuflüstert: ›Wachse, wachse.‹« Das gilt auch für uns.

19. JUNI
Das Hohelied des Gartens

Gartenarbeit ist ein Werkzeug der göttlichen Gnade.
May Sarton

Gartenarbeit war eine der ersten göttlichen Gaben, die ich auf dem Weg der Einfachheit und Fülle entdeckte, nachdem ich mich auf die Reise zu meinem authentischen Selbst begeben hatte. Vorher hatte ich diese Betätigung immer als geisttötende Plackerei empfunden. (Mir war nicht aufgefallen, daß es Gartenarbeit und nicht Gartenspielerei heißt!) Ich war bereits mit den häuslichen Pflichten und meinen Büchern vollauf beschäftigt und verspürte keine große Lust, mich auch noch im Garten abzurackern. Aber vor ein paar Jahren, im Herbst, als authentische Wünsche an die Oberfläche meines Bewußtseins drangen, beseelte mich wilde Entschlossenheit, keinen weiteren Frühling mehr ohne Narzissen und Tulpen in unserem Garten zu begrüßen. Da ich nicht das mindeste vom »Garteln« verstand, holte ich mir Rat bei namhaften Expertinnen: Gertrude Jekyll, Vita Sackville-West, Celia Thaxter und Katharine S. White.

Katharine White war Herausgeberin des *New Yorker*, von 1925 an, als das Magazin noch in den Kinderschuhen steckte, bis zu ihrer Pensionierung 1958. Sie war außerdem eine begeisterte Hobbygärtnerin und hatte wie ich ihre helle Freude daran, in Katalogen für Gartenbedarf zu stöbern. Diese unstillbare Leidenschaft veranlaßte sie, nach jahrzehntelanger Tätigkeit als Herausgeberin selbst zur Feder zu greifen. Ihr erster Bericht war eine Rezension der Saatgutkataloge und Baumschulenbetreiber, der zu ihrer bekannten Serie »Onward and Upward« führte.

In meinen Augen gibt es zwei Sorten Gärtnerinnen. Zu der einen gehören jene außergewöhnlichen Frauen, die nicht nur jede Blume, sondern auch noch ihren lateinischen Namen kennen. Sie sind meistens genauso makellos wie die Flora, die sie pflegen; sie verrichten die Gartenarbeit mit einem breitkrempigen Strohhut auf dem Kopf und einer Perlenkette um den Hals, mit langen, wehenden Chiffonschals und in handgefertigten Ferragamo-Schuhen, die ein Vermögen kosten. Sie studieren peinlich genau die Gartenzeitschriften, planen die Bepflanzung auf Millimeterpapier, und ihnen bricht nie der Schweiß aus, wenn sie mit Harke und Spaten hantieren. Katharine White zählte zu dieser Spezies.

»Grunge«, der Lumpenkleiderstil, beschreibt treffend die Gärtnerinnen der anderen Art. Wir gehören zu denen, deren Gesicht bei der Gartenarbeit immer eine tomatenrote Färbung annimmt, die nicht gerade wie eine Rose duften und in Schweiß gebadet sind. Wir fallen in der Regel nicht wegen unseres »grünen Fingers«, sondern eher wegen der Trauerränder unter den Fingernägeln auf, da wir wieder einmal vergessen haben, Gummihandschuhe überzustreifen. Wir sprechen von »der kleinen gelben Blume« und zeigen mit dem Finger drauf. Außerdem neigen wir dazu, die Gartenarbeit manisch anzugehen: Wir werden nicht nur von Visionen des Paradieses auf Erden heimgesucht, sondern leiden auch unter Größenwahn wie der Mongolenherrscher Kublai-Khan, der von Xanadu träumte. Wie sonst ließe sich erklären, warum mir nie in den Sinn kam, als ich im April vierzehn Rosenstöcke bestellte, daß sie alle zur gleichen Zeit an einem Morgen im Mai geliefert würden und mich zwei Tage Schuften bis zum Umfallen kosteten? Bevor Rosenstöcke eingepflanzt werden können, muß man erst einmal ziemlich tiefe Löcher graben. Aber wie dem auch sei, ich schaffte es, sie sämtlich einzubuddeln. Es war ein Wunder, daß ich ihnen dabei nicht gleich Gesellschaft leistete. Sie sind Kinder der Liebe, der Trost meiner mittleren Jahre, empfangen an einem Nachmittag, an dem ich in den glänzenden Gartenbedarfskatalogen blätterte.

Gartenarbeit war für Katharine White ein Kinderspiel, aber das Schreiben ging ihr »langsam, gleich einer Tortur« von der Hand, wie ihr Mann bemerkte. Sätze zu formulieren fällt mir viel leichter, als

Dränierfurchen in einem Blumenbeet zu ziehen. Dennoch empfinde ich meine Abenteuer im Garten als eine Bahn, auf der ich mich schrittweise vorwärtsbewege, als Evolution der Seele. Die Gartenarbeit ist zu einem unverhofften Werkzeug der göttlichen Gnade geworden, denn ich habe viele Stunden des inneren Friedens erlebt, wenn ich auf den Knien lag und die schmutzige Erde umgrub. Der Garten ist der einzige Ort, an dem ich nicht an meinen Beruf denke oder mir Sorgen über Dinge mache, die sich meinem Einfluß entziehen. Die völlige Versenkung, das Sakrament des Hier und Jetzt, das ich empfange, wenn ich pflanze oder Unkraut jäte, erfüllt mich mit einer ungeheuren inneren Zufriedenheit. Meine Gedanken kommen zur Ruhe, und mein Herz wird weit. Nun weiß ich, warum der Schöpfer meinte, daß Frauen in einem Garten aufblühen. Soviel zum Thema Zweifel an der Weisheit des Allmächtigen.

Eine wundervolle, pudrige Rose mit Namen »Pleasure«, Freude, lädt mich ein, sie näher zu betrachten. Also hinaus ins Freie, das Hohelied des Gartens zu singen.

20. JUNI
Geheime Gärten

> In unseren Herzen sollten wir uns einen stillen, geheimen Ort bewahren, an den sich die Träume zurückziehen können.
> *Louise Driscoll*

1889 mietete Frances Hodgson Burnett, Verfasserin des Klassikers *Der kleine Lord* und eine internationale Berühmtheit beiderseits des Atlantiks, ein prachtvolles ländliches Anwesen namens Maytham Hall in England. Deprimiert infolge der moralischen Entrüstung, die ihre Scheidung in der Öffentlichkeit ausgelöst hatte, und aufgrund der »skandalösen« Beziehung zu ihrem Literaturagenten – einem gutaussehenden jungen Mann, der ihr Sohn hätte sein können – auf Schritt und Tritt von der Presse verfolgt, suchte sie einen Zufluchtsort, um in aller Abgeschiedenheit ihre Gedanken zu ordnen und die Scherben ihres Lebens wieder zusammenzufügen.

Ihr liebster Platz in diesem Sanktuarium war ein verwildertes Grundstück, umgeben von einer hohen Ziegelmauer, das sie in einen Rosengarten verwandelte; hier pflanzte sie dreihundert korallenfarbene Rosenstöcke. Sie bezeichnete diesen Rosengarten als ihr privates Arbeitszimmer. Hier verbrachte sie ihre Tage abwechselnd mit Gartenarbeit und Schreiben, an sonnigen Tagen im Schatten eines riesigen japanischen Sonnenschirms mit Blumendekor. An kühlen Tagen pflegte sie sich in ein Reiseplaid zu wickeln und ging nur dann ins Haus, wenn ihr keine andere Wahl blieb. Mrs. Burnett schrieb drei Bücher und ein Theaterstück, aber sie kehrte erst im Jahre 1907, als sie sich nach Ablauf des Mietvertrages gezwungen sah, Maytham Hall zu verlassen, nach Amerika zurück. Während sie einen neuen Garten hinter ihrem Haus auf Long Island anlegte, begann sie, an ihrem später bekanntesten Werk zu arbeiten: *Der geheime Garten* erschien 1911.

Der geheime Garten ist die Geschichte zweier Waisenkinder, die wild aufwachsen und von Mutter Natur verköstigt werden. Als sie einen hinter Steinmauern verborgenen, verlassenen und überwucherten Garten wieder zum Leben erwecken, wird diese Wiedergeburt zu einer inspirierenden Metapher für den Beginn eines neuen Lebens.

Gegen Ende ihres Lebens erinnerte sich Frances Hodgson Burnett daran, wie die Gartenarbeit in Maytham Hall ihr Selbstgefühl wiederhergestellt hatte. Die kostbaren Erinnerungen an einen »leicht verregneten Frühling in Kent, als ich nahezu drei Wochen auf einer kleinen Gummimatte an der grasbewachsenen Kante eines himmlischen alten Kräuterbeets kniete«, lebten in ihrer Phantasie weiter, genauso wie »die Pflanzen, die für mich in diesem Sommer lieblich blühen sollten«.

Kurz nachdem ich entdeckte, daß die Prinzipien der Einfachheit und Fülle eine kreative Philosophie darstellen, die mir innere Zufriedenheit brachte, hatte ich einen wunderbaren Traum. Ich wurde zu einem alten, von einer Mauer umfriedeten Garten geführt, wo ich einen goldenen Schlüssel auf dem Weg erspähte. Als ich den Schlüssel im Schloß herumdrehte, öffnete sich die schwere Holztür und gab den Blick auf eine Einöde aus verkohlten, abgestorbenen und wuchernden Pflanzen frei. Alles war dunkel und trostlos. Doch sobald ich die Wildnis betreten hatte, entdeckte ich am anderen Ende einen Rundbogen, der in den schönsten Garten führte, der mir jemals zu Gesicht gekommen war, überflutet von Sonnenschein. Trotzdem zögerte ich, den erbarmungswürdigen Garten zu verlassen und in das Paradies einzutreten. Irgendeine unsichtbare Macht hielt mich zurück, wie Fallstricke im Unterholz. Schließlich kämpfte ich mich frei und passierte den Bogen. In diesem Augenblick verschwand das Ödland. Ich war nur noch von Schönheit und Fülle umgeben, und ich empfand unbändige Freude und Heiterkeit.

Als ich wohl oder übel aufwachte, wußte ich genau, was der Traum bedeutete. Der üppige Garten war das Wissen um die Fülle in meinem Leben, und das Ödland die Manifestation meiner Gedanken, die um das Gefühl des Mangels kreisten.

Fülle und Mangel existieren gleichzeitig in unserem Leben, als parallele Wirklichkeiten. Wir haben immer die bewußte Wahl, welchen geheimen Garten wir pflegen wollen. Das unsichtbare Gestrüpp, das uns zurückhält, sind unsere eigenen negativen Gedanken. Wenn wir beschließen, unser Augenmerk nicht auf das zu richten, was in unserem Leben fehlt, sondern auf die vorhandene Fülle – Liebe, Gesundheit, Familie, Freunde, Arbeit und persönliche Hobbys –, dann löst sich die Einöde in Nichts auf, und wir sehen unser reales Leben aus der positiven Warte.

Es wäre wunderbar, einen wirklich geheimen, verborgenen Garten zu besitzen wie jenen von Frances Hodgson Burnett, aber das ist eher eine Seltenheit. Wenn Sie hinter dem Haus einen Garten haben, werden Sie doch einen bequemen Stuhl und einen kleinen Tisch in einer schattigen Ecke unterbringen können, oder? Vielleicht ist es Ihnen auch möglich, eine Hängematte zwischen zwei Bäumen zu befestigen! Oder stellen Sie Gartenmöbel auf die Veranda, auf den Balkon oder in einen begrünten Innenhof, wohin Sie sich zurückziehen können, um Ihre Batterien wieder aufzuladen.

Und wenn wir schon einmal dabei sind, vergessen Sie nicht, Ihren geheimen inneren Garten zu pflegen, denn die Saatkörner, die hier gedeihen und nach außen sichtbar erblühen, müssen immer zuerst im Innern ausgestreut werden. Reißen Sie Enttäuschungen, Frustration, Antriebslosigkeit, vergebliche Hoffnungen und Wut über Fehlentwicklungen der Vergangenheit oder noch unerfüllte Erwartungen an die Zukunft mit Stumpf und Stiel aus. Dieses emotionale Unkraut erstickt nur Ihre Kreativität. Lassen Sie zu, daß Ihre ungezügelte Phantasie die Saatkörner der Möglichkeiten im Nährboden Ihrer Seele ausstreut. Und dann pflegen Sie Ihren inneren Garten mit leidenschaftlichem Engagement, Geduld und Hartnäckigkeit. Denn es ist, wie Frances Hodgson Burnett entdeckte: »Wenn man einen Garten hat, hat man eine Zukunft, und wenn man eine Zukunft hat, ist man lebendig.«

21. JUNI
Blühen Sie dort, wo Sie verwurzelt sind

> Blühe dort, wo du eingepflanzt.
> *Mary Engelbreit*

Ich bin ein Spätzünder, eine »Spätblühende«. Ich habe mit zweiunddreißig geheiratet, war drei Jahre später eine sogenannte Erstgebärende, habe mein erstes Buch im Alter von einundvierzig Jahren veröffentlicht und den ersten Garten, der diesen Namen verdient, mit fünfundvierzig angelegt. Es ist mir peinlich, das zuzugeben, als wäre ich ein Fehlgriff des Kosmos, aber May Sarton, die jeden Tag mit einer Leidenschaft, um die ich sie beneide, schrieb und ihren Garten bestellte, versichert, Gartenarbeit sei eine Belohnung in mittlerem Alter, wenn jemand die Bereitschaft für eine unpersönliche Leidenschaft aufbringe. Für eine Leidenschaft, die Geduld, das unmittelbare Bewußtsein einer Welt außerhalb des Selbst und die Kraft erfordere, ungeachtet aller Zeiten der Dürre und der eisigen Schneefälle zu wachsen, um sich jenen Augenblicken der reinen Freude zu nähern, »wenn alle Fehlschläge vergessen sind und der Pflaumenbaum Blüten trägt«.

Der Pflaumenbaum hat heute morgen nicht geblüht, aber dafür eine majestätische pinkfarbene Lilie in meinem Bauerngarten. Wie ist sie dahin gekommen? Ich habe sie gepflanzt, ganz offensichtlich, doch ich weiß genausoviel über Lilien wie über das Leben. Da steht sie vor mir, prachtvoll anzuschauen in ihrer reifen Unerforschlichkeit. Sie ist so kurzlebig, so erlesen, daß ihre Schönheit dem Tadsch Mahal gut zu Gesicht stünde – aber sie blüht hier, in Takoma Park.

Spätblüher haben viele Vorteile, aber wann wurde dieses Thema zum letzten Mal in der Titelgeschichte einer der renommierten Frauenzeitschriften aufgegriffen? Gertrude Jekyll, die großartige viktorianische Landschaftsgärtnerin und Autorin, die als First Lady des modernen Gartendesigns gilt, war ebenfalls eine Spätzünderin. In der ersten Hälfte ihres Lebens hatte sie sich als Malerin betätigt, aber das nachlassende Sehvermögen zwang sie, statt des Pinsels den Spaten in die Hand zu nehmen. Nachdem sie die Fünfzig überschritten hatte, wurde die Gartenarbeit zu ihrem schöpferischen Ventil. Im Verlauf der nächsten drei Jahrzehnte entwarf sie mehr als fünfzig atemberaubende englische Landschaftsgärten und schrieb vierzehn Bücher und zahlreiche Artikel. Wir alle sollten so üppig blühen.

Eine Spätzünderin zu sein, bedeutet, daß wir Zeit und Gelegenheit haben, unser Leben zu durchdenken, umzukrempeln und zu experimentieren, wenn wir merken, daß unsere Träume auf der Strecke geblieben sind. Wir Spätberufenen können mehr riskieren, weil zu diesem Zeitpunkt niemand mehr außergewöhnliche Leistungen von uns erwartet. Wir können uns neu erfinden oder unser authentisches Selbst aus der Taufe heben, wenn wir unser innerstes Sein wiederentdecken und verwirklichen.

Da ich es versucht, versagt und immer wieder versucht habe, habe ich eines entdeckt: Wenn wir uns als schöpferisches Wesen voll entfalten wollen, müssen wir zu Ganzheitlichkeit heranreifen und dort blühen und wachsen, wo unsere Wurzeln verankert sind. Vielleicht lassen in ebendiesem Augenblick Ihre berufliche Position, häusliche Sphäre oder Beziehung zu wünschen übrig. Nichts und niemand ist perfekt, wie Sie wissen. Aber wenn Sie die Gabe des Hier und Heute besitzen, bietet sich Ihnen eine weitere Chance, Ihre Lebensumstände von Grund auf zu verändern und sie so ideal zu gestalten, wie es Ihnen mit Ihren derzeitigen Ressourcen möglich ist. Heute eröffnet sich Ihnen eine weitere Gelegenheit, Kurskorrekturen vorzunehmen. Was kann man sich mehr wünschen?

Ich habe einen Kletterrosenstrauch mit Namen Blaze. Er wurde von mir an einer Stelle eingepflanzt, die eigentlich viel zu klein für ihn ist, weil er von einer alten, wuchernden Pfingstrosendame dazu verurteilt ist, ein Zwergendasein zu führen. Aber ich habe immer davon geträumt, in einem Haus zu wohnen, an dem sich überall Rosen hochranken. Da ich nicht mehr die Hände in den Schoß legen und auf die Freuden des Morgen warten wollte, hatte ich Blaze bestellt. Als er eintraf, eingewickelt und scheu wie ein Bräutigam aus dem Katalog, küßte ich ihn, pflanzte ihn ein, sprach ein Gebet und erhoffte das Beste.

Ein paar Wochen lang tat sich nichts, obwohl ich den Stock jeden Tag gewissenhaft wässerte, ihm ermutigende Worte zuflüsterte und ihn beschwor, »üppig zu wachsen und zu blühen«. Schließlich, einen Monat nach seiner Ankunft, trieb er die ersten Blätter, und sein Aufstieg begann. Heute begrüßte er mich mit winzigen Knospen. Kletterpflanzen blühen normalerweise noch nicht im ersten Jahr, aber Blaze wußte das offenbar nicht und hatte wohl beschlossen, an Ort und Stelle zu blühen, dort, wo sich seine Wurzeln befanden.

Die Menschen, die es in dieser Welt zu etwas brächten, seien diejenigen, die sich auf die Hinterbeine stellten und nach den Gegebenheiten Ausschau halten, die ihnen zusagten, beobachtete der englische Dramatiker George Bernard Shaw, dem eigener Aussage zufolge die besten Ideen nach der Arbeit in seinem Garten einfielen. Und fänden sie diese nicht vor, würden sie sie sich erschaffen.

22. JUNI
Der Siegesgarten der Feinschmecker

> Es ist schwierig, auf andere Gedanken als erfreuliche zu kommen, wenn man eine selbstgezogene Tomate verzehrt.
> *Lewis Grizzard*

In den dreißiger und vierziger Jahren war Schmalhans Küchenmeister in Amerika. Während der dreißiger Jahre hungerten viele Menschen infolge der Weltwirtschaftskrise: Schulden, Dürre, Sandstürme, Zwangsumsiedlung und Menschenschlangen, die um Brot und Arbeit anstanden. Von 1942 bis 1945 hungerten die Menschen nach Frieden, Ordnung, Sicherheit, nach gesellschaftlicher Sicherheit und häuslicher Geborgenheit, aber es mangelte ihnen auch an Fleisch, Käse, Zucker, Butter, Kaffee und Öl. Die Lebensmittel waren rationiert und blieben den amerikanischen Truppen vorbehalten, die an vielen Fronten kämpften.

Die Gartenarbeit gewann während dieser Dekaden eine ganz neue Bedeutung, denn die Frauen mußten improvisieren und mit weniger auskommen, als ihnen in Friedenszeiten zur Verfügung stand. In den dreißiger Jahren ermutigten die Frauenzeitschriften ihre Leserinnen, aus Gründen der Sparsamkeit einen »Küchengarten« anzulegen. Ein Jahrzehnt später empfahl Präsident Franklin Roosevelt seinen Landsleuten, »Siegesgärten« anzulegen, als Teil der Kampfstrategie. Die Propaganda ermahnte Frauen, sich zu vergegenwärtigen, daß »Verschwendung im Krieg Sabotage gleichkommt«, und die amerikanischen Frauen folgten dem patriotischen Aufruf, indem sie mehr als eine Million Tonnen Gemüse im Jahr auf ihren Gemüsebeeten im Garten anbauten – die Hälfte dessen, was die heimische Front tatsächlich konsumierte.

Der Siegesgarten stellt ein Konzept dar, dessen Zeit wieder gekommen ist, nicht nur aus Gründen der Sparsamkeit, sondern auch der schlichten Freude wegen. Das überzeugendste Argument, das für einen persönlichen Siegesgarten spricht, ist eine selbstgezogene Tomate, die jetzt am Stengelansatz rosa leuchtet. In ein paar Wochen wird mir die ergötzliche Quintessenz einer sommerlichen Mahlzeit die Mittagszeit versüßen. Ich kann es Ihnen nur empfehlen: ein Tomatenbrot und ein Glas Limonade. Schneiden Sie die rote Schönheit in dicke Scheiben, legen Sie diese, mit Mayonnaise betupft und mit Salz und Pfeffer gewürzt, auf ein Stück Baguette. Mir läuft schon das Wasser im Mund zusammen, wenn ich nur daran denke.

Und nun stellen Sie sich Kürbis, kleine Gürkchen, Blattspinat, Zuckererbsen vor – die in Ihrem Garten oder in einem großen Kübel auf dem Balkon wachsen. Es ist an der Zeit, darüber nachzudenken, ob Sie nicht das eine oder andere Gemüse selbst ziehen wollen. Der Siegesgarten Ende dieses Jahrzehnts könnte sich zu einem Feinschmeckerparadies entwickeln, zu einem Luxus, den man sich leisten kann. Die Gourmetprodukte werden nicht kultiviert, um den Geldbeutel zu entlasten, sondern aus schierer Gaumenfreude. Die heutigen Gourmetgärten gehören fast immer erstklassigen Köchinnen und Köchen. Das liegt daran, daß Gartenarbeit und Kochen einander hervorragend ergänzende, kreative Tätigkeiten sind.

Sie haben vielleicht noch keinen Feinschmeckergarten, in dem Sie Gemüse ziehen. Die Anlage erfordert gründliches Planen und Pflanzen, bevor man die Früchte der Arbeit genießen kann. Aber Sie können die Saatkörner dieser schlichten Freude in Ihrer Phantasie ausstreuen, für das nächste Jahr. Um es frei nach Alice B. Toklas auszudrücken, gibt es nichts, was sich damit vergleichen ließe, so befriedigend und aufregend, wie Gemüse zu ernten, das man selbst gezogen hat.

23. JUNI
Mittsommernachtsträume

> Ist nun des Jahres hohe Zeit,
> Und was vom Leben trug die Ebbe fort,
> Kommt wieder mit der Wellen Fröhlichkeit,
> Nun ist das Herz so voll, daß es Tropfen sprengt,
> Glücklich sind wir nun, da es Gott bedenkt.
>
> *James Russell Lowell*

Seit Jahrhunderten haben die weisen Frauen gewußt, daß ein bißchen Hexenwerk und Magie in der Mitte des Sommers gut für die Seele ist. Das erklärt vermutlich, warum vor allem in Nordeuropa die Mittsommernacht (23. Juni) traditionsgemäß als ein Fest begangen wird, bei dem beide fröhliche Urständ feiern.

Die Mittsommernacht ist außerdem der höchste religiöse Feiertag der »Stillwaters«, einer Glaubensgemeinschaft in New England, die von Familienangehörigen und Freunden der Autorin und Illustratorin Tasha Tudor ins Leben gerufen wurde. Sie sind der Auffassung, daß man die einfachen Freuden des Lebens genießen und der Natur Ehrerbietung erweisen soll.

Die Stillwater-Glaubenslehre, eine Kombination aus den anspruchsvollsten ethischen Prinzipien der Shaker, Quäker und Amish, ist ein mentaler Zustand, wie die Gründerin erklärte. Stillwater bringe man automatisch mit etwas sehr Friedvollem in Verbindung, erklärt Eldress Tudor. Ein Leben ohne Streß. Heute seien die Menschen überdreht und hektisch. Würden sie ab und zu Kamillentee trinken und mehr Zeit damit verbringen, abends im Schaukelstuhl auf der Veranda zu sitzen, hätten sie mehr vom Leben.

Am Mittsommernachtsabend richten die »Stillwaters« ein großes Fest aus, mit Musik, Tanz auf der Tenne und einem üppigen sommerlichen Festbankett. Stillwater-Anhänger seien Hedonisten. Das Leben müsse genossen und nicht erlitten werden, betont Tasha Tudor mit Nachdruck. Das erste und oberste Gebot der Stillwater-Glaubensgemeinschaft lautet: »Freue dich über jeden Tag«. Diesen Grundsatz sollten wir alle verinnerlichen, um den Himmel auf Erden zu erleben. Leider betreiben die »Stillwaters« keine »Missionsarbeit« von Haus zu Haus. Deshalb sind wir auf uns allein gestellt. Dennoch verlockt das Glaubensbekenntnis dieser Gemeinschaft zu persönlichen Nachforschungen.

Ich liebe den Mittsommertag (24. Juni). Er bietet mir eine Gelegenheit, mitten im Jahr meinen Kurs zu korrigieren. Ich gehe in aller Herrgottsfrühe in den Garten hinaus und pflücke eine Blüte, die noch schwer vom Tau ist. Mit den Fingern verstreiche ich den Tau auf meinem Gesicht, denn wie es in einer Legende heißt, wird jede Frau, die am Mittsommertag ihr Gesicht mit Tau netzt, noch schöner als im vergangenen Jahr werden. Zum Tee kommen Fairy-(Elfen-)Kekse auf den Tisch, für ein Picknick im Mondschein wird Sillabub vorbereitet (ein joghurtähnliches Erfrischungsgetränk aus Milch mit Apfelmost, Zitrone, Beeren und Schlagrahm vermischt), und es werden persönliche Träume erneuert. Da ich irischer Abstammung bin, habe ich den Glauben an Liebeszauber, magische Kräuter und Weissagungen nie ganz abgelegt, denn ich weiß, es gibt einige Rätsel in der Welt, die wir mit unserem rationalen Verstand niemals lösen werden. Doch wenn der Mittsommer naht, ist es an der Zeit, in die Zukunft zu blicken und zu träumen. Und vielleicht werden sich, wenn wir Glück haben, die kommenden Tage als ein unvergeßlicher Sommer erweisen. Möge dieser mächtige Mittsommernachtszauber nie verlorengehen – das wünsche ich Ihnen und den Menschen, die Sie lieben.

24. JUNI
Pracht in der Vase: Mit Blumen leben

Rosen auf dem Tisch sind mir lieber als Diamanten am Hals.
Emma Goldman

Die berühmte englische Gartenkünstlerin und Autorin Vita Sackville-West war der Ansicht, daß die Gartenarbeit Ähnlichkeit mit dem Malen aufweise. Man könne sich der Illusion hingeben, eine Künstlerin zu sein, die ihr Werk hier durch einen Farbtupfer ergänzt und dort eine Schattierung hinzufügt, bis die gesamte Komposition ihren Gefallen finde. Ich bin noch zu neu im Gärtnermetier, um ihre Beobachtungen aus eigener Erfahrung zu bestätigen. Ich merke erst bei der Blüte, welche Farbtupfer ich wohin gesetzt habe. Aber ich fühle mich wie eine Künstlerin, wenn ich einen hübschen Blumenstrauß zusammenstelle.

Nun ist die Jahreszeit gekommen, in der Vasen nebst Inhalt ihre ganze Pracht entfalten sollten. Lassen Sie uns das Beste daraus machen. Das Leben mit Blumen ist ein erlesenes, schlichtes Vergnügen und im Frühling, Sommer und Herbst zudem ein Luxus, den man sich leisten kann. In den Wintermonaten sind Blumen zu teuer für mein Budget. Wie Emma Goldman sind mir Bumen auf dem Tisch allemal lieber als Diamanten am Hals. Die Gelegenheit, diesen Traum zu verwirklichen, ist sehr real, wenn Sie die bunte Pracht selbst anpflanzen, und deshalb habe ich in diesem Frühjahr mein Glück mit Rosenstöcken versucht. In meinem Herzen und in meiner Phantasie blüht und duftet ein Blumen- und Gemüsegarten, wie man ihn in England auf dem Lande findet; aber dieser Traum nimmt nur sehr langsam Gestalt an. Die Setzlinge brauchen teilweise Jahre intensiver Pflege, bevor sie Ihre Mühe mit einem Blumenstrauß belohnen. Und so jäte und wässere und warte ich. Während ich mich in Geduld übe, besuche ich an Wochenenden die Bauernmärkte im Umkreis und halte an jedem Verkaufsstand am Straßenrand, sobald ich einen entdecke, um an den Blumen zu schnuppern und mich durch Entrichtung eines kleinen Obolus auch später zu Hause daran zu erfreuen. Ich habe schon seit längerem über Möglichkeiten nachgedacht, das ganze Jahr lang mit frischen Blumen zu leben. Eine besteht darin, mich mit einem »botanischen Garten en miniature« zu umgeben, ein weitgefaßter Begriff, der Blumen, Früchte, Blattwerk, Zweige und Gräser einschließt. Einen solchen »botanischen Garten« im Kleinformat stellen für mich auch Möbelbezugsstoffe, Tapeten, Textilien und Porzellan mit floralen Mustern dar.

Die Menschen haben seit mehr als viereinhalbtausend Jahren ihre Behausungen mit botanischem Dekor versehen, wie ägyptische Wandzeichnungen von Gänsen belegen, die sich an Gras und roten Blumen gütlich tun. Eine florale Innendekoration kann einen blühenden Garten ins Haus holen; die Fülle natürlicher Akzente, die das ganze Jahr über verfügbar sind, verbreiten nicht nur einen visuellen Zauber, sondern vermitteln auch das beruhigende Gefühl der Kontinuität.

Während der Sommermonate, wenn es Blumen im Überfluß zu erschwinglichen Preisen gibt, prangen diese Himmelsgaben überall in meinem Haus, ein Beweis der Einfachheit in der Fülle. Wenn ich die Sträuße für Wohnzimmer, Eßzimmer, Küche (denken Sie an die Kunst des Sheng Fui!), Badezimmer und Schreibtisch arrangiere, weiß ich, daß ich mich in guter Gesellschaft befinde, denn Vita Sackville-West gesteht, daß Blumen eine »berauschende Wirkung« auf sie hätten. Sie ist nicht die einzige.

25. JUNI
Auf die Plätze, fertig, los ...

Es muß mit der grünen Seite nach oben eingepflanzt werden.
Mary Ann und Frederick McGourty

Wie macht sich Ihr Garten? Wächst da überhaupt etwas? Sollte es Ihnen schwerfallen, jenen Garten zu erkennen, dessen Bild Sie in Ihrem Herzen tragen, so verzagen Sie nicht: Wo ein Wille ist, ist bekanntlich auch ein Weg. Möglicherweise haben Sie keinen Garten, weil Sie in einer Wohnung mitten in der Stadt leben. Das muß kein Hinderungsgrund sein. Einige der schönsten Gärten, die ich kenne, waren Minigärten. Wenn Sie einen Balkon oder einen Innenhof haben, können Sie ein Paradies mit Pflanzentrögen und allen nur erdenklichen Behältnissen schaffen, in denen Rosen mit Einjährigen, Kräutern, Tomaten und Gemüse um die Wette gedeihen.

Sollte es Ihnen sowohl am Balkon als auch an einem Innenhof mangeln, so bleibt Ihnen immer noch die Möglichkeit, in Töpfen auf der Fensterbank das ganze Jahr über einen blühenden Miniaturgarten mit Pflanzen der jeweiligen Jahreszeit anzulegen. Eines der schönsten Beispiele stammt aus den dreißiger Jahren: Stellen Sie ein weißes Rankgitter vor ein Fenster, in das viel Licht einfällt, und säen Sie Trichterwinde in einen Blumenkasten, den Sie innen auf die Fensterbank stellen. Binden Sie die Blüten dieses Rankengewächses an der Rankhilfe hoch, und schon haben Sie einen duftigen, originellen Sommervorhang.

Wenn Sie in der glücklichen Lage sind, ein kleines Stück Land Ihr eigen zu nennen, sollten Sie das Beste daraus machen. Werfen Sie wieder einen Blick in Ihr Reisejournal und schlagen Sie nach, welche Blumen Sie am liebsten in Ihrem Garten sehen würden. Falls Sie nicht sicher sind, nehmen Sie sich in der Bibliothek die Gartenliteratur vor; leihen Sie sich das eine oder andere Buch aus, um daheim in aller Ruhe darin zu schmökern. Schreiben Sie sich die Namen der Blumen auf und dazu Bestelladressen, falls die Geschäfte vor Ort das Gewünschte nicht im Sortiment führen. Beschließen Sie, sich dieses Jahr nur auf *einen* Bereich des Gartens zu konzentrieren.

Besorgen Sie sich ein Handbuch für Hobbygärtner, das leichtverständliche Anleitungen enthält und so robust ist, daß Sie es ins Freie mitnehmen und dort jederzeit in ihm blättern können. Ideal wäre ein Ratgeber im Taschenbuchformat.

Einen Anstoß, selbst tätig zu werden, erhalten Sie, wenn Sie sich Gartenkataloge zuschicken lassen, woraus Sie Blumenzwiebeln bestellen können. Sie müssen im Herbst gepflanzt werden, entweder Ende Oktober oder Anfang November, vor dem ersten Frost, und deshalb ist der Sommer die richtige Jahreszeit, Visionen einer üppigen Blütenpracht zu sammeln.

Ich möchte Ihnen nun einen Blumenzwiebel-Pflanztip geben, der bei mir Wunder gewirkt hat: Schenken Sie der weithin akzeptierten Schulbuchweisheit keine Beachtung, die verlangt, die Zwiebeln in weitem Abstand voneinander zu setzen. Ich hatte mich an diesen zweifelhaften Rat gehalten, als wir in unser Haus einzogen, und mußte mich am Ende mit der kümmerlichsten Rabatte abfinden, die man sich nur vorstellen kann. Der Anblick war so deprimierend, daß ich den Traum von einem eigenen Garten ein Jahrzehnt lang begrub. Nachdem ich jahrelang die Blumenbeete rund um die Library of Congress mit sehnsüchtigen Augen betrachtet hatte, faßte ich mir ein Herz und fragte einen der Gärtner nach dem Geheimnis der üppigen Pracht. Er riet mir, mindestens sechs Blumenzwiebeln in jede Kuhle zu setzen (die Zwiebeln kreisförmig im Pflanzloch anordnen, mit einer Zwiebel in der Mitte), wobei die Löcher eng nebeneinander liegen sollten. Das Ergebnis war verblüffend.

Ich wünschte, ich könnte Ihnen das Gefühl der unbändigen Freude und Zufriedenheit schildern, das ich empfand, als ich sah, wie sich die Blumenzwiebeln mit aller Macht ihren Weg durch den gefrorenen Boden bahnten, sich gen Himmel reckten und ihre wundervollen Köpfe der Sonne zuwandten. Jeden Morgen im Frühjahr, während Katie und ich auf den »Fahrdienst« warteten, der sie zur Schule bringen sollte, pflegten wir mit den »Ladies« zu plaudern, wie wir sie nannten. Wir begrüßten jeden Tag die Neuankömmlinge und dankten ihnen für das Geschenk der Schönheit, das sie uns machten.

26. JUNI
Die Essenz des Paradieses für jede Frau

> Das ganze Jahr über hatte sie Stellagen voller Topfpflanzen, die auf grüngestrichenen Holzpodesten standen. Dort gab es seltene Pelargonien, zwergenhafte Rosenstöcke, Geißbart mit verschwommenen weißen und pinkfarbenen Haarbüscheln...
>
> *Colette*

Viele Frauen haben ein Fleckchen Erde hinter dem Haus, um dort ihre Gärtnerinnenträume zu verwirklichen, aber nicht allen ist dieses Glück beschieden. Wenn Sie in der Stadt wohnen, ohne Balkon oder Innenhof, sollten Sie diese Gartenmeditation trotzdem nicht auslassen. Es spielt keine Rolle, wo Sie leben; jede Frau ist imstande, ihre Liebe zu dieser Aktivität der Einfachheit und Fülle zu entdecken. Eine Möglichkeit besteht für den Anfang darin, die Natur ins Haus zu bringen, mit Pflanzen, die das ganze Jahr über blühen.

Aber es sollten nicht irgendwelche x-beliebigen Pflanzen sein. Bitte lassen Sie die stacheligen Spinnwebenfänger-Farne oder Gummibäume in der Eingangshalle Ihrer Firma, wo sie hingehören. Ziehen Sie statt dessen duftende Pflanzen in Betracht, die eine romantische Atmosphäre heraufbeschwören: Kamelien, Fresien, Narzissen, Hyazinthen, Heliotrop, Jasmin, Veilchen und Duftpelargonien.

Ich habe die Freuden eines duftenden Gartens in den geschlossenen vier Wänden entdeckt, als ich mir nicht das ganze Jahr über Frischblumensträuße leisten konnte. Als ich meine authentischen Vorlieben besser kennenlernte und schlichte Freuden suchte, um meinen Alltag zu bereichern, erkannte ich, wie sehr ich es liebte, mich danach sehnte und es brauchte, mich mit der visuellen Schönheit des Schöpfers zu umgeben, die in der Natur ihren Ausdruck findet. Die soeben erst entdeckte Frau in mir, die mit all ihren Sinnen die Welt erlebt, strebte nach einem Fest für die Augen und betörenden Düften für ihr Heim.

Ich habe damit angefangen, Blumenzwiebeln und blühende

Zweige im Winter und Frühjahr zu ziehen, denn bei ihnen kann man kaum etwas falsch machen, und Neulinge in der Kunst des »Gartelns« brauchen ständig blühende Siege. Danach ging ich langsam zu grünenden Gewächsen über, die man wirklich als Pflanzen bezeichnen konnte. Gärtnerinnen, die wie ich kreativ im reichen Nährboden der Phantasie graben, sind am Ende häufig von Pflanzen umgeben, die aussehen, als wären sie Morticia Addams (der vampirhaften Mutter aus der Addams-Sippschaft, die im Fernsehen und Kino Furore machte) in die Hände geraten. Wir brillieren weniger mit unseren hortikulturellen Fähigkeiten als vielmehr mit dem Triumph der Begeisterung über unsere früheren Erfahrungen.

Und doch gehört der Besuch eines großen Treibhauses zu meinen allmonatlichen Lieblingsexkursionen, nur um zu sehen, was dort gerade so blüht. Nun, da meine Nase weiß, daß ich diese Schönheit und Düfte auch zu Hause haben kann, bin ich ganz hingerissen von der Idee, einen Duftgarten in meinen vier Wänden anzulegen.

27. JUNI
Rosmarin zur Erinnerung: Pflanzenhoffnungen und -wünsche

> Zitronenmelisse bringt Sympathie und Majoran Freude.
> Salbei steht für ein langes Leben... Waldmeister verheißt Gesundheit –
> Eine Gabe, die kostbarer ist als Reichtum.
> Während Lavendel tiefempfundene Hingabe bedeutet,
> Spricht Rosmarin, das Kraut der guten Vorzeichen,
> Von Liebe und Erinnerung bis zum Ende aller Tage.
> Mögen Himmel und Erde und die Menschheit zusammenwirken
> Um uns diesen Segen auf immerdar zu bewahren.
> *Rachel Page Elliott*

Jahrhundertelang galt in Benediktinerklöstern die Gartenarbeit, vor allem die Pflege eines Kräutergartens, als wichtigstes Ritual im religiösen Alltag der Gemeinschaft. Doch die Liebe zu selbstgezogenen Kräutern läßt sich annähernd sechstausend Jahre zurückdatieren – lange bevor die christliche Zeitrechnung begann. In den alten Hochkulturen Ägyptens, Chinas und Assyriens waren die Kräuterkundigen ungeheuer geachtet, und ihre Erkenntnisse über die heilenden Eigenschaften bestimmter Kräuter wurden in Lehrbüchern weitergegeben, zu denen nur wenige Eingeweihte Zugang hatten. Im Mittelalter wurde die Herbaltradition von den weisen Frauen und Hebammen gepflegt und bewahrt; auch sie gaben ihr Wissen um die kulinarischen und heilenden Kräuter weiter, die in der freien Natur gesammelt und in Gärten kultiviert wurden.

Kräuter sind wahrscheinlich von einem größeren Geheimnis und Zauber umgeben als alle anderen Pflanzen. Jedes Kraut hat seine eigene Geschichte, Bedeutung und Nutzanwendung für die Küche oder die Zubereitung von Arzneien. Karl der Große, der erste Kaiser des Heiligen Römischen Reiches deutscher Nation, hielt Kräuter für den »Freund der Ärzte und den Stolz der Küchenmeister« und befahl im neunten Jahrhundert, einen königlichen Kräutergarten anzulegen. Kräuter wurden für ein langes, glückliches und gesundes Leben als unabdingbar erachtet.

Kräuter stellen eine weitere Möglichkeit dar, die kreativen Kräfte in einer Appartementbewohnerin freizusetzen, denn ein Kräutergarten auf der Fensterbank ist ein ganzjähriges Vergnügen. Falls Sie noch keinen haben, bleibt Ihnen diese Woche noch genügend Zeit für eine Stippvisite auf dem Bauernmarkt, um ein paar Töpfe zu kaufen. Kräuter lassen sich wunderbar in Kübeln und anderen Pflanzbehältnissen ziehen, weil sie nicht viel Platz brauchen und sehr gärtnerinnenfreundlich sind. Ein Küchenkräutergarten mit Basilikum, Dill, Petersilie, Majoran, Thymian und Rosmarin paßt ohne weiteres in große Terrakottaschalen oder *catinos*, in der italienischen Küche ein absolutes Muß. Der Duft wird Ihnen jedesmal, wenn Sie den Raum betreten, verführerisch in die Nase steigen, und die frischen Kräuter werden Sie zu mehr Abenteuerlust beim Kochen inspirieren.

Eine meiner Freundinnen ist Kräuterexpertin; ihr gelingt das Kunststück, mit einem Bein im sechzehnten und mit dem anderen im einundzwanzigsten Jahrhundert zu stehen, ohne sich bei diesem

Spagat anzustrengen. Jeri kennt, respektiert und schätzt das Geheimnis, den Zauber und die Wunder der Natur, die sie als »Große Mutter« bezeichnet. Wenn sie wildwachsende Kräuter sammelt, um Kräutermedizin für den eigenen Bedarf herzustellen, wird das Gute, mit dem Mutter Natur sie so großzügig bedacht hat, zu einem aktiven Teil ihres eigenen Heilungsprozesses, ihrer Suche nach einem ganzheitlichen Leben. Wenn sie Dill, Estragon oder Rosmarin auswählt, um damit ein Gericht zu würzen, das sie kocht, trägt sie zu ihrer eigenen, gesunden Ernährung und zu ihrem Vergnügen bei. Ihre Liebe zu den Kräutern ist greifbarer Ausdruck für die Pflege, die sie sich selbst angedeihen läßt.

Jeri führt während des Kräutersammelns ein indianisches Ritual durch. Sie trägt einen geweihten Lederbeutel mit Weizenkörnern bei sich. Wenn Sie Kräuter pflückt, verstreut sie als Gegengabe für das, was sie der Erde nimmt, die neue Saat. Und selbst dann, wenn die Saatkörner nicht aufgehen, bietet sie damit zumindest den Geschöpfen der Erde Nahrung. »Die Indianer stimmen beim Kräutersammeln psalmodierenden Gesang an«, sagt Jeri. »Die einen Erde ist meine Mutter. Sie nimmt mich in ihre Obhut. Die Erde ist meine Mutter. Ich nehme sie in meine Obhut.«

Säen Sie heute, auch wenn Sie keinen Garten haben, symbolisch Saatkörner aus, als Geste, um das neue Leben, das Sie in Ihrem Innern schaffen, mit einem Ritual zu ehren. Bitten Sie den Schöpfer um seinen Segen und die Große Mutter, Sie in ihre Obhut zu nehmen. Machen Sie sich bewußt, daß die Erde reiche Früchte für Sie und die Menschen trägt, die Sie lieben.

Die Schriftstellerin Alice Walker sagt, sie habe auf der Suche nach ihrer Mutter Garten ihren eigenen gefunden. Möge diese Entdeckung heute auch auf Sie warten – und auf mich.

28. JUNI

Umtopfen: Wurzeln schlagen und sich selbst Raum zum Wachsen lassen

Du kleine Blume – doch wenn ich verstehen könnte,
Was du bist, Wurzel und alles andere und alles insgesamt,
Wüßte ich, was Gott ist.

Alfred, Lord Tennyson

Aha – läßt die Blätter fallen. Was mag da los sein? Die Pflanze hat immer genug Wasser bekommen, ist von Sonnenlicht überflutet und steht an einem weder zu warmen noch zu kalten Platz. Ich nehme den Topf in die Hand und schaue mir das kleine Abflußloch im Boden an. Winzige weiße Wurzeln kämpfen sich verzweifelt hindurch in dem vergeblichen Bemühen, dem engen Gefängnis zu entfliehen oder zumindest einen Platz zu finden, wo sie besser atmen können.

An den Topf gebunden, gekettet. Haben Sie gewußt, daß Pflanzen spätestens alle zwei Jahre umgetopft werden müssen? Das war früher kein Problem für mich, weil die Pflanzen in meiner Obhut selten so lange durchgehalten haben. Aber seit ich mir selbst mehr Pflege angedeihen lasse, profitiert auch alles andere von meiner neuen Fürsorglichkeit. Doch wie dem auch sei, selbst wenn die Wurzeln nicht mehr Platz zum Wachsen brauchen, sollte die alte Erde regelmäßig ausgetauscht werden, weil nach einer gewissen Zeit sämtliche Nährstoffe verbraucht sind. Das Innenleben des Blumentopfs ist dann Ödland.

Sie wisse nicht, wann sie selbst zu sehr der Scholle verhaftet sei, gesteht Gunilla Norris in ihrem meditativen Buch *Being Home*, und ihr fehle der Mut, sich zu verpflanzen, den Schock des neuen Nährbodens, das Gefühl des Unbekannten zu verkraften, und darin Wurzeln zu schlagen.

Auch wir sollten den Gedanken an eine so drastische Veränderung in Erwägung ziehen, um zu wachsen. Aber wann? Wenn wir welken, noch bevor der Tag beginnt. Wenn wir nicht mehr in der Lage sind,

Visionen oder Träumen nachzuhängen. Wenn wir uns nicht mehr daran erinnern können, wann wir das letzte Mal von Herzen gelacht haben. Wenn es absolut nichts gibt, worauf wir uns in den nächsten vierundzwanzig Stunden freuen können. Wenn das geschieht, Woche für Woche, müssen wir erkennen, daß wir zu fest mit der Scholle verwachsen sind. Wir müssen vorsichtig die Krusten um unsere Seele lösen, etwas finden, was unsere Phantasie entzündet, unseren Puls beschleunigt und ein Lächeln oder Fröhlichkeit in unsere Gespräche bringt.

Aber umtopfen heißt nicht, daß wir aus unserer Ehe ausbrechen oder den Arbeitsplatz fristlos kündigen müssen. Es bedeutet lediglich, daß wir etwas Neues, eine Abwechslung brauchen. Warum sollte es zu spät sein, noch einmal die Schulbank zu drücken und einen eventuell versäumten Abschluß nachzuholen? Vielleicht ist dieser Sommer der ideale Zeitpunkt, um Französisch zu lernen oder einen eigenen Geschenkeladen aufzumachen? Oder Sie lassen die Nähmaschine reparieren, setzen zum ersten Mal in Ihrem Leben Blaubeerlikör an oder nehmen Fechtunterricht. Was hält Sie davon ab, einen Kredit zu beantragen, wie Sie schon lange wollten, sich um Studienbeihilfen zu bemühen, als Frau Ihren Mann zu stehen und eine Einpersonenfirma zu gründen, an einem Wochenendseminar teilzunehmen oder einfach nur eine Postkarte an das Versandhaus zu schreiben, damit man Ihnen den Katalog zuschickt, der Ihnen interessant erscheint?

Während ich an meinen Pflanzen arbeite, sehe ich, daß sich die Wurzeln nur verheddert haben. Vorsichtig entwirre ich das Geflecht mit meinen Fingern.

Blatt – Stengel – Wurzel.

Geist – Körper – Seele.

Dreieinigkeit. Der rote Faden des Geheimnisses, das keinen Anfang und kein Ende kennt. Ich habe oft gedacht, wenn ich nur erkennen könnte, wo ein Faden endet und der nächste beginnt, würde ich alles besser verstehen. Wie es ist, verstehe ich wenig, aber auf der intuitiven Ebene erkenne ich vieles.

Ich topfe die Pflanze in ein größeres Behältnis um. Nicht zu groß, denn wir sollten sie nicht überfordern, sondern ermutigen. Auch ich muß nicht die ganze Welt auf einmal verändern, sondern nehme eine Aufgabe nach der anderen in Angriff. Nun gebe ich nährstoffreiche Pflanzerde hinzu. Wässere. Langsam trage ich die Pflanze an einen schattigen Platz, wo sie einen Tag bleibt, um sich an ihr neues Umfeld zu gewöhnen, sich ihm anzupassen. Doch schon jetzt erscheint mir der Stamm kräftiger, die Blätter wirken aufrechter. Wurzeln und Knospen feiern ihre stille Auferstehung.

29. JUNI
Wildwuchs zurückschneiden, um den Weg für künftiges Wachstum zu ebnen

> Meine Seele ist ein verkarstetes Feld, zerfurcht von Schmerz.
> *Sara Teasdale*

Plötzlich und auf unerklärliche Weise schlagen die Schicksalsschläge im Leben zu, ohne Vorwarnung. Eine Langstreckenläuferin entdeckt, daß das Kribbeln in ihren Muskeln ein erstes Anzeichen multipler Sklerose ist. Bei einer bildschönen Hollywood-Schauspielerin, häufig als männermordender Vamp beschrieben, müssen beide Brüste amputiert werden. Das häusliche Glück einer bekannten Lifestyle-Autorin, in ihren Büchern feierlich zelebriert, zerrinnt vor den Augen der Öffentlichkeit. Das Gesicht eines gefragten neuen Models wird von einem Wahnsinnigen aufgeschlitzt. Eine begabte Musikerin wird vom Bahnsteig gestoßen, gerät unter die U-Bahn, verliert eine Hand.

Wenn uns die Härten des Lebens als besonders grausam erscheinen, liegt es daran, daß sie es sind – ein glaubhafter Beweis für die Tücke des Schicksals. Häufiger, als wir wahrhaben wollen, hat das Leben ein sicheres Gespür dafür entwickelt, uns genau an der Stelle zu treffen, wo es am meisten schmerzt. Doch die Schicksalsschläge des Lebens müssen kein gefundenes Fressen für die Abendnachrichten sein. Die uns geläufigeren – Scheidung, Schulden oder Drogenabhängigkeit – können uns mit der gleichen zerstörerischen Kraft aus der Bahn werfen. Die meisten Menschen bereiten sich nicht effektiv auf die vorhersehbaren Phasen des Lebens vor, besonders in späteren Jahren. Schicksalsschläge stutzen unsere Lebenstriebe. Unsere Seele wird ein verkarstetes Feld, zerfurcht von Schmerz.

Da ich als Gärtnerin noch grün hinter den Ohren bin, jagt mir die Aufgabe, Triebe zu stutzen, eine Heidenangst ein. Eleanor Perenyi sagt in *Green Thoughts: A Writer in the Garden:* »Pflanzen wissen, daß man da ist, und wenn man sich ihnen mit dem Messer in der Hand nähert, stoßen sie winzige, schrille Schreie aus. Redet man jedoch freundlich mit ihnen oder spricht ein Gebet für sie, wird man mit mehr als dem durchschnittlichen Wachstum belohnt.« Ich bin eher eine Gärtnerin, welche Gebete und die sanfte Überredung bevorzugt, und deshalb halte ich beim Stutzen stets die Luft an. Ich finde auch die Vorstellung paradox, etwas zu beschneiden, was prächtig gedeiht, um mehr Fülle für die Zukunft zu erzielen. Im Lichte meiner linearen Logik erscheint mir das rückständig.

Zugegeben, ich verstehe rein verstandesmäßig, daß ein Zurückschneiden des Wildwuchses den Menschen stärkt und nicht schwächt, aber das bedeutet nicht, daß mir das gefallen muß. Wenn ich die Rosen betrachte, stelle ich gleichwohl fest, daß das Stutzen für ihr Wachstum unerläßlich ist. Und so habe ich erkannt, daß unser Leben immer ein gewisses Maß an Schmerz beinhaltet. Dieser Schmerz stutzt die unwichtigen Gefühle, Bestrebungen und Illusionen, er lehrt uns Lektionen, die wir uns entweder bewußt oder unbewußt durch Freude zu lernen weigern. Schmerz lichtet die Reihen der Nebensächlichkeiten, die uns von den wirklich wichtigen Dingen des Lebens ablenken, uns unsere Zeit stehlen und uns unserer Energie und mentalen Kräfte berauben.

Wenn wir den Wildwuchs in unserem Garten nicht eindämmen, nimmt uns die Natur diese Aufgabe ab durch Sturm, Eis, Hagel, Feuer oder Sturzfluten. Auf die eine oder andere Weise werden die Zweige gestutzt und gestärkt. Wenn wir den Streß nicht ausrotten und das Nutzlose in unserem Leben unterpflügen, wird der Schmerz uns diese Arbeit abnehmen.

Damit wir uns richtig verstehen: Der Schmerz ist ein gnadenloser Gärtner. Er schneidet tief ins Fleisch. Aber nach dem Stutzen, vorzugsweise auf freiwilliger Basis, sind wir zu unterscheiden imstande, was real, was wichtig und was für unser Glück wesentlich ist.

Seien Sie guten Mutes. Beobachten Sie Ihre Pflanzen und Ihre Lebensführung. Wenn der richtige Zeitpunkt gekommen ist, gehen Sie mit einer scharfen Schere in den Garten. Sprechen Sie freundlich mit Ihren Pflanzen. Beten Sie leise. Schneiden Sie den Wildwuchs zurück. Und bahnen Sie den Weg für künftiges Wachstum.

30. JUNI
Dasein: Lektionen aus dem Garten

Alles, was wir brauchen, wartet tief in uns darauf, sich zu entfalten und zu enthüllen. Alles, was wir tun müssen, ist still sein und uns die Zeit nehmen zu suchen, was in uns schlummert, und wir werden es finden.

Eileen Caddy

Vor dreißig Jahren folgten Eileen und Peter Caddy, ihre drei Söhne und ihre Freundin Dorothy McLean dem inneren spirituellen Gebot, an den nordöstlichsten Zipfel der schottischen Küste zu ziehen. Dort, neben einer Mülldeponie, die von Sanddünen umgrenzt war, schufen sie ein botanisches Paradies, wobei sie sich ausschließlich von ihrer spirituellen Intuition leiten ließen. Mittels Gebet und Meditation nahmen Eileen und Dorothy den Kontakt zur spirituellen Essenz jeder Pflanzenart auf, »Deva« genannt, die Dorothy als »Engel, Lichtwesen, deren Leben die gesamte Natur durchströmt und schafft« beschrieb. Jede Pflanze gab ihnen spirituelle Hinweise darauf, was sie für ein gedeihliches Wachstum brauchte, trotz der widrigsten Lebensbedingungen. Innerhalb weniger Jahre gelangte die Findhorn Community, wie sie ihre Ansiedlung nannten, zu weltweiter Berühmtheit, weil hier die unterschiedlichsten Pflanzenarten, Gemüsesorten, Früchte und Kräuter unter unvorstellbar schlechten Bedingungen wuchsen – die spirituelle Manifestation einer fruchtbaren Oase inmitten der Wüste. »Erwarte, daß jedes deiner Bedürfnisse erfüllt wird, sich für jedes Problem eine Lösung findet, dir auf jeder Ebene im Überfluß gegeben wird, und erwarte, spirituell zu wachsen«, sagt mir Eileen Caddy, während ich die Erde umgrabe, pflüge, jäte, wässere und warte. Das sind die Lektionen, die ich in ihrem Garten gelernt habe. Lektionen, die ich liebend gerne lerne.

Beobachte die Zyklen von Mutter Natur, flüstert uns der Garten zu, denn sie stimmen mit den Wachstumszyklen deiner Seele überein. Leere deine Gedanken; werde still. Streife Hektik und Unruhe ab. Konzentriere dich auf das Hier und Jetzt. Lerne, hart zuzupacken. Lerne, dich in Geduld zu üben. Lerne, gelassen zu warten.

Eine andere wichtige Lektion, die uns der Garten erteilt, hat mit dem Säen und Ernten und mit der Saat- und Erntezeit zu tun. Wir werden genau das ernten, was wir säen. Wenn ich Kopfsalat pflanze, kann ich keine Tomaten pflücken. Wenn ich nur positive Saatkörner in meinem Unterbewußtsein ausstreue – Gedanken an die Fülle und nicht an den Mangel –, wird der Garten üppige Früchte tragen. Was die Saat- und Erntezeit angeht, möchte ich Sie vorwarnen. Die spirituelle Zeitskala ist nicht die gleiche wie jene Zeit, die wir auf unserem Planeten Erde erfahren. Ein Jahr für uns stellt in der spirituellen Dimension nicht mehr als eine Sekunde dar. Das erklärt, warum ein Künstler, der zwanzig Jahre erfolglos war, plötzlich und buchstäblich über Nacht spektakulären Erfolg hat. Ich mußte diese Lektion auf dem harten Weg lernen. Durch Säen und Warten, Warten und nochmals Warten. Das bedeutet nicht, daß die Saat auf steinigen Boden gefallen ist. Ich weigere mich, das zu glauben, denn ich habe den Boden bearbeitet, Abflußgräben gezogen, Kompost, Torf, Sand und Kalk hinzugefügt. Die Erde ist gut gedüngt. Bei einigen Pflanzen – Himbeeren, Spargel, Weintrauben – müssen Sie jahrelang Zeit und Energie investieren, bevor Sie erstmals ernten können. Wenn meine Ernte ein Lebensstil nach Art der Einfachheit und Fülle sein soll, der nicht in dieser Welt, sondern im Reich des Schöpfers wurzelt, muß ich geduldig sein.

»Wir leben nicht nach menschlichen Gesetzen, sondern nach göttlichen«, erinnert uns Eileen Caddy. »Wir müssen Wunder erwarten und sehen, wie sie stattfinden. Wir sollten stets an dem Gedanken des Wachstums und der Fülle festhalten und wissen, daß wir damit Kräfte entfesseln, die unseren Wunsch wahr machen.«

JULI

◆

Lieblicher Juli ... mit dem beschwörenden Murmeln der Honigbienen auf dem Flügel und dem Geruch nach Sonnencreme.
Cynthia Wickham

Schwüle, feuchte, drückende Hitze: Juli. Drosseln Sie Ihr Tempo. Oder halten Sie inne. Es ist an der Zeit, Ehrgeiz und überhöhte Erwartungen abzuschütteln, gemeinsam mit lästigen Pflichten, Kleidung, Handys und Kalendern. Unsere Wünsche scheinen nun zu schrumpfen. Liegt es daran, daß unsere Bedürfnisse erfüllt werden? Ein schattiges Plätzchen, ein eiskaltes Getränk, eine kühle Brise – egal ob drinnen oder draußen. Eine Atempause von den Unbilden des Tages. Hitzefrei, bei gutem Benehmen. Der Sommer ist weniger eine Jahreszeit als vielmehr eine Melodie, ein Lied der Zufriedenheit, das wir summen, wenn der Tag zu einem nebelhaften Erlebnis verschwimmt. Zufriedenheit zu erlangen steht auf der Liste unserer persönlichen Zielsetzungen in diesem Monat ganz oben, wenn unser Herz die süßen Akkorde des vierten Prinzips der Einfachheit und Fülle – Harmonie – zu vernehmen beginnt.

Die einfachen Freuden des Lebens im Juli

- Falls Sie in diesem Monat einen Urlaub am Meer verbringen, genießen Sie den Strand zu verschiedenen Tageszeiten: Suchen Sie in aller Herrgottsfrühe, noch bevor die ersten Badegäste anrücken, nach Muscheln und lassen Sie am Spätnachmittag, wenn alle weg sind, Drachen steigen. Machen Sie an einem Abend einen Mondspaziergang. Gehen Sie Hand in Hand mit Ihrem Partner am Meeresufer entlang.

- Stellen Sie sich ans Ufer oder setzen Sie sich auf ein Handtuch, um auf das Meer hinauszublicken. Lassen Sie sich vom Rhythmus der Wellen umfangen. Spüren und genießen Sie, wie die Zeit stillsteht. Lesen Sie, falls Sie es noch nicht kennen, *Muscheln in meiner Hand* von Anne Morrow Lindbergh, die ideale Lektüre für diesen Monat. Markieren Sie mit einem gelben Marker diejenigen Passagen, die Ihre Seele ansprechen. Notieren Sie das Datum am Rand.
- Besorgen Sie sich während des Urlaubs ein Stück Fischernetz in einem Laden für Anglerbedarf oder einem Souvenirgeschäft. Hängen Sie es vors Fenster oder drapieren Sie es über einem Tisch. Nehmen Sie eine Flasche mit Meeressand mit nach Hause, schütten Sie ihn auf ein Tablett und dekorieren Sie das Ganze mit verschiedenen Muscheln, als sommerliche Tischdekoration. (Wenn Sie sich in meditativer Stimmung befinden, suchen Sie Muscheln am Strand. Die ausgefallensten, dekorativsten findet man gleichwohl in Souvenirläden – es sei denn, Sie kämmen die Strände auf den Fidschi-Inseln durch.
- Wann haben Sie zum letzten Mal die Sterne betrachtet? Legen Sie sich in einer klaren Sommernacht auf eine große Decke in Ihrem Garten mit einer guten Flasche Wein oder Apfelmost, Käse, Salzgebäck und frischem Obst. Schauen Sie den Sternenhimmel an. Machen Sie sich bewußt, daß Sie dort oben einen Freund haben. Sterne betrachten ist eine der ältesten menschlichen Freizeitbeschäftigungen, und das hat seinen Grund. Ein Blick auf die Gestirne erinnert uns daran, daß es mehr zwischen Himmel und Erde gibt, als wir jemals ergründen werden, und daß sich uns jeden Tag die Gelegenheit bietet, versteckten Hinweisen zu folgen. Achten Sie auf Sternschnuppen und wünschen Sie sich etwas.
- Setzen Sie sich während eines Sommergewitters im Dunkeln mitten auf Ihr Bett und blicken Sie aus dem Fenster, oder beobachten Sie das Naturschauspiel von der überdachten Veranda aus. Erleben Sie seine Schönheit und Macht. Denken Sie darüber nach, wie Sie sich diese Kräfte in Ihrem Leben zunutze machen können, indem Sie um Erleuchtung bitten.
- Einerlei, ob Sie die Bibel in- und auswendig kennen oder nicht:

Nutzen Sie die Möglichkeit, sie durch die Augen einer anderen Frau wiederzuentdecken. Eine wunderbare Essaysammlung aus der Feder von Frauen, die ihren Lieblingsgeschichten in der Bibel auf den Grund gehen, ist *Out of the Garden: Women Writers on the Bible*, herausgegeben von Christina Buchmann und Celina Spiegel. Achtundzwanzig Autorinnen – einschließlich Cynthia Ozick, Ursula K. LeGuin, Patricia Hampl, Fay Weldon und Louise Erdrich – denken tiefsinnig, spielerisch und provokativ über diejenigen Geschichten, Personen und Passagen im Alten Testament nach, die ihnen am meisten bedeuten. Um dieses Experiment noch mehr zu genießen, sollten Sie beim Lesen den größten, rotbackigsten und saftigsten Apfel verspeisen, den Sie finden.

- Während Sie darauf warten, daß die Kartoffeln kochen oder in der Hängematte liegen, sollten Sie einen Blick in Bücher mit kulinarischen Köstlichkeiten werfen. In den Regalen der Bibliotheken und Buchläden laden zahlreiche Bücher in die Kochgeheimnisse ein.

1. JULI
Ständige Sehnsüchte

> Ich habe gelernt, in gleich welchem Land, mit dem zufrieden zu sein, was ich vorfinde.
>
> *Hl. Paulus*

Zwischen meinem zwanzigsten und meinem dreißigsten Lebensjahr dachte ich, Ruhm sei das A und O des Lebens. Als ich die Dreißig überschritten hatte, war ich überzeugt, daß ein Komma in meinem Kontoauszug die Lösung aller meiner Probleme sein müsse. Nun, mit vierzig, weiß ich, daß sich meine ganze Suche in einem einzigen Wort zusammenfassen läßt: Zufriedenheit.

Mit vierzig ist mir voll Dankbarkeit bewußt geworden, daß Ruhm einen hohen Preis hat. Eine »gestandene« Frau zu sein und verschiedene kreative Projekte zu betreuen, von Anfang bis Ende, ist für mich wesentlich reizvoller als ein klangvoller Name. Und im hintersten Winkel meiner Seele weiß ich, daß Geld auch nicht glücklich macht. Ich habe das mit absoluter Gewißheit an jenem Sommermorgen erkannt, als ich las, daß eine berühmte und gutbetuchte Schriftstellerin, deren Bücher monatelang auf der Bestsellerliste standen, ihr Kind bei einem tragischen Unfall verloren hatte. Während ich das Frühstücksgeschirr abwusch, warf ich einen Blick aus dem Küchenfenster und sah gedankenverloren zu, wie Katie einen Tennisball gegen die rückwärtige Mauer unseres Hauses warf – glücklich, gesund, quicklebendig. Ich wußte, daß diese namhafte Autorin allen Erfolg der Welt im Bruchteil eines Herzschlags gegen das Glück eingetauscht hätte, das mir an diesem Morgen beschieden war. Nachdem ich für sie gebetet hatte, betete ich für mich selbst. Bitte, laß mich nie vergessen, wie reich mein Leben in ebendiesem Augenblick ist. Bitte, laß mich nie vergessen, daß ich alles habe, was ich wirklich brauche. Bitte, laß mich nie vergessen, meinem Schöpfer dafür zu danken.

Aber ich weiß, daß ich noch glücklicher bin, wenn ich mit links meine Rechnungen bezahlen, meine grundlegenden Bedürfnisse erfüllen, einige meiner Wünsche verwirklichen und genug sparen kann, um ein ausreichendes, finanzielles Polster zu schaffen. Es wäre auch wunderschön – und ich hoffe, es wenigstens noch *einmal* erleben zu dürfen, bevor mein letztes Stündlein geschlagen hat –, etwas zu sehen, was mir gefällt, und einfach zu sagen »Das nehme ich«, ohne nach dem Preis zu fragen.

Und doch sehne ich mich in diesen Tagen ständig nach innerer Zufriedenheit. In solchem Maße, daß ich alle vierundzwanzig goldenen Stunden, die schimmernd in ihrer möglichen Freude vor mir liegen, frage, wie ich dieses Ansinnen verwirklichen könnte. Manchmal ist es so einfach, wie mir ein köstliches Thunfischsandwich mit Sellerie und Estragonmayonnaise auf Buttermilch-Honig-Brot zum Mittagessen zu zaubern, so wie ich es für Gäste und meine Familie mache, aber selten für mich. Oder am Strand zu sitzen, nicht mit Arbeit auf dem Schoß (wenn ein Termin drohend naht), sondern mit einem spannenden Buch.

Genauso, wie sich negative Gewohnheiten eine nach der anderen einschleichen, verhält es sich mit den positiven Sehnsüchten. Meditation, kreative Bewegung, Augenblicke der Fürsorge, die man sich selbst angedeihen läßt, und ein Gefühl der inneren Zufriedenheit – das alles können positive Gewohnheiten werden, die dem Wohlbefinden dienen. Ich habe festgestellt, daß meine Wünsche schrumpfen, wenn ich zwanzig Minuten lang still bin und in mich gehe, mit den visuellen Bildern in meinem Reisejournal arbeite, einen Spaziergang mache oder überlege, wie ich die als nächstes bevorstehende Aufgabe angenehmer gestalten könnte.

Denken Sie heute über die Wünsche nach, die wirklich zählen, über das, was Sie brauchen, um innerlich zufrieden zu sein. Und dann vergewissern Sie sich, daß es heute mindestens drei Augenblicke gibt, die Geist, Seele und Körper mit dem erfüllen, dessen Sie wirklich bedürfen.

2. JULI
Das einfachste Vergnügen: Etwas Gutes, das ist

> Die Zeit. Erlös' denn
> Das unverstand'ne Traumbild im Traume des Höchsten.
> *T. S. Eliot*

Einige Tage erhalten ihr charakteristisches Gesicht durch die einfachen Freuden im Leben, andere werden dadurch gerettet. Das Heute – ein traumhafter Sommertag am Strand – wurde von schlichten Freuden geprägt. Eine Idylle auf einer Veranda mit Fliegengittertür, ein Bummel durch interessante Läden, ein Nachmittag an der Meeresküste mit Familie und Freunden, ein unwiderstehliches Buch, Vertraulichkeiten, die ausgetauscht werden, während die Wellen die Knöchel umspülen, eine Eistüte zum Mittagessen, entlang der Strandpromenade flanieren, Spiele im Park, einen Preis oder eine Auszeichnung gewinnen. Dann zurück nach Hause, eine erfrischende Dusche im Freien, Cocktails und Plaudern, die Ausgelassenheit bei der Zubereitung des Abendessens mit einer lieben Freundin, eine Fülle köstlicher Gerichte, ein erlesener Wein, Gelächter und Fröhlichkeit – und dann ins Bett, glücklich und zufrieden.

Ein irisches Sprichwort lautet: »Besser eine gute Sache, die ist, als zwei gute Dinge, die waren, oder drei gute Dinge, die nie sein werden.« Heute bestand keine Notwendigkeit, einen wehmütigen Blick in die Vergangenheit oder einen angstvollen in die Zukunft zu werfen, denn die Gegenwart wurde uneingeschränkt gelebt in ihrer einfachen Fülle. Das Heute war reich an guten Dingen, die sich eines nach dem anderen enthüllten, bis das Herz vor Freude buchstäblich überquoll.

Aber nicht alle meine Tage sind wie Ferien am Strand. Vor nicht allzulanger Zeit brachte mich ein Anruf um acht Uhr morgens, der eine jähe Veränderung in der Terminplanung ankündigte, völlig aus dem Gleis. Ich legte den Hörer auf, mein Herz raste wie verrückt. Mit einem Schlag war meine sorgfältig ausgearbeitete Arbeitsstrategie zunichte gemacht, und ich wußte nicht, wie ich die große Anzahl meiner beruflichen Verpflichtungen einhalten sollte. Das packst du nicht, dachte ich, als ich aufgelöst hin und her rannte, jammerte und stöhnte. Ich mußte drei Entscheidungen treffen, aber es gab nur eine Lösung, die dem richtigen Leben standhielt: vor Wut lauthals brüllen, meinen Kopf ins Klo stecken und abziehen, oder tief durchatmen und den verdorbenen Tag mit Plan B retten.

Da bei uns zu Hause die Abmachung gilt, nichts zu tun, was Kinder oder Tiere in Panik versetzen könnte, fiel das Brüllen flach. Den Kopf ins Klo stecken kam auch nicht in Frage, denn um sich zu ertränken, braucht man mehr als einen Eimer Wasser. Also schenkte ich mir erst einmal eine Tasse Tee ein und vergegenwärtigte mir das chassidische Gebet: »Ich weiß, der Herr wird mir helfen – aber hilf mir, Herr, bis Du mir hilfst.«

Der Tag würde so schlimm werden, wie ich ihn machte, das war mir klar. Oder so angenehm. Es gab in meiner Situation nichts, was ich tun konnte, außer die Situation so zu akzeptieren, wie sie war. »Die Entscheidung liegt wieder einmal ganz allein bei dir«, hielt ich mir vor Augen. Man muß die Herausforderungen nicht unbedingt *lieben*, die das Leben uns zuspielt, aber man kann zumindest versuchen, den Ball aufzufangen. Schließlich hängt der Erfolg im Leben nicht davon ab, wie gut wir Plan A ausführen, sondern wie gekonnt wir uns mit Plan B durchmogeln. Und bei den meisten Menschen nimmt der Versuch, sich »durchzuwursteln«, neunundneunzig Prozent der Zeit in Anspruch.

Ich überdachte Plan B: Rette den Tag mit einfachen Freuden, einigen positiven Dingen, die unsere Stimmung verbessern. Als erstes bedarf es einer grundlegenden Einstellungsänderung, wenn man relativ zügig auf Plan B umschalten will. Doch wie beim Autofahren wird auch das mentale Umschalten mit ein wenig Übung zu einem automatischen Reflex.

Als erstes nahm ich meine Tasse Tee mit in den Garten, um mich zu beruhigen. Ich rupfte ein bißchen Unkraut, pflückte ein paar Blumen. Nachdem ich sie in eine Vase gestellt hatte, warf ich einen Blick in meine Kochbücher. Sollte ich heute zum Abendessen etwas Neues ausprobieren oder mich lieber an eines meiner Lieblingsgerichte halten, die ich aus dem Effeff beherrsche? Ich beschloß, auf dem Heimweg an einem Stand zu halten, der Produkte frisch vom Bauernhof feilbietet, und zu sehen, was mich anlachte. Warum nicht einen guten Videofilm als »Bonbon« nach dem Essen ausleihen? Die Pfirsiche in der Schale auf dem Tisch besaßen genau die richtige Reife, also entschied ich mich, Knödel zu machen, wenn ich heimkam. In der Zwischenzeit blieb mir eine ganze Stunde, um ungestört zu arbeiten, bevor ich das Haus verlassen mußte, und ich beschloß, das Beste daraus zu machen. Besser eine schöne Stunde, die ist, als zwei, die waren, oder drei, die sich heute offenbar nicht mehr einstellen werden.

Der Tag lag vor mir – nicht so, wie ich ihn mir erhofft hatte. Aber auch nicht so – dem Himmel sei Dank –, daß er nicht mehr zu retten war.

3. JULI
Die hungrige Seele

> Ich kann nicht all die guten Menschen in meinem Bekanntenkreis aufzählen, die meiner Ansicht nach noch besser wären, wenn sie ihren Stolz vergäßen und auf ihren eigenen Hunger hören würden.
>
> *M. F. K. Fisher*

Als Eva in den Apfel biß, bescherte sie uns die Welt, wie wir sie kennen: schön, mit kleinen Webfehlern und vielen Gefahren, randvoll mit Sein. Sie habe uns »Pocken und Somalia, Polio-Impfstoff und Weizen und Windsor-Rosen« gebracht, schreibt Barbara Grizzuti Harrison in ihrem Beitrag zur erbaulichen und provokanten Essaysammlung *Out of the Garden: Women Writers on the Bible*. Evas »Akt der kompromißlosen Neugier« brachte uns auch Sehnsüchte, Appetit und Hunger.

Ohne Eva würde ich mich nicht fragen, was ich heute abend kochen soll. Und Sie stünden auch nicht vor diesem Problem. Ohne Eva würde ich keine Experimente am Küchenherd wagen, bei denen ich oft im eigenen Saft schmore, bis sie fertig sind. Aber ich würde auch nicht die irdischen Freuden kennen, die ich so liebe, und nicht das intensive Verlangen nach mystischen Erfahrungen, Brosamen vom Tisch des Schöpfers: das Gefühl des inneren Friedens, der Freude und Harmonie.

Die meisten von uns nehmen drei Mahlzeiten am Tag zu sich (mindestens), aber wie oft wird unser Hunger wirklich gestillt? Ein Sandwich mit Schinken, Eiern und Käse befriedigt mich mehr als eine halbe Grapefruit, aber leider kann ich nicht sehr häufig in so kalorienreichen Genüssen schwelgen, wenn ich nicht den Umfang einer Tonne annehmen will. Viele Frauen halten sich ständig an der kurzen Leine – mit dem Essen, in ihren Beziehungen, auf der beruflichen Ebene. Wir schlucken unsere Wünsche hinunter und vergraben sie tief in unserem Innern, als ob man sie durch schiere Willenskraft unter Verschluß halten könnte. Doch gelange ich allmählich zu der Erkenntnis, daß Hunger etwas Heiliges ist. Wir wurden geschaffen, um jeden Tag hungrig zu sein und unseren Hunger jeden Tag zu stillen. Warum sonst lautet die erste Bitte im Vaterunser »Unser täglich Brot gib uns heute«, noch bevor wir göttlichen Beistand erflehen?

Unsere Seelen kennen viele Arten von Hunger: physischen, psychischen, emotionalen, kreativen und spirituellen. Aber der Schöpfer hat uns die Gaben der Vernunft, der Phantasie, der Neugierde und der Erkenntnis verliehen; wir sind befähigt, zwischen unseren Begehrlichkeiten zu unterscheiden. Hungern Sie heute wirklich nach einer Pastete zum Abendessen oder mehr noch nach einer Pause? Sehnen Sie sich nach Küssen oder reicht auch ein Kotelett? Oder wäre es Ihnen am liebsten, einmal eine ganze Nacht durchschlafen zu können? Dann sollten Sie sich in Zukunft nicht mehr mit dem dritten Glas Wein vor den Fernseher hocken und den uralten Film anschauen, der schon zum x-tenmal wiederholt wird. Schalten Sie das Gerät ab und kuscheln Sie sich ins Bett, und falls Sie nicht allein leben, macht das auch Spaß zu zweit.

Blicke nicht mit Verachtung auf solche Begehrlichkeiten, Evastochter. In unseren Wünschen und Sehnsüchten verborgen ist der Funke des Göttlichen. Der Geist, der geliebt sein will. Eine Frau mit einem gesunden Appetit wurde geschaffen, um diese Sehnsucht zu stillen.

Liebe – Hunger – Appetit – Sehnsucht – Heiligkeit – Ganzheitlichkeit.

Alles ist eins.

4. JULI
Das reale, persönliche Glücksstreben

> Wir sollten nichts erwarten, sondern anspruchslos mit Überraschungen leben.
>
> *Alice Walker*

Wir haben uns eine herrlich altmodische Parade angeschaut und sind gerade nach Hause gekommen. Seit hundertacht Jahren wird in unserer kleinen Stadt am Independence Day eine Parade abgehalten; es ist die älteste derartige Veranstaltung an der Ostküste der USA, die jedes Jahr in Folge stattgefunden hat. Wir nehmen das Streben nach Glück hier sehr ernst. Sie hoffentlich auch, in diesem Jahr.

1890 veranstaltete der Philosoph, Psychologe und spirituelle Pionier William James, der Bruder des berühmten amerikanischen Romanciers Henry James, sein eigenes Feuerwerk mit der Veröffentlichung einer bahnbrechenden Forschungsarbeit über die menschliche Zufriedenheit, *The Principles of Psychology*. Die zwei Bände, 1400 Seiten lang, die zwölf Jahre schriftstellerischer Arbeit umfaßten, schlugen wie eine Bombe auf jungfräulichem Terrain ein. Das Werk befaßte sich mit der Verbindung zwischen Geist und Körper, mit den Auswirkungen unserer Gefühle auf unser Verhalten und mit der Bedeutung, die der Pflege des Innenlebens für das persönliche Streben nach Harmonie zukommt, statt sich auf äußere Fallstricke zu konzentrieren. Mit diesem Buch wurde Dr. James zum Vater der amerikanischen Selbsthilfebewegung.

William James war außerdem der beredte und überzeugende Vertreter einer philosophischen Richtung, die man als Pragmatismus bezeichnet. Er erklärte, da die Welt bereits existiere, wenn wir hineingeboren werden, müßten wir sie akzeptieren, wie sie sei. Doch unsere Fähigkeit, unsere eigene innere Wirklichkeit zu schaffen, könne darüber entscheiden, ob wir das Universum als Freund oder Feind betrachten. »Wir müssen bereit sein, unser Schicksal anzunehmen«, erklärte er, denn »die Akzeptanz der Ereignisse ist der erste Schritt, um die Folgen jedes Schicksalsschlags zu überwinden«.

Als Pragmatiker war Dr. James der Überzeugung, daß die persönliche Zufriedenheit von einer praktischen Erwägung abhängt: wenn die Realität unseren Erwartungen entspricht, sind wir zufrieden. Andernfalls empfinden wir Niedergeschlagenheit. Das ist so real, persönlich und einfach, wie Philosophie und Psychologie es erklären können, und es macht Sinn.

Natürlich bedeutet das, daß wir eine kreative Entscheidung treffen müssen, wenn wir glücklich und zufrieden sein wollen. Streben wir bewußt und kontinuierlich nach besseren Leistungen und Belohnungen im Leben? Oder schrauben wir unsere Erwartungen zurück und leben mit dem, was wir haben, lernen, uns zu bescheiden?

Viele von uns glauben fälschlicherweise, daß wir unsere Träume aufgeben müssen, wenn wir die persönliche Meßlatte niedriger anlegen. Wie eine Freundin sagte: »Tut mir leid, Sarah, aber das klingt für mich wie aufgeben.«

Wir geben ganz und gar nicht auf. Träume und Erwartungen sind zwei Paar Schuhe. Träume erfordern Glauben, einen Sprung ins kalte Wasser, das Vertrauen darauf, daß der Schöpfer das Sicherheitsnetz gespannt hat, so daß wir damit fortfahren können, die Welt dank unserer Energie, unserer Seelenfähigkeiten und unserer Vision ein zweites Mal zu erschaffen. Erwartungen sind die emotionalen Investitionen des Ego in ein *bestimmtes Ergebnis*: in das, was geschehen muß, um unsere Träume zu verwirklichen. Die Erwartungen des Ego sind nie vage: ein Oscar, auf die Titelseite der namhaften Zeitschriften kommen oder den Sprung auf die Bestsellerliste der *New York Times* schaffen. Unsere Träume müssen sich *genauso* bewahrheiten, wie das Ego sie sich vorgestellt hat, sonst ist jemand todunglücklich. Und dreimal dürfen Sie raten, wer. Richtig, das Ego! Da niemand mit hundertprozentiger Sicherheit die Zukunft oder das beste Ergebnis für unseren authentischen Pfad voraussehen kann, ist diese Denkweise selbstzerstörerisch. Denn wenn es uns nicht gelingt, den Erwartungen unseres Ego gerecht zu werden, fühlen wir uns wieder als Versager. Und irgendwann geben wir dann *wirklich* auf.

Das leidenschaftliche Streben nach der Verwirklichung unserer Träume beflügelt die Seele: Erwartungen, die den Erfolg eines Traumes messen, sind ein Klotz am Bein. Ich denke nicht, daß wir unsere Erwartungen herunterschrauben sollten; wenn wir wirklich ein zufriedenes und spannendes Leben führen wollen, müssen wir sie wie Ballast über Bord werfen.

Unser Leben als Träumende – nicht in Erwartungshaltung – zu verbringen, gleicht einer persönlichen Unabhängigkeitserklärung. Wir sind in der Lage, das Streben nach Glück unmittelbarer anzugehen, als wenn wir uns im Labyrinth der Einzelheiten verirren, die für die Realisierung unserer spezifischen Bestrebungen erforderlich sind. Träumen, nicht erwarten, erlaubt dem Schöpfer, einzugreifen und uns mit dem Bindeglied zu unseren Bestrebungen, der Verwirklichung, der Vollendung, dem Feiern unseres Erfolgs zu überraschen. Sie träumen, gehen zur Arbeit, überlassen es dem Schöpfer, Ihren Traum zu realisieren und der Welt zu offenbaren.

Nachdem ich mein Leben lang alles getan habe, um mich für einen Herzinfarkt vorzuprogrammieren, nähere ich mich nun dem schwierigen Balanceakt zwischen Traum und Erwartung, ganz im Sinne von Henry James: träumen, tun, sich lösen. »Sobald man zu einer Entscheidung gelangt ist und die Umsetzung auf der Tagesordnung steht, sollte man alle Schuldgefühle und Sorgen hinsichtlich des Ergebnisses vergessen«, empfiehlt Dr. James. Ich gehe meine Arbeit mit leidenschaftlichem Engagement an und verhalte mich so, als hinge der Erfolg ausschließlich von mir ab. Sobald ich mein Bestes gegeben habe, versuche ich, soweit wie möglich loszulassen und keine Erwartungen im Hinblick darauf zu entwickeln, wie andere darüber urteilen werden. Ich habe bewußt beschlossen, mich freudig überraschen zu lassen. Das ist eine Wahl, die auch Sie treffen können.

Versuchen Sie heute, das Streben nach Glück auf einer sehr realen, persönlichen Ebene anzugehen. Die Talk-Show-Moderatorin Oprah Winfrey hat einmal gesagt, daß Gottes Träume für sie weit höher gesteckt waren als alles, was sie sich jemals für sich selbst erträumt hatte. Ich glaube nicht, daß unsere Träume auch nur annähernd an die Träume herankommen, die der Schöpfer bereithält, mit unserem Namensschild versehen. Ich bin zudem der Überzeugung, daß wir das nur herausfinden, wenn wir unsere Gefühle und Empfindungen in ihren authentischen Ausdrucksformen und nicht anhand spezifischer Ergebnisse erforschen.

5. JULI
Kochgefährten

> Keine Frau, die kocht, kocht für sich allein. Selbst in der größten Abgeschiedenheit ist eine Köchin in der Küche von Generationen früherer Köchinnen umgeben, von den Ratschlägen und Menüs derzeitiger Köchinnen, von der Weisheit der Kochbuchautorinnen.
>
> *Laurie Colwin*

Meine Mutter hat mir einige ihrer Rezepte beigebracht, aber von Mary Cantwell habe ich Kochen gelernt. Anfang der siebziger Jahre, als ich meinen ersten eigenen Hausstand gründete, verfaßte Mary eine Kochkolumne für die Zeitschrift *Mademoiselle*, in der ich etwas über die Vorzüge von Makkaroni mit Käse und den persönlichen Triumph eines gelungenen Weihnachtspuddings erfuhr. Ich erfuhr auch etwas über die Häuser, die sie bewohnte, über ihre beiden Töchter, ihre Vorlieben und Enttäuschungen, wobei alle Informationen nahtlos mit Tips für eine erstklassige Küche und eine ebensolche Ernährung verbunden waren.

Wir standen uns sehr nahe, Mary Cantwell und ich, obwohl wir uns niemals persönlich begegnet waren; das intime, mystische Band zwischen Autorin und Leserin wurde mit den Jahren immer enger. Dieses Zusammenwachsen findet statt, wenn die Leserin zu ihrem Erstaunen und mit dankbarem Herzen entdeckt, daß die Schriftstellerin sie besser kennt als ihre Familie oder ihre Freunde.

Und dann, ein Jahrzehnt später, freundete ich mich mit Laurie Colwin an, wieder durch das gedruckte Wort. Sie rückte dem Auf und Ab der häuslichen Wonnen mit Schreibstift und Gabel zu Leibe. Laurie brachte mir bei, daß Ingwerbrot ein Gedicht sein kann, und daß gesüßte Butter, gutes Olivenöl und Freilandhühner ein Luxus sind, den sich jede Frau leisten kann. Wir besaßen viele Gemeinsamkeiten: wir gehörten der gleichen Altersgruppe an, hatten beide ein Kind und verdienten unseren Lebensunterhalt mit Schreiben. Aber vor allem waren wir beide Hausfrauen mit Leib und Seele, die nicht in die Welt hinausziehen mußten, um Abenteuer und Erfüllung zu finden. Unser beider Leben drehte sich um Manuskriptseiten, Kinder von der Schule abholen, Schmorfleisch und die Überzeugung, daß Kochen eine Kunst ist.

Der Tag kam mir immer reich vor, wenn ich Laurie zum Lesen und ein neues Rezept zum Ausprobieren hatte. Es war, als sei eine langjährige Freundin schnell auf einen Sprung vorbeigekommen, um eine Tasse Kaffee mit mir zu trinken, zu plaudern und natürlich ein großes Stück Kuchen zu verputzen.

Eine weitere Gemeinsamkeit von Laurie und mir war die Liebe zu Kochbüchern. Regelmäßige Abenteuerreisen durch die Kochbuchlandschaft sind ein dauerhaftes Vergnügen, das ich nicht oft genug empfehlen kann. Ich lese Kochbücher ähnlich wie viele Frauen Romane – abends im Bett oder während die Kartoffeln kochen. Das erklärt vermutlich, warum mein Lieblingsroman stets mehr Einzelheiten über das häusliche Ambiente als über Sex enthält. Ich kann mir gut vorstellen, wie zwei Menschen sich lieben, aber ich möchte wissen, was sie vorher und danach gegessen haben!

Natürlich habe ich nicht alle Gerichte aus meinen Kochbüchern auf den Tisch gebracht. Na und? Ich blättere trotzdem gerne darin und versehe sie mit den kleinen, selbstklebenden gelben Merkzettelchen, auf die ich »klingt gut« schreibe, an den Stellen, wo steht, was wir »morgen« kochen könnten. In Kochbüchern kommt es weniger darauf an, was wir wirklich auf den Speisezettel setzen, sondern es geht viel mehr um die Welt der Fülle und kreativen Entscheidungen. Mit Kochbüchern steht uns immer eine breite Palette von Optionen offen; wir sind vielleicht nicht imstande, eine Concorde zu fliegen, aber wir können ein Kochbuch aufschlagen und ein *Gratin de Poulet au Fromage* zaubern, wenn uns der Sinn danach steht.

An einem grauenvollen Oktobermorgen vor einigen Jahren stieg ich die Treppe hinunter, um das Frühstück zu machen und dafür zu sorgen, daß Katie pünktlich zur Schule kam. Zwischen dem Herrichten der Pausenbrote und dem Wecken meiner Tochter warf ich einen Blick in die Zeitung, in der ich geschockt las, daß Laurie mit achtundvierzig Jahren im Schlaf an einem Herzanfall gestorben war. Wie konnte die Weggefährtin, die mich stets motiviert hatte, jeden Tag das Beste aus den Mahlzeiten zu machen, sich für immer verabschieden? Erst als das Haus leer war, ließ ich meinen Tränen freien Lauf, und eigentlich habe ich nie aufgehört, um sie zu trauern. Ich habe an jenem Morgen ein ganzes Backblech Ingwerbrot konsumiert, zwischen Naseputzen, immer wieder aufs neue die Nachrufe gelesen, gebetet und den Verlust einer außergewöhnlichen Frau und Autorin beklagt, die das Geheiligte im Profanen gefeiert hatte. Einerlei, ob wir glücklich oder traurig sind, »wir brauchen etwas zu essen«, sagte Laurie.

Deshalb liebe ich Kochbücher, vor allem ihre.

6. JULI

Lebensqualität

> Eine Wahrheit würde ich von jedem Hausdach rufen: Das gute Leben wartet auf uns – hier und jetzt.
>
> *B. F. Skinner*

1932, in der dunkelsten Periode der Weltwirtschaftskrise, kehrten Scott und Helen Nearing New York City den Rücken, um als Pioniere des zwanzigsten Jahrhunderts in den Green Mountains von Vermont ein neues Leben zu beginnen. Sie waren Sozialisten, Pazifisten und Vegetarier; und sie hatten außerdem die Vision, eine Welt zu schaffen, in der sie völlig autark waren und nur von ihrem Einfallsreichtum, harter Arbeit und Ausdauer abhängig sein wollten.

Die Nearings machten sich auf die Suche nach dem guten Leben: »schlicht, angstfrei... nach einer Gelegenheit, nützlich zu sein und in Harmonie zu leben«. Zwei Jahrzehnte später gelangten sie an ihr Ziel und schrieben ein Handbuch für Heimstättenbesitzer. *Ein gutes Leben leben: Geistig gesund und einfach leben in einer bedrückenden Welt.* Dieser Leitfaden schlug nach seiner Veröffentlichung 1954 hohe Wellen; das waren die »fetten« Nachkriegsjahre, als ein Fernsehgerät in jedem Wohnzimmer, ein Grill in jedem Garten und ein Kombi vor jeder Garage des Eigenheims im Stadtrandgebiet als Inbegriff der Lebensqualität galt. Doch erst in den siebziger Jahren, als das Werk in Taschenbuchformat erschien, wurde es ein Bestseller und zur Bibel der barfüßigen, entfremdeten Babyboomgeneration, die als

Hippies Flower-Power, Frieden, Liebe und Kommunen im Nirwana auf ihre Fahnen geschrieben hatten.

Als ich mich auf die Reise zu Einfachheit und Fülle begab, war ich erpicht darauf, alle Ratschläge, Ermutigungen und Weisheiten zu entdecken, die mir den Weg zu mehr Lebensqualität zu weisen versprachen. Die Geschichte der Nearings, voller Strapazen, da sie ihr Utopia der Erde zweimal abringen mußten (sie mußten von Vermont nach Maine ausweichen, weil das Land rings um ihre Farm als Skigebiet erschlossen wurde), hat mythologische Ausmaße. Ihre unerschrockenen Bemühungen, das Land urbar zu machen, sind nicht nur inspirierend, sondern auch ziemlich erschöpfend. Ich kann mich einfach nicht mit einer Frau identifizieren, die im Alter von siebzig Jahren noch eigenhändig ein Steinhaus erbaute, gemeinsam mit ihrem Mann, der die Neunzig überschritten hatte.

Und was das Leben angeht, das sie nach dem Hausbau führten, so wird der Begriff »gutes Leben«, wie der Titel des Handbuchs lautet, ihm kaum gerecht. Es war wohl eher ein Dasein, das einem Heiligen geziemt hätte. *Ein gutes Leben leben* wird oft als Walden unseres Jahrhunderts beschrieben, doch angesichts der asketischen Lebensweise der Nearings wirkt Thoreau, der gepökeltes Schweinefleisch liebte, wie ein genußsüchtiger Schlemmer. Sie tranken nur Wasser, Fruchtsäfte und Kräutergebräu, und sie aßen kaum etwas anderes als rohes Obst, Gemüse, Nüsse und Kerne, »die ihren Lebenszyklus beendet haben«, nebst ungeheuren Mengen gerösteten Mais. Es gab kein Salz, keinen Zucker, keinen Tee, keinen Kaffee, keine Milchprodukte und keine Eier in ihrer Speisekammer, und natürlich rauchten sie nicht und tranken keinen Tropfen Alkohol. Honig fand nur äußerst sparsame Verwendung, weil man damit »die Bienen ausbeutet«, und Ahornsirup – den sie abzapften und entweder gegen Bargeld verkauften oder gegen Naturalien eintauschten – wurde mit einem Anhauch von Schuld verspeist, weil man damit »den Lebenssaft des edlen Ahornbaumes« aussaugte. Natürlich erklärt das, warum Scott hundert Jahre alt wurde und Helen, die inzwischen dreiundneunzig Jahre alt ist, sich noch heute im Vollbesitz ihrer körperlichen und geistigen Kräfte befindet. Vielleicht liegt das Geheimnis des »guten Lebens« in den Leitlinien der Nearings für ein streßfreies

Leben der Einfachheit und Fülle, die in Helens anrührenden Memoiren *Ein gutes Leben – ein würdiger Abschied* verewigt sind:
- Tu dein Bestes, was immer auch geschehen mag.
- Lebe in Frieden mit dir selbst.
- Suche dir eine Arbeit, die dir Freude bereitet.
- Führe dein Leben unter einfachsten Bedingungen, was Wohnung, Nahrung und Kleidung angeht; trenne dich von allem Ballast.
- Suche jeden Tag den Kontakt zur Natur; spüre die Erde unter deinen Füßen.
- Halte deinen Körper durch harte Arbeit, Gartenarbeit oder Spazierengehen in Form.
- Mach dir keine Sorgen; lebe jeden Tag.
- Teile jeden Tag etwas mit einem anderen Menschen; wenn du allein lebst, schreibe jemandem; verschenke etwas; hilf jemandem auf irgendeine Weise.
- Nimm dir die Zeit, das Leben und die Welt mit Staunen zu betrachten; halte Ausschau nach ein wenig Freude im Leben, wenn du kannst.
- Bedenke, daß alle Dinge nur ein Leben haben.
Sei freundlich gegen jedes Lebewesen.

Wahrscheinlich würden auch wir erkennen, daß das gute Leben im Hier und Jetzt zu finden ist, wenn wir nicht nur über die Leitlinien der Nearings nachdenken, sondern sie auch beherzigten.

7. JULI
Kochen als Heilmittel

> Mir scheint, als ob unsere drei grundlegenden Bedürfnisse nach Nahrung, Sicherheit und Liebe so unauflöslich miteinander verwoben sind, daß wir nicht an das eine denken können, ohne uns das andere vorzustellen.
>
> *M. F. K. Fisher*

Für die Schriftstellerin Nora Ephron ist es Kartoffelbrei, im Bett gegessen, für die Dichterin Judith Viorst ein Päckchen Mallomars. Kochbuchautorin Marion Cunningham hat sich Spaghetti mit Knoblauch und einem guten Olivenöl herausgesucht, und Southern-Chefin Nathalie Dupree steht auf Blattgemüse, ausgiebig mit Rückenspeck geschmort, während Kochkritikerin Mimi Sheraton ihre Batterien bei »fast verbranntem Roggentoastbrot mit gesalzener Butter« nachlädt. Bei mir haben Fettuccine Alfredo unweigerlich den gewünschten Erfolg.

Nahrung als Heilmittel: verschroben, verrückt, verstiegen. Persönliche Muster des Trostes, kodiert in unseren Geschmacksknospen über jedes Vergessen hinaus, so unverkennbar wie fettige Fingerabdrücke. Wenn das Schicksal zuschlägt und man sich ganz unten in der Talsohle befindet, kann ein Essen, durch Liebe und Erinnerung verwandelt, zur Therapie werden.

Lassen Sie uns heute die heilenden Kräfte der sechs grundlegenden Nahrungsmittelgruppen feiern: die Haute cuisine, die Lean cuisine, herzhafte Nahrung, Seelennahrung, Kindernahrung und Schokolade. Nun gibt es sicher einige, welche die letzten vier Arten unterschiedslos ein und derselben Kategorie zuordnen würden. Doch Pilger wie wir, die nach dem Sublimen suchen, wissen die feinen Nuancen der Stärkungsmittel zu würdigen.

Herzhafte Nahrung ist deftig. Wenn das Herz schwer ist, braucht es eine schwerkraftmäßige und emotionale Balance: Hackbraten und Kartoffelbrei, Makkaroni mit geriebenem Käse, Hühnerfrikassee mit Reis, Eintöpfe, cremiges Risotto. Nahrung, die verspricht, daß wir die schlechten Zeiten überleben werden. Mit einem solchen Fundament können wir uns am Riemen reißen, vor allem dann, wenn wir am Boden zerstört sind und eigentlich das Handtuch werfen würden. Seelennahrung führt uns zurück zu unseren Wurzeln, Kindernahrung ist dann richtig, wenn wir uns am liebsten ins Bett flüchten und die Decke über den Kopf ziehen möchten, und Schokolade wirkt positiv auf unser Bewußtsein. Nahrung nach Stimmung.

Herzhafte Nahrung hat nichts mit Haute cuisine zu tun. Man findet sie nicht auf der Speisekarte eines Vier-Sterne-Restaurants, aber bestimmt haben Sie Glück in einem Gasthaus mit gutbürgerlicher Küche. Eines steht fest: Je mehr Sie für ein Essen auf den Tisch blättern müssen, desto weniger genießen Sie es, und als Trostspender taugt es allemal nicht. Vergnügen läßt sich kaufen, aber Trost muß man finden. Auch wenn Sie sich selbst trösten wollen.

Herzhafte Nahrung und Lean cuisine haben auch nichts miteinander gemein. Vielleicht haben Sie sich gefragt, warum Salat – sogar Radicchio, in Balsamico-Essig getränkt – Sie nicht auf die gleiche Weise befriedigt wie eine Lasagne. Für dieses physische Phänomen gibt es eine absolut überzeugende, wunderbare, wissenschaftliche Erklärung: bestimmte köstliche Nährstoffe – Kohlehydrate – erzeugen ein beruhigendes und zufriedenstellendes Gefühl, weil sie buchstäblich die chemischen Vorgänge in unserem Gehirn beeinflussen. Sie regen die Produktion von Serotonin an, einem Enzym, das die Stimmung hebt und neuerdings »in aller Munde« ist. Mit anderen Worten: Pasta und Pasteten sind die emotionalen Muntermacher von Mutter Natur. Fühlen Sie sich bereits besser?

Und hier ein Plan der Einfachheit und Fülle, um das Kochen als Heilmittel zu vereinfachen und zu einer Freude zu machen: Legen Sie sich einen Ordner ausschließlich für Rezepte von Gerichten zu, die trösten. Wenn Sie herzhafte Nahrung zubereiten, verdoppeln Sie Ihr Vergnügen, indem Sie die zweifache Menge zubereiten und die Hälfte davon einfrieren, so daß Sie ein weiteres Mal davon zehren können. Vermerken Sie auf einem selbstklebenden Etikett an Ihrer Tiefkühlschranktür, was Sie eingefroren haben, so daß Sie mit einem Blick wissen, worauf Sie zurückgreifen können, wenn dunkle

Wolken am Horizont auftauchen. Es ist ein schlichtes, aber unermeßliches Vergnügen zu wissen, daß in der Kühltruhe etwas Köstliches und Tröstliches zum Abendessen wartet, vor allem, wenn man den ganzen Tag hart gearbeitet und niemand es mit einem Lob zu würdigen gewußt hat.

Und wenn wir uns hinsetzen, nicht nur, um zu essen, sondern auch, um uns aufmuntern und trösten zu lassen, dann sollten wir das mit »Anmut und Appetit« und nicht zuletzt mit dankbarem Herzen tun.

8. JULI
Auf der Suche nach Seelennahrung

> Seelennahrung ist genau das, was der Name besagt: eine seelenvoll zubereitete oder würzige Nahrung, die gut ist für die ewig liebende Seele.
>
> *Sheila Ferguson*

Im Jahre 1900 wanderte eine Frau aus den Bergen von Kentucky fünfzig Meilen weit, um für ihre Enkelin einen Platz an der Berea High-School zu ergattern. »Tut wesentlich mehr weh, eine hungrige Seele zu haben, als einen hungrigen Körper«, erklärte sie. Nun weiß ich, warum ich meilenweit für einen Teller Pinto-Bohnen gehen würde.

Seelennahrung ist unsere persönliche Eintrittskarte in die Vergangenheit. Sie hat wesentlich mehr mit unserem Erbe als mit Erbsbrei zu tun. Sie besteht aus Großmutters unübertroffenen Plätzchen oder Tantes Reibekuchen mit Apfelmus. Sheila Ferguson erzählt in ihrem Kochbuch *Soul Food: Classic Cuisine from the Deep South*, bei der Seelennahrung handle es sich um ein Vermächtnis, das klar und tief in der Tradition wurzele; um eine Lebensweise, die von einer Generation zur nächsten weitergegeben worden sei. Und obwohl der Begriff »Seelennahrung« in aller Regel Gerichte der traditionellen afroamerikanischen Küche beschreibt, ist diese emotional gefärbte Küche farbenblind. Wahre Seelennahrung beinhaltet weltweit kulinarische Erinnerungen, sich darum rankende Geschichten und

Rezepte. Hier geht es darum, wie man ein Gulasch würzt, Königsberger Klopse formt, Bruststücke bei schwacher Hitze schmort, Eintöpfe komponiert oder Kohlrouladen füllt.

Immer, wenn ich in den letzten 25 Jahren nach Hause fuhr, um meine Eltern zu besuchen, war die erste und die letzte Mahlzeit, die meine Mutter während meines Aufenthalts für mich zubereitete, mein Lieblingsgericht: Bohnensuppe, ein greifbares Vehikel, das sie und mich in ihre alte Heimat Kentucky zurückbringt. Sie besteht aus Pinto-Bohnen, die stundenlang leise vor sich hin köcheln und Saft ziehen, aus dem eine köstliche Suppe entsteht. Bohnensuppe, mit der Schöpfkelle auf den Kartoffelbrei gehäuft. Serviert mit Kohlsalat, dampfend heißem Maisfladen, dick mit Butter bestrichen, und dazu ein eiskaltes Bier. In diesem Sommer ist meine Mutter dazu nicht mehr imstande; sie leidet an einer unheilbaren Krankheit, und meine Schwester, meine Brüder und ich kämpfen mit der traumatischen Wirklichkeit, uns von ihr verabschieden zu müssen. In wenigen Tagen werden Katie und ich gen Norden fahren, zu einem großen Familientreffen, zu dem sämtliche Kinder und Enkelkinder meiner Mutter erwartet werden. Wir werden viel miteinander reden, gemeinsam kochen, uns gegenseitig trösten, näher zusammenrücken. Obwohl ich auf der intellektuellen Ebene weiß, wie mein Lieblingsgericht zubereitet wird, bin ich emotional nicht imstande, es nachzukochen. Ich denke nicht an das Sterben meiner Mutter, sondern daran, wie ich zum letzten Mal ihre Bohnensuppe gegessen habe. Es gibt viele Arten zu trauern.

Wenn wir Seelennahrung zubereiten, können wir nicht strikt nach Rezept vorgehen, sondern müssen uns an unserer Intuition orientieren, an unseren Sinneswahrnehmungen. Solche Fähigkeiten lassen sich Sheila Ferguson zufolge nicht im Handumdrehen vermitteln. Sie entwickeln sich nach und nach durch Gefühl – und »kommen« direkt aus dem Herzen und aus der Seele«. Während ich dies schreibe, bin ich gerade zu der bedrückenden Erkenntnis gelangt, daß ich mindestens noch ein Leben lang brauche, um wie meine Mutter kochen zu lernen, aber daß ich vielleicht nur noch einen Tag Zeit habe, wenn es mir vergönnt ist.

Sammeln Sie in diesem Sommer Rezepte seelenvoller Gerichte

oder bitten Sie jemanden, den Sie sehr lieben, aber viel zu selten sehen, etwas für Sie zu kochen. Und noch besser: Schauen Sie dieser Person dabei über die Schulter. Sie glauben vielleicht genau zu wissen, wie man eine Buttercremetorte macht, aber sind Sie sich dessen wirklich sicher?

9. JULI
Kindernahrung für Angehörige aller Altersgruppen

> Knusprige Cracker, Kakao zum Trinken,
> Wollt' mich das Schönste zum Abend dünken;
> Bin ich erst groß und kann alles haben,
> Dann will ich mich immer nur daran laben.
>
> *Christopher Morley*

Das erste Weihnachtsfest außer Haus verbrachte ich 1972 in London. Ein paar Tage vorher traf ein großes Paket mit Geschenken aus der Heimat ein. Darunter befand sich, von meiner Mutter, ein roter Flanellschlafanzug mit Füßen, ähnlich einem Strampelanzug. Wo sie den in meiner Größe aufgetrieben hat, kann ich mir nicht vorstellen, doch seit ich mehr über diese Dinge weiß, bin ich mir sicher, daß sie lange geplant und gesucht hat, um mich damit zu überraschen. Damals wußte ich allerdings weder das Geschenk noch die Geste zu würdigen. Ich war 25 Jahre alt, stand mit beiden Beinen fest im Leben und fand es kränkend, daß sie immer noch ein Wickelkind in mir sah, was ich natürlich auch war. Meine Mutter, die während des Zweiten Weltkriegs als Krankenschwester der amerikanischen Armee in England stationiert war, wußte, wie kalt, feucht, und ungemütlich London sein konnte – und schlimmer noch: daß man dort aufgrund der Heizverhältnisse häufig Stein und Bein fror. Da ich solche Errungenschaften wie den Reißverschluß kannte, landete der »Strampler« prompt im Müll, während ich es vorzog, in einem schwarzen Seidenkimono zu frieren.

Was würde ich jetzt für diesen Schlafanzug geben! Er wäre ideal, um mich in die richtige Stimmung für ein Mittagessen zum Verwöhnen zu versetzen. Auch erwachsene Frauen wie Sie und ich brauchen solche kleinen Trostpflaster, die signalisieren, daß »alles wieder gut wird«, zumindest für eine kurze Weile.

Wenn Sie geknickt sind und »nahe am Wasser gebaut« haben, wenn Sie so müde sind, daß Ihre Augen vom krampfhaften Offenhalten brennen, wenn Sie jemanden bräuchten, der Sie in den Arm nimmt, Ihnen über das Haar streicht und flüstert: »Schschsch... ist ja gut, ist ja gut«, und niemand da ist, dann benötigen Sie Kindernahrung zum Verwöhnen. Dazu zählen die heißgeliebten Gerichte aus Ihrer Kindheit, die glückliche, unbeschwerte Augenblicke Ihres Lebens heraufbeschwören, als die Welt noch in Ordnung war, weil wir unseren Platz darin kannten. Die Zeiten, als wir geschrubbt und gewienert im Flanellschlafanzug zum Abendessen am Tisch saßen, auf das die Gutenachtgeschichte folgte und dann das Bett...

Einmal, am Ende einer Dinnerparty erster Klasse, zu der lebenstüchtige, erfolgreiche Frauen um die Vierzig geladen waren, fand die geistreiche Unterhaltung ein abruptes Ende, als die Gastgeberin den Nachtisch hereinbrachte. Sie stellte vor jede ein Schüsselchen Reispudding hin, von warmer Schlagsahne bedeckt und mit Zimt und gemahlenen Nüssen bestreut. Nachdem wir zaghaft die ersten Löffel gekostet hatten, folgten Ausrufe der Wonne, und wir erklärten einstimmig: »Das habe ich seit Jahren nicht mehr gegessen!« Wie gut es mundete und wie gut die Stimmung war, konnte man in der Tischrunde deutlich spüren.

Kindernahrung sei der beste Seelentröster. Dies sei nicht verwunderlich, denn welche Abgründe sich damals auch wirklich aufgetan haben mögen, die Kindheit wirke um so reizvoller, je weiter wir uns von ihr entfernten, sagen Jane und Michael Stern, Autoren von *Square Meals*, einer spannenden Sammlung von Abenteuern für die Geschmacksnerven. »Man erinnert sich an eine Schüssel Grießpudding, noch warm und mit Schokostreuseln serviert, oder an den Becher Kakao nach der Schule, der ein Ritual darstellte.«

Nun, da wir erwachsen sind und alles essen und trinken können, wonach uns gelüstet, sollten wir nicht vergessen, daß wir nie zu alt sind für Kindernahrung: für Honigbrot, Weißbrot in Milchsuppe getunkt, Früchtetee, Eier im Nest, Arme Ritter, Milchreis mit Zimt und Zucker, Wackelpeter, Pudding mit Karamelsauce, Dickmilch mit Zucker bestreut, Pfannkuchen mit Marmelade und Schokoladenpudding mit einem dicken Klecks Schlagsahne. Wenn Sie sich nicht mehr erinnern können, wann Sie das letzte Mal etwas Weiches, Tröstliches, Köstliches gegessen haben, etwas, bei dem Ihnen das Wasser im Mund zusammenläuft – wenn Sie nur daran denken, dann ist es *zu* lange her. Um Ihrem Gedächtnis auf die Sprünge zu helfen, haben die Sterns in ihrem Buch *Square Meals* den beliebtesten Gerichten der Kinderzeit ein ganzes Kapitel gewidmet.

Falls Sie sich wieder einmal am Boden zerstört fühlen oder etwas tun müssen, um diesem Zustand vorzubeugen, dann sollten Sie einen Moment nachdenken und ein leichtverdauliches Gericht aus Ihren Kindertagen zubereiten, um dem übersättigten Gaumen und den strapazierten Nerven etwas Gutes angedeihen zu lassen. Und wenn auch das nicht hilft, dann bleiben Ihnen immer noch der Teddybär und der Daumen. Also waschen Sie sich die Hände und holen Sie sich einen Stuhl.

> Die Küche ist der wohligste Ort, den man kennt;
> Der Teekessel summt, der Ofen brennt.
> Und dort, wie tröstlich im Dämmerlicht,
> Warten Kakao und Kuscheltiere auf mich.

Keine Sorge, es ist genug für alle da. Ich bin inzwischen ein großes Mädchen und habe gelernt zu teilen.

10. JULI
Küchenmythen

Am Ende besitzen Menschen, die ein reiches, greifbares, inneres Leben führen, die besten Gaben, um den Widrigkeiten des äußeren Lebens die Stirn zu bieten.

Evelyn Underhill

Die gewöhnlichen Beschäftigungen, denen eine Frau im allgemeinen nachgehe, seien mit einem kreativen, kontemplativen oder einem frommen Leben unvereinbar, tröstet mich Anne Morrow Lindbergh. Sie spricht mir aus der Seele, wenn ich an die Hektik des heutigen Tages denke: Tochter ins Feriencamp fahren, an den Computer setzen, wieder ins Feriencamp zum Abholen, zurück an den Computer, dann in die Küche und um acht Uhr abends noch einmal an den Computer. Das Leben ist im Sommer in Häppchen von zwei Stunden Länge unterteilt, was sich auf kreative Arbeit oder Kontemplation in nicht gerade positiver Weise auswirkt. Ich habe noch weitere fünf Wochen vor mir, die einem den Verstand rauben können.

Es ist eine subtile Ironie des Schicksals, die meinem authentischen Selbst indessen nicht entgeht, daß ich ständig auf Trab bin, während ich ein Meditationsbuch schreibe. Gerade bei einem solchen Thema, könnte man sich vorstellen, muß die Verfasserin aus ihrem verborgenen, reichen spirituellen Reservoir schöpfen. Das ist entweder ein kosmischer Witz oder eine kosmische Lektion, die ich auf dem dornenreichen Weg lernen muß, wenn ich sie nicht auf spielerische Weise verinnerliche. Es geht nicht an, mich darauf zu beschränken, die Prinzipien der Einfachheit und Fülle theoretisch abzuhandeln; ich muß sie *leben*, denn sonst könnte ich mich gleich aufs Romaneschreiben verlegen.

Ich muß unbedingt versuchen, die Harmonie in meinem Leben wiederherzustellen, wieder ein Gleichgewicht zwischen der Innen- und der Außenwelt, dem Sichtbaren und dem Unsichtbaren herbeizuführen. Die Worte, die ich schreibe, scheinen weniger *in* mir zu entstehen und *durch* mich zu Papier gebracht zu werden, sondern eher *mir zum Trotz* Gestalt anzunehmen. Heute sind die Saiten dieses kreativen Instruments sehr straff gespannt. Ich muß sie lockern, damit sie nicht reißen. Vielleicht ergeht es Ihnen ähnlich. Vielleicht ist der auf Ihnen lastende Druck zu groß, Ihre Stimme eine Nuance zu schrill, die Phonstärke der an Sie gestellten Anforderungen ohrenbetäubend.

Wir müssen das vierte Prinzip der Einfachheit und Fülle – Harmonie – besonders gründlich erforschen, wenn das Leben aus dem Takt geraten ist. Ich habe unlängst ein wunderbares Buch über eine spirituelle Reise gelesen, geschrieben von einer Autorin, die sich wirklich eine Zeitlang in ein Kloster zurückgezogen hat, um sich dort auf ihre kreative Arbeit zu konzentrieren, sie mit Klarheit zu vollenden und das Manuskript pünktlich abzuliefern. Sie können sich vorstellen, welcher Teil der Reise bei mir den nachhaltigsten Eindruck hinterlassen hat. Da ich ihrem Beispiel offensichtlich nicht folgen kann, ohne Mann, Kind und Tiere schnöde zu verlassen, die in diesem Augenblick allesamt auf das Essen warten, lege ich das Buch beiseite und begebe mich in die Küche. Vielleicht schaffe ich es heute nicht, eine Andacht zu halten oder zu meditieren, aber ich kann kochen. In einer Welt, die ständig aus dem Ruder läuft, birgt die Küche genauso viele Mysterien wie ein Kloster.

Schneiden Sie rote und gelbe Paprikaschoten, kleine Auberginen und Zucchini in Streifen. Hacken Sie rote Zwiebeln, frisches Basilikum, Oregano und schneiden Sie italienische Fleischtomaten in winzige Würfel. Das Ganze langsam in gutem Olivenöl mit durchgedrücktem Knoblauch schmoren, bis das Gemüse weich ist. Stärken Sie sich zwischendurch mit einem Schluck Wein. Geben Sie Penne (oder andere Nudeln) in kochendes Wasser; sechs Minuten garen. Reiben Sie frischen Parmesankäse. Erhitzen Sie gekauften Ricottakäse mit Rosmarin im Backofen. Nun das Gemüse unter die Pasta mischen und mit Käse bestreuen. Rufen Sie alle zu Tisch. Nehmen Sie sich Zeit für ein Dankgebet. Sprechen Sie einen Toast aus und danken Sie dem Schöpfer für die gute Gesundheit, die Liebe, die Gesellschaft, die köstliche Nahrung und den Augenblick der Zufriedenheit. Ein Tag voller Leben, voll einfacher Fülle.

Evelyn Underhill, eine englische Mystikerin, die zu Beginn des zwölften Jahrhunderts lebte und schrieb, war der Überzeugung, daß Mystikerinnen mit weltlichen Verantwortlichkeiten oft »Visionäre, Prophetinnen« wurden, weil sie in der Lage waren, »spirituelle Transzendenz mit einzigartigen praktischen Fähigkeiten« zu kombinieren. Einerlei, ob Dichterinnen, Heilige oder Hobbyköchinnen – sie blieben »ihr Leben lang der Wirklichkeit eng verbunden«, während sie gleichzeitig die Zwiesprache mit den kosmischen Urkräften suchten.

Das ist Musik in meinen Ohren! Summen Sie mit?

11. JULI
Kochkunst: kreative Entdeckungen in der Küche

> Die Entdeckung eines neuen Gerichtes hat größere Auswirkungen auf das Glück der Menschheit als die Entdeckung eines Sternes.
>
> *Jean Anthelme Brillat-Savarin*

Nur wenige Frauen kennen den Nervenkitzel, Einpersonenstücke vor großem Publikum aufzuführen. Aber wir sind alle imstande, eine Schürze umzubinden. Heute sollten wir, statt das Abendessen als eine weitere lästige Pflicht im Haushalt zu betrachten, darin eine Chance sehen, unsere Kreativität zu entfalten. Kochen ist für Ihr authentisches Selbst eine der besten Möglichkeiten, Ihr authentisches Selbst daran zu erinnern, daß Sie Künstlerin sind. Wie die harmonische Vereinigung von Leinwand und Farbe ist Kochen Alchimie, ein Werk der Ganzheitlichkeit, das sich Schritt für Schritt entwickelt.

Ein Tranchiermesser kann genauso schöpferisch sein wie ein Pinsel. In Scheiben oder feine Streifen schneiden, schaben, umrühren, simmern und schmoren lassen, sind Verrichtungen, die Ihr Bewußtsein in einen künstlerischen Autopiloten verwandeln. Sobald das »Normalbewußtsein« abgelenkt ist, übernimmt das kreative Bewußtsein die Führung – auch dann, wenn es Ihnen nicht »bewußt« ist. Immer wenn ich nicht weiß, was ich tun soll – egal, ob es dabei ums Schreiben oder ums Leben geht –, begebe ich mich auf eine kulinarische Entdeckungsreise in die Küche, indem ich beispielsweise ein Gericht nachzukochen versuche, das ich anderswo gegessen und genossen habe. Was kann dabei auch schon groß passieren? Schlimmstenfalls geht mein Experiment schief, und wir essen ein Butterbrot vor dem Zubettgehen. Bestenfalls bringen meine Ideensuche und das Abendessen eine neue Geschmacksempfindung mit sich und erinnern mich daran, daß man nichts im Leben als selbstverständlich hinnehmen sollte, vor allem nicht die Augenblicke des Zweifels, der Frustration und des Hungers.

»Wenn das Bedauern nicht vergeht, wenn Sie keine Inspiration in der Einsamkeit finden, dann müssen Sie noch viel von den Schriftstellerinnen, Dichterinnen und Hobbyköchinnen darüber lernen, wie Sie Ihr eigenes Leben künstlerisch gestalten«, sinniert Jacqueline Deval in ihrem appetitanregenden Roman *Kochbuch für Liebende*... »Wir können die Vergangenheit kein zweites Mal erschaffen. Aber wir sind imstande, unsere Zukunft aktiv zu gestalten. Und einen Kuchen zu backen.«

Versuchen Sie, in dieser Woche als Meditation einen Kuchen zu bachen – aus frischen Zutaten, keine Fertigbackmischung. Denken Sie an den köstlichsten Kuchen, den Sie sich vorstellen können, Ihren Traumkuchen, den Kuchen, den Sie immer essen wollten, aber aus Zeitgründen nie backen konnten. An den Kuchen, der bisher eine Herausforderung für Sie war, vor der Sie zurückgeschreckt sind. Nehmen Sie sich Zeit, schaffen Sie sich die Zeit, backen Sie Ihren Traumkuchen. Erklären Sie feierlich, daß der Zutritt zur Küche bis auf weiteres streng verboten sei. Die Künstlerin braucht Ruhe bei ihrer Arbeit. Legen Sie langsam, sorgfältig und gewissenhaft die Zutaten für Ihr Meisterwerk zurecht: Mehl, Eier, Milch, Backpulver, Natron, Salz, Gewürze und Zucker.

Wenn Ihnen in diesem Augenblick etwas nicht ganz klar ist, betrachten Sie die Situation einfach als eine der unabdingbaren Zutaten für ein köstliches Rezept, das reale Leben. Jede einzelne Zutat leistet ihren eigenen, authentischen Beitrag zum Gelingen des Ganzen, und doch ändert sie sich – Salz und Zucker werden eins, verwandelt von den vier Elementen des Universums: dem Feuer im

Ofen, dem Wasser aus der Leitung, der Erde im Weizenkorn, der Luft, die alles umhüllt. Vergessen Sie nicht, das Feuer miteinzubeziehen, das in Ihrer Seele brennt, das Wasser von Schweiß und Tränen, das Erdhafte der Beharrlichkeit und jeden Ihrer Atemzüge, während Sie sich bemühen, es in der Kunst eines authentischen Lebens zu wahrer Meisterschaft zu bringen und seine Mysterien zu enthüllen.

Und wenn Sie Ihren Kuchen aus dem Ofen holen, duftend und köstlich anzusehen, dann denken Sie einen Moment lang über den Unterschied zwischen einem Kuchen – oder einem Leben – aus frischem Rohmaterial oder einer vorgefertigten Mischung nach. Schnellgerichte mögen Zeit sparen, aber eine gute Köchin kann ebenso wie eine gute Malerin das Original von einer Fälschung unterscheiden.

12. JULI
Wie man einem Wolf den Garaus macht

> Da, ein Heulen auf der Schwelle –
> Da, ein Kratzen auf dem Stein –
> Ans Werk! Ans Werk! Um Himmels willen!
> Der Wolf, er drängt zu uns hinein!
> *Charlotte Perkins Gilman*

Wer fürchtet sich vor dem großen, bösen Wolf? Denn früher oder später heult und kratzt er vor jedermanns Tür.

Ein gutgepolstertes Bankkonto ist nicht unbedingt eine Gewähr gegen das Scharren und Knurren. Vor gar nicht langer Zeit verloren mehr als hundert der reichsten Männer und Frauen Amerikas, die ihr Geld in die namhafte, aber leider insolvente Versicherungsgesellschaft Lloyd's of London investiert hatten, ihr gesamtes Privatvermögen, als die Kredite, mit denen Lloyds Schulden beglichen werden sollten, von einer Minute auf die andere gekündigt wurden. Einer der Exmillionäre rettete, nachdem das Fax mit der Hiobsbotschaft eingetroffen war, nur noch das Hemd, das er auf dem Leib trug, und die goldenen Manschettenknöpfe. Auch die amerikanischen Geldgeber, die nun auf Schadenersatz klagen und als einige der Reichsten des Landes früher vermutlich keinen einzigen Gedanken an einen möglichen Geldmangel verschwendet hatten, bekamen den heißen Atem des bösen Wolfs zu spüren, der bewirkt, daß sich die Nackenhaare sträuben.

Die meisten von uns erleben das Auftauchen dieser Bestie nicht in einer solch dramatischen Weise, sondern eher als Trauma. Unsere Geschichten vom bösen Wolf sind in der Regel keine Schlagzeile wert: der unerwartete Verlust des Arbeitsplatzes und die drohende Gefahr, daß man die Hypothek aufs Haus nicht mehr bezahlen kann; ein kleiner Familienbetrieb, der den Bach hinuntergeht; ein betagter Elternteil, dessen karge Rente bis zum letzten Pfennig für die Unterbringung in einem Pflegeheim draufgeht; der finanzielle Aufwand, der mit der Feststellung der Unfruchtbarkeit und einer Adoption verbunden sind; die Rechnung – zahlbar sofort – die beweist, daß sich auch die Veterinärmedizin den heutigen Gepflogenheiten angepaßt hat; das Dach, das dringend repariert werden muß; die Ameisen im Keller; die acht Jahre alte Familienkutsche, die trotz aller Bemühungen der Werkstatt ihren Geist aufgegeben hat.

Wenn der böse Wolf erscheine, habe unsere Glaubensstruktur große Löcher, erinnert sich M. F. K. Fisher. »Unseren Mustern fehlen die Bausteinchen.« Mary Frances Kennedy Fisher, die vermutlich beste Kochbuchautorin Amerikas, wußte alles über die mageren Zeiten. Eines ihrer ersten Bücher trug den Titel *How to Cook a Wolf*; es erschien 1942, während der schlimmsten Lebensmittelknappheit der Kriegszeit.

Sie schrieb auf der Grundlage ihrer persönlichen Erfahrungen. M. F. K. Fisher mußte die Wölfe über lange Phasen ihres Lebens in Schach halten. Obwohl sie im Verlauf der Jahre sowohl wegen ihrer Beiträge im *New Yorker* als auch für ihre zahlreichen Veröffentlichungen große Bekanntheit erlangte, verdiente sie nie genug Geld für ein sorgenfreies Leben und mußte als Freiberuflerin ständig von der Hand in den Mund leben, um sich selbst, zwei Töchter und zeitweilig drei Ehemänner über Wasser zu halten. Ich benutze das Wort »Leben« anstelle von »Existenz«, weil M. F. K. Fisher wußte, wie man trotz eines schmalen Budgets ein zufriedenes Leben führt. Sie reduzierte ihr Dasein nie auf eine bloße Existenz, ungeachtet ihrer Lebensumstände. Armut wird immer zuerst in der Seele erfahren, bevor man sie im Portemonnaie spürt.

Es scheint unvorstellbar, daß es M. F. K. Fisher an Geld mangelte, weil es ihr nie an einfacher Fülle fehlte. Vielleicht führte sie ein gutes Leben, weil sie alles, was es ihr zu bieten hatte, mit dankbarem Herzen empfing. Sie reiste, lebte in Frankreich und Italien, schrieb viele hervorragende Bücher, lernte die leidenschaftliche, große Liebe kennen, sonnte sich in einem umfangreichen Kreis von Freunden und Bewunderern und genoß jeden Tag die Freude, etwas Gutes zu essen und zu trinken. M. F. K. Fishers authentisches Selbst fand seinen Ausdruck in übersprudelnder Laune.

Denjenigen, die gerne ihren Fußstapfen folgen möchten, empfiehlt sie, Wünsche auszusortieren und nur den heiligen Hunger übrigzulassen, »damit wir auf das angenehmste in einer Welt mit einer wachsenden Anzahl unangenehmer Überraschungen leben können«.

Wie ist ihr das gelungen? Indem sie keine Furcht zeigte, als der böse Wolf erschien; indem sie nicht der Angst nachgab, er könne ihr Haus mit seinem heißen Atem aus den Angeln heben. Sie wußte, daß die unerforschlichen Wege des Schicksals in aller Regel heiße Luft sind. Sie lernte, den Wolf zu überlisten, zu fangen und ihm den Garaus zu machen. Indem sie sich auf das Gute in ihrem unmittelbaren Umfeld konzentrierte: ein exquisites Glas Wein, eine köstliche Tomate, einen duftenden Laib Brot; einen herrlichen Sonnenuntergang, ein anregendes Gespräch, eine liebevolle Beziehung. Sie wußte, daß ein gutes Leben nicht vom Luxus abhängt, der uns umgibt. Ein gutes Leben raubt uns nichts, was wichtig ist – im Gegenteil: Es bereichert uns. »Wir können dennoch in Würde und Weisheit leben«, ermutigt sie uns, wenn wir uns auf unseren angeborenen, gesunden Menschenverstand verlassen und uns auf die uns zur Verfügung stehenden Mittel und Möglichkeiten besännen, »um den Wolf daran zu hindern, daß er heißhungrig durch das Schlüsselloch schnaubt«.

13. JULI
Vorräte anlegen

> Kochen – ja, und das Leben schlechthin werden in diesem Monat zu einfacheren Ritualen. Ich habe eine Liste mit schmackhaften Mahlzeiten erstellt, wobei nur ein einziges frisch zubereitetes Gericht eingeplant ist. Diese Liste wird an die Tür meines Küchenschranks gehängt, damit ich sie stets im Blick habe. Wenn mir der Sinn nicht nach Kochen steht, muß ich mich nicht verzweifelt fragen, was ich auf den Tisch bringen könnte.
>
> *Nell B. Nichols*
> *Woman's Home Companion, Juli 1925*

Eine meiner bevorzugten literarischen Expertinnen für Haus und Küche ist Nell B. Nichols, während der zwanziger bis vierziger Jahre Kolumnistin der Zeitschrift *Woman's Home Companion*. Noch vor der Lifestyle-Autorin Martha Stewart hatte Amerika Nell Nichols, ein Multitalent. Doch Nells größtes Talent bestand darin, daß sie ihren Leserinnen nie das Gefühl vermittelte, eine Niete zu sein. Sie wußten, wenn sie sich an ihre kurzweiligen Anleitungen und Tips hielten, konnten sie ebenfalls die Wonnen des häuslichen Lebens genießen.

Nell verstand es zu kochen, einzumachen, den Hausputz zu erledigen und das häusliche Leben von der Besenkammer bis zur Dachkammer mit fröhlichem Elan zu organisieren. Sie probierte die damals neuartigen Haushaltsgeräte wie den elektrischen Staubsauger aus, den sie als »unschätzbar wertvollen Freund« der Hausfrau bezeichnete, hielt jedoch gleichzeitig auch altüberlieferte Traditionen in Ehren, wie das sommerliche Bleichen von Weißwäsche draußen in der Sonne. Ihre Kolumnen zu lesen ist wie Vanillepudding mit Kirschkompott: köstlich, tröstlich und appetitanregend. Nach einer Stunde mit Nell möchte ich mir immer die Haare abschneiden lassen, in ein einfaches Baumwollhemd schlüpfen, das in der Taille nicht kneift, eine karierte Schürze umbinden und den Ragtimepianisten Scott Joplin im Radio hören, während ich ungebleichte Musselinvorhänge einfärbe, »um die Mansardenfenster zu verschönern«.

Während der Jahrzehnte, in denen Nell Nichols als ungekrönte Königin im Reich der Hausfrauen regierte, war »Effizienz« das Schlagwort in allen Frauenmagazinen. Die Frauen wurden angehalten, die Haushaltsführung nicht nur als eine Kunst zu betrachten, ähnlich ihren viktorianischen Müttern, sondern als Wissenschaft – als Hauswirtschaft. Eine Weisheit, für die ich Nell bis an mein Lebensende dankbar sein werde, ist ihre dringliche Aufforderung, »mehr zu planen, um in der Küche weniger zu arbeiten«.

Zwei Tätigkeiten, die mich jede Woche viel kreative Energie kosten, sind der Einkauf von Lebensmitteln und das Zubereiten der Mahlzeiten. Ich habe inzwischen einige Strategien der einfachen Fülle entwickelt, um meine »Vorratskammern« so effizient aufzufüllen, daß ich beim Kochen immer alles im Griff, sprich vorrätig habe. Als erstes gilt es, eine allgemeine Einkaufsliste anzulegen. Dafür müssen Sie ungefähr eine Stunde einplanen, aber die Mühe zahlt sich aus.

Unterteilen Sie die Liste nach Gruppen, beispielsweise Frischwaren, Milchprodukte, Fleisch, Fisch, Grundnahrungsmittel, Papier- und Körperpflegeprodukte. Sie sind eine automatische Erinnerungshilfe. Ich habe meine Gesamtliste im Computer gespeichert, die ich mir jeden Freitag ausdrucke und auf ihr ankreuze, was ich brauche. Wenn Sie Ihre Liste auf der Schreibmaschine tippen, sollten Sie sich einen Fotokopienvorrat zulegen, der für ein Jahr reicht. Befestigen Sie eine Kopie der Gesamtliste an der Kühlschranktür und bitten Sie die Mitglieder Ihres Haushaltes, diejenigen Produkte darauf zu markieren, die sich dem Ende zuneigen.

Wir bemühen uns, nur einmal in der Woche anhand der Liste einen Großeinkauf zu tätigen, wobei wir uns die Arbeit teilen. Mein Mann kauft in einem Großmarkt ein. Ich bin für die Frischwaren zuständig, im Sommer und Frühherbst auf dem Bauern- oder Wochenmarkt und für den Rest des Jahres in einem Bioladen. Ich weiß nicht, ob es Ihnen genauso ergeht, aber ich habe das Gefühl, daß jedesmal, wenn ich den Supermarkt betrete – und wenn auch nur, um eine Flasche Milch und ein Brot zu kaufen –, fünfzig Mark wie von Zauberhand verschwunden sind. Die Liste bietet mir die Möglichkeit, nicht nur die Lebensmittelkosten genau zu kontrollieren, sondern auch das, was wir essen.

Eine weitere Strategie der einfachen Fülle besteht darin, mich hinzusetzen und die Lieblingsgerichte meiner Familie aufzuschreiben; Vorschläge sind erwünscht. Vergewissern Sie sich, daß Sie sämtliche Gänge, Gemüse und Desserts notiert haben. Dann stellen Sie ein »Meistermenü« zusammen. Ich habe meins im Computer gespeichert, aber vielleicht möchten Sie Ihre Kochkartei ja lieber auf kleinen Kärtchen anlegen. Ein harter Kern von mindestens einem Dutzend Gerichten ermöglicht Ihnen, Abwechslung auf den Tisch zu bringen. Nichts ist langweiliger, als immer wieder das gleiche zu essen. Leider gerät man sehr leicht in eingefahrene Gleise! Viele Frauen haben während der Woche einfach keine Zeit, in der Küche zu experimentieren. Damit Ihre geschätzten »Kunden« Ihnen treu bleiben, sollten Sie mindestens zwei neue Rezepte im Monat ausprobieren. Heben Sie sich die Überraschung fürs Wochenende auf, wenn Sie mehr Zeit haben, diese einfache Freude zu genießen.

»Nur noch ein Wort – *stehlen* Sie jeden Tag ein wenig Zeit, falls Sie keine andere Möglichkeit sehen, um sich in diesem wundervollen Monat ins Gras, in die Hängematte oder unter einen mächtigen Baum zu legen... und zu entspannen. Welch ein Stärkungsmittel für die Seele! Welch eine Ruhepause für die strapazierten Nerven. Ehemann, Kindern, Freunden – ja der ganzen Nation – wird unsere Entspannung zugute kommen. Was wir heute am meisten brauchen, ist ein harmonisches Heim, und kein Herdfeuer kann ruhig brennen, »wenn seine Hüterin nicht in Frieden mit der Welt lebt«, versicherte Nell B. Nichols unseren Großmüttern im Sommer 1924.

»Würden Sie mir nicht zustimmen, wenn Sie daliegen und in das Blätterdach über Ihnen blicken, daß ein Heim dann und wann sowohl ein stiller Hafen für den Geist sein muß als auch ein Ort, an dem unsere physische Bedürfnisse erfüllt werden?«

Ja, Nell, ja! Danke, daß du uns daran erinnert hast.

14. JULI
Der festlich gedeckte Tisch

Der Tisch ist ein Ort, an dem man sich trifft, sich versammelt, eine Quelle des Rückhalts und der Stärkung, der Festlichkeit, Geborgenheit und Befriedigung.

Laurie Colwin

Ob wir nun allein leben, verheiratet sind, Kinder haben oder nicht – wir müssen essen. Das Abendessen sollte das Glanzlicht des Tages sein. Wenn der Tag einen friedvollen, angenehmen und gewinnbringenden Verlauf genommen hat, ist es an der Zeit, ihn zu feiern. War der Tag schwer zu bewältigen und entmutigend, ist es an der Zeit, sich zu verwöhnen und zu trösten – an sich schon ein Segen und ein Grund, um sein Ende zu feiern. Wie dem auch sei, der festlich gedeckte Tisch lockt.

Genauso, wie es unterschiedliche Nahrungsmittelkategorien gibt, gibt es auch unterschiedliche Gerichte: schnelle Mahlzeiten im Stehen, Gerichte aus dem Restaurant, Hausmannskost und Festessen. Bei uns allen muß es manchmal schnell gehen, aber falls Sie »Stehimbisse« ständig und als bewußte Entscheidung in Ihre Lebensführung integrieren, kann ein Schaschlik oder eine Currywurst zu notorischem, psychischem Hunger und Mangelernährung führen. Gerichte, die man aus dem Restaurant mit nach Hause nimmt, sind nicht zu verachten, wenn Not am Mann ist, aber das ist eine außerordentlich teure Art der Verköstigung, und wenn sie zur Gewohnheit wird, beschleicht Sie das Gefühl, als hätten Sie zu lange aus dem Koffer gelebt. Als Hausmannskost bezeichne ich alles, was bei mir von Montag bis Freitag auf dem Speisezettel steht; bei guter Planung können diese Gerichte leicht und schnell zubereitet und außerdem noch köstlich sein. An den Wochenenden sollte wenigstens einmal ein Lieblingsgericht auf den Tisch kommen und am nächsten Tag ein Festessen.

Es gab einmal eine Zeit, als ich erst um vier Uhr nachmittags zu überlegen begann, was ich am Abend kochen könnte. Heute jagt mir der Gedanke daran eine Gänsehaut über den Rücken. Planen, einkaufen und kochen in einer einzigen Stunde ist schlicht und einfach rücksichtsloser Raubbau mit unseren Kräften. Aber keine Angst, es gibt einige wundervolle Hilfen, um den Speisezettel und den wöchentlichen Großeinkauf zu planen.

»Wir brauchen Zeit, um abzuschalten, um den Blick nach innen zu richten. Genau wie im Schlaf entspannt sich unser Gehirn und schenkt uns Träume, und so müssen wir uns während des Tages ab und zu aus dem gewohnten Trott lösen, den Kontakt zu unserem Ich suchen und uns offenen Auges umschauen«, erinnert uns Laurie Colwin. »Wir müssen das Fernsehgerät ausschalten und das Telefon, uns vor unserem Herdfeuer niederkauern, unsere Aktentasche im Büro lassen, und wenn auch nur für eine Nacht. Wir müssen in die Küche gehen, en famille oder mit einer Freundin, und ein paar leichte, herzerwärmende Köstlichkeiten aus dem Nichts zaubern, und wenn auch nur einmal in der Woche. Wir müssen uns an den Tisch setzen, allein oder mit Freunden oder mit vielen Freunden oder mit einem Freund, und gemeinsam essen. Ohne Nahrung würden wir sterben. Ohne Gesellschaft ist das Leben nicht lebenswert.«

Kommt, der festlich gedeckte Tisch lockt.

15. JULI
Rat mal, wer zum Essen kommt?

> Ich habe schon früh gelernt, daß das Decken des Tisches wesentlich mehr beinhaltet als nur das Plazieren von Messern und Gabeln. Man schafft damit den richtigen Rahmen für eine Mahlzeit und ein Gespräch, eine Stimmung und eine Aura, die in der Erinnerung haftenbleiben, lange nachdem vergessen ist, was serviert wurde und wer was gesagt hat.
>
> *Peri Wolfman*

Wenn wir eine Mahlzeit zubereiten, denken viele als letztes ans Tischdecken – es sei denn, wir erwarten Gäste. Für Gäste holen wir unser gutes Porzellan aus dem Schrank, die kostbaren Kristallgläser und teuren Tischdecken, aber für uns allein reicht das Alltagsgeschirr, ungeachtet seines angeschlagenen Zustands. Dagegen ist nichts einzuwenden, wenn das alles ist, was Sie besitzen. Aber wenn Sie ständig das kunterbunte Sammelsurium aus dem Ausverkauf benutzen, um die edlen Teile mit Goldrand im Geschirrschrank zu schonen, obwohl Sie es nicht müßten, dann ist das Provisorium oder die »zweite Wahl« nicht gut genug.

Die Rituale des Speisens verlangen nach Bechern, die man kreisen läßt, nach Tellern, auf denen man Brot bricht, nach Kerzenlicht und dem magischen Kreis, den man in den Staub zeichnet. Rituale schützen und heilen, sie signalisieren allen, die sich am Tisch einfinden, um sich körperlich und mental zu laben, daß sie sich in einem geheiligten Zirkel befinden. Sie denken vielleicht, daß Sie nur einen Teller auf den Mittagstisch stellen, aber wenn Sie Ihren kreativen Impulsen, etwas Schönes zu schaffen, vertrauen und folgen, erfahren Sie das Geheiligte im Profanen. Moses suchte Gott im brennenden Dornbusch. Wir müssen nicht weiter schauen als bis zu unserem Tisch, dem Tisch, von dem es in dem hebräischen Psalm heißt, er sei für uns bereitet, auf daß unsere Becher überfließen.

»Wenn ich an unsere Mahlzeiten im Familienkreis zurückdenke, erinnere ich mich weniger an den Geschmack oder Duft der Gerichte als vielmehr an die gesamte Szenerie: an das Ambiente der gedeckten Tafel, die Patina des Holzes, das Kerzenlicht, die Farben, das Gefühl der Harmonie und Ordnung«, erklärt Peri Wolfman, die gemeinsam mit ihrem Mann Charles Gold, Inhaber eines New Yorker Tischdekorationsladens, das Buch *The Perfect Setting* schrieb.

Heute pflegen wir, wenn wir Gäste zu Tisch bitten, einen lässigen Stil; man findet kaum noch gestärktes Leinen und auf Hochglanz poliertes Silber wie bei unseren Großmüttern. Gleichwohl hat sich das Gefühl der Harmonie, das von einer einladenden Tischdekoration heraufbeschworen wird, nicht geändert. Und auch nicht das Bedürfnis danach. In Wirklichkeit hungern wir sogar in stärkerem Maß nach Harmonie als nach Nahrung. Aber wir müssen nicht jeden Tag auf einer Damasttischdecke schlemmen: hübsche Küchenhandtücher als Platzdeckchen und schoßgroße Servietten auf einem schönen Pinienholztisch, Keramikteller, Trinkbecher, Stumpen- oder normale Haushaltskerzen und ein kleines sommerliches Bouquet aus Früchten und Blumen sind ein Tischschmuck der einfachen Fülle, der das Essen zu einem Vergnügen, einer erlesenen Mahlzeit erhebt.

Wenn Sie sich ein paar Minuten mehr Zeit nehmen, um den Tisch schön zu decken, dann verrichten Sie in Wirklichkeit eine stille Andacht und bitten den Schöpfer um seine Anwesenheit in der freudvollen, erinnerungswürdigen Runde. Die Entscheidung, gepflegt zu speisen, statt zu essen, ist ein kleiner, aber bedeutsamer Schritt zum pfleglicheren Umgang mit uns selbst, eine Freude, die wir ein Leben lang genießen können. Den Tisch zum Abendessen einladend zu decken, ist öfter möglich, als Sie denken – vor allem, wenn Sie darin eine weitere Möglichkeit sehen, Ihre künstlerischen Talente im Alltag zu entfalten und sich dabei, wie Peri Wolfman vorschlägt, auf »das Schlichte, das Machbare und das Bezahlbare« beschränken.

Beginnen Sie heute, die schönen Dinge zu benutzen, von denen Sie in Ihrem Heim umgeben sind. Überlassen Sie es nicht anderen, sie für wenige Stunden aus ihrem Schattendasein zu erlösen und zu genießen. Wenn Sie sie ihrem wahren Zweck zuführen, wird Ihnen bewußt werden, daß authentische Sehnsüchte – von dem Bedürfnis nach einer optisch ansprechenden Tischdekoration bis hin zur Entdeckung Ihrer wahren Berufung im Leben – ganz legitim sind.

Heute abend haben Sie tatsächlich einen Gast zum Essen. Raten Sie, wer? Es käme einem Quantensprung auf dem Weg zur Fülle des Bewußtseins gleich, wenn Ihr authentisches Selbst, das sich die Ehre gibt, jene Liebe, Achtung und ein herzliches Willkommen erwartete, die es verdient – in reichlicher Portion serviert auf dem schönsten Teller, den Sie besitzen.

16. JULI

Ein Fest der Jahreszeiten: Die Freude der Erwartung

> Warum unterscheidet sich ein Tag vom anderen,
> wo doch alles Licht im Jahr von der Sonne kommt?
> Durch die Weisheit des Herrn sind sie unterschieden,
> und es gibt unter ihnen Feiertage.
> Die einen hat er gesegnet und geheiligt,
> die andern zu gewöhnlichen Tagen gemacht.
>
> *Das Buch Jesus Sirach 33,7–9*

Die Freude, mit frischem Gemüse der Saison zu kochen, gehört zu den einfachsten, aber vernachlässigten. Sie bringt Harmonie und Gleichmaß in unser Leben und zeigt uns mit ihrer sanften Weisheit, daß Einfachheit und Fülle Seelengefährten sind. Die Freude, mit frischem Gemüse der Jahreszeit zu kochen, verwandelt selbst die gewöhnlichen Tage am Tisch in geheiligte Augenblicke und erinnert an das *Buch der Sprüche*, in dem geschrieben steht, daß ein fröhliches Herz eine immerwährende Labsal ist.

In Einklang mit den Jahreszeiten zu kochen spart außerdem Geld. Wir denken oft, es sei ein unerschwinglicher Luxus, ausschließlich Produkte zu verwenden, die ganz frisch sind und ihr Aroma voll entfalten, aber wenn wir diejenigen Zutaten nehmen, die uns die Natur derzeit zu bieten hat, bringen wir die besten und billigsten Gerichte auf den Tisch. Und was hinzukommt: Die Lust am Frugalen ist so subtil und geschickt versteckt, daß das kleine, materiell orientierte Mädchen in Ihnen keine Entzugserscheinungen verspürt – nicht, wenn es gegrilltes Gemüse mit mariniertem Ziegenkäse, Bruschetta (getoastetes italienisches Weißbrot mit gehackten Tomaten, Mozzarella und Basilikum) und Pfirsichtoretletts mit Brombeersauce als Dessert vorgesetzt bekommt.

Im Sommer präsentiert sich Mutter Natur in ihrer ganzen Pracht und beweist, daß das Universum nicht knauserig ist. In den Gemüseläden und auf den Wochen- oder Bauernmärkten findet man die guten Dinge der Erde im Überfluß. Nun, da der Sommer uns reichlich Lektionen in Sachen Hauswirtschaft erteilt, ist der Zeitpunkt gekommen, einmal gründlich darüber nachzudenken, wie Sie während der restlichen Monate des Jahres kochen. Die Wonnen der Einfachheit und Fülle, die mit den kulinarischen Köstlichkeiten der Saison einhergehen, werden Sie überzeugen, daß auch Ihr Leben ein fortwährendes Festmahl am gedeckten Tisch von Mutter Natur sein kann.

17. JULI
Brot und Fische: Erster Teil

> Wir haben nur fünf Brote und zwei Fische bei uns.
> *Matthäus, 14,17*

Kennen Sie die Geschichte, wie Jesus eine fünftausendköpfige Menge, bestehend aus Gläubigen, Suchenden, Skeptikern und einfach Neugierigen, die gekommen waren, um seine Lehren zu hören, speiste? Am Ende eines langen Tages, als die Jünger alle nach Hause schicken wollten, befahl Jesus ihnen, sich nicht lächerlich zu machen, die Leute seien schließlich müde und hungrig. »Wir haben hier nur fünf Brote und zwei Fische bei uns«, sprachen die Jünger. Darauf sagte Jesus: »Bringt sie her!« Dann ordnete er an, die Leute sollten sich ins Gras setzen. Und er nahm die fünf Brote und die zwei Fische, blickte zum Himmel auf, sprach den Lobpreis, brach die Brote und gab sie den Jüngern; die Jünger aber gaben sie den Leuten, und alle aßen und wurden satt. Als die Jünger die übriggebliebenen Brotstücke einsammelten, wurden zwölf Körbe voll (Matthäus, 14,18–20).

Ich liebe dieses Gleichnis von der wunderbaren Brotvermehrung, weil es uns eindrucksvoll vor Augen führt, wieviel Fülle es auf der Erde gibt, und uns ein Beispiel für ein einfaches Leben bietet, dem wir nacheifern sollten. Sowohl das Evangelium nach Matthäus als auch jenes nach Markus berichtet, daß Jesus dieses Wunder der einfachen Fülle noch einmal wirkte. Beim zweiten Mal wurden viertausend Menschen mit sieben Laib Brot und ein paar Fischen gespeist. Zu diesem Zeitpunkt hatten die Hohepriester, die sich in ihrer Stellung bedroht fühlten, das Volk aufzuwiegeln begonnen. Sie verlangten von Jesus mehr Zeichen und Wunder als Beweis seiner Göttlichkeit. Er trotzte ihrem Spott und ließ sie stehen, wobei er seine Jünger warnte: »Gebt acht, hütet euch vor dem Sauerteig der Pharisäer und Sadduzäer!« (Wahrscheinlich meinte er damit die heiße Luft, welche diese religiösen Traditionalisten für gewöhnlich von sich gaben.) Aber die Apostel nahmen die Warnung wörtlich und mutmaßten, daß das Brot in dieser Stadt ungenießbar sei. So beschlossen sie, kein Brot zu kaufen und erst zu essen, wenn sie in die nächste Ortschaft gelangten.

Einige Stunden später überquerten sie einen See, wobei die Überfahrt viel länger dauerte, als sie angenommen hatten. Die Jünger fingen an zu klagen, daß sie kein Brot hatten, weil der Sauerteig ungenießbar gewesen sei. Hungrig wie die Wölfe fragten sie: »Was sollen wir tun? Was werden wir essen?« Und Jesus, deutlich verärgert darüber, daß ihnen die wahre Bedeutung seiner Botschaft offensichtlich entgangen war, schalt sie mit den Worten: »Ihr Kleingläubigen, was macht ihr euch darüber Gedanken, daß ihr kein Brot habt? Begreift ihr immer noch nicht? Erinnert ihr euch nicht an die fünf Brote für die Fünftausend und daran, wie viele Körbe voll ihr wieder eingesammelt habt? Warum begreift ihr denn nicht, daß ich nicht von Brot gesprochen habe, als ich euch sagte: ›Hütet euch vor dem Sauerteig der Pharisäer und Sadduzäer.‹«

Das ist eine wunderbare Lehre, denn hinter der Geschichte von Fülle und Mangel verbirgt sich die Tatsache, daß die Jünger einfach nichts begriffen hatten. Ein Wunder nach dem anderen geschah direkt unter ihren Augen, aber sie nahmen es nicht wahr. Das lag daran, daß es sich um ganz gewöhnliche Menschen handelte, auch wenn ein Meister ihnen eine spirituelle Nachhilfestunde erteilte. Selbst das reichte nicht aus, weil sie die innere Veränderung der Realität noch nicht am eigenen Leibe erfahren hatten.

Uns ergeht es ähnlich. Wie oft im Leben begreifen wir einfach nichts? Das »nichts« könnte ein Machtkampf sein, der in einer Beziehung ausgetragen wird; die Unfähigkeit, uns beim Kreditkartenkauf zu bremsen; ein Problem in unserer beruflichen Laufbahn, das unsere Selbstachtung untergräbt; der Beginn einer Sucht, der wir selbst oder ein Mensch zu verfallen droht, den wir lieben; eine unbewußte Form der Selbstsabotage, die bewirkt, daß eine Krise die nächste jagt. Das »nichts« spielt keine Rolle. Situationen wie diese haben die meisten Frauen erlebt, und sie werden auch in Zukunft vorkommen, immer und immer wieder, bis wir das Muster darin endlich erkennen. Vielleicht sollten wir gleich anfangen, Ausschau danach zu halten, und nicht darauf warten, daß wir durch ein »Déjà-vu-Erlebnis« mit der Nase draufgestoßen werden.

Wenn wir nichts begreifen, liegt es gewöhnlich daran, daß wir die äußere Erfahrung nicht deuten können, die über die Gegensprechanlage an unser Inneres weitergeleitet wird. Wir sind außerstande, die Information mit unserer Seele zu verarbeiten. Was in unseren äußeren Lebensumständen geschieht, spult sich in einer fremden Sprache vor unseren Augen ab, die wir nicht beherrschen. Und so nehmen wir an, daß die Manifestation in der Außenwelt die Wirklichkeit ist (was nicht unbedingt der Fall sein muß), oder wir machen die gleiche Erfahrung stets von neuem, bis wir nach und nach einen Sinn darin entdecken – als würden wir eine Fremdsprache im Ausland lernen, ohne die geringsten Vorkenntnisse, sozusagen mit einem Sprung ins kalte Wasser.

Die Beherrschung einer Fremdsprache gehört zu den Gaben des Schöpfers. Die Sprache des Herzens ist die Sehnsucht, die Sprache des Verstandes die Logik, die Sprache der Emotionen das Gefühl. Der Schöpfer spricht sie alle fließend. Heute wünsche ich mir, daß auch Sie es begreifen: Wir sollten unser Augenmerk nicht starr auf das richten, was wir nicht haben, sondern dankbar für das sein, was wir besitzen. Es stünde uns gut zu Gesicht, diesen Reichtum anzunehmen, dafür zu danken, ihn zu segnen und mit anderen zu teilen. Es ist nicht an uns, ihn zu horten oder damit zu knausern aus Angst, er könnte nicht ausreichen. Denn dem Schöpfer mangelt es an nichts.

Solange wir ein paar Laib Brot und ein paar Fische haben und wissen, was wir damit anfangen können, sind wir mit allem versehen, was wir wirklich brauchen.

18. JULI
Brot und Fische: Zweiter Teil

> Gastfreundschaft ist eine Form der Andacht.
> *Der Talmud*

Wie andere schlichte Freuden im Leben – unser Heim schmücken, Gartenarbeit, kochen –, schieben viele von uns auch Einladungen auf die lange Bank, weil wir ein so großes Getue darum machen. Wir meinen, wir müßten unseren Gästen ausgeklügelte und teure Gerichte vorsetzen. Und dies ginge nun mal nicht, ohne viel Geld und Zeit aufzuwenden, um das Ereignis von langer Hand zu planen, einzukaufen und dann stundenlang in der Küche zu stehen. Wir vollführen zirkusreife Akrobatik in unserem Streben, die perfekte Gastgeberin zu spielen: Wir bringen das Haus in Null Komma nichts auf Hochglanz, als gelte es, einen Blitzkrieg zu gewinnen, und decken die Tafel so kunstvoll, daß sich die Lifestyle-Magazine darum reißen würden, sie abzulichten. Der Rhythmus des Familienlebens ist oft tagelang unterbrochen und schließt plötzlich alle nur erdenklichen Neuerungen ein: vom Möbelverrücken bis zum Hang, bestimmte routinemäßige Arbeiten während der Vorbereitungszeit auf Eis zu legen. Ich kenne Frauen, die dabei in solche Hektik geraten, daß sie sich schwören: »Nie wieder!«, wenn sie die Tür öffnen, um die Gäste zu begrüßen. Kein Wunder, daß uns beim Gedanken an Einladungen angst und bange wird. Und so bleibt er oft genau das – ein Gedanke –, bis wir uns in die Enge getrieben sehen und gezwungen sind, die Herausforderung anzunehmen.

Im Gegensatz zur landläufigen Meinung konnte ich herausfinden, daß die guten Zeiten während der Weltwirtschaftskrise nicht völlig passé waren. Die häuslichen Wonnen wurden damals nur auf eine annehmbare Dimension heruntergeschraubt. Die Feste nahmen bescheidenere Ausmaße an. Statt einem Menü mit mehreren Gängen stand ein einzelnes Gericht auf dem Speiseplan: zum Beispiel servierte man Drinks und Häppchen, Suppe mit belegten Broten, Pfannkuchen oder Spaghetti oder Dessert und Kaffee. Die Partys wurden vom Eßzimmer in die Küche verlegt; bei den Küchenpartys probierte man neue Rezepte aus, und die gemeinsame Zubereitung machte Spaß und war Teil der Einladung. Und das kalte Büfett, zu dem jedes Paar oder jeder Gast etwas Schmackhaftes beisteuerte, erfreute sich wachsender Beliebtheit und verwandelte ein einfaches Mahl in ein Festgelage.

Solche Partys gehören zu jenen Vergnügungen, die man unbedingt wieder zum Leben erwecken sollte. Gäste fragen sich oft, mit welchem Mitbringsel man der Gastgeberin eine Freude machen könnte. Wenn jeder eine kulinarische Köstlichkeit statt Blumen mitbringt, bleiben Zeit- und Kostenaufwand im Rahmen. Das Menü wird das Herz jedes Gourmets höher schlagen lassen, selbst wenn der Festschmaus aus schlichter Hausmannskost besteht.

Eine der wichtigsten Lektionen, die uns die wunderbare Brotvermehrung lehrt, besteht darin, daß die Fülle der Gaben mit anderen geteilt wurde. Wir sollten uns daran erinnern, andere auch an den guten Zeiten teilhaben zu lassen, vor allem, wenn wir uns mehr davon wünschen.

19. JULI
Zeit für befriedigende Hobbys finden

> Es ist die Pflicht der Seele, gegenüber den eigenen Wünschen Loyalität zu bekunden. Sie muß sich in ihrer größten Leidenschaft verlieren.
>
> *Rebecca West*

Wenn sie den Schreibstift aus der Hand gelegt hatte, bearbeitete Marjorie Kinnan Rawlings den Kuchenteig mit dem gleichen Geschick wie die Handlungsstränge ihrer Romane. Isak Dinesen schuf phantasievolle Blumenarrangements. Katharine Hepburn vertrieb sich die langen Pausen bei Dreharbeiten mit Stricken. Königin Viktoria füllte Dutzende von Skizzenbüchern mit den Porträts ihrer Kinder in zarten Aquarellfarben. Sie geben Einblick in die Frau, die sich hinter der Fassade der Monarchin verbarg und Spaß daran fand, den Pinsel in die Hand zu nehmen, wenn sie nicht gerade damit beschäftigt war, ein gewaltiges Imperium zu regieren.

»Wir sind traditionsgemäß stolz auf uns, weil es uns gelungen ist, zwischen Hausarbeit und anderen Verpflichtungen Platz für kreative Aktivitäten zu finden«, merkte die Autorin Toni Morrison an. »Ich bin mir nicht sicher, ob das etwas so Besonderes ist, daß wir dafür tatsächlich eine Eins mit Sternchen verdienen.«

Die häuslichen Pflichten rufen. Die Kinder rufen. Die Erwerbsarbeit ruft. Doch wann ruft uns ein kreatives Hobby, beispielsweise die Fertigstellung eines Bildes oder das Verfassen eines Gedichtes?

Vermutlich jeden Tag. Leider sind wir zu beschäftigt, müssen allen möglichen Leuten zuhören, und deshalb findet unser authentisches Selbst kein Gehör. Vielleicht liegt es daran, daß wir wirklich keine Zeit für befriedigende Hobbys und Aktivitäten aufbringen, die länger als fünfzehn Minuten unserer kostbaren Zeit in Anspruch nehmen. Vielleicht hören wir das Flüstern authentischer Wünsche deshalb nicht, weil wir gar nicht hinhören wollen. Wenn wir lauschen, müßten wir sie zur Kenntnis nehmen, darauf reagieren. Wir haben Angst, das Drängen der Frau wahrzunehmen, die lernen möchte, zu zeichnen, zu tanzen, Orchideen zu züchten, einen Stuhl neu zu beziehen oder chinesisch zu kochen. Wir müßten dann vielleicht einen Kurs belegen oder ein Buch mit Anleitungen, Block und Bleistift, einen Gymnastikanzug, eine Pflanze, einen Polsterstoff oder Bambussprossen kaufen. Keine Zeit, unserer heimlichen Passion nachzugeben, wir müssen schließlich praktisch denken. Wichtige Wünsche, die keinen faulen Kompromiß dulden, müssen warten, bis wir mehr Zeit haben: wenn die Kinder wieder zur Schule gehen, wenn Mutter sich besser fühlt, wenn's im Büro wieder reibungslos läuft.

Wie wär's mit einer Antwort, die wir noch nicht gehört haben? Zum Beispiel: »Meine authentischen Hobbys müssen warten, bis ich mir einzugestehen bereit bin, daß es für meine innere Zufriedenheit wichtig ist, ihnen nachzugehen«? Oder: »Ich habe immer noch nicht gelernt, mich auf der Liste der Prioritäten obenan zu setzen«? Es dürfte Ihnen kaum entgangen sein, daß ich nicht gesagt habe, »an die erste Stelle«; ich möchte nur, daß Ihr Name überhaupt darauf vermerkt ist.

Die viktorianische Autorin Mary Ann Evans verstand es, ihre Passion, die Schriftstellerei, von einer praktischen Warte zu betrachten. Sie verfaßte ihre Romane *Middlemarch*, *Silas Marner* und *Die Mühle am Floss* unter dem männlichen Pseudonym George Eliot; sie wurden in einer Zeit veröffentlicht, die den authentischen, geheimen Wünschen der Frauen keine Rechnung zu tragen pflegte. Sie schreibt über ihre größten Leidenschaften: »Mir scheint, als könnten wir das Sehnen und Wünschen nie aufgeben, solange wir lebendig sind. Es gibt gewisse Dinge, die uns schön und gut dünken, und wir müssen nach ihnen hungern.«

Raum und Zeit, um unsere Kreativität zu pflegen, kann ein authentischer Hunger sein. Vielleicht meinen wir, daß Essen, Trinken, Arbeit, Sex, Einkaufsbummel oder Pillen den nagenden Schmerz lindern, so daß nur noch ein dumpfes Pochen bleibt. Doch wenn wir uns nur eine Stunde am Tag Zeit nähmen, um zu malen, eine Geschichte zu schreiben oder an der Scheibe zu töpfern, müßten wir vielleicht nicht mehr leiden – physisch oder psychisch.

Vielleicht.

20. JULI
Der wahre Norden

> Es ist gut, wenn man das Ende einer Reise absehen kann;
> aber es ist die Reise, die am Ende zählt.
>
> *Ursula K. LeGuin*

Früher habe ich geglaubt, nur dann glücklich sein zu können, wenn ich am Ziel meiner Herzenswünsche angelangt war. Die Forscher nennen das den wahren Norden. Für mich bestand der wahre Norden darin, jenen Erfolg zu erzielen, um genug auf die hohe Kante zu legen und mein kreatives Schicksal selbst in die Hand zu nehmen, mir den Luxus zu gestatten, meinen Passionen nachzugehen. Da ich wesentlich mehr Zeit für die Realisierung dieses Ziels brauche, als ich es mir vor fünfundzwanzig Jahren, bei Beginn der abenteuerlichen Reise, vorgestellt hatte, bin ich zu einer bahnbrechenden Erkenntnis gelangt. Ich hatte mein Schicksal stets selbst in der Hand, obwohl ich nicht immer seinen Verlauf zu steuern vermochte. Mir fehlte damals lediglich der gesunde Menschenverstand, um mir diese Tatsache bewußtzumachen.

Doch um es auf den Punkt zu bringen: Ich habe gelernt, daß der Weg genauso wichtig, wenn nicht sogar noch wichtiger ist als das Ziel. Um zu erkennen, wann wir wirklich glücklich sind, müssen wir bereit sein, dem Glück bei jedem Schritt des Weges den Hof zu machen, es einzuladen. Denn schließlich ist der Weg für die meisten von uns das einzige, was uns erwartet – tagein, tagaus. Der Weg ist das reale Leben.

Eines Tages im Jahre 1923 gelangte die Malerin Georgia O'Keeffe zu der gleichen Schlußfolgerung. »Ich merkte, wie ich zu mir sagte ..., ich kann nicht dort leben, wo ich möchte. Ich kann nicht einmal sagen, was ich überhaupt möchte. Ich erkannte, daß ich eine Närrin gewesen war, weil ich nicht einmal gemalt hatte, wie ich wollte ... Das schien mir das einzige zu sein, was ich tun konnte und was niemanden betraf außer mich selbst.«

Wir sind vielleicht nicht fähig, zu malen wie Georgia O'Keeffe, die ihre Freude an nackten Knochen und Wüstensand, aber auch an Blumen hatte. Aber wir können mit Sicherheit lernen, Schritt für Schritt ihrem Beispiel zu folgen und uns die Zeit zu nehmen, Träumen nachzuhängen, die uns in Kontakt mit unserem authentischen Selbst bringen und uns einen ersten, flüchtigen Blick auf den wahren Norden gestatten.

Denn während dieser Stunden der Erwartung, die früher einmal als »Müßiggang« bezeichnet wurden, entfaltet sich unser Potential besonders klar. Der englische Dichter Rupert Brooke, der die einfachen, stillen Freuden des Lebens beredt feierte, sprach von der kleinen Schar Auserwählter, die »ein Reservoir der Ruhe und Zufriedenheit schaffen ... und in späteren Momenten davon zehren können, wenn die Quelle nicht mehr vorhanden, doch das Bedürfnis danach groß ist«.

Diese Fähigkeit – die in der Seele wurzelnde Gabe, unser authentisches Selbst zu entfalten – ist nur wenigen angeboren und fällt uns selten in den Schoß. Aber mit einiger Übung, Geduld und Hartnäckigkeit können wir sie uns aneignen.

21. JULI
Die Bedeutung des Alleinseins

> Wenn Frauen überzeugt wären, daß ein freier Tag oder eine Stunde, allein verbracht, ein vernünftiges Bestreben darstellt, würden sie einen Weg finden, es zu verwirklichen. Doch wie es nun einmal ist, haben sie das Gefühl, dieses Bedürfnis sei so ungerechtfertigt, daß sie meistens nicht einmal den Versuch machen.
>
> *Anne Morrow Lindbergh*

Ich bin der festen Überzeugung, daß das Ende der Welt nicht durch zwei feindliche Streitmächte herbeigeführt werden wird, die aufeinanderprallen, sondern durch den sprichwörtlichen Tropfen, der das Faß zum Überlaufen bringt: durch ein Fax, das die Arbeit von sechs Monaten mit einem einzigen Satz zunichte macht, durch den Anruf, der uns aufscheucht, oder die scheinbar harmlose Bitte, ein weiteres Projekt zu übernehmen. Wäre es Ihnen möglich, noch an einer zusätzlichen Besprechung teilzunehmen? Noch schnell eine Aktennotiz zu schreiben, bevor der Arbeitstag für heute endet? Nur noch ein Blech Plätzchen zu backen? Mit einer anderen Mutter zu tauschen und diese Woche noch einmal die Kinder zu chauffieren? Plötzlich, ohne Vorwarnung, rennen Frauen schreiend hinaus in die Nacht, weg von Mann und Kindern, die verwundert den Kopf schütteln und sich fragen, ob sie etwas gesagt haben, was die Ursache für den Ausbruch gewesen sein könnte. Denken Sie daran: Greta Garbo hat nie ausdrücklich gesagt, daß sie sich aus dem öffentlichen Leben zurückziehen wolle, sondern lediglich: »Ich möchte allein gelassen werden.« Der Unterschied hat einiges Gewicht.

Vielbeschäftigte Frauen, und dazu zähle ich uns alle, sollten einen Augenblick – nämlich jetzt – innehalten und gründlich über das Thema Alleinsein nachdenken. Etliche Frauen betrachten diese »Auszeit« wie einen Luxus, den sie sich nicht leisten können, und nicht als eine kreative Notwendigkeit. Woran liegt das?

Könnte es sein, daß nur eines verarmt, wenn wir uns selbst betrügen: nämlich unser inneres Leben? Wenn der Mangel nicht irgendwann offensichtlich wird, wenn es uns immer wieder gelingt, alle, einschließlich uns selbst, mit Hokuspokus und Spiegeltricks hinters Licht zu führen, dann kann es doch nicht so schlimm um uns bestellt sein, oder? Oder doch?

»Bestimmte innere Quellen werden nur ausgeschöpft, wenn wir allein sind. Ein Maler weiß, daß er alleine sein muß, um ein Kunstwerk zu schaffen; ein Schriftsteller, um seine Gedanken auszufeilen; ein Musiker, um zu komponieren; und ein Heiliger, um zu beten. Frauen brauchen das Alleinsein, um wieder den wahren Kern ihres Selbst zu entdecken«, mahnt uns Anne Morrow Lindbergh. »Das Problem ist nicht ausschließlich darauf beschränkt, einen Raum oder Zeit für sich zu finden, so schwierig und notwendig das auch sein mag. Das Problem besteht vielmehr darin, die Seele inmitten ihrer Aktivitäten zur Ruhe zu bringen. In Wirklichkeit geht es um die Frage, welche Nahrung die Seele erhält.«

22. JULI
Vernachlässigen Sie nicht Ihre inneren Talente

> Sie hat es ertragen. Und überlebt. Vielleicht mehr schlecht als recht, aber es wird nicht von uns verlangt, gut zu leben.
> *Anne Cameron*

Ja, und wie recht sie hat! Wir werden vielleicht wiedergeboren, um ein anderes Leben zu führen – und ich bin für diese Möglichkeit weit offen –, dennoch möchte ich nicht das Leben vergeuden, das mir eben jetzt verliehen wurde. Ich habe es ertragen – und überlebt. Und ich habe mich mehr schlecht als recht durchgewurstelt, aber gut zu leben ist in meinen Augen das A und O.

Im Laufe der Jahre – vor allem, seit ich versuche, dem Wirken des Schöpfers in meinem Leben Rechnung zu tragen, indem ich meine inneren Talente nicht vernachlässige – habe ich lange und intensiv über diesen inneren Wegweiser nachgedacht, diese Sehnsucht danach, hier und da allein zu sein. Ich fühle mich unendlich wohl in der Gesellschaft meines Mannes und meiner Tochter; ich finde den

Gedanken faszinierend, mit einer professionell arbeitenden Gruppe in Workshops Ideen zu sammeln und märchenhafte Projekte zu entwickeln; und ich liebe es, Zeit mit guten Freunden zu verbringen. Aber während ich mein authentisches Konzert komponiert habe, ist mir auch klargeworden, daß einige Noten Pausen brauchen. Ich sehne mich nach dem, was May Sarton »offene Zeit« nannte, »ohne Verpflichtungen, außer denjenigen gegenüber der eigenen inneren Welt, die es zu erforschen gilt«. Um meine innere Harmonie zu bewahren, muß ich alle vierundzwanzig Stunden mindestens eine Stunde nur für mich selbst haben, ohne Gesellschaft, und diese seelenheilfördernde Verschnaufpause gegen Eindringlinge und Störungen verteidigen.

Das Bedürfnis, bewußt das Alleinsein zu suchen – Zeit, die man von der Familie oder Freunden getrennt verbringt –, mag selbstsüchtig erscheinen. Das ist es aber nicht. Einsamkeit ist für eine gedeihliche Entwicklung unseres kreativen Potentials genauso unerläßlich wie Schlaf und Nahrung für das physische Überleben. Dies sei heutzutage eine schwer zu erlernende Lektion – Freunden und Familie den Rücken zu kehren und sich eine Stunde, einen Tag oder eine Woche lang bewußt in der Kunst des Alleinseins zu üben, gesteht Anne Morrow Lindbergh. Doch sobald es geschafft sei, habe sie entdeckt, daß Alleinsein eine unglaubliche Kostbarkeit darstelle. Das Leben fließe danach reicher, lebendiger und voller in das Vakuum zurück.

Ich glaube, daß Anne Morrow Lindbergh, der mehr vom Schicksal auferlegt wurde, als wir auch nur in Gedanken durchmachen möchten, mit ihrem mutigen und schöpferischen Leben demonstriert hat, daß es nicht genügt, klaglos zu ertragen und zu überleben. Wir müssen darüber hinauswachsen, müssen lernen, unsere Noten brillant zu spielen. Wir müssen die höheren oder tieferen Oktaven in unser Repertoire aufnehmen, was immer notwendig ist, um das empfindliche Gleichgewicht zwischen unseren tiefverwurzelten persönlichen Passionen und unserem Engagement für Familie, Freunde, den Geliebten, die Arbeit zu finden. Was mich angeht, so habe ich festgestellt, daß der sicherste Weg, die leisen Passagen der Harmonie zu hören, die Stille ist.

23. JULI
Stehlen Sie sich Augenblicke des Alleinseins

> Sie war nicht daran gewöhnt, die Freuden des Alleinseins auszukosten, außer in Gesellschaft.
>
> *Edith Wharton*

Was Sie also brauchen, ist ein Plan.

Durch Erfahrungslernen, also mittels Versuch und Irrtum, habe ich während der letzten zehn Jahre versucht, in aller Herrgottsfrühe und spätabends, wenn die anderen Familienmitglieder schlafen, Zeit für mich abzuzweigen. Beide Ansätze stellten sich als ungeeignet heraus, weil ich zu diesen Zeiten zu müde bin, um zu funktionieren, ganz zu schweigen davon, intensiv nachzudenken oder kreativ zu sein. Ich denke, ich bin nicht die einzige mit einem ausgeprägten Schlafbedürfnis.

Während des Schuljahres nutze ich die Stunden des Alleinseins, sobald sich mein Mann auf dem Weg ins Büro und Katie auf dem Weg zur Schule befindet. Ich weiß natürlich, daß ich großes Glück habe, weil ich meine berufliche Tätigkeit zu Hause verrichten und die Stunde, die ich sonst für den Weg zum Arbeitsplatz brauchen würde, für meine einsame Muße verwenden kann. Im Sommer und in den Schulferien nehme ich mir immer dann eine Stunde Zeit, wenn ich sie finde, normalerweise am Abend oder wenn niemand anders hinschaut. (Das nennt man kreativ und entschlossen sein.)

Wenn Sie einer beruflichen Tätigkeit außer Haus nachgehen, können Sie vielleicht die Mittagspause mehrmals die Woche für eine Solo-Exkursion nutzen. Niemand muß davon wissen, außer Ihnen. Gibt es in Ihrer Nähe eine schöne alte Bibliothek, ein Museum, eine Kirche oder einen Park, in die Sie sich mitten am Tag zurückziehen können, um Zeit mit sich selbst zu verbringen? Warum erkunden Sie nicht einmal die Möglichkeiten?

Vielleicht erfordert Ihr Beruf jedoch, daß Sie während der Mittagszeit anwesend sind; in dieser Situation befinden sich einige meiner Freundinnen. Vermerken Sie auf Ihrem Terminkalender eine halbe Stunde für sich, vor und nach der offiziellen Arbeitszeit, in der Sie die Bürotür schließen und Ihre Gedanken sammeln. Eine meiner Freundinnen dachte, das sei in ihrer Firma unmöglich, bis sie die Probe aufs Exempel machte; inzwischen ist ihr diese abgerungene Stunde heilig.

Falls Ihnen das nicht gelingt, ist es für Sie lebenswichtig, Zeit zu Hause allein zu verbringen, mindestens an zwei Abenden pro Woche, ungeachtet dessen, wieviel Sie auch zu tun haben. Planen Sie den »häuslichen« Abend auf Ihrem Terminkalender ein und halten Sie sich eisern daran.

Was ist, wenn Sie zwar zu Hause bleiben, aber nicht allein sind? Zweigen Sie eine Stunde am Abend für sich ab, nach dem Essen, wenn die Kinder im Bett sind oder Hausaufgaben machen, selbst wenn Sie die Hälfte der Zeit in der Privatsphäre der Badewanne verbringen. Lassen Sie sich etwas einfallen, stehlen Sie sich sogar klammheimlich davon, wenn es nicht anders geht. Warum ziehen Sie sich während der Woche nicht eine Stunde früher als Ihr Partner ins Bett zurück, um zu entspannen und zu lesen? Eine meiner Freundinnen bekleidet eine einflußreiche, spannende, aber auch außerordentlich streßreiche Position als Managerin bei einer überregionalen Fernsehstation und muß während der Woche jeden Tag bis spät in die Nacht arbeiten. Ihre Stunde der Einsamkeit schlägt an Wochenenden, indem sie samstags den ganzen Tag im Bett verbringt, ihre Batterien wieder auflädt und ihren Mann erst am Abend zum Essen sieht. Wenn Sie Familie, häusliche Pflichten und eine Erwerbstätigkeit außer Haus auf einen Nenner bringen müssen, dann beanspruchen Sie einfach am Sonntagnachmittag zwei Stunden für sich allein. Gestatten Sie sich, die Klausur als etwas Geheiligtes zu betrachten und zu genießen.

Vielleicht sind Sie aber auch zu Hause und haben kleine Kinder, die noch nicht zur Schule gehen. Planen Sie die Freuden des Alleinseins ein, wenn die Sprößlinge Mittagsschlaf halten. Das ist nicht die richtige Zeit für den Hausputz. Verwenden Sie die Stunden lieber für Ihre eigene Runderneuerung. Und lassen Sie sich nicht entmutigen, wenn Ihre Kinder zu alt für einen Mittagsschlaf sind (obwohl ich glaube, daß niemand das ist). Ändern Sie Ihre Strategie. Erklären Sie die Stunde nach dem Mittagessen zur »Siesta«. Bringen Sie die Kinder sanft, aber bestimmt in ihre Zimmer und geben Sie ihnen ein paar ganz besondere Spielsachen, mit denen sie sich nur um diese Zeit beschäftigen dürfen. Sagen Sie ihnen, daß Sie in einer Stunde wiederkommen, und ziehen Sie sich dann in Ihr Sanktuarium zurück.

Wenn Sie Ihr halbes Leben damit verbringen, Kinder herumzukutschieren, sollten Sie nach Möglichkeiten fahnden, trotzdem zu Ihrem Recht auf Alleinsein zu kommen. Nach der morgendlichen Fahrt zur Schule suchen Sie sich beispielsweise ein ruhiges Café, wo Sie unbehelligt eine Tasse Cappuccino genießen können. Erscheinen Sie am Nachmittag bewußt eine halbe Stunde zu früh vor der Schule, mit einem fesselnden Buch, um sich die Zeit zu vertreiben. Halten Sie immer Notizblock und Bleistift bereit, um den einen oder anderen Geistesblitz festzuhalten. Er wird mit Sicherheit nicht lange auf sich warten lassen, sobald Sie sich Zeit für die Seelenpflege nehmen. Seien Sie offen für Überraschungen.

24. JULI
Einen hohen Tribut zahlen

> [Gewisse] äußerst erfolgreiche Frauen werden mit Anforderungen bombardiert, sowohl äußeren als auch inneren, und es mangelt ihnen an der Fähigkeit, sie nach ihrer Wichtigkeit zu filtern. Diese Frauen klagen darüber, daß ihre Privatsphäre oder ihr Privatvergnügen das erste ist, was sie opfern müssen.
> *Dr. Harriet B. Braiker*

Frauen, die nicht regelmäßig Zeit für sich allein abzweigen, um ihren Akku wieder aufzuladen, leiden unter dem, was Psychologen das »Syndrom mangelnder Privatsphäre« nennen. Zu den Symptomen gehören zunehmende Reizbarkeit, heftige Stimmungsschwankungen, chronische Erschöpfung und Depressionen. Kommt Ihnen das bekannt vor? Klingt das nicht grauenvoll? Die Betroffenen kämpfen sich jeden Tag durch ein Vakuum unerfüllter Aufgaben, was Verbitterung schafft, um am Abend emotional ausgehöhlt ins Bett zu fallen und trotzdem keinen Schlaf zu finden. Schon bei der geringsten Kleinigkeit verlieren sie die Fassung, brechen in Tränen aus oder drehen durch – und keineswegs nur deshalb, weil die Kinder nicht spuren. Bald beginnen auch die Arbeitsqualität und die privaten Beziehungen zu leiden. Warum? Weil die Gesellschaft dieser Frauen, die sich keine Ruhepause gönnen, wirklich kein Vergnügen ist. Die Spirale kann sich noch eine Zeitlang in unvermindertem Tempo weiterdrehen, bis eines Tages eine physische Erkrankung auf den Plan tritt. Erinnern Sie sich an die Grippe im letzten Jahr, die Sie wochenlang nicht loswurden? Oder an die Rückenschmerzen, deretwegen Sie sich im letzten Sommer während vierzehn Tagen kaum rühren konnten? Oder die Nasennebenhöhlenvereiterung, die Sie letzten Monat nur mit Mühe und Not auskurierten?

Wir müssen nicht warten, bis wir krank werden, bevor wir eine psychische Auszeit nehmen. Leider sind viele Frauen erst dann bereit, sich Zeit und Raum für ihre eigenen Bedürfnisse zu gestatten. Vielleicht befinden Sie sich gerade in einer Tretmühle, die Sie meinen, nicht anhalten zu können, aber das muß nicht so bleiben. Wenn Sie feststellen, daß Sie sich heimlich auf ein regelmäßiges Rendezvous mit einer heißen Wärmflasche und den Grippemedikamenten freuen, dann fordert das Syndrom der mangelnden Privatsphäre einen sehr hohen Tribut. Lassen Sie mich Ihnen versichern, daß es einen besseren Weg gibt.

25. JULI
Eine Tür öffnen, die zwei Welten voneinander trennt

> Es gibt Stimmen, die wir in der Einsamkeit vernehmen, aber sie werden immer schwächer und unhörbar, wenn wir die Welt betreten.
> *Ralph Waldo Emerson*

Es ist unmöglich, die Erfahrung des Alleinseins über einen längeren Zeitraum regelmäßig einzuplanen, ohne daß persönliche Passionen und authentische Wünsche an die Oberfläche unseres Bewußtseins gespült werden. Sobald wir uns auf die Suche nach unserem authentischen Stil begeben haben, der Weisheit unseres Herzens gefolgt sind und gesehen haben, wie sich die Ergebnisse ähnlich einer Blüte langsam in unserem Leben entfalten, merken wir, daß Einsamkeit eine Tür öffnet, die zwei Welten voneinander trennt: das Leben, das wir heute führen, und jenes, nach dem wir eine tiefe Sehnsucht verspüren.

Uns allen stehen Möglichkeiten zur Regeneration offen, sobald wir erkennen, wie wichtig das Alleinsein für die Erfahrung der inneren Harmonie ist. Tillie Olsen schrieb in ihrer Geschichte »Tell Me a Riddle« über eine Frau, »die ihre Einsamkeit um keinen Preis der Welt eingetauscht hätte. *Nie wieder gezwungen sein, nach der Pfeife der anderen zu tanzen.*« Obwohl viele Frauen gezwungen sind, häufiger nach der Pfeife der anderen zu tanzen, als ihnen lieb ist, wird sich uns, sobald wir lernen, unser Bedürfnis nach Alleinsein zu akzeptieren und zu respektieren, ausreichend Gelegenheit bieten, unsere Phantasie schweifen und unserer Seele Fürsorge angedeihen zu lassen.

Beginnen Sie langsam, aber entschlossen. Trösten Sie sich mit dem Gedanken, daß sich sogar gestohlene Augenblicke der Einsamkeit – Viertelstundenhäppchen – summieren und zu mehr Heiterkeit und Gelassenheit im Leben führen. Haben Sie Geduld. Erwarten Sie nicht zuviel auf einmal, vor allem, wenn die Änderung Ihres Zeitplans erfordert, daß Sie klären, was Ihre Familie wann von Ihnen erwartet. Langmut ist eine Tugend; üben Sie sich darin.

Und für diejenigen Tage – vielleicht ist das sogar heute der Fall –, an denen Sie nicht eine Minute für sich haben, sollten Sie den Rat der Fotografin Minor White beherzigen, die gesagt hat: »Gleichgültig, wie langsam der Film auch sein mag – unser Schöpfer steht immer lange genug still für den Fotografen, den er gewählt hat.«

26. JULI

Was täten Sie am liebsten, wenn Sie Zeit dafür hätten?

Wir sollten Interesse am Leben bekunden, immer dann, wenn es uns begegnet: in Menschen, Dingen, in der Literatur, in der Musik. Die Welt ist so reich, voll kostbarer Schätze, wundervoller Charaktere und interessanter Menschen. Vergessen Sie sich selbst.

Henry Miller

Am Anfang wird es Ihnen wie ein ungeheurer Luxus vorkommen, regelmäßig Zeit darauf zu verwenden, Ihre Gedanken zu sammeln. Zeit, Ihre authentischen Visionen zu entwickeln, Ihre Persönlichkeit kreativ zu entfalten, ein Hobby zu pflegen, das Ihnen Zufriedenheit und Freude beschert – nun, solche Aktivitäten werden Ihnen wie ein Märchen erscheinen. Unglaublich. Undurchführbar. Unvorstellbar. Undenkbar.

»Mach ich, im nächsten Leben«, lautet die Antwort, begleitet von Seufzen und Augenverdrehen, wenn ich das Thema in meinen Workshops anschneide. Und dann erscheint ein sehnsüchtiger Ausdruck auf den Gesichtern. »Sie meinen, ich soll tun, was mir Spaß macht?«

»Ja.«

»Sie meinen, ganz allein?«

»Ja, ganz allein. Was würden Sie tun, wenn Sie genug Zeit hätten?«

»Um Spaß zu haben?«

Sie sehen, wohin das führt. Die meisten Frauen finden es schwer, ihr Scherflein zum Gespräch beizutragen, wenn das Thema Spaß zur Sprache kommt. Wenn sich die Unterhaltung um eine Windelallergie oder Einsteins Relativitätstheorie dreht, können wir mithalten. Aber Spaß nur um des Spaßes willen? Die schlichte Wahrheit ist, daß die meisten Frauen in den letzten zwanzig Jahren zwischen Beruf und Familie einen wesentlichen Teil von sich selbst verlegt und verloren haben. Sobald wir uns auf die einsamen Ruhepausen zum

Kraftschöpfen einlassen, um uns mit unserem authentischen Selbst vertraut zu machen, entdecken wir in aller Regel, daß uns etwas fehlt.

Man nennt es Lebensfreude – Lebensgenuß – *joi de vivre*, wie die Franzosen sagen, oder »die Liebe zum Leben«. Die Euphorie, wenn sich die Bausteinchen endlich in unser spezifisches Puzzle einfügen lassen. Die zutiefst empfundene innere Zufriedenheit, wenn uns etwas ungeheuren Spaß macht. Etwas, das unverkennbar unser eigen ist. Man pflegte dieses Zaubermittel Hobby zu nennen.

Aber welches Hobby? Die Schriftstellerin Brenda Ueland sagt, daß unsere Phantasie zwischendurch immer wieder »ein Aufputschmittel braucht – ein langes, ineffizientes *dolce far niente*, Nichtstun, Faulenzen, Müßiggang«, um zu gedeihen. Vielleicht bedürfen wir auch ab und zu einer ausgeprägteren Spürnase, um herauszufinden, welche einsamen Freuden wir genießen können. Es ist so lange her, seit wir uns bewußt Zeit für Tagträume genommen haben, daß viele nicht mehr wissen, was sie tun könnten (außer natürlich, Schlaf nachzuholen), wenn ihnen ein paar goldene Stunden in den Schoß fallen, in denen sie für niemanden dasein müssen als für sich selbst. Und diese wenigen Mußestunden, über die wir verfügen, vergeuden wir damit, uns an unseren Pflichten aufzureiben.

Geben Sie heute Ihrem Bedürfnis nach ein wenig *dolce far niente* nach. Und während Sie faulenzen und sich dem Müßiggang hingeben, sollten Sie darüber nachdenken, welche Tagträume Sie immer auf die lange Bank geschoben haben, über Hobbys, denen Sie früher nachgegangen sind. »Wie ich über meine Arbeit denke, läßt sich nicht davon trennen, wie ich über meine Petit-point-Stickerei oder übers Kochen denke: bei jeder dieser Tätigkeiten engagiere ich mich ganz und gar. In diesem Sinne verbringe ich mein Leben im Spiel – nähen oder sticken, Blumen pflücken, schreiben oder Lebensmittel einkaufen«, sagt Autorin Diane Johnson. Sobald Sie es als eine innere Verpflichtung betrachten, mit Ihren persönlichen Hobbys spielerische Elemente in den Alltag zu bringen, wird auch Ihr Leben einen harmonischen Verlauf nehmen.

27. JULI

Die Freude am Alleinsein

Allein, allein, ach? Wir wurden gewarnt vor den einsamen Lastern. Wurden einsame Wonnen jemals angemessen gepriesen? Wissen viele Menschen, daß es sie gibt?

Jessamyn West

Können Sie sich noch daran erinnern, daß wir alle einmal wußten, wie man spielt? Das war einmal. Wir werden eine Reise in die Vergangenheit antreten müssen, in die Zeit, als wir Kinder waren, um nach Hinweisen zu suchen. Haben Sie gerne allein gespielt, als sie klein waren? Welche Fächer gefielen Ihnen während Ihrer Schulzeit besonders gut? Nichts, was uns einst das Gefühl des Glücks und der Erfüllung vermittelt hat, gehört für immer der Vergangenheit an. Wir müssen den roten Faden nur wiederentdecken.

Warum schreiben Sie nicht alles auf, was Ihnen einfällt, um die tief verborgenen Freuden früherer Zeiten wieder auszugraben? Erstellen Sie, ohne zu werten oder groß nachzudenken, eine Liste mit zwölf Aktivitäten, die Sie allein durchführen können und die Ihnen Spaß machen würden. Zerbrechen Sie sich nicht den Kopf, aber seien Sie auch nicht enttäuscht, wenn es ein paar Minuten dauert, bis Ihnen etwas einfällt.

Brauchen Sie Hilfe? Nun, was haben Sie als Kind am liebsten gespielt? Welche Sportart mochten Sie besonders gerne? Wie hieß Ihr Lieblingsfilm? Ihr Lieblingsbuch? Ihr liebstes Comic-Heft? Ihre Lieblingssängerin oder Musikgruppe? Welches waren Ihre schönsten Jahre? Während der Teenagerzeit? Oder als Erwachsene? Können Sie sich daran erinnern? Können Sie die Erinnerung wiederaufleben lassen?

Wenn Sie sich auf der Stelle drei zusätzliche Fähigkeiten oder Fertigkeiten aneignen könnten – welche wären das: Klavierspielen? Rollschuhlaufen? Fotografieren wie ein Profi? Welche drei ausgefallenen Aktivitäten würden Sie ausprobieren, wenn niemand davon erführe: Bauchtanzen? Sich als Clown verkleiden? Mit einem Heißluftballon fahren? Welche drei Abenteuer würden Sie reizen, auch wenn Sie sich vermutlich nie darauf einlassen: Eine Stegreifkomödie aufführen? Einen Berg besteigen? Tiefseetauchen? Für welche Art von Urlaub würden Sie sich entscheiden, wenn alle Kosten bezahlt wären: Eine archäologische Ausgrabung in Ägypten? Eine Fahrt mit dem Orient-Expreß? Eine Reise nach Paris, zu einer Haute-couture-Modenschau? Macht es Ihnen Spaß, mit den Händen zu arbeiten: Sticken? Buchbinden? Gartenarbeit? Oder findet das Visuelle mehr Anklang bei Ihnen: Bilder rahmen? Mit getöntem Glas arbeiten? Tai Chi?

Wissen Sie jetzt, worauf ich hinauswill? Da draußen gibt es eine wunderbare Welt, die nur darauf wartet, erforscht zu werden. Wir müssen lediglich bereit sein, zu experimentieren. Ein Hobby bietet uns die Gelegenheit, uns unserer natürlichen Talente gewahr zu werden. Es erfordert allerdings ein wenig Mühe. Zuerst gilt es zu überlegen, was wir gerne tun würden, um nicht weiter Trübsal zu blasen. Dann müssen wir uns die Zeit nehmen, unser Vorhaben in die Tat umzusetzen. Alice, die Schwester von Henry und William James, hat erklärt, daß man im Leben »nichts erwarten sollte, außer dem Unerwarteten«. Wenn Sie ein einsames Vergnügen suchen und finden, das Sie jeden Morgen freiwillig aus dem Bett treibt, weil Sie ihm unbedingt nachgehen wollen, dann werden Sie entdecken, wie recht sie hatte.

28. JULI

Vom Vergnügen

Welches Hobby haben Sie? Jede Frau sollte im Leben irgendein besonderes Vergnügen haben, außer den täglich anfallenden Arbeiten, die ihre reguläre Beschäftigung darstellen. Welches ist Ihres?

The Mother's Magazine, Januar 1915

»Es gibt eine Vitalität, eine Lebenskraft, eine Energie, eine Beschleunigung, die sich durch uns in Handeln übersetzt, und weil es uns nur einmal im Leben gibt, ist diese Manifestation einzigartig«, sagt die Tänzerin Martha Graham. »Und wenn wir sie blockieren, wird sie niemals durch ein anderes Medium existieren und verlorengehen.«

Auf welchem Gebiet sind Sie blockiert? Ein Hobby ist eine phantastische Möglichkeit, damit zu beginnen, unsere Kreativität frei zu entfalten. Niemand erwartet von uns, daß wir es hier zur Perfektion bringen. Hobbys erlauben uns, etwas auszuprobieren, bei einer Farbkomposition, einem Gedicht, einem selbstgetöpferten Gefäß ein Plié zu wagen. Wenn eine Ballettänzerin von einem Plié spricht, meint sie damit die Übung des Kniebeugens. Dadurch wärmt sie zu Beginn jeder Probe die Beinmuskulatur auf, bevor der eigentliche Tanz beginnt. Einem Hobby nachzugehen wärmt unsere Talente auf und rückt unsere natürlichen Neigungen ins Rampenlicht. Wir proben ein phantasievolles Leben und sehen, wie es zu uns paßt.

Nachdem Sie sich nun ein bißchen dem *dolce far niente* hingegeben und sich das eine oder andere persönliche Hobby ausgedacht haben, das Ihnen Spaß machen könnte, sollten Sie nun entscheiden, welchem Sie nachgehen wollen. Wenn Sie Material brauchen, wie Garn oder Farbe, setzen Sie alles auf Ihre Einkaufsliste. Geben Sie sich eine Woche Zeit, um jene Utensilien zu beschaffen, die Sie brauchen, damit Sie loslegen können; und heute in einer Woche sollten Sie eine Stunde einplanen, um damit zu beginnen. Damit gehen Sie die innere Verpflichtung ein, dem Spaß in Ihrem Leben einen höheren Stellenwert beizumessen; und was früher für Sie einmal unvorstellbar war, wird Ihnen bald unverzichtbar erscheinen.

29. JULI
Ihr Heim als Hobby

> Nur ein außerordentlich begnadetes Talent könnte allein all der Schwierigkeiten Herr werden, die sich bei der Verschönerung des Heims offenbaren.
>
> *Arnold Bennett*

Eines meiner neueren Hobbys ist mein Heim. Ich habe dieses Steckenpferd entdeckt, als ich in einer Zeitschrift auf eine Essayserie stieß, die 1924 von dem englischen Romancier, Essayisten und Dramatiker Arnold Bennett verfaßt worden war. Heute so gut wie in Vergessenheit geraten, war Bennett einstmals genauso berühmt wie H. G. Wells und George Bernard Shaw. Bennett fand seine Nische als »Jedermann«, ein Neurotiker aus der Mittelschicht, der seinem Spleen durch Nachdenken über die Bedeutung des Lebens, die Rätsel, die es aufgibt und die schlichten Freuden, die es mit sich bringt, mit einer gesunden Portion Mutterwitz und Klugheit nahezu geniale Züge verlieh. Eines seiner meistgelesenen Bücher war *How to Live on Twenty-Four Hours a Day*. Wie man mit vierundzwanzig Stunden am Tag zu Leben auskommt ist eine Kunst, in der wir alle nach Meisterschaft streben sollten.

In »Das Heim als Hobby« schreibt Arnold Bennett: »Das Heim existiert. Das Heim wird akzeptiert. Darin kann Leben stattfinden, und es findet statt. Diese Vase gehört nicht auf den Kaminsims. Dieser Teppich paßt nicht zur Tapete ... Der Bettpfosten ist ein Hindernis, wenn die Schlafzimmertür geöffnet wird. Das gesamte Mobiliar im Eßzimmer war ein Fehlkauf, wie sich nun zeigt. Das Vestibül macht hier und da einen ärmlichen Eindruck. Die beiden Bilder, Blickfänger im Salon, hängen zu weit oben an der Wand. Hundert Dinge sind nur eine Spur, und einige grauenhaft falsch! Aber das spielt keine Rolle. Das System funktioniert trotzdem irgendwie. Das Streben nach Perfektion ist gescheitert. Das Heim ist unwandelbar geworden. Da ist es, das Heim! Es wird auch so gehen. Es muß gehen.«

Aber auf echte Künstler, deren Leinwand das reale Leben ist, wartet laut Bennett eine einmalige Gelegenheit: »Niemand hat das Recht, sich in einem halbfertigen Heim zu langweilen. Ein Heim, das nicht angemessen unser Bestes zum Ausdruck bringt, ein Heim, dem fehlt, was es haben könnte, ein Heim, das gleich wo häßlicher oder unbequemer ist, als es sein müßte…, ein Heim, das nicht ohne Verschwendung geführt, ein Heim, das mit jeder Kleinigkeit an den Nerven seiner Bewohner zerrt und somit die Harmonie ihres Daseins beeinträchtigt – ein solches Heim bedarf dringend einer Veränderung… warum nicht die Verbesserung des eigenen Heims zum Steckenpferd machen?«

Damit formuliert er einen interessanten Vorschlag. Den meisten Frauen ist bisher entgangen, daß die Verschönerung der häuslichen vier Wände Spaß machen kann, weil wir normalerweise eine Arbeit darin sehen, die uns mehr physische, psychische, kreative und finanzielle Ressourcen abverlangt, als notwendig wären, um draußen in der Welt Großes zu leisten. Heute morgen würde ich beispielsweise lieber in einem Faß die Niagarafälle herunterrutschen als unseren Keller aufräumen. Aber ich würde auch gerne ein Malstudio im Haus einrichten, wo ich mich ungestört mit dem Entwurf von Stoffen befassen kann. Um dieses Ziel zu erreichen, muß ich erst einmal Ordnung in das Chaos bringen und ihm Platz abtrotzen. Wenn ich die Arbeit im Haus als Hobby sehe und nicht als Pflicht, finde ich vielleicht die Zeit, die Eingangstür zu beizen, die Kommode zu lasieren, das Parkett einzulassen, mir eine eigene kleine »Insel« zu schaffen.

»Ihr Heim mag klein sein – das ist es bei den meisten Menschen –, aber Sie werden nie aufhören, Verbesserungsmöglichkeiten zu entdecken«, behauptet Arnold Bennett. »Das Thema ist weitläufig und kennt keine Grenzen.« Sie wissen, daß er durchaus recht haben könnte.

30. JULI
Gewohnheiten, die uns kostbare Zeit rauben

> Verloren, gestern, irgendwann zwischen Sonnenaufgang und Sonnenuntergang, zwei goldene Stunden, eine jede in sechzig diamantene Minuten gefaßt. Es wird keine Belohnung ausgesetzt, denn sie sind unwiederbringlich.
>
> *Horace Mann*

Nichts ist schwerer abzulegen als eine schlechte Gewohnheit. Normalerweise wissen wir genau, daß wir etwas tun, was nicht gut für uns ist, weil die leise Stimme in unserem Kopf uns mit ihrer ständigen Wachsamkeit gehörig zusetzen kann. »Laß es lieber bleiben«, flüstert sie, wenn wir uns eine Zigarette anzünden, ein letztes Glas Wein einschenken oder vor dem Kühlschrank stehen und die kalten Spaghetti in uns hineinstopfen, um unseren Frust zu kompensieren. Das Problem ist, daß wir bisher nicht bereit waren, auf sie zu hören.

Bevor wir unser Verhalten ändern, müssen wir uns klarmachen, warum wir uns von schlechten Gewohnheiten trennen wollen, die unserem Gefühl des Wohlbefindens einen Strich durch die Rechnung machen oder nicht das geringste dazu beitragen. Welche Vorteile hat es, wenn wir uns ändern? Eine Lebensführung, die mehr Wert auf Gesundheit, Energie und Vitalität, Freude und emotionale Gelassenheit legt, und ein Körper, der schlank und besser in Form ist? Wenn wir in uns gehen, öffnen wir die Augen unseres Bewußtseins auf sanfte Weise; wir beginnen, uns selbst pfleglicher zu behandeln. Wenn Sie erst mit Ihrem authentischen Selbst auf vertrauterem Fuß stehen und einen Blick auf die Frau in Ihrem Innern erhaschen, die Sie in Wirklichkeit sind, raffen Sie Ihren Mut zusammen! Helfen Sie ihr, die ersten zögernden Schritte einzuleiten, die unerläßlich sind, damit sie sich entwickeln und der Außenwelt präsentieren kann.

Schon bald werden wir ihr Flüstern vernehmen, das uns ermutigt und besänftigt, statt uns eine Gardinenpredigt zu halten. Und dann, eines Abends, werden wir nicht automatisch nach der Weinflasche greifen, während wir das Essen zubereiten, sondern ein erfrischendes Glas Mineralwasser genießen. Statt uns jedesmal, wenn wir die Küche betreten, ohne nachzudenken etwas in den Mund schieben, essen wir nur noch, wenn wir uns an den Tisch setzen, und ausschließlich das, was sich auf unserem Teller befindet. Das gilt vor allem, wenn wir uns die Zeit nehmen, mit Mahlzeiten zu experimentieren, die das Auge in gleichem Maß wie den Appetit befriedigen. Statt einem Impuls gehorchend nach der Zigarette zu greifen, um uns zu beruhigen, nehmen wir unsere Stickarbeit zur Hand oder lösen Kreuzworträtsel.

Oft nehmen wir gar nicht mehr wahr, auf welche Weise wir kostbare Zeit vergeuden, die besser in die Pflege unserer Kreativität investiert wäre. Wir hängen an den unbewußten, eingefleischten Gewohnheiten, vor denen uns kaum ein Arzt warnt, wohl aber unser authentisches Selbst. Denn solange wir uns an diese schlechten Gewohnheiten klammern, die vielleicht nicht lebensbedrohlich, aber gewiß auch nicht lebenszuträglich sind, treiben wir Raubbau mit unserem eigenen Potential.

31. JULI
Wünschen, bitten, glauben, empfangen

> Schwere Zeiten haben mir geholfen zu verstehen, wie unendlich reich und schön das Leben in jeder Weise ist, und daß viele Dinge, über die man sich den Kopf zerbricht, im Grunde ohne jede Bedeutung sind.
>
> *Isak Dinesen*

Sind Sie eine notorische Schwarzseherin? Das sind wir alle bis zu einem gewissen Grad. Aber einige Frauen sind pessimistischer als andere, und wenn sie sich Sorgen machen, fallen ihnen auf Anhieb die schlimmsten Dinge ein. Die Schwarzmalerei raubt uns viel Zeit. Eine meiner Freundinnen schafft es, innerhalb von fünf Sekunden eine Streßsituation in ein Katastrophenszenario zu verwandeln, eine stetige Quelle des Kummers. Inzwischen hat sie das Muster erkannt und ist imstande, sich mittendrin mit einer sanften Ermahnung zur

Ordnung zu rufen. Auf diese Weise gelingt es ihr, ihr inneres Gleichgewicht wiederzufinden, selbst unter schwierigen Umständen. Oft meinen wir, durch dumpfes Brüten ließe sich das Problem lösen, denn wir tun ja etwas Positives und denken zumindest darüber nach. In Wirklichkeit haben wir aber eine Spirale in Gang gesetzt, die nicht nur uns den Tag verderben kann, sondern allen, die uns über den Weg laufen.

Wenn Sie feststellen, daß Ihnen ein Problem nicht aus dem Kopf gehen will, machen Sie eine Pause, bevor Sie sich noch mehr hineinsteigern. Denken Sie statt dessen daran, was alles wie am Schnürchen läuft. Können Sie Zwiesprache mit Ihrem Schöpfer halten? Wenn Sie sich bei dem Gedanken unbehaglich fühlen, Ihren Dialog mit einer höheren Macht »Gebet« zu nennen, dann stellen Sie sich doch darunter einfach eine Möglichkeit vor, »mit einem guten Freund zu kommunizieren«. »Ich habe gelernt, daß die Situation, einerlei, wie sie beschaffen sein mag, merklich besser wird, wenn ich einfach nur um Gottes Segen bitte, und daß ich aus einer geheimnisvollen Quelle der Kraft und Freude schöpfe«, bekennt die Autorin Marjorie Holmes. »Ich bin auf eine der ältesten, universalen Wahrheiten gestoßen: Wenn man Gott anruft und um Hilfe bittet, erhält man sie, noch bevor er die Bitte gewährt.« Vertrauen Sie Ihre Sorgen einer höheren Macht an und bitten Sie um Kraft, den Rest des Tages zu meistern. Uns steht eine Fülle der göttlichen Gnade zur Verfügung, wenn wir lernen, darum zu bitten. »Wünschen, bitten, glauben, empfangen«, empfiehlt die Mystikerin Stella Terrill. Wenn Sie beginnen, in dieser Reihenfolge zu beten oder in einen Dialog mit dem Schöpfer zu treten, werden Sie verstehen, warum sie uns diesen Rat gegeben hat.

Wenn Sie um eine Lösung Ihrer Probleme gebetet haben, sollten Sie sich die Frage stellen, ob es eine Freundin gibt, der Sie sich anvertrauen können. Wenn nicht, sollten Sie sich ruhig hinsetzen und schriftlich festhalten, was Ihnen Kummer bereitet. Anschließend beschreiben Sie, was schlimmstenfalls passieren könnte. Wovor haben Sie am meisten Angst? Was würden Sie tun, wenn es zum Schlimmsten käme? Wie würden Sie dann mit der Situation umgehen? Sobald Sie eine Lösung gefunden haben, die über die »Ich weiß nicht«-

Antwort hinausgeht, notieren Sie sie. Einer der Gründe dafür, daß wir uns Sorgen machen, beruht auf dem Gefühl, daß wir machtlos und außerstande sind, Einfluß auf unser Schicksal zu nehmen. Wenn wir uns vorstellen, was wir tun können, falls der schlimmste Fall eintritt, verliert sich das Gefühl der Ausweglosigkeit. »Ich habe die meiste Zeit meines Lebens damit verbracht, mir den Kopf über Dinge zu zerbrechen, die nie eingetreten sind«, gestand Mark Twain am Ende seines Lebens. Den meisten von uns ergeht es um keinen Deut besser.

Zukunftsängste rauben uns das Hier und Jetzt. Beobachten Sie, wieviel Sorgen Sie sich machen. Und sollten die Kümmernisse Sie während des Tages auf Schritt und Tritt begleiten, so folgen Sie dem Beispiel von Scarlett O'Hara. Sagen Sie sich: »Darüber werde ich mir jetzt keine Gedanken machen. Morgen ist schließlich auch noch ein Tag.«

AUGUST

◆

Des Sommers Frist währt allzu kurze Zeit.
William Shakespeare

Augustliebhaber schwelgen in den höchsten Wonnen. Wenn draußen dreißig Grad im Schatten herrschen, ist es zu heiß für etwas anderes, als kürzerzutreten und nachzudenken. Legen Sie eine jahreszeitlich bedingte Siesta ein, in der Sie Ihr Reservoir an kreativer Energie mit gemächlichen Freuden füllen. In diesem Monat werden wir uns selbst das Versprechen abgeben, auf dem Weg zur Einfachheit und Fülle unsere ureigensten Talente zu entdecken, zu akzeptieren, in Besitz zu nehmen und wertzuschätzen. Damit erfährt nicht nur unser persönliches Leben eine grundlegende Wandlung, sondern auch das Leben der Menschen, die uns nahestehen.

Die Freuden des einfachen Lebens im August

- Entdecken Sie die Bücher neu, die Sie als Kind geliebt haben. Gehen Sie in eine gute Leihbibliothek (je älter, desto besser) und sehen Sie sich in der Literaturabteilung für Kinder um (mit oder ohne Ihre Sprößlinge). Setzen Sie sich auf einen der dortigen Kinderstühle und denken Sie an jene Zeiten zurück, in denen Sie sich in eine Ecke verdrückt und in einem spannenden Buch geschmökert haben. Wie hieß es? Nesthäkchen? Emil und die Detektive? Pippi Langstrumpf? Lesen Sie Ihre Lieblingsbücher noch einmal mit Gefühl.

Die Feministin und Schriftstellerin Gloria Steinem versichert uns, daß es nie zu spät ist, noch einmal eine glückliche, unbeschwerte Kindheit zu erleben, und ich bin ihrer Meinung. Was mir am meisten bei der Lektüre der Kinderbücher aus früheren Zeiten gefällt (seit ich alt genug bin, um die subtilen Nuancen zu schätzen), sind die häuslichen Einzelheiten dieser nostalgischen Welt – wie und was man damals gekocht hat, Innendekoration, Bewirtung der Gäste und Freizeitaktivitäten.

- Überlegen Sie, ob Sie nicht einem literarischen Zirkel beitreten oder einen ähnlichen Club ins Leben rufen wollen. Über ein gutes Buch mit anderen zu sprechen ist ebenso lohnenswert, wie eines zu lesen. Unterhalten Sie sich einmal im Monat mit einer Gruppe netter Leute über Handlungsstrang und Hauptpersonen, wobei die leiblichen Genüsse nicht zu kurz kommen sollten. Wählen Sie jeweils ein Thema: Frauenromane, Literatur der Viktorianischen Epoche, Krimis oder Klassiker. Die meisten Frauen führen nicht genügend geistig anregende Gespräche, die dem Austausch von Ideen gewidmet sind, obwohl ich keinen Grund dafür zu nennen weiß. Doch um unserer Seele Nahrung zu bieten, müssen wir unseren Intellekt füttern. Ein literarischer Zirkel ist ein wunderbarer Ausgleich, wenn Ihr Leben zu hektisch verläuft. Buchläden können als Kontaktbörse dienen und Sie zu einem bereits bestehenden Zirkel führen.

- Beginnen Sie mit der Suche nach einem Buchantiquariat im Branchenverzeichnis des Telefonbuchs. Forschen Sie nach, ob es Buchhändler gibt, die einen Katalog mit gebrauchten Büchern herausgeben. Manchmal finden Sie auch in den Werbeanzeigen Hinweise auf Antiquariate.

- »In allen Dingen ist Himmelsmusik«, erinnert uns Hildegard von Bingen, eine Mystikerin aus dem zwölften Jahrhundert. Erleben Sie den Himmel auf Erden mit ausgewählten, klerikalen Tönen, die beruhigend wirken: ob gregorianische Choräle oder sonstige Sakralmusik – jeder gutsortierte Plattenladen vermag in dieser Hinsicht auch Ihre speziellen Wünsche zu erfüllen. Oder schreiben Sie an den Zweitausendeins Versand, Postfach, 60381 Frankfurt am Main und bitten Sie um das monatlich erscheinende Programm, in dem auch Bücher mit den obengenannten Themen aufgeführt sind.

- Fachzeitschriften zu lesen ist eine hervorragende Möglichkeit,

sich über ein potentielles neues Hobby kundig zu machen. Mit Sicherheit finden Sie in jedem guten Zeitschriftenladen das gewünschte Informationsmaterial für Ihr zukünftiges Steckenpferd.
- Verwöhnen Sie sich mit einer Schachtel Malkreiden der Luxusklasse, die sämtliche Farben des Regenbogens enthält, oder guten Bunt- oder Filzstiften. Fertigen Sie ein Poster, auf dem geschrieben steht: *Wenn nicht jetzt, wann dann?* und hängen Sie es so auf, daß Sie es jeden Tag vor Augen haben.

1. AUGUST
Die harmonische Annäherung an ein authentisches Leben

> Doch wenn es rein gar nichts gibt, was wir erschaffen können, dann sollten wir uns vielleicht selbst erschaffen.
>
> *Carl Gustav Jung*

Erinnern Sie sich, was Sie am 16. und 17. August 1987 getan haben? Ich nicht. Und wenn Ihnen jenes Wochenende noch gewärtig ist, dann gehörten Sie vielleicht zu den 144 000 Menschen, die zu den »Kraftpolen« der Erde gepilgert sind, zum Beispiel zur Cheopspyramide am Nilufer in Ägypten, nach Machu Picchu in Peru, zum Fudschijama in Japan, zu den Tempelanlagen von Delphi in Griechenland, zum Mount Shasta in Kalifornien, nach Sedona, Arizona; zu den Black Hills von South Dakota und in den Central Park von New York, um im Rahmen einer weltweiten New-Age-Veranstaltung unter dem Motto »Harmonische Annäherung« eine Menschenkette zu bilden, mitzusummen und den »Nachhall der Harmonie zu spüren«.

Was jenes Wochenende so bedeutungsvoll machte, war ein seltenes astronomisches Ereignis, bekannt als »Großer Trigonalaspekt« (als sich alle neun Planeten in ihren astrologischen Feuerzeichen befanden und Positionen einnahmen, die genau 123 Grad voneinander entfernt waren). Die letzte Konstellation dieser Art ergab sich vor 23 412 Jahren. Wenn wir nun noch eine esoterische Deutung des

Maya- und des Azteken-Kalenders sowie eine Hopi-Legende über die Versammlung erleuchteter Lehrer hinzufügen, die zusammengekommen waren, um die Menschheit wachzurütteln, erstaunt es wohl nicht, daß Tausende von Anhängern der New-Age-Bewegung zu der Schlußfolgerung gelangten, die Umstände hätten nicht günstiger sein können, um der Erde durch Meditation eine neue Richtung zu geben, sie auf den Weg zu einer friedlichen spirituellen Erleuchtung zu bringen, statt in den Strudel der Umwälzungen zu stürzen, die mit dem nächsten Jahrtausend einhergehen werden.

Es scheint funktioniert zu haben. Jede Woche wird ein neues visionäres Buch veröffentlicht, das zu einer spirituellen Evolution in Form eines »Weges, der weniger frequentiert ist« ermutigt und sich somit als Leitfaden der Inspiration präsentiert. Doch gibt es so viele Stimmen, die Orientierungshilfen, Hoffnungsschimmer und Erkenntnisse bieten, wie man Harmonie durch göttliche Dreiheit von Körper, Geist und Seele erreicht; wie soll man da die eigene Wahrheit finden? Und die Zahl der spirituellen Wege ist auch nicht geringer. Welchem sollen wir folgen?

Für mich besteht der schönste spirituelle Weg, dem ich jemals gefolgt bin, darin, Zeugnis von meinem authentischen Selbst abzulegen. Es ist wahrhaftig »ein Weg mit dem Herzen«. Er begann, als ich erkannte, daß Kreativität heilig ist. Vielleicht möchten auch Sie im August dieses Jahres eine harmonische Annäherung erfahren, indem Sie Ihre Kreativität wiederentdecken, weiterentwickeln und feiern – als ein geheiligter Pfad zu Ihrem authentischen Selbst. Es ist nie zu spät, Ihre individuellen Talente in Besitz zu nehmen, einen Traum wieder zum Leben zu erwecken, ein wahrhaftiges Leben zu führen. Überlegen Sie: Was wäre, wenn die »Erbsünde« darin bestünde, daß wir unser göttliches Erbe *leugnen* statt *feiern*?

Jeder Mensch besitzt eine wundervolle, außerordentliche Gabe: die Chance, dem Göttlichen auf Erden durch die Aktivitäten in unserem Alltag Ausdruck zu verleihen. Wenn wir uns entscheiden, dieses nicht mit Geld aufzuwiegende Geschenk entsprechend zu würdigen, tragen wir unser Scherflein zur Wiedererschaffung der Welt bei. Wenn wir unserem authentischen Weg mit Liebe folgen, unsere schöpferischen Impulse willkommen heißen, dann leben wir die Wahrheit selbst dann, wenn wir meinen, nichts anderes zu tun, als Blumen zu pflanzen, eine Mahlzeit zuzubereiten, ein Kind zu betreuen, ein Buchmanuskript zu redigieren, eine Fernsehsendung zu produzieren, einen Vorhang zu nähen, einen Lebenslauf zu schreiben, ein Bild zu malen, ein Kunsthandwerk zu lehren, ein Musikstück oder Lied zu komponieren oder einen geschäftlichen Abschluß unter Dach und Fach zu bringen. Der vietnamesische buddhistische Mönch, Dichter und Autor Thich Nhat Hanh fand hierfür folgende Worte: »Unser Leben ist ein Instrument, das es uns ermöglicht, mit der Wahrheit zu experimentieren.«

2. AUGUST
Die sanftesten Lektionen sind die lehrreichsten

> Was für ein wundervolles Leben ich doch hatte! Ich wünschte nur, ich hätte das früher erkannt.
>
> *Colette*

Wir alle wissen, daß sich uns die Lektionen des Lebens durch Kummer, Kampf und Verlust einprägen. Aber die wenigsten erkennen, daß die sanftesten Lektionen oft die lehrreichsten sind.

Vor neun Jahren nahm mein Mann an einer politischen Tagung in einem Badeort am Meer teil, wohin ihn Katie und ich begleiteten. Während mein Mann Workshops besuchte, vergnügten wir uns am Strand. An einem der Nachmittage hatten die Veranstalter eine Überraschung für die Kinder geplant: einen Ritt auf einem Elefanten über den Parkplatz des Hotels. Katie fieberte vor lauter Aufregung. Als mein Mann und ich am Abend unsere Tochter zu Bett brachten, sagte ich: »Das Leben ist immer voller Überraschungen, wenn wir offen dafür sind. Morgens wacht man auf und weiß nicht, was einen während des Tages erwartet, und hat dann das Glück, auf einem Elefanten zu reiten!«

Einige Tage später kehrten wir nach Hause zurück, wo mich eine Einladung erwartete, eine Gruppe amerikanischer Journalisten auf einer einwöchigen Reise nach Irland zu begleiten und einen Bericht über die Tausendjahrfeier der Stadt Dublin zu schreiben. Die Abreise sollte schon zehn Tage später erfolgen. Ich besitze viele gute Eigenschaften, aber Spontaneität gehört nicht dazu. Nachdem ich jede nur erdenkliche Ausrede vorgebracht hatte, um die kostenlose Reise in ein Land abzulehnen, das mir von allen das weitaus liebste ist – mein Paß war abgelaufen, die Betreuung meiner Tochter, berufliche Termine, ich war gerade erst aus dem Urlaub *zurück* –, fragte mein Mann ruhig: »Du wirst also nicht auf dem Elefanten reiten?« Ich lächelte ihm zu, lernte sanft jene wichtige Lektion, die besagt, daß man offen sein muß, um zu empfangen, und erlebte eine der schönsten Wochen meines Lebens.

Wenn wir bereit sind, unsere Lektionen auf dem sanften Weg zu lernen, dann erwarten sie uns geduldig auf ungezählte Weise. Versuchen Sie heute, sich an der Weisheit der Kinder ein Beispiel zu nehmen; die liebevolle Zuwendung eines Freundes zu akzeptieren; jenen Menschen die Hand entgegenzustrecken, die unserer Hilfe bedürfen; einen Kollegen um Rat zu bitten; zu beschließen, Ihrer Intuition zu vertrauen; über Ihre Mucken und Macken zu lachen und sie liebevoll anzunehmen; zu beobachten, wie Ihre Haustiere zufrieden im Hier und Jetzt leben; die heilende Kraft der Spontaneität wiederzuentdecken; sich auf das Positive in jeder Situation zu konzentrieren, mit der Sie konfrontiert werden; das Beste von jedem Tag zu erwarten und zu erkennen, welch ein wunderbares Leben Ihnen geschenkt wurde. Und je früher Sie damit beginnen, desto besser.

Natürlich erwischt uns das Unerwartete oft auf dem falschen Fuß. Aber wenn wir offen und dankbar sind für die sanften Lektionen des Lebens, werden neue Lehrer unseren Weg kreuzen. Die Gabe, unerwartete, positive Entdeckungen zu machen, kann ein ebenso guter Lehrmeister sein wie der Kummer.

3. AUGUST
Ein Netz, um die Zeit einzufangen

> Ein Zeitplan schützt uns vor Chaos und Launenhaftigkeit. Er gleicht einem Netz, um die Zeit einzufangen... Ein Zeitplan ist der Inbegriff der Vernunft und Ordnung – gewollt, zurechtgestutzt und somit ins Leben gerufen.
>
> *Annie Dillard*

Eine meiner Freundinnen hat die Theorie entwickelt, daß wir nicht deshalb so ausgelaugt sind, weil wir ständig soviel zu tun *haben*, sondern weil wir an all die Dinge denken, die wir tun *müssen*.

Alice gelangte zu dieser Erkenntnis in der Woche, als sie den Termin für den Müttertreff der Pfadfindergruppe ihrer Tochter vergaß, bei dem Aufgaben für den »Tag der offenen Tür« verteilt werden. Da sie eine ungeheuer durchorganisierte Person ist, dachte sie wohl, sie würde sich automatisch daran erinnern. Nicht nötig, sich das Datum zu notieren. Aber sie vergaß es, weil sich an jenem Tag ein »Systemabsturz« bei ihr bemerkbar machte, der eintritt, wenn der Inhalt der verfügbaren RAM-Disketten im Speicher des Gedächtnisses infolge Überlastung nicht mehr zugänglich ist. Am nächsten Morgen, als das vage Gefühl »Da war doch noch was« sie aufweckte, war es zu spät. Alle beliebten Arbeiten waren vergeben, bis auf eine; und so wurde Alice in diesem Jahr Keksverkäuferin der jungen Pfadfinderinnen.

Hier ist eine Strategie der Einfachheit und Fülle für Frauen, die sich organisatorisch vor eine Herausforderung gestellt sehen, um unser Leben mit mehr Harmonie zu versehen. Sie wird den wichtigen RAM-Disketten in Ihrem Gedächtnis Luft verschaffen, so daß Sie am Ende nicht dastehen und den Umsatz an Mohrenköpfen mit jenem an Pfefferminztalern vergleichen müssen. Es sei denn, es macht Ihnen Spaß; in diesem Fall empfehle ich Ihnen, sich mit Alice in Verbindung zu setzen. Nehmen Sie sich jeden Sonntag zwanzig Minuten Zeit, um sich mit Kalender, Notizblock, Bleistift und gelbem Marker hinzusetzen und für die nächsten sechs Tage eine »Zu erledigen«-Liste zu erstellen; und danach werfen Sie einen vorausschauenden Blick auf die nächsten drei Wochen.

Um ein Netz auszuwerfen, das die Zeit wirklich einfängt, gilt es, alle Arbeiten zu berücksichtigen, die Sie in der nächsten Woche angehen müssen, sowohl auf der beruflichen als auch auf der privaten Ebene. Das ist nichts für zaghafte Geister, aber absolut unerläßlich. Fassen Sie Mut. Hier sind die Aktivitäten, denen wir jede Woche nachgehen.

Die universale Aktivitätenliste

Arbeit (Besprechungen, Kunden werben, Marketing/PR, Schreibtischarbeit, Planung, Rechnungen schreiben, lesen, recherchieren, schreiben, Geschäftsreisen)
Besorgungen (Bank, Reinigung, Bücherei, Tankstelle, Videothek, Post)
Kinder (Schule, Gesundheit, Nachhilfestunden, Sport, Vereine, Spielverabredungen, Feste)
Termine (Gesundheit, Fitneß, Schönheit, das Auto betreffend, Tiere)
Einkaufen (Lebensmittel, Kleidung, Drogerieartikel, Haushalt, Geschenke)
Korrespondenz (Rechnungen, Briefe, Karten und Pakete)
Telefon/Fax
Haushalt (Putzen, Wäsche waschen, dekorieren, Verbesserungen, kochen, Reparaturen, Einladungen, Gartenarbeit)
Familie
Freunde
Kirche/Gemeinde
Persönlich (Inspiration, Innenschau, Ruhe, Erholung, Entspannung, Pflege, kreative Exkursionen, Weiterbildung, Hobbys/Freizeitaktivitäten)

Wenn Sie das alles mehr oder weniger abgehakt haben, bleibt Ihnen vermutlich nicht mehr viel Zeit für die letzte und wichtigste Kategorie: die persönliche Sphäre. Um dieses reale Dilemma zu lösen, müssen Sie den Eintrag »Persönlich« von der letzten an die erste Stelle rücken und ihm schon in der Planungsphase allerhöchste Priorität beimessen. Beginnen Sie damit, mit Ihrem gelben Marker jeden Tag eine Stunde auf Ihrem Kalender einzurahmen; schreiben Sie auf der Liste sechsmal Ihre Initialen als sublimes Kürzel der Fürsorge, die Sie sich selbst angedeihen lassen wollen. Die subversive Eleganz dieser Methode besteht darin, daß Sie einer Aufgabe – sobald Sie sich schwarz auf weiß verpflichtet haben, sie zu erfüllen – keine weitere Beachtung mehr schenken müssen, weil Ihre linke Hirnhemisphäre, der Sitz des logischen Denkvermögens, *Listen liebt*. Sie schaltet den Autopiloten ein, wenn Sie Listen erstellen, Einträge aussortieren und hin und her schieben, bis sich ein Terminplan herauskristallisiert, auf dem alle Aufgaben berücksichtigt sind. Manchmal ist er sogar praktisch umsetzbar. Wenn Sie jemals hoffen, ein Projekt realisieren zu können, schreiben Sie's auf!

Überprüfen Sie Ihre Liste morgens und abends. Haben Sie eine Aufgabe ordnungsgemäß durchgeführt, so streichen Sie sie pflichtgetreu mit einem roten Marker durch – ich persönlich ziehe einen Schönschreibfüller mit roter Tinte vor. Sie werden ungeheure Befriedigung empfinden, wenn Sie zusehen, wie die Liste während der Woche immer mehr rote Striche aufweist. Wenn Sie das Gefühl haben, zu viele Tagespensen nicht ausreichend erfüllt oder gar nichts zustande gebracht zu haben, führen Sie eine Woche lang eine Kontroll-Liste unter der Rubrik »Erledigt«. Sie werden vielleicht entdecken, daß Sie wesentlich mehr tun, als Sie dachten oder sich zugute halten. Und vermutlich werden Sie ebenfalls dahinterkommen, daß goldene Augenblicke unbewußt vergeudet wurden, weil Ihnen das Netz fehlte, um sie einzufangen. Augenblicke, um zu wachsen, zu träumen, Ihre authentische Vision zu entwickeln. Die Schriftstellerin Annie Dillard glaubt: »Wie wir unsere Tage verbringen, läßt selbstverständlich darauf schließen, wie wir unser Leben verbringen.« Wir alle erkennen die Wahrheit, wenn wir sie hören.

4. AUGUST
Die besten Stunden des Tages aufsparen

> Es gibt Tage, an denen alle elektrischen Haushaltsgeräte, einschließlich des Staubsaugers, mehr Unterhaltungsmöglichkeiten bieten als das Fernsehgerät.
>
> *Harriet van Horne*

Sehen Sie zuviel fern? Auf den ersten Blick betrachtet scheint das Fernsehen eine harmlose Sucht zu sein, weil sie offenbar keine Nebenwirkungen hat.

Doch wissen wir, was passiert, wenn Kinder zuviel fernsehen. Sie werden passiv, verlieren das Interesse an anderen Aktivitäten und langweilen sich schon nach kurzer Zeit. Die Konzentration leidet, und ihre Unzufriedenheit mit dem Leben offenbaren sie jedem, der bereit ist, ihnen zuzuhören. Mütter lassen ähnliche Symptome erkennen. Hausfrauen, die ihre Kinder ganztags betreuen, sollten sich fragen, ob der Fernseher wirklich den ganzen Tag eingeschaltet sein muß. Falls Sie außerhalb der häuslichen vier Wände einer Erwerbstätigkeit nachgehen und feststellen, daß Sie Abend für Abend vor dem Fernsehgerät sitzen, ohne auch nur einen Gedanken daran zu verschwenden, was sich statt dessen sonst noch anfangen ließe, ist es höchste Zeit, die kleinen grauen Zellen zu aktivieren. Alice Walker findet es »erstaunlich, daß die Leute aus freien Stücken vor dem Fernsehgerät sitzen und sich von Programmen berieseln lassen, die ihre Intelligenz beleidigen«. Jeder Mensch, der länger als fünf Stunden in der Woche fernsieht, wird ihr zustimmen, wenn er ehrlich ist. Ich war einige Jahre als Fernsehrezensentin tätig und konnte nicht glauben, welchen Humbug man den Zuschauern teilweise zumutete. Ich erhielt wenigstens ein Schmerzensgeld für die ausgestandenen Leiden.

Zugegeben, es gibt natürlich einige Fernsehsendungen, die unterhaltsam und informativ sind. Warum nehmen Sie diese nicht mit dem Videogerät auf, um sie bei anderer Gelegenheit anzusehen? Das A und O ist, bewußte Entscheidungen zu treffen. In den vergangenen Jahren habe ich mich praktisch TV-entwöhnt und war baß erstaunt über die Zeit, die mir plötzlich für befriedigendere und lohnendere Beschäftigungen zur Verfügung stand.

Überlegen Sie diese Woche, wie häufig Sie fernsehen, und beginnen Sie, die besten Stunden des Tages – den Abend – für kurzweiligere Dinge aufzusparen. Die Autorin Barbara Ehrenreich entlarvt den Reiz des Fernsehens, indem sie ihm nachweist, daß es uns ein Gefühl vermittelt, wonach wir uns tief in unserem Innern am meisten sehnen: »einem reichen, neuen, aktiven Leben«. Vielleicht könnten Sie mit Ihrem authentischen Leben beginnen, indem Sie weniger in die Röhre gucken.

5. AUGUST
Die geheiligte Gabe des Müßiggangs

> Arbeit ist nicht immer das Gebot der Stunde... Es gibt auch so etwas wie die geheiligte Gabe des Müßiggangs, die Pflege einer Tugend, die bisher unseligerweise vernachlässigt wurde.
>
> *George MacDonald*

Es war ein himmlischer Sommermorgen – sonnig, aber nicht zu heiß oder schwül –, einer jener Tage, die eigentlich Dankbarkeit in uns wecken sollten, daß wir leben. Aber ich war zu erschöpft, um das Geschenk zu würdigen. Ich hatte mich die ganze Nacht im Bett herumgewälzt, war immer wieder eingenickt, aber nicht richtig eingeschlafen. Da mein nächster Termin auf beruflicher Ebene drohend näherrückte, das Sommercamp nur noch einen Monat dauerte, bevor die Schule wieder anfing, und ich das dringende Bedürfnis hatte, meine kranke Mutter zu besuchen, wußte ich, was die englische Dichterin Stevie Smith mit den Worten gemeint hatte, daß sie dem Ertrinken nahe sei und nicht einmal eine Hand frei habe, um sie zu heben und Hilfe herbeizuholen.

Als ich die Katzen in den Garten hinausließ, trat ich einen Moment ins Freie. Eine erfrischende Brise raschelte in den grünen Zweigen. Von der Sonne gezauberte Licht- und Schattenmuster schufen ein Mosaik auf dem Gras, wie ich es nie zuvor gesehen hatte. Ein Konzert von Mutter Natur – zwitschernde Vögel, zirpende Grillen, summende Bienen – erklang in der frühmorgendlichen Stille. Das Schweigen der Harmonie hüllte mich ein. Ich wäre am liebsten immer so stehengeblieben. Widerstrebend ging ich ins Haus zurück, um mit der Arbeit zu beginnen, bevor Katie aufwachte.

Der Anblick meiner Bücher und leeren Blätter, die auf dem Fußboden neben meinem Bett verstreut lagen, wo ich sie am Abend vorher todmüde hatte fallen lassen, waren eine äußere Manifestation des Chaos, das in meinem Innern herrschte und mich überwältigte. Mir kamen die Tränen.

Nachdem ich mich richtig ausgeweint hatte, schlug mir die sanfte, beruhigende Stimme, die ich als Schöpfer bezeichne, vor, wieder in den Garten zurückzukehren. Merkwürdigerweise protestierte ich nicht, sondern gehorchte. Ich breitete einen ausrangierten Bettüberwurf aus Baumwolle auf dem Gras aus, borgte mir Kissen von der Wohnzimmercouch und lehnte es an den Stamm einer Eiche, so daß ich eine bequeme Chaiselongue auf der Erde hatte. Dann trug ich ein Teetablett und meinen Korb mit den Arbeitsutensilien nach draußen in der Annahme, daß ich die Vorbereitungen getroffen hatte, um im Freien zu schreiben. Doch als ich mich hinsetzte, war ich zu nichts anderem fähig als still dazusitzen und langsam zu atmen. Ich wollte nicht meditieren, keinen authentischen Dialog führen, nicht denken, nicht schaffen, nicht vernünftig und verständig für Eingebungen sein. Und so saß ich einfach nur da, trank Tee, blickte durch das Blätterdach über meinem Kopf zum strahlend blauen Himmel hinauf und beobachtete den anmutigen Tanz eines Schmetterlings, der durch den Garten gaukelte. Meine Umgebung war alltäglich, aber dieser Morgen war so harmonisch, schön, vertraut, und doch so anders.

In Null Komma nichts begann sich meine Stimmung zu bessern. Bald leisteten mir die Katzen Gesellschaft, neugierig geworden ob der ungewöhnlichen Abwechslung vom gewohnten Tagesrhythmus. Eine Weile später kam Katie heraus, noch schlaftrunken; sie hatte Zudecke und Kissen in der Hand und kuschelte sich neben uns, um mitzulesen. Sie wollte wissen, was ich da tue. Ich erzählte ihr, weil mir keine bessere Erklärung einfiel, daß ich eine Recherche durchführe: Ich wollte Mutter Natur zu Wort kommen lassen, um eine Meditation zu schreiben. Ich lud sie ein mitzumachen. Da Mom so ruhig und empfänglich zu sein schien, beschloß sie, die Gelegenheit beim Schopf zu packen und mit mir in der Schachtel zu kramen, die Erinnerungen an ihre Babyzeit enthält. Wer wußte schließlich, wann sich wieder eine so günstige Gelegenheit ergab? Nun, sie dauerte acht wundervolle, faule Sommerstunden und schloß ein Mittagessen im Freien und ein Nickerchen ein. Zwischen Lachen, Familiengeschichten, Austausch von Geheimnissen, Tiere beobachten und laut träumen tat ich absolut nichts, außer leben und lieben.

Am Ende dieses wundervollen Tages der Einfachheit und Fülle erkannte ich, daß ich ein Geschenk erhalten hatte, das meine Batterien wieder aufzuladen vermochte: die Gabe des Müßiggangs. Ein unerwarteter, melodischer Tag des Nichtstuns, um die schrillen Mißtöne derjenigen Tage verstummen zu lassen, an denen ich zuviel getan hatte. Wie eine göttliche Gnade war mir diese Gabe aus heiterem Himmel in den Schoß gefallen; sie widersprach jeder Vernunft, aber sie war unerläßlich und wurde mit tiefempfundenem Dank genossen.

6. AUGUST
Begeben Sie sich in den Schoß von Mutter Natur

> Bedeutungsinhalte, Stimmungen, die ganze Skala unseres inneren Erlebens finden in der Natur ihre »Entsprechungen«, die dazu beitragen können, unser grenzenloses Selbst kennenzulernen.
>
> *Kathleen Raine*

Eine meiner Freundinnen schreibt Bücher über die Natur, obwohl sie, Ironie des Schicksals, mitten in der Stadt wohnt. Hinter dem viktorianischen Haus aus braunem Sandstein, in dem Pat wohnt, verläuft eine schmale Straße, in der zwielichtige Gestalten zu Hause sind: hier führen Prostituierte, Drogenhändler, Obdachlose und anderes Strandgut der menschlichen Gesellschaft eine nicht immer friedvolle Koexistenz mit den überzeugten Protagonisten urbanen Lebens. Wie wohl die meisten unmittelbar Betroffenen in einer solchen Situation gibt auch Pat ehrlich zu, daß es ihr bisweilen schwerfällt, Menschen zu bemitleiden, die auf Treppenstufen urinieren, mit leeren Schnapsflaschen nach Haustieren werfen und auch vor Handtaschenraub und Mord nicht zurückschrecken. Wiederholte Bemühungen, die Straße zu säubern und weiterer Verschmutzung Einhalt zu gebieten, waren erfolglos und entmutigend. Aber in diesem Jahr gelang es Pat – die über die angeborene Gabe verfügt, eine Wildnis in eine blühende Oase zu verwandeln –, einen »Schmetterlingsgarten« direkt neben der Außentreppe anzulegen, die auf die erwähnte Straße hinausführt. Auf diesem winzigen Fleckchen Erde, kaum größer als ein Handtuch, blüht eine Fülle herrlicher Blumen und Pflanzen um die Wette, die eine magische Anziehungskraft auf unzählige Schmetterlinge ausübt. Der Miniaturgarten hat auch ihre Nachbarn angelockt, die oft für ein paar Minuten herkommen, um still das einzige Stück Natur weit und breit zu betrachten. Nun wird der Weg zum Schmetterlingsgarten von ebenjenen, die ihn früher verunreinigt haben, tadellos saubergehalten; nicht ein einziges Fitzelchen Kaugummipapier liegt dort auf dem Boden herum. Wenn Pat aus dem Fenster schaut und die Leute sieht, die ihr früher so fremd waren, freut sie sich, daß sie deren Leben durch ein wenig Schönheit bereichern konnte. Diese sanfte, aber nachhaltige Erinnerung an die »Biophilie« beinhaltet den stillen Hinweis, daß alles im Leben ein geheiligter, unantastbarer Teil der Schöpfung ist.

Als Biophilie bezeichnet man die faszinierende neue psychologische Theorie des Pulitzer-Preisträgers, Umweltschützers und Biologen Edward O. Wilson. Nach seiner Auffassung sind unsere biophilen Bedürfnisse – die »Liebe zu allen Lebewesen«, also Pflanzen, Tiere und Umwelt – angeboren und in den menschlichen Genen verankert, um das Gleichgewicht, die Harmonie und den Erhalt der Schöpfung zu gewährleisten. Der Reiz, den natürliche Lebensräume ausüben, sei mehr als ein kulturelles Phänomen, erklärt Dr. Wilson. Es gebe Indizien, die darauf hinwiesen, daß es sich dabei um ein tiefer verwurzeltes biologisches Bedürfnis handle.

Einige dieser Indizien leiten sich aus der Lebensweise unserer urzeitlichen Vorfahren her. Als sich die ersten Menschen vor mehr als zwei Millionen Jahren zu entwickeln begannen, fanden sie sich in Jäger- und Sammlergemeinschaften zusammen; nur so waren sie imstande, in einer feindlichen Umgebung zu überleben. Dr. Wilson weist darauf hin, daß die Fähigkeit, auch nur ein einziges kleines Tier im hohen Gras zu erspähen, darüber entscheiden konnte, ob jemand zu essen hatte oder hungrig weiterziehen mußte.

Wenn wir wachsen und gedeihen wollen, ist es heute ebenso wichtig wie vor Millionen von Jahren, mit der Natur eins zu werden. Viele Therapeuten, die sich auf die »Ökopsychologie« spezialisiert haben, glauben sogar, daß die Vertiefung unserer emotionalen Beziehungen zur Natur genauso grundlegend für das psychische Wohlgefühl ist wie die Bindung an Familienmitglieder und Freunde. Wenn wir uns als Stadtmenschen auf unsere Intuition verlassen und am Wochenende aufs Land fahren, frühmorgens im Garten arbeiten, uns für ein Picknick im Park anstelle eines Mittagessens im Restaurant entscheiden, im Winter ein Vogelhäuschen aufhängen, in den Zoo gehen oder ein streunendes oder entlaufenes Tier aufnehmen, reagieren wir positiv auf das physische und psychische Bedürfnis, uns mit der Natur zu vernetzen, was eine Art Überlebensstrategie darstellt. Wir begreifen diesen Zusammenhang vielleicht nicht auf der bewußten Ebene, aber wir versuchen immer wieder, diesen natürlichen Handlungsstrang im Webmuster des Lebens zu stärken. Wenn wir diesen heiligen Hunger akzeptieren, indem wir in Einklang mit der Natur leben, entwickeln wir das Gefühl der inneren Harmonie.

Sie sind heute möglicherweise nicht in der Lage, sich den ganzen Tag im Freien aufzuhalten, aber Sie bauen Streß ab, wenn Sie sich auch nur für kurze Zeit in den Schoß von Mutter Natur begeben. Ziehen Sie die Schuhe aus. Spüren Sie die Erde unter Ihren Füßen. Beugen Sie sich über eine Blüte und atmen Sie tief ihren Duft ein. Legen Sie sich unter einen Baum und blicken Sie durch die Zweige zum Firmament hinauf. Vertiefen Sie sich einige Augenblicke lang in die Betrachtung. Wie fühlen Sie sich jetzt?

Eine Mutter weiß, was für ihre Kinder gut ist.

7. AUGUST
Tierische Harmonie

Perfekte Hausgenossen haben nie weniger als vier Beine.
Colette

Die wichtigste Lektion, die ich in meinem Leben gelernt habe – die wunderwirkende Macht der bedingungslosen Liebe – wurde mir von einem vierbeinigen Zauberkünstler erteilt. Jack war ein verwilderter Kater, der vor elf Sommern urplötzlich in unserem Garten auftauchte. Obwohl offenbar halb verhungert, verzichtete er in der ersten Woche auf jede Annäherung: Er beobachtete das Geschehen und taxierte mich, während er das Revier markierte. Ich stellte ihm Futter draußen vor die Küchentür, aber es dauerte noch mindestens einen Monat, bevor er es in meiner Gegenwart anrührte. Nach und nach durfte ich mich ihm nähern und ihn streicheln, und er belohnte mich mit einem tiefen, zufriedenen Schnurren. An einem eisigkalten Morgen, als der Herbst in den Winter überging, beschloß er, mich endgültig zu adoptieren, und spazierte ins Haus, um mit mir und meiner Liebe zu leben.

Kurz nach Beginn unserer leidenschaftlichen Affäre erkrankte Jack an einer Augeninfektion. Ich brachte ihn zum Tierarzt, und dieser diagnostizierte Katzenleukämie, eine unheilbare Krankheit, die tödlich endet. Ich war am Boden zerstört. Mein Tierarzt ist nicht nur in der konventionellen Medizin bewandert, sondern versteht auch etwas von ganzheitlichen und alternativen Heilverfahren. Er schlug vor, neben der Verabreichung von Antibiotika eine Behandlung mit homöopathischen Mitteln, Massage und Meditation zu versuchen (ihn zehn Minuten lang rhythmisch zu streicheln, um eine Tiefenentspannung herbeizuführen), was für die Immunabwehr von Mensch und Tier gut sei.

Acht harmonische Jahre mit unserem vierbeinigen Hausgenossen gingen ins Land. Jack wurde bekannt wie ein bunter Hund und erhielt den Spitznamen »Methusalem«, weil er trotz Leukämie länger als alle Katzen lebte, die vor oder nach ihm in der Klinik behandelt wurden. Jack wirkte so gesund und munter, daß der Arzt ihn Tests unterzog, um herauszufinden, ob die Krankheitsentwicklung nicht spontan zum Stillstand gekommen war.

Doch letzten Sommer neigte sich unsere gemeinsame Zeit ihrem Ende zu, und Jack begann, rapide zu verfallen. Die neuesten, modernsten veterinärmedizinischen Verfahren wurden angewendet, um uns ein wenig mehr Zeit zu erkaufen. Schließlich kam der Augenblick des Abschieds, der unwiderruflich ist und durch kein Gebet aufgeschoben werden kann. »Nur Ihre Liebe hat ihn am Leben erhalten«, tröstete mich der Tierarzt mit sanfter Stimme. »Nun müssen Sie ihm Ihre Liebe beweisen und ihn loslassen.« Behutsam wickelte ich meinen Seelenfreund in meinen alten Bademantel und wiegte ihn in den Armen. Als ich Jack zum Abschied küßte, leckte er mir die Tränen weg und schnurrte bis zum letzten Atemzug. Es war einer der heiligsten Augenblicke, die ich jemals erlebt habe.

Jack wurde in unserem Garten begraben, in dem er früher gespielt hat. Auf einem kleinen Messingschild erinnern die Worte des schottischen Dichters Robert Burns an die »gequälte, verwaiste Kreatur, die liebevolle Aufnahme in unseren hungrigen Herzen fand«. Diese Gefühle bringen wir nicht nur jenen Katzen entgegen, die wir geliebt, verloren und betrauert haben, sondern auch allen, die heute noch unsere Hausgenossen sind: Pussy, Mikey, Morris und Griffin, ein streunender Kater, der mir jetzt nach und nach erlaubt, mich seiner anzunehmen, während er draußen vor der Küchentür frißt.

Ärzte und Psychologen sagen, daß die Liebe zu Tieren, die Fürsorge, die wir ihnen angedeihen lassen, und die Zeit, die wir mit ihnen verbringen, unser körperliches und seelisches Wohl erheblich verbessern. Wer einmal von einem Hund in sein Herz geschlossen oder von einer Katze adoptiert wurde, kann vermutlich nicht mit Worten beschreiben, welch starke emotionale Beziehung sich zwischen Mensch und Tier entwickelt. Das liegt daran, daß Hunde uns ohne »Kompromiß« lieben und Katzen uns unsere Zuneigung millionenfach vergelten. Unsere Fehler und Unzulänglichkeiten stören sie nicht, solange wir Freude an ihrer Gegenwart empfinden.

Wenn Sie keine vierbeinigen Hausgenossen haben, bedeutet das nicht, daß sie auf emotionale Beziehung zu Tieren verzichten müssen: Besuchen Sie den Zoo in verschiedenen Jahreszeiten, bieten Sie an, für Freunde ein Haustier zu hüten, gehen Sie mit dem Hund Ihrer Nachbarn spazieren, legen Sie Getreidekörner und Nüsse für die Eichhörnchen in Ihrem Garten aus oder füttern Sie die Enten auf dem Teich, die Tauben im Park oder die Möwen am Strand mit Brot.

Wenn Sie Haustiere haben, beschränken Sie den Kontakt nicht nur darauf, sie zu füttern, mit ihnen Gassi zu gehen und sie ansonsten links liegenzulassen. Sie haben sie eingeladen, an Ihrem Leben teilzunehmen, also öffnen Sie Ihr Herz. Unsere vierbeinigen Hausgenossen wollen gestreichelt, beschmust und liebkost werden; sie möchten, daß man ihnen Zeit und Zuwendung schenkt, mit ihnen spielt. Wenn sie spüren, daß man sie mag, erwidern sie diese Liebe mit einer Hingabe, von der die meisten nur träumen können, sie von einem menschlichen Wesen zu erfahren. Reden Sie mit ihnen, und Sie finden einen Vertrauten, der Ihre Geheimnisse niemals verraten wird. Lachen Sie über ihre Kapriolen, ein todsicheres Mittel gegen Streß, und lernen Sie, das Leben zu nehmen, wie es kommt, indem Sie sich an ihnen ein Beispiel nehmen. Hunde schließen schnell Freundschaft, beeindrucken durch ihre Treue und haben keine Launen. Katzen sind spontan, vollauf zufrieden damit, im Hier und Jetzt zu leben. Sie sind kleine, haarende, kratzende Zen-Meister, die uns geschickt wurden, um uns den Kontrast des Müßiggangs in einer hektischen Welt vor Augen zu führen, in der fortwährend irgendeine Arbeit auf uns wartet. Das Fellknäuel, das im Augenblick zusammengerollt auf meinem Schreibtisch liegt, demonstriert unmißverständlich: je häufiger wir schlafen, desto häufiger das Erwachen.

Seien Sie heute dankbar für die Gabe, Ihre Lebensspanne auf Erden mit Hausgenossen zu teilen, die Harmonie verbreiten. Tiere sind unsere spirituellen Gefährten, der lebendige Beweis, daß es eine Quelle der Liebe gibt, die sich durch Einfachheit und Fülle auszeichnet. Niemand braucht sich einsam zu fühlen. Und wenn wir eine solche Gabe erhalten, dann muß es auch jemanden geben, der sie uns gewährt.

8. AUGUST

Die magische Anziehungskraft der Vergangenheit: Antiquitäten

> Es ist nicht so, daß ich zur Vergangenheit gehöre; die Vergangenheit gehört vielmehr mir.
>
> *Mary Antin*

Wie viele Frauen liebe ich Antiquitäten- und Trödelläden. Ich habe hier mehr über das Leben gelernt – wie man es bewußt führt, wie man es zum Besseren ändert und wie man es in Ehren hält – als anderswo. Außerdem habe ich im Sog der mächtigen und magischen Anziehungskraft der Vergangenheit meine Passion für Sozialgeschichte entdeckt. Inmitten der Relikte längst vergangener Epochen wurde mir bewußt, daß die Geschichte der Menschheit immer unsere eigene Lebensgeschichte spiegelt, daß sie jeden angeht. Eine Geschichte, die unsere Seelen zu heilen vermag.

Der Historiker Harvey Green formulierte diesbezüglich eine interessante Theorie. Was früher benötigt worden sei, um eine Familie zu versorgen, ein Kind großzuziehen, einen Teekessel zu reinigen und zu polieren oder die sozialen Errungenschaften und Traditionen einer Generation an die nächste weiterzugeben, habe heute eine andere Funktion. Diese Relikte aus der Vergangenheit deuteten auf eine Lebensweise hin, die unserer eigenen zu ähneln scheine, uns in Wirklichkeit aber völlig fremd sei.

Ich habe mich tatsächlich fremd in der Welt einer anderen Frau gefühlt, damals im Sommer vor vierzehn Jahren, als ich in einem Antiquitätenladen in Maine eine Kiste mit verstaubten Frauen- und Kinderzeitschriften aus der Viktorianischen Epoche erstand. Die Gabe, durch einen vermeintlichen Zufall einen unerwarteten Schatz zu finden, beschränkt sich nicht nur auf Märchen und Romane. Die Zeitschriften mit den kurzweiligen Tips »für einen Regentag« und Freizeitbeschäftigungen für die ganze Familie an »einem gemütlichen Abend im häuslichen Kreis« entpuppten sich als ein Freifahrtschein in die Vergangenheit. Mir war damals nicht bewußt, daß mich meine persönliche Zeitmaschine zurück in die Zukunft befördern und den Verlauf meiner beruflichen Karriere und meines Privatlebens auf wundersame Weise verändern würde. Das Viktorianische Zeitalter ließ mich nicht mehr los; ich erforschte in wachsendem Ausmaß das häusliche Leben im neunzehnten Jahrhundert, was zu einer Kolumne in einer Zeitung, zu Workshops und zwei Büchern aus meiner Feder führte.

Die schönsten Stunden und aufregendsten Abenteuer beim Bummel durch Antiquitäten- und Trödelläden erlebe ich, wenn ich eigentlich nur stöbern will. Ich mache mich selten mit einem klaren Kaufvorsatz auf den Weg, sondern liebe es vor allem, mich überraschen zu lassen. Diese Offenheit für den Reichtum der Vergangenheit, der uns in den Schoß fällt, führt häufig zu nachhaltigen Lektionen, die mir zeigen, daß ich meiner Intuition vertrauen, mit einem völlig anderen Stil experimentieren, auf mein Herz hören, meinen kreativen Impulsen Rechnung tragen, auf dem Fundament des Glaubens etwas wagen und vor allem erkennen soll, daß es uns in Wirklichkeit an nichts mangelt. Wie könnte es auch anders sein, wenn sich selbst das Gewöhnliche im Verlauf der voranschreitenden Zeit in etwas Kostbares verwandelt? Wenn Sie der Fülle Ihres eigenen Bewußtseins auf die Sprünge helfen wollen, dann sollten Sie einmal einen ganzen Tag auf einem Floh- oder Antikmarkt verbringen. Selbst wenn Sie Geld im Überfluß besäßen, könnten Sie nicht alles kaufen und mitnehmen, was Sie sehen. Unsere wahren Bedürfnisse und Wünsche sind endlich. Wir vergessen es nur immer wieder.

Isabelle Eberhardt schrieb im Jahre 1900, der Gedanke daran, »was in der Vergangenheit gut und schön war«, verleihe »der Gegenwart Patina«. Daran sollten auch Sie denken, wenn Sie das nächste Mal das innere Bedürfnis nach einer Rechtfertigung verspüren, an einem Sommernachmittag eine spannende Reise in die Vergangenheit zu unternehmen.

9. AUGUST

Die acht Tage der Schöpfung: Unsere angeborenen Talente in Ehren halten

> Wir sollten täglich den Willen Gottes erforschen.
>
> *Carl Gustav Jung*

Martin Buber, der große jüdische Philosoph, erzählt die Geschichte vom chassidischen Zaddik oder weisen Rabbi Zusya, der oft darüber nachsann, ob er wirklich ein Leben führte, das seiner wahren Bestimmung entsprach: »Wenn ich in der nächsten Welt gefragt werde: ›Warum warst du nicht Moses?‹ werde ich die Antwort wissen. Doch wenn sie mich fragen. ›Warum warst du nicht Zusya?‹ werde ich nichts darauf erwidern können.«

Wie überzeugend unsere eigenen Argumente bei einem derart enthüllenden Gespräch wären, beginnt uns nun zu interessieren, da das vierte Prinzip der Einfachheit und Fülle – die Harmonie – zaghaft an unsere Seele rührt. Die Erkenntnis, welche Fähigkeiten und Fertigkeiten uns in die Wiege gelegt wurden, ist von grundlegender Bedeutung, um mehr Raum für die Harmonie in unserem Leben zu schaffen.

Es fällt indessen schwer, sich innerlich verpflichtet zu fühlen, diesen Talenten Rechnung zu tragen, wenn wir nicht wissen, um welche es sich überhaupt handelt. Und während Lehrmeister, Mystiker, Heilige, Weise, Dichter und Philosophen Zeugnis von dem authentischen Weg ablegten, der wie ein roter Faden durch das Labyrinth der Zeit bis zum Anbeginn der Menschheit verläuft, haben sich viele Menschen ausgeklinkt. Warum? Es liegt vermutlich daran, daß die Lektion der Authentizität auf dem Fundament von zwei Worten ruht, die viele zurückzucken lassen: *Gottes Wille*. Der Wille Gottes wird häufig mit Leiden assoziiert, und so ist es kein Wunder, daß viele – bewußt oder unbewußt – in den spirituellen Abgrund des Nichtwissens gerutscht sind. Gottvertrauen? Wozu? Vielen Dank, kein Bedarf. Ich nehme mein Schicksal lieber selbst in die Hand.

Doch sogar im dunklen Verlies des Zweifels sehnen wir uns danach zu glauben, daß eine Macht, die stärker ist als wir und über das verstandesmäßige Erfassen hinausgeht, uns an die Hand nimmt und leitet. Es gibt sie, und sie verbirgt sich in unserem authentischen Selbst. Sie verbindet Ihre Träume und Wünsche mit Ihren persönlichen Fähigkeiten und Fertigkeiten, so daß sie in der Außenwelt realisiert werden können. Wir leben, bewegen und verwirklichen uns in ihrem Dunstkreis.

Und diese Macht ist die Liebe.

Liebe will, wünscht und fordert nichts weniger als das Streben nach Zufriedenheit, Harmonie, Ganzheitlichkeit.

Betrachten Sie es als eine innere Verpflichtung, Ihre angeborenen Talente zu entdecken, zu akzeptieren, anzuerkennen, in Besitz zu nehmen und in Ehren zu halten.

Und möge die Macht der Liebe stets mit Ihnen sein.

10. AUGUST
Unser Potential entfalten

> Weine nicht; entrüste dich nicht. Verstehe.
> *Baruch Spinoza*

Sie sehnen sich danach, Ihr Potential auszuschöpfen, Ihre angeborenen Fähigkeiten zu erforschen, Ihre Kreativität zu entdecken und zu entwickeln. Aber wo fangen Sie an? Sie beginnen mit einem offenen Herzen und der Bereitschaft zu dienen.

Ob wir dazu bereit sind, hängt allein von uns ab. Das größte Geschenk Gottes an die Menschen ist die Willensfreiheit; sie unterscheidet die Sterblichen von den Engeln, die – nachdem sie die Glorie erschauen durften – ihre Willensfreiheit freudig gegen das Geschenk des Dienens eintauschten. Da wir in der Hierarchie über den Engeln stehen, können wir uns die Rosinen aus beiden Welten herauspicken: die Willensfreiheit und die Freude des Dienens. Vielleicht werden wir eines Tages erkennen, daß es *nicht* Gottes Wille ist, den wir fürchten müssen, sondern vielmehr die Tatsache, daß wir unseren eigenen Tricks und Täuschungen überlassen sind. Es steht uns immer frei, »nein« zum nächsten Klassiker der Weltliteratur, zum nächsten Kinokassenknüller und zur nächsten Trickfigur im Fernsehen zu sagen, mit denen wir internationalen Ruhm erlangen könnten.

»Tut mir leid, such dir jemand anderen.«

Und genau das wird der Schöpfer tun.

Der Fairneß halber muß gesagt werden, daß wir solche Worte nicht buchstäblich in den Mund nehmen. Manchmal erwidern wir nur: »Tut mir leid, im Moment kommst du mir ungelegen. Versuch es später noch einmal.«

Und so geht der Schöpfer ein Haus weiter, bis er einen Künstler mit offenem Herzen findet, der bereit ist, ihm als Werkzeug zu dienen.

Dieses Szenario erklärt, warum wir am Boden zerstört, verwirrt und wütend sind, wenn nach Jahren, die wir vergeudet haben, eine andere ein Patent auf eine Kindertragetasche anmeldet, die haargenau derjenigen gleicht, welche Sie für Ihr erstes Kind entworfen haben; warum »Ihr« Grußkartensortiment für alleinerziehende Mütter im Handel verkauft wird, während Ihres halbfertig auf dem Zeichenbrett vor sich hin dämmert; warum irgend jemand die Bezeichnung für seinen Laden verwendet, die schon seit langem in ihrer Phantasie herumspukt; warum in sämtlichen überregionalen Zeitungen ein Artikel erscheint, den Sie in den letzten fünf Jahren mental schon tausendmal geschrieben haben, aber aus Zeitgründen nicht veröffentlichen konnten; oder warum Ihnen im Backwettbewerb kein Preis für das köstlich dekadente Schokoladenplätzchenrezept zuerkannt wurde, das Sie im Verlauf der Jahre durch Tests an Ihrer Familie perfektioniert haben.

Ich meine damit nicht, daß eine andere früher als Sie mit dem Buch, dem Entwurf, dem Namen oder dem Rezept auf der Bildfläche erschienen ist. Ich rede von einer schöpferischen, zündenden Idee, die jemand anderer in die Welt setzt und welche der Ihren in solchem Maß ähnelt, daß Sie am liebsten aus der Haut fahren möchten. Sie sind am Boden zerstört, fühlen sich hilflos den Launen des Schicksals ausgeliefert. Wie um alles in der Welt war es möglich, wenn nicht durch Gedankenübertragung?

Nun, es war nicht *Ihre* Idee, die praktisch umgesetzt wurde, sondern die des Schöpfers. Vergessen Sie nicht: Bevor es überhaupt etwas auf Erden gab, existierte es in seiner letztendlichen Form in den Gedanken des Schöpfers. Er bevorzugt niemanden; jeder Mensch wird in die Welt hineingeboren, um sie mittels seiner angeborenen Talente ein zweites Mal zu erschaffen.

Und obwohl sich uns im Verlauf der Jahre viele unvergleichliche Chancen bieten, klopft der Schöpfer nur einmal an unsere Tür, um uns aufzufordern, seinem Werk Ausdruck zu verleihen. Wenn wir ihn nicht hören, geht er weiter. Wichtig ist allein, daß sein Werk getan wird, daß sein Wille geschehe. Sollten Sie dazu nicht bereit sein, so wird sich jemand anderer finden. Geben Sie also acht, wenn Sie eine phantastische Idee haben, die Ihnen wie eine Erleuchtung vorkommt! Sobald sie in Ihrem Kopf existiert, werden andere, die ihre mentalen Antennen ausgefahren haben, in der Lage sein, die kreativen Signale zu empfangen. Stellen Sie sich den menschlichen Verstand wie eine Satellitenschüssel vor: Ständig werden kreative, himmlische Botschaften übertragen. Die Frequenz ist einen winzigen Augenblick lang blockiert, sie steht ausschließlich Ihrer Seele offen. Lange genug, bis Sie sich ein Herz fassen, den göttlichen Auftrag annehmen und ein Dankgebet sprechen.

Klingt die Idee märchenhaft? Können Sie die Szene vor Ihrem inneren Auge abspulen? Verschlägt sie Ihnen den Atem? Die Romanschriftstellerin Gail Godwin ist sich sicher, daß einige Gelegenheiten in »ihrer eigenen rätselhaften Stunde« kommen, zu ihren eigenen Bedingungen und nicht zu unseren, um wahrgenommen oder ein für allemal vertan zu werden.

Und deshalb sagen Sie um Gottes – und um Ihrer selbst willen – einfach »ja«.

11. AUGUST
Überlegungen aus zweiter Hand

> Mir hilft der Geist! Auf einmal seh ich Rat /
> Und schreibe getrost: Im Anfang war die Tat!
> *Johann Wolfgang von Goethe*

Heute sollten Sie sich bewußtmachen, wie sehr Sie vom Schicksal bevorzugt sind. Insgeheim, in den verborgenen Winkeln Ihres Herzens, nähren Sie einen Traum, der im Entstehen begriffen ist: das Werk des Herrn zu hüten, wie es Ihnen überantwortet wurde. In Augenblicken der Stille fühlen Sie sich von der Vorfreude auf die ungeahnte, endlose Palette Ihrer Möglichkeiten überwältigt. Da Glück ein Gefühl ist, das man nur schwer allein erträgt, haben Sie das Bedürfnis, Ihren Traum Ihrem Partner, Ihrer besten Freundin, dem Geliebten, Ihrer Schwester, Ihrer Mutter, Ihren Kindern anzuvertrauen.

Der Mangel an Begeisterung, auf den Sie mit Ihrem Vorhaben stoßen, trifft Sie mitten ins Herz. Die Litanei an Gegenargumenten nimmt kein Ende: Du bist zu alt, hast ohnehin schon zuviel um die Ohren, um dich ausgerechnet jetzt auf Experimente einzulassen, dir mangelt es an den nötigen Finanzen oder an Erfahrung. Du besitzt weder die Ressourcen noch das Talent oder die Kontakte, und die Chancen, daß sich dein Traum erfüllt, stehen eins zu einer Million. Tatsächlich? Werfen Sie einmal einen Blick auf die Biographie dieser notorischen Neinsager. Wie viele *ihrer eigenen* Träume konnten sie denn verwirklichen?

Dachte ich mir's doch. Nehmen Sie sich in acht, wem Sie Ihre geheiligten Träume anvertrauen, vor allem in den ersten drei Monaten nach der kreativen Empfängnis: in der Phase, die Sören Kirkegaard als »träumendes Bewußtsein« vor dem schöpferischen Akt bezeichnet hat. Ein desillusionierter Träumer stellt als Lehrmeister ein erhöhtes Geburtsrisiko dar. Bitten Sie nie jemanden um Rat, wenn Sie von vornherein wissen, wie dieser ausfallen wird. Sie können es sich nicht leisten, sich immer wieder die alte, negative Leier anzuhören.

Überlegungen aus zweiter Hand haben mehr Träume zum Tode verurteilt als die widrigen Umstände, die unüberwindlichen Hindernisse und gefährlichen Umwege, die das Schicksal uns zugedacht hat. Ihre Authentizität zu untergraben, indem Sie sich von den Mutmaßungen eines anderen Menschen überrumpeln lassen, ist eine vertrackte, versteckte und verführerische Art, Schindluder mit sich selbst zu treiben. Nur wenige Menschen sind vor der Meinungsmache anderer gefeit. Wir müssen lernen, wie wir Ratschläge emotionslos entgegennehmen, die Quelle analysieren, die verschiedenen Aspekte ausleuchten. Wenn sie von Sachverstand zeugen und Gesichtspunkte beinhalten, die Sie nicht bedacht hatten, speichern Sie die Informationen in Ihrem Gedächtnis. Resultieren sie in einem entmutigenden Pauschalurteil, pfeifen Sie drauf. Beenden Sie das Gespräch höflich, aber bestimmt. Und besser noch: Lassen Sie sich in Zukunft erst gar nicht darauf ein.

12. AUGUST
Die konzertierte Aktion

> Wir können uns nicht unserer Fähigkeiten und Begabungen wegen loben lassen. Was zählt, ist allein, wie wir sie nutzen.
> *Madeleine L'Engle*

Machen Sie sich keine Sorgen, daß Ihre Fähigkeiten und Fertigkeiten für Ihre Aufgabe nicht ausreichen könnten. Der Schöpfer wählt uns nur für diejenigen Aktivitäten als Werkzeug aus, die perfekt auf unsere Talente abgestimmt sind – selbst wenn wir flehen, der Kelch möge an uns vorübergehen, weil es uns an diesem oder jenem mangelt. Eine geringe Meinung vom eigenen Potential zu haben ist ein Handikap, wenn es gilt, kreative Herausforderungen zu meistern. Doch der Schöpfer hat *uns* und niemand anderen ins Auge gefaßt, und er irrt nie. Das Gefühl, der uns übertragenen Aufgabe nicht gewachsen zu sein, scheint sogar eine spirituelle Voraussetzung zu sein.

Wie dem auch sei, das Ausmaß unseres Talents ist ein strittiger Punkt, denn der Schöpfer, der uns in seinem Ratschluß das Werk überantwortet hat, weiß es besser als wir – eine Tatsache, für die wir bis in alle Ewigkeit dankbar sein sollten. Sich darauf einzulassen, dem Herrn als Werkzeug zu dienen, bedeutet nicht mehr, als Kunden zu besuchen, Farbe zu mischen, den Bleistift in die Hand zu nehmen, die Wolle aufzuwickeln, ein Gefäß zu töpfern und sich in allem Tun die größte Mühe zu geben.

Unsere kreativen Fähigkeiten entwickeln sich nicht in einem Vakuum. Kunst setzt eine konzertierte Aktion voraus, ein geheiligtes Zusammenwirken von Kunstschaffenden und Schöpfer. Begnadete Menschen, deren Bücher man nicht mehr aus der Hand legen kann, deren Gedichte man auf Anhieb auswendig lernt, deren Bilder den Blick fesseln, deren Musik man sich wieder und wieder anhört, sind die ersten, die auf diese Kooperation verweisen. Der große italienische Komponist Giacomo Puccini gestand, daß Gott ihm seine Oper *Madame Butterfly* in die Feder diktiert habe. Er sei nur das Instrument gewesen, das die Noten auf Papier bannte und sie an die Öffentlichkeit weitergegeben habe. Harriet Beecher Stowe schwor, es sei »eine andere Hand« gewesen, die ihr den Stift am Küchentisch führte – während sie zwischendurch sechs Kinder betreute, kochte und nähte –, weil sie nie wußte, was in *Onkel Toms Hütte* als nächstes passieren würde. Georg Friedrich Händel glaubte zwanzig Tage lang an eine Halluzination, als er den *Messias* komponierte: »Ich vermeinte den ganzen Himmel vor mir zu sehen und den großen Gott höchstselbst.« Berühmte Maler, von Piet Mondrian bis Robert Motherwell, haben sich als Medium einer höheren Macht betrachtet. Motherwell wußte, daß er am besten dem Pinsel die Führung überließ, um eine Vision auf Leinwand zu bannen: »Er wird über das stolpern, was man selbst nicht zu tun vermag.«

Und wenn wir beginnen, den göttlichen Traum zu erfüllen – mit unserer schöpferischen Kraft, unserem handwerklichen Geschick, mit Disziplin, Energie, Enthusiasmus, Erfindungsreichtum, Geduld, Hingabe, Intelligenz, Engagement, Mut, Phantasie, Scharfblick, Schweiß, Stimmungsschwankungen, Talent, Tränen, Verstand und Zähigkeit –, dann werden wir in unser Potential hineinwachsen. Und wichtiger noch, wir werden erstaunt sein, was die konzertierte künstlerische Aktion zustande bringt.

Die Welt braucht Ihr Talent in gleichem Maße, wie Sie das Bedürfnis haben, es der Welt zu schenken. May Sarton warnt uns: »Das Talent, das nach innen gekehrt wird, unfähig, sich zu verströmen, wirkt wie eine schwere Last, ja manchmal sogar wie ein Gift. Es ist, als würde man den Strom des Lebens stauen.«

Solange Sie sich daran erinnern, daß Sie das Werk nicht allein schaffen, läßt sich der Strom nicht zum Stillstand bringen.

13. AUGUST
Der Weg des Künstlers: Sich auf einen höheren harmonischen Oberton einstimmen

> Wir müssen gewillt sein, die Hand Gottes zu sehen und sie als Hilfe eines Freundes bei unserem Tun akzeptieren.
>
> *Julia Cameron*

Zahlreiche Menschen wünschten, sie wären kreativer. Viele spüren, daß sie kreativ sind, sehen sich jedoch außerstande, ihre Kreativität voll zu entfalten. Wir jagen ständig unseren Träumen hinterher, ohne sie jemals zu verwirklichen. Unser Leben erscheint uns flach; ihm fehlt eine höhere Dimension. Oft haben wir großartige Ideen und Träume, sind aber unfähig, sie zu realisieren. Häufig haben wir unbewußt unüberwindliche Hürden aufgebaut, um uns vor dem Versagen, aber auch vor dem Erfolg zu schützen. Wir mögen denken, daß es nur in unserem eigenen Interesse ist, wenn wir kreative Impulse ignorieren oder leugnen, doch in Wirklichkeit begraben wir unser authentisches Selbst bei lebendigem Leibe. Wenn wir lernen, den Schuttberg der Vorurteile und Meinungsmache abzutragen (Ihre eigene, innere Jury eingeschlossen) und das Bild eines Schicksalsschläge austeilenden, ungerechten Gottes gegen das eines liebevollen, unterstützenden Schöpfers auszutauschen, werden wir nicht nur der Künstlerin in unserem Innern begegnen, sondern Kunst auch als eine persönliche Form der Andacht betrachten.

Der Schöpfer spricht fortwährend zu Ihnen – tagein, tagaus. Sie haben vielleicht eine Vorahnung, horchen auf bei dem Vorschlag, den ein Freund Ihnen macht, oder folgen dem inneren Drang, aus einer Laune heraus etwas Neues auszuprobieren. Trainieren Sie Ihr Herz darauf, aufmerksam zuzuhören. Richten Sie heute Ihren spirituellen Satelliten aus. Stellen Sie eine höhere harmonische Frequenz ein, die Ihnen hilft, während Sie Ihre authentische, künstlerische Pilgerfahrt zu einem ganzheitlichen Leben fortsetzen.

14. AUGUST
Der Mut zur eigenen Kreativität

Keine Tränen beim Schreiber, keine Tränen beim Leser.
Keine Überraschung für den Schreiber, keine Überraschung für den Leser.

Robert Frost

Daß wir uns davor fürchten, unser authentisches Selbst freizulegen oder den Kontakt zu der Künstlerin in uns herzustellen, mag nicht zuletzt daran liegen, daß uns die Kreativität zu risikoreich erscheint. Wir hören das Wort »Künstlerin« und bringen damit automatisch den dramatischen, selbst herbeigeführten Untergang in Verbindung: Edna Saint Vincent Millay, die sich in ihrer Einsamkeit mit der Flasche tröstete, Dorothy Parker, ebenfalls dem Alkohol verfallen, Judy Garland mit ihren Schlaftabletten, Billy Holiday, ein Opfer des Heroins, oder die Dichterin Anne Sexton, die in einem mit Kohlenmonoxid gefüllten Auto dem großen Schlaf entgegendämmerte. Die Anzahl der Menschen, die sich mittels eigener Mutlosigkeit auf dem Altar der Kunst opfern, erklärt, warum viele Frauen, vor allem mit Kindern, sich nur zögernd als Künstlerin bezeichnen. Es ist sicherer tiefzustapeln. Niemand erwartet ein Meisterwerk von einer Dilettantin. Ein Kunstwerk zu schaffen erfordert einen hohen Preis, vor allem, wenn wir glauben, daß Kreativität nur durch seelisches Leid verwirklicht werden kann.

Warum sollte das so sein? Rollo May, der das Buch *Der Mut zur Kreativität* geschrieben hat, erklärt: »Zu allen Zeiten waren schöpferische Menschen ... in einen Kampf verstrickt.« Aber handelt es sich hier um das Ringen um Kreativität oder eine persönliche Blockade, weil wir uns davor fürchten, uns einem ungewissen kreativen Leben auszuliefern? »Schreibe den wahrhaftigsten Satz auf, den du kennst«, ermutigt Ernest Hemingway die Schriftstellerin in Ihnen. Malen Sie das wahrhaftigste Bild, dessen Sie fähig sind. Warten Sie den ganzen Tag mit aufnahmebereiter Kamera, um den Lichthauch einzufangen, der nur fünf Sekunden währt. Bringen Sie die Wut und die ganze Skala der ungezügelten Empfindungen in Ihrem Dialog zum Ausdruck. Übertragen Sie die Kraft der leidenschaftlichen Hingabe auf die geschmeidigen Bewegungen Ihres durch Disziplin und Verzicht gestählten Tänzerinnenkörpers. Verleihen Sie dem Engel Gestalt, wenn Sie schnitzen. Bringen Sie den Himmel zum Weinen, wenn Sie komponieren.

Doch um sich wahrhaftig in ein schöpferisches Werk einzubringen, muß der Künstler die Reise zum Mittelpunkt des Selbst antreten. Jenseits des Bewußtseins, an dessen Grenzen Wachtposten stehen, jenseits der Stacheldrahtbarrikaden des Herzens führt der Weg in die Schützengräben des »Mutes zum Risiko«. Sie können keinen wahrhaftigen Satz schreiben oder ein authentisches Leben führen, wenn Sie sich selbst nicht vertrauen. Und Selbstvertrauen verlangt Mut. Sie können es sich nicht leisten, drüber nachzudenken, wie man Ihr Werk wohl aufnehmen wird, sobald es beendet ist. Das ist nicht Ihre Aufgabe. Vergegenwärtigen Sie sich, daß wir lernen, für die Einzelheiten bei der Realisierung unserer Träume zu sorgen. Unsere Aufgabe besteht also nur darin, anzufangen. Nichts kann veröffentlicht, produziert, auf der Bühne aufgeführt oder gekauft werden, was nicht existiert.

Überlegen Sie: Was wäre, wenn die Frau, die mit Gott ringt, aber diesen Kampf nicht lebt, diejenige ist, die sich weigert, ihre schöpferische Kraft zu entfalten – in Form eines Kunstwerks oder eines authentischen Lebens? Was wäre, wenn die tödliche Wunde, von der wir nie wieder genesen, Bedauern über das Versäumte wäre?

Heute ist es an der Zeit, Ihren authentischen »Mut zum Risiko« zu beweisen. Wagen Sie es, Ihrer eigenen Kreativität zu vertrauen, wohin sie auch führen mag. Vertrauen Sie darauf, daß sie Sie genau dorthin führt, wo Sie hingehören. Das Wort *Courage* leitet sich von dem französischen Wort *cœur*, Herz, ab. Ihr authentisches Selbst weiß, wohin Ihr Weg weist. Ringen Sie nicht mit Ihrem Schöpfer. Arbeiten Sie mit ihm Hand in Hand.

15. AUGUST
Manchmal ist Nichtwissen ein Segen

Nichtwissen gibt uns eine breite Palette von Wahrscheinlichkeiten an die Hand.

George Eliot

Glauben Sie mir, Sie wollen es nicht wissen. Ignoranz ist ein segensreicher Selbstschutzmechanismus. Wollen Sie wirklich wissen, daß Ihr Theaterstück über eine Frau, die ihr Schicksal selbst in die Hand nimmt, nach der Premiere zerrissen wird, nur weil der Rezensent soeben von seiner Frau verlassen wurde? Wollen Sie wirklich wissen, daß acht Monate nach dem erstmaligen Erscheinen Ihrer Kolumne der Zeitungsverlag verkauft und Ihr Beitrag ausgemustert wird? Wollen Sie wirklich wissen, daß man Ihnen das Stipendium nicht bewilligen, daß erst Ihr dritter Roman veröffentlicht, daß Ihr Debüt als Fernsehschauspielerin im Schneideraum enden oder daß keines Ihrer Töpferprodukte nächste Woche auf der Handwerksausstellung verkauft wird?

Ich glaube nicht. Würden Sie das Theaterstück schreiben, einen Zeitungsverlag für die Kolumne suchen, sich für das Stipendium bewerben, beim Casting erscheinen oder den Brennofen ausleihen, wenn Sie von vornherein wüßten, daß dem Erfolg immer ein Fehlschlag vorausgeht? Mißerfolge sind ein wichtiges Element des kreativen Prozesses. Authentischer Erfolg stellt sich dann nur ein, wenn wir besser mit dem Mißerfolg umzugehen wissen.

Wir müssen auch nicht unbedingt im voraus wissen, was wir alles auf uns nehmen müssen, wenn wir unserer künstlerischen Berufung folgen. »Ich muß offen zugeben, wenn ich vorher gewußt hätte, daß dieses Buch mir soviel Arbeit macht, hätte ich nie den Mut besessen, damit anzufangen«, gesteht Isabella Beeton. Sie schrieb 1861 das *Book of Household Management*, das heute noch verlegt wird.

Es gibt einen Grund dafür, daß Isabella Beeton im dunkeln tappte wie alle, die kreativ tätig sind: Wenn wir auch nur einen blassen Schimmer von der Plackerei hätten, die unerläßlich ist, bis unser Werk das Licht der Welt erblickt, hätten wir längst die Segel gestrichen. Wenn die Heimsuchung an die Tür klopft, ist es der schöne Schein der Chance, der uns blendet. Nichtwissen ist Teil einer höheren Intelligenz, die uns lockt. Warum sonst treten himmlische Erscheinungen immer von strahlendem, blendendem Licht umgeben auf? Weil es im Plan des Schöpfers nicht vorgesehen ist, daß wir zu weit in die Zukunft blicken. Es ist uns verwehrt, allwissend zu sein. Vergessen Sie nicht, daß die verbotene Frucht im Garten Eden vom Baum der Erkenntnis stammte.

Im militärischen Bereich und in der High-Tech-Industrie gibt es Codes oder Paßwörter, die bestimmen, wer Zugang zu vertraulichen Informationen mit dem Vermerk »Streng geheim« hat. Wenn Sie Ihre Aufgabe effektiv erfüllen können, ohne das Gesamtbild zu kennen, werden Sie nicht eingeweiht. Alles, was wir wissen müssen, ist, daß der Schöpfer des Himmels und der Erde weiß, was wir nicht wissen. Wenn wir in die Irre gehen, zeigt man uns den nächsten Schritt, wozu auch die Erkenntnis gehört, uns nicht kleiner zu machen, als wir sind, wenn wir langsam und dank der Hilfe unseres Schöpfers in unsere Talente hineinwachsen.

16. AUGUST
Sie können nicht das Original sein – aber authentisch

> Unseren eigenen Gedanken zu glauben, zu glauben, daß alles, was in unserem eigenen Herzen wahr ist, für alle Menschen wahr sein muß – das ist Geistesgröße.
>
> *Ralph Waldo Emerson*

Einer der Gründe für die Schwierigkeiten, unserem Werk in die Welt zu verhelfen, besteht darin, daß wir unbewußt mit anderen konkurrieren, statt unser Augenmerk voll darauf zu richten, etwas Neues zu kreieren. Dadurch bremsen und boykottieren wir den Fluß unserer eigenen Inspirationen. Eine meiner Freundinnen ist eine talentierte Bühnenautorin. Sie versagt sich das Vergnügen, etwas anderes als Neufassungen der Klassiker, vorzugsweise der griechischen, auf den Brettern zu sehen, welche die Welt bedeuten. Sie erträgt es nicht, zeitgenössische Stücke anzusehen, weil sie nach Vergleichen süchtig ist.

Warum reiben wir uns im Konkurrenzkampf gegen Fremde auf? Ich glaube, daß dies nur eine weitere ausgeklügelte, unruhestiftende Form der Selbstsabotage ist. Warum sollen wir es überhaupt erst versuchen, wenn wir den Maßstäben ohnehin nicht genügen? Die Kluft des Vergleichs hat bei vielen tiefe Einschnitte im Leben hinterlassen. Ich kenne Frauen, die es als persönliche Schmach empfinden, daß ihre Kekse beim Schulbasar nicht in solcher Windeseile Absatz fanden wie die anderer Mütter.

Vor fünf Jahren, als mein erstes Buch veröffentlicht wurde, das viktorianische Familientraditionen in neuem Gewand präsentierte, waren nur wenige, nicht zum Sachbuchbereich gehörige Bücher über diese Epoche verfügbar. Doch stand das neunzehnte Jahrhundert kurz davor, wiederentdeckt zu werden, und innerhalb von zwei Jahren waren so viele Bücher auf dem Markt, daß der Bedarf mehr als gesättigt erschien. Heute wäre es außerordentlich schwierig, einen Verleger für ein Buch über die Viktorianische Ära zu finden, selbst wenn man Königin Viktoria höchstpersönlich vor den Werbekarren spannen könnte. Das bedeutet nicht, daß Sie den Stift aus der Hand legen sollten, falls Sie gerade an einem solchen Werk arbeiten. Der Kreislauf der Schöpfung verläuft zyklisch. Es hat seinen Grund, daß die Vergangenheit ein Prolog der Zukunft ist.

Manchmal ist jemand seiner Zeit weit voraus. Mozart deklarierte sein Genie als die Fähigkeit, für künftige Generationen zu komponieren. Es gibt buchstäblich Kunstschaffende wie Sand am Meer, die hoffen, arbeiten und um den Durchbruch beten, während sie Bücher schreiben, Gedichte veröffentlichen, sich bemühen, ihre Manuskripte unterzubringen, bei Kinofilmen Regie führen, probesingen oder -spielen, Kleider entwerfen, sich für Vernissagen bewerben, über deren Teilnahme zuvor eine Jury entscheidet, in den eigenen vier Wänden eine Firma eröffnen oder einer freiberuflichen

Tätigkeit nachgehen, oder nach einem Agenten Ausschau halten, der in ihrem Interesse und Auftrag handelt. Keine Panik. Sie können nicht das Original sein, aber authentisch.

»Gott hat eine Menge Stoff für Filme, neuartige Ideen, Gedichte, Lieder, Bilder und Theaterrollen in petto«, versichert uns Julia Cameron. »Wenn wir auf die Schöpferin lauschen, die in uns verborgen ist, werden wir auf den richtigen Weg geführt.« Sie sind nicht die einzige, die in diesem Jahr einen Versandkatalog herausgibt, aber das heißt noch lange nicht, daß Sie nicht genau wissen, welche Marktnische wie geschaffen für Sie ist. Warum, glauben Sie, wurde Ihnen diese spirituelle und kreative Möglichkeit geboten?

Sobald Sie einen künstlerischen Auftrag vom Schöpfer des Himmels und der Erde erhalten, gehört er Ihnen. Niemand kann Ihnen diese Chance nehmen, es sei denn, Sie lassen sie ungenutzt verstreichen. Niemand ist imstande, Ihr Original zu fälschen, denn es gibt keine zweite Frau auf Gottes Erdboden, die haargenau Ihr Ebenbild wäre. Andere können ein Werk kopieren, ja, aber kein zweites, völlig identisches produzieren. Ihre Arbeit wurzelt in Ihrer besonderen Sensibilität, in Ihrer Wesensart und Erfahrung, in Ihren Emotionen, in Ihrer leidenschaftlichen Hingabe, Hartnäckigkeit, Detailgenauigkeit, in Ihren persönlichen Neigungen und Marotten.

Wenn Sie authentisch sind, spiegelt sich diese Authentizität auch in Ihrer Kunst wider.

17. AUGUST
Harte Arbeit

> Das Leben äußerlich und innerlich voll auszukosten, die äußere Wirklichkeit nicht des inneren Lebens wegen außer acht zu lassen – das ist harte Arbeit.
>
> *Etty Hillesum*

Ich machte eine schwere Zeit durch, nachdem mein erstes Buch erschienen war, weil ich irgendwie nicht richtig glauben konnte, daß ich tatsächlich einen Bestseller geschrieben hatte, vor allem, da meine fiktive Heldin ein Eigenleben entwickelte. Obwohl eine Romanfigur, war Mrs. Sharp die Bilderbuchmutter, der Traum jeder Frau, die Kinder hat, ein Ideal, das wir ständig anstreben. Ich wurde mehrfach darauf hingewiesen, daß diese perfekte viktorianische Mutter mein Alter ego sei, was ich ungestüm leugnete.

Nach meinem Dafürhalten konnte Mrs. Sharp mit allen Eigenschaften aufwarten, die mir eindeutig fehlten: sie war heiter und ausgeglichen, unheilbar optimistisch und ein zutiefst spiritueller Mensch. Ihr Leben verlief harmonisch, weil ihr mit Bravour der Spagat gelang, mit beiden Beinen in der Welt zu stehen und diese gleichzeitig aus der sicheren emotionalen Distanz zu betrachten. Sie lebte jeden Tag voll aus und besaß große Achtung vor der Vergangenheit, einen ausgeprägten Sinn für die Gegenwart und hoffnungsfrohe Erwartungen für die Zukunft. Ihr Heim war ein stiller Hafen der Gastfreundschaft, Schönheit, Ordnung und Behaglichkeit, der den guten Geschmack ihres authentischen Stils widerspiegelte. Sie war eine einfühlsame Vertraute, eine Freundin durch dick und dünn, die sich in andere hineinversetzen, sie ermutigen und inspirieren konnte. Ich bete Mrs. Sharp an, genau wie viele andere Frauen.

Wie hätte ich mich erdreisten können, mich als Alter ego einer solch außergewöhnlichen Frau zu fühlen? Allerhöchstens war ich ihre Sekretärin gewesen, die nach ihrem Diktat schrieb. Wenn ich mich emotional von der Arbeit an meinem ersten Buch distanzierte, konnte ich mich gleichwohl nicht in der Leistung sonnen, ihm auf die Welt verholfen zu haben, obwohl es fünf Jahre harte Arbeit und Kampf repräsentierte. Ich akzeptierte Komplimente, Lob und Dank, es geschrieben zu haben, so würdevoll, wie es einer »Handlungsbeauftragten« geziemt. Endlich hatte ich ein lange anvisiertes Ziel erreicht, aber ich fragte mich, warum ich mich so leer, unerfüllt und desorientiert fühlte.

Einige Jahre später führte ich mit meiner Schwester ein Gespräch unter vier Augen. Während der Unterhaltung spielte ich unbewußt immer wieder auf Mrs. Sharp an. »Hör auf damit«, sagte Maureen mit sanfter, aber fester Stimme. »Hör auf, dauernd von Mrs. Sharp zu reden, als wäre sie eine völlig fremde, eigenständige Person. *Du* bist Mrs. Sharp, auch wenn du es nicht wahrhaben willst. Sie ist der

Mensch, der sich in dir verbirgt. Du mußt deine Fähigkeiten endlich als etwas akzeptieren, was *dir* gehört, sonst wirst du sie verlieren.«

Maureen war der Überzeugung, daß die Ursache meiner Unzufriedenheit in meiner Weigerung lag, mein Talent in Besitz zu nehmen. Ich hatte es nicht als meines »akzeptiert«, keinen »Rechtsanspruch« darauf geltend gemacht. Und genausowenig hatte ich die Wahrheit akzeptiert, daß jemand auch dann Künstler sein kann, wenn er nicht in einem schicken Loft in New York, sondern in einem bescheidenen Eigenheim am Stadtrand wohnt. Die einzige Anerkennung, die ich mir zugestand, war, daß ich fleißig Texte geschmiedet und mir große Mühe gegeben hatte, ein Wort an das andere zu reihen, bis Sätze, Absätze, Seiten, Satzspalten, Gestaltungsmerkmale und fertige Bücher entstanden waren. Ich hatte meine wahre Identität als Künstlerin mit dem stumpfen Werkzeug des Unglaubens niedergemäht und mein authentisches Selbst unter Leugnen begraben.

Aber *warum* akzeptierte ich meine Fähigkeiten nicht als das, was sie waren? Das ist eine Frage, die ich mir schon seit Jahren stelle. Vielleicht lag es daran, daß ich dann zu einem Mißerfolg ebenso stehen mußte wie zu einem Erfolg, und ich wollte nicht mehr scheitern. Ich wollte ein schöpferisches Leben führen, und ich dachte, ich könne meine Kreativität nur dann in Besitz nehmen und ausleben, wenn alle Welt erkannte, daß sie mein eigen war. Es bedurfte noch einiger harter Lektionen, bevor mir klarwurde, daß der Schöpfer sich meiner persönlichen Talente bedient hatte, um etwas zu schaffen, was nicht existent geworden wäre, wenn ich den Bleistift nicht in die Hand genommen hätte. Und da ich bereit gewesen war, den Auftrag des Schöpfers anzunehmen und mich von ihm leiten zu lassen, besaß ich sowohl das Recht als auch die Pflicht, das daraus entstandene Werk als das meine anzuerkennen und es mit anderen zu teilen.

18. AUGUST
Die eigenen Fähigkeiten erkennen und anerkennen

> Jedesmal, wenn ich ein Buch schreibe, jedesmal, wenn ich den Notizblock vor mir sehe, ist die Herausforderung ungeheuer groß. Ich habe elf Bücher geschrieben, aber jedesmal denke ich: »Wie furchtbar, diesmal werden sie mich als Betrügerin entlarven. Ich habe alle an der Nase herumgeführt, und sie werden mich als Betrügerin entlarven.«
>
> *Maya Angelou*

Neulich traf ich auf einer Party einen alten Freund wieder, der als Produzent für den Hörfunk tätig ist. »Ich habe gehört, du arbeitest gerade an deinem dritten Buch. Wie lange kommst du mit deinem Bluff durch, was meinst du?« versuchte er mich zu provozieren.

»Solange es geht«, erwiderte ich lachend. »Es ist nämlich ein riesiger Bluff.«

Weil ich mich so oft wie eine Betrügerin gefühlt hatte, entschied die Authentizität vielleicht, ich sei die perfekte Ansprechpartnerin. »Erkunde mich«, flüsterte sie. »Späh hinter die Vorhänge. Sieh unter dem Felsen nach. Schau genau hin, um zu erkennen, wer ich in Wirklichkeit bin.« Ob Sie's glauben oder nicht – als ich mit der Arbeit am Projekt Einfachheit und Fülle begann, hatte ich keine Ahnung, daß ich mich auf eine Safari einließ, um meine wahre Identität zu entdecken. Ich gestehe offen ein, daß ich mir ein Lifestyle-Buch mit Tips vorstellte, wie man die eigenen Ansprüche herunterschraubt.

Viele Kunstschaffende haben das Gefühl, früher oder später »geoutet« zu werden – vermutlich früher. Denn wenn wir etwas kreieren, gelangt das Werk mit unserem Namen versehen in die Welt, selbst wenn wir wissen, daß eine höhere Macht daran mitgewirkt hat. Das ist der Kampf, den jeder mit sich selbst führt. Wenn wir unsere Kreativität brachliegen lassen, ersticken wir den göttlichen Funken. Wenn wir unserer Kreativität Rechnung tragen, haben wir das Gefühl, eine Maske zu tragen und der Welt etwas vorzuspielen, weil wir ja wissen, daß es uns nicht im Alleingang gelungen ist, auch wenn es anderen genauso ergeht.

Wir setzen dem Tarnen und Täuschen ein Ende, sobald wir unser Talent nicht mehr verleugnen und gewillt sind, es als unseren Besitz anzuerkennen – demütig, dankbar und respektvoll –, und eine innere Verpflichtung darin zu sehen, andere daran teilhaben zu lassen. Solange wir dieses Potential nicht ausschöpfen, und sei es nur in unserem eigenen besten Interesse, halten wir uns bedeckt. In einer Parabel des Neuen Testaments vertraut ein reicher Mann vor Antritt einer Reise seinen drei Dienern acht »Talente« – zu damaliger Zeit ein Zahlungsmittel von ungeheurem Wert – zu treuen Händen an. Der erste Diener erhält fünf, der zweite zwei Talente, und der letzte ein Talent. Der erste läßt das Geld unverzüglich arbeiten und verdoppelt den Betrag des Besitzers, genauso wie der Diener mit den zwei Talenten. Der Diener, dem ein Talent übereignet wurde, hat jedoch Angst vor der Verantwortung und vergräbt den Schatz in der Erde.

Als der reiche Mann heimkehrt, müssen die Diener ihrem Herrn Rechenschaft ablegen. Die beiden, die ihre Talente gemehrt haben, erhalten ein Lob für ihre Mühen und werden eingeladen, am Glück ihres Herrn teilzuhaben.

Nun ist die Reihe an dem dritten Diener, und dieser erklärt, da der reiche Mann ein unerbittlicher Brotherr sei, habe er es vorgezogen, das ihm anvertraute Talent zu vergraben, damit dem Geld nichts geschehe. Sein Herr gerät daraufhin in Rage und wirft ihm vor, es mangele ihm an gesundem Menschenverstand, weil er es nicht einmal bei einem Geldverleiher angelegt habe, um die Zinsen einzustreichen. Erbost verlangt er das Geld zurück und gibt es dem erfolgreichsten Diener mit den Worten: »Denn jedem, der hat, wird mehr gegeben werden, und er wird im Überfluß besitzen.« Der übervorsichtige Diener wird trotz einbrechender Finsternis aus dem Haus geworfen; er weint, klagt und knirscht mit den Zähnen, und das aus gutem Grund. Es tut verteufelt weh, wenn man der Welt keinen Pfifferling wert ist. Aber es ist noch schmerzhafter, oft sogar unerträglich, wenn man nicht an sich selbst glaubt und meint, zu nichts nütze zu sein.

Das ist eine Parabel, in der es um das schöpferische Risiko geht. Wir empfinden Mitleid mit dem Diener, der sein »Talent« vergraben hat, weil uns »seine aus Vorsicht getroffenen Schutzmaßnahmen vernünftig« erscheinen. Der reiche Mann steht wie ein Rohling da, der den armen Burschen ohne Trost oder Mitleid aus dem Haus jagt, nur weil dieser es vorzog, auf Nummer Sicher zu gehen. Da die meisten von uns Risiken scheuen, bringt uns die Geschichte ziemlich aus dem Konzept.

Und das soll sie auch.

Viele Menschen verschwenden wertvolle natürliche Ressourcen – Zeit, kreative Energie, Gefühle –, indem sie ihr Talent mit dem anderer vergleichen. Bitten Sie den Schöpfer heute, Ihnen die Augen für Ihre authentischen Fähigkeiten zu öffnen, damit Sie imstande sind, sie zu erkennen, anzuerkennen, sie in Besitz zu nehmen und sie als innere Verpflichtung zu betrachten. Möchten Sie ein Leben führen, das mehr Vielfalt und Fülle enthält? Haben Sie Ihre Talente vergraben? Wie können wir unserem Leben eine reichere, tiefere, leidenschaftlichere Dimension geben, wenn wir nicht gewillt sind, einen Pfifferling in die Entwicklung unseres Potentials zu investieren? Viele von uns haben zu lange auf Nummer Sicher gesetzt und sich gefragt, warum sie sich trotzdem so unzufrieden fühlen.

Jedem Risiko aus dem Weg zu gehen ist die risikoreichste Entscheidung, die wir treffen können.

19. AUGUST
Stroh zu Gold spinnen

> Geschichten sind Medizin... Sie besitzen ungeheure Macht; sie erfordern nicht, daß wir tun, sind, handeln – wir müssen lediglich zuhören. Die Medizin zur Heilung oder Wiedererlangung der verlorenen psychischen Antriebskraft ist in Geschichten enthalten.
>
> *Clarissa Pinkola Estes*

Abgesehen von dem Wissen, was man mit einem Laib Brot und ein paar Fischen anfangen kann, ist die Fähigkeit, Stroh zu Gold zu spinnen, wohl das wichtigste Talent einer Frau. Es kann darüber entscheiden, ob wir ein Leben des Mangels oder eines der Einfachheit und Fülle führen. Zum Glück wurde diese Begabung allen Menschen in die Wiege gelegt. Aber wie jede andere muß auch diese alchimistische Fähigkeit bewußtgemacht, wie ein Schatz gehütet, als unser Besitz anerkannt, respektiert und geübt werden.

Kennen Sie das Märchen Rumpelstilzchen? Ein armer Müller, ein notorischer Prahlhans, wird zu einem König gerufen, der für sein Bestreben bekannt ist, seinen Reichtum zu mehren. Um ihn zu beeindrucken, erzählt der Müller dem König, seine Tochter besitze eine seltene Gabe: die Fähigkeit, Stroh zu Gold zu spinnen. Skeptisch, aber neugierig geworden, läßt der König die Jungfer in sein Schloß bringen, wo er sie in eine große Kammer führt. Er befiehlt ihr, das darin angehäufte Stroh bis zum nächsten Morgen zu Gold zu spinnen, sonst sei ihr Leben verwirkt.

Da diese Aufgabe undurchführbar ist, beginnt die junge Maid, verzweifelt zu weinen, denn sie weiß nicht, wie sie ihr Leben retten könnte. Plötzlich erscheint ein seltsames kleines Männchen im Raum. »Ich kann Stroh zu Gold spinnen. Was bekomme ich von dir dafür?« eröffnet er ihr. Verblüfft nimmt die Müllerstochter ihr Halsband ab, ein Andenken an ihre verstorbene Mutter, und gibt es ihm. Der Zwerg macht sich unverzüglich an die Arbeit. Das letzte, woran sich die Jungfer erinnert, bevor sie in einen tiefen Schlummer sinkt, ist das Surren des Spinnrads. Als der Morgen heraufdämmert, findet der König die Müllerstochter schlafend vor, umgeben von zahllosen Spulen mit Goldfäden; es liegt kein einziger Strohhalm mehr herum.

Der König ist überglücklich. Und obwohl sie ihm die Wahrheit gestehen möchte, daß nicht sie dieses Zauberkunststück vollbracht hat, bringt sie es nicht übers Herz, aus Angst vor den Folgen. Durch ihr Schweigen verschlimmert sie ihre Zwangslage, denn der unersättliche König führt sie in eine noch größere Kammer, und wieder muß sie auf königlichen Befehl bis zum Morgengrauen Stroh zu Gold spinnen, wenn ihr das eigene Leben lieb ist.

Die zweite Nacht vergeht wie die erste. Diesmal bietet das Mädchen dem Zwerg ihren Ring als Gegengabe für den Zauber an. Am folgenden Morgen ist der König wieder hellauf entzückt, eine Kammer voller goldglänzender Spulen vorzufinden. Doch die Müllerstochter hält noch immer mit der Wahrheit hinter dem Berg. Als der König sie in eine dritte strohgefüllte Kammer bringen läßt, so groß wie eine Scheune, erkennt sie, daß sie einen schrecklichen Fehler begangen hat. Warum konnte sie sich nicht überwinden, offen zuzugeben, daß ein unbekannter Helfer das Ganze bewirkt hatte? Aber es ist zu spät: Der König hat ihr versprochen, sie zu seiner Frau zu machen, wenn sie dieses letzte Mal Stroh zu Gold spinnt.

Als das geheimnisvolle Männchen in dieser Nacht in der Kammer erscheint, findet er die Müllerstochter außer sich vor Verzweiflung, weil sie nichts mehr hat, was sie ihm zum Austausch bieten könnte. Er trägt ihr noch einmal seine Hilfe an, wenn sie ihm dafür ihr erstgeborenes Kind überläßt.

»Wie kann ich ein so grauenhaftes Versprechen abgeben?« fragt sie sich. Doch dann beschließt sie, da ja niemand ihren geheimen Komplizen kennt, nur zum Schein auf den Handel einzugehen, und der Zwerg spinnt zum dritten Mal Stroh zu Gold. Am nächsten Tag macht der König die Müllerstochter zu seiner Gemahlin, und in ihrem Glück vergißt sie schon bald das Versprechen.

Ein Jahr vergeht, und die Königin schenkt einem wunderschönen Sohn das Leben. Kurz danach erscheint der Zwerg in ihrem Schlafgemach und verlangt die Herausgabe des Kindes. Die Königin fleht ihn an, auf das Kind zu verzichten, und bietet ihm alle Schätze ihres Königreichs, aber er lehnt ab. Weinend wirft sie sich ihm zu Füßen. Ihr heimlicher Helfer, von Mitleid gerührt, gewährt der Königin drei Tage, um seinen Namen zu erraten. »Wenn du mich am Ende dieser Frist bei meinem Namen nennen kannst, darfst du dein Kind behalten.« Schließlich findet die Königin mit Hilfe eines gewitzten, getreuen Dieners heraus, daß der Name des Zwerges Rumpelstilzchen lautet. Ende gut, alles gut.

Heute sollten Sie über den psychischen Weg nachdenken, der sich im Märchen vom Rumpelstilzchen offenbart. Die Personen, die in Träumen oder Märchen vorkommen, repräsentieren innere Aspekte unseres Selbst. Wir sind nicht nur die Müllerstochter, sondern auch der König, der getreue Diener, das Kind und Rumpelstilzchen. Und, was noch wichtiger ist, wir sind Stroh und Gold.

20. AUGUST
Der goldene Speicher des Unterbewußtseins

> Wir sind von unbegrenzten Reichtümern umgeben, wenn wir uns die Mühe machen, unsere mentalen Augen zu öffnen und die unerschöpflichen Schatzkammern in unserem Innern wahrzunehmen. In unserem Innern befindet sich eine Goldmine, der wir alles abgewinnen können, um ein Leben in Glanz, Freude und Fülle zu führen.
>
> *Joseph Murphy*

Haben Sie herausgefunden, wer Rumpelstilzchen ist? Er symbolisiert das Unterbewußtsein der Müllerstocher. »Wir können mehr Macht, mehr Reichtum, mehr Gesundheit, mehr Zufriedenheit und mehr Freude in unser Leben bringen, wenn wir lernen, Kontakt mit den verborgenen Kräften unseres Unterbewußtseins aufzunehmen und sie freizusetzen« – mehr, als ein Zauberer heraufzubeschwören vermag, sagt Joseph Murphy in seinem Buch *Die Macht Ihres Unterbewußtseins*, einem Klassiker über die Prinzipien der Metaphysik. Genauso, wie es zwei Hirnhemisphären gibt, ist unser Bewußtsein in zwei Sphären unterteilt. Das Bewußtsein ist derjenige Bereich, in dem die Vernunft das Zepter schwingt, und das Unterbewußtsein beherbergt unsere Gefühle und schöpferischen Fähigkeiten.

»Wichtig ist, sich eines vor Augen zu halten: Sobald das Unterbewußtsein eine Idee akzeptiert hat, beginnt es mit der praktischen Umsetzung«, erklärt Dr. Murphy. »Es arbeitet mit der mentalen Verknüpfung von Gedanken und benutzt jeden Informationsbaustein, den wir in unserem Leben gesammelt haben, um das Ziel zu realisieren. Es bedient sich dabei unserer unbegrenzten inneren Kräfte, Energie und Weisheit. Es macht sich sämtliche Naturgesetze zunutze, um seinen Willen durchzusetzen. Manchmal hat es sofort eine Problemlösung parat, ein anderes Mal kann es Tage, Wochen oder länger dauern... Seine Wege sind unergründlich.«

Im Märchen vom Rumpelstilzchen beginnt der Schöpfungszyklus mit dem Befehl an das Unterbewußtsein. Damit sich Träume auf der physischen Ebene manifestieren können, mußte der Müller die

Behauptung aufstellen: »Meine Tochter kann Stroh zu Gold spinnen.«

Manchmal scheint die Aufgabe, auf die wir uns eingelassen haben, unlösbar zu sein. Wir glauben, daß wir nicht über die Zeit, das Talent, die Mittel oder die nötige Unterstützung verfügen, um sie zu realisieren. Aber die Aussichten, die damit einhergehen, faszinieren uns, genauso wie der König von dem Gedanken besessen war, seinen Reichtum zu mehren. Unsere authentischen Wünsche und Bedürfnisse ermutigen uns, dem inneren Befehl Folge zu leisten: Spinn das Stroh zu Gold oder akzeptiere die Konsequenzen. Wenn wir den Traum sterben lassen, stirbt mit ihm das authentische Leben, nach dem wir uns sehnen.

Und so versuchen wir, Stroh zu Gold zu spinnen – unter Aufbietung aller Fähigkeiten unseres Bewußtseins: Vernunft, Erfahrung, Geschicklichkeit. Doch wenn wir uns bei der Verwirklichung unserer Träume ausschließlich auf die Vernunft verlassen, haben wir am Ende nur Stroh in der Hand. Gleichwohl können wir uns auf einen seltsamen kreativen Helfer verlassen, der weiß, wie man Stroh zu Gold spinnt. Es ist Rumpelstilzchen, unser Unterbewußtsein. Statt auf Halskette oder Ring verzichten wir auf unseren Stolz und die Kontrolle über den Traum. Statt unseres erstgeborenen Kindes bringen wir unser Ego in den Handel ein: Wir geben zu, daß wir aus eigener Kraft nicht imstande sind, das Wunder zu vollbringen. Wir müssen unserem Unterbewußtsein den Befehl erteilen, die Leitung des Projekts zu übernehmen; danach gilt es, in einem kreativen Dämmerschlaf zu verharren, damit sich unser Unterbewußtsein in unserem Interesse und Auftrag an die Arbeit machen kann.

Wenn Sie kreativ tätig sind und feststellen, mental blockiert zu sein, sollten Sie loslassen und das Kommando auf die tiefere Weisheit übertragen, die in Ihrem Innern schlummert, jenseits der Vernunft. Wenn Sie nicht mehr weiterwissen, bitten Sie Ihr Unterbewußtsein, die Führung zu übernehmen, vor allem während der Nacht. Am Morgen wird sich die Antwort oder Lösung höchstwahrscheinlich klarer abzeichnen. Wenn nicht, stellen Sie sich vor dem Einschlafen folgende Fragen: Wie gehe ich am besten vor? Wie spinne ich mein Stroh zu Gold? Befehlen Sie Ihrem Unterbewußtsein, morgens beim Aufwachen die Antwort bereitzuhalten. Am dritten Morgen – die Drei ist eine mystische Zahl – wird sich die Lösung enthüllen.

Wenn wir die unglaubliche Macht des Unterbewußtseins in unserem Leben nutzen, können wir alles erreichen, was wir uns vorgenommen haben, ungeachtet der Hindernisse, die es dabei zu überwinden gilt. Speichern Sie die Vision Ihres erfüllten Traumes im Bewußtsein. Sehen Sie vor sich, wie sich Ihr Herzenswunsch erfüllt. Geben Sie sich der Euphorie hin, eine Herausforderung gemeistert zu haben. Sprechen Sie schon vorher ein Dankgebet. Fragen Sie nicht, wie das Wunder geschehen wird, sondern halten Sie sich nur vor Augen, daß es geschieht. Und dann machen Sie sich an die Arbeit.

Bereiten Sie sich heute innerlich darauf vor, sich von der armen Müllerstochter in eine Königin zu verwandeln. Seien Sie in Ihrem Herzen, in Ihrem Verstand und in Ihrer Seele bereit, das Kommando dem Schöpfer in seiner unendlichen Weisheit zu überlassen. Treten Sie beiseite, nennen Sie die Quelle Ihrer Macht beim Namen und beginnen Sie, Stroh zu Gold zu spinnen.

21. AUGUST
Der Trost, den man in guten alten Büchern findet

> Wir lesen Bücher, um herauszufinden, wer wir wirklich sind. Was andere Menschen, reale oder fiktive, tun und denken und fühlen, ist ein wichtiger Leitfaden für das Verständnis dessen, was wir selbst sind und werden können.
>
> *Ursula K. LeGuin*

Haben Sie unlängst ein gutes Buch gelesen? Ich hoffe es. Es gibt viele Möglichkeiten, Bücher nicht nur zu lesen, sondern als Freizeitvergnügen zu genießen: wenn Sie Mitglied in einem Buchclub sind, im Bücherschrank Ihre Lieblingslektüre aus Kindertagen wiederentdecken oder nach dem nächsten unwiderstehlichen Schmöker fahnden, in den Sie sich so vertiefen, daß die Welt ringsum versinkt. Leider lassen sich die guten Bücher, die ermuntern, aufheitern und trösten, und ihre Gesellschaft, nach der wir uns sehnen, aus finanziellen Gründen nicht immer so ohne weiteres aus dem Ärmel schütteln. Da die Lektüre, mit der wir es uns im Bett oder auf der Couch gemütlich machen, für unseren Seelenfrieden und unsere psychische Gesundheit oft von entscheidender Bedeutung ist, müssen wir lernen, unsere Wahl sorgfältig zu treffen.

Nach Büchern zu stöbern ist eine meditative Kunst. Jede Frau sollte über drei gutgepflasterte Wege zu einem Abenteuer verfügen, mit dem sie eine neue Seite in ihrem Leben aufzuschlagen vermag: einen bibliophilen Buchladen, ein gutbestücktes Antiquariat und eine kultivierte Leihbibliothek. Bücher sind genauso lebenswichtig wie das Luftholen. Diese Wort-zu-Wort-Beatmung hat mich oft über die Runden gerettet, wenn ich bereits angeschlagen und der endgültige Knockout nur noch eine Frage der Zeit war.

Wir haben viel, wofür wir dankbar sein können: Buchläden sind heute keine Seltenheit mehr wie früher; sie erleben dank der anhaltenden Beliebtheit von Büchern sogar eine Wiedergeburt, und auch Leihbibliotheken können sich über einen Mangel an Besuchern nicht beklagen. Aber vermutlich müssen Sie ein wenig Detektiv spielen, um ein wirklich gutes Antiquariat aufzuspüren. Der Besuch eines ganz bestimmten Antiquariats kommt für mich einer religiösen Erleuchtung gleich. Hier werfe ich einen flüchtigen Blick auf die Ewigkeit, während die Zeit stillsteht: Stunden schrumpfen zu Minuten, und ich verliere den Sinn für Zeit und Raum. Die mit Eselsohren markierten, mit Goldschnitt verschönerten, geprägten und vom Alter stockfleckigen Seiten empfangen mich mit ihrem Wissen, das von einer uralten Glut zeugt. Doch anstelle von Armen werde ich vom Duft des Leders umfangen, vermischt mit einem leicht süßlichen, modrigen Geruch. Gelegentlich, wenn ich einen staubigen Gang entlangstolpere, werde ich von Licht eingehüllt, wenn mich der Hauch eines Sonnenstrahls oder der Flügel eines Engels genau zu dem Buch führt, das ich gesucht habe, auch wenn ich mir dessen nicht bewußt war. Ehrlich gesagt ist mir das inzwischen so häufig widerfahren, daß es nicht mehr als paranormal gelten kann, sondern ein Standardverfahren geworden ist. Wenn Sie sich im Rahmen der

Entwicklung Ihrer Talente Klarheit darüber verschaffen wollen, welche verborgenen Helfer bei Ihnen am Werk sind, kann ein Besuch in einem Antiquariat sehr aufschlußreich sein. Meine liebste Beschwörungsformel vor dem Durchforsten der Bücher lautet: »Die göttliche Führung ist meine einzige Wirklichkeit, sie manifestiert sich für mich verschwenderisch im richtigen Buch zum richtigen Preis. Wie ich suche, so werde ich finden, und dafür danke ich dir.«

Einige Antiquariate sind chaotisch vollgestopft mit Regalen, auf denen die Bücher nicht nach Themen geordnet, sondern kunterbunt durcheinandergewürfelt und -gestapelt sind. Fraglos lohnt es sich, sie durchzukämmen, denn man weiß nie, was man findet, und wir müssen stets offen sein, um die Fülle zu empfangen. Gute Antiquariate haben Räume, die eigens Kategorien wie Kochen, Handwerk, Gartenarbeit, Kunst, Frauenromanen, Klassikern, Sozialgeschichte, Krimis und spirituellen Büchern vorbehalten sind. Die Bücher sind alphabetisch nach Autor und Buchreihe geordnet, und gelegentlich besitzen sie sogar nach den Originaleinband. Hier finde ich meine Schätze, die in Vergessenheit geratenen Wälzer über die häuslichen Künste von der Jahrhundertwende bis zu den fünfziger Jahren, den Geist aller Dinge, die einst strahlend und schön waren. Hier entdecke ich auch die alten Zeitschriften und Broschüren, die von den Herstellern beim Kauf als Zugabe verschenkt wurden und eine Fülle von Anregungen und Informationen enthalten.

Virginia Woolf glaubte, daß ein Besuch in einem Antiquariat unbedingt dazugehöre, wenn man sich selbst etwas Gutes gönnen wolle. Setzen Sie die Suche nach einem märchenhaften Buch auf die Liste Ihrer Prioritäten.

22. AUGUST
Das Poesierezept

Poesie gestattet uns eine Erholungspause, in der wir neue Kräfte für den alten Kampf, uns der Wirklichkeit anzupassen, sammeln können.

Robert Haven Schauffler

Ein Juwel, das ich in einem Antiquariat ausgegraben habe, ist eine Ausgabe der Zeitschrift *Good Housekeeping*, erschienen im Oktober 1925. Darin wurde ein neuartiges Mittel gegen Müdigkeit und Erschöpfung angepriesen, »Poesiekur« genannt. Es hieß, daß die Lektüre einer Verszeile oder Gedichtstrophe Entspannung und innere Gelassenheit bewirke. Diese Empfehlung brachte mich auf eine wunderbare Idee zu meditieren, vor allem dann, wenn ich mir einbilde, nicht jene zwanzig Minuten Zeit zu haben, um mich ruhig hinzusetzen oder spazierenzugehen – eine Situation, die häufiger eintritt, als ich eingestehen mag.

Viele Menschen widersetzen sich der Macht der Poesie, die unseren Weg erhellen kann, weil uns immer noch die schlechten Erinnerungen an die Gedichtinterpretationen während der Schulzeit plagen. Einige haben darüber hinaus einen Minderwertigkeitskomplex, wenn es um Poesie geht; sie sehen darin eine mantrische Kunst, die nur die akademisch Gebildeten, Belesenen, Gelehrsamen richtig zu schätzen wissen. Doch die Verfasser selbst wären die ersten, die Einwände erheben; sie wissen, daß ihre Gedichte real und sehr persönlich sind.

Rita Dove, Amerikas jüngste und erste ruhmreiche afroamerikanische Dichterin, sagt: »Poesie stellt den Kontakt zu unserem Ich her, zu dem Selbst, das nicht zu reden oder zu diskutieren vermag.« Wenn wir der Poesie gestatten, sich still und leise unter die Stützpfeiler unseres Bewußtseins zu schleichen, läßt sich die Verbindung zu unserem authentischen Selbst einfacher herstellen; eine Emotion oder Erfahrung wird in beschwörenden Wortmelodien eingefangen, die Harmonie in unsere alltäglichen Gefechte bringen. Rita Dove glaubt, daß Poesie imstande ist, uns wieder ein »Gespür für das Geheimnisvolle, für Wunder« in unserem Alltag zu vermitteln. Einmal las sie im Radio eines ihrer Gedichte, das davon handelte, wie sie darauf wartete, ein Flugzeug zu besteigen, das sie nach Hause bringen sollte. Ich war gerade beim Kochen, aber in diesem Augenblick wartete ich mit ihr darauf, an Bord der Maschine zu gehen. Es war eine zarte Erinnerung, daß unsere konkreten Lebensumstände universelle Erfahrungen spiegeln können. Nirgendwo kommen sie flammender zum Ausdruck als in der Poesie.

Um diese Kunst der Einfachheit und Fülle zu erkunden, sollten Sie diese Woche aus der Leihbibliothek einen Gedichtband mit nach Hause nehmen. Wenn Sie den vielfältigen Stimmen und Lebensprinzipien der Dichterinnen lauschen, finden Sie vielleicht leichter Ihre eigene. Nehmen Sie sich pro Tag ein Gedicht vor. Schreiben Sie einen Vers, der Ihnen besonders gut gefällt, auf ein Karteikärtchen und lernen Sie ihn auswendig. Der Poesie wohnen viele Geheimnisse inne, die nur darauf warten, sich einer geduldigen Wahrheitssuchenden zu offenbaren. Ich liebe es, vor dem Einschlafen über einer Verszeile zu meditieren.

Wagen Sie es, eigene Gedichte zu schreiben. Und sagen Sie nicht, dazu wären Sie zu alt oder niemand würde sich für das interessieren, was Sie in Worte kleiden möchten. Wenn Sie Ihr ganzes Leben damit verbracht haben, eine andere Stimme in Ihrem Herzen zu vernehmen, ist es vielleicht an der Zeit, ihr Gehör zu verschaffen.

Schreiben Sie ein Gedicht über den täglichen Dialog, den Sie mit Ihrem authentischen Selbst führen. Besuchen Sie Dichterlesungen in Buchläden, Cafés, Bibliotheken, an der Universität. Vertrauen Sie darauf, daß Sie, wie die in Rußland geborene Schriftstellerin Anzia Yezierska, entdecken werden: »Das Wahrhaftige schafft seine eigene Poesie.«

23. AUGUST
Musik als Therapie

Ich denke, ich hätte keine weiteren sterblichen Bedürfnisse, wenn stets genug Musik in mir wäre. Sie scheint meine Gliedmaßen mit Stärke zu erfüllen und mein Gehirn mit Ideen. Das Leben scheint mühelos zu verlaufen, wenn ich mit Musik erfüllt bin.

George Eliot

Sie wissen, daß Musik eine Quelle des Vergnügens und der Unterhaltung ist. Aber haben Sie auch gewußt, daß sie eine machtvolle Form des Gebets, der Meditation und der körperlichen und seelischen Regeneration darstellt? Die Musiktherapie verweist auf eine lange Tradition. Seit Anbeginn der Menschheitsgeschichte haben die Schamanen, spirituelle Führer und Heiler, Trommeln, Schellen und Rasseln benutzt, um die Krankheiten aus dem Körper, die Schwermut aus dem Geist und die Verzweiflung aus der Seele zu verjagen.

Da Musik die Barrieren unseres Bewußtseins zu durchbrechen vermag, glaubt der Neurologe Oliver Sacks, daß sie zum Sesamöffne-dich für die verschüttete Selbstbewußtheit werden kann. Sogar Alzheimer-Patienten, die den Bezug zu ihrem eigenen inneren Erleben verloren haben, reagieren oft auf Musik, wenn alle anderen Methoden fehlgeschlagen sind.

Musik, die unser authentisches Selbst anspricht, kann uns innere Stärke verleihen, wenn wir lernen, unsere schöpferischen Kräfte zu entfalten. Musik lockert den eisernen Griff unseres Bewußtseins während des kreativen Prozesses. Ich höre mir gerne klassische Musik an, wenn ich schreibe. Für Anaïs Nin war Musik »ein Stimulans der höchsten Ordnung, weit stärker als Wein«. Die Autorin Amy Tan hört jeden Tag Musik, wenn sie über einem Manuskript sitzt, um den Faden der Erzählung wieder dort anzuknüpfen, wo sie ihn verloren hat. Diese Technik hat sich auch bei anderen kreativen Betätigungen bewährt – Malen, Modellieren, Töpfern, Kunsthandwerk –, die man zwischendurch unterbrechen und wiederaufnehmen muß. Um Ihre Aufmerksamkeit zu konzentrieren, hören Sie Mozart, und Ihr Verstand wird wacher reagieren; deshalb wird er als Begleitmusik bei Examen und kreativen Brainstorming-Sitzungen empfohlen. Angesichts der Tatsache, daß Mozart ein Genie war, wundert es nicht, daß seine Kompositionen unsere Hirnstrommuster positiv beeinflussen.

Nocturnes – träumerische, volltönende, besinnliche Soloklavierstücke – sind eine musikalische Hausapotheke. Jede Frau sollte im Besitz einer solchen Kassette oder CD als Trostpflaster gegen Streß sein. Ich habe Nocturnes sogar als Beruhigungsmittel für unsere Katzen benutzt, wenn sie infolge von Verletzungen, Erkrankungen oder schlechten Wetters ans Haus gekettet waren. Statt zur Zigarette oder zum Alkohol zu greifen, wenn Sie nervös sind, versuchen Sie es doch einmal mit Camille Saint-Saëns, Robert Schumann, Erik Satie oder Beethovens Klaviersonaten. Wenn Ihre Hormone verrückt spielen und Ihren Humor untergraben, ist Haydn ein gutes Heilmittel. Bachs Präludien und Fugen sind ein hervorragender Balsam für den Seelenschmerz. Gabriel Fauré ist mein persönlicher Geheimtip, wenn ich mich ausgelaugt fühle, und Frederic Chopins himmlische Nocturnes können eine darniederliegende Psyche selbst dann wieder aufrichten, wenn ein gebrochenes Herz nicht mehr zu kitten ist.

Auf einer anderen Wellenlänge können zehn Minuten Boogie-Woogie dazu beitragen, Trübsinn abzuschütteln, weil der Rhythmus Angst und Streß reduziert. Wenn ich nachts arbeiten muß, erhält fetzige Jazzmusik meine Energie, und beim Kochen höre ich am liebsten Lieder, die leidenschaftlichen Hunger spiegeln: irische Folklore oder Opern. Softrock und Popmusik hält mich beim Hausputz auf Trab, und wenn ich an der Reihe bin, meine Tochter und ihre Freunde durch die Gegend zu kutschieren, begleitet mich Countrymusik. Sollte Ihnen dann und wann der Sinn nach etwas anderem als Stille stehen – es gibt Musik für jede Stimmungslage. Das Auf und Ab der Gefühle akzeptieren und der Realität mit Musik Rechnung tragen, die auf diese spezifische Erfahrung abgestimmt ist, bezeichne ich als Seelenmagie.

Stellen Sie nach und nach eine ganz persönliche Sammlung ausgewählter Musikstücke zusammen, die Ihnen helfen, ruhig zu werden, Ihre Gedanken zu sammeln, Ihre kreative Energie in sinnvolle Bahnen zu lenken und Gebrauch von Ihren angeborenen Talenten zu machen.

24. AUGUST
Das Auge des Betrachters

Das Kunstwerk, das ich nicht schaffen werde, wird kein anderer jemals schaffen.

Simone Weil

Wenn ich an berühmte amerikanische Künstlerinnen denke, fallen mir auf Anhieb drei Malerinnen ein: Mary Cassatt, Georgia O'Keeffe und Grandma Moses. Aber es gibt zahllose andere, die es verdienten, genauso bekannt zu sein, und deren Gemälde, Skulpturen, Fotografien, Graphiken und Illustrationen nur darauf warten, entdeckt und genossen zu werden.

Die amerikanische Impressionistin Lilla Cabot Perry gehört zu meinen Favoritinnen. Sie war mit dem großen französischen Impressionisten Claude Monet befreundet, dessen Werke sie in Amerika bekannt machte. Monet gefielen Lillas Bilder, und er hängte eines in seinem Schlafzimmer in Giverny auf, damit sein Blick nach dem Aufwachen als erstes darauf fiel.

Wie Mary Cassatt, deren Tage mit »Haushalt, Malen und Austern in Fritierteig ausbacken« angefüllt waren, zählte auch Lilla Cabot Perry zu den »berufstätigen« Müttern der Viktorianischen Epoche, ein Jahrhundert, bevor der Begriff in den USA zum Schlagwort wurde. In einer Epoche, während der von Frauen erwartet wurde, daß sie Kindern und Küche größeres Gewicht beimaßen als der Karriere, fanden viele eine authentische Möglichkeit, ihre Alltagserfahrungen auf künstlerische Weise umzusetzen. Die Entschlossenheit ist eine unerschöpfliche Quelle der Inspiration.

Lilla war dreißig, als sie ihr erstes Bild malte – ein Porträt ihrer kleinen Tochter Margaret. Sie hoffte, in der Malerei eine Möglichkeit zur kreativen Selbstverwirklichung zu finden, nach der sie sich sehnte, als sie die Dichtkunst aufgeben mußte, »weil sie eine zu anspruchsvolle Beschäftigung für eine Mutter mit drei kleinen Kindern« war. Die Malerei gestattete ihr, Mutterschaft und Kunst miteinander zu verquicken, denn ihre Werke reflektierten jenes Thema, das sie beherrschte und am meisten liebte: ihre Kinder. Schließlich wurde diese Beschäftigung ein so selbstverständlicher Teil ihres Familienlebens wie essen und schlafen, wenn sie die Kinder, die ihr Modell standen, für fünf Cents pro Stunde zum Stillhalten überredete. Später gab Lilla zu, daß ihr leidenschaftliches Streben nach Selbstverwirklichung an einen Ofen erinnere, »in dem sich zuviel Kohle befindet, so daß ein Ring herausgenommen werden muß, um zu verhindern, daß er sich überhitzt. Es spielt keine Rolle, ob es die Poesie oder die Malerei ist, mit der man sich Luft verschafft, solange ein Ventil geöffnet wird.«

Welches künstlerische Ventil haben Sie geöffnet, um zu verhindern, daß Sie vor Frustration explodieren? Wie Lilla sagt, ist es belanglos, ob es sich um Malerei oder Poesie handelt. Was zählt, ist allein, daß sich die schöpferische Kraft nicht in Ihrem Innern staut und auf dem Altar das Selbstverzichts geopfert wird. Betrachten Sie heute die unterschiedlichen und lohnenden Wege der Selbstverwirklichung, die Ihnen offenstehen, wenn Sie genau hinschauen.

Haben Sie jemals einen Kurs besucht, um den Umgang mit Aquarellfarben, Ölfarben oder anderen Komponenten zu lernen, einfach zum Spaß? Wenn eine Staffelei Sie nicht reizt, wie wäre es dann mit einem professionellen, flächenverstellbaren Zeichentisch, um Textilien, Produkte, Mode, Graphiken, Grußkarten oder Buchillustrationen und Möbel zu entwerfen? Oder interessieren Sie sich mehr für Stempeldruck, Collagen, Skulpturen und Fotografien?

Imogen Cunningham, ebenfalls eine Künstlerin und Mutter, gehörte zu den namhaften Fotografinnen dieses Jahrhunderts. Von ihr stammen mehr als fünfzigtausend Bilder, die sie während sieben Jahrzehnten mit der »einen Hand im Kochtopf, der anderen in der Dunkelkammer« aufnahm. Die beharrliche Suche nach Authentizität einerseits sowie Haushalt und Familie andererseits müssen sich nicht gegenseitig ausschließen – es sei denn, wir bestehen darauf.

Selbst wenn Sie meinen, daß eine »Jalousie« keine andere Funktion hat, als vor einem Fenster zu hängen, oder überzeugt sind, nicht einmal eine gerade Linie ziehen zu können, sollten Sie die visuellen Künste nicht ignorieren, bis Sie die Möglichkeiten des Zusammenwirkens zwischen Augen, Händen und Herz selbst erprobt haben.

Die Malerin Gwendolen John gestand: »Meine Religion ist meine Kunst; für mich ist sie alles im Leben.« Nun mögen die visuellen Künste nicht Ihr Credo sein, doch können Sie mit Sicherheit Ihre Wahrnehmung des Göttlichen vertiefen.

25. AUGUST
Der Geruch der Schminke, der tosende Beifall der Zuschauer

> Es scheint, als wünschte ich mir ein wenig Bedeutung im Spiel der Zeit... Was reich ist, so reich wie die Liebe, werde ich im Überfluß besitzen. Was gut ist, so gut wie die Liebe, werde ich im Übermaß besitzen. Und so Zeit und Raum einen Sinn haben, werde ich ihm zugehören.
>
> *Jennet Jourdemayne (Christopher Fry)*

Offenbar war es mir nicht bestimmt, eine berühmte Schauspielerin zu werden. Es war der erste Weg, den ich einschlug, aber er entsprach nicht meinem authentischen Pfad. Obwohl ich die Schauspielerei liebte – die Kunst, das Handwerk, den Lebensstil –, gelangte ich irgendwann zu jenem Punkt, an dem ich den Schmerz der Zurückweisung nicht länger ertragen konnte, wieder einmal bei einer Rollenverteilung leer auszugehen – was meistens der Fall war. Die Besetzung, das Casting, hat absolut nichts mit Begabung zu tun, sondern ausschließlich mit dem Aussehen. Wenn das äußere Erscheinungsbild nicht mit dem inneren Vorstellungsbild übereinstimmt, das sich der Regisseur bereits vorher von der Idealbesetzung gemacht hat, erhält man nicht einmal die Chance zum Vorsprechen.

Holly Hunter pirschte sich mehr als ein Jahr lang an die australische Filmregisseurin Jane Campion heran, als diese in aller Herren

Länder nach einer Schauspielerin für die Rolle ihrer taubstummen schottischen Heldin Ada in dem Film *Das Piano* suchte, einer Geschichte, die Mitte des neunzehnten Jahrhunderts spielt. Jane Campion hielt Holly anfangs nicht für die ideale Besetzung, vermutlich, weil sie das Bild von Hollys früheren Verkörperungen leichtfertiger Südstaatenschönheiten nicht aus ihrem Gedächtnis löschen konnte. Doch Holly verfügte über Seelenweisheit; sie wußte, daß sie sich nur deshalb als Kind jahrelang durch den Klavierunterricht gekämpft hatte, und daß es ihr von Geburt an bestimmt war, der Figur der Ada Leben einzuhauchen. Die Hindernisse, die sie überwinden mußte, um die Rolle zu bekommen, haben ihr den Oscar, den sie für ihre anrührende Leistung erhielt, bestimmt doppelt lieb und teuer gemacht. Ich freute mich, als ich zusah, wie sie ihren verdienten Lohn erhielt und die Auszeichnung in Empfang nahm.

Zurückweisung, Selbstzweifel und öffentliche Kritik gehören zum täglichen Brot einer Schauspielerin. Das vergessen wir oft, wenn wir auf dem Bildschirm mit neidvollen Blicken die Frauen betrachten, die sich für die Oscarverleihung in Schale geworfen haben. Eine andere Mitwirkende in dem Film *Das Piano*, die elfjährige Anna Paquin, erhielt einen Oscar für ihre Rolle als Adas hartnäckige Tochter. Annas Schauspielerfahrungen bis zu Beginn der Dreharbeiten beschränkten sich auf die Rolle des Stinktiers in einem Schulballett, aber sie stach beim Casting fünftausend kleine Mädchen aus. Das ist der Stoff, aus dem Träume gemacht sind: Legenden, die ein Leben von Grund auf verwandeln können. Warum fiel ich dann aus allen Wolken, als Katie – eine hochbegabte visuelle Künstlerin –, mich davon in Kenntnis setzte, daß sie nicht mehr den Malkurs der Kunstakademie, den sie während der letzten drei Jahre in den Sommerferien besucht hatte, sondern den Workshop für junge Talente besuchen wolle, den eine professionelle Schauspieltruppe durchführte? O Gott, dachte ich, dieses Häkchen krümmt sich früh.

In dem Augenblick, da wir den dunklen Zuschauerraum des Theaters betraten und ich die leere Bühne und die Scheinwerfer sah, wurden die Erinnerungen wieder lebendig, als sei es erst gestern gewesen: der Geruch der Schminke, der tosende Beifall der Zuschauer, das Lampenfieber, der Nervenkitzel, der Zauber, das Geheimnis der Verwandlung, das Wunder. In einem leeren Theater spürt man den Puls der kreativen Energie. Katies Gesicht war vor Aufregung gerötet, ihre Augen funkelten, sie strahlte vor Erwartung und Begeisterung. Ich fragte mich, ob ich sie vorher jemals so enthusiastisch gesehen hatte; ganz sicher wäre es mir aufgefallen, oder? Nachdenklich ging ich zum Bühneneingang hinaus, der sich gerade für sie geöffnet hatte.

Im Laufe des Sommers arbeiteten wir gemeinsam an ihrem Monolog, und Charakterstudien, Lese-, Stell- und Kostümproben wurden wieder Teil meines Alltags, sozusagen im Recyclingverfahren. Ich vertraute ihr Tricks beim Rollenlernen und Schminken an, Kniffe beim Gehen und Stehen, Geschichten aus meiner eigenen »ruhmreichen« Bühnenvergangenheit. Wenn sie furchtsam, nervös und hektisch wurde, beruhigte ich sie und erklärte ihr, daß diese innere Spannung, das Lampenfieber, ein unverzichtbarer Teil des kreativen Prozesses sei, mit dem man produktiv arbeiten sollte, statt dagegen anzukämpfen. Da ich viel von Traditionen halte, trug ich mein Scherflein dazu bei, daß ihre Premiere zu einem unvergeßlichen Erlebnis wurde, zu einem Bühnenerfolg und einem Glücksfall. Tante Dona schickte ein Telegramm aus Hollywood (das hinter den Kulissen für einigen Wirbel sorgte), ihr Vater brachte ihr einen wundervollen Blumenstrauß für die Garderobe mit, und ich wünschte ihr »Hals- und Beinbruch«, wie es bei Theaterleuten üblich ist.

Katies Theaterdebüt war gigantisch – mit soviel Intensität, Kraft und Leidenschaft hatte ich nicht gerechnet. Ich war baß erstaunt über meine Tochter und platzte beinahe vor Stolz. Am nächsten Tag, als ich Dona über die Einzelheiten Bericht erstattete, lachte sie, und sagte: »Was hast du denn erwartet? Sie ist schließlich deine Tochter!« Und dann machte mir meine alte Freundin eine Erinnerung zum Geschenk. Sie erweckte mit ihren Worten eine andere engagierte junge Schauspielerin in einer roten Wollweste, Gaucho-Hosen und schwarzen Reitstiefeln wieder zum Leben, die voller Zuversicht das Theater betrat, um für Christopher Frys Stück *Die Dame ist nicht fürs Feuer* vorzusprechen, als ob sie etwas wüßte, was dem Regisseur unbekannt war. »Sie hatte Feuer in den Augen und bewies mehr Sinn für Dramatik, als sie die Bühne betrat, als die meisten, die seit Jahren drauf stehen. In dem Moment wußte ich, daß ich meine Jennet Jourdemayne gefunden hatte.« Jennet, Frys kühne Heldin, war meine erste Hauptrolle.

Ungeachtet dessen, wie brillant wir auch sein mögen, ein Leben im Scheinwerferlicht der darstellenden Kunst ist nicht allen möglich. Aber das Leben jeder Frau läßt sich durch diese Kunst bereichern. Wir müssen keine Schauspielausbildung genossen haben, um die Welt des Theaters, Balletts oder der Oper als leidenschaftliches, persönliches Freizeitvergnügen zu durchstreifen. Beide Seiten des Rampenlichts können uns den Weg zu unserem authentischen Selbst erhellen. Wie uns der englische Dichter Francis Bacon erinnert, sind im Theater des Lebens nur Gott und die Engel als Zuschauer zugelassen.

26. AUGUST
Lektionen, die das Leben abspult

> Gute Filme wecken Interesse und stärken wieder den Glauben an die eigenen Möglichkeiten.
>
> *Pauline Kael*

Statt zu meditieren lassen Sie uns heute einen Film anschauen. Schleichen Sie sich mitten am Tag davon, setzen Sie sich in einen dunklen Raum mit einer kleinen oder großen Packung Popcorn und denken Sie über den Sinn des Lebens nach. Es spielt keine Rolle, ob wir uns zu Hause einen Videofilm ansehen oder beim Einkaufsbummel in der Stadt eine Kinomatinee besuchen – die Wahrheit läßt sich aus beiden herausfiltern, Bild für Bild.

Filme sind auf Zelluloid gebannte Märchen für die Menschen eines Kulturkreises, die nicht mehr am Lagerfeuer sitzen und den Weisheiten der Alten lauschen. Ich habe Filme dazu benutzt, das Reservoir meiner Kreativität wieder aufzufüllen, normalerweise durch Videos, die wir uns am Wochenende ansehen. Ich liebe historische Streifen mit üppigen Landschaften und Kostümen, um meine angeborenen visuellen Bedürfnisse zu befriedigen; Komödien mindern bei mir den Streß, während Schwarzweißkrimis und romantische Klassiker aus den dreißiger und vierziger Jahren mir helfen, der Gegenwart eine Zeitlang zu entfliehen. Ich sammle Videofilme über Engel, Reinkarnation, das Leben danach und immerwährende Liebe. Ich sehe mir keine gruseligen Streifen an oder solche, die sinnlose Gewalt verherrlichen; auch Sie sollten darauf verzichten, denn sobald ein Bild einen bleibenden Eindruck in Ihrem Bewußtsein hinterlassen hat, ist es nicht mehr auszulöschen.

Ihre Stimmung durch Meditation auf einen Film auszurichten, ist sehr heilsam und lohnend. Gehen Sie diese Woche in eine große Videothek zum Stöbern. Nehmen Sie sich Zeit. Durchforsten Sie die verschiedenen Kategorien und schreiben Sie die Titel jener Filme auf, die Sie interessieren. Falls die Neuerscheinungen vergriffen sein sollten, ziehen Sie Ihre Liste zu Rate, so daß Sie immer einen guten Film anschauen können, mindestens einmal pro Woche. Ab und zu macht es riesigen Spaß – und ist ein Luxus, den man sich leisten kann –, sich vom Zauber der Premiere auf einer großen Kinoleinwand einfangen zu lassen. Ich denke, daß wir gerade in unserer heutigen Zeit Filme brauchen, die inspirieren und anspornen, die das Positive des menschlichen Geistes bestätigen und feiern.

27. AUGUST
Meditative Handarbeit

> Die Hände bei der Arbeit, die Herzen bei Gott.
> *Sinnspruch der Shaker*

Viele Frauen, vor allem jene mit Kindern, können nicht jeden Tag zwanzig Minuten Zeit erübrigen, um ungestört zu meditieren. Doch selbst wenn wir in der Lage sind, diese kostbaren Minuten abzuzweigen, um uns hinzusetzen und ruhig zu werden, stellen wir bisweilen fest, daß sich das Karussell der Gedanken auch ohne unser Zutun weiterdreht. Tatsache ist, daß die herkömmlichen Meditationstechniken Zeit, Übung und Disziplin erfordern, bevor sich die Mühe auszahlt; stellt sich nach einigen wenigen Versuchen kein Erfolg ein, verlieren viele den Mut und geben auf. Weil das reale Leben nun einmal so ist, habe ich nach anderen Möglichkeiten gesucht, einen kontemplativen Zustand herbeizuführen, auch dann, wenn ringsum Chaos herrscht. Eine der besten Methoden ist die Beschäftigung mit einer meditativen Handarbeit. Wenn andere sehen, daß unsere Hände beschäftigt sind, gönnen sie uns vielleicht ein paar Minuten Ruhepause, bevor sie uns mit ihrem nächsten Anliegen behelligen. Was sie nicht wissen (und wir werden es ihnen auch nicht verraten), ist, daß unser Geist zur Ruhe kommt, während unsere Hände arbeiten.

Die kreative Kunst der Handarbeit gehörte seit Jahrhunderten zum häuslichen Alltag der Frauen. Handarbeiten in ihrer unendlichen Vielfalt standen bei den Frauen der Viktorianischen Epoche hoch im Kurs. Diese vertraute und vielschichtige Seelenmagie bot Künstlerinnen, die aufgrund der vorherrschenden Meinung einer verkrusteten Gesellschaft in eine Zwangsjacke gesteckt worden waren, eine Möglichkeit der Selbstverwirklichung. Erst in den letzten dreißig Jahren erhielt das Wort Handarbeiten, einst eine hochgeschätzte Tugend, einen geringschätzigen Beigeschmack; es war längst kein Muß mehr für alle Frauen, sondern blieb einigen wenigen Auserwählten als persönliches Freizeitvergnügen überlassen.

Ich kenne die Argumente zur Genüge: Frauen fehlt heute die Zeit für Handarbeiten, anders als unseren Ur-Ur-Urgroßmüttern. Den Frauen der Viktorianischen Epoche stand mehr Zeit zur Verfügung, weil sie nicht einer Erwerbsarbeit außer Haus nachgingen. Soweit ich weiß, konnten zumindest die Damen der gesellschaftlichen Oberschicht jeden Tag vierundzwanzig Stunden ganz nach Lust und Laune verbringen. Und da sie nicht hinaus ins feindliche Leben mußten, um an ihren Arbeitsplatz zu gelangen, verbrachten sie ihre Zeit damit, den Haushalt zu organisieren, sich wohltätigen Zwecken zu widmen und Familien zu versorgen, die größer waren als die meisten heute. Das Zeitgefühl hat sich im letzten Jahrhundert mit Sicherheit rasant beschleunigt, aber die Zeit, die uns zur Verfügung steht, hat sich nicht auf wundersame Weise vermehrt. Tatsache ist, daß während der Viktorianischen Epoche zumindest die Frauen einfacher Gesellschaftsschichten vermutlich weniger Zeit als wir hatten; ihre Lebenserwartung lag weit hinter der heutigen zurück, und ohne Elektrizität waren sie nicht imstande, die Grenze zwischen Tag und Nacht zu verwischen, wie es heute gang und gäbe ist. Mit anderen Worten: Frauen hatten immer alle Hände voll zu tun. Es ist nur so, daß die Frauen des Viktorianischen Zeitalters oft besser mit den vielfältigen Anforderungen zurechtkamen als wir; sie hatten die erneuernde Kraft, die mit dem Gleichmaß im Tagesablauf, eingespielten Handgriffen, Ruhe, Erholung und Ritualen einhergeht, klar erkannt. Sie waren bemüht, ihre Energie zu erhalten, indem sie eine Balance zwischen Haushalt, Kinderbetreuung und Freizeitaktivitäten schufen, die ihnen eine Möglichkeit der Selbstbesinnung, kreativen Erfüllung und Entspannung boten.

Ungeachtet ihrer persönlichen Neigungen gibt es so viele verschiedene Formen der Handarbeit im weitesten Sinn, daß jede Frau eine für sie reizvolle finden kann, wenn sie gewillt ist, das weite Feld zu erforschen. Weben, Korbflechten, Herstellung von Perlenschmuck, »Nadelarbeiten« (Sticken, Petit point, Klöppeln, Kreuzstich, Filetarbeiten, Smoken), Nähen, Stricken, Häkeln, Quilten, Lederarbeiten, Teppichknüpfen, Töpfern, Glasmosaiken, Anfertigung von Schmuckbändern oder Papier (Découpage, Collagen, Marmorieren, Origami), Buchbinden, Einrahmen von Bildern oder Holzarbeiten, um nur einige zu nennen. Eine Freundin hat vor einigen Jahren mit Holzarbeiten angefangen, weil sie in Eigenbau ein paar Hängeregale für ihre Bücher fertigen wollte. Sie kaufte sich als Handwerkszeug die Reproduktion eines Werkzeugkastens aus der Shakerzeit, den sie in einem Katalog entdeckt hatte. Heute beweist sie beim Drechseln genausoviel Geschick wie mit der Nähnadel und verkauft wunderbare Kunstgegenstände.

Fangen Sie klein an. Sie müssen nicht einmal einen Kurs besuchen, wenn Ihnen die Zeit dazu fehlt. In Bastelläden, Baumärkten und Versandhauskatalogen sind preiswerte Komplettausrüstungen für Ihr Hobby erhältlich. Wichtig ist, daß Sie nicht aufgeben, sondern zu jeder Jahreszeit eine neue Handarbeit ausprobieren, bis Sie entdecken, was Ihnen liegt.

Für welche Handarbeit Sie sich auch entscheiden, vergewissern Sie sich, daß Sie Ihre bevorzugte Betätigung im Auge behalten. Wenn

Sie Ihre unvollendete Petit-point-Stickerei ganz hinten im Schrank verstauen, setzt sie dort in aller Regel Staub an. Suchen Sie sich einen dekorativen Korb, in dem Sie alles unterbringen, was Sie an Utensilien benötigen. Das hat den Vorteil, daß Sie beim nächsten Mal, wenn Sie ein paar Minuten erübrigen können, die kostbare Zeit nicht damit vergeuden, nach Ihrem Handwerkszeug zu fahnden.

Die österreichische Schriftstellerin Marie von Ebner-Eschenbach schrieb 1905, daß nichts so unwiederbringlich verloren sei wie die Gelegenheit, die sich jeden Tag bietet. Viele von uns lassen sich die tägliche Gelegenheit entgehen, Aktivitäten nachzugehen, die uns Freude bereiten. Das nächste Mal, wenn sich das Strickmuster des Lebens vor Ihren Augen aufzuribbeln scheint, beschäftigen Sie Ihre Hände, damit Ihr Verstand mit heiterer Gelassenheit die Möglichkeiten durchforsten kann, die nächste Masche aufzufangen.

28. AUGUST
Hausgemachte Kunst

> Das Zuhause ist das Herzstück des Lebens... Das Zuhause ist dort, wo wir uns wohl fühlen, wo wir hingehören, wo wir eine Umgebung schaffen können, die unseren Geschmack und unsere Vorlieben widerspiegelt... Ein Zuhause zu schaffen ist eine Form der Kreativität, die jedermann offensteht.
> *Terence Conran*

Selbst dann, wenn Sie meinen, daß Sie kein Auge für die visuelle Kunst haben, um es darin zu einer gewissen Meisterschaft zu bringen, daß Sie als Person für die darstellende Kunst ungeeignet sind oder keine Geduld für eine Handarbeit aufbringen, können Sie die Freude und das Vergnügen genießen, Ihr Heim in ein authentisches Kunstwerk zu verwandeln.

Es gibt viele Möglichkeiten, künstlerisches Geschick und Geschmack beim Dekorieren zu beweisen, wenn unser Heim unser Hobby wird. Das Handwerk kann sich in eine Kunst verwandeln, wenn wir Möbel restaurieren, eine Wand in einer Farbe streichen, die wir persönlich angemischt haben, unseren ramponierten Schätzen vom Flohmarkt durch einen raffinierten Lack ein neues Gesicht geben, eine alte Lampe wieder zum Leuchten bringen, einen Sessel aufpolstern, einen Bezug nähen, Fliesen verlegen, eine Zeile unseres Lieblingsgedichts mit Schablone auf die Küchenwand übertragen, eine Kissenhülle mit Spitze oder Bändern herausputzen oder ein Blumenbeet anlegen.

Die Künstlerin Judyth van Amringe lebt mit kühnen, einzigartigen »Genrebildern« – Lampen, Sesseln, Kissen und Tischen –, die sie als »hausgemachte Kunst« bezeichnet. Wenn Sie lernen, sich authentisch einzurichten, hat auch Ihre Identität als Künstlerin eine Chance, zum Leben erweckt zu werden. Judyths Stilempfinden ist kühner als jenes der meisten Menschen – ein kleines Fernseh-Ecksofa im Wohnzimmer mit feuerroten Rüschen ist nicht *jederfraus* Sache. Aber ihre Überzeugung, daß wir uns mit persönlichen Dingen und Objekten umgeben sollten, die uns gefallen, auch wenn sie auf andere verschroben wirken, zeugt von authentischer Weisheit und ist zweifellos eine Überlegung wert. Mit einer gesunden Portion Selbstvertrauen, um Ihre Vorstellungen zu realisieren, einem bißchen Einfallsreichtum und der notwendigen Zeit kann das Wunder unmittelbar vor unseren Augen Gestalt annehmen.

Seien Sie heute bereit, sich auf das Abenteuer einzulassen, mit einem nicht sehr aufwendigen Vorhaben zu beginnen: basteln Sie einen Lampenschirm, hängen Sie die neuen Gardinen einmal anders auf, machen Sie mittels Découpage-Technik (ausgeschnittene und aufgeklebte Papiermotive, die mit zahlreichen Lackschichten versiegelt werden, so daß sie wie gemalt wirken) aus einem billigen Teetablett eine kostbare Rarität oder vergolden Sie den Bilderrahmen, den Sie im Ausverkauf erstanden haben, und verwandeln Sie ihn in einen Spiegel. Ich weiß, daß es das eine oder andere häusliche Verschönerungsprojekt gibt, das anzugehen Ihnen schon lange im Kopf herumspukt. Werfe Sie ihr Vorurteil, Sie hätten zwei linke Hände, über Bord, folgen Sie Ihrem Herzen, tragen Sie Ihren kreativen Impulsen Rechnung, und vertrauen Sie Ihrem inneren Auge. Das eigene Nest auszupolstern ist eine Möglichkeit, Ihre Flügel als Künstlerin auszubreiten.

29. AUGUST
Künstler im Alltag: Lieben, wissen, machen

> Liebe ist der Geist, der den Weg des Künstlers beflügelt. Die Liebe mag sublim, grobschlächtig, besitzergreifend, leidenschaftlich, grauenvoll oder aufregend sein. Doch wie immer sie auch beschaffen sein mag, sie ist eine machtvolle Antriebskraft im Leben des Künstlers.
>
> *Eric Maisel*

Neulich habe ich mich mit einer Freundin über die Schwierigkeit unterhalten, zu begreifen, daß wir Künstlerinnen sind, deren Leben unsere Leinwand ist. Sie gestand, daß sie weder einen Kuchen backen könne noch sich selbst als kreativen Menschen betrachte. Ich widersprach ihr vehement, weil ich fest davon überzeugt bin, daß die Fähigkeit, aus dem wirklichen Leben ein Kunstwerk zu schaffen, ein Talent ist, das viele Frauen besitzen. Ob wir uns nun entschließen, diese natürliche Gabe zu nutzen, steht auf einem ganz anderen Blatt – vor allem dann, wenn wir erschöpft, überarbeitet und ausgelaugt sind. Aber es ist sicher lohnenswert, während der letzten Tage des Sommers darüber nachzudenken und zu meditieren.

Vielleicht gehören Zeichnen, Malen, die Fertigung von Skulpturen, Stricken, Singen, Tanzen oder die Schauspielerei nicht zu Ihren Hobbys, aber Kuchenbacken kann ebenso eine Kunstform sein, wenn wir die Aufgabe mit der gleichen Hingabe in Angriff nehmen. Das gilt auch, wenn wir ein quengelndes, hungriges Kind durch gutes Zureden (mit unendlicher Geduld und Überzeugungskraft) dazu bringen, das zu tun, was wir uns von ihm wünschen. Das gilt auch, wenn wir einer Freundin in einer Krisensituation beistehen, unseren betagten Eltern das Leben erleichtern oder die Geburtstagsparty eines Kindes planen. Was immer Sie heute auch tun, Sie können es in eine Kunst verwandeln, wenn Sie Ihr Herz öffnen und bereit sind, als Werkzeug des Schöpfers zu dienen. Frauen waren schon immer Meisterinnen in der Kunst, den Alltag zu bewältigen. Nur weiß die Welt unsere diesbezügliche künstlerische Leistung nicht immer zu würdigen und versagt uns bisweilen die Anerkennung. Somit bleibt es uns selbst überlassen, uns ein Lob auszusprechen. Wir sind Hüterinnen einer heiligen Wahrheit. Wir müssen diese Weisheit in Ehren halten und sie an jene Menschen weitergeben, die wir lieben.

Als Künstlerin habe ich erkannt, daß der Gipfel zur kreativen Entfaltung in drei Stufen bezwungen wird: Arbeit, Handwerk und die höhere Dimension der Kunst. Der heilige Franziskus von Assisi erklärt den schöpferischen Prozeß folgendermaßen: eine Frau, die eine Tätigkeit mit den Händen verrichtet, arbeitet; eine Frau, die eine Tätigkeit mit den Händen und dem Kopf verrichtet, versteht sich auf ihr Handwerk; eine Frau, die eine Tätigkeit mit den Händen, dem Kopf und dem Herzen verrichtet, ist eine Künstlerin.

Eine Arbeit, die im Entstehen begriffen ist, nimmt Form an, damit sich das Werk des Schöpfers manifestiert; Handwerk hat damit zu tun, wie wir diese Aufgabe in Angriff nehmen. Sind Sie voll präsent, auf der geistigen, körperlichen und mentalen Ebene? Nehmen Sie sich die erforderliche Zeit oder muß alles möglichst schnell gehen? Konzentrieren Sie sich voll auf das, was Sie gerade tun, oder denken Sie an zwanzig andere Dinge, die Sie noch erledigen müssen? Geben Sie einfach Mehl, Eier, Butter, Zucker und Salz auf einmal in die Schüssel, um den klumpigen Teig kurz umzurühren, in den Ofen zu schieben und das Beste zu hoffen? Oder nehmen Sie sich die Zeit, das Mehl dreimal durchzusieben, die Eier zu verkleppern und Butter und Zucker glattzurühren, bevor Sie alle Zutaten mischen? Lassen Sie sich fünfzehn Minuten Zeit, um den Teig glattzurühren? Heizen Sie den Ofen vor, fetten und stäuben Sie die Backform mit Mehl aus? Summen Sie dabei die ganze Zeit vor sich hin und genießen den kreativen Prozeß genauso wie den leckeren Kuchen? Wenn ja, dann verrichten Sie Ihre Tätigkeit mit Liebe. Liebe ist die spirituelle Energie, die jeglicher Tätigkeit eine höhere Dimension verleiht – der transzendentale Augenblick der Schöpfung, in dem sich ein Hand-Werk in eine Kunst verwandelt.

Wir brauchen ein Leben lang, um jenes Kunstwerk zu schaffen, für das wir geboren wurden: ein authentisches Leben. Aber wir brauchen nur fünf Minuten, um unsere Mitte zu finden, bevor wir heute mit der nächsten Aufgabe beginnen. Fünf Minuten, um mit unserer Seele zu erkennen, daß wir Meisterinnen in der Kunst der Alltagsbewältigung sind. Fünf Minuten, um dem Schöpfer für unsere Fähigkeiten und Fertigkeiten zu danken. Fünf Minuten, um dem Menschen, der Idee oder einem Projekt, die auf Ihre Aufmerksamkeit und Zuwendung warten, Liebe, kreative Energie und ein beträchtliches Talent zukommen zu lassen.

Sagen Sie es laut: Ich bin brillant, ich bin eine Meisterin in der Kunst der Alltagsbewältigung. Meine Kunst ist ein Segen für mich und die Meinen.

30. AUGUST
Wenn nicht jetzt, wann dann?

> Zaudern stiehlt Zeit.
> *Edward Young*

Eine meiner Freundinnen plant, eine neue Traueninitiative unter dem Motto *Wenn nicht jetzt, wann dann?* aus der Taufe zu heben. Wir sind alle eingeladen, Gründungsmitglieder zu werden, auch Sie. Das langfristige Ziel der Bewegung besteht darin, einen Pfahl ins Herz des Zauderns zu treiben, das uns immer wieder jedes persönliche Vergnügen verdirbt.

Eine andere Freundin, die mit altem Schmuck handelt, reist häufig geschäftlich nach England. Sie ist außerdem mit einem Politiker verheiratet und hat zwei Kinder. Trotzdem findet sie noch die Zeit und Energie, einen Italienisch- und einen Yogakurs zu belegen, und überlegt gerade, ob sie nicht noch Aquarellmalen lernen soll. Wir müssen Zeit für uns abzweigen, erklärt sie mit Nachdruck, und ich stimme ihr zu (wenn nicht jetzt, wann dann?). Sie hat mich gefragt, ob ich nicht Mitglied in ihrem neugegründeten »literarischen Zirkel« werden möchte, der auf Lektüre aus dem neunzehnten Jahrhundert spezialisiert ist. Das Kränzchen kommt einmal im Monat an einem Sonntagnachmittag bei Tee und Sherry zusammen. Jede bringt etwas Herzhaftes oder Süßes mit, so daß sich das Treffen nicht ausschließlich auf geistige Nahrung beschränkt. Die Idee finde ich prima. Ich wollte auf ihr Angebot eigentlich erst dann zurückkommen, wenn mein Buch über die Möglichkeiten, ein authentisches Leben zu führen, beendet ist.

Das sogenannte Leben sei für die meisten Menschen ein Unterfangen, das sie auf die lange Bank schöben, schrieb Henry Miller 1947 tiefsinnig. Welches Vergnügen schieben Sie auf die lange Bank? Ich hatte meine Mitgliedschaft in dem literarischen Zirkel bis auf weiteres verschoben. Doch jetzt werde ich meine vielbeschäftigte Freundin noch einmal anrufen und ihr mitteilen, daß ich es mir anders überlegt habe. Er ist schwach, der Puls, aber ich kann ihn immer noch spüren.

31. AUGUST
Auch das ist Gottes Werk

> Man muß auch akzeptieren, daß man »unkreative« Augenblicke hat. Je aufrichtiger man sich mit einer solchen Tatsache abfindet, desto schneller gehen diese Augenblicke vorüber. Man muß den Mut aufbringen, eine Pause einzulegen, sich leer zu fühlen und entmutigt.
>
> *Etty Hillesium*

Einerlei, ob Sie Dichterin, Mutter oder darstellende Künstlerin sind – eines Morgens wachen Sie auf, schalten die Kaffeemaschine ein und bedienen die Pumpe, um weiter an der Entwicklung Ihres authentischen Lebens zu arbeiten, nur um zu entdecken, daß der Brunnen versiegt ist. Es mag verwirrend sein, diesen Monat der Meditationen mit einem Tiefschlag zu beenden, doch unkreative Tage als unverzichtbares Element im schöpferischen Zyklus zu betrachten, ist für die eigene Gelassenheit von unermeßlicher Bedeutung. Unkreative Tage sind eine Realität. Jeder Künstler kennt sie aus eigener Erfahrung, obwohl nur wenige bereit wären, es offen einzugestehen. Doch wenn Sie die Authentizität als eine Kunst begreifen, in der Sie es zur Meisterschaft bringen möchten, werden auch Sie nicht vor solchen Enttäuschungen gefeit sein. Unkreative Tage sind Teil des Yin-Yang-Prozesses im künstlerischen Streben.

Einmal saß ich auf dem Höhepunkt einer kreativen Dürreperiode mit meiner Literaturagentin in einem New Yorker Café und beichtete leise – als sei ich dabei, ihr eine schwere persönliche Verfehlung oder eine tödliche Erkrankung einzugestehen –, daß ich seit Monaten nicht mehr träumen konnte. Ich war nicht imstande, meine Phantasie anzukurbeln, etwas zu visualisieren oder mir etwas zu wünschen. Als irischer Abkömmling empfinde ich die Unfähigkeit zu träumen als emotionale Entsprechung einer chemischen Unausgewogenheit in der Seele. Ich brauchte den Rat meiner Agentin, weil sie dafür bekannt ist, immer viele gute Tricks auf Lager zu haben. Wir waren gerade von einer Besprechung mit einer Werbeagentur gekommen, wo sie für mich einen lukrativen Vertrag als kreative Beraterin ausgehandelt hatte – was mich vor allem deshalb verblüffte, weil in meinem Innern derzeit nichts Kreatives vor sich ging, das mehr als einen Heller wert gewesen wäre.

»Was soll ich machen?«

»Gar nichts«, lautete die knappe Antwort. Niente. Nada. Nix. Abwarten und Tee trinken. Die Zeit, in der das Feld brachliegt, mit soviel Würde wie möglich akzeptieren und sich für einen Quantensprung im kreativen Potential oder Bewußtsein rüsten.

Es ist ungeheuer schwierig, eine Zwangspause einzulegen – vor allem dann, wenn wir die Entwicklung unserer Karriere, Beziehungen, Gesundheit und Kreativität vorantreiben wollen. Doch wenn wir über jede Träne hinaus zu erstarrt sind, um zu beten oder zu ausgelaugt, um uns einen Deut darum zu scheren, dann ist es an der Zeit, innezuhalten und Abstand zu gewinnen. Nicht alle unsere Stunden lassen sich in Rechnung stellen.

Nein, das bedeutet nicht, daß Sie aussteigen können. Sie müssen trotzdem so tun, als wären Sie voll bei der Sache, müssen auch weiterhin Ihrer Arbeit nachgehen: auf der Manuskriptseite, am Zeichenbrett, am Herd, an der Nähmaschine, am Computer. Bereiten Sie weiterhin die Leinwand vor, feuchten Sie den Ton an. Stellen Sie sich vor, Sie seien eine Stellvertreterin, welche die Stellung hält, bis Ihr authentisches, kreatives Selbst zurückkehrt. Bis dahin warten Sie mit allen lebensverändernden kreativen Entscheidungen, bis Sie genaue Anweisungen von Ihrer Chefin erhalten. Ihre einzige Aufgabe besteht im Augenblick darin, den Brunnen wieder aufzufüllen. Suchen Sie mittels kreativer Exkursionen nach der verborgenen Quelle. Bleiben Sie über den täglichen Dialog in Kontakt mit Ihrem authentischen Selbst. Erwecken Sie alte Projekte wieder zum Leben, die anderweitigen Überlegungen zum Opfer gefallen sind oder in der hintersten Schublade Staub ansetzen. Werfen Sie wieder einen Blick darauf. Wenn ich mich zutiefst entmutigt fühle, ziehe ich mich mit meinem bebilderten Reisejournal in ein stilles Eckchen zurück und halte Ausschau nach visuellen Hinweisen, die mir zeigen, wo's langgeht.

Oft gerät man in einen kreativen Leerlauf, wenn zu viele Träume entgleisen; doch auch im Dunkeln scheint noch genug Licht. Wir sind lediglich zeitweilig von Sandstürmen geblendet. Abgrundtiefe Verzweiflung kann oft aus einem Mangel an Selbstfürsorge entstehen: Wenn wir uns nicht gesund ernähren, nicht genug schlafen und zu hart und zu lange arbeiten, ohne daß uns etwas erwartet, worauf wir uns freuen können. Wenn Sie schöpferisch unfruchtbar sind, sollten Sie sich eine Pause gönnen. Dona Cooper, eine der kreativsten und produktivsten Frauen, die ich kenne, erinnert mich häufig daran, vor allem, wenn meine Pläne nicht mit Lichtgeschwindigkeit Fortschritte machen: »Auch das ist Gottes Werk.«

Und so ist es. Vier Monate nachdem ich aufgehört hatte, mir das Gehirn zu zermartern, stellte sich die schöpferische Inkarnation der Einfachheit und Fülle ein. Eines fällt uns Meisterinnen in der Kunst der Alltagsbewältigung besonders schwer: zu lernen, wie man gelegentlich eine Verschnaufpause einlegt. Wenn Sie heute das Gefühl haben, Ihre Kreativität sei versiegt, verzweifeln Sie nicht. Freuen Sie sich auf einen neuen Start und sorgen Sie für den Erhalt Ihrer Kraft. Halten Sie sich bereit; auf Sie wartet ein Quantensprung in Ihrem authentischen Leben.

In der Natur gehen Dürreperioden genauso schnell und auf rätselhafte Weise vorüber, wie sie gekommen sind. Auch das ist Gottes Werk.

SEPTEMBER

◆

> September, der Erntemonat... Der Sommer ist vorüber, und
> der Herbst zieht ins Land.
>
> *Cynthia Wickham*

Das Lied des Monats September ist eine Harmonie mit zwei Modulationen: die in Dur gehaltene Serenade des Sommers klingt verhalten aus, und die tieferen Mollakkorde setzen ein. Acht Monate lang haben wir die seelenvolle Saat der Dankbarkeit, Schlichtheit, inneren und äußeren Ordnung und der Harmonie in unserem Leben ausgestreut und untergepflügt. Nun warten die authentischen Früchte der Zufriedenheit darauf, geerntet zu werden, wenn das fünfte Prinzip der Einfachheit und Fülle – die Schönheit – uns auffordert, an seinem opulent gedeckten Tisch Platz zu nehmen. Beginnen Sie, die reiche Ernte einzubringen, die aus der Saat der Liebe erwachsen ist.

Die einfachen Freuden des Lebens im September

- *L'été c'est fini*, wie die Franzosen sagen, und deshalb sollten Sie das Ende des Sommers gebührend feiern. Kochen Sie ein opulentes Mahl mit den letzten kulinarischen Köstlichkeiten der Saison. Servieren Sie Ihre Lieblingssommermenüs in einem dekorativen Rahmen, der dem Anlaß angemessen ist. Verweilen Sie eine Zeitlang draußen im Dämmerlicht, genießen Sie den Sonnenuntergang und entbieten Sie dem Sommer einen innigen Abschiedsgruß.
- An einem Wochenende dieses Monats sollten Sie sich fünfzehn Minuten Zeit nehmen, um alle Vorhaben zu notieren, die während des Sommers geplant waren, aber aus Zeitgründen ausfallen

mußten. Stecken Sie Ihre Liste in einen Briefumschlag. Wenn Sie den Kalender für das nächste Jahr aufhängen, befestigen Sie den Umschlag mit einer Heftklammer an der Seite für den Juni und öffnen ihn am ersten Tag dieses Monats. Versuchen Sie, von vornherein ein paar Stunden zu erübrigen; die aufgeschobenen Freuden sollten nächstes Jahr, wenn der Sommer zurückkehrt, allerhöchste Priorität erhalten.

- Stocken Sie Ihren Vorrat an Blöcken und Notizheften auf, besorgen Sie Schere, Tesafilm und Malkreiden. Oder kaufen Sie Stifte, auf die Sie Ihren Namen drucken. Das ist nicht teuer und macht Spaß. Begeben Sie sich auf eine kreative Exkursion, um genau jene Stifte zu finden, die Sie am liebsten benutzen. Schauen Sie sich in einem Laden für Künstlerbedarf um. Experimentieren Sie mit allen Arten von Stiften, die es im Handel gibt, bis Sie einen entdecken, der Ihren Vorstellungen entspricht. Wenn Sie die Marke kennen, halten Sie nach Sonderangeboten Ausschau.
- Wie wär's mit Großmutters Bratäpfeln?
- Genießen Sie Apfelmost und Birnennektar.
- Holen Sie die Wollsachen heraus. Besitzen Sie eine Strickjacke, die Sie heiß und innig lieben? Warum nicht?
- Feiern Sie die Herbstsonnenwende mit einem festlichen, rustikalen Abendessen. Das gilt vor allem dann, wenn Sie allein leben und selten etwas Aufwendiges für sich selbst kochen. Bringen Sie einen Strauß Chrysanthemen für den Eßtisch mit. Machen Sie Feuer im Kamin, zünden Sie Kerzen an, schenken Sie sich ein Glas Wein oder Cidre ein und genießen Sie die einfache Fülle eines deftigen Gerichts, mit dem Sie sich verwöhnen.
- Kaufen Sie nach und nach Ihre »Leckerli« fürs Büro ein.
- Beginnen Sie schon in diesem Monat, Ihre Einkaufsliste für Weihnachten zu schreiben, so daß Sie im Dezember weniger Streß haben.
- Wenn Sie Kinder haben, sollten Sie überlegen, ob Sie nicht einmal Halloween feiern; sie brauchen dazu ausgehöhlte Kürbisse als Maske und ein Kostüm. Verzweifeln Sie nicht: Es gibt keine Noten dafür, ob Ihr Kind ein gekauftes oder ein selbstgemachtes Kostüm trägt. Falls Sie das Kostüm selbst schneidern, denken Sie

daran, wer es tragen wird. Ihre Kreation muß dem Kind gefallen, und nicht den anderen imponieren.
- Machen Sie einen Mondscheinspaziergang.
- Kaufen Sie auf einem Bauern- oder Wochenmarkt Trockenblumen, mit denen Sie Ihren eigenen Strauß zusammenstellen. Fertige Sträuße sind zwar auch schön, aber teilweise sehr teuer. Einen eigenen Strauß an einem Sonntagnachmittag im September zu binden ist entspannend, und er erinnert Sie den ganzen Winter lang an die Einfachheit und Fülle, die Sie überall finden, wenn Sie einen offenen Blick dafür haben.

1. SEPTEMBER
Eine neue Seite im Buch des Lebens aufschlagen

> Der Herbst geht in den Winter über, der Winter in den Frühling,
> Der Frühling in den Sommer und der Sommer in den Herbst.
> So wandelt sich das Jahr, und so wandeln uns auch wir;
> So fließend, daß wir nicht wahrnehmen, wie wir sie vollziehen.
> *Dinah Mulock Craik*

Seit Anbeginn der Menschheit galt der September in manchen Kulturen als Beginn eines neuen Kapitels in der Geschichte, als Zeit der Selbstbesinnung und Auflösung von Dissonanzen. Die Juden begehen Jom Kippur, einen ihrer höchsten religiösen Feiertage: Sie leisten sowohl öffentlich als auch privat ein Sühneopfer und begeben sich vierundzwanzig Stunden in Klausur, um sich mit Gott und den Menschen zu versöhnen, damit das reale Leben wieder Spannkraft und Sinn erhalten möge.

Der Wandel in der Natur findet kaum merklich, aber unerbittlich statt; die Jahreszeiten scheinen nahtlos und sanft ineinander überzugehen, obwohl sich die Veränderungen von einem Monat zum anderen so schnell und lautlos vollziehen, daß wir sie kaum wahrnehmen. Doch wenn sich die Blätter bunt färben, ist es an der Zeit, eine neue Seite aufzuschlagen, damit auch unser Leben neue Spannkraft erhält. »Was wir im Herbst brauchen, ist eine emotionale oder spirituelle Spritze«, schrieb Katharine Elizabeth Fite 1949 in *Good Housekeeping* und verkündete den Beginn einer neuen Frauentradition: persönliche und positive Problemlösungen im September. »Warum, glauben Sie, verschwenden viele Menschen ihre Zeit im Herbst? Warum machen wir uns nicht die Mühe, ein neues Element in unser Leben einzubringen?« Die negativen Entscheidungen im Januar »werden gefaßt, wenn Geist, Körper und Scheckbuch ausgelaugt sind und wir keinen anderen Wunsch verspüren, als uns auszuruhen«.

Mir scheint, als hätten die Entscheidungen im Januar mit purer Willenskraft zu tun, während die Problemlösungen im September von authentischen Wünschen zeugen. Wovon wollen Sie mehr oder weniger in Ihrem Leben, um mit dem, was Sie haben, zufrieden zu sein? Das kann das schlichte Bedürfnis sein, Ihre Freunde häufiger zu sehen, mehr Zeit für Spiele und Abenteuer mit Ihren Kindern zu haben, solange sie noch Ihre Gesellschaft suchen, den Funken der Romantik in Ihrem Alltag erneut zu entfachen, eine Stunde am Tag ganz für Sie allein zu haben, eine Zeit, in der Sie niemand stört, oder häufiger spazierengehen, wenn die Sonne lockt.

Das Schöne an den »Herbstlösungen« ist, daß niemand etwas davon zu erfahren braucht. Wir müssen sie nicht mit Pauken und Trompeten ankündigen, geschweige denn mit Champagner begießen. Herbstlösungen verlangen nur, daß wir offen für positive Veränderungen sind. Ich kann es versuchen. Sie auch.

2. SEPTEMBER
Die Arbeit des Verstehens

> Denn irgendwo ist eine alte Feindschaft/
> zwischen dem Leben und der großen Arbeit./
> Daß ich sie einseh und sie sage: hilf mir.
> *Rainer Maria Rilke*

Viele glauben, daß wir nicht so hart für unseren Lebensunterhalt arbeiten müßten und heute noch wie im Schlaraffenland leben könnten, wenn uns Adam und Eva die Sache mit dem Paradies nicht eingebrockt hätten. Leider ist eine solche Auslegung der Bibel ein Produkt der Phantasie. Denn wenn wir die Geschichte von Adam und Eva sorgfältig lesen, entdecken wir: Gott hat von Anbeginn gewollt, daß der Mensch arbeite und Freude an seiner Arbeit habe. Denken Sie an Adams seelenvolle Beschäftigung: Er war zum einen damit beauftragt, allen Lebewesen einen Namen zu geben, nachdem er sie gründlich studiert hatte, und mußte sich zum anderen um den herrlichen Garten Eden kümmern. Am Anfang war Arbeit ein Gottesgeschenk.

Doch dann kam der Sündenfall, und Adams Freude wurde Eva zur Pein. Und wie ist es heute um die Arbeit der Evastöchter bestellt? Eine Kette nicht abreißender Pflichten, zuerst auf der privaten Ebene: die Betreuung der Kinder, Hausarbeit, Kochen, Finanzverwaltung, Hortikultur, die Versorgung der Haustiere. Hinzu kommen die Pflichten außerhalb der häuslichen Sphäre: Beruf, Aktivitäten in der Schule oder Kirche, Jugendgruppen, ehrenamtliche Tätigkeit in der Gemeinde oder für gemeinnützige Einrichtungen. Achtundfünfzig Millionen Amerikanerinnen gehen einer Erwerbsarbeit nach; nahezu fünfzig Prozent aller Frauen, die außerhalb der eigenen vier Wände ihr Einkommen verdienen, müssen Kinder unter achtzehn Jahren versorgen. Fünfundsiebzig Prozent der Mütter mit Kindern bis zum dritten Lebensjahr sind nicht in der Lage, tagsüber für sie zu sorgen, weil sie sich um das Geschäft der Realität kümmern müssen. Im realen Leben müssen wir uns abstrampeln, um uns auf dem Karussell zu halten; wir können es uns nicht leisten, abzuspringen und in der realen Welt zu halten.

Falls Sie aushäusig beschäftigt sind, erhalten Sie eine finanzielle Vergütung für Ihre Tätigkeit. Doch das Gros der Frauenarbeit wird unentgeltlich und weitgehend anonym geleistet, ohne daß ein Hahn danach kräht. Da wir eine erhebliche Zeit unseres Lebens auf Erden mit Arbeit der einen oder anderen Art verbringen, verdient dieser Umstand eine eingehende Betrachtung. Ich spiele dabei nicht nur darauf an, daß wir viele verschiedene Aufgaben unter einen Hut bringen müssen, als da sind: zeitraubende Fahrten zum Arbeitsplatz, Kinder in der Tagesstätte oder bei der Tagesmutter abgeben und abholen, kranke Sprößlinge zu Hause betreuen, Tage mit endlosen Verspätungen wegen Schnee und Glatteis, Lehrerkonferenzen und Termine. Die Kunst, mit Schwertern, Fackeln und Interessenskonflikten zu jonglieren, verdient eine eigene Meditation. Genauso wie die Komplexität der Aufgaben selbst. Der Mensch wurde erschaffen, um mittels seiner persönlichen Begabungen dem Göttlichen Ausdruck zu verleihen. Die Welt an diesen Fähigkeiten und Fertigkeiten teilhaben zu lassen, ist unsere wichtigste Aufgabe, ungeachtet der Stellenbeschreibung oder der Überlegung, welchen Eindruck unser Lebenslauf wohl auf einen potentiellen Arbeitgeber machen könnte.

Es gibt nach meiner Ansicht nicht viele Frauen, die aufrichtig von sich behaupten können, daß zwischen ihrem Arbeitsleben – dem privaten und dem öffentlichen – und ihrer persönlichen Sphäre ein harmonisches Gleichgewicht herrscht. Matthew Fox, ein kompromißloser Philosoph und ehemaliger katholischer Priester meint: »Gut leben heißt gut arbeiten.« Dem kann ich nur von ganzem Herzen zustimmen. Aber wie gelingt das den Frauen angesichts der Hektik und Herausforderungen dieses Jahrzehnts? Ich wünschte, ich hätte eine Patentlösung für ein so vielschichtiges, mit Emotionen befrachtetes Problem parat. Denn wir können weder gut leben noch gut arbeiten, wenn wir nicht imstande sind, unsere Authentizität zu entfalten. Wir müssen Rilke zustimmen, der gesagt hat, daß seit alters her zwischen Leben und Arbeit Feindschaft herrsche. Sie existiert, daran ist nicht zu rütteln. Sie reißt uns jeden Tag in Stücke. Wir müssen einander helfen, uns dieser Kluft anzunähern und sie zu überbrücken, denn allein wird uns das niemals gelingen. Wir können damit beginnen, gleich heute, anderen die Hand zu reichen, können ihren Problemen aufmerksam zuhören, ihnen Mut zusprechen und ihnen versichern, daß alles gut werden wird.

Wir werden eine Lösung finden, irgendwie, gemeinsam.

3. SEPTEMBER
Mit oder ohne Ketchup?

Während der Arbeit denkt man an die Kinder, die zu Hause geblieben sind. Zu Hause denkt man an die Arbeiten, die unerledigt geblieben sind. Diesen Kampf entfesselt man in sich selbst. Das Herz ist zerrissen.

Golda Meir

Frauen haben heimliche Phantasien, ohne dabei auch nur im geringsten an Erotik zu denken. Aber auf ihre Weise konzentrieren auch diese Vorstellungen sich auf etwas Verbotenes. Ich ordne sie der Kategorie »Mit oder ohne Ketchup?« zu.

Ein weiterer, völlig normaler Tag mit unablässigen Forderungen, vernachlässigten Kindern und unerledigter Arbeit; Sie haben das Gefühl: Jetzt ist das Maß voll, ich halte es nicht mehr aus. Der Impuls, ein für allemal spurlos zu verschwinden, überwältigt Sie. Methodisch heben Sie jeden Pfennig vom Bankkonto ab (wenn Sie mit Kreditkarte zahlen, kann man Ihre Spur verfolgen), packen in aller Eile einen kleinen Koffer, setzen sich in einen Zug und beginnen ein neues Leben in einer anderen Stadt, einem anderen Land – wo auch immer. In diesen Phantasien nehmen einige Frauen ihre kleinen Kinder mit; die Kinder von anderen, die sich alleine auf den Weg machen, haben schon das Teenageralter erreicht.

Natürlich würden Sie das nie tun, aber einen Fluchtplan auszuhecken ist ein Mechanismus, um imaginären Dampf abzulassen, wenn der Druck im realen Leben ein Höchstmaß erreicht. Schluß mit den unbezahlten Rechnungen, mit den Streitereien, die um die Haushaltsführung, das Minus auf dem Konto oder die Beaufsichtigung der Kinder entbrennen; Schluß mit dem Konflikt zwischen Kind und Karriere, Schluß mit der Pflege eines betagten Elternteils, Schluß mit mehr Pflichten, als wir in einem Zeitraum von vierundzwanzig Stunden bewältigen können. Wenn Sie glauben, daß Sie mit Ihren Nerven am Ende sind, hat die Flucht in eine andere Existenz, die sich um die Frage »Mit oder ohne Ketchup?« rankt, zweifellos ihren Reiz.

Unlängst verschwand eine neununddreißigjährige Frau, Mutter von fünf Kindern im Alter von acht bis sechzehn Jahren, spurlos, wie vom Erdboden verschluckt, unweit unseres Wohnorts. Ein paar Stunden vorher hatte sie noch eine Grundschulklasse bei einem Ausflug als Aufsicht begleitet. Als die Kinder wieder im Klassenzimmer saßen, brachte sie ihre Tochter, die zu einem Basketballspiel mußte, zum Bus und erklärte, sie selbst wolle bei dem schönen Wetter die kurze Entfernung bis nach Hause zu Fuß gehen. Sie kam nie dort an. In den Abendstunden benachrichtigte die Familie aufgelöst die Polizei, und eine ausgedehnte Suchaktion wurde eingeleitet, einschließlich Nachtwachen, die im Gebet verbracht wurden. Natürlich befürchteten alle das Schlimmste, denn daß diese Frau das Weite gesucht haben könnte, sah ihr überhaupt nicht ähnlich und war überdies unvorstellbar. Sie besaß doch alles, wovon man nur träumen kann: eine erstklassige Schulbildung (mit Abschluß, in Wellesley, einem Elite-College), eine wundervolle Familie, ein prachtvolles Heim, ein Leben im Luxus und die perfekte Ehe mit einem Diplomaten. Drei Tage später wurde die Frau, die alles besaß – der es aber offensichtlich an etwas Wesentlichem mangelte –, unverletzt aufgefunden.

Folgendes war geschehen. Auf dem Heimweg hatte sie sich ein ruhiges Plätzchen gesucht, weil sie einige Dinge für sich auf die Reihe bekommen mußte. Einer Eingebung folgend, suchte sie ihren Lieblingsort auf, die Washington National Cathedral, die ein wenig abseits vom Wege lag, ein wundervolles Sanktuarium. Nachdem sie dort ein paar Stunden verbracht hatte, graute ihr davor, diesen Ort des Friedens zu verlassen und sich wieder in den Trubel zu stürzen, der sie zu Hause erwartete, und so schlief sie zwei Tage und zwei Nächte in einer kleinen Kapelle des Gotteshauses. Sie weigerte sich, zu ihrer Familie zurückzukehren, und niemand weiß, wann oder ob es sie überhaupt wieder nach Hause zieht. Sicher ist nur eines: Ihr Herz war zerrissen, aus welchem Grund auch immer. Ihr Leben war bei weitem nicht so perfekt, wie es den Anschein hatte. Die Realität ist das selten, mag die Fassade noch so glänzen. Ich wünschte nur, ich hätte ihr sagen können: »Geh, wenn du mußt, aber ruf zu Hause an und laß wenigstens die Kinder wissen, daß es dir gutgeht.«

Als ich im Radio hörte, daß sie nicht entführt worden, sondern aus eigenem Antrieb verschwunden war, empfand ich ungeheure Erleichterung und sprach darüber mit meinem Mann. Er erklärte, die Frau sei offenbar mental gestört. Unausgewogen. Es gebe keine andere Erklärung für ihr seltsames Verhalten. Ich stimmte mit ihm darin überein, daß die Bürde ihres Lebens zu schwer war, um sie allein zu tragen, doch da ich einen Meditationstext schreiben wollte (über die Möglichkeiten der Streßbewältigung), beschloß ich, seine Erklärung nicht anzufechten. Es wäre ein längeres Gespräch und somit eine Ablenkung von meiner Arbeit erfolgt, wenn ich ihm zu bedenken gegeben hätte, daß ihr Verschwinden angesichts der spezifischen Lebensumstände, die wir nicht im einzelnen kannten, möglicherweise ein Akt völliger geistiger Klarheit darstellte. Ein Akt der Verzweiflung, ja, das war ihr Verhalten ohne jede Frage. Es zeugte von einem schweren Herzen, aber nicht unbedingt von einem getrübten Verstand.

Unsere »Den Krempel hinschmeißen«-Phantasien machen sich vor allem dann bemerkbar, wenn wir uns psychisch, emotional, psychisch und spirituell erschöpft fühlen, ausgelaugt von den Kämpfen und Konflikten in unserem Innern und in der Außenwelt.

Die Phantasie, das Weite zu suchen, kann einen unermeßlichen therapeutischen Wert haben, weil wir psychisch signalisieren, daß wir unser reales Leben nicht mehr in den Griff bekommen. Es müssen Veränderungen, kreative Entscheidungen, eingehende Gespräche stattfinden und Probleme *ausdiskutiert* werden. Wenn die Phantasie hartnäckig ist und man nicht umhinkann zu handeln, sollte man um Hilfe bitten, statt eine Zugfahrkarte zu kaufen!

»Wenn Sie wüßten, wie oft ich mir schon gesagt habe: Zum Teufel mit dem ganzen Kram, zum Teufel mit der Bagage, ich habe mein Scherflein beigetragen, jetzt sind die anderen an der Reihe, mir reicht's, ein für allemal, punktum«, bekannte Golda Meïr, Israels bis dato einzige Ministerpräsidentin, freimütig.

Sie müssen nicht weglaufen; Sie müssen nur zu sagen lernen: Mir reicht's, ein für allemal, punktum.

Und es auch wirklich meinen.

4. SEPTEMBER
Einem höheren Ruf folgen

Unsere Aufgabe besteht darin, unsere Aufgabe zu entdecken und sich dann von ganzem Herzen in sie zu versenken.

Buddha

Als ich Anfang der sechziger Jahre die katholische High-School besuchte, war das Wort »Berufung« gleichbedeutend mit dem Eintritt in eine religiöse Ordensgemeinschaft. Wie die meisten sechzehnjährigen Mädchen wünschte ich mir damals einen Mann: jung mußte er sein und gut aussehen, ein Prinz hoch zu Roß, der mich vom Fleck weg heiraten, mit dem ich Kinder haben und bis an mein Lebensende glücklich sein würde. Der Gedanke, eine Braut Christi zu werden, besaß für mich wenig Reiz, vielleicht, weil das schauerliche Kruzifix über der Klassenzimmertür wachte. (Ich hätte Stein und Bein geschworen, daß mich die Augen überallhin verfolgten.)

Ich muß gleichwohl zugeben, daß ich die Vorstellung, andere Frauen könnten berufen und von Gott auserwählt sein, der Welt zu entsagen, sehr romantisch fand. Ich fand auch die schwarzweiße Ordenstracht der Nonnen sehr kleidsam. Aber das reicht noch nicht, um eine Berufung zu verspüren.

Zwanzig Jahre später war ich glücklich verheiratet, lebte im Stadtrandgebiet von Maryland und war Mutter einer wonnigen Tochter, die ich über alle Maßen liebte. Da ich dringend eine persönliche »Auszeit« brauchte, zog ich mich zu Exerzitien hinter die Mauern eines Klosters zurück. In dem Moment, als ich mit dem Wagen durch die breite Einfahrt fuhr, umfing mich ein Zauber; und als ich die stille, steinerne Vorhalle betrat, die zur Kapelle führte, hatte ich das Gefühl, zu Hause angekommen zu sein. Es war eine Erfahrung, die mich ziemlich aus dem Gleichgewicht brachte.

Nach einer Woche des Schweigens, in der ich Seite an Seite mit den Ordensfrauen, die Gottes Ruf auf so dramatische Weise gefolgt waren, gebetet und gearbeitet hatte, drängte es mich, den inneren Konflikt zu bereinigen. Ich suchte mir einen »Beichtvater«, eine sehr nette Schwester ungefähr in meinem Alter, und gestand ihr beim Schein des goldenen Herbstsonnenlichts im Klostergarten, ich sei nun überzeugt, zur Nonne berufen zu sein, obwohl ich Gott damals eine Absage erteilt hätte. Daß ich mich für einen bestimmten Weg im Leben entschieden hätte, sei für mich weniger quälend als der Gedanke, nicht den Mut aufgebracht zu haben, den steinigen, unbequemeren Weg zu wählen. Und nun sei es zu spät. Daraufhin machte mir die Ordensfrau ihrerseits ein Geständnis: Sie habe sich manchmal gefragt, ob sie Gott nicht besser in der Welt außerhalb der Klostermauern, als Ehefrau und Mutter, zu Diensten gewesen wäre. »Doch wenn unser Herz weit geöffnet ist, ebnet uns die Vorsehung den richtigen Weg«, versicherte sie mir. Dann fragte sie ruhig: »Warum nehmen Sie an, daß Sie Gottes Ruf nicht schon längst gefolgt sind? Gott braucht Mütter. Gott braucht Schriftsteller. Es muß irgendein bestimmtes Werk geben, das nur Sie der Welt geben können, in Gottes Auftrag.« Sie sprach über den Rat, den die heilige Teresa von Avila den Frauen gegeben hatte, die in sich gingen und forschten, ob sie berufen waren: »Christus hat keinen Leib mehr auf Erden als deinen; du besitzt als einzige die Hände, mit denen er sein Werk vollenden kann, du besitzt als einzige die Füße, mit denen er auf Erden wandeln kann, und du besitzt als einzige die Augen, mit denen er in seinem unerschöpflichen Mitleid der sorgengeplagten Welt einen Sonnenstrahl angedeihen lassen kann. Christus hat nun keinen Leib mehr auf Erden als deinen.« Mit hoffnungsvollem Herzen kehrte ich nach Hause zu Ehemann, Kind und Arbeit in der Welt außerhalb der Klostermauern zurück.

Nun, ein Jahrzehnt später, ist es meiner Aufmerksamkeit nicht entgangen, daß ich meine Berufung lebe, die ich nicht gesucht habe. Es dämmert, während ich schreibe, das Haus ist still. Ed und Katie sind ins Kino gegangen, um sich ein Double-Feature anzusehen: zwei Filme hintereinander – ein Segen, der es mir ermöglicht, eine Zeitlang ungestört zu arbeiten. Im Hintergrund ertönt stimmungsvolle Musik: mittelalterliche Hymnen, Lob- und Dankgebete werden via CD-Spieler gen Himmel geschickt. Während das Ende des Buches näherrückt, hat sich mein Heim in eine Klause verwandelt, mein leidenschaftliches, berufliches Engagement in meine Berufung, mein Werk in eine persönliche Form der Andacht. Ich trage Schwarz. Gott ist in den subtilen Nuancen zu finden.

Vergegenwärtigen Sie sich heute, daß der Schöpfer keine Hände, keinen Kopf und kein Herz wie Sie besitzt. Keine andere Frau auf Erden ist imstande, das zu tun, wozu Sie berufen sind; keine andere Frau kann der Welt das geben, was Sie durch Ihre authentischen Talente zu geben in die Welt gesandt wurden. Der Ruf mag so schwach sein, daß Sie die Botschaft kaum verstehen, aber wenn Sie aufmerksam lauschen, entgeht er Ihnen nicht.

5. SEPTEMBER
Job, berufliche Laufbahn oder Berufung?

> Der Krug verlangt danach, mit Wasser gefüllt zu werden, und der Mensch nach einer echten Aufgabe.
>
> *Marge Piercy*

Es besteht ein entscheidender Unterschied zwischen Job, beruflicher Laufbahn und Berufung. Ein Job ist jede Form der Entgeltarbeit, die wir übernehmen, um die Bedürfnisse von Körper, Seele und Familie zu befriedigen. Jobs sind ungeheuer wichtig; wir müssen »unseren Lebensunterhalt« verdienen, was im ungewissen ökonomischen Klima dieses Jahrzehnts mit jedem Tag schwieriger wird.

Eine berufliche Laufbahn oder Karriere kann, muß aber keine Berufung sein. Normalerweise ergibt sie sich von selbst, wenn wir einer Tätigkeit nachgehen, die wir von der Pike auf gelernt haben – in der Buchhaltung, in der Werbung, im Pflegebereich, im Verlagswesen. Wir tun das, was wir aus dem Effeff beherrschen, und werden dafür bezahlt. Manchmal gleicht die berufliche Laufbahn einer langjährigen Ehe, in der die Leidenschaft erkaltet ist und die nur noch aus Gründen der Bequemlichkeit, Sicherheit und Vorhersehbarkeit in einer unwägbaren Welt aufrechterhalten wird. Natürlich läßt sich nichts gegen ein privates oder berufliches Leben auf Sparflamme einwenden; für viele Frauen ist es das absolut richtige – obwohl sich manche fragen mögen, welchen psychischen Preis sie dafür zahlen müssen, auf Nummer Sicher zu gehen. Jeder Tag, an dem wir nicht nach einem authentischen Leben streben, fordert einen hohen Tribut von uns, mit Zins und Zinseszins.

Viele Frauen wechseln von einem Job zu einer beruflichen Laufbahn über, zögern aber, einer authentischen Berufung zu folgen. Diese Ängste machen sich vor allem in der Mitte des Lebens bemerkbar, weil wir gebeutelt sind von Konflikten: zwischen der Realität, Geld zu verdienen, um unsere Kinder anständig großzuziehen, und der moralischen Verpflichtung, uns um unsere alten Eltern zu kümmern, zwischen einem stetigen Karrierepfad und dem Sprung ins Unbekannte, zwischen dem regelmäßigen Gehalt auf dem Konto und den Unwägbarkeiten der beruflichen Selbständigkeit, zwischen unseren tatsächlichen Lebensumständen und unseren kreativen Wahlmöglichkeiten. Aber die Illusion, daß viele berufen, aber nur wenige auserwählt sind, als unsere Realität zu betrachten, wäre ein Fehler. Die Wahrheit ist, daß wir alle auserwählt sind; die meisten von uns vergessen nur, klar zu signalisieren, daß sie den Ruf vernommen haben. Was der Schöpfer für andere Frauen getan hat, kann er auch für Sie tun – wenn Sie bereit dazu sind.

6. SEPTEMBER
Mit dem Herzen bei der Arbeit sein

> Arbeit ist Liebe, sichtbar gemacht.
> *Khalil Gibran*

Die meisten Menschen betrachten ihre Arbeit nicht als eine persönliche Form der Andacht. Arbeit ist eine weltlich orientierte Beschäftigung. Andacht beinhaltet Abkehr von der Welt, um den Schöpfer zu lobpreisen. Doch könnte es eine bessere Möglichkeit der Huldigung geben, als mit Hilfe unserer Fähigkeiten und Fertigkeiten die Welt immer wieder neu zu erschaffen? Dazu sind wir jeden Tag aufgerufen – durch unsere Arbeit. Doch ist es schwierig, auch nur einen Zipfel des Göttlichen zu entdecken, wenn wir uns gestreßt, verkannt, überfordert, genervt und ausgebrannt fühlen.

Für Marianne Williamson ist der Arbeitsplatz »die Fassade eines Tempels, ein Ort, dem Heilkräfte innewohnen und der den Menschen über den Wahnwitz einer verängstigten Welt erheben kann«. In der Zeit, als sie noch Cocktails servierte – Jahre bevor sie ihrer Berufung folgte und spirituelle Lehrerin und Schriftstellerin wurde –, erkannte sie, daß viele Leute meinten, sie gingen nur in eine Bar, um etwas zu trinken. In Wirklichkeit verbarg sich hinter dieser Fassade ein Gotteshaus, und sie war eine Dienerin der Kirche, die den Besuchern mit Wärme, einem freundlichen Wort und Einfühlungsvermögen begegnete.

Es wäre leichter, sich vorzustellen, daß Arbeit eine Form der Andacht sein kann, wenn wir das Göttliche in den Dingen sähen, mit denen wir mindestens acht Stunden am Tag beschäftigt sind. Vielleicht liegt das Geheimnis, ungeachtet unserer derzeitigen Lebensumstände zu dieser Entdeckung zu gelangen, darin, einen Beruf zu finden, den wir gerne ausüben würden. Doch bis dahin müssen wir lernen, jene Arbeit zu lieben, die wir derzeit verrichten.

Beginnen Sie heute, Ihren Arbeitsplatz und Ihren Arbeitsstil grundlegend zu verändern, indem Sie überlegen, für wie viele Dinge im Leben Sie dankbar sein können. Auch wenn Sie einen Job haben, der Ihnen nicht gefällt – er bietet Ihnen ein soziales Sicherheitsnetz, das Sie auffängt, wenn Sie den Sprung in Ihr authentisches Leben wagen. Sollten Sie arbeitslos sein, so ist der Weg für Sie schon bereitet, um Ihrer wahren Berufung zu folgen. Nehmen Sie Verbindung zum Schöpfer auf und lassen Sie sich von ihm persönlich in Ihrer weiteren beruflichen Laufbahn beraten. Der mystische Dichter Khalil Gibran erklärt: »Wenn du arbeitest, verwirklichst du deinen Teil des schönsten Traumes der Erde, der dir mit der Geburt dieses Traumes überantwortet wurde.«

Sie verwirklichen Ihren Teil des schönsten Traumes der Erde, wenn Sie mit dem Herzen bei der Arbeit sind.

7. SEPTEMBER
Der Glaube, der Berge versetzt: Ans Ziel gelangen

> Oh, das geheime Leben von Mann und Frau – davon träumen, um wieviel besser wir als Mensch sein könnten, wenn wir jemand anderer wären, oder sogar wir selbst, und das Gefühl hätten, unsere Möglichkeiten voll auszuschöpfen.
>
> *Zelda Fitzgerald*

Ich kann nicht die einzige erwachsene Frau auf der Welt sein, die in Tränen aufgelöst ist, wenn Jiminy Cricket in dem Film *Pinocchio* aus dem Fenster des freundlichen alten Geppetto blickt, den ersten Stern am Abendhimmel entdeckt und zu singen beginnt: »Wünsch dir was...« Vielleicht weine ich deshalb – wie Sie –, weil wir uns beim Anblick einer Sternschnuppe etwas wünschen und von ganzem Herzen hoffen, es möge in Erfüllung gehen. Aber der Wunsch, eine Holzmarionette in einen Jungen aus Fleisch und Blut oder einen unschätzbaren Traum in Realität zu verwandeln, erfordert gegen Ende dieses Jahrhunderts mehr als einen Zauberstab. Wie wäre es mit einer einfühlsamen guten Fee, die mit beiden Beinen im Leben steht und kein Begehren als leichtfertig einstuft oder keinen Wunsch kennt, dessen Erfüllung sich dem Schicksal nicht mit einem geheimen Zauber abtrotzen ließe?

Barbara Sher ist eine solche gute Fee, eine mit einer klaren Einstellung. Sie weiß alles über die »Finessen des Lebens«, wie sie das Streben nach der Verwirklichung unserer authentischen Träume nennt. Die geschiedene Mutter, die von Sozialhilfe lebte, wurde Therapeutin und Berufsberaterin – eine unvorstellbar dramatische Finesse des Lebens. Als Therapeutin keimte der Verdacht in ihr auf, daß viele ihrer depressiven Patienten weniger eine langfristige Behandlung als vielmehr einen Grund brauchten, jeden Morgen aufzustehen. Da es Barbara gelungen war, ihr eigenes Leben von Grund auf zu ändern, gelangte sie zu der Schlußfolgerung, daß sie einiges Wissen über die Verwirklichung von Träumen beisteuern könne, und so begann sie, Lebenshilfe-Workshops abzuhalten.

Ich war eine freiberufliche Autorin, die davon träumte, Bücher zu schreiben und zu veröffentlichen, als ich Anfang der achtziger Jahre an einem ihrer Seminare teilnahm. Barbara sagte: »Wenn wir das Leben führen wollen, das uns vorschwebt, brauchen wir keine Mantras, keine Selbsthypnose, kein Programm zur Entwicklung unserer Persönlichkeit und keine neue Zahnpasta. Was wir brauchen sind praxisorientierte Planungs- und Problemlösungstechniken und den Zugang zu Materialien, Qualifikationen, Informationen und Kontakten... Wir brauchen Strategien, die sich auf den gesunden Menschenverstand stützen, um mit menschlichen Gefühlen und Schwächen wie Angst, Niedergeschlagenheit, Trägheit fertig zu werden, die nicht von alleine verschwinden... Und wir brauchen Möglichkeiten, um die zeitweiligen emotionalen Stürme durchzustehen, die infolge der tiefgreifenden Lebensveränderungen unsere engsten zwischenmenschlichen Beziehungen heimsuchen können – während wir gleichzeitig die zusätzliche emotionale Unterstützung erhalten, die unabdingbar ist, um Risiken einzugehen.«

Die Welt braucht Träumer und Macher. Aber vor allem braucht die Welt Menschen, die ihre Träume verwirklichen. Überantworten Sie Ihre Hoffnungen und Wünsche nicht einfach den Sternen. Beginnen Sie heute damit, sich jene Qualifikationen anzueignen, die Sie befähigen, nach ihnen zu greifen.

8. SEPTEMBER
Am Ziel: Wenn Sie nicht wissen, wie's weitergeht

> Das Leben ist entweder ein kühnes Abenteuer oder ein Nichts. Um Veränderungen ins Gesicht zu blicken und uns gegenüber dem Schicksal wie Menschen mit freiem Willen zu verhalten, ist innere Stärke unschlagbar.
>
> *Helen Keller*

Einige von uns folgen in jungen Jahren dem Ruf unserer heimlichen Passion, doch die meisten schenken ihm kein Gehör: Wir haben zuviel damit zu tun, die Ratschläge anderer zu befolgen, vor allem der

Eltern. Und so schlagen wir eine berufliche Laufbahn ein, probieren verschiedene Leben aus, um die richtige Größe zu finden, bis wir uns für eines entscheiden, das wir tragen können, auch wenn es nicht wie angegossen paßt.

Vielleicht befinden Sie sich in einem Zwiespalt und fragen sich, ob Sie den Weg fortsetzen sollen, den Sie eingeschlagen haben, über den Sie aber längst hinausgewachsen sind. Sie wissen, daß Sie nicht in jene Richtung gehen, die Ihnen eigentlich vorschwebt, aber zumindest ist Ihnen die Route vertraut, der Sie Tag für Tag folgen. Und vertraut ist gleichbedeutend mit sicher. In unserer heutigen Welt voller Unwägbarkeiten scheint das Gefühl der Sicherheit die emotionale Definition von mentaler Gesundheit zu sein.

Vielleicht besitzen Sie Talente, die Ihnen in Ihrem Beruf zugute kommen, haben aber keinen Spaß mehr daran, sie zu benutzen. Insgeheim lockt Sie eine andere Tätigkeit. Aber der Einsatz bei diesem Vabanquespiel erscheint Ihnen zu hoch. Vielleicht sind Sie enttäuscht oder finden es sogar peinlich, daß Sie nicht wissen, welche Lebensaufgabe auf Sie wartet.

Nicht wissen, wie's weitergeht, kann ein sehr beunruhigendes Gefühl sein. Sie wollen vorwärtskommen im Leben, stellen aber fest, daß ein Stillstand eingetreten ist, weil Sie sich von den Optionen oder Risiken überwältigt fühlen. Für Barbara Sher ist das keine Überraschung. In den zehn Jahren seit der Veröffentlichung ihres Buches *Wishcraft: How to Get What You Really Want* haben viele Leute ihr versichert, daß sie sich kein Leben auf Sparflamme wünschen. Dennoch sind sie erstarrt und unfähig, die Wishcraft-Strategie – die besagt, daß allein der Glaube Berge versetzen kann – umzusetzen, weil sie keine Ahnung haben, was die Flamme entfachen könnte. Barbara Shers Neugierde war geweckt, und so studierte sie das Verhalten von Leuten, die nicht genau wußten, was sie von ihrem Leben erwarteten. Als sie deren Biographie analysierte, entdeckte sie den roten Faden, der sich durch das Leben sämtlicher Befragten zog: Unzufriedenheit. Sie fochten alle innere Kämpfe aus, um sich über die angestrebte Richtung im Leben klarzuwerden. Doch trotz der Orientierungslosigkeit gab es in ihrem Leben eine Fülle authentischer Richtungsweiser. Sie wußten nur nicht, wie man danach Ausschau hält.

Die Befragten gaben unter anderem folgende Gründe an, daß sie kein authentisches Leben führten:
- »Ich müßte meinen Job aufgeben, um meinen Traum zu verwirklichen. Das geht aber nicht, weil ich dann am Hungertuch nagen würde.«
- »Jedesmal wenn das Ziel zum Greifen nahe ist, geht etwas schief, und ich weiß nicht, warum.«
- »Ich möchte so viele Dinge gleichzeitig tun, daß ich nie in der Lage sein werde, mich für eine Sache zu entscheiden.«
- »Ich soll etwas Neues anfangen, ausgerechnet jetzt, wo ich endlich Erfolg habe? Und wovon soll ich leben, wenn ich umsattle?«
- »Ich wünsche mir etwas, was ich mir besser nicht wünschen sollte – es ist läppisch oder meiner nicht würdig.«
- »Ich habe absolut keine Idee, was ich machen soll.«
- »Ich habe etliches ausprobiert, doch bisher war das Richtige noch nicht dabei.«
- »Es ist nicht meine Schuld, wenn ich nicht den Beruf ausübe, den ich gerne hätte – man kriegt nichts geschenkt auf dieser Welt.«
- »Ich bemühe mich, ein bestimmtes Ziel im Leben zu erreichen, aber ich bin nicht wirklich mit dem Herzen dabei, und ich weiß nicht, warum.«

Nachdem sie diesen Leuten geholfen hatte, ihre wahren Ziele im Leben zu erkennen, schrieb Barbara Sher das Buch *I Could Do Anything If I Only Knew What It Was* (mit Koautorin Barbara Smith). Einerlei, ob wir wissen, was wir mit unserem Leben anfangen sollen oder nicht: Es gibt einen guten Grund hinter allem, was wir tun oder lassen, hinter jeder Entscheidung, die wir treffen oder vermeiden. Wie sollen wir imstande sein, einen Schritt vorwärts zu machen, wenn wir nicht wissen, was uns zurückhält? Der Wahrheit auf die Spur zu kommen, kann befreiend wirken.

Der Preis, den wir für unsere Authentizität zahlen, mag uns hoch erscheinen, aber können wir es uns wirklich leisten, mit unserem Selbst zu knausern?

9. SEPTEMBER
Der Mut, dem Ruf zu folgen

Wir gewinnen Stärke, Mut und Selbstvertrauen mit jeder Erfahrung, in der wir wirklich innehalten, um zu schauen, trotz der Angst im Gesicht... Wir müssen das tun, was wir nicht können.
Eleanor Roosevelt

Emily Brontë war erst dreißig, als sie im Jahre 1848 starb. Am Ende ihres irdischen Daseins, das für viele von uns erst der Anfang ist, kam das innere Wissen, daß sie ein mutiges, ein authentisches Leben geführt hatte; sie war sich selbst treu geblieben.

Natürlich waren auch ihr dunkle Stunden beschieden, doch in dieser Dunkelheit hatte sie gelernt, einer Kraft zu vertrauen, die größer war als ihre eigene und die sie niemals verlassen oder aufgeben würde. Diese Liebe verwandelte sie in einem solchen Maß, daß sie mit Mut und unerschütterlichem Selbstvertrauen reagierte, als ihr Roman *Die Sturmhöhe* von einem Verlag nach dem anderen abgelehnt wurde.

Nur damit Sie sich nicht täuschen: Wenn Sie sich auf den Weg zu Ihrem authentischen Selbst begeben, wird die Liebe Sie und Ihr Leben ebenfalls von Grund auf verwandeln. Ihre Familie und Freunde mögen die Veränderungen nicht auf Anhieb entdecken, weil sie zunächst unmerklich vonstatten gehen. Aber sie finden statt, und Sie wissen, daß hier ein Wunder geschieht. Die Liebe wird Sie auffangen und stützen, wenn der Weg der authentischen Wünsche durch unbekanntes Gelände, über Stock und Stein, verläuft. Die Liebe wird Ihre Ängste vertreiben, weil sie Möglichkeiten eröffnet, die Sie sich nie erträumt hätten, bevor Sie sich auf die Suche und Verwirklichung Ihres authentischen Selbst gemacht haben. Und falls Zweifel, Mutlosigkeit und Selbstverleugnung Ihre Träume Stück für Stück zu zerstören drohen, wird die Liebe sich zu Ihrer Verteidigung rüsten. Wenn Sie das nächste Mal Angst und Hilflosigkeit verspüren, halten Sie einfach inne und horchen in sich hinein. Dann spüren Sie vielleicht, wie der Flügel eines Engels Ihre Schulter streift.

Ihre Seele ängstigt sich nicht. Ich weiß es, auch wenn es Ihnen heute noch nicht bewußt ist. Ich weiß es, weil Sie auf dem Weg der Einfachheit und Fülle nicht so weit gekommen wären, wenn es Ihnen an Mut mangelte. Widerwillig (um ehrlich zu sein, wild um sich tretend und schreiend) habe ich festgestellt, daß die Angst ein Fingerzeig des Schöpfers ist, der uns damit signalisieren will, daß wir ihn um Kraft und Beistand bitten müssen. Also holen Sie tief Luft, besinnen Sie sich auf Ihre spirituelle Mitte und packen Sie's an. Eine der härtesten Lektionen, die wir lernen müssen, ist die Erkenntnis, daß alle Ängste in unserem Innern wurzeln, wie sehr uns die äußere, reale Lebenssituation auch zusetzen mag. Je näher die Verwirklichung unserer Träume rückt, desto heftiger werden die Konflikte, die damit einhergehen. Warum? Weil wir uns dadurch ein für allemal verändern und das Leben nie wieder so sein wird, wie es war. Verständlicherweise fürchten wir uns davor; wir müßten an unserem gesunden Menschenverstand zweifeln, wenn es anders wäre. Aber wie viele glanzvolle Träume, die Welt zu retten, hat der Himmel schon zu Grabe getragen, weil die Träumerin, nun müde und entmutigt, nur auf ihre eigene Stärke gebaut hat und keine Kraft mehr besaß weiterzumachen?

Wenn Sie heute Angst verspüren, dann fassen Sie Mut, indem Sie sich eines vor Augen halten: Mut ist Angst, die ein Gebet gesprochen hat, und Träume sind ein Geschenk des Schöpfers, ein Impuls, uns zu verändern. Vertrauen Sie darauf, daß ebenjene höhere Macht, die Ihnen den Traum geschenkt hat, weiß, wie sie Ihnen bei der Verwirklichung helfen kann.

10. SEPTEMBER
Das eigene Tempo bestimmen

Das Traurige an dieser Welt ist, daß die Taten, die das Beste in uns zum Vorschein bringen, in aller Regel diejenigen sind, von denen andere nie etwas erfahren.

Anne Tyler

Die Romanschriftstellerin Anne Tyler erzählt die lehrreiche Geschichte von einer, die auszog, ihrer wahren Berufung zu folgen. Eines Nachmittags, als sie die Schule betrat, um ihre Kinder abzuholen, wurde sie von einer anderen Mutter angesprochen, die sie fragte: »Haben Sie schon Arbeit gefunden? Oder schreiben Sie immer noch?« Nur weil Sie der Meinung sind, daß Sie einen wunderbaren oder anständigen Beruf haben, muß dies nicht auch die ganze Welt glauben. Je früher Sie erkennen, daß andere die Bemühungen, Ihrer Berufung zu folgen, nicht zwangsläufig als Segen empfinden oder anerkennen, desto glücklicher werden Sie sein. Viele Leute – Partner und Kinder nicht ausgenommen – fragen Sie und sich möglicherweise schon seit Jahren, ob Sie irgendwann einmal zur Vernunft kommen.

Nein, das werden Sie nicht. Also tun Sie die skeptischen Kommentare der anderen mit einem Schulterzucken und einem Lächeln ab, bevor Sie Ihr Diamantenfeld unverdrossen weiterbeackern. Am Ende werden die Zweifler wiederkommen, entweder als Fans, um Sie zu weiteren Höchstleistungen anzuspornen, oder als erstaunte Zuschauer. In der Zwischenzeit sollten Sie Ihr Bestes tun, Unkenrufen, Zweifel und Spott so wenig Beachtung wie möglich zu schenken. Ihre psychische Energie hat Grenzen. Sie ist vergeudet mit dem vergeblichen Versuch, die Heiden zu bekehren, und Ihnen bleibt unter Umständen keine Kraft mehr, um das Werk zu verrichten, das auf Sie wartet. Denken Sie daran: Die Prophetin gilt nichts in ihrem eigenen Haushalt.

Wenn Sie versuchen, Ihren Traum zu verwirklichen, während Sie eine Familie zu versorgen und einen Job zu erledigen haben, um Ihre Brötchen zu verdienen, müssen Sie Ihr eigenes Tempo bestimmen.

Sie kennen Ihre Verpflichtungen besser als jeder andere. Wir müssen mit ihnen leben und versuchen, uns so gut wie möglich um diese Klippen herumzumanövrieren. Die authentische Erfüllung durch Ihre Arbeit ist ein Marathonlauf und kein kurzer, schneller Sprint. Langstreckenläufer bereiten sich mit Laufübungen über kürzere Distanzen auf die Marathonstrecke vor, wobei sie Entfernung und Geschwindigkeit als Folge ihrer Leistungssteigerung stetig erhöhen. Um den Ruf zu hören und ihm zu folgen, sollten Sie sich Zeit lassen. Mit Sicherheit wird Ihnen niemand sonst dieses Geschenk machen. Wenn Kinder bei Ihnen im Haushalt leben oder wenn Sie eine Vollzeittätigkeit ausüben, sollten Sie einen Dreijahresplan entwickeln, um Ihren Traumberuf zu ergreifen, um das Buch zu veröffentlichen, das Ihnen schon lange im Kopf herumgeistert, um eine Existenz zu gründen, um das angestrebte Stipendium zu erhalten oder Mode zu entwerfen. Ich habe drei Jahre und dreißig Absagen gebraucht, bis meine Kolumne landesweit in verschiedenen Zeitungen erschien. Unter dem Strich ist es nicht wichtig, wie schnell Sie Ihren Traum verwirklichen, sondern nur, wie hartnäckig Sie ihn verfolgen.

11. SEPTEMBER
Eine Hymne an das Leben

> Laßt uns denn zur Tat erheben,
> Herz gewendet zu den Sternen,
> Weiter schaffen, weiter streben,
> Arbeiten und warten lernen.
> *Henry Wadsworth Longfellow*

Es sind nur vier Zeilen, und doch enthalten sie den Kern der mystischen Verwandlung, das Geheimnis, das zu erreichen, was Sie sich wirklich im Leben wünschen: indem wir uns mutig unserem Schicksal stellen, unsere Ziele anstreben und warten, daß uns die Stunde schlägt. Vor mehr als hundert Jahren geschrieben, ist die in dem Vers verborgene Weisheit heute noch genauso relevant wie zu der Zeit, als die Zeilen entstanden. Diese Hymne an das Leben gehört zu meinen Lieblingsgedichten; sie regt mich zum Meditieren an, vor allem, wenn mich der Mut verläßt, weil ich nicht jene raschen Ergebnisse erziele, die ich mir wünsche. Ich weiß, wenn Sie über Longfellows Empfehlungen nachdenken, werden auch Sie heute emotionalen und spirituellen Antrieb erhalten.

»*Let us, then, be up and doing...*« Träume reichen nicht aus; sie müssen durch unbeirrbares, aktives Bemühen gestützt werden. So einfach und so wirksam ist das Geheimnis des Erfolgs. Denken Sie immer daran, daß Streben und Kämpfen dem Erfolg vorausgehen. Wir müssen etwas dafür tun, daß sich unsere Träume *jeden Tag* verwirklichen, selbst wenn uns von vierundzwanzig Stunden nur fünfzehn Minuten bleiben, um uns auf unsere wahre Berufung zu konzentrieren. Gibt es einen Anruf, den Sie in dieser Viertelstunde erledigen können? Einen Brief, den Sie schreiben? Eine Manuskriptseite, die Sie schaffen? Fünf Seiten in dem Buch, das Sie gerade lesen? Eine Verteilerliste, auf die Sie sich setzen lassen? Eine Organisation, bei der Sie dank Ihres Angebots, dort ein kostenloses Volontariat zu absolvieren, einen Fuß in die Tür bekommen? Sie werden erstaunt sein, wieviel Macht in fünfzehn Minuten geballter Konzentration liegt.

»*With a heart for any fate...*« Unser Herz auch für die Möglichkeit zu öffnen, in unserem Bemühen zu scheitern, ist leichter gesagt als getan. Deshalb sollten wir das Schicksal, das uns erwartet, die Einzelheiten der Verwirklichung unseres Traumes und die Reaktion der Welt dem Willen des Schöpfers unterordnen. Seien Sie offen für seine Feineinstellung oder ein letztes Handanlegen. Ein Traum erblickt nur durch die gemeinsame Anstrengung, eine konzertierte Aktion, das Licht der Welt.

»*Still achieving, still pursuing...*« Solange Sie die Verwirklichung Ihres Traumes anstreben, machen Sie Fortschritte, selbst wenn Sie meinen, daß es nur im Schneckentempo vorangeht. Ich habe die Erfahrung gemacht, daß ich zum Zeitpunkt, an dem ich am liebsten aufgeben würde, oft nur noch einen Schritt vom Durchbruch entfernt bin. Vertrauen Sie auf sich selbst, Ihren Traum und den Schöpfer.

»*Learn to labor and to wait...*« Das ist der am schwersten zu befolgende Rat, den Longfellow uns gibt. Meistens warten wir viel länger darauf, daß sich ein Traum in unserem Leben realisiert, als wir dachten, bevor er in unser Bewußtsein trat. Das liegt daran, daß sich unsere Zeitauffassung und die des Schöpfers gewaltig unterscheiden. Seien Sie besonders nett zu sich selbst, während Sie warten; verbringen Sie die Zeit so angenehm wie möglich. Vergessen Sie nicht: Je länger es dauert, bis sich der Traum manifestiert, desto größer wird Ihr Stolz darüber sein, daß Sie Ihr Talent richtig genutzt haben.

12. SEPTEMBER
Ungewöhnliche Frauen und andere

> Unsere Bestrebungen sind Möglichkeiten.
> *Samuel Johnson*

»Wenn wir erst fünfundzwanzig sind«, erklärt Rita, »werden wir *unglaublich* sein.« Rita ist eine von sieben Studentinnen des letzten Semesters in Wendy Wassersteins Theaterstück *Uncommon Women and Others*. Die jungen Frauen stehen kurz davor, ihr privilegiertes und behütetes Dasein an einem Elite-College gegen die Suche nach Ruhm und Reichtum in der realen Welt einzutauschen. Sie müssen entdecken, daß Erfüllung ein lebenslanger Prozeß ist, selbst für ungewöhnliche Frauen. Am Ende des Stückes, sieben Jahre später, ist alles ganz anders gekommen, als sie dachten, nur Rita hat immer noch Hoffnungen und hochfliegende Pläne: »Wenn wir erst fünfundvierzig sind, wird man über uns *staunen*.«

Uncommon Women and Others wurde erstmals im Sommer 1977 im Eugene O'Neill Theater Center in Waterford, Connecticut, von einem professionellen Ensemble aufgeführt, während eines dreiwöchigen Sommercamps. Obwohl Wassersteins Stück während dieser Veranstaltung nicht die meiste Aufmerksamkeit auf sich zog, erwies es sich in jenem Sommer als Juwel in O'Neills Krone; nicht nur die Verfasserin machte Karriere, sondern auch einige der Schauspielerinnen, die in der New Yorker Produktion mitwirkten. Ich erinnere mich an Wendy Wasserstein als eine schüchterne, humorvolle und bescheidene Frau, die sich äußerst positiv von der Glitzerwelt des Theaters abhob. Sie schien sich in erster Linie auf die Arbeit zu konzentrieren – ihr Stück für eine professionelle Produktion in Form zu bringen – und weniger daran interessiert zu sein, Ruhm und Geld einzuheimsen. Daß sie ihr Augenmerk auf die Nutzung ihrer authentischen Begabung richtete, war gewiß der Grund für den überwältigenden Erfolg ihres Theaterstücks, der bewirkte, daß sich die Theaterwelt darum riß, in Kontakt mit ihr zu treten.

Eine der wundersamsten Wahrheiten, die Sie auf dem Weg zu Ihrem authentischen Selbst entdecken werden, ist, daß Bestrebungen immer Chancen sind. »Jedes Jahr nehme ich mir vor, daran zu glauben, daß es Chancen gibt«, gestand Wendy Wasserstein. »Jedes Jahr nehme ich mir vor, weniger das Ich zu sein, das ich kenne, und mehr Raum für das Ich zu lassen, das ich sein könnte. Jedes Jahr schreibe ich auf, daß ich mich nicht von meinen Freunden und meiner Familie abgehängt fühlen will, die sich sehr viel stärker verändert haben als ich.« Dieses leidenschaftliche Engagement für ein authentisches Leben macht Wendy Wasserstein nicht nur zu einer ungewöhnlichen, sondern auch zu einer außergewöhnlichen Frau. Eine solche Wandlung können auch Sie vollziehen.

13. SEPTEMBER
Gedanken über den Erfolg

> Es ist eine tragische Ironie des Schicksals, daß wir häufig erst dann Erfolg oder finanzielle Unabhängigkeit erzielen, nachdem der Grund, dessentwegen wir danach gestrebt haben, längst passé ist.
>
> *Ellen Glasgow*

Nur wenige Frauen halten sich wirklich für erfolgreich, was daran liegt, daß sie sich nicht erfolgreich *fühlen*. Im tiefsten Winkel unseres Herzens betrachten wir uns als Niete – als Heuchlerin, Betrügerin. Und selbst wenn wir genau wissen, daß wir Erfolg haben, geben wir es selten offen zu. Die Welt mag keine Prahler. Und wir wollen, daß die Welt – alle Welt, ohne Ausnahme – uns liebt. Wir leiden ein Leben lang unter dieser machtvollen Konditionierung im öffentlichen und privaten Bereich.

Erfolg wird im allgemeinen als »das Erreichen eines Zieles« definiert, oder auch als die »Erlangung von Reichtum, Ruhm oder Größe«. Wenn wir Erfolg haben, »gedeihen, leben und blühen wir auf«. Wenn nicht, würden wir am liebsten vor Scham im Erdboden versinken, bis Gras darüber gewachsen ist. Erfolg und Mißerfolg sind ein Schwarzweißthema, zwei entgegengesetzte Pole: gut oder schlecht, Glück oder Pech. In Wirklichkeit stellen sie gleichwohl etwas ganz anderes dar: Mißerfolg und Erfolg sind das Yin und das Yang des Leistungsstrebens, zwei sich ergänzende Kräfte im Universum, die sich unserem Einfluß entziehen. Wir scheinen immer wieder zu vergessen, daß wir nur bei unserer Reaktion auf Erfolg und Mißerfolg das Sagen haben.

In der Viktorianischen Epoche wurden Erfolg, Macht und Wohlstand als physische Manifestation der göttlichen Vorsehung betrachtet, die einem Menschen gewogen war. Und diese Sichtweise gilt noch heute. William James bezeichnete das Erfolgsstreben als ein »Leiden, an dem die ganze Nation krankt«, und warnte, daß die »ausschließliche Anbetung der grausamen Göttin« einen Menschen das Leben kosten könne, wenn er nicht auf der Hut sei. Bei nur wenigen seiner Zeitgenossen fanden seine Worte damals Gehör. Ein Jahrhundert später haben wir uns immer noch nicht eines Besseren belehren lassen, obwohl nicht zu übersehen ist, daß die Menschen in ihrem Erfolgsstreben auf der Strecke bleiben oder umfallen wie die Fliegen. Wir sollten nicht vergessen, daß die Welt auch wieder nehmen kann, was sie uns gibt, und häufig von ihrem Recht Gebrauch macht.

Den meisten von uns hat man nicht beigebracht, daß es zwei Arten von Erfolg gibt: den weltlichen und den authentischen. Doch um ein glückliches und erfülltes Leben zu führen, müssen wir den Unterschied zwischen real und irreal, zwischen Schein und Sein kennen, denn Erfolg steht als Pflichtfach auf dem Stundenplan der Universität des Lebens. Es ist absolut nichts gegen das Streben nach

Erfolg und finanzieller Unabhängigkeit in der realen Welt einzuwenden; ich bin gerade damit beschäftigt, während ich diese Meditation schreibe. Doch der Weg der Einfachheit und Fülle hat mich gelehrt, daß authentischer Erfolg nicht durch das Scheinwerferlicht, sondern nur durch das eigene Licht lebt.

Und das kann uns niemand nehmen.

14. SEPTEMBER
Klopfen Sie sich selbst auf die Schulter

> Es war der erste Berg, den ich im Opernfach bestieg, und der Blick vom Gipfel war atemberaubend, aufregend und betäubend.
>
> *Leontyne Price*

Daß sich viele Frauen nicht erfolgreich fühlen, liegt oftmals darin begründet, daß sie sich selbst nie auf die Schulter klopfen. Lassen wir die Zügel tatsächlich einen Moment schleifen und sonnen uns im Schein des Erfolges, so schmälern wir unsere Leistung im gleichen Atemzug auch wieder, vor allem in Gegenwart von Familienangehörigen und Freunden. Bevor es uns bewußt wird, leugnen wir praktisch, daß wir überhaupt jemals etwas zustande gebracht haben. Es gibt indessen auch erfolgreiche Menschen, die in ihren »Meisterwerken« schwelgen: sie tapezieren die Wände des Büros und der Wohnung mit Fotos und Titelseiten der Magazine oder stellen goldene Trophäen und Pokale auf dem Kaminsims oder in einem eigens dafür vorgesehenen Schrank hinter Glas zur Schau. Sie haben es geschafft, und nicht nur die Welt spendet ihnen Applaus, nein, sie gratulieren sich auch selbst.

Ich erinnere mich an ein altes Kinderlied, das wir auf langen Autofahrten mit unseren Eltern zu singen pflegten, um uns die Zeit zu vertreiben. Das ging so: »Der Bär stieg auf den Berg, der Bär stieg auf den Berg, der Bär stieg auf den Berg, und was sah er da? Er sah einen andern Berg, er sah einen andern Berg, er sah einen andern Berg, und was tat er da? Er stieg auf den andern Berg, er stieg auf den andern Berg...« und so weiter, bis unsere Eltern den Bären am liebsten erschossen, uns erwürgt oder beides hätten!

Viele Frauen leiden unter dem Bergsteigersyndrom. Wir erklimmen einen Berg nach dem anderen, überwinden Hürden, befreien uns von den Fesseln, die uns am Aufstieg hindern. Aber genießen wir die Beförderung wirklich? Feiern wir den erfolgreichen Abschluß der Abendschule oder eines Geschäfts oder die Tatsache, daß wir den eigenen Erwartungen und denen anderer gerecht geworden sind? Mitnichten! Wir gehen mit einem Achselzucken über unsere persönlichen Triumphe hinweg, als wären es Zufallstreffer, und wundern uns dann, warum wir uns leer und unerfüllt fühlen!

Wenn wir dieses Verhalten bis zu seinen Anfängen zurückverfolgen, stellen wir fest, daß viele Frauen noch immer brav und geduldig auf die Anerkennung der Eltern warten, die ihnen nie in ausreichendem Maße zuteil wurde, gleichgültig, was sie auch zustande gebracht haben. Jahrzehnte später – und darauf gedrillt zu glauben, daß nichts, was sie tun, jemals *gut genug* sei – setzen sie den Kurs der Zerstörung fort, indem sie sich selbst Lob und Anerkennung versagen.

Einmal habe ich in einem Zeitraum von fünf Jahren eine zwölfteilige Serie für einen öffentlichen Hörfunksender konzipiert und moderiert, eine Kolumne für mehrere landesweit erscheinende Zeitungen verfaßt, zwei Bücher geschrieben und veröffentlicht und zahlreiche Vorträge und Workshops gehalten. Rückblickend erkenne ich, daß sich hinter dem brennenden Ergeiz, »Erfolg« zu haben, das Bergsteigersyndrom verbarg. Ich war der selbstzerstörerischen Illusion auf den Leim gegangen, die mir vorgaukelte, daß mir mein nächstes kreatives Projekt genau die Anerkennung einbrachte, nach der ich mich mein Leben lang gesehnt hatte. Endlich würde mir der große Durchbruch gelingen, der Goldtopf am Ende des Regenbogens rückte in Reichweite, meine große Stunde nahte. Da ich nicht genug Lob und Anerkennung von meinen Eltern erhalten und mir selbst gegenüber noch mehr damit gegeizt hatte, war die einzig mögliche Quelle, beides zu beziehen, die Außenwelt. Ganz sicher würde mein nächstes Projekt die gebührende Beachtung und Würdigung finden.

Das unsanfte Erwachen kam eines Tages, als ich meine bisherigen Leistungen auflistete. Ich fragte mich plötzlich: »Wer ist diese Frau? Kenne ich sie? Leide ich vielleicht an einer Persönlichkeitsspaltung?« Wenn ein Detektiv vor meiner Haustür stünde, um nach ihr zu fahnden, würde er nicht den Hauch eines greifbaren Beweises für ihre Existenz finden. Und so begann ich nach Indizien Ausschau zu halten und hieb- und stichfeste Beweise dafür zu sammeln, daß ich von den Tiefen der Pappkartons im Keller aufgestiegen war und zahlreiche Berggipfel erklommen hatte. Ich ließ einige meiner liebsten Erinnerungen – Buchumschläge, die Ankündigung meiner Kolumne – einrahmen. Nachdem ich sie im Wohnzimmer aufgehängt hatte, trat ich emotional einen Schritt zurück und betrachtete sie ähnlich neutral, wie ein Fremder es täte. Alle Achtung! Es war eine verblüffende, aufregende, betäubende Erfahrung. Dann begann ich mir für die erstklassigen Leistungen laut ein dickes Lob auszusprechen. Inzwischen packe ich die Gelegenheit gleich beim Schopf und konkretisiere meine Erfolge. Seit ich auf handfeste Indizien hinweisen kann, *fühle* ich mich endlich auch erfolgreich. Ich habe außerdem Dokumentationen der politischen Laufbahn meines Mannes rahmen lassen, und Katie präsentiert ihre eigene Galerie in denjenigen Bereichen des Hauses, die allen Familienmitgliedern und Besuchern zugänglich sind.

Obwohl wir uns einen Tag lang wie die Königin von Saba fühlen mögen, kann nichts und niemand auf der Welt uns die Anerkennung bieten, die uns wahre Erfüllung bringt. Dazu sind *nur wir* imstande. Also stellen Sie eine Flasche Champagner kalt und stoßen Sie auf die Beendigung eines kreativen Projekts, eine persönliche Bestleistung oder ein erreichtes Etappenziel auf der beruflichen Ebene an. Können wir es uns wirklich leisten, auf den Applaus anderer zu warten? Mit Sicherheit nicht – es sei denn, wir verlassen den Weg der Einfachheit und Fülle und beschließen, uns wieder voll und ganz dem realen Leben zuzuwenden.

15. SEPTEMBER
Authentischer Erfolg

> Wir müssen alle mit der Münze unseres Lebens für den Honig zahlen, von dem wir kosten.
>
> Rachel Blumstein

Authentischer Erfolg ist ein Begriff, der für jeden Menschen etwas anderes bedeutet. Er läßt sich nicht allgemeingültig umschreiben, da jede Frau ein Individuum ist. An einem Herbstnachmittag vor ein paar Jahren, während ich über einen alten, aufgelassenen Friedhof schlenderte, entdeckte ich eine wundervolle Definition auf dem Grabstein einer Frau, die 1820 gestorben war: »Der einzige Schmerz, den sie je verursachte, war, daß sie uns verließ.«

Authentischer Erfolg bedeutet, genügend Zeit zu haben, um Freizeitbeschäftigungen und Hobbys nachzugehen, die uns Spaß machen; genügend Zeit für die liebevollen Gesten, die unserer Familie zugute kommen und uns ein inneres Bedürfnis sind; genügend Zeit, um Haushalt, Garten und unsere Seele zu pflegen. Authentischer Erfolg bedeutet, zu wissen: Wenn heute mein letzter Tag auf Erden wäre, würde ich ohne Bedauern Abschied nehmen. Authentischer Erfolg bedeutet, weder sich selbst noch den Menschen, die wir lieben, sagen zu müssen: »Vielleicht nächstes Jahr.« Authentischer Erfolg ist das Gefühl, konzentriert und gelassen jene Arbeit zu verrichten, die in diesem Moment ansteht, und nicht mit den Gedanken abzuschweifen. Es ist das Wissen, daß wir unser Bestes tun, ungeachtet der Situation, der wir uns gegenübersehen, oder der Lebensumstände. Es ist die tiefverwurzelte Erkenntnis unserer Seele, daß unser Bestes alles ist, was wir tun können, und daß das Beste, was wir tun können, immer genug ist.

Authentischer Erfolg bedeutet auch: die eigenen Grenzen akzeptieren, Frieden mit der Vergangenheit schließen und in unseren Passionen schwelgen, so daß sich die Zukunft nach dem göttlichen Plan entfalten kann. Authentischer Erfolg bedeutet außerdem: unsere Fähigkeiten und Fertigkeiten entdecken und dieses Potential in Besitz nehmen, es der Welt offenbaren, um ihr verwundetes Herz zu heilen. Authentischer Erfolg bedeutet des weiteren: im Leben anderer etwas Positives bewirken und daran glauben; wenn uns das auch nur bei einem einzigen Menschen am Tag gelingt – mit einem Lächeln, einem Lachen, mit einem Streicheln, einem freundlichen Wort oder einer helfenden Hand –, dann sind wir auserwählt unter den Frauen.

Authentischer Erfolg hat nichts mit einem prallen Bankkonto, sondern vielmehr mit wahrem Glück und Seelenfrieden zu tun. Mit dem Gefühl, genau das zu erhalten, was wir für unsere Arbeit verdient haben, und mit dem Wissen, daß wir es wert sind. Authentischer Erfolg heißt, die Rechnungen mit links zu bezahlen, die eigenen Bedürfnisse und diejenigen der Menschen erfüllen zu können, die uns nahestehen, einige heimliche Wünsche zu verwirklichen und genug übrigzuhaben, um sich ein Polster für schlechte Zeiten zuzulegen und mit anderen zu teilen, die ärmer dran sind als wir. Authentischer Erfolg hat nichts mit dem Klammern an irdische Güter, sondern mit Loslassen zu tun, denn wir haben alles, was wir wirklich brauchen. Authentischer Erfolg bedeutet: sich gut fühlen in der Haut der Frau, die wir sind, sich bewußtmachen, von wo wir gestartet sind, und die Wegstrecke feiern und anerkennen, die wir bereits bewältigt haben. Authentischer Erfolg bedeutet: den Punkt erreichen, an dem das *Sein* genauso wichtig ist wie das *Tun*. Das stetige Bemühen, einen Traum zu verwirklichen. Die Erkenntnis, daß kein Tag vergeudet war, wie lange die Realisierung eines Traumes in der physischen Welt auch dauern mag. Die Anerkennung der inneren und äußeren Anstrengungen, die wir selbst und andere unternehmen. Das Prinzip, die mühevolle Arbeit zum Handwerk und das Handwerk zur Kunst zu erheben, indem Sie jede Aufgabe mit Liebe verrichten.

Authentischer Erfolg bedeutet: wissen, wieviel Einfachheit und Fülle in unserem Leben in ebendiesem Augenblick bereits vorhanden sind. Dankbar sein für die Segnungen des Himmels, über die wir und unsere Lieben verfügen – und zwar in einem solchen Übermaß, daß wir andere daran teilhaben lassen können.

Authentischer Erfolg bedeutet, jeden Tag mit überquellendem Herzen zu leben.

16. SEPTEMBER
Die Angst vor dem Erfolg

> Die Diskrepanz zwischen dem, was man ist, und dem, was man von uns erwartet, ist ein Konflikt, der uns alle betrifft. Und manchmal wählen wir, statt danach zu streben, was wir sein könnten, die Bequemlichkeit der Versagerrolle, ziehen es vor, uns als Opfer der Umstände darzustellen, als Mensch, der von vornherein keine Chance hatte.
>
> *Merle Shain*

Viele Frauen fürchten sich mehr vor dem Erfolg als vor dem Scheitern. Fehlschläge können wir bewältigen, darin haben wir Übung. Erfolg bedeutet indessen, daß wir unseren bequemen, sicheren Kokon verlassen müssen, die gutgepolsterte Sphäre der Vorhersehbarkeit. Auch wenn wir es uns nicht gerne eingestehen, der Erfolg einer Frau ist für ihr soziales Beziehungsgeflecht zweitrangig. Wir haben Angst vor dem Erfolg, weil wir uns vor den potentiellen (und in den meisten Fällen tatsächlichen) Folgen fürchten, die damit einhergehen – nicht nur für unser eigenes Leben, sondern auch für die Menschen, die uns nahestehen.

Selbst der Lohn des Erfolgs gehört uns nicht allein, es sei denn, wir haben weder einen Partner noch Kinder oder Eltern. Der Scheck, der mit der Post eintrifft, mag mit unserem Namen versehen sein, aber er verschwindet wie von Zauberhand, um damit Lebensmittelrechnungen, Nachhilfestunden, den neuen Wintermantel, Autoreparaturen, Zahnspange, Sommercamp, Urlaub, notwendige oder dekorative Verbesserungen am Haus und Zusatzversicherungen zu bezahlen. Millionen von Frauen sind außerdem für Hypotheken oder Miete, Strom und Wasser, Nahrungsmittel, Krankenversicherung und vieles mehr verantwortlich. Kann es da überraschen, daß persönliche Hobbys und der Traum von mehr Zeit für sich persönlich als Ausgeburt der weiblichen Phantasie gelten?

Und was die Beziehungen angeht: Falls Sie Single sind und ein gewisses Erfolgsniveau erreicht haben (ganz zu schweigen von einem gewissen Alter), zerbrechen Sie sich vielleicht den Kopf, wie

Sie einen Mann kennenlernen, der sich nicht von Ihren Leistungen oder Ihrem Einkommen einschüchtern läßt. Und verheiratete Frauen fragen sich, in welchem Maß der eigene Erfolg die Beziehung zu ihrem Mann beeinflußt. Es mag widersprüchlich erscheinen, aber je höher eine Frau die berufliche Erfolgsleiter hinaufklettert, desto mehr gerät die häusliche Sphäre ins Wanken. Das liegt daran, daß der Erfolg die Gültigkeit des unausgesprochenen Vertrages in Frage stellt, der in dem Augenblick geschlossen wird, in dem wir auf dem Standesamt »ja« sagen. (Leider stützen sich viele Annahmen im emotionalen und wirtschaftlichen Bereich, die den Partnern durch den Kopf gehen, wenn sie das kleine Wörtchen aussprechen, auf die Situation bei der Eheschließung, ohne Berücksichtigung der Zukunft, die sie ansteuern.)

Wenn eine Frau Kinder hat, wird der Aufstieg durch noch stärkere Gravitationskräfte als das Unbehagen des Partners erschwert. Nichts wiegt mehr als mütterliche Schuldgefühle. Männer (von einigen wenigen Ausnahmen abgesehen) orientieren sich bei der Gestaltung ihrer Arbeitswelt selten an den Bedürfnissen der Kinder; bei Frauen ist es selten andersherum. Die Schriftstellerin Fay Weldon wurde einmal gefragt, warum sie in ihren späteren Romanen so lange Sätze verwende. Sie erwiderte lakonisch, daß ihre Kinder inzwischen älter geworden seien und sie weniger bei der Arbeit störten.

Also fürchten wir den Erfolg aus gutem Grund. Für uns steht eine Menge auf dem Spiel. Erfolg bringt nachhaltige Veränderungen mit sich, und jede davon ist mit Unbequemlichkeiten und Angst befrachtet. Doch wenn wir versuchen, einen Schritt vor den anderen zu setzen und die bewältigte Herausforderung von der positiven Warte zu betrachten, definieren wir den Erfolg für uns und unsere Lieben neu. Und sobald wir uns angesichts der eigenen Spitzenleistungen wohler in unserer eigenen Haut fühlen, erkennen wir, daß der Erfolg nicht drückt, kneift oder einengt, wenn er sich in einer Größe einstellt, die uns paßt wie angegossen.

17. SEPTEMBER
Holen Sie sich Ihr Stück vom Kuchen – und genießen Sie es

>Das Leben selbst ist ein wahres Bacchanal.
>
>*Julia Child*

Authentischer Erfolg und weltlicher Erfolg schließen sich nicht gegenseitig aus. Zugegeben, es fällt leichter, sie nacheinander zu erreichen, aber nach beiden zu streben ist kein unerfüllbarer Traum, sobald man sich den Unterschied klargemacht hat. Wir müssen uns nicht für das eine oder andere entscheiden. Wir müssen uns lediglich vergegenwärtigen, welche Form des Erfolgs zum gedeihlichen Wachstum unserer eigenen Seele und unserer Lieben beiträgt, und diese als erste ins Auge fassen.

In der Bibel steht geschrieben, daß wir nicht zwei Herren dienen können: Gott und Geld. Aber was wäre, wenn Sie sich wenigstens ein Stück vom Kuchen holen würden, das Ihnen zusteht, und es auch noch mit Genuß verspeisten? Es ist sehr wohl möglich, beides zu verwirklichen – vorausgesetzt, Sie haben zwei Kuchen gleichzeitig im Rohr. Jede gute Köchin weiß, daß es keinen großen Aufwand bedeutet, statt der einfachen die doppelte Menge Teig zu rühren. Aber in die Küche zu gehen und einen zweiten Kuchen zu backen, nachdem Sie den ersten aus dem Ofen geholt, mit Puderzucker bestäubt und die schmutzigen Küchenutensilien abgewaschen haben, erfordert einen ungleich größeren Aufwand an physischer und psychischer Energie. Deshalb sollten wir die Träume verdoppeln, die wir in Angriff nehmen. Damit schaffen wir Raum für eine Lebensführung, die auf authentischem Erfolg basiert und zudem mit soviel weltlichem Erfolg überzuckert werden kann, wie Sie mit der Münze des Lebens zu zahlen bereit sind. Einige Frauen mögen Süßigkeiten lieber als andere.

»Erfolg ist nur in dem Maß wichtig, wie er uns in die Lage versetzt, uns mehr mit denjenigen Dingen zu beschäftigen, die uns Spaß machen«, erklärt die Dirigentin und Opernproduzentin Sarah Caldwell. Ich backe gerne Kuchen. Und Sie?

18. SEPTEMBER
Mißerfolge, ein Geschenk des Himmels

Flops gehören nun mal zum Menü des Lebens, und Mädels wie ich lassen nie einen Gang aus.

Rosalind Russell

In den Augen der Welt gehörte Clare Booth Luce zu den erfolgreichsten Frauen des zwanzigsten Jahrhunderts. Die Bühnenautorin und Schriftstellerin wurde zweimal in den Kongreß gewählt und war als US-Botschafterin in Italien akkreditiert. Sie hatte Kinder und war Ehefrau des Verlagstycoons Henry Luce, Mitbegründer von *Life* und *Time*. Diese außergewöhnliche Frau gestand: »Falls ich je meine Autobiographie schreiben sollte, dann würde der Titel ›Lebensgeschichte einer Versagerin‹ lauten.«

Nun frage ich mich, wenn schon eine Clare Booth Luce von solchen Zweifeln über sich selbst und ihre Karriere geplagt wurde, was können dann gewöhnliche Sterbliche wie wir erwarten?

Zum Glück bleibt uns viel Hoffnung, solange wir uns auf dem Weg zu unserer wahren Identität befinden. Clare Booth Luce betrachtete sich als Versagerin, weil sie das Gefühl hatte, kein authentisches Leben zu führen, nicht ihrer eigentlichen Berufung gefolgt zu sein. »Mein schlimmster Fehler war paradoxerweise eine ziemlich lange Abfolge relativ großer Erfolge, keiner davon im Theater. Mit anderen Worten: Mein Fehler bestand darin, nicht zu meiner wahren Berufung zurückzukehren, der Schriftstellerei. Ich erinnere mich, daß ich von Kindesbeinen an nichts anderes tun oder sein wollte als Schriftstellerin.«

Sie wollte beispielsweise nie für den Kongreß kandidieren; das war ausschließlich die Idee ihres Mannes. Henry Luce war ein mächtiger Mann, weil er wußte, wie man Macht zum eigenen Vorteil nutzt. Clare Booth' berufliche Laufbahn beim Theater machte gute Fortschritte (sie hatte fünf Stücke geschrieben), als sie Luce 1935 heiratete. Ihr Mann sah darin nur ein Steckenpferd, eine »Nachtschicht«. Als Clare Booth dann den Namen Luce ihrem eigenen hinzufügte, gab sie ihre heimliche Passion widerstrebend auf. Nach zwei Amtszeiten im Kongreß trat sie von der politischen Bühne ab und versuchte, sich wieder dem Schreiben zu widmen. Doch da traf sie eine Serie tragischer Schicksalsschläge: Sie verlor innerhalb kurzer Zeit ihre Mutter, ihren Bruder und ihr einziges Kind, eine Tochter, die bei einem Autounfall den Tod fand. Für Clare Booth Luce kam das Leben abrupt zum Stillstand, und es dauerte lange Zeit, bis sie sich wieder in der Lage fühlte, aktiv daran teilzuhaben. Und dann redete sie sich selbst ein: »Wahrscheinlich bist du gar nicht zur Schriftstellerin geboren und wirst nie wieder eine Zeile schreiben.« Und obwohl sie später Artikel und Bücher verfaßte, kehrte sie nie wieder zu ihrer ersten großen Liebe, dem Theater, zurück. Sie trauerte bis an ihr Lebensende um den Weg, den sie verlassen hatte.

Jeder Mensch hat Angst zu versagen. Doch gleichgültig, ob wir risikofreudig oder risikoscheu sind: Mißerfolge, auf der öffentlichen oder privaten Ebene, lassen sich im Leben nicht vermeiden. Sie bewirken, daß wir über unsere bewußten Fähigkeiten hinaus- und in unser authentisches Selbst hineinwachsen, zu wahrer Stärke finden. Mißerfolge sind ein großzügiges Geschenk des Himmels. Das Schlimmste, was uns im Leben widerfahren kann, ist nicht ein Fehlschlag, sondern es gar nicht erst versucht zu haben. Deshalb scheitern kluge Menschen nie.

19. SEPTEMBER
Anziehungskraft

> Oh, es ist wundervoll, Ambitionen zu haben... Und sie scheinen nie ein Ende zu nehmen – das ist das Beste daran. Sobald man ein Ziel erreicht hat, sieht man schon das andere, noch höher gesteckte vor sich. Das macht das Leben so interessant.
> *Anne Shirley (L. M. Montgomery)*

Ehrgeiz und Erfolg sind seelenverwandt. Aktionen sind Spielmacher, die diese Anziehungskräfte verbinden, so daß sich der Funke entzünden und wir die Welt mit unserem Feuer erhellen können.

Der Erfolg steht in unserer Gesellschaft hoch im Kurs. Er ist ein Weggefährte, wie man ihn sich nur wünschen kann – ehrbar, begehrt, ein Kavalier vom Scheitel bis zur Sohle. Ehrgeizige Bestrebungen haben einen leicht anrüchigen Beigeschmack, sie fallen eher in die Kategorie der Hure als der Heiligen, ähneln dem »Geist aus der Flasche«, den man unbedacht heraufbeschwört. Wenn seine Leidenschaft und Explosionskraft nicht kreativ und konstruktiv in die richtigen Bahnen gelenkt werden, kann er sich gegen die Person richten, die ihn entfesselt hat. Mit dem Ehrgeiz ist es wie mit der Elektrizität: Beide können das Leben bereichern oder zerstören. Was der Ehrgeiz braucht, ist gleichwohl eine neue Presseagentin, die ihn ins rechte Licht setzt. Wir hören in der Regel nur dann etwas über ihn, wenn man ihm zur Last legt, daß er jemanden zu Fall gebracht hat.

Von ehrgeizigen Bestrebungen geht jedoch nur dann eine Gefahr aus, wenn wir, geblendet von ihrem Zauber, zur Beute der Habgier werden. Wenn die Seele verarmt, läßt sich das Ego nur zu gerne verführen. Habgier ist ein Zuhälter, der sich in der dunklen Seite menschlicher Ambitionen bestens auskennt.

Kein Wunder, daß viele Frauen einen großen Bogen um ihre Authentizität machen. Es ist bedrohlich, einzugestehen, sogar uns selbst, daß wir nicht nur hoffnungsvolle, sondern auch ehrgeizige Bestrebungen haben.

Aber was wäre, wenn der Ehrgeiz eine Gabe des Schöpfers ist? Ein Teil des authentischen Gesamtpakets, mit dem er uns großzügig bedacht hat, als er uns mit persönlichen Talenten ausstattete? Wenn Sexualität sowohl heilig als auch profan und Macht gleichermaßen ein Segen und eine zerstörerische Kraft sein kann, warum sollte der Ehrgeiz dann nicht auch zwei Seiten besitzen? Was wäre, wenn wir laut göttlichem Ratschluß ehrgeizige Bestrebungen entwickeln *sollen*? Was wäre, wenn unsere Weigerung, sie um höherer Interessen willen in die richtigen Bahnen zu lenken, eine Form des Machtmißbrauchs ist? Denken Sie an alles, was erreicht werden könnte, wenn Frauen ihre ehrgeizigen Neigungen pflegen und ihr Licht *auf* den Scheffel stellen würden, wohin es gehört! Denken Sie daran, wie sich unser Leben grundlegend verändern könnte, wenn wir unseren Ambitionen Achtung zollen würden.

Eines ist gewiß: Ohne einen Funken Ehrgeiz können wir unsere Ziele nicht erreichen. Das Handeln – die praktische Umsetzung ehrgeiziger, zielgerichteter Bestrebungen – ist es, das dem Erfolg den Weg ebnet. »Wagemut beginnt in unserem Innern«, gibt Eudora Welty zu bedenken. Heute ist das wagemutigste, auf das Sie sich einlassen, vielleicht eine Brainstorming-Sitzung. Laden Sie Ihre ehrgeizigen Bestrebungen ein, sich mit Ihrem authentischen Selbst an einen Tisch zu setzen, um Ideen zu sammeln. Sagen Sie den beiden, was Sie erreichen möchten. Hören Sie aufmerksam zu. Dann nehmen Sie beider Vorschläge genauer unter die Lupe. Die vermeintlichen Teufelshörner können in Wirklichkeit ein verrutschter Heiligenschein sein.

20. SEPTEMBER
Der Feind in unserem Innern

> Wir sind dem Feind begegnet, und der sind wir selbst.
> *Pogo (Walt Kelly)*

Es ist schwer zu akzeptieren, daß wir uns selbst der ärgste Feind sein können. Diese Erkenntnis bereitet ein solches Unbehagen, daß wir alles daransetzen, uns das Gegenteil zu beweisen. Es ist immer das Schicksal, die Umstände, eine Pechsträhne, die unsere sorgfältig ausgearbeiteten Pläne durchkreuzen.

Wenn Sie bei der Verwirklichung Ihrer Träume eine Enttäuschung nach der anderen erleben, ist es verständlich, in Selbstmitleid zu verfallen. Doch falls Sie glauben, alle Welt habe sich gegen Sie verschworen oder irgend jemand spiele mit gezinkten Karten, sollten Sie heute um den Mut beten, der Person auf die Finger zu schauen, die beim Pokern das Blatt austeilt. Kommt Ihnen die Dame bekannt vor? Das sollte sie, denn es ist der teuflische Zwilling Ihres authentischen Selbst: das Ego.

Das Ego hat viel zu verlieren, sobald unser authentisches Selbst an Stärke gewinnt und bewußt in unserem Auftrag handelt, wobei es unsere kreativen Wahlmöglichkeiten, Entscheidungen, ehrgeizigen Bestrebungen und Aktionen im Lichte eines höheren Interesses beeinflußt. Was vorher gang und gäbe war – Leugnen, Sublimation, Verdrängen –, wird als das entlarvt, was es wirklich ist: als eine subtile Form des Mißbrauchs, begangen an unseren eigenen Kräften und Anlagen. Wenn wir zu unserem authentischen Selbst werden, wachsen wir über uns selbst auf eine Ebene hinaus, an die wir nicht einmal im Traum zu denken gewagt haben. Diese innere Größe gestattet uns, uns persönlich, unsere Familie und unsere Welt zu heilen. Das authentische Selbst ist der schlimmste Alptraum unseres Egos, und dieses wird alles in seiner Macht Stehende tun, um den Einfluß der Rivalin im Alltag zu sabotieren. Dabei fährt es seine schwersten Geschütze auf: Angst und Einschüchterung.

Angst hat mehr Träume zum Entgleisen gebracht, als wir ahnen. Physischer Streß – Herzklopfen, Kopfweh, ein nervöser Magen – ist die erste Angriffswelle des Egos, wenn wir uns an die Grenzen unseres sicheren Kokons vorwagen. Angst ist ein natürlicher Instinkt, so alt wie die Menschheit, ein Überbleibsel des Kampf-oder-Flucht-Syndroms. Auch wenn wir uns elend fühlen, weil wir uns dem Kampf stellen und einen unangenehmen Anruf tätigen, in einer Geschäftsbesprechung klipp und klar unsere Meinung äußern oder mit unseren Bewerbungsunterlagen bei einem potentiellen Arbeitgeber zum Vorstellungsgespräch erscheinen müssen, ist das nicht so schlimm, als hieße es, sich des Angriffs eines wutschnaubenden Mammuts zu erwehren. Es besteht kein Grund, in panischer Furcht die Flucht zu ergreifen. Wir müssen nur die physischen Manifestationen der Angst kennen und sie akzeptieren, wenn sie sich bei uns bemerkbar machen. Das nächste Mal, wenn Sie sich schon bei dem Gedanken, Ihren sicheren Kokon zu verlassen, krank fühlen, sollten Sie Ihrem bewußten Selbst ruhig klarmachen, daß die Angst an Ihnen abprallt und sich verflüchtigt, solange Sie in Bewegung sind. Manche Schauspielerinnen leiden unter einem solchen Lampenfieber, daß ihnen richtiggehend übel ist, wenn sie ins Rampenlicht hinaustreten müssen. Dennoch haben sie gelernt, die Angst in kreative Energie zu verwandeln, indem sie ihr die Stirn bieten und zur anderen Seite des Lampenfiebers durchbrechen, zum Applaus.

Einschüchterung wirkt anders als nackte Angst. Sie ist imstande, ihre Gestalt zu verändern und sich in verschiedenen Masken zu präsentieren, um uns ihrem Willen zu unterwerfen. In dem Moment, in dem wir tapfer den Kopf aus unserem schützenden Kokon herausstrecken, erhebt sie sich oft in unserem Innern wie ein Löwenbändiger, ausgerüstet mit Peitsche und Stuhl. »Zurück!« brüllt sie. »Was glaubst du, wer du bist? Du wirst dich lächerlich machen! Du setzt deine Ehe aufs Spiel! Du vernachlässigst deine Kinder! Zurück in den Käfig, sofort!«

Wenn diese Taktiken ihre Wirkung eingebüßt haben, tarnt sich die Einschüchterung oft als Stimme der Vernunft: »Sieh mal, ich möchte dir ja keine Angst machen, aber... Du weißt, daß du Rosinen im Kopf hast, und wenn ich du wäre...«

Das Schlimmste an der Einschüchterung ist, daß sie unsere geheimen Schwachstellen kennt und die richtigen Knöpfe zu betätigen weiß. Und sollte sie mit der Peitsche keinen Erfolg haben, so bringt sie unsere Träume mit Zuckerbrot zum Schweigen. Sie tut, als sei sie unsere beste Freundin. Sie hilft uns, unser eigenes kreatives Grab zu schaufeln, indem sie uns die Schaufel reicht. Sie ist die einzige, die nachempfinden kann, wie erschöpft wir sind, und sie ermutigt uns, ein Nickerchen zu machen, statt Bewerbungen zu schreiben. Sie versteht, daß uns nicht viel Zeit zum Entspannen bleibt – was ist also schon dabei, wenn wir uns am Nachmittag Seifenopern anschauen, statt an der Formulierung unseres Lebenslaufs zu feilen, bevor die Kinder aus der Schule kommen? »Mach halblang«, beschwört sie uns, »dafür bleibt noch genug Zeit... morgen ist auch noch ein Tag...«

Wenn keiner der erwähnten Tricks funktioniert, weil Sie älter, klüger und erfahrener sind, startet sie eine Flüsterkampagne mit verstellter Stimme, die große Ähnlichkeit mit Ihrer Intuition besitzt. Wie erkennen Sie den Unterschied? Wenn der Vorschlag, den Sie zu hören bekommen, Ihnen keinen inneren Frieden bringt, handelt es sich nicht um die Stimme Ihres authentischen Selbst. Es ist Ihr Ego in einer seiner zahllosen Masken. Befehlen Sie der Intrigantin zu schweigen. Dann legen Sie Musik auf, die Sie aufmuntert, inspiriert und sie endgültig verstummen läßt.

Beginnen Sie heute, Ihr Verhaltensmuster zu beobachten. Keine

Frau – auch nicht der Megastar, der den Erfolg gepachtet zu haben scheint – ist vor zwiespältigen Gefühlen gegenüber dem Erfolg gefeit. Viele Frauen, die wir bewundern, zeichnen sich dadurch aus, daß sie die persönlichen Schablonen der Selbstsabotage entdeckt und gelernt haben, ihrer besten Freundin – ihrem authentischen Selbst – freie Hand zu lassen, um den Feind im Innern zu besiegen. Auch Sie sind dazu imstande.

21. SEPTEMBER
Die Lebensspirale

Meine Freude, mein Kummer, meine Hoffnung, meine Liebe, bewegen sich ausnahmslos in diesem Kreis.

Edmund Waller

Ich werde oft gefragt, ob ich heute, vier Jahre nach Beginn meines Weges, noch immer an den Prinzipien der Einfachheit und Fülle festhalte. In manchen Augenblicken, in manchen Stunden und an manchen Tagen fühle ich mich eins mit mir und dem Universum und völlig authentisch. Und meistens kann ich bestätigen, daß meine Gespräche mit Familienmitgliedern, Freunden, Kollegen, Bekannten und Fremden authentische, zwischenmenschliche Begegnungen darstellen. Authentisch sind auch meine Entscheidungen, selbst die schwierigen, und meine Freuden, Kümmernisse, Hoffnungen und liebevollen Gefühle. Und doch gelingt es mir nicht, jede Minute des Tages ein authentisches Leben zu führen. Meiner Meinung nach ist allein das lebenslange *Streben* nach Authentizität wichtig, nicht das Endergebnis. Wenn wir meinen, wir wären am Ziel angekommen, erkennen wir, daß wir den langen Weg nur zurückgelegt haben, um wieder von vorne zu beginnen.

Die größte Überraschung auf dem seelenvollen Weg zu Authentizität, gleichgültig, ob wir der philosophischen oder spirituellen Route folgen, ist die Entdeckung, daß er wie eine Spirale verläuft. Wir gelangen auf eine immer höhere Ebene, bewegen uns dabei aber im Kreis. Jedesmal, wenn wir wieder am Ausgangspunkt angekommen sind, nur auf einer höheren Ebene, haben wir einen besseren Ausblick. Nach Ansicht des Psychologen Carl Gustav Jung läßt sich »das Selbst«, das ich als authentisches Selbst bezeichne, nur durch *Kreiswandeln* wirklich erfahren.

Schon in den alten Kulturen dieser Welt kannte man die magische Kraft des Kreises. In der afrikanischen Stammestradition wird unsere Lebensspanne auf Erden als »Kreislauf des Lebens« bezeichnet. Black Elk, ein Häuptling der Oglala-Sioux, erklärte: »Die Macht der Welt wirkt stets in Kreisen.« Buddhistische und Hindu-Pilger umrunden, entsprechend einem religiösen Ritual, im Kreis den Berg Kailas in Tibet. Seit Tausenden von Jahren zählen Mandalas – kreisförmige, geometrische Muster – zu den spirituellen Traditionen in der östlichen Hemisphäre. Die Gläubigen entwerfen ihr eigenes Mandala im Verlauf einer Meditationsübung, um das Göttliche durch das Visuelle zu erfahren. Kreissymbole finden sich an Kultstätten in allen Ländern der Welt. In der Kathedrale von Chartres, Frankreich, ist die Grundfläche ein kreisförmig angelegtes Labyrinth. Die gigantischen vorgeschichtlichen Steinblöcke von Stonehenge in Südengland bilden einen Kreis. Die Hostie, die bei der Kommunion in einer katholischen Messe gereicht wird, ist eine kreisrunde, hauchdünne Oblate. Wenn wir nach Kreisen Ausschau halten, entdecken wir sie überall. Plato hielt die Seele für ein kreisförmiges Gebilde. Wie könnte, falls seine Theorie stimmt, der Weg zu einem authentischen Leben geradeaus, statt in Spiralen verlaufen, wenn wir davon ausgehen, daß unser authentisches Selbst das sichtbare Spiegelbild der Seele ist?

Ich werde mit Nachdruck auf die Kreisform des Weges hingewiesen, wenn ich in eine Sackgasse gerate, aus der ich zunächst keinen Ausweg sehe. Wenn ich mich dann frage: »Was lerne ich daraus, und wie bringt mich das weiter?«, stelle ich meistens fest, daß ich vergessen habe, die Prinzipien der Einfachheit und Fülle als Trittsteine für ein ganzheitliches Leben zu benutzen: Ich hatte zuviel um die Ohren, um in meinem Journal der Dankbarkeit zu schreiben; ich falle in meinen eigenen Spuren vor Erschöpfung um, weil ich es wieder einmal nicht geschafft habe, laut und deutlich »nein« zu sagen; ich bin schlecht gelaunt, weil ich in der Unordnung, die zu Hause herrscht, nichts finden kann; Ich fühle mich angespannt und gehetzt, weil ich mir die Augenblicke des Alleinseins und der Meditation, die ich brauche, um meine Mitte zu finden, nicht gegönnt habe. Ich kenne die Route wie meine Westentasche, weil ich ihr oft genug gefolgt bin. Ich weiß, daß ich hier keine Harmonie in meinem Alltag finden werde, weil ich nicht in den Prozeß des Werdens einbezogen bin.

Und so beginne ich wieder von vorne. Gehe zum Ausgangspunkt des Weges zurück. Verwandle die Dankbarkeit in ein aktives Gebet, das mehr ist als ein Lippenbekenntnis; bringe bewußt Ordnung in meinen Alltag, um ihn zu vereinfachen; messe den Augenblicken des Seins einen höheren Stellenwert bei als den Augenblicken des Tuns. Es reicht nicht aus, den Weg der Einfachheit und Fülle zu kennen oder ihn in einem Buch zu beschreiben; er muß gelebt werden, um seine Schönheiten und Freuden zu erfahren. Wenn es mir wieder gelingt, im Glanz meines eigenen Lichtes zu leben, finde ich gewöhnlich auch aus der Sackgasse heraus. Und falls ich nicht in der Lage bin, die äußeren Umstände meiner Situation zu verändern, ermöglicht mir der Weg der Einfachheit und Fülle zumindest, meine Reaktion darauf zu verändern.

»Das Leben, das wir uns wünschen, ist nicht einfach das von uns gewählte und gestaltete«, sagt der Dichter Wendell Berry. »Wir müssen es ständig wählen und gestalten.«

22. SEPTEMBER
Das reale Leben hat eine steile Lernkurve

Ich würde gern lernen oder mich daran erinnern, wie man lebt.
Annie Dillard

Nun folgen die Informationen Schlag auf Schlag, aus allen nur erdenklichen Quellen, weil Sie bereit sind, die richtigen Kontakte zu knüpfen. Im Alten Testament benutzte Gott einen Esel, einen Felsen und einen brennenden Dornbusch als Medium, um den Menschen seine Botschaften zu übermitteln; zweifeln Sie also nicht an der Gültigkeit dessen, was Sie hören oder wie Sie es hören, *solange Sie darin den Widerhall der Wahrheit erkennen.* Sie lesen vielleicht gerade eine Geschichte, schauen einen Videofilm an oder halten mit der Kassiererin im Supermarkt ein kleines Schwätzchen. Durchtrennen Sie nicht die Nabelschnur, die Sie mit den Quellen der Inspiration verbindet.

Ein Quantensprung auf dem Weg der Einfachheit und Fülle ist die unverhoffte Erkenntnis, daß Sie Ihr ganzes Leben damit verbracht haben, rückwärts statt vorwärts zu gehen. Sie haben vielleicht geglaubt, daß bei der Begehung eines spirituellen Pfades Unterwerfung, Opfer und Leiden im Mittelpunkt stehen und nur der weltliche Pfad Freiheit, Erfüllung und Glück zu bringen vermag. Und dann, eines schönen Morgens – vielleicht sogar heute –, geht Ihnen ein Licht auf. Und in diesem Moment wird Ihnen bewußt, daß Sie völlig umdenken und praktisch alles ver-lernen müssen, was Sie als selbstverständlich erachtet haben – von A bis Z.

Keine Panik. Das ist nicht so schwer, wie es zunächst erscheinen mag. Hat der *andere Weg* Sie an das Ziel Ihrer Wünsche geführt? Hat irgendeine weltliche Gabe Ihnen wahre, innere Zufriedenheit gebracht? Hat der ideale Arbeitsplatz, die ideale Partnerschaft, die eigenen vier Wände, Geld oder gleich was, von dem Sie meinten, es sei das Alleinseligmachende auf Erden, Sie für mehr als eine Woche rundum glücklich gemacht? Also vertrauen Sie Ihren Erfahrungen und Instinkten; sie gehören nicht ohne Grund zum menschlichen Repertoire. Das reale Leben verläuft in einer steilen Lernkurve, aber sobald wir unser persönliches Wissen als Entscheidungsgrundlage benutzen, statt nach Schema F zu reagieren, ist es leichter zu bewältigen, als wir gedacht haben. Und noch wichtiger, das Reale Leben beginnt Spaß zu machen.

Ich stelle mir das so vor: Bevor wir in die Welt hineingeboren werden, um unser Erdenleben zu beginnen, erhalten wir eine Fotografie unserer Zukunft, den göttlichen Plan. Er soll uns in die richtige Stimmung für das Abenteuer versetzen, das auf uns wartet. Wir sind so begierig darauf, uns mit dem Foto aus der himmlischen Sofortbildkamera auf den Weg zu machen, daß wir in der Eile des Aufbruchs versehentlich das Negativ statt der Fotografie selbst mitnehmen. Wir haben zwar das Muster eines vielversprechenden Lebens vor uns, aber als monochromes Negativbild: Was weiß ist, erscheint schwarz, und das Schwarze erscheint weiß. Uns liegt zwar das Gesamtbild vor, doch bleibt dieses hinter der aktuellen Entwicklung zurück. Also weinen wir, statt zu lachen, sind auf andere neidisch, statt uns an ihnen ein Beispiel zu nehmen, konzentrieren uns auf das Gefühl des Mangels statt der Fülle, werden nur durch Schaden klug, statt beizeiten zu lernen, zucken zurück, statt anderen die Hand entgegenzustrecken. Und was am schlimmsten ist: Wir verschließen unser Herz, damit wir nicht verletzt werden, obwohl wir nur dann Freude erfahren können, wenn wir es öffnen.

Wie viele Male haben wir darauf gewartet, daß der Schöpfer uns die Steine aus dem Weg räumt, obwohl er nur darauf wartet, mit uns *gemeinsam* Probleme zu lösen? Nehmen Sie heute das Negativbild und entwickeln Sie es mittels seiner Liebe in ein Positivbild – auf daß Sie jenes Leben führen können, für das Sie geschaffen wurden.

Es ist an der Zeit für die nächste Lektion.

23. SEPTEMBER
Denn dein ist das Reich, die Macht und die Herrlichkeit

> Wenn ich in die Zukunft blicke, erscheint sie mir so hell, daß ich geblendet bin.
>
> *Oprah Winfrey*

Vor einigen Jahren las ich einen Bericht über die amerikanische Fernsehmoderatorin Oprah Winfrey in der *New York Times*. Darin brachte sie ihre Überzeugung zum Ausdruck, daß Gott uns nie mehr auferlege, als wir bewältigen könnten. Und dies beziehe sich nicht nur auf Kummer und Leid, sondern auch auf die guten Seiten des Lebens: Wohlstand, Erfolg, Macht. Wenn wir das Gefühl hätten, wir wären nicht stark genug, die Herrlichkeit Gottes zu schauen, werde er sie so lange zurückhalten, bis wir glauben, dazu imstande zu sein, und darum bitten.

Meditieren Sie heute über diese Möglichkeit. Ich habe seit Jahren darüber nachgedacht, und langsam dämmert mir die Erkenntnis.

Jedem Menschen steht jederzeit der Zugang zu einer höheren Macht offen, doch müssen wir den Schöpfer um spirituelle Erleuchtung bitten. Sodann gilt es, sich dafür zu rüsten, den Ruhm zu tragen. Wir bereiten uns darauf vor, indem wir langsam in unsere Talente hineinwachsen, eine kreative Herausforderung nach der anderen meistern. Mit jeder eigenen Leistung, die wir anerkennen und feiern, wird unser Selbstbewußtsein gestärkt, und wir fangen an, unseren Fähigkeiten und Fertigkeiten zu vertrauen. Hinzu kommt: Wir merken, daß wir gemäß göttlichem Ratschluß alle diese Aufgaben nicht allein bewältigen müssen. Soviel zur Macht und zur Herrlichkeit. Und was ist mit dem Reich?

Den Menschen, die einen spirituellen Weg gewählt haben, wird meistens empfohlen, den Blick in erster Linie auf das himmlische Königreich zu richten. Kann das Himmelreich ein authentisches Leben sein? Ich denke ja. Denn sobald wir unseren wahren Weg gefunden haben und ihm folgen, lassen sich alle anderen Steinchen des Puzzles ineinanderfügen: das Geld, der Job, die zwischenmenschlichen Beziehungen.

Joseph Campbell rät uns, nach unserer »eigenen Fasson« selig zu werden, wenn wir ein reiches, intensives, sinnvolles Leben führen wollen. Folgen Sie dem Weg, der Sie selig macht, und Sie werden sehen, daß sich Ihnen zahlreiche Türen öffnen. Folgen Sie dem Weg, der Sie selig macht, und Sie finden sich auf jener Spur wieder, die seit Anbeginn der Zeit nur für Sie gelegt wurde.

Könnte das, was Sie selig macht, und ein authentisches Leben ein und dasselbe sein? Was wäre, wenn das, was Sie in euphorische Stimmung versetzt, Ihnen unbändige Freude bereitet, Sie im siebten Himmel schweben läßt, Ihren inneren Hunger stillt, Ihre Sehnsüchte erfüllt, den Funken Ihrer Leidenschaft entzündet und bewirkt, daß Sie anderen die Hand entgegenstrecken und Seelenfrieden empfinden – wenn diese Seligkeit also, die Sie empfinden, das Himmelreich ist?

»*Dein Reich komme, dein Wille geschehe, wie im Himmel also auch auf Erden…*«

»Wir müssen nur die Verbindung herstellen!« drängt uns der Romancier E. M. Forster. »Wir müssen Prosa und Passion miteinander verknüpfen, damit beides in überhöhter Form erlebt und menschliche Liebe in ihrer höchsten Vollendung gesehen wird. Leben Sie nicht länger in Bruchstücken. Stellen Sie die Verbindung her, und die... Isolation, die das Leben darstellt..., wird schwinden.«

»Wir müssen nur die Verbindung herstellen.« Dann, und nur dann, kann das Reich und die Macht und die Herrlichkeit Ihnen gehören. Bis in alle Ewigkeit.

Amen.

24. SEPTEMBER
Eine Tätigkeit, die Spaß macht, bringt Geld mit sich – heißt es

> Wenn wir eine Tätigkeit verrichten, die uns Spaß macht, kommt das Geld von allein.
>
> *Marsha Sinetar*

Mir gefällt der Optimismus in diesem Zitat, und ich glaube, es steckt ein Körnchen Wahrheit darin. Zahllose Weise, Dichter und Philosophen waren der gleichen Meinung, auch wenn sie diese in andere Worte gekleidet haben. Einer der wichtigsten Schritte auf Buddhas Weg der Erleuchtung besteht beispielsweise darin, herauszufinden, wie wir unseren Lebensunterhalt auf die *für uns* richtige Weise verdienen. Und am entgegengesetzten Ende der Skala glaubte John D. Rockefeller, daß die Macht, Geld zu verdienen, eine Gottesgabe sei, was nur ein anderer Ausdruck für den oben formulierten Gedanken ist.

Trotzdem fragen wir uns: *tatsächlich?*

Ja. Aber nicht auf dem üblichen Weg.

Erstens kommt das Geld normalerweise nicht auf einen Schlag, vor allem am Anfang.

Zweitens kommt es meistens aus ungeahnter Quelle. Aber es kommt, und das hat folgenden Grund: Wenn wir beginnen, unserem authentischen Weg zu folgen, bedienen wir uns endlich derjenigen Fähigkeiten und Fertigkeiten, die zu entfalten der Schöpfer von uns erwartet. Wir suchen nach dem Himmelreich auf Erden. Wir halten uns an das Abkommen, das der Schöpfer mit uns getroffen hat. Ihm obliegt dabei die Aufgabe, zu gewährleisten, daß wir alles haben, was wir wirklich brauchen, um glücklich zu sein. Das schließt Geld ein. Der Schöpfer weiß, daß die irdische Währung Bargeld ist, und nicht Muscheln oder Schafe. Die Währung, die im Himmel gilt, ist dagegen das Wunder. Wenn es heißt, wir sollten eine Tätigkeit verrichten, die uns Spaß macht, geht es nicht ums Geld, sondern um Wunder. Sobald wir den Schöpfer nicht um Geld, sondern um ein Wunder bitten, wird uns im Übermaß gegeben werden. Glauben Sie mir: Wenn Sie eine Tätigkeit verrichten, die Ihnen Spaß macht, stehen Sie am Ende vor dem Kontoauszugsdrucker, wo eine freudige Überraschung auf Sie wartet. Aber Sie müssen dafür möglicherweise Umwege in Kauf nehmen.

Wobei mir noch eine letzte Warnung einfällt: *Wir sollten dem Schöpfer nicht vorschreiben, wie, wann oder in welchen Scheinen das Geld eintreffen soll.* Es handelt sich hierbei schließlich nicht um »Lösegeld«. Der Schöpfer hat uns schon eine ganze Weile lang mit allem versorgt, was wir wirklich zum Leben brauchen. Er ist nicht auf unsere Ratschläge angewiesen, obwohl mitunter ein kleiner Tip oder eine Erinnerung, wann genau die nächsten Rechnungen bezahlt sein müssen, nach meiner Erfahrung nicht schaden kann.

Wenn wir eine Tätigkeit verrichten, die uns Spaß macht, wechseln wir den Arbeitgeber. Unser neuer »Chef« ist der Schöpfer. Seine Vergütung orientiert sich stets an der Mühe, die wir uns bei der Arbeit geben. Vermutlich fühlen sich viele zum ersten Mal angemessen entlohnt. Der Lohn wird allerdings nicht jede Woche und unter Umständen nicht einmal monatlich auf unser Konto überwiesen. Ich möchte Sie nicht beunruhigen, doch bisweilen kann es Jahre dauern, bis wir den Lohn unserer Mühen ernten können. Und wenn wir zum ersten Mal ein angemessenes Entgelt für die Tätigkeit erhalten, die uns Spaß macht, ist das einer der aufregendsten Augenblicke im Leben.

Er ist es wert, zu warten. Er ist wundervoll. Er ist eine Wonne. Es ist der Himmel auf Erden. Wie die englische Romanschriftstellerin Enid Bagnold erklärte: »Geld mag Wunder wirken, doch, mein Gott, Wunder bringen Geld.«

25. SEPTEMBER
Was andere können, können Sie auch – falls nicht, woran hapert's?

Ich habe immer geglaubt, daß eine erfolgreiche Frau dem Erfolg einer anderen Frau auf die Sprünge helfen kann.
Gloria Vanderbilt

Wenn Sie etwas aus Ihrem Leben machen wollen und feststellen, daß eine andere Frau mit der gleichen Idee Erfolg hatte, ist das noch lange kein Grund, warum Sie dieses Ziel nicht auch erreichen sollten. Und wenn bisher keine Frau gewagt hat, wovon Sie heimlich träumen, sollte dies noch lange kein Hindernis sein, warum Sie nicht die erste sind. Welche Frauen bewundern Sie am meisten? Und warum? Sammeln Sie so viele Informationen wie möglich über ihr Leben, denn das könnte Ihnen so manches Geheimnis verraten.

1908 war Napoleon Hill ein Student und verdiente sich seine ersten Sporen als freiberuflicher Journalist. Es gelang ihm, den legendäre Industriemagnaten Andrew Carnegie zu interviewen, der damals als der reichste Mann der Welt galt. Hill wollte im Rahmen einer Kurzbiographie Carnegies Erfolgsrezept entschlüsseln und schildern, wie er sein riesiges Vermögen erworben hatte. Der Tycoon war so beeindruckt von dem jungen Mann, daß er das auf drei Stunden begrenzte Gespräch auf drei Tage ausdehnte.

Carnegie machte Hill den Vorschlag, die nächsten zwanzig Jahre an einem seiner Lieblingsprojekte zu arbeiten: andere erfolgreiche Unternehmer zu interviewen und ihre Erfolgsgeheimnisse in einer Formel zusammenzufassen, ein Sesam-öffne-dich für die Realisierung der Träume von ganz normalen Sterblichen, gleich, ob Mann oder Frau. Carnegie bot Hill keine finanzielle Starthilfe an, sondern stellte lediglich in Aussicht, ihm den Kontakt zu so berühmten Zeitgenossen wie Thomas Edison, Henry Ford, Industriekapitän Harvey Firestone und Luther Burbank zu erleichtern. Hill zögerte nicht, die Gelegenheit beim Schopf zu packen.

Das Ergebnis war eine sagenhaft erfolgreiche Karriere als Schriftsteller, die 1973 von der Veröffentlichung seiner persönlichen Erfolgsphilosphie *Denke nach und werde reich* gekrönt wurde. Da das Buch in den USA während der Weltwirtschaftskrise erschien, fesselte seine ermutigende Botschaft »Alles, was der Mensch sich auszudenken und woran er zu glauben vermag..., kann er erreichen« die Phantasie einer ganzen Nation. Hills Buch wurde ein durchschlagender Erfolg und mit mehr als zehn Millionen verkauften Exemplaren eines der einflußreichsten, die je geschrieben wurden. Es hob die Kategorie der Lebenshilfe- oder Selbstverwirklichungsbücher aus der Taufe.

Wenn Ihre Vorbilder im Hier und Jetzt Erfolg erzielen, sollten Sie in ihnen Wegbereiter oder Pfad-Finder sehen. Folgen Sie ihren Spuren. Durchforsten Sie alles, was Sie über ihren persönlichen Weg und Werdegang in Erfahrung bringen können. Verfolgen Sie ihre Auftritte in der Öffentlichkeit, oder halten sie Vorträge oder Seminare und Workshops, an denen Sie teilnehmen können? Werden Sie Mitglied in einem Verband oder unterstützenden Netzwerk für berufstätige Frauen, betrachten Sie Fachtagungen als Kontaktbörse, bitten Sie Frauen, die es geschafft haben, um Tips und begeben Sie sich gelegentlich auf Spurensuche. Irgend jemand hat den Weg, dem Sie folgen können, für Sie markiert.

26. SEPTEMBER
Das Tao des Erfolgs

Nichts in der Welt vermag die Beharrlichkeit zu ersetzen:
Nicht das Talent;
denn erfolglose Männer mit Talent gibt es wie Sand am Meer.
Nicht das Genie;
denn das verkannte Genie ist fast ein geflügeltes Wort.
Nicht das Können;
denn die Welt ist voll von Könnern, die gestrandet sind.
Beharrlichkeit und Entschlossenheit allein sind allgewaltig.

Calvin Coolidge

Das Tao des Erfolgs – »der Weg« – ist wie jede andere Wahrheit sehr einfach und sehr schwer faßbar zugleich. Das Verstehen hat dabei einen höheren Stellenwert als das Tun, denn das Tao des Erfolgs basiert auf Geduld und Beharrlichkeit.

Geduld ist die Kunst, ruhig abzuwarten. Wie bei jeder echten Kunst dauert es seine Zeit, bis man sie meisterhaft beherrscht. Das sollte nicht überraschen, da Geduld das Wissen um die Zeit voraussetzt: wie man die Zeit vorteilhaft nutzt, zur richtigen Zeit am richtigen Ort ist, genau den richtigen Moment abpaßt, sich auf die Zunge beißt. Geduld erfordert, die geheimnisvollen Muster der Kreise zu erkennen, die das Universum umschließen, und sich bewußtzumachen, daß alles, was war, dereinst wiederkehren wird.

Beharrlichkeit im Leben heißt, Ausdauer beweisen, nicht Sturheit. Sturheit ist Unbelehrbarkeit; Beharrlichkeit erfordert, im Interesse unserer Träume so oft und so laut an die Himmelstür zu klopfen, bis man unseren Forderungen nachgibt, nur damit wir endlich Ruhe geben. Die machtvolle Alchimie der Geduld und Beharrlichkeit, die, wenn sie Hand in Hand gehen, sich in Durchhaltevermögen verwandeln, war vermutlich das Thema der Meditation, über die Hoda al-Namai, eine libanesische Dichterin, schrieb:

Ich habe mich nicht verzweifelt zurückgenommen,
Ich bin nicht verrückt geworden, als ich Honig sammelte,

Ich bin nicht verrückt,
Ich bin nicht verrückt.

Wenn Sie entschlossen sind, den Honig des Lebens zu sammeln, die Hände immer wieder in den Bienenkorb zu stecken, sich so häufig stechen zu lassen, daß Sie mit der Zeit immun werden gegen den Schmerz; wenn Sie Ausdauer und Beharrlichkeit beweisen, bis diejenigen, die Sie kennen und lieben, an Ihrem Verstand zu zweifeln beginnen, dann wird man Sie nicht als verrückt bezeichnen...
...sondern als authentisch, als typisch für Sie!

27. SEPTEMBER
Nur das Herz kennt den Weg

> Nur das Herz kennt den Weg zu dem, was kostbar ist.
> *Fjodor Dostojewski*

Als Anna Quindlen, Kolumnistin der *New York Times* und Pulitzer-Preisträgerin, die Schnellspur des Journalismus verließ, um ihre Zeit, Gefühle und kreative Energie darauf zu verwenden, Romane zu schreiben und ihre drei Kinder zu betreuen, waren ihre Kollegen bestürzt und ihre Fans erstaunt. Die Hälfte ihrer Leserinnen – Frauen, die beschlossen hatten, der Familie einen höheren Stellenwert beizumessen als der Karriere – zollte ihrer Entscheidung Beifall. Die andere Hälfte – Frauen, die einer Vollzeitbeschäftigung nachgingen und versuchten, gleichzeitig ihre Kinder anständig zu erziehen –, fühlte sich verraten. Anna Quindlen galt nicht nur als Supermutter, sondern auch als Inbegriff der Frauen, die beides – Kinder und Karriere – haben wollten. Ihre persönliche Wahl ließ die alte Debatte zwischen Müttern mit und Müttern ohne Erwerbsarbeit wiederaufleben. Wenn dieser Frau die Gratwanderung schon nicht mehr gelang, welche Hoffnung blieb dann den normalen Sterblichen?

Doch bei Anna Quindlens kreativer Entscheidung ging es nicht um Familie kontra Beruf, sondern um weltlichen Erfolg kontra authentischen Erfolg. Sie träumte davon, Romane statt Zeitungsartikel zu schreiben. Sie wollte nach Schulschluß zu Hause sein. Sie wollte nach ihrer eigenen Fasson selig werden. Sie wollte auf ihr Herz hören. Und sie besaß die finanziellen Mittel dazu.

Nur das Herz kennt den Weg, der uns im Leben bestimmt ist. Es ist unser authentischer Kompaß. Wenn wir unser Herz fragen, kann es uns sagen, ob wir dem richtigen Kurs folgen. Aber es zeigt auch an, wenn wir uns auf dem Holzweg befinden oder eine Wende von hundertachtzig Grad vollziehen müssen. Vor solchen Informationen würden wir unsere Ohren gerne verschließen. Wissen bedeutet, eine Entscheidung treffen zu müssen, und Entscheidungen gehen häufig mit unliebsamen Veränderungen einher.

Wahrscheinlich würden sich zehn Millionen Frauen gerne zum gleichen Schritt wie Anna Quindlen entschließen, wenn sie finanziell dazu in der Lage wären. Das bedeutet nicht, daß sie sich den Traum ein für allemal abschminken sollten. Jeden Tag werden Träume wahr, deren Verwirklichung lange auf sich warten ließ. Verzögerung ist nicht gleichbedeutend mit Verweigerung.

Das Herz berechnet nichts für die Beratungen, Gespräche, kreative Ideenfindung oder die Verwirklichung eines Traumes von der Konzeption bis zur konkreten Umsetzung, ungeachtet dessen, wieviel Zeit dieser Prozeß auch beanspruchen mag. »Träume gehen in die Realität des Handelns ein«, versichert uns Anaïs Nin. »Und aus dem Handeln leitet sich wiederum der Traum her; und diese wechselseitige Abhängigkeit erzeugt die höchste Dimension des Lebens.«

28. SEPTEMBER
Alles hat seine Stunde

> Alles hat seine Stunde. Für jedes Geschehen unter dem Himmel gibt es eine bestimmte Zeit.
>
> *Das Buch Kohelet 3,1*

Das stimmt, deshalb sollten Sie sich nicht alles auf einmal vornehmen!

Sie können nicht gleichzeitig Kinder in einer häuslichen Sphäre großziehen, die ihnen Glück, Geborgenheit und eine optimale emotionale Anpassung an die Härten der Welt bietet, eine wunderbare Ehe führen und sechzig Stunden in der Woche einer Entgeltarbeit nachgehen.

Das möchten Sie gerne, ich weiß. Mir geht es nicht anders. Aber das übersteigt unsere Kräfte. Es ist physisch, emotional, psychisch und spirituell illusorisch. Wir haben es versucht. Wir sind gescheitert.

Und da wir nicht alles gleichzeitig zu bewältigen in der Lage sind, sollten wir laut göttlichem Ratschluß offenbar nur einiges in Angriff nehmen. Um herauszufinden, was in die Kategorie »einiges« fällt, müssen wir uns fragen: Was möchte ich in diesem Augenblick wirklich tun? Was ist wirklich wichtig für mich? Wie kann ich dieses innere Bedürfnis realisieren? Wie hoch ist der Preis, den ich dafür in der Währung des Lebens bezahle?

Der Herbst ist die Jahreszeit, in der wir Stunden damit verbringen, laufende Nasen zu putzen. Was nicht heißt, daß nicht irgendwann unsere Stunde schlägt und wir unsere eigene Firma zum Laufen bringen. Oder wir sind gezwungen, aus dem Koffer zu leben. Was nicht heißt, daß nicht irgendwann unsere Stunde schlägt und wir im eigenen, eigenhändig restaurierten Bauernhaus leben, von dem wir heimlich träumen. Oder wir sind damit beschäftigt, Verträge auszuhandeln, was nicht heißt, daß nicht irgendwann unsere Stunde schlägt und wir mit den Kindern aushandeln, wer den Müll heruntertträgt. Die Stunden und Jahreszeiten des Lebens sollen nicht hektisch sein, sondern angefüllt mit Aktivitiäten.

»Man kann vermutlich alles haben«, überlegt Anna Quindlen, »aber nicht alles gleichzeitig. Und ... man muß vielleicht Kompromisse schließen, solange die Kinder klein sind. Aber die Kinder sind nur kurze Zeit klein ... Die Zeit wird vorübergehen wie ein Wimpernschlag, und wir sind erst vierzig, fünfzig, oder sechzig und haben noch fünfzehn oder fünfundzwanzig Jahre vor uns.« Ein Vierteljahrhundert, um das zu tun, was uns Spaß macht, und es auf unsere Weise zu tun.

Eine Frau, die ihre eigenen Grenzen kennt, darf sich glücklich schätzen.

29. SEPTEMBER
Selbstfürsorge am Arbeitsplatz

Wenn wir uns selbst pfleglich behandeln, hat das zur Folge, daß wir auch mit anderen Menschen pfleglicher umgehen. Je aufmerksamer und einfühlsamer wir auf die eigenen Bedürfnisse reagieren, desto liebevoller und großzügiger können wir auf die anderer reagieren.

Eda LeShan

Rituale der Selbstfürsorge sind der Kitt, der den Tag zusammenhält – vor allem, wenn Sie acht bis zehn Stunden außer Haus verbringen. Denken Sie an Ihre Lieblingstasse und belebende Getränke, die in der Mikrowelle erhitzt werden können (verschiedene Sorten Kaffee, Tee, heiße Schokolade und Apfelmost). Nehmen Sie sich zehn Minuten Zeit und setzen Sie sich mit der Tasse an Ihren Schreibtisch, bei geschlossener Tür, bevor der Tag offiziell beginnt. Dieses Ritual hilft Ihnen, zu Ihrer Mitte zu finden, während Sie sorgfältig den Tag und Ihre Aufgaben planen. Mit zehn Minuten Ruhe am Ende des Tages, in denen Sie die Papiere auf Ihrem Schreibtisch aufräumen, setzen Sie einen ordentlichen Schlußstrich unter das heutige Geschehen, bevor Sie in eine andere Gangart überwechseln. Zehn Minuten am Morgen, zehn Minuten am Abend. Wie beschäftigt Sie auch sein mögen, jede Frau kann zwanzig Minuten in den Erhalt kostbarer Ressourcen – Zeit, kreative Energie und Gefühle – investieren.

Gestalten Sie Ihren Arbeitsplatz optisch ansprechend. Ein behagliches Nest strahlt mehr Wärme aus als eine sterile Umgebung. Stellen Sie eine hübsche Lampe, Körbe und Holzkisten für die Ablage von Akten und Projektunterlagen auf den Schreibtisch: verschönern Sie Ihr Büro im Winter mit einer blühenden Pflanze und im Frühjahr, Sommer und Herbst mit einem Blumenstrauß entsprechend der Jahreszeit. Und vergessen Sie nicht den persönlichen Talisman: ein Objekt, das eine besondere Bedeutung für Sie besitzt und Sie daran erinnert, daß Sie sich auf dem richtigen Weg befinden. Legen Sie sich einen ausreichenden Vorrat Ihrer Lieblingskugelschreiber und -bleistifte zu, die Sie in einem hübschen Behältnis auf dem Schreibtisch verwahren; kaufen Sie Notizblöcke oder Karteikarten, die Ihnen gefallen und Ihre Sinne anregen. Mein »Markenzeichen« sind Kärtchen im DIN-A6-Format, ein Mittelding zwischen Visiten- und Karteikarte. Solche Kleinigkeiten, die uns das Leben angenehmer gestalten, können einen großen Unterschied bewirken. Besorgen Sie sich ein bequemes Kissen für Ihren Schreibtischstuhl. Sorgen Sie überall dort, wo es möglich ist, für Farbkleckse, zum Beispiel mit Heftklammern und Aktenordnern. Bringen Sie in Schreibtischnähe eine Pinwand an: für Zeitungsausschnitte, Karten, Cartoons, Anregungen, Erinnerungshilfen. Wenn Sie ein Büro für sich allein haben, können Sie Ihre Lieblingsbilder aufhängen, oder lassen Sie die Wände so lange leer, bis Sie etwas gefunden haben, was anzusehen Sie nie müde werden.

Schaffen Sie nun eine Klimbimschublade. Füllen Sie sie mit allem, was Sie für den Arbeitsplatz brauchen können, aber nie zur Hand hatten: Nähzeug, Sicherheitsnadeln, Tampons, eine Ersatzstrumpfhose und -brille, Schmerzmittel, Pflaster, mehrere Packungen Papiertaschentücher im Miniaturformat, Pfefferminz für den Atem, einen Schokoriegel, Grußkarten, um Freunden schnell ein paar Zeilen zu schreiben.

Erinnern Sie sich an die Spielzeugkiste, die Sie als Kind hatten? Richten Sie sich eine kleine am Arbeitsplatz ein – für die Augenblicke im Leben, in denen Sie das Erwachsensein einfach nicht mehr ertragen, was normalerweise am Spätnachmittag der Fall ist. Und was kommt hinein? Zum Beispiel ein dreidimensionales Puzzle, Tarotkarten, ein Jojo, ein kleiner harter Plastikball zum Lockern der Handmuskulatur oder ein Hüpfball, der sich der Schwerkraft widersetzt und eine Imitation des Planeten Jupiter ist. Ich denke, Sie wissen jetzt in etwa, was ich meine.

Verwahren Sie eine Kosmetiktasche im Schreibtisch mit Zahnpflegeprodukten, Deodorant, Handcreme mit Duft, Feilen, Augentropfen, Kamm, Bürste, eine kleine Flasche Ihres Lieblingsparfüms, um sich während des Tages oder am Abend, bevor Sie ausgehen, frisch zu machen, falls Sie vorher nicht mehr nach Hause fahren können.

Wenn Sie in einem Großraumbüro mit toleranten Kollegen oder im eigenen Büro arbeiten, hören Sie Musik, vor allem klassische; sie ist ein wirkungsvolles Instrument zur Steigerung der persönlichen Leistungsfähigkeit. Die Aromatherapie vermag auch am Arbeitsplatz wahre Wunder zu wirken; stellen Sie beispielsweise eine Duftlampe auf. Oben in die Schale des Stövchens füllen Sie Wasser und ungefähr fünf Tropfen ätherisches Öl, die Wirkung entfaltet sich durch die Flamme des darunterstehenden Teelichts. Dadurch wird die Luft rings um Ihren Schreibtisch ausreichend befeuchtet (sehr wichtig in Büros mit Zentralheizung), und der Duft wirkt beruhigend oder belebend, je nach Wahl. Der einzige Nachteil bei der Anwendung der Aromatherapie am Arbeitsplatz besteht darin, daß Ihr Schreibtisch möglicherweise von Kolleginnen und Kollegen belagert wird, die dem Duft und der behaglichen Atmosphäre nicht widerstehen können.

Machen Sie zweimal am Tag Dehnübungen, vor allem, wenn Sie längere Zeit am Computer arbeiten.

Erinnern Sie sich an Feng-Shui, die Kunst, allem seinen Platz zuzuordnen? Lachen Sie nicht. Wem schadet es schon, wenn Sie Ihren Schreibtisch in die richtige Position rücken, so daß Ihr *Chi*, Ihre Lebensenergie, ungehindert fließen kann und nicht blockiert wird? Niemandem. Und wem hilft es? Ihnen! Es muß einen Grund dafür haben, daß diese Kunst dreitausend Jahre überdauert hat.

Nehmen Sie sich einmal in der Woche in einer Blechdose oder in einem hübschen Korb etwas Gutes zu essen mit (es muß nicht dick machen).

Selbstfürsorge am Arbeitsplatz ist keine Utopie. Sie kann als Quelle der Inspiration dienen und uns zu persönlichen Bestleistungen anspornen. Wenn Sie mit einem neuen Projekt beginnen, sollten Sie sich fragen, wie Sie sich diese Aufgabe erleichtern können. Falls es etwas gibt, packen Sie's an!

Der therapeutische Nutzen der Arbeitsplatzgestaltung ist vermutlich das letzte, woran ein Arbeitgeber denkt, wenn es um Lohnnebenleistungen geht; aber das sollte nicht so sein. Mehr Zufriedenheit bringt wesentlich bessere Arbeitsergebnisse als mehr Mühe.

30. SEPTEMBER
Geschäftsreisen

> Gibt es etwas Grauenvolleres, als sich auf eine Reise zu begeben? Sobald man unterwegs ist, ist alles gut, aber die letzten Augenblicke vorher gehen mit Erdbeben und konvulsivischen Zuckungen einher, und dem Gefühl, eine Schnecke zu sein, die man gewaltsam von ihrem Felsen entfernt.
>
> *Anne Morrow Lindbergh*

Um diese Jahreszeit beginnt die Erde unter den Füßen von zwei guten Freundinnen zu beben, die im Verlagswesen arbeiten und von Berufs wegen jeden Herbst zur internationalen Buchmesse in Frankfurt reisen müssen. Manche Frauen nehmen mit Schlittenhundegespannen am Iditarod teil, einem Marathonrennen über rund tausendachthundert Kilometer durch die gefrorene Tundra Alaskas, andere verkaufen Bücher auf der Frankfurter Messe. Die Taktiken dieser beiden spektakulären Wettbewerbsveranstaltungen scheinen in etwa gleich zu sein: Es handelt sich um jeweils einen psychischen und physischen Härtetest, wie diejenigen bezeugen können, die ihn überlebt haben.

Angst und Abneigung ist keine übertriebene Beschreibung für die viszerale Reaktion vieler Frauen, denen eine Geschäftsreise droht. Die Zeit vor der Stunde X ist oft noch grauenvoller als die Realität, selbst wenn diese aus sieben Tagen Dauerlächeln besteht, während man versucht, Geschäftsabschlüsse in vierzig verschiedenen Sprachen unter Dach und Fach zu bringen. Doch einerlei, was uns auf einer Geschäftsreise auch erwarten mag: Wenn Sie den Ablauf mit Einfühlungsvermögen planen, wie für ein Kind, das zum ersten Mal allein eine Woche ins Ski- oder Sommerlager fährt – wobei man sowohl unvorhergesehene Zwischenfälle als auch ein Höchstmaß an Bequemlichkeit berücksichtigt –, werden Sie die Situation nicht nur mit Bravour meistern, sondern gute Chancen haben, den Tapetenwechsel auch noch zu genießen.

Hier sind einige Strategien, die Ruhe in hektische Augenblicke bringen, damit die Geschäftsreise angenehm und produktiv verläuft: Reisen Sie mit möglichst leichtem Gepäck und lassen Sie in Ihrem Koffer Platz für Ihr Lieblingskopfkissen. Das kann den Unterschied zwischen Schlafen wie ein Murmeltier und pausenlosem Herumwälzen in einem fremden Bett bewirken. Es bringt nichts, wenn Sie schon zu Beginn der Reise so erschöpft aussehen, wie Sie sich fühlen.

Das Handgepäck, mit dem Sie eine Flugreise antreten, sollte groß genug sein, um darin eine komplette Geschäftsgarderobe, Kosmetika, Toilettenartikel und Ihre lebenswichtigen geschäftlichen Unterlagen in einer Mappe zu verstauen, falls Sie keinen Aktenkoffer mitnehmen. Wenn Ihr Gepäck unterwegs verlorengeht oder später ankommt als Sie, können Sie sich zumindest für einen Tag behelfen.

Ungeachtet der Jahreszeit oder Ihres Reiseziels sollten Sie immer ein paar warme Sachen einpacken, die Sie gegebenenfalls in Schichten übereinander anziehen können: zeitlose Strickbekleidung in aufeinander abgestimmten Farben, eine schicke Wolljacke und dicke Socken. Die größte Kälte habe ich eine Woche lang in Irland erlebt, mitten im August, bei strömendem, eisigem Regen; aber es schneite auch im Mai während einer Reise nach Paris, und im Juni kann es selbst in San Francisco passieren, daß Sie mit den Zähnen klappern. Vergessen Sie nicht, Regenschirm, Handschuhe, Schal und Hut einzupacken. Tragen Sie einen Regenmantel mit einem warmen, ausknöpfbaren Futter.

Nehmen Sie eine Klimbim-Reisetasche mit. Meine enthält einen kleinen Kassettenrecorder und Kopfhörer nebst meinen Lieblingskassetten; Tütchen mit Nüssen, Cracker und Käse; meinen Lieblingstee in Beuteln; einige kleine Plastikflaschen mit Mineralwasser und Wein; Duftpotpourris oder eine kleine Duftkerze (in Hotelzimmern ist die Luft manchmal abgestanden, und oft lassen sich die Fenster nicht öffnen) und einen Badezusatz als besonderen Luxus.

Viele Hotels haben Fitneßraum und Swimmingpool; also vergessen Sie nicht, Turnschuhe, Gymnastikkleidung und Badeanzug mitzunehmen, um abends abzuschalten und zu entspannen.

Wenn Sie den ganzen Tag an Verhandlungen, Vorträgen und ähnlichen Veranstaltungen teilnehmen müssen und erst spätabends in Ihr Hotel zurückkehren, sollten Sie die folgenden Lebensretter in

Ihrem Aktenkoffer oder Ihrem Rucksack mitnehmen: Medikamente gegen Kopfschmerzen, eine kleine Flasche Fruchtsaft und etwas zum Knabbern, falls das Mittagessen entfiel; Reisezahnbürste, Zahnpasta, Mundwasser und Zahnseide.

Vergessen Sie nicht, so oft wie möglich Ihrem eigenen Biorhythmus zu folgen. Wenn sich den ganzen Tag lang eine Besprechung an die andere reiht, versuchen Sie, Mini-Verschnaufpausen einzulegen; Sie brauchen frische Luft genauso nötig wie eine Tasse Kaffee und den Gang zur Toilette, um sich frisch zu machen. Und wenn Sie tagsüber von einem Termin zum nächsten hetzen, ist ein Abend allein ungeheuer wichtig, um Energie zu tanken.

Bauen Sie diese Atempausen am besten gleich in Ihren Terminkalender ein – vor allem dann, wenn Sie meinen, das sei nicht möglich. Stellen Sie den Wecker eine Stunde früher als nötig. Bleiben Sie im Bett liegen, um Ihre Gedanken zu sammeln, und gönnen Sie sich den Luxus, im Bett zu frühstücken. Es könnte die einzige ruhige Stunde an diesem Tag sein. Falls ein Arbeitsfrühstück auf Ihrem Terminkalender steht, haben Sie wenigstens die erste Tasse Tee in privater Sphäre. Wenn abends noch Verpflichtungen auf Sie warten, versuchen Sie, vorher einen Abstecher ins Hotel zu machen, um Ihre Batterien wieder aufzuladen. Legen Sie sich zwanzig Minuten aufs Bett, duschen Sie kurz, frischen Sie Ihr Make-up auf und ziehen Sie sich zum Abendessen um. Sie werden spüren, wie Energie und Enthusiasmus Auftrieb erhalten. Packen Sie Ihre Siebensachen am Abend vor der Heimreise, so daß Sie nicht Hals über Kopf aufbrechen müssen.

Wenn die Gesundheit nicht mitspielt – auch wenn es noch kein ausgewachsenes Problem ist, wie Zahnschmerzen oder Bauchgrimmen –, sollten Sie vor Antritt der Reise einen Arzt aufsuchen. Es gibt nichts Schlimmeres als eine entzündete Zahnwurzel oder eine Infektion der Harnwege, die sich mit voller Wucht bemerkbar machen, wenn Sie unterwegs sind.

Reisen Sie immer mit spannender Lektüre verschiedenster Art: ernster oder leichter Literatur, Zeitschriften, die später im Müll landen, und inspirierenden Büchern. Sie können nicht im voraus wissen, in welcher Stimmung Sie sich auf der Hin- oder Rückreise oder während Ihres Aufenthalts befinden. Ich sammle immer einige Romane während des Jahres und hebe sie mir für Geschäftsreisen auf. Führen Sie sich die eine oder andere Zeitschrift zu Gemüte, die Sie daheim in aller Regel nicht lesen.

Packen Sie mindestens eine zusammenfaltbare Tasche ein, in der Sie Ihre Souvenirs verstauen. Ich halte auf Geschäftsreisen stets nach originellen Mitbringseln Ausschau.

Einerlei ob Sie eine Stadt zum ersten oder zum x-ten Mal besuchen – nehmen Sie sich ein paar Stunden Zeit für kreative Solo-Exkursionen: Einkaufsbummel, Museumsbesuch, ein Spaziergang in einem Park oder botanischen Garten, ein Drink in einem einladenden Café. Vor allem sollten Sie versuchen, die Geschäftsreise zu genießen – das Alleinsein im Hotelzimmer, den Luxus des Zimmerservice, sich keine Gedanken um Kochen oder Kinder machen müssen, Zeitschriften- und Tapetenwechsel. Seien Sie dankbar für die Gelegenheit, andere Leute und neue Landstriche kennenzulernen, Ihren Horizont zu erweitern. Machen Sie sich bewußt, daß Ihre Arbeit wichtig ist, daß Sie durch Ihr Beispiel andere auf den Weg der Einfachheit und Fülle bringen können, und daß die Welt darauf wartet, von Ihnen zu hören.

OKTOBER

◆

> Abgeerntet und kahl sind die Felder,
> Und der Winter pfeift über den Platz,
> Der Oktober kleidet sich in flammendes Gold
> Wie eine Frau, die sich ängstigt zu altern.
>
> *Anne Mary Lawler*

Nun nahen die Tage des goldenen Herbstes, es vollzog sich ein Wechsel der Jahreszeiten, der eher eine Erinnerung der Sinne als ein Datum auf dem Kalender darstellt. Die Zeit der Hitze ist endgültig vorüber. Nach und nach legt die vertraute Umgebung einen Schutzschild in den Schattierungen von Juwelen an, deren Schönheit benommen macht. Lassen Sie sich vom Zauber des Oktobers verführen.

Die einfachen Freuden des Lebens im Oktober

- Planen Sie einen Ausflug zum Bauern- oder Wochenmarkt, um einen großen Kürbis zu kaufen. Suchen Sie einige kleinere und einen großen aus, aus dem Sie eine Laterne basteln, mit ausgeschnittenem Schachbrettmuster, Herzen oder Mond und Sternen. Die großen Eierkürbisse haben die richtige Größe, um als Windlicht den Hauseingang oder die Garageneinfahrt zu beleuchten, und die kleineren geben originelle Teelicht- oder Kerzenhalter für den Eßtisch ab.
- Dekorieren Sie den Tisch entsprechend der Jahreszeit. Lassen Sie eine schmale Lücke für ein herbstliches Stilleben frei: Weizengarben, Kürbis, Mais, Nachtschattengewächse, Trockenblumensträuße und konservierte Herbstblätter.

- Das Konservieren von Herbstblättern gehörte zu den Lieblingsbeschäftigungen der Frauen in der Viktorianischen Epoche. Nehmen Sie Zweige, deren Blätter sich rostrot, orange und golden färben, bevor sie welk sind und abfallen. Schneiden Sie den Stielansatz ungefähr drei Zentimeter tief ein und stellen Sie die Zweige mehrere Stunden in warmes Wasser. Wenn sich die Blätter einzurollen beginnen, bereiten Sie eine Lösung aus einem Teil Glyzerin (erhältlich in der Apotheke) und zwei Teilen Wasser zu. Das Ganze aufkochen und zehn Minuten brodeln lassen; danach muß die Lösung vollständig auskühlen. Schneiden Sie die Zweige unten sehr schräg an und klopfen Sie die Enden vorsichtig mit dem Hammer platt. In die Glyzerinlösung stellen und das Behältnis an einem kühlen, dunklen Ort aufbewahren, bis die Zweige das Konservierungsmittel absorbiert haben (das dauert ungefähr eine Woche bis zehn Tage.) Sobald winzige Glyzerintropfen auf den Blättern erscheinen, entfernen Sie die Zweige und wischen die Blätter vorsichtig mit einem feuchten Papiertuch vom Stiel zur Spitze ab. Danach werden sie gründlich getrocknet. Ihre Blätter bleiben mehrere Monate lang schön und dekorativ.
- Kürbisse geben reizvolle natürliche Vasen für Herbststräuße ab. Höhlen Sie die Mitte mit einem Löffel aus wie bei einer Kürbislaterne; den Hohlraum mit einem angefeuchteten und entsprechend zugeschnittenen Steckschwamm (im Blumengeschäft erhältlich) füllen. Herbstblumen in warmen Erdtönen, die prä- parierten Blätter und Weinranken hineinstecken; Ihr Bouquet ist sehr lange haltbar. Überprüfen Sie gelegentlich, ob der Steckschwamm noch feucht genug ist, und füllen Sie bei Bedarf Wasser nach.
- In diesem Monat sollten Sie die Zwiebeln von Krokussen, Narzissen und Tulpen im Garten pflanzen, damit sie im nächsten Frühjahr ihre ganze Pracht entfalten.
- Machen Sie doch einmal einen Wochenendausflug aufs Land oder ins Gebirge, um sich an Mutter Naturs herbstbuntem Gewand zu erfreuen. Packen Sie »Marschverpflegung« ein. Genießen Sie den Tag unter freiem Himmel, seien Sie aktiv oder faulenzen Sie, solange Sie können.
- Bereiten Sie an einem Wochenende Cidre und/oder Glühwein zu.

Das ist besonders köstlich nach der Arbeit, wenn Sie die Herbstblätter zusammengerecht haben! Die Rezepturen für Getränke dieser Art finden Sie in entsprechenden Ratgebern. Auskünfte erteilt Ihnen jede Buchhandlung.

1. OKTOBER
Erkennen, daß man ausgebrannt ist, bevor man erlischt

> Meine Kerze brennt an beiden Enden;
> sie wird die Nacht nicht überdauern.
> *Edna Saint Vincent Millay*

Das Bestreben, ein flammendes Fanal in der Welt zu setzen, birgt gewisse Gefahren. Leider bemerken wir sie oft erst dann, wenn uns der Rauch die Sicht nimmt.

Burnout – das physische und psychische Ausgebranntsein – ist ein Zustand, der durch ein Ungleichgewicht entsteht: zuviel Arbeit oder Verpflichtungen, zuwenig Zeit, um ihnen nachzukommen, zuviel Streß über einen zu langen Zeitraum. Wir waren auf der Überholspur unterwegs, doch nun ist uns der Treibstoff ausgegangen, wir verbreiten blauen Dunst und schleppen uns auf der Kriechspur weiter. Burnout? Das betrifft uns doch nicht, nur die anderen, die Arbeitssüchtigen, die Perfektionistinnen. Doch diejenigen, die unter der heimlichen Sucht leiden, gebraucht zu werden, gehören ebenfalls zur Risikogruppe: Frauen, die sich bei Kindern, am Arbeitsplatz, in einer Beziehung, bei Eltern, Geschwistern, Freunden, in der Gemeinde und überall durch ihre übertriebene Fürsorglichkeit unentbehrlich machen. Dazu zählen vermutlich die meisten Frauen, die ich kenne. Vielleicht würden wir dem Burnout-Syndrom mehr Aufmerksamkeit widmen, wenn seine Folgen ebenso spektakulär wären wie jene eines Herzinfarkts. Aber die schwelende Glut kann die gleiche tödliche Wirkung haben wie die lodernde Flamme.

Manchmal manifestiert sich der Burnout als Zustand hochgradiger Erschöpfung am Ende eines anspruchsvollen Projekts, das sich über Monate hinzieht und intensive Arbeit erfordert. Sich eine Woche freinehmen, um sich auszuruhen und dann in gedrosseltem Tempo weitermachen, reicht normalerweise für eine baldige Erholung aus. Aber das Ausgebranntsein ersten Grades, der Seelenkiller, rührt daher, daß man jahrelang ein unausgewogenes Leben geführt hat; aus einer vermeintlich zeitweiligen Streßsituation wurde ein Lebensstil.

Der Burnout beginnt oft mit gehäuften, harmlosen Erkrankungen – angefangen bei einer hartnäckigen Grippe bis hin zur chronischen Erschöpfung – und geht mit Depressionen einher. Manchmal ist er nur schwer von einer kreativen Leerlaufphase zu unterscheiden – vor allem dann, wenn Sie ein Meister im Verdrängen sind, wie die meisten Frauen.

Sie leiden an einem Burnout, wenn Sie jeden Abend todmüde ins Bett fallen und jeden Morgen ebenso gerädert aufwachen, wenn Sie auch nach ausreichendem Schlaf nicht frisch und ausgeruht sind, wenn Sie sich Monat für Monat ausgelaugter fühlen. Sie leiden an einem Burnout, wenn Ihnen plötzlich alles zuviel wird: Haarebürsten, zum Essen ausgehen, Freunde am Wochenende besuchen, ja sogar in Urlaub fahren. Sie leiden an einem Burnout, wenn Sie glauben, nie wieder in Ihrem Leben Lust auf Liebe zu haben. Sie leiden an einem Burnout, wenn Sie merken, daß Sie dauernd schlecht gelaunt sind, bei jeder Kleinigkeit in Tränen ausbrechen oder schon bei der geringsten Provokation in Wut geraten. Sie leiden an einem Burnout, wenn Sie Angst vor dem nächsten Telefonanruf haben. Wenn Sie das Gefühl haben, in der Falle zu sitzen, ohne Hoffnung, sich daraus zu befreien, unfähig zu träumen, Lebensfreude oder Zufriedenheit zu empfinden. Wenn weder der Nervenkitzel großer Abenteuer noch die stillen Augenblicke im Leben imstande sind, die emotionale Mauer zu durchbrechen, wenn nichts Sie befriedigt, weil Sie keine Ahnung haben, was mit Ihnen los ist oder wie Sie das Problem lösen könnten. Weil nichts mehr geht. Weil etwas Wichtiges Schieflage hat: Sie. Sie leiden an einem Burnout, wenn Sie das Gefühl haben, daß es keine Menschenseele auf Erden gibt, die Ihnen zu helfen vermag.

Und damit haben Sie recht.

Wenn Sie an einem Burnout leiden, sind Sie nämlich der einzige Mensch auf der Welt, der sich am Schopf packen und aus dem Schlamassel herausziehen kann. Sie sind der einzige Mensch, der die notwendigen Veränderungen in seinem Leben herbeizuführen vermag: Pausen einlegen, das Tempo drosseln, einen Umweg machen. Wenn Sie selbst keine Kraft mehr haben, bleibt Ihnen keine andere Wahl, als sich auf die Kraft einer höheren Macht zu verlassen, die dafür sorgt, daß die Splitter Ihres Selbst wieder zu einem Ganzen zusammengefügt werden. Beim Kampf um unsere Seelen macht der Schöpfer keine Gefangenen.

2. OKTOBER
Die ultimative Verführung

> Die ultimative Verführung in unserem Leben ist die Arbeit.
> *Pablo Picasso*

Wie ein Phantomliebhaber becirct und bezaubert, umschmeichelt und umwirbt uns die Arbeit. Sie kann – vor allem, wenn sie unser Hobby, unsere Passion ist – so verführerisch sein, daß wir ihr mit Haut und Haaren verfallen. Die Arbeit muß jedoch nicht unsere große Leidenschaft sein, um uns mitzureißen; ein kleiner Flirt lenkt uns mitunter ebenso wirkungsvoll von Situationen in unserem Leben ab, die enttäuschend, unannehmbar oder auf andere Weise störend sind. Wenn wir im realen Leben nicht weiterwissen, kann ein Fax, das wir auf der Stelle beantworten müssen, ein willkommener Freund sein.

Die ultimative Verführung wird oft von ultimativen Begierden begleitet: von Arbeitssucht und übertriebenem Perfektionsstreben. Was sie so grausam macht, ist, daß dieses Verhalten allgemein sanktioniert, unterstützt und damit verewigt wird.

Ich bekenne: Ich selbst und viele meiner Freundinnen gehören zu den Workaholics. Selbst eine Gasvergiftung könnte uns nicht von der Arbeit abhalten. Jahrelang haben wir diese Tatsache vehement geleugnet. Heute können wir uns im Rahmen von Gesprächen dazu aufraffen, »gewisse Tendenzen« einzugestehen, ähnlich wie ein Alkoholiker zugibt, in Gesellschaft »ab und zu ein Gläschen« zu trinken. Diese »Tendenzen« machen sich bemerkbar, wenn wir während der Woche bis spätabends im Büro hocken, Arbeit am Wochenende und während des Urlaubs mit nach Hause nehmen, den Computer einschalten, sobald die Kinder im Bett sind; wenn wir Arbeit auf die eine oder andere Weise, sieben Tage in der Woche, einschmuggeln, indem wir die eingehende Beschäftigung mit Verträgen als »schnell mal einen Blick drauf werfen« bezeichnen oder Verabredungen mit Freunden und Familienmitgliedern absagen, um etwas »den letzten Schliff zu geben«; wenn wir uns erst dann wieder ein Vergnügen gönnen, wenn der Abgabetermin eingehalten ist, ein Handy auf Schritt und Tritt mitschleppen; ein Faxgerät in der Ferienwohnung am Meer installieren, mit einem neuen Projekt beginnen, bevor das alte beendet ist; wenn wir zulassen, daß Arbeit die Zeit stiehlt, die uns selbst oder der Familie vorbehalten war; wenn wir eine Geschäftsreise unternehmen, die achtzehn Stunden dauert, und noch am selben Tag wieder zurückfahren; und wenn wir den einzigen »Urlaub« im Jahr mit einer Geschäftsreise kombinieren.

Gewisse »Tendenzen«.

Wenn Sie hören, daß Sie ständig mit den Zähnen knirschen und murmeln: »Das ist ja verrückt«, dann ist der Zeitpunkt gekommen, an dem Sie Ihren Arbeitsstil gründlich unter die Lupe nehmen sollten. Authentischer Erfolg präsentiert sich nicht im Leichentuch.

Fangen Sie in kleinen Schritten an, Ihre Sucht zu bekämpfen. Seien Sie biegsam wie Bambus. Denken Sie in winzigen Schritten. Dasselbe Köpfchen, das Sie in dieses Dilemma gebracht hat, kann Ihnen auch wieder heraushelfen. Nehmen Sie Arbeit mit nach Hause, aber öffnen Sie den Aktenkoffer nicht. Stellen Sie während der Essenszeiten und am Abend den Anrufbeantworter an. Nehmen Sie sich alle zwei Wochen einen ganzen Tag frei. Eine meiner Bekannten hat es inzwischen geschafft, einmal im Monat einen Sonntag für sich zu reservieren, ungeachtet dessen, ob sie die Verschnaufpause braucht. Insgeheim ist sie der Meinung, das sei ihre beachtlichste Leistung.

Wenn wir uns zum Opfer der Arbeitssucht machen, haben wir den

Glauben an die Bereitschaft des Schöpfers verloren, uns bei unserem Streben nach Erfolg zu unterstützen. Wir haben das Weltliche vom Spirituellen getrennt. Den Schöpfer um Gnade zu bitten kommt uns nicht in den Sinn; wir müssen ja rund um die Uhr arbeiten.

Wann hat der Schöpfer Sie zum letzten Mal zur Arbeit begleitet? Wann haben Sie ihn das letzte Mal darum gebeten?

3. OKTOBER
Die kleine Superfrau

Perfektionismus ist die Stimme des Unterdrückers, der Erzfeind der Menschen. Er sorgt dafür, daß wir ein Leben lang an unserer Entfaltung gehindert und mental krank werden.

Anne Lamott

Der Weg zur Hölle ist mit Perfektionisten gepflastert, die mit dem Zählen von Erbsen beschäftigt sind. O nein, das darf nicht wahr sein... habe ich da etwa eine übersehen?

Wie die Arbeitssucht ist der Perfektionismus eine Sucht, die in einem geringen Selbstwertgefühl wurzelt. In unserer Kindheit konnten wir es niemandem recht machen, und so gaben wir uns immer mehr Mühe, den Anforderungen zu genügen, versuchten unser Bestes. Als auch diese Anstrengungen nicht die gewünschte Wirkung zeitigten, gelangten wir zu der »Erkenntnis«, man müsse wohl perfekt sein, um eine Eins mit Sternchen zu bekommen. Und als wir uns dann perfekt auf unsere Arbeit verstanden, sangen plötzlich andere Stimmen als die eigene ein Loblied auf uns. Sie klangen wie die himmlischen Heerscharen in unseren Ohren. Champagner und Schokolade waren nichts gegen die Euphorie, in die uns ein ehrlich gemeintes Kompliment versetzte. Wir sind Lebewesen, die ihre Welt mittels ihrer Sinne wahrnehmen, und da die Reaktion, die unsere perfekte Leistung bei anderen auslöste, uns ein wunderbares Gefühl vermittelte – und wenn auch nur für zehn Sekunden –, waren wir erpicht darauf, die Erfahrung zu wiederholen. Und so sahen wir uns verpflichtet, in allem Tun nach Perfektion zu streben. Damit wurde ein Teufelskreis der Selbstzerstörung in Gang gesetzt, den wir bisweilen als Zwangsjacke empfinden. Und doch ist das Perfektionsstreben für Millionen von Frauen eine Droge, zu deren Konsum sie sich freiwillig verpflichtet haben.

Ich könnte Ihnen raten: Hören Sie auf, Zeitschriften durchzublättern, Videofilme anzuschauen und ins Kino zu gehen, denn dadurch werden wir ständig in unserer Überzeugung bestärkt, daß Perfektion möglich ist. Doch vermutlich würden Sie nicht auf mich hören. Sollten Sie das nächste Mal eine Traumfrau auf dem Titelbild eines Magazins sehen, eine Zimmereinrichtung zum Verlieben, ein Gericht, für dessen Vorbereitung ein Profikoch eine ganze Woche brauchen würde, bannen Sie die bösen Geister mit der Beschwörungsformel: »Du bist nicht real. Du bist nicht real. *Du bist nicht real.* Du hast keine Macht über mich und wirst mich nicht unglücklich machen.« (Sie ist noch wirksamer, wenn sie lauthals vor der Kasse im Supermarkt angestimmt wird.) Die Frau, die Zimmereinrichtung und das Gourmetgericht, die uns angeblich inspirieren sollen (in Wirklichkeit aber Minderwertigkeitsgefühle bei uns hervorrufen), sind nichts als eine Illusion, heraufbeschworen von Profis, die bestens dafür bezahlt werden, daß sie die Realität schönen.

Eine Freundin hat mir einmal etwas Unbezahlbares geschenkt, indem sie mich überzeugte, daß meine geistige Gesundheit mehr wert ist als die unterschwelligen Nuancen, die ich so liebe. Diese unterschwelligen Nuancen sind der eigentliche Kern des Perfektionsstrebens. Sie lösen ein bewunderndes »Ah!« als Reaktion aus. Doch wenn wir unser Leben damit verbringen, nach den unterschwelligen Nuancen zu suchen, bleibt uns wenig Zeit, das Gesamtbild zu genießen. Als Perfektionistin, die sich auf dem Wege der Genesung befindet, versuche ich, die unterschwelligen Nuancen dem Schöpfer zu überlassen, der immer wieder beweist, daß er sich besser darauf versteht als ich.

Heute möchte ich Ihnen ein Geschenk machen: das Wissen, daß Ihre Gesundheit – die körperliche und geistige – wesentlich wichtiger ist als die unterschwelligen Nuancen.

Besorgen Sie sich eine Sanduhr, die Sie so aufstellen, daß Sie sie ständig im Blick haben, zum Beispiel in der Küche oder auf Ihrem Schreibtisch. Drehen Sie sie einmal am Tag um. Beobachten Sie, in welcher Zeitspanne der Sand in das untere Glas rieselt. Das sind die Minuten Ihres Lebens. Leben Sie sie. Pflastern Sie Ihren Weg damit. Wie Sie jeden Tag gestalten, bleibt Ihnen allein überlassen.

Noch ein Punkt, der des Nachdenkens wert ist: Als Gott die Welt erschuf, war er zufrieden mit seinem Werk, denn es war wohlgeraten. Aber nicht »*perfekt*«.

4. OKTOBER
Heimarbeit

> Es gibt einige Dinge, die man am besten in einer Ruhephase lernt, und andere im Sturm...
>
> *Willa Cather*

...und manche Dinge lernt man am besten zu Hause, zum Beispiel einen authentischen Arbeitsstil. Heimarbeit ist bekanntlich eine reizvolle ökonomische Alternative für Frauen, die mehr Harmonie in ihren Alltag bringen wollen. Viele Frauen verlassen die geschrumpfte Welt der Unternehmen, um eine Existenz in den eigenen vier Wänden zu gründen; jede dritte Firma mit nur einem Inhaber befindet sich inzwischen in Frauenhand. Andere Frauen verrichten ihre Arbeit zu Hause am Computer und fahren nur wenige Tage in der Woche oder stundenweise ins Büro. Auf diese Weise sind sie die überwiegende Zeit für ihre Familien verfügbar, besonders bei den schweren Prüfungen, die der Herr den Seelen der Mütter auferlegt hat: Tage, an denen die Kinder krank sind, an denen Schnee und Glatteis herrscht, an denen die Schule früher aus ist. Und noch mehr Frauen entdecken, daß eine Tätigkeit zu Hause – zumindest für einen Teil der Woche – produktiver ist als die Arbeit im Büro, denn mit weniger Störungen befrachtet, bietet sich hier auch ein vertrautes Umfeld mit entspanntem Klima, in dem man sich gut konzentrieren kann.

Zu Hause einer Erwerbstätigkeit nachzugehen ist wunderbar,

aber vielleicht nicht ganz so, wie Sie es sich vorgestellt haben – vor allem, wenn sich Ihr eigentlicher Arbeitsplatz an einem anderen Standort befindet. Ja, es ist wunderbar, im Schlafanzug oder ausgeleierten Stricksachen zu arbeiten, sehr zeitsparend, eine Ladung Schmutzwäsche in die Waschmaschine zu stopfen, während man ein Fax verschickt, und sehr angenehm, schon mal die Spaghettisauce am frühen Nachmittag vor sich hinköcheln zu lassen, während man an einer Telekonferenz teilnimmt. Doch wenn man nicht strikt darauf achtet, verwischt sich sehr, sehr leicht die Trennlinie zwischen den beiden Bereichen – Heim und Arbeit –, bis nur noch Heim-Arbeit bleibt, was den Ruch der Ausbeutung hat. Heim-Arbeit bedeutet: exakt nach Vorschrift aufwachen und aus den Federn springen, nur um sechzehn Stunden später am Computer einzuschlafen. Heim-Arbeit ist eine seelenlose, monotone, gnadenlose Tretmühle, die mit der Leichtigkeit und Bequemlichkeit der Technologie ins Leben gerufen wurde.

Ich übe meinen Beruf seit beinahe zwanzig Jahren in der häuslichen Sphäre aus, und inzwischen kann ich mir keinen anderen Arbeitsstil mehr für mich vorstellen. Aber diese Option muß die richtige für Sie sein, was auch für jede wichtige Lebensentscheidung gilt. Eine meiner Freundinnen überlegte jahrelang, ob sie ihre Arbeit nicht größtenteils zu Hause am Computer erledigen sollte; nach ein paar Monaten fand sie sich entnervt im Büro wieder, weil sie mit der Isolation nicht fertig wurde.

Es erfordert außerdem ein hohes Maß an Konzentration und Disziplin, wenn Sie in den eigenen vier Wänden Ihr täglich Brot verdienen, denn Sie müssen arbeiten. Sobald die Familie morgens aus dem Haus ist, geht's ab ins Büro; Hausarbeit muß warten, bis Sie Ihr Pensum für diesen Tag geschafft haben. Diese Reaktion ist uns nicht angeboren; es erfordert eiserne Selbstdisziplin, um den Drang zu bekämpfen, nur »schnell Ordnung« im Haus zu schaffen, bevor man sich an die Arbeit begibt. Ich empfehle, Scheuklappen anzulegen, wenn Sie tagsüber durchs Haus gehen.

Sobald Sie festgestellt haben, wie angenehm es ist, Ihrem Beruf zu Hause nachzugehen, ja, wieviel Spaß es machen kann, laufen Sie Gefahr, übermütig zu werden und sich mehr aufzuhalsen, als Sie vernünftigerweise bewältigen können. Das liegt daran, daß die Arbeitswoche nicht mehr auf acht bis zehn Stunden und die Fünftagewoche beschränkt ist; Ihr Büro ist rund um die Uhr geöffnet. Da die Anfahrt zum Arbeitsplatz entfällt, fangen Sie vielleicht eine Stunde früher an und bleiben abends eine Stunde länger, als wenn Sie außer Haus beschäftigt wären. Und weil Sie sich Ihr Büro am Ende des Korridors eingerichtet haben, ist ein kleiner Abstecher kein Problem, sobald die Kinder im Bett sind, um schnell noch »klar Schiff« zu machen. Und die Wochenenden bieten eine ideale Gelegenheit, aufzuarbeiten, was während der Woche unerledigt geblieben ist, damit man ohne »Altlasten« die Bürde der nächsten Woche schultern kann. Nach und nach gleicht ein Arbeitstag dem anderen und Ihre Arbeitsweise der eines Müllschluckers. Am Ende hat Ihre Tätigkeit Ähnlichkeit mit der Ausbeutung der Heimarbeiterinnen, die im Akkord für einen Hungerlohn arbeiteten. Doch selbst dann, wenn Sie mehr Geld als je zuvor in Ihrem Leben damit verdienen, müssen Sie lernen, Grenzen zu setzen, sobald Ihr Privatleben unter Ihrer Tätigkeit zu leiden beginnt.

Eine Entgeltarbeit in den eigenen vier Wänden kann ein echter Schritt in Richtung Selbstbestimmung sein. Wir müssen dabei jedoch auf ein ausgewogenes Leben achten, auf das wir ursprünglich bedacht waren, als wir einer firmeninternen Tätigkeit den Rücken kehrten.

5. OKTOBER
Meditation als Meditation

> Am wichtigsten ist für uns eine gute spirituelle Beziehung zwischen Belegschaft und Management.
>
> *Tatsuhiko Andoh*

Eines Morgens überrascht Sie Ihr vorhersehbares bewußtes Selbst. Der Wecker klingelt. »Sie« stellt ihn aus und dreht sich auf die andere Seite. Springt nicht aus dem Bett. Macht keine Anstalten, sich anzuziehen. »Sie« streikt. »Sie« hat die Plackerei seit Jahren ignoriert, vielleicht zeitlebens. Doch genug ist genug, nun sind die Arbeitsbedingungen nicht mehr tragbar.

Annie Dillard sagt uns, was als nächstes geschieht: »Ihre Mitarbeiterin – Ihr ein und alles, Ihre hochbezahlte, hochgeschätzte und hochmotivierte Mitarbeiterin – geht nicht zur Arbeit. Rührt sich nicht vom Fleck, nicht einmal für dich, Boß. War lange genug dabei, um zu wissen, wann etwas stinkt; kann das Beben sogar durch dicke Schuhsohlen spüren. Unsinn, sagen Sie. Steht doch alles zum Besten. Aber die Mitarbeiterin erscheint nicht. Wirft nicht einmal aus der Ferne einen Blick auf ihren Arbeitsplatz. Hat Probleme mit dem Herzen. Würde eher verhungern.«

Vielleicht sind Sie noch nicht vom Burnout bedroht oder reif für die Insel, im Krankenhaus gelandet oder einem Nervenzusammenbruch erlegen. Noch nicht. Vielleicht ist Ihre Familie noch intakt; zumindest waren Ihre Lieben beim gestrigen Appell noch vollzählig um den Abendbrottisch versammelt. Vielleicht sprechen Ihre Freunde noch mit Ihnen. Scheint zumindest so. Aber es ist auch sechs Monate her, daß irgend jemand Sie zu Gesicht bekommen hat.

Heute mögen Sie eine Frau sein, die sich glücklich schätzen darf. Doch sollten Sie Ihr Glück nicht überstrapazieren. Das Leben mit Ihnen war genauso vergnüglich wie jahrelange Zwangsarbeit in einem sibirischen Arbeitslager. Jetzt streiken Sie und warten ab, was passiert. Soll die Geschäftsleitung – das Ego – im eigenen Saft schmoren, bis ein neuer Vertrag ausgehandelt ist. Es gibt Arbeitsgesetze, aber nichts, was uns vor Selbstausbeutung schützt. Wir werden die Streikpostenkette nicht eher auflösen, bis eine vernünftige Regelung getroffen ist.

Es ist an der Zeit, über die Meditation zu meditieren. Schenken Sie sich etwas Gutes ein, was zur Entspannung beiträgt, und überlegen Sie, wie Ihr idealer Arbeitstag aussehen sollte. Wie wären Arbeitsumfeld und Arbeitsbedingungen beschaffen, wenn Sie das Sagen hätten? Welche Arbeitszeit wäre in Ihren Augen optimal? Stellen Sie sich Ihren idealen Tätigkeitsbereich bildlich vor. Was sehen Sie? Nun vergleichen Sie Ihre Wunschvorstellungen mit der Realität. Gibt es Übereinstimmungen? Können Sie einen Baustein aus Ihrem Idealbild in Ihre derzeitige Arbeitsumgebung einfügen? Nur wenige Frauen sind imstande, mit dem Finger zu schnippen, um ein völlig neues, authentisches Leben aus dem Boden zu stampfen. Aber wir alle können mit dem arbeiten, was wir haben. Mit unseren realen Lebensumständen zu arbeiten bedeutet, die Realität zu perfektionieren. Perfektion ist ein unerreichbares Ziel. Aber »perfektionieren« ist möglich.

Leiten Sie heute ein kreatives und kollektives Verhandlungsgespräch über Möglichkeiten und Gegebenheiten in die Wege. »Mitarbeiter sind bereit, auch schwierige, schmerzhafte Zeiten durchzustehen, wenn sie an langfristige Ziele glauben«, erklärt Personal- experte Richard Belous. Einen authentischen Arbeitsstil zu entwickeln ist ein langfristiges Ziel, für das es sich zu warten lohnt.

6. OKTOBER
Kürzertreten und den Spargang einlegen

> Nicht die Dinge ändern sich; wir ändern uns.
> *Henry David Thoreau*

Henry David Thoreau hatte sich nicht vorgenommen, zum Schutzpatron eines schlichten Lebensstils zu werden. Eigentlich wollte er als Straßenmeister in der Stadtverwaltung von Concord, Massachusetts arbeiten, um sein mageres Einkommen als freier Schriftsteller aufzubessern. Seit Jahren hatte er sich ehrenamtlich um die Instandhaltung der Fußwege rund um seine Heimatstadt gekümmert und konnte einen Nachweis für die Qualität seiner Arbeit liefern. Doch die Stadtväter lehnten es ab, ihm ein Entgelt für seine Bemühungen zu zahlen. Und so packte der Möchtegern-Verwaltungsangestellte Federhalter, Tintenfässer und Papier zusammen, lieh sich eine Axt und machte sich auf den Weg zum Walden Pond, um sein weiteres Leben bescheiden in einer selbstgezimmerten Blockhütte zu fristen.

Anderthalb Jahrhunderte später wurde Thoreaus Experiment für die neuziger Jahre neu interpretiert und als »*Downshifting*« bezeichnet, ein Wort, das die Schriftstellerin Amy Saltzman geprägt hatte. Es beschreibt die Geburt einer neuen Gattung von Trendsettern am

Arbeitsplatz, die nicht länger gewillt sind, ihr Leben rücksichtslos von der Erwerbstätigkeit vereinnahmen zu lassen. Wie Thoreau beschließen diese Menschen, die Karriere in ihrem Beruf gemacht haben, sich nicht mehr im Konkurrenzkampf mit ihren Kollegen auf der Überholspur abzustrampeln. Sie setzen ihrer Laufbahn Grenzen und verlangsamen das Arbeitstempo, um der Familie, der sozialen Gemeinschaft, in der sie leben, und ihren persönlichen Bedürfnissen mehr Zeit und kreative Energie zu widmen.

Saltzman, die Ende der achtziger Jahre als Chefredakteurin von *Success* in New York arbeitete, begann damals, den Downshiftingtrend aufmerksam zu verfolgen. Sie hatte damals selbst alle Hände voll zu tun, ihr eigenes Leben einigermaßen in den Griff zu bekommen, während sie die »intellektuellen und kreativen Herausforderungen, einem jungen Magazin dabei zu helfen, in einem wettbewerbsstarken Feld Fuß zu fassen«, zu bewältigen versuchte. Aber sie fühlte sich zunehmend unwohler angesichts der »Botschaft einer Zeitschrift, die Erfolg in aller Regel eng und mit Blick auf das Selbstinteresse definiert«.

Und dann bestätigte sich Saltzmans Vorbehalt gegenüber der Überholspur, als sie zufällig eine Freundin wiedertraf, die als Redakteurin bei einer anderen Zeitschrift tätig war. Bevor diese Freundin die Litanei »Ich muß los, ich ruf dich an, wir essen irgendwann mal zusammen« heruntergebetete und im Sturmschritt die Madison Avenue hinuntereilte, hatte sie Saltzman gefragt, wie es ihr denn so ginge. Saltzman erwiderte, alles stünde zum Besten. Die Arbeit sei interessant, obwohl sie nicht zulasse, daß sie ihr Leben diktiere; sie habe an ein paar Abenden in der Woche eine ehrenamtliche Tätigkeit übernommenn, lese viel und arbeite an einer Kurzgeschichte, die wahrscheinlich niemand veröffentlichen werde. Dennoch habe sie ihren Spaß daran.

Diese Haltung verblüffte ihre Freundin, erinnert sich Saltzman, weil sie »außerstande war, sich vorzustellen, daß ich nicht alle Hände voll zu tun hatte und es trotzdem genoß«. Aber Saltzman hatte bewußt die Entscheidung getroffen, das Leben langsamer anzugehen. Sie hatte sogar eine Beförderung abgelehnt, weil die neue Position sie zu viele freie Abende und Wochenenden gekostet hätte.

Wie Saltzmans Leben auf Außenstehende auch gewirkt haben mag, die Realität ihrer Entscheidung kürzerzutreten, hatte zur Folge, daß ihr »Leben reicher, interessanter und lohnenswerter wurde, als ich mich je erinnern konnte«. Als sie den Spargang einlegte, entdeckte Amy Saltzman, daß »uns die Überholspur an bestimmte Verhaltensnormen und Regeln kettet, die uns daran hindern, ein wirklich erfolgreiches, glückliches Leben zu führen«.

Wenn wir beginnen, nach unserem authentischen Arbeitsstil zu forschen, werden wir ebenfalls diese Entdeckung machen.

7. OKTOBER
Wie Sie lernen, Grenzen zu setzen

Bevor ich eine Mauer errichtete, wollte ich wissen, was ich damit ein- oder ausschloß.

Robert Frost

Grenzen sind die doppelten Stacheldrahtzäune des realen Lebens, die unser Potential oben und unten markieren, aber in der Mitte einen Durchschlupf lassen. Wenn wir über unsere Grenzen hinausgehen, persönlich oder beruflich, besteht die Gefahr, daß wir uns an den Stacheln verletzen. Doch Grenzen sorgen auch dafür, daß wir das Geheiligte erkennen, weil es mit schlichter Anmut umzäunt ist. Es bleibt immer genug Raum, um sich zwischen den Stacheldrähten hindurchzuwinden, wenn Sie gewillt sind, sich zu beugen.

Wir möchten das Gefühl haben, ein grenzenloses Leben zu führen, folglich müssen wir die Kunst erlernen, Grenzen zu schaffen, die schützen und uns helfen, zu wachsen und alles zu bewahren, woran unser Herz hängt. Für die meisten von uns ist es ungeheuer schmerzhaft und schwierig, sich selbst abzugrenzen, also warten wir damit, bis wir an der Grenze unserer Duldsamkeit angelangt sind. Um Grenzen zu setzen, müssen wir zu sagen lernen: Schluß jetzt, *bis hierher und nicht weiter*. Das bedeutet, klipp und klar verständlich zu machen, was Sache ist. Unseren Bedürfnissen verbal Ausdruck zu verleihen. Unsere Neigungen deutlich zu machen. Solche Augenblicke sind spannungsgeladen und streßbefrachtet; sie enden leicht in einer Konfrontation mit sämtlichen Begleiterscheinungen: Tränen, Mißverständnissen, verletzten Gefühlen. Deshalb ziehen viele Frauen es vor, zu schweigen. Sie werden buchstäblich mundtot gemacht von der aufgestauten Wut und der Unfähigkeit, überhaupt irgendwelche eigenen Bedürfnisse zu äußern.

Doch selbst wenn wir den Mund nicht aufmachen – wir sind keineswegs machtlos und können sehr wohl eine Grenzlinie ziehen. Eine talentierte Freundin, die mehrere Bücher geschrieben hat, ist seit Jahr und Tag mit einem intelligenten, charmanten, aber sehr kritischen Mann verheiratet. Da ihr Mann ein Profi ist, hatte sie ihn stets gebeten, ihre Manuskripte zu lesen und Verbesserungsvorschläge zu machen. Leider war er oft ziemlich harsch in seinem gutgemeinten Urteil und bemerkte nicht, daß seine Anmerkungen einen schmerzenden Stachel hinterließen. Oft lag das Manuskript längere Zeit auf seinem Schreibtisch, bevor er einen Blick darauf warf, womit er vielleicht nicht gerade *Ver*achtung, aber einen Mangel an *Achtung* signalisierte. Nach solchen Mißliebigkeiten dauerte es immer Tage, bis seine Frau wieder zu schreiben begann. Schließlich zeigte sie ihm ihre Manuskripte einfach nicht mehr und schuf damit eine unsichtbare Grenze, um ihre Träume zu verteidigen. Als sie endlich mit einem ihrer Romane einen literarischen Durchbruch erzielte, reagierte ihr Mann verblüfft auf die Lobeshymnen und schien überhaupt nicht zu verstehen, was die Leute so toll an dem Werk fanden. Eines Abends ertappte sie ihn dabei, wie er ihren Bestseller las. »Das ist gut. Das ist sogar sehr gut«, meinte er überrascht. »Aber warum hast du mich nicht gebeten, vorher das Manuskript zu lesen?«

»Weil du keine Ahnung hast, was in mir steckt«, erwiderte sie mit Genugtuung; endlich hatte sie ihre authentische Stimme gefunden.

»Nein« sagen ist ein guter Ausgangspunkt, um Grenzen zu setzen. Es kann ein wundervolles Wort sein, genauso schön wie »ja«. Es kann befreiend wirken, wenn sich darin unser Engagement spiegelt, uns für unsere wahren Bedürfnisse einzusetzen.

8. OKTOBER
Die leidenschaftliche Liebe zur Schönheit

Schönheit ist Verzückung; sie ist so schlicht wie der Hunger.
William Somerset Maugham

Ein kleiner Schritt nach vorne – drei große Schritte zurück. Ich hatte mit den ersten vier Prinzipien der Einfachheit und Fülle fast ein Jahr lang experimentiert und mir eingebildet, das »Kauf-mich-Syndrom« sei endgültig überwunden. Ich genoß jeden Schaufensterbummel und fühlte mich dabei nicht benachteiligt, weil es beim Anschauen blieb. Doch eines Tages entdeckte ich ein Lifestylebuch für fünfundvierzig Dollar, reich bebildert: Fotos von üppigen Blumenarrangements, silberne Bilderrahmen in allen Variationen, Chintzstoffe mit Rosenmuster. Ich blätterte in den Visionen, in denen ich mir zu leben wünschte. Und stellte den Bildband wieder ins Regal zurück, wütend, weil ich ihn mir nicht leisten und nicht das Leben führen konnte, nach dem ich mich – vermeintlich – sehnte. Ich hatte vielleicht alles, was ich wirklich brauchte, aber es war nicht alles, was ich gerne gehabt hätte.

Nachdem ich mehrere Stunden lang hin und her überlegt hatte, zwang ich mich zur Ruhe. Irgend etwas ging in meinem Innern vor; für die heftige emotionale Reaktion mußte es eine Ursache geben. Ich meditierte und überlegte, was sie ausgelöst haben könnte. Hatte ich den Gürtel zu eng geschnallt? War ich deprimiert, weil es mir an dem nötigen Kleingeld für den dekorativen Nippes mangelte, den ich früher spontan gekauft hätte? Oder wurzelten die Gründe wesentlich tiefer? Je gründlicher ich darüber nachdachte, desto klarer erkannte ich, daß ich meiner Leidenschaft für das Schöne nicht ausreichend Rechnung getragen hatte. Das Syndrom des Mangels wurde dadurch hervorgerufen, daß ich die Schönheit, die es in meinem Leben bereits gab, nicht genug gewürdigt, genossen und gefeiert hatte – so wenig, daß meine Seele wie ein Vulkan ausbrach, um zu protestieren. Wenn unsere Gefühle auf einer tiefen Ebene aufgewühlt werden, dann wecken sie unsere bewußte Aufmerksamkeit.

Die Schönheit selbst sprach mich an, nicht ein bestimmtes Objekt. Als ich das erkannt hatte, machte ich mich auf den Weg zum Markt, um Blumen zu kaufen. Und statt mich mit einem Strauß zu begnügen, leistete ich mir zwei. Nachdem ich die Sträuße im Wohnzimmer arrangiert hatte, war mein authentischer Heißhunger nach Schönheit auf preiswerte Weise befriedigt, und meine Wünsche waren auf Anhieb zum Schweigen gebracht.

Sie sollten Ihre Gefühle nicht leugnen oder ignorieren, wenn Sie sich nach etwas sehnen, was Sie sich nicht leisten können. Der Wunsch enthält einen Fingerzeig, der Sie darauf hinweist, wie Sie Ihren heiligen Hunger nach Schönheit stillen. Gehen Sie in sich und versuchen Sie zu ergründen, warum Sie etwas schön finden; benutzen Sie Ihre visuellen Eindrücke, um Ihre Phantasie anzukurbeln. Wir sind ringsum von Schönheit umgeben. Sie ist überall zu finden, wenn wir danach suchen und offen dafür sind, mehr Schönheit in unser Leben zu bringen. »Wir sitzen im Goldregen und haben nichts anderes zum Auffangen als eine Mistgabel«, schrieb die australische Romanschriftstellerin Christia Stead 1938.

9. OKTOBER
Streßbewältigung

> In dieser Welt ohne stille Winkel ist es nicht leicht, zu entfliehen... dem Chaos, der schrecklichen, unruhigen Geschäftigkeit.
>
> *Salman Rushdie*

Gibt es irgendwo auf der Welt eine Frau, die nicht unter Streß steht? Wenn ja, würde ich sie gerne kennenlernen und sie bitten, uns ihr Geheimnis zu verraten. Sollten Sie fündig werden, möchte ich wetten, daß sie Ihnen folgende Tips gibt:
- Seien Sie dankbar für das, was Sie haben.
- Zweigen Sie jeden Tag eine Stunde für sich selbst ab.
- Beginnen und beenden Sie den Tag mit Gebet, Meditation, Reflexion.

- Streben Sie nach Einfachheit.
- Sorgen Sie für Ordnung und Organisation im Haushalt.
- Bürden Sie sich nicht zu viele Pflichten auf.
- Versuchen Sie, sich realistische Termine zu setzen.
- Geben Sie nie ein Versprechen ab, bei dem Sie von vornherein wissen, daß Sie es nicht halten können.
- Rechnen Sie bei jeder Tätigkeit eine halbe Stunde mehr ein, als Sie erfahrungsgemäß brauchen.
- Schaffen Sie eine Oase der Ruhe zu Hause und am Arbeitsplatz.
- Gehen Sie zweimal in der Woche abends um neun Uhr zu Bett.
- Nehmen Sie auf Schritt und Tritt etwas Interessantes zum Lesen mit.
- Atmen Sie – tief und oft.
- Sorgen Sie für ausreichende Bewegung – spazierengehen, tanzen, joggen – oder halten Sie nach einer Sportart Ausschau, die Ihnen Spaß macht.
- Trinken Sie reines Quellwasser. Soviel Sie wollen.
- Essen Sie nur, wenn Sie Hunger haben.
- Essen Sie nichts, was Ihnen nicht schmeckt.
- Versuchen Sie zu *sein*, statt zu *tun*.
- Halten Sie sich einen Tag in der Woche frei, an dem Sie sich ausruhen und Ihre Batterien wieder aufladen.
- Lachen Sie öfter.
- Kosten Sie Ihre Sinneswahrnehmungen voll aus.
- Optieren Sie immer für die Bequemlichkeit.
- Trennen Sie sich von Dingen, die Ihnen nicht hundertprozentig gefallen.
- Überlassen Sie sich der Fürsorge von Mutter Natur.
- Gehen Sie während der Mahlzeiten nicht ans Telefon.
- Hören Sie auf, es allen recht machen zu wollen.
- Beginnen Sie damit, es sich selber recht zu machen.
- Halten Sie sich von notorischen Schwarzmalern fern.
- Verschwenden Sie nicht Ihre kostbaren Ressourcen: Zeit, kreative Energie, Emotionen.
- Pflegen Sie Freundschaften.
- Haben Sie keine Angst vor Ihrer heimlichen Passion.

- Betrachten Sie Probleme als eine Herausforderung, an der Sie wachsen.
- Vergegenwärtigen Sie sich Ihre Ambitionen und Bestrebungen.
- Setzen Sie sich erreichbare Ziele.
- Werfen Sie überzogene Erwartungen über Bord.
- Genießen Sie die Schönheit, die Sie umgibt.
- Setzen Sie klare Grenzen.
- Werfen Sie für jedes »Ja« ein »Nein« in die Waagschale.
- Kummer macht Falten; Glück macht schön.
- Vergessen Sie nicht: Glück ist ein Gefühl, dessen Flamme man *lebendig* erhalten muß.
- Tauschen Sie das Bedürfnis nach materieller Sicherheit gegen innere Gelassenheit ein.
- Achten Sie darauf, daß Ihre Seele gedeiht.
- Halten Sie an Ihren Träumen fest.
- Verleihen Sie jeden Tag ihrer Liebe Ausdruck.
- Suchen Sie so lange nach Ihrem authentischen Selbst, bis Sie fündig geworden sind.

10. OKTOBER
Störfaktoren für ein harmonisches Gleichgewicht

> Keine menschliche Eigenschaft ist reizvoller als innere Ausgewogenheit – das tiefverwurzelte Gefühl, mit sich selbst und der Welt im reinen zu sein.
>
> *Good Housekeeping, September 1947*

Einer der schlimmsten Tage meines Lebens brachte mir ein Geschenk, das sich nicht mit Gold aufwiegen läßt: die Erkenntnis, daß wir den Kampf um unser inneres Gleichgewicht gewinnen oder verlieren, bevor wir auch nur einen Schritt vor die Tür setzen.

Zu Anfang meiner schriftstellerischen Tätigkeit wurde ich zu einer wichtigen Besprechung mit einer Frau nach New York zitiert, neben der sich Medea angeblich lammfromm ausnahm. Ich beschloß, mich mit einem äußeren Erscheinungsbild auf die Begegnung vorzubereiten, an dem es nicht das geringste auszusetzen gab. Da ich tief in meinem Innern bibberte, versuchte ich, dieses Manko durch Äußerlichkeiten zu kompensieren. In aller Eile erstand ich ein teures Outfit, das nach »Frau mit Substanz« aussah, obwohl ich mir darin nicht im mindesten ähnelte. Ich rang mich außerdem zu dem Entschluß durch, meine Frisur und mein Make-up grundlegend zu verändern.

Da ich mich noch nicht an meine »aufgestylte« neue Haut gewöhnt hatte, blieb ich am Abend vor der Abreise viel zu lange auf. Ich rannte hektisch hin und her, statt in aller Ruhe zu packen und mir den dringend benötigten Schlaf zu holen. Ich war erschöpft, als ich endlich ins Bett fiel, deshalb ließ ich meine Schminkutensilien, Hygieneprodukte und Accessoires auf der Kommode verstreut liegen.

Um pünktlich in New York zur Besprechung zu sein, mußte ich um halb fünf Uhr morgens aufstehen. Ich hatte völlig vergessen, daß ich beim Anziehen ja buchstäblich im Dunkeln tappte, um Mann und Tochter nicht aufzuwecken. Es war schwierig und frustrierend, im Finstern zu ertasten, was ich brauchte. Doch endlich war es geschafft und ich raste auf den letzten Drücker los, um den Zug noch zu erwischen.

Die Besprechung hatte noch nicht einmal angefangen, und schon war ich schweißgebadet. Ich merkte es, kurz nachdem die Naht des linken Blusenärmels unter der Kostümjacke platzte. Da ich das neue Outfit zum ersten Mal trug, war mir nicht aufgefallen, wie eng die Ärmel geschnitten waren und wie weit der Rock hochrutschte, wenn ich saß. Der knallrote Nagellack, der am Tag vorher im Kosmetiksalon so chic und gepflegt ausgesehen hatte, war inzwischen abgeblättert; natürlich gab es keine Möglichkeit, den Schaden auszubessern, also versuchte ich, meine Hände zu verstecken. Nach mehreren Tassen Kaffee im Zug, die sich auf mein lädiertes Nervenkostüm nicht gerade beruhigend auswirkten, war mein Mund trocken. Doch leider hatte ich vergessen, Spray für einen frischen Atem mitzunehmen oder vor Beginn der Besprechung um ein Glas Wasser zu bitten.

Ich war während der Besprechung so mit mir selbst beschäftigt, daß es mir an Konzentrationsfähigkeit und Selbstvertrauen mangelte, mein Scherflein zu den Verhandlungen über mein Buchprojekt beizutragen, obwohl ich bezüglich einiger Punkte eine sehr klare Meinung hatte. Zwei qualvolle Stunden später war die Höllenkonferenz endlich vorbei. Als sich die Fahrstuhlkabinen schlossen, schwor ich mir, nie wieder so derangiert eine Besprechung zu verlassen.

Natürlich weiß ich, daß ich ungefähr die einzige Frau auf der Welt bin, die eine solche Demütigung durch eigenes Verschulden hinnehmen mußte. Aber jede Frau sieht sich wichtigen Besprechungen, Auftritten in der Öffentlichkeit und Situationen gegenüber, die starke Nerven erfordern. Hier einige praktische Tips, um Peinlichkeiten vor Publikum zu vermeiden:

Wählen Sie Ihre Garderobe nie aus, um bei anderen Eindruck zu schinden. Die Kleidung sollte Ihr authentisches Stilgefühl spiegeln. Die einzige Möglichkeit, sich in der eigenen Haut wohl zu fühlen, besteht darin zu erkennen, wer Sie wirklich sind. Erscheinen Sie zu einem besonderen Anlaß nie in brandneuer Montur, die Sie vorher nicht in Ruhe anprobiert haben. Wenn Sie ständig an Ihrer Kleidung herumzupfen müssen – den Rock herunterziehen, der zu kurz ist, oder einen Träger hochschieben, der dauernd rutscht –, können Sie sich nicht richtig entspannen, konzentrieren und Ihr Augenmerk auf das Wesentliche richten. Neue Kleidung sollten Sie am besten vorher einem Härtetest unterziehen. Und experimentieren Sie *nie* in letzter Minute mit Frisur und Make-up, bevor Sie neue Leute kennenlernen. Grundlegende Änderungen sollten Sie nur nach ausgiebiger Überlegung und schrittweise einleiten, so daß Sie sich nach und nach an das endgültige Ergebnis gewöhnen.

Falls auf Ihrem Schminktisch ein Tohuwabohu und in Ihrem Kleiderschrank das blanke Chaos herrscht, sind Sie beim Zusammenstellen der Garderobe, die Ihre Persönlichkeit am besten zur Geltung bringt, von Haus aus weniger selbstbewußt und gelassen. Um Ordnung in Ihrem Innern zu schaffen, sollten Sie auch für äußere Ordnung sorgen.

Wenn Ihre Haare dringend gewaschen werden müssen, Ihr Atem nicht mehr frisch riecht, Ihr Make-up einer Erneuerung bedarf, die Nägel ungepflegt wirken, der Nagellack abblättert oder Ihr Deodorant Sie im Stich läßt, werden Sie in Kenntnis der eigenen Mängel auf Distanz gehen und anderen einen falschen Eindruck vermitteln. Innere und äußere Harmonie sind Seelengefährten. Frauen, die für ihr sicheres Stilempfinden und ihr inneres Gleichgewicht bekannt sind, wirken immer wie aus dem Ei gepellt.

Diese innere Harmonie wird oft übersehen, wenn wir meinen, ein authentisches Erscheinungsbild zu schaffen. Und warum ist sie so wichtig? Wenn wir uns nicht krampfhaft auf uns selbst oder unsere Unzulänglichkeiten konzentrieren, wird unser Lächeln herzlicher, unser Lachen spontaner und unser Esprit sichtbarer. Die Harmonie im äußeren Erscheinungsbild spiegelt die innere Harmonie wider. Augenblicke, die in stiller Kontemplation verbracht werden, kommen ihr zugute und sollten ein unerläßlicher Bestandteil im täglichen Schönheitsritual jeder Frau sein. Selbstbeherrschung erfordert lediglich ein wenig Zeit und Selbstfürsorge. Wenn wir uns in uns selbst wohl fühlen, fühlen wir uns auch in der Welt wohl.

11. OKTOBER
Immer is' was

> Immer is' was.
> *Roseanne Roseannadanna (Gilda Radner)*

Natürlich, immer is' was. Manchmal ist das verflixt lästig, wenn nicht sogar nervenzerfetzend. Aber stets geht was schief. So ist es nun mal, das reale Leben.

Als Gilda Radner die Satiresendung *Saturday Night Life* verließ, für die sie einige witzige weibliche Figuren geschaffen hatte – Roseanne Roseannadanna oder Emily Litella –, beschloß sie, ein neues Leben zu beginnen. Ein Jahrzehnt lang war sie eine erfolgreiche, arbeitssüchtige Karrierefrau gewesen, an der das Leben vorbeilief. Als sie sich in Gene Wilder verliebte, erkannte sie, welche Vorzüge das Zurückschrauben haben kann. Nachdem die beiden 1984 geheiratet hatten, wollte sie ihren Traum realisieren und schreiben. Da sie immer ein gutes Gespür für ergiebige Geschichten gehabt hatte, entstand das Buch *Portrait of the Artist as a Housewife*, eine Sammlung von Kurzgeschichten, Gedichten und Skizzen, die das häusliche Leben und den Humor feierten, der in Toastern und Installateuren steckt. Es war alles zu schön, um wahr zu sein.

Die Realität holte sie mit einer Eierstockkrebs-Diagnose auf den harten Boden der Tatsachen zurück, und ein kantigeres Buch erschien, *It's Always Something*, ihre herausfordernd respektlosen, anrührenden Memoiren. Wie andere Frauen, die mit einer lebensbedrohlichen Krankheit kämpfen, betrauerte Gilda »die Freude, das Glück und die Heiterkeit in meinem Leben, die ich verloren habe«. Am Tag vor der endgültigen Diagnose erschien ihr das Leben noch unbegrenzt, reich und voller Möglichkeiten. In dem Moment, als sie die grauenhafte Wahrheit erfuhr, schrumpften die Dimensionen des Lebens auf Vierundzwanzig-Stunden-Etappen.

Man beginnt zu *leben*.

Warum müssen wir dazu erst einen Knoten in der Brust ertasten? Wissen Sie es? Ich kann diese Frage nämlich nicht beantworten. Ich kenne eine wunderbare Frau, die jahrelang eine ziemlich aktive Rolle an der Schule ihrer Kinder innehatte – vor allem, weil niemand anderes bereit war, die zeitaufwendige ehrenamtliche Tätigkeit zu übernehmen. Die Stunden, die sie in die Zusammenarbeit mit dem Lehrerkollegium investierte, entsprachen einem Vollzeitjob, aber einem unbezahlten. Als bei ihr Brustkrebs diagnostiziert wurde, gestand sie Freunden, daß sie unerklärlicherweise irgendwie erleichtert sei. Krebs bedeutete, daß sie »nein« sagen konnte, um Grenzen zu ziehen, und schließlich legte sie das Ehrenamt ohne schlechtes Gewissen nieder. Nun war sie imstande, ihr Leben zu überdenken und zu verändern. Schließlich verlangt niemand, daß eine Frau, die gegen den Brustkrebs kämpft, etwas anderes tut, als auf ihre Gesundheit zu achten. Natürlich hatte sie recht, sich darauf zu konzentrieren.

Die Geschichte ging mir schwer an die Nieren. Ja, immer ist was. Aber warum ausgerechnet mit uns? Ich bete, daß wir niemals einen Knoten in der Brust entdecken müssen, aber ich bete genauso inbrünstig, daß wir niemals einen Tag verschwenden oder vertun, aus welchen Gründen auch immer.

Und für alle Frauen, die einen Knoten in der Brust gefunden haben, bete ich, daß sie wieder in Freuden, Frieden und Harmonie leben und der Welt noch viele Jahre mit ihrer Weisheit erhalten bleiben.

Der Himmel weiß, wie sehr wir sie brauchen.

12. OKTOBER
Das Märchen von den zwei Zeiten

> Es war die beste aller Zeiten,
> es war die schlechteste aller Zeiten.
> *Charles Dickens*

In grauer Vorzeit.
Zeitlos.
In der heutigen Zeit.
Die Zeit verrinnt.
Die gute alte Zeit.
Die Zeit ist um!

Seit Anbeginn der Zeit haben wir versucht, ihre Beschaffenheit zu begreifen. Warum? Um sie zu steuern. Doch ist die Zeit ein geheiligtes Mysterium, ein außergewöhnliches Geschenk, das sich nur mit den Sinnen erfahren und nicht mit dem Verstand erfassen läßt. Und sich gewiß nicht von uns regulieren und kontrollieren läßt. Warum geraten wir sonst so oft mental aus dem Takt?

Das Geheimnis der Zeit ist für die meisten Frauen sehr schwer zu begreifen, weil wir immer zuwenig davon haben. Obwohl uns jeden Tag vierundzwanzig Stunden zur Verfügung stehen, scheint diese Spanne nicht sehr weit zu reichen. Und so empfinden wir die Zeit, falls wir überhaupt noch ein Gefühl dafür besitzen, als unseren unerbittlichen Feind, weil wir ständig gegen die Uhr kämpfen müssen – tagaus, tagein. Dabei spielt es keine Rolle, um welche Zeit es sich handelt – Greenwich-Zeit, lokale Zeit oder Sommerzeit. Was allein zählt, ist, daß wir nie genug davon haben. Deshalb haben alle Frauen, die ich kenne, ständig das Gefühl, daß ihnen die Zeit davonläuft.

Um einen Hauch Gelassenheit in unseren Alltag zu bringen, müssen wir das Janusgesicht der Zeit entdecken; die alten Griechen sprachen von *chronos* und *kairos*.

Chronos bezieht sich auf tickende Uhren, Stichtage, Tag- und Nachtwache, Terminkalender, Tagesordnung, Produktionspläne, Fristen, Piepser. Chronos repräsentiert die Schattenseite der Zeit, folgt unerbittlich ihrer Spur. Chronos täuscht Hülle und Fülle vor. Chronos gibt uns das Gefühl, auf Stöckelschuhen an einem Marathonlauf teilzunehmen. In der Chronos-Zeit denken wir ausschließlich an uns selbst. Chronos ist die Zeit dieser Welt.

Kairos bezieht sich auf Transzendenz, Unendlichkeit, Andacht, Freude, Leidenschaft, Liebe, das Geheiligte. Kairos repräsentiert die Schokoladenseite der Zeit, beinhaltet die intime Beziehung zur Wirklichkeit. Kairos bedeutet: loslassen. In der Kairos-Zeit entfliehen wir dem Kerker des Selbst. Kairos ist ein Walzer von Schubert im Wien des neunzehnten Jahrhunderts, getanzt mit Ihrem Seelenpartner. Kairos ist die Zeit des Schöpfers.

Wir existieren in der Chronos-Zeit. Wir sehnen uns nach der Kairos-Zeit. Diese Dualität ist das Schicksal des Menschen. Chronos erfordert Schnelligkeit, damit die Zeit nicht verschwendet wird. Kairos erfordert Gemächlichkeit, damit wir die Zeit genießen. Die Chronos-Zeit ist dem *Tun* gewidmet, die Kairos-Zeit dem *Sein*.

Wir denken vielleicht, daß wir die Kairos-Zeit nicht kennen, doch das ist ein Trugschluß: Wenn wir der Liebe huldigen, meditieren oder beten, wenn wir uns in das Reich der Musik oder in die Träumereien der Literatur versenken, wenn wir Blumenzwiebeln pflanzen oder Unkraut jäten, wenn wir über den Schlaf eines Kindes wachen, wenn wir uns gemeinsam im Bett über die Comics in der Sonntagszeitung hermachen, wenn wir uns an einem Sonnenuntergang erfreuen oder uns unserem Hobby widmen, sind wir ihr begegnet. In der Kairos-Zeit empfinden wir Seligkeit, erhaschen einen Blick auf die Schönheit, erinnern uns daran, was Leben bedeutet, erneuern den Kontakt zum Göttlichen in uns.

Wie tauschen wir die Chronos-Zeit gegen die Kairos-Zeit aus?

Indem wir eine gemächlichere Gangart einlegen.

Indem wir uns nur auf das konzentrieren, was wir gerade tun.

Indem wir diese Aufgabe so verrichten, als sei sie in diesem Augenblick die einzig wichtige und lohnenswerte auf der Welt.

Indem wir tun, als hätten wir alle Zeit der Welt, damit sich unser Unterbewußtsein einschalten und das Wunschdenken realisieren kann.

Indem wir uns Zeit schaffen.

Indem wir uns Zeit nehmen.

Es kostet uns nur den Bruchteil eines Augenblicks, von der Chronos-Zeit in die Kairos-Zeit überzuwechseln, doch diesen Moment gilt es zu erübrigen. Die einzige Voraussetzung, die wir mitbringen müssen, ist die Bereitschaft, lange genug innezuhalten, um die Sphärenklänge zu vernehmen.

Seien Sie heute bereit, sich in den Reigen einzureihen.

Dann befinden Sie sich in der Kairos-Zeit.

13. OKTOBER
Absolut Spitze

> Ein winzig kleiner Schatten geht bei mir aus und ein; was er oder sie zu tun pflegt, wird mir immer ein Rätsel sein.
>
> *Robert Louis Stevenson*

Viele Jahre lang fiel es mir schwer, meinen »Schatten« – wie der Psychologe Carl Gustav Jung die dunkle Seite des Selbst bezeichnet hat, die in jedem Menschen schlummert – auszumachen, mir ihn vorzustellen und mich mit ihm zu identifizieren. Jung hielt dieses Schatten-Selbst für eine Kombination aus negativen Emotionen, Impulsen und Schwächen – die Leiche im Keller, die wir vergraben haben, um anderen ein annehmbares Gesicht zu präsentieren. Dabei fällt einem automatisch der gemeingefährliche Geisteskranke in Romanen mit mittelalterlicher Thematik ein, den die Familie zur Sicherheit im Turmverlies einzusperren pflegte, oder Robert Louis Stevensons literarische Figuren Dr. Jekyll und Mr. Hyde.

Dieses Vogel-Strauß-Gebahren beeinträchtigt unsere Lebensqualität – vor allem, wenn wir unseren Schatten sublimieren. Mit anderen Worten: Unser unbekanntes Schatten-Selbst manövriert uns in eine Sackgasse, ohne daß uns bewußt wird, wie wir dort hineingeraten konnten, überfällt uns mit zwanghaften Verhaltensweisen, die wir als unserer Wesensart fremd empfinden, und lähmt unsere Fähigkeit, eine Wende zum Besseren einzuleiten.

Ehrlich gesagt, obwohl ich Jungs Schattenkonzept verstehe, hatte ich nicht die geringste Lust, meine innere Doppelgängerin besser kennenzulernen. Bis eine andere Lektion des Lebens mir die Augen öffnete. Was ich dabei entdeckte, versetzte mir einen Schock, aber ich fiel nicht vor Schreck in Ohnmacht. Ich lachte.

Es gibt eine bitterböse britische Sitcom-Fernsehserie mit dem Titel *Absolutely Fabulous*. Die Geschichte spielt in der Welt der Mode; die beiden Hauptpersonen – Edina und Patsy–, um die Vierzig, Busenfreundinnen und ein wenig hohl im Kopf, haben nur einen einzigen gesellschaftlichen Nutzen: die Loyalität, die sie füreinander empfinden. Edina, von ihren Freunden »Edie« genannt, ist eine zerstreute, füllige Modejournalistin, deren größter Ehrgeiz darin besteht, »absolut in« auszusehen. Sie hat zwei Ex-Ehemänner, eine geplagte und empfindsame Tochter im Teenageralter, die alles an ihrer Erzeugerin mißbilligt, und eine Mutter, die sich fortwährend den Kopf darüber zerbricht, was sie in ihrer Erziehung nur falsch gemacht haben könnte. Es gibt keine New-Age-Marotte, der Edie nicht folgt in dem vergeblichen Bemühen, einen Lebenssinn zu finden, einschließlich Psalmodieren, Darmspülungen und Isolationskammern. Patsy ist Moderedakteurin, magersüchtig, alkoholkrank und nymphomanisch, mit blonder Bienenkorbfrisur, in den Ausmaßen des Trump Tower hochtoupiert – eine Hommage an ihr Idol Ivana Trump. Edie läuft ständig in Designer-Halluzinationen, Patsy mit der Zigarette in den knallrot geschminkten Mundwinkeln oder mit einem Glas Champagner in der Hand herum. Edie und Patsy nennen jeden »Schätzchen« oder »Süße«, und alle positiven Aspekte im Leben sind »absolut spitze«, einschließlich der Busenfreundin.

Sie sind boshaft, blasiert, seicht, hohl, oberflächlich, selbstsüchtig, dumm bis zum Abwinken, überspannt. Sie sind mit Sicherheit kein Vorbild, aber aus dem Stoff gemacht, aus dem unser Schatten ist.

Als ich Edie und Patsy zum ersten Mal durch London geistern sah, bog ich mich vor Lachen. Edie war mein Zwilling, mein dunkles Schatten-Ich. Ich erkannte sie auf Anhieb. Edie verlieh dem Wissen, daß wir nur »dank Gottes unergründlichem Ratschluß« auf der Welt sind, eine ganz neue Bedeutung. Doch ich mochte sie, trotz ihrer Unzulänglichkeiten, von denen es eine ganze Menge gab – oder vielleicht gerade deswegen.

Vermutlich können sich viele Frauen mit bestimmten Aspekten von Edie und Patsy identifizieren. Oder mit Thelma und Louise aus dem gleichnamigen Kinofilm. Solche Frauen laufen frei herum, also seien Sie auf der Hut. Wir können nicht zulassen, daß diese Schatten unserem inneren Kerker entfliehen; schließlich gibt es Menschen, für deren Wohl wir eine gewisse Verantwortung tragen, und Aufgaben, denen wir gerecht werden müssen. Wenn wir imstande wären, für einen halben Tag alle inneren Verpflichtungen und Hemmungen über Bord zu werfen, würden wir vielleicht diesen beiden »Modepuppen« ähneln. Es ist zwar amüsant, aber nicht immer sehr ergötzlich, sich in einer Hälfte des Pärchens wiederzuentdecken.

Edie, die sich mit Alkohol, Zigaretten, Medikamenten, Einkaufsorgien und Sex therapiert, um ihren Kummer zu kaschieren, greift blind jeden Selbstwahrnehmungstrend auf, weil sie Angst hat, auf die Weisheit ihres eigenen Herzens zu hören. Sie ist zwanghaft auf ihr äußeres Erscheinungsbild fixiert, um sich nicht mit ihren tiefer verwurzelten Problemen beschäftigen zu müssen; sie unterwirft sich wie eine willenlose Sklavin jeder Modelaune, weil sie ihrer eigenen Intuition mißtraut. Sie ist bemüht, wie wir, ihre wahre Identität zu entdecken. Aber bei unserer Suche sollten wir nicht die über Bord geworfenen, abgewerteten und unannehmbaren Aspekte der Seele und des Selbst übersehen, selbst wenn sie unangenehme Gefühle wecken. Vor allem; wenn wir uns nach einem reichen, erfüllten Leben sehnen, das absolut spitze ist.

Bussi rechts, Bussi links.

14. OKTOBER
Das letztendliche Ziel allen Strebens

> Daheim glücklich zu sein, ist das letztendliche Ziel allen Strebens.
>
> *Samuel Johnson*

Die in diesem Satz enthaltene Weisheit wäre es wert, daß man über sie ein ganzes Leben lang nachdenkt; das ist vermutlich der Grund, warum Dr. Johnson seine letzte Ruhestätte Seite an Seite mit den »Unsterblichen« in der Londoner Westminster Abbey fand.

Warum arbeiten Sie so hart? Um daheim glücklich zu sein. Aber Sie fühlen sich nie daheim – weder in Ihrem Kopf noch Ihrem Körper, noch in Ihrer Seele –, weil Sie fortwährend arbeiten. Und warum arbeiten Sie fortwährend? Um daheim glücklich zu sein.

Das ist kein Zen-Koan. Das Leben steckt voller Widersprüche, und wir müssen es uns nicht noch schwerer machen, als es ohnehin schon ist. Wir befinden uns nun seit zehn Monaten auf dem Weg, doch wenn es Ihnen gelingen sollte, diesen Sinnspruch zu begreifen, sind Sie den meisten meilenweit voraus.

Durchleuchten Sie den Gedanken von allen Seiten: Daheim glücklich zu sein, ist das letztendliche Ziel allen Strebens. Meißeln Sie diese Wahrheit in Ihr Bewußtsein. Hinterlassen Sie dabei tiefe Spuren, so daß Sie, auch mit eingeschaltetem Autopiloten, immer den Heimweg finden. Schreiben Sie sich die Worte in die Handfläche und werfen Sie dreimal täglich einen Blick auf Ihren »Spickzettel«. Murmeln Sie sie still vor sich hin, bevor Sie an einer Budgetbesprechung teilnehmen, die ausgerechnet eine halbe Stunde bevor die Kinder abgeholt werden müssen, beginnt; bevor Sie Gäste bei sich einquartieren und beköstigen, die von außerhalb zu Ihrem Geburtstag angereist sind; bevor Sie am Sonntag ein Fax beantworten.

Was ist das letztendliche Ziel all dieser Bestrebungen?

Sie wissen es.

Schreiben Sie es sich in Ihr Herz. Sticken Sie es auf Ihr Kopfkissen. Sprechen Sie es laut vor sich hin, bevor Sie zu Bett gehen. Machen Sie daraus ein Mantra, ein ganz persönliches Leitmotiv, das alle Aktivitäten in Ihrem Leben in die richtige Perspektive rückt. Damit erinnern Sie sich selbst daran, daß das größte Abenteuer im Leben darin besteht, den Heimweg zu finden.

15. OKTOBER
Das Klima des Tages

Das Klima des Tages zu beeinflussen, ist die höchste Kunst.
Henry David Thoreau

Wir wissen inzwischen, daß es viele Situationen in unserem realen Leben gibt, in denen unsere Meinung weder erwünscht noch gefordert ist. Manchmal mangelt es uns trotz größter Anstrengungen und einer positiven Denkweise an Gesundheit, Glück und/oder Seelenfrieden. Aber es gibt eines, was wir voll und ganz beeinflussen können, und das ist das Klima jedes einzelnen Tages. Selbst wenn wir von Kummer gequält, von Schmerzen heimgesucht, vor Sorge krank, zutiefst niedergeschlagen oder durch äußere Umstände in der Zwickmühle sind – es liegt allein an uns, wie wir ihn begrüßen, behandeln und beenden.

Das hören wir nicht gerne.

Natürlich haben wir, wenn wir krank, sorgengeplagt, traurig, deprimiert oder hektisch sind, kein Interesse am Klima des Tages; wir wünschen uns, er möge möglichst schnell vorübergehen, und mit ihm unser Elend. Doch den Tag zum Teufel zu wünschen ist ebenfalls eine kreative Entscheidung, selbst wenn sie nicht vorsätzlich erfolgt.

Frauen, die sich als Künstlerinnen im Alltag bewähren, sind Meisterinnen darin, das Schlichte zum Geheiligten zu erheben. Sie verwenden als Handwerkszeug alles, was sich gerade bietet – eine Mahlzeit, ein Gespräch, Humor, Empfindungen –, um für sämtliche Beteiligten ein Gefühl des Wohlbefindens und Zufriedenheit zu schaffen. Damit geben sie dem Klima eine positive Note, die vielleicht nicht den ganzen Tag über anhält, aber doch manche kritischen Augenblicke zu überbrücken hilft. Ich führe nun schon seit einiger Zeit ein Experiment mit den Klimaveränderungen des Lebens durch, das der strikten Geheimhaltung unterliegt, wie Thoreau rät. Ich möchte sehen, wieviel Einfluß ich tatsächlich auf das Klima des Tages nehmen kann. Deshalb spreche ich morgens als erstes die Worte: »Danke für das Geschenk dieses wundervollen Tages.«

Hier sind einige Dinge, die ich bereits herausgefunden habe; sie werden Ihnen mit Sicherheit nicht gefallen. Für mich waren sie auch kein Honigschlecken.

- Alle sonnigen Tage stehen in einem direkten Verhältnis zu der kreativen Energie, die man in sie investiert. Keine Investition, keine Rendite.
- Jeder düstere Tag besitzt verborgene Wunder. Manchmal bedarf es nur eines einzigen Augenblicks, in dem eine Einstellungsänderung erfolgt, um die Perspektive des Nachmittags ins rechte Licht zu rücken und sich auf einen schönen Abend zu freuen.
- Die allgemeine Wetterlage scheint keinen Einfluß auf das Experiment zu haben. Graue, kalte, verregnete Tage im Büro sind für den wärmenden Einfluß des Enthusiasmus genauso empfänglich wie die Sonnentage, die man mit einem Glas Sangria in der Hängematte verbringt.
- Tage, die man als sonnig einschätzt, noch bevor sie beginnen, erweisen sich häufig als solche – im Gegensatz zu Tagen, an denen man düstere Schatten heraufziehen sieht.
- Die Ergebnisse dieses Experiments lassen die Schlußfolgerung zu, daß es keine Rolle spielt, ob das Barometer des Tages auf Sonnenschein oder auf Sturm steht. Was zählt, ist, was wir daraus machen.

16. OKTOBER
Zeremonien für den grauen Alltag

> Wie, wenn nicht durch Brauch und Zeremonie,
> Werden Unschuld und Schönheit geboren?
> *W. B. Yeats*

Zeremonien, Sitten und Gebräuche tragen zur Entstehung von Schönheit bei und bringen wieder ein Gefühl für die Wunder dieser Welt in unseren Alltag. Die meisten Menschen sind viel zu beschäftigt, um sich selbst damit zu verwöhnen. Wozu auch, kennen wir doch alles zur Genüge! Uns kann nichts mehr überraschen.

Und genau da liegt der Hund begraben. Wir *meinen* nur, alles zur Genüge zu kennen. Was wir nicht erkannt haben, ist die Fülle, die uns umgibt, die Schönheit, die uns jeden Tag wie ein Geschenk einhüllt.

Es gibt zahlreiche Feiertage im Verlauf des Jahres; meistens fallen sie in eine Zeit, in der wir eine Aufmunterung gut gebrauchen können. Wir reagieren auf sie, als hätten sich Gäste angemeldet: indem wir unser gutes Geschirr, die schönste Tischdecke und Kristallgläser aus dem Schrank holen, den Tisch mit Blumen und Kerzen schmücken.

Doch Tatsache ist, daß unser Leben sich vornehmlich im Alltag vollzieht; wir nehmen ihn inzwischen genauso selbstverständlich hin wie die Menschen, die wir lieben. Und doch ergeben sich Tag für Tag unzählige Gelegenheiten, die nach einer Weihe verlangen.

Zur Liturgie der Alltagsmomente, die sich für ein persönliches Ritual anbieten, könnte folgendes gehören: die erste Tasse Kaffee am Morgen; das Gesicht aufsetzen, das wir aller Welt zeigen; am Schreibtisch essen; einen Schaufensterbummel machen; etwas kaufen, worauf wir schon lange ein Auge geworfen haben; abends über die Schwelle unseres Hauses treten; in bequeme Kleidung schlüpfen; die Schritte eines geliebten Menschen vernehmen, der heimkommt; sich zu einer schlichten Mahlzeit an den Tisch setzen; den Scheck für eine geleistete Arbeit in der Hand halten; eine Geschäftsreise unternehmen; miteinander lachen, sich Geheimnisse anvertrauen, oder beides; an Regentagen träumen; es sich gemütlich machen, um zu Hause einen Videofilm anzuschauen; ausschlafen und im Bett frühstücken; ein gutes Buch lesen; fünf Pfund abnehmen, dicke Krokodilstränen vergießen... und so weiter, bis zum Schlafengehen. Es herrscht kein Mangel an Alltagszeremonien; sie warten darauf, entdeckt und erlebt zu werden, ähnlich einer kränkelnden Phantasie, die eine Inspirationsspritze braucht.

17. OKTOBER
Die Gewohnheit des Seins

> So viele Welten, soviel zu tun;
> So wenig getan, keine Zeit zu ruhn.
> *Alfred, Lord Tennyson*

Zu ihren Lebzeiten (1925–1964) sind weder die Kameras noch die Kritiker freundlich mit Flannery O'Connor umgegangen. Sie war weder eine Augenweide noch ein Ausbund der Anpassung an gesellschaftliche Gepflogenheiten. Die unpersönlichen Objektive der Kameras waren nicht imstande, die Intelligenz, Leidenschaft, Phantasie, den ungebändigten Geist, den messerscharfen Verstand und die Liebenswürdigkeit einzufangen, die ihre Familie und Freunde an ihr kannten und liebten. Während vieler Jahre ihres Erwachsenenlebens hatte die Kamera sich darauf beschränkt, einen Körper und ein Gesicht abzulichten, die von der Krankheit verwüstet waren. Ihre Kritiker wußten ihr feines Gespür für das Groteske – eine Charaktereigenschaft der meisten Südstaatlerinnen –, gepaart mit Spottlust, schwarzem Humor und Sinn für das Pathetische nicht zu schätzen, genausowenig wie ihre tiefe Religiosität. Sie war eine Kartographin der menschlichen Seele, und ihre markanten Worte brachten die Sehnsucht nach Individualität zum Ausdruck. Die Figuren in ihren Romanen und Kurzgeschichten waren verlorene Seelen, voller Unzulänglichkeiten, die nach Erlösung strebten, gleichgültig, ob sie sich dessen bewußt waren oder nicht.

Erlösung war eines der Hauptthemen von Flannerys Werken und der rote Faden, der sich durch ihr Leben zog. »Einige von uns müssen auf Schritt und Tritt für ihren Glauben zahlen. Sie müssen auf spektakuläre Weise ergründen, ob es letztlich möglich ist, ohne ihn zu leben«, schrieb sie. Die ländliche Umgebung in Georgia, wo sie aufwuchs, aber auch die entstellende Hauttuberkulose, an der sie mit fünfundzwanzig Jahren erkrankte (einem Leiden, dem auch ihr Vater erlag, als sie noch ein Kind war), trug zu einem Gefühl der Isolation bei. Sie war außerstande, sich selbst zu versorgen, und lebte bis zu ihrem Tod im Alter von neununddreißig Jahren bei ihrer Mutter.

Woran sich ihre Freunde am besten erinnern, war Flannerys Entschlossenheit, jeden Tag als ein Geschenk zu betrachten und zu genießen. Ihre Freundin Sally Fitzgerald (Herausgeberin ihrer Briefe) nannte dies »die Gewohnheit des Seins«, eine tiefempfundene Lebensfreude, die ihren Alltag inspirierte. Flannerys leidenschaftliche Liebe zum Leben »wurzelte in ihrer Begabung und den Möglichkeiten ihrer Arbeit, für sie ein Ausgleich zu den Entbehrungen, die sie akzeptieren mußte. Sie boten ihr eine Fülle des Lebens, von der die meisten Menschen nicht einmal zu träumen wagen.« Jeder Morgen war ihr heilig, dem Schreiben vorbehalten, und den Rest des Tages widmete sie dem Flannery-Sein.

Die Gewohnheit des Seins – im Hier und Jetzt verwurzelt zu sein und es zu genießen – zu entwickeln ist ein Konzept, das unser Leben über alle Maßen bereichern kann. Der Mensch ist bekanntlich ein Gewohnheitstier, aber normalerweise sind wir mit der *Gewohnheit des Tuns* befaßt: aufstehen, Frühstück machen, Kinder wecken und dafür sorgen, daß sie in die Schule kommen, mit der eigenen Arbeit beginnen. Und dann gibt es noch die *Gewohnheit der Schwarzmalerei*: davon ausgehen, daß die Zukunft genausowenig zu bieten hat wie die Vergangenheit, im Gestern verharren, in alten Wunden herumstochern, sich selbst in imaginären Gesprächen niedermachen, Vergleiche ziehen, bei denen man von vornherein keine Chance hat, endlose mentale Überlegungen anstellen, die sich ums liebe Geld drehen, verpaßten Gelegenheiten hinterhertrauern, Inspirationen mißtrauen, Probleme am Arbeitsplatz breitwalzen, immer mit dem

Schlimmsten rechnen. Die Gewohnheit der Schwarzmalerei wurzelt in der Vergangenheit oder in der Zukunft und kann der Gegenwart jede Harmonie, Schönheit und Freude rauben.

Was wäre, wenn wir als Kurator unserer eigenen Zufriedenheit die *Gewohnheit des Seins* pflegten? Das erhöhte Bewußtsein für die Fülle des Realen Lebens? Die Gewohnheit des Seins ist eine dankbare Anerkennung der wunderbaren Dinge, von denen wir umgeben sind, ungeachtet unserer derzeitigen Lebensumstände. Was wäre, wenn Sie wüßten, daß es überall schlichte Freuden gibt, die Sie zu jeder Tages- und Nachtzeit genießen können? Was wäre, wenn Sie sich vergewissern, daß sie tatsächlich existieren? Wie würden Sie den Tag dann begrüßen?

Flannery O'Connor bot Schriftstellern, die zu kämpfen hatten, großzügig Rat. Einem schrieb sie: »Wäre es nicht besser, einen Sinn in dem zu entdecken, was Sie schreiben, statt dem Geschriebenen einen Sinn aufzuzwingen? Nichts, was Sie schreiben, ist ohne Sinn, denn der Sinn ist in Ihnen.« Ich glaube, daß sich dieses leidenschaftliche Engagement, dem Sinn des Lebens nachzuspüren, auch auf die Kunst erstreckt, den Alltag mit Bravour zu meistern. Sobald man sich innerlich verpflichtet, die Gewohnheit des Seins zu pflegen, mangelt es nichts im Alltag an Sinn, weil Sie den Sinn in Ihrem Innern finden werden.

18. OKTOBER
Die Lektion des Leids

> Verlust als Gedanke. Verlust als charakterformende Eigenschaft. Verlust als Lebensweg.
>
> *Anna Quindlen*

Es war wieder Montag, grauer Alltag für Nancy, Cheryl, Valerie, Kathleen, Gilda, Elizabeth und Patricia. Eine der üblichen Geschäftsreisen, ein Salto am Trapez, seit langem in Fleisch und Blut übergegangen. Die Kinder erhielten einen Abschiedskuß und wurden zur Schule geschickt, die Kleinen in der Obhut von Babysittern zurückgelassen, die Ehemänner noch einmal schnell ans Fußballtraining erinnert, an das vorgekochte Essen im Kühlschrank, an die Wäsche, die aus der Wäscherei abgeholt werden mußte. Der Tag, der vor den Frauen lag, würde hektisch oder angenehm, erfolgreich oder enttäuschend sein. Zählte das wirklich? Am Abend bot sich vielleicht die Gelegenheit, im Geschenkeladen des Flughafens noch schnell ein hübsches Mitbringsel zu erstehen, bevor sie an Bord des Kurzstreckenflugs Nummer 4148 der American Eagle gingen, um wieder auf dem O'Hare-Flughafen in Chicago zu landen. Dort würden sie von ihren Lieben erwartet, die erpicht darauf waren, ihnen von den Ereignissen des Tages zu erzählen. Und dann galt es, ein Taxi oder den Anschlußflug zu erwischen.

Statt dessen gab es Katastrophenmeldungen, Telefonanrufe, Ungläubigkeit, Entsetzen, Schock, Leid, gebrochene Herzen, vernichtete Träume. Die sechs Frauen im Alter zwischen siebenunddreißig und achtundvierzig Jahren kehrten nicht mehr nach Hause zurück. Denn während des Landeanflugs geschah das Unfaßbare. Die Frauen starben in dem Feuerball, der dem Absturz folgte, zusammen mit einundsechzig weiteren Passagieren. Spürten sie in den letzten Augenblicken ihres Lebens, was geschehen würde? Welchen Gedanken hatten sie zuletzt?

Sie dachten sicher nicht an den Vertrag, den sie unter Dach und Fach gebracht hatten oder der ihnen durch die Lappen gegangen war, oder an die Hektik des Tages. Sicher waren ihre letzten Gedanken real. Vielleicht konnten die Gesichter der Menschen, die sie liebten, die Angst vor dem Tod verscheuchen. Vielleicht blieb keine Zeit für Bedauern. Ich hoffe es. Ich bete darum.

Solange wir leben, sind wir nicht vor Verlust und Leid gefeit. Sie sind ein unabdingbarer Teil der Realität. Der heutige Tag mag hart für uns sein. Vielleicht würden wir am liebsten verhindern, daß die Zeit ihr wahres Gesicht zeigt, die geheimnisvollen Windungen des Lebens preisgibt. Aber wenigstens sind wir in der Lage, sie erleben zu dürfen. Noch leben zu dürfen. Wählen zu dürfen, wie wir diesen kostbaren Tag leben wollen.

Wünschen Sie sich nicht, der heutige Tag wäre schon vorüber. Vergeuden Sie ihn nicht. Halten Sie ihn vielmehr in Ehren. Genießen

Sie ihn. Und vor allem, seien Sie dankbar für ihn. Ihr Dank sollte lauter sein als die Klagen der Enttäuschung über verpaßte Gelegenheiten, Fehler und alles, was noch nicht eingetroffen ist.

Und wenn das Heute so grauenvoll ist, daß es in Ihren Augen keine Anerkennung verdient, wenn Sie nicht einen einzigen positiven Augenblick darin entdecken können – wenn Sie nicht eine einzige einfache Freude genossen, nicht eine einzige Freundin angerufen, nicht einen einzigen Menschen geliebt, nicht eine einzige Gemeinsamkeit mit anderen gefunden und nicht einen einzigen Grund zum Lächeln gefunden haben –, wenn das Leben also dermaßen öde und leer ist, daß Ihnen nichts daran liegt, es voll auszukosten, dann sollten Sie das Heute nicht für sich selbst leben.

Leben Sie es für jene Frauen, die nicht mehr daran teilhaben können.

19. OKTOBER
Komplimente

> Heute sind wir so arm, daß die einzige Münze, die wir verschenken können, ein Lob ist.
>
> *Oscar Wilde*

Alle Frauen wünschen sich, häufiger gelobt zu werden, und auch wir sollten Familienmitglieder, Freunde und Fremde des öfteren mit einem ernstgemeinten Kompliment verwöhnen. Lob läßt uns aufblühen, selbst wenn es von uns selbst stammt. Aber vor allem tut es uns gut, uns in Lob und Anerkennung zu sonnen.

Tief in unserem Innern haben wir das Gefühl, daß wir mehr Lob verdienen, als uns zuteil wird. Aber vielleicht empfinden wir deshalb einen Mangel an verbaler Anerkennung, weil wir Lob und Komplimente, die unseren Namen tragen, nicht annehmen können.

»Ach du meine Güte, dieses alte Ding?«

»Das stammt doch vom Wühltisch!«

»Das habe ich ganz billig auf dem Flohmarkt erstanden.«

»Ist das dein Ernst?«

»Nicht doch, das war doch selbstverständlich.«

Wenn wir die guten Sachen im Leben, die an unsere Tür klopfen, unverrichteter Dinge wegschicken oder nicht offen für sie sind, hat das Universum irgendwann keine Lust mehr, sich noch länger mit uns zu befassen. Und wer wollte es ihm verübeln? Niemandem macht es Spaß, sich mit einem Undankbaren abzugeben, und genau das sind wir, wenn wir unsere positiven Eigenschaften herunterspielen und abqualifizieren.

Interessanterweise wird der Begriff Kompliment als »ein Ausdruck der Wertschätzung« definiert. Vielleicht fällt es uns deshalb schwer, ein Kompliment anzunehmen, weil wir im Grunde unseres Herzens der Überzeugung sind, daß wir es nicht verdienen. Wenn wir uns nicht imstande sehen, ein Lob zu akzeptieren, liegt es an unserem mangelnden Selbstwertgefühl.

Seien Sie heute bereit, ein ernstgemeintes Kompliment anzunehmen. Gehen Sie davon aus, daß Sie wirklich schön, atemberaubend, absolut spitze sind. Bitten Sie den Schöpfer, Ihnen zu enthüllen, welche außergewöhnlichen, brillanten Eigenschaften Sie besitzen. Sie sollten jedes ernstgemeinte Kompliment annehmen, als hätte Ihnen ein Engel ein Lob von allerhöchster Stelle ins Ohr geflüstert. Lächeln Sie und sagen Sie einfach: »Danke. Ich freue mich, daß es dir aufgefallen ist.« Gehen Sie selbst großzügig mit dem Lob um, das Sie anderen erteilen. Wir sind alle verletzlich, vor allem, wenn wir eine stoische Miene zur Schau tragen. Ein ernstgemeintes Kompliment durchdringt selbst die ausdruckslosesten Masken und beschwichtigt aufgewühlte Gemüter. Die Frau, von der Sie meinen, sie könne durchaus ohne Lob auskommen, braucht es vermutlich am dringendsten.

Machen Sie es sich zur Gewohnheit, anderen Menschen – und sich selbst – mindestens einmal am Tag ein ernstgemeintes Lob auszusprechen. Sie werden merken, wie gut Sie sich dabei fühlen, und bald werden Komplimente im Repertoire der Rituale des Seins ihren Stammplatz haben. Worte können nicht nur verletzen, sondern auch heilen.

20. OKTOBER
Klagen

Wenn man die ganze Nacht nicht einschlafen konnte oder gerade erst aufgewacht ist, wenn man Kopfschmerzen oder Ischias oder Lepra hat oder wenn der Blitz einschlägt, kann ich um Gottes willen nur dringend empfehlen, Ruhe zu bewahren und den Morgen nicht mit Klagen zu vergiften.

Ralph Waldo Emerson

Klagen kennen wir. Darin sind wir unübertroffen. Die meisten von uns haben es zu wahrer Meisterschaft in der Kunst des Klagelieds und aller seiner Variationen gebracht: Lamentieren, Nörgeln, abgrundtiefes Seufzen, Jammern, Leichenbittermiene, Ächzen. Die einzige Frau auf Erden, die sich nicht so aufführt, ist wahrscheinlich Mutter Teresa.

Einer der Gründe für die Sympathie, die wir unseren Freundinnen entgegenbringen, beruht möglicherweise darauf, daß sie uns das Jammern zugestehen. Sie wissen, daß »eine Hand die andere wäscht« und sie das nächste Mal ihr Klagelied bei uns anstimmen können. Wenn sie uns wirklich am Herz liegen, sollten wir überlegen, ob wir ihnen das Gejammer nicht besser ersparen. Manche Frauen verschwenden die Hälfte ihres Lebens damit. Es ist an der Zeit, die Platte wegzuwerfen; sie hat einen Sprung. Unser Ächzen und Stöhnen ist für andere nicht gerade ein Ohrenschmaus; daß wir unserer Gesprächspartnerin am anderen Ende der Leitung nicht in die Augen schauen können, bedeutet nicht, daß sie diese nicht verdreht oder geschlossen hat. Probieren Sie ein neues Ventil aus, um Frust und feindselige Gefühle in sinnvollere Bahnen zu lenken: jammern Sie auf Ihren Dialogseiten, brüllen Sie vor Wut, wenn Sie unter der Dusche stehen, lassen Sie beim Spaziergang Dampf ab oder schreien Sie aus voller Kehle, wenn Sie im Auto sitzen und im Stau festhängen. Der Schöpfer steht über den Dingen, er wird das Gezeter schon aushalten. Und davon abgesehen kennt er die alte Leier, hat sie schon unzählige Male gehört. Es gibt nichts Neues unter der Sonne.

Dies heißt jedoch nicht, daß wir unsere negativen Gefühle unterdrücken sollen. Aber die Kleinigkeiten, über die wir oft vor Wut schäumen, sind es nicht wert, daß wir auch nur einen Atemzug daran verschwenden. Worte haben Macht, so große Macht, daß sie unsere Wirklichkeit verändern können – das Klima unserer Tage und Nächte. Durch Jammern bessert sich weder unser eigenes Wohlbefinden noch das unserer Zuhörer. Tatsache ist, daß alle Beteiligten danach nur noch schlechtere Laune haben. Wir sollten daher lernen, mit einem Schulterzucken über Unannehmlichkeiten hinwegzugehen; Gelassenheit ist der erste Schritt zur Weisheit.

Sagen Sie jedem, der es hören will, daß Sie wütend sind, die Nase gestrichen voll haben, daß es Ihnen reicht. Geben Sie klipp und klar zu verstehen, daß Sie in den nächsten fünf Minuten unleidlich sein werden. Bitten Sie Ihre Gesprächspartnerin, die Jammerarie nicht überzubewerten und sie nicht persönlich zu nehmen. Und dann laufen Sie verbal Amok. Wahrscheinlich werden Sie sich wesentlich besser fühlen, ohne sich entschuldigen oder die Tränen wegwischen zu müssen. Vielleicht lachen Sie am Ende sogar über sich selbst.

Wenn Sie heute ein Klagelied anstimmen müssen, dann wenigstens auf kreative Weise.

21. OKTOBER
Konkurrenzneid

> Ich sollte mich daran erinnern, daß jedes Leben seinem eigenen Kurs folgen muß, und daß alles, was anderen Menschen geschieht, absolut nichts mit dem zu tun hat, was mir widerfährt.
> *Marjorie Holmes*

Konkurrenzneid ist unwiderstehlich, hartnäckig, widerwärtig und die pure Lust an der Selbstquälerei.

Lassen Sie uns heute darüber meditieren, wie es uns gelingt, nicht unserer Nächsten Mann, Wohlgestalt, Heim, Garderobe, Einkommen oder Karriere zu begehren. Ganz zu schweigen davon, Neid auf ihre persönlichen Leistungen, Verdienste, Preise, Anerkennung und Ruhm zu empfinden. Normalerweise ist es eine bestimmte Konkurrentin, deren überreiche Gaben bei uns wie auf Knopfdruck Wut und Unsicherheit auslösen. Generell stört es uns nicht, wenn alle Welt mehr besitzt als wir; es bekümmert uns nur, daß »sie« etwas hat, was wir nicht haben. Oft kennen wir das Objekt unserer Feindseligkeit nicht einmal persönlich, wohl aber das Leben, das es führt, und zwar aus den Printmedien. Heimlich durchforsten wir die Tageszeitungen und Zeitschriften, in denen sich laufend Nachweise *ihrer* unverschämten Glückssträhne finden. Oder sie gehört zu unserem Freundeskreis (mein herzliches Beileid), was grauenvoll ist, weil wir uns dann aus erster Hand anhören müssen, was uns in ebendiesem Augenblick versagt ist. Wer immer sie auch sein mag – sie erscheint uns wie der Teufel höchstpersönlich in einer seiner zahlreichen Verkleidungen, denn wir können nicht umhin, unser Leben, unseren Erfolg, unser Bankkonto und unser Selbstwertgefühl mit der Situation unserer Konkurrentin zu vergleichen.

Ich selbst konnte Mißgunst, Eifersucht, Neid und die Unsitte, mich durch Vergleiche zu quälen, nicht ablegen, bis ich mit dieser Sünde gegen die Authentizität einigermaßen vertraut war (zugegeben, auf sehr engem Fuß stand). Mein Lieblingsgedicht (und vermutlich das jedes Schriftstellers) war Clive James' Ode an den Haß mit dem Titel »Das Buch meines Feindes wurde verramscht!«.

Das ist nicht gut. Das zeugt kaum von spiritueller Größe. Wir sind erwachsene Frauen. Über solche Kindereien müßten wir doch hinausgewachsen sein, oder?

Selbst wenn nicht, ist Konkurrenzneid schmerzhaft und zielt unter die eigene Gürtellinie. Er untergräbt unser Selbstvertrauen. Blockiert den Fluß der kreativen Energie. Verursacht einen Kurzschluß im Draht zur Macht des Universums. Bringt uns um unsere Selbstachtung. Saugt uns die Lebenskraft aus dem Mark. Konkurrenzneid zerstört das Geheiligte in unserem Innern. Warum nehmen wir da nicht gleich bei derart masochistischen Anwandlungen die Lederpeitsche und schlagen uns grün und blau? Es ist leichter, eine physische Mißhandlung zu verkraften, als eine psychische hinzunehmen, die wir uns selbst zugefügt haben.

Wenn Sie das nächste Mal Konkurrenzneid bei sich entdecken, überlegen Sie einen Moment lang. Halten Sie sich vor Augen, daß es auf der spirituellen Ebene keine Konkurrenz gibt. Die Vorteile, über die Ihre Nemesis verfügt, können auch Sie sich zunutze machen, sobald Sie wirklich bereit sind, mit offenem Herzen die Glücksfälle zu empfangen, die eigens für Sie geschaffen wurden.

Und wann wird das sein? Sobald Sie imstande sind, die Frau zu lobpreisen, die Sie insgeheim verfluchen. Sobald Sie imstande sind, dem Schöpfer in dem Maße für ihr Glück und ihren Erfolg zu danken wie für das, was Ihnen selbst an Gutem widerfahren ist. Denn es bezeugt die unendliche Fülle des Realen Lebens.

22. OKTOBER
Kompromisse

> Kompromisse sind, wenn schon nicht die Würze des Lebens, so doch zumindest seine Stützpfeiler.
>
> *Phyllis McGinley*

Einerlei, ob Sie allein leben, verheiratet sind, Kinder haben oder nicht – es ist nicht möglich, auch nur einen einzigen Tag im Leben keine Kompromisse zu schließen. Es gibt die kleinen Zugeständnisse, wie bei der Einteilung des Fahrdienstes und der Verteilung der Hausarbeit, und die größeren Zugeständnisse, wie bei Arbeitsbedingungen und dem Versuch, in friedlicher Koexistenz mit pubertierenden Kindern zu leben. In die Kategorie der annehmbaren Kompromisse gehören diejenigen, auf die wir uns vollmundig einlassen in dem Wissen, worauf wir verzichten. Die anderen Kompromisse, diejenigen, die viele von uns tagaus, tagein schließen, gehören zu jenen der unverrückbaren, stillen Art. Sie sind unverrückbar, weil wir an sie gekettet sind, und still, weil sie unbewußt oder ohne Worte geschlossen werden.

Kompromisse zählen zur Kunst, Grenzen zu ziehen. Wir können uns nur bis zu einem gewissen Grad biegen, ohne zu zerbrechen. Das Wissen, wie weit man dem anderen entgegenkommen könnte, ist der erste Schritt, eine für alle zuträgliche Übereinkunft zu treffen – was allerdings nicht so leicht ist, wie es klingen mag.

Je komplizierter das Leben wird, desto einfacher muß diese Grenzlinie sein. Eine Möglichkeit wäre, sich zu fragen, welche Kriterien für Sie in einer bestimmten Situation unbedingt erfüllt sein müssen. Welchen *grundlegenden Bedürfnissen* hat die andere Partei unbedingt Rechnung zu tragen? Auf dem, was Sie wirklich brauchen, müssen Sie bestehen. Dieser Punkt ist von der Verhandlung ausgeschlossen. Falls Sie es nicht dringend benötigen – was immer dieses »es« auch sein mag –, ist es auch kein grundlegendes Bedürfnis, sondern ein Wunsch. Leider ist die Währung, in der Kompromisse ausgehandelt werden, der »Wunsch«. Ich habe Wünsche, Sie haben Wünsche, wir alle haben Wünsche, und deshalb lassen wir uns auf einen Handel ein. Erinnern Sie sich daran, daß auch der Wunsch ein völlig legitimes Bedürfnis sein kann. Der beste Kompromiß, wie eine von allen mitgetragene Lebensführung, deckt sämtliche Bedürfnisse ab und befriedigt gleichzeitig einige Wünsche.

Lassen Sie sich nicht auf Kompromisse ein, wenn Ihnen davor graut. Sollten Sie trotz aller Vorbehalte klein beigeben, werden Sie bei dem Handel heimlichen Groll empfinden, auch gegenüber der Frau, die sich darauf eingelassen hat: nämlich Ihnen selbst.

Seien Sie tolerant. Versuchen Sie, die Situation auch aus der Warte der anderen zu sehen. Seien Sie flexibel. Seien Sie so großzügig wie möglich, ohne an den Zugeständnissen zu ersticken. Bemühen Sie sich um eine Lösung, die für alle Beteiligten die beste ist. Vertrauen Sie Ihrer Intuition. Achten Sie auf physische Entscheidungshilfen, vor allem auf das vage Gefühl »im Bauch«; es hilft Ihnen nicht nur, harte Brocken zu verdauen, sondern kann auch als zuverlässiges Barometer dienen, wenn es zu erkennen gilt, was in unserem eigenen besten Interesse ist.

Und beherzigen Sie vor allem den Rat, den Janis Joplin uns in einem Lied gibt: »Schließ keine Kompromisse, wenn es um dich selbst geht. Du bist schließlich alles, was du hast.«

23. OKTOBER
Geld und der Sinn des Lebens

Das Geldproblem folgt uns zeitlebens auf Schritt und Tritt. Es übt einen Druck aus, der auf seine Weise genauso machtvoll und hartnäckig ist wie alle anderen Probleme der menschlichen Existenz. Und es behelligt uns außerdem bei der spirituellen Suche.
Jacob Needleman

Atmen Sie tief durch. Entspannen Sie sich. Seien Sie aufgeschlossen für Neues. In der nächsten Woche werden Sie über Geld nachdenken: über die Liebe zum Geld, Geldmangel, wie wir Geld anhäufen, ausgeben, sparen, verschwenden, uns danach verzehren, es zu unserem Gott erheben, uns Sorgen darüber machen, Fronarbeit dafür leisten. Ähnlich wie das Kapitel Erfolg ist auch das Geld für die meisten Frauen ein emotional schwer faßbares Thema. Die Beziehung zum Geld ist mutmaßlich die komplizierteste, und sie beeinflußt unser Leben am meisten, weil wir diesen Umstand zulassen.

Was wir möglicherweise nicht erkennen, ist, wie heuchlerisch wir sein können, wenn's ums liebe Geld geht. Wir sind einerseits erpicht darauf, doch wollen wir um keinen Preis den Anschein wecken, als wären wir hinter dem schnöden Mammon her wie der Teufel hinter der armen Seele; wir schielen mit einem ängstlichen und einem begehrlichen Auge danach. Geld stellt eine Macht dar, der wir im ausgehenden zwanzigsten Jahrhundert genauso unerschrocken ins Gesicht sehen müssen wie dem Thema Sexualität, das für frühere Generationen tabu war. Geld ist der Ton, aus dem wir unser Leben formen – ob es uns paßt oder nicht.

Eine der Schwierigkeiten im Umgang mit Geld besteht darin, daß wir häufig spirituelle Sehnsüchte mit materiellen Wünschen verwechseln. Wir sehnen uns beispielsweise nach mehr Gelassenheit im materiellen Bereich und nehmen an, sie stelle sich automatisch ein, wenn auf den Kontoauszügen das Komma um eine Stelle weiter nach rechts rückt. Und obwohl die Möglichkeit, Rechnungen mit links zu bezahlen – eine praxisbasierte Definition des Begriffs Gelassenheit –, oft mit einem höheren Einkommen einhergeht, erfordert ebendieses Komma, daß wir mehr Zeit, kreative Energie und Emotionen investieren. Die Umverteilung unserer Lebenskraft hat zur Folge, daß wir zu Abstrichen in den vermeintlich »verzichtbaren« Segmenten des Lebens gezwungen sind – Zeit, die der Familie, unseren Hobbys, spirituellem Wachstum, der Ruhe und Regeneration vorbehalten ist – und dieses Plus dem Arbeitsumfeld zuschlagen. Mehr Arbeit, mehr Einkommen, mehr Streß. Mehr Streß, weniger innere Gelassenheit, ungeachtet dessen, wieviel wir verdienen. Wenn wir auf Quantität statt Qualität setzen, rauben wir unserer Seele die Reichtümer des Realen Lebens.

Damit wir mehr Ausgewogenheit zwischen den beiden Bereichen, die ein Tauziehen veranstalten – zwischen materiellem und spirituellem Pol –, erzielen, sollten wir uns an den Bibelspruch »Gebt dem Kaiser, was des Kaisers ist, und Gott, was Gottes ist« halten. Mit anderen Worten: jedem das zu geben, was ihm gebührt – nicht mehr und nicht weniger. Genau das bedeutet es, Mensch zu sein. Der Sinn des Lebens kann aus keiner anderen Quelle kommen.

24. OKTOBER
Geldsorgen

*Sorgen sollten uns zum Handeln motivieren
und nicht bewirken, daß wir in Mutlosigkeit versinken.*
Karen Horney

Geldsorgen helfen nicht dabei, eine fällige Rechnung zu bezahlen. Wenn es anders wäre, hätten wir zumindest einen guten Grund, uns Sorgen zu machen. Geldsorgen vertreiben den Wohlstand, statt ihn anzulocken – nicht genau das, was uns vorschwebt. Wer sich Geldsorgen macht, übermittelt negative Signale: Angst, Mangel, Defizite. Wenn das Unterbewußtsein fortwährend negative Impulse erhält, verdoppelt es im Alltag genau das, was es laut Anweisung manifestieren soll: Angst, Mangel, Defizite.

Aber keine Panik. Nicht jeder Gedanke materialisiert sich auf der

Stelle – Gott sei Dank. Es kann Jahre dauern, bis die Ergebnisse unserer Überlegungen in unserem Leben sichtbar werden: Frau denkt, Gott lenkt.

Doch bis zum Sankt-Nimmerleins-Tag an nichts anderes als Geld zu denken, wäre gewiß kein Leben, wie ich es mir vorstelle. Aber welche Alternativen gibt es zu Geldsorgen?

Als erstes sollten Sie im Kopf überschlagen, ob sie über ausreichend Geld für die Erfüllung ihrer derzeitigen grundlegenden Bedürfnisse verfügen. Wenn ja, dann schlagen Sie sich den Gedanken aus dem Kopf, daß Sie Mangel leiden. Sie verfügen vermutlich über genau jene Summe, die Sie brauchen, um Ihren aktuellen Bedürfnissen gerecht zu werden, und mehr. Um wieviel mehr, spielt keine Rolle. Wenn Sie mehr haben, als Sie unbedingt brauchen, leben Sie in einem Zustand der Fülle. Dies sollten Sie sich beim nächsten Mal, wenn Sie jammern, was Ihnen alles fehlt, vergegenwärtigen. Wechseln Sie von der Schnellspur in eine gemäßigte Gangart, um alles zu erkennen und zu würdigen, was Sie bereits besitzen. Wenn Sie diese Einstellung zu einer persönlichen Gewohnheit machen, werden Sie feststellen, daß Sie mit jeder x-beliebigen Menge Geld, die Ihnen zur Verfügung steht, gut umgehen und auskommen.

Sorgen sind Empfindungen, die unsere Zukunft betreffen. Sorgen beinhalten eine Projektion des Möglichen, ein Szenario. Werde ich genug Geld haben oder am Hungertuch nagen? Wie verdiene ich es am besten? Wie lange wird es reichen?

Statt sich Sorgen zu machen, sollten Sie sich überlegen, wie Sie Ihr Einkommen verbessern. Fragen Sie sich: »Wie kann ich heute Geld *schaffen*?« Es besteht ein enormer Unterschied bezüglich der Energie, die Sie ins Universum schicken, wenn Sie sich aufs Geldverdienen statt auf Geldsorgen konzentrieren; die erste Strategie zieht das Geld magisch an, die zweite nicht.

Wenn Sie statt »Hilfe, was soll ich bloß tun?« positiv denken und sich fragen: »Was kann ich tun?« entzünden Sie den Funken Ihrer finanziellen Kreativität und finden inneren Frieden, während Sie nach Wohlstand streben. Stellen Sie sich vor, Sie seien ein Rosenstrauch, der im Winter zurückgeschnitten wird, damit er im Frühjahr kräftiger wächst.

25. OKTOBER
Rechnungen zahlen

> Hier sind sie wieder, die unbezahlten Rechnungen
> Ich habe immer ein wenig Angst vor ihnen.
> Ihre Gegenwart ist mir vertraut:
> zuerst im Briefkasten, dann in der Schreibtischschublade,
> nun auf dem Schreibtisch. Geleistete Dienste.
> Mein Leben ist von geleisteten Diensten abhängig.
>
> *Gunilla Norris*

Ich habe Rechnungen bezahlt und dabei mit leichter Hand den Scheck ausgestellt, und ich habe Rechnungen beglichen, obwohl mir das Herz bis zum Halse schlug. Glauben Sie mir, solvent zu sein ist ein besseres Gefühl. Was einer der Gründe dafür sein könnte, warum viele Frauen die unbezahlten Rechnungen einstweilen liegen lassen und erst dann begleichen, wenn das nächste Gehalt auf dem Konto eingegangen ist, oder einen weiteren Monat warten, wobei sie einen Teufelskreis des Unbehagens in Bewegung setzen. Der Gedanke an die unbezahlten Rechnungen ist uns ein Graus und setzt virulente Emotionen frei, die uns in das Korsett des Mangels zwängen.

Natürlich wollen wir niemanden übervorteilen, wenn wir bis zum letzten Moment damit warten. Wir versuchen nur, uns irgendwie über die Runden zu retten, was uns mit jeder Woche schwieriger erscheint. Sollte unsere Milchmädchenrechnung nicht aufgehen, geraten wir in Panik. Und wenn wir endlich wieder ein bißchen Geld auf dem Konto haben, wissen wir etwas Besseres damit anzufangen, als es gleich wieder einer anonymen, gesichtslosen Institution zu überweisen, der wir Geld schulden. Infolge dieser Denkweise verschlimmern wir unsere Schuldensituation noch.

Wenn Geld schon nicht das A und O dieser Welt ist, so sind es doch die »geleisteten Dienste«. Wir können auch bei knapper Kasse gelassener für die Dienste bezahlen, wenn wir uns vor Augen halten, daß alle finanziellen Transaktionen unter dem Strich einen Energieaustausch darstellen. Irgend jemand versorgt uns mit Energie in Form von Wärme, Licht, Nahrung, Benzin, Kleidung, eines Dachs über dem Kopf; wir können mit anderen über den Äther telefonieren und Fernsehfilme anschauen, während wir es uns auf dem Sofa gemütlich machen. Wir zahlen für diese Dienste mittels Energie, und zwar in Gestalt des Geldes. Wenn wir mit Scheck oder mittels einer Bankanweisung per Computer bezahlen, wechselt kein Bargeld den Besitzer. Es wurde nur als Energie hin und her geleitet. Da es im Universum eine unerschöpfliche Menge Energie gibt, können wir aus dieser Quelle schöpfen, wenn wir den Strom des Guten nicht mit unserer negativen Haltung blockieren. Wir sind imstande, einen stetigen Geldstrom in Gang zu halten, wenn wir liebevoll das geben und bezahlen, was wir mit Dankbarkeit besitzen.

Einmal, in einer Zeit des Überflusses, in der ich keinen Grund hatte, mir Sorgen um das liebe Geld zu machen, schuf ich ein Ritual, um Rechnungen leichter zu bezahlen. Am Anfang und in der Mitte jedes Monats setzte ich mich eine halbe Stunde in aller Ruhe hin, um eine Bilanz meiner finanziellen Situation zu erstellen: ich machte meinen Schreibtisch frei und ließ nur die Rechnungen, mein Scheckbuch, den Taschenrechner, Briefumschläge und Briefmarken in Sichtweite liegen. Während der Arbeit hörte ich sanfte, beruhigende Musik, trank eine Tasse Tee und konzentrierte mich auf die Kalkulation der Soll- und Habenseite. Bald begann mir diese Aktivität Spaß zu machen.

Auch in mageren Zeiten, in denen es galt, den Gürtel enger zu schnallen, hielt ich an der Macht dieses Rituals fest, das mich aufmunterte. Wenn mir manchmal angst und bange wurde, versetzte ich mich mental in die Zeiten zurück, als ich die Rechnungen mit links bezahlt hatte, und beschwor damit wieder das positive Gefühl der Fülle herauf: das Wohlbefinden, den inneren Frieden, das Gefühl der materiellen Sicherheit und Freiheit. Da unser Unterbewußtsein nicht in der Lage ist, zwischen Realität und Phantasie zu unterscheiden, entspannte ich mich. Selbst wenn sich meine Wirklichkeit in einer Periode der Fülle nicht auf hohem finanziellen Niveau einpendelte, entwickelte ich nach und nach Zufriedenheit in einer Phase ausreichender Mittel.

Das bedeutet keineswegs, daß mir nicht gelegentlich doch der Angstschweiß ausbricht, wenn eine hohe Rechnung ins Haus flattert. Aber ich habe gelernt, eine virtuelle Realität zu erreichen, wenn ich Rechnungen bezahle, und dazu sind auch Sie imstande.

Bitten Sie den Schöpfer, daß er Sie vor der Überheblichkeit der Privilegien, vor dem Fegefeuer des Mangelgefühls und vor der Armut des Geistes, die sich zu erkennen weigert, was uns täglich gegeben wird, zu behüten. Er möge Ihnen helfen, aufrichtig zu erkennen, wo Sie Gaben verschwenden und welches Ihre wahren Werte sind.

Bitten Sie ihn weiterhin, dieses Wissen, das Sie jeden Monat neu erwerben, nicht zu ignorieren. Er möge Sie Klugheit beim Ausgeben und Dankbarkeit lehren, die es Ihnen ermöglicht, keine innere Quelle ungenutzt zu lassen.

26. OKTOBER
Kaufgewohnheiten

> Ich habe keine Ahnung, wie es ist, Millionen zu besitzen, aber ich wette, ich wäre erstklassig auf diesem Gebiet.
> *Dorothy Parker*

Zweifellos wären wir alle erstklassige Millionäre. Wir wissen zwar, daß Geld nicht glücklich macht, aber auch, wo wir was einkaufen möchten. Das Problem ist, daß viele Frauen so tun, als hätten sie die Millionen bereits in der Tasche. »So tun als ob« ist ein sehr machtvolles psychologisches Instrument, das uns dabei hilft, positive Veränderungen in unserem Leben auf den Weg zu bringen. Wir tun so, als wären wir zuversichtlich, und wir fassen tatsächlich Mut. Wir tun so, als wären wir klar und nüchtern in unseren Gedanken, und schon bald setzt sich die Vernunft durch. Wir tun so, als wären wir innerlich gelassen, und es dauert nicht lange, bis wir Augenblicke der Ruhe in unserem hektischen Alltag erleben. »So tun als ob« kann unsere Lebensqualität enorm verbessern, mit einer Ausnahme: beim Geldausgeben. Wir können nicht so tun, als wäre Geld kein Thema, wenn wir keine müde Mark haben. Wir können das Geld nicht verprassen, als gäbe es kein Morgen, wenn die Schecks nicht gedeckt sind, wenn wir die Beträge, die mit der Kreditkarte abgebucht werden, nicht auf dem Konto haben oder kaum das Salz in der Suppe verdienen. Was die Frage angeht, wie wir unser Vergnügen bezahlen – das Morgen kommt *immer* am Ende des Monats: in Form eines weißen Briefumschlags mit einem Scheck für geleistete Arbeit.

Ich bin in einer Familie von Konsumenten aufgewachsen. Mein Mann stammt aus einer Familie von Sparern. Als wir den Bund fürs Leben schlossen, gingen Yin und Yang im Umgang mit Geld eine Ehe ein. Heute, nach achtzehn Jahren, hat der eine Partner einen harmonischen Raum gefunden, den Aristoteles »die goldene Mitte« und Buddha »Weg der Mitte« nennt. Der andere Partner spart wie gehabt.

Wenn wir den mittleren Finanzweg wählen, den Weg der Einfachheit und Fülle, picken wir uns aus beiden Kuchen – Konsum und Askese – die Rosinen heraus. Konsum beinhaltet die Bedürfnisbefriedigung und das Gefühl des Überflusses, Askese schenkt uns Einfachheit und ein Gefühl der materiellen Sicherheit, Einfachheit und Fülle bieten uns alles.

Eines der größten Geschenke, die mir mein Mann jemals gemacht hat, besteht darin, daß ich von ihm gelernt habe nachzudenken, bevor ich Geld ausgebe. So sind sie, die Sparer. Sie heben nicht ab bei einem vergnüglichen Einkaufsbummel; neigen nicht zu Frustkäufen, können Sonderangebote zur Kenntnis nehmen und sich ohne Bedauern abwenden. Wenn sie schon Geld ausgeben müssen, fragen sich die Sparer: »Wünsche ich mir das wirklich? Brauche ich das wirklich? Kann ich ohne es leben? Wo könnte ich das gleiche um die Hälfte reduziert finden?« Wie Menschen, die von Haus aus schlank sind und nur dann essen, wenn sie wirklich Hunger haben, geben Sparer kein Geld aus, wenn sie nicht müssen. Und sie kämen niemals auf die Idee, Geld zu verschwenden. Sparer legen einen Notgroschen für schlechte Zeiten auf die hohe Kante, und deshalb geraten sie auch nicht gleich in Panik, wenn sie in eine finanzielle Talsohle abgleiten.

Interessant und sehr aufschlußreich ist eine Aufstellung, wieviel Geld Sie in Ihrem Leben bereits verdient haben. Denken Sie an jeden Job zurück und notieren Sie sich über den Daumen gepeilt, die

Höhe Ihres damaligen Einkommens. Wenn Sie nicht erwerbstätig sind und Ihr Mann die Brötchen verdient, nehmen Sie sein Gehalt als Berechnungsgrundlage. Sie werden erstaunt sein, wieviel Geld bereits durch Ihre Hände gegangen ist. Vielleicht waren es unter dem Strich sogar Millionen.

Es ist erstaunlich, wie sich durch die Definition des Begriffs *Geld* eine Kauferfahrung verändern kann. Ist die Bluse für hundert Mark wirklich fünf Lebensstunden wert?

Behalten Sie in dieser Woche jede Ausgabe im Blick, gleichgültig, ob groß oder klein, ständig wiederkehrend oder einmalig, für geleistete Dienste oder Einkäufe, einerlei, ob die Transaktion in bar, mit Scheck oder mit Kreditkarte erfolgte. Stecken Sie ein kleines Notizbuch oder Karteikärtchen in Ihre Handtasche – eine Karte für jeden Tag –, um Ihre Ausgaben akribisch zu vermerken und zu sehen, wohin das Geld fließt. Am Ende der Woche nehmen Sie ein Blatt Papier und listen die Ausgaben nach folgenden Kategorien auf: Notwendigkeit, Bequemlichkeit, Wunsch, Laune, Spinnerei, blanker Irrsinn. Wieviel Lebensenergie haben Sie ausgegeben? War es das wert? Welche Ausgaben haben Ihnen einen Seufzer entlockt? Als Zeichen einer schönen Erinnerung oder des Bedauerns?

Nun betrachten Sie die Entscheidungen, die Ihnen Unbehagen bereiten. Worauf hätten Sie lieber verzichten sollen, ohne das Gefühl zu haben, sich etwas versagen zu müssen? Multiplizieren Sie die Summe mit 52. Ich möchte wetten, daß der Gesamtbetrag eine beträchtliche Höhe erreicht. Sie hätten ihn in einen authentischen Herzenswunsch investieren oder sparen können, was den Seelenfrieden stärkt. Und höchstwahrscheinlich hätten Sie das Geld nicht einmal schmerzlich vermißt.

Noch ein paar Tips, um Ihre Kaufgewohnheiten in die goldene Mitte zu rücken: Lassen Sie Ihre Kreditkarte oder das Scheckheft zu Hause und zahlen Sie nur mit Bargeld. Nehmen Sie eine Freundin zum Einkaufen mit, die ihre Ausgaben ebenfalls kontrollieren will, so daß Sie sich gegenseitig moralisch unterstützen und die Stimme des Gewissens spielen. Und schmuggeln Sie Ihre Einkäufe nicht ein. Wenn Sie Ihre Wohnung am hellichten Tag mitsamt den Einkaufstüten betreten, statt sie bis zur Dunkelheit im Kofferraum des

Autos zu verstecken, wissen Sie, daß Sie die gemäßigte Zone erreicht haben.

Seien Sie heute bereit, Ihre Lebensenergie-Ausgaben mit Feingefühl zu erkunden. Impfen Sie sich keine Schuldgefühle ein, wenn Sie dann und wann eine schlechte Entscheidung getroffen haben. Geloben Sie sich Besserung für die Zukunft. Die meisten Probleme im Umgang mit Geld wurzeln nicht in unkontrollierbaren Bedürfnissen, sondern in unkontrollierten Verhaltensmustern.

27. OKTOBER
Wünschen gerecht werden

> Leben muß mehr sein als der Wunsch, alles zu haben.
> *Maurice Sendak*

Ja, das ist es, aber die kleine Materialistin, die sich in Ihrem Innern verbirgt, weiß das nicht. Um diese Zeit tritt wieder die teuflische Käuferin in Erscheinung, und sie ist unersättlich. Sie kann jeden Ihrer Fortschritte auf dem Weg der Einfachheit und Fülle zunichte machen, wenn Sie nicht aufpassen. Jeden Tag bringt die Post verführerische Werbeprospekte, Sonderangebote sollen in den Läden das Weihnachtsgeschäft ankurbeln und Sie animieren, über Ihre Geschenkeliste nachzudenken. Ihre verborgene Materialistin möchte ein großes Stück vom Kuchen. Selbst wenn Sie inzwischen aus eigener Erfahrung wissen, daß »weniger mehr« sein kann, wenn es um Ihre innere Zufriedenheit geht, schwelgt die Welt im Luxus; und es ist schwer, sich der Pracht zu entziehen, die uns in den Schaufenstern blendet. So viele Wahlmöglichkeiten, so viele Wünsche und so viele schöne Dinge, die zum Kauf verlocken.

Der Versuch, sich etwas zu verkneifen und vernünftig zu sein, ist in diesen Wochen am Ende des Jahres häufig erfolglos. Aber es gibt eine wirksame Möglichkeit, den Wünschen gerecht zu werden. Leugnen Sie sie nicht. Schwelgen Sie in ihnen. Genießen Sie sie. Erlauben Sie sich jede mentale Extravaganz. Geben Sie dem Drang nach. Lassen Sie sich gehen.

Machen Sie sich keine Sorgen, ich habe nicht den Verstand verloren, sondern bin zu Verstand gekommen. Auch Sie können Ihren Wünschen gerecht werden, und Sie müssen dabei keinen Pfennig ausgeben. Und das geht so: Sammeln Sie jeden Tag die Werbeprospekte, aber blättern Sie sie nicht oberflächlich durch. Warten Sie, bis Sie viel Zeit für einen mentalen Einkaufsbummel erübrigen können. Kreuzen Sie mit Rotstift *alles* an, was die Phantasie der Materialistin in Ihnen entzündet. Lassen Sie sich bei der Wahl nicht vom Preis beeinflussen. Spirituell haben Sie das erforderliche Geld, auf Heller und Pfennig. Gönnen Sie sich eine Einkaufsorgie auf dem Papier. Stellen Sie sich bildlich vor, wie Sie den eleganten Cashmere-Balzer tragen, nehmen Sie in einem schicken Sessel Platz, legen Sie sich die goldene Halskette um, servieren Sie Ihren Gästen das Essen auf dem edlen Porzellan. Tun Sie mental, als gehörten diese Schätze Ihnen. Sagen Sie sich: »Das kann ich alles haben.« Schreiben Sie die Einzelheiten auf ein Blatt Papier, das Sie in den Prospekt oder Katalog legen, und sammeln Sie alles in einem eigens dafür reservierten Korb. Und nun vergessen Sie die Dinge, die Sie gerne selbst hätten, und konzentrieren Sie sich auf die Geschenke, die Sie für andere besorgen wollen. Wenn die Materialistin in Ihnen zu jammern beginnt, versichern Sie ihr, daß Sie ihre Wünsche bereits zur Kenntnis genommen haben. Und nach den Weihnachtsfeiertagen durchforsten Sie die Kataloge und Werbeprospekte erneut. Prüfen Sie, ob die Wünsche immer noch vorhanden sind. Vielleicht haben Sie ein Geschenk erhalten, das Ihre Sehnsüchte stillt. Doch seien Sie nicht überrascht, wenn Ihr Interesse mittlerweile verblaßt ist. Warum? Weil Sie die Materialistin, die sich in Ihrem Innern verbirgt, zufriedengestellt haben. Sie waren bereit, ihren Wünschen Aufmerksamkeit zu schenken. Sie haben die Dame nicht ignoriert, gemaßregelt oder knappgehalten, sondern ihr zu verstehen gegeben, sie könne alles haben. Aber es gibt nur eines, was sie wirklich will: Ihre Erlaubnis, sich solche Wünsche zu erfüllen.

In Wirklichkeit stärken Sie bei dieser mentalen Übung das Bewußtsein der Fülle, indem Sie mentale Grenzen, die Barrieren, die Sie zurückhalten, abbauen. Wir besänftigen unsere Wünsche, wenn wir sie zur Kenntnis nehmen. Das kann auf der materiellen oder auf der metaphysischen Ebene geschehen. Die besten Dinge im Leben gibt es nicht umsonst, aber die besten Schnäppchen werden von einer gewieften Käuferin aufgestöbert: Ihrem Unterbewußtsein. Machen Sie sich Ihre Wünsche bewußt, indem Sie die Spreu vom Weizen trennen, so daß nur noch die authentischen bleiben.

28. OKTOBER
Gelassenheit im finanziellen Bereich

> Ein wenig demjenigen, was Sie bereits haben, hinzugefügt, gibt Ihnen ein bißchen mehr an die Hand.
>
> *P. G. Wodehouse*

Wir streben nach finanzieller Sicherheit, obwohl wir uns in Wirklichkeit finanzielle Gelassenheit wünschen. Finanzielle Sicherheit bedeutet, sich nie wieder Geldsorgen machen zu müssen, weil wir bereits alles besitzen, was wir jemals brauchen. Wie lange, glauben Sie, dauert es, bis wir dieses Ziel angesichts des ökonomisch unwägbaren Klimas, das heute herrscht, erreichen? In unserer heutigen Zeit können wir nur eines erwarten: unliebsame Überraschungen.

Finanzielle Gelassenheit bedeutet, sich nie wieder Geldsorgen zu machen, weil wir die wahre Quelle des Reichtums entdeckt haben. Wir haben Zugang zu einem unerschöpflichen, unsichtbaren Hort des Guten. Wir müssen keinen Moment mehr warten, bis wir finanzielle Gelassenheit entwickeln. Wir können sie heute empfinden, ungeachtet unserer Finanzlage.

Finanzielle Gelassenheit beginnt, wenn wir als unsere Wahrheit akzeptieren, daß Geld einen Zustand des Wissens beinhaltet und Fülle einen Zustand des Glaubens. Wenn wir uns für die Fülle entscheiden, führen wir ein Luxusleben in der realen Welt. Wir gelangen zu wahrem Reichtum. Natürlich ist Geld ein Element dieses persönlichen Reichtums, aber das gilt in gleichem Maße für die Liebe, den inneren Frieden, Harmonie, Schönheit, Freude, eine gute Gesundheit, authentische Selbstentfaltung, die Entdeckung

Ihres Himmels auf Erden, die Möglichkeit, Ihren Hobbys nachzugehen, und Ihr von Gott bestimmtes Schicksal zu erfüllen.

Es gibt indessen einige Maßnahmen und Aktivitäten, die wir in die Wege leiten können, um unseren Reichtum zu mehren. Die erste besteht in der Entscheidung, mit weniger Geld auszukommen, als wir verdienen, um zu sparen und andere an unserem Wohlstand teilhaben zu lassen. Viele wünschen sich ein gutgepolstertes Bankkonto, doch auf der psychologischen Ebene widerstrebt uns das Sparen. Das liegt daran, daß wir es mit Knausern gleichsetzen statt mit freudigem Maßhalten. Um zu sparen, müssen wir uns bestimmte Dinge versagen. Dabei vergessen wir jedoch, daß ein positives Bankguthaben es uns am Ende ermöglicht, echte Zufriedenheit zu erfahren statt einer billigen Imitation, entstanden durch die Befriedigung von Bedürfnissen im Hauruckverfahren.

Das regelmäßige Sparen von Geld sollte damit beginnen, daß Sie eine positive Wahlmöglichkeit darin sehen, und zwar eine, die Sie in dem Gefühl der Fülle bestärkt. Ich habe daher ein Gelassenheitskonto eingerichtet. Wenn Sie Geld auf die hohe Kante legen, beginnen Sie, einengende Denkmuster über Bord zu werfen. Wieviel sollten Sie sparen? Fangen Sie mit dem Betrag an, den Sie locker erübrigen können, aber zielen Sie auf zehn Prozent des Geldes ab, das Ihren Weg kreuzt; legen Sie es unter Ihrem Namen auf einem Sparkonto an, bevor es jemandem anderem zufließt.

Ihre Sparaktion ist eine positive Bestätigung, daß Sie mehr haben, als Sie momentan benötigen. Überlegen Sie, wieviel Geld Sie gerne auf dem Sparkonto hätten. Betrachten Sie Ihre Ersparnisse als Wohlstandskonto. Dieses Geld lehrt Sie, wie Sie mit einem stetig wachsenden Einkommen umgehen.

29. OKTOBER
Bestätigung der Fülle

Wer immer meint, dabei zu helfen, daß sich Gottes Werk auf Erden erfüllt, kann nicht umhin zu glauben, daß Gott ihm [ihr] dabei hilft.

Charles Fillmore

Ein weiterer Schritt auf dem Weg zu finanzieller Gelassenheit besteht darin, einen »stillen Teilhaber« mit einem angestammten Interesse an Ihrem materiellen Wohlstand für sich zu gewinnen. Das gelingt Ihnen, wenn Sie den Zehnten spenden, damit das Werk des Schöpfers getan werden kann. Dadurch geben Sie zu verstehen, daß Sie die wahre Quelle Ihres Reichtums kennen und zu würdigen wissen. Den Zehnten zu spenden ist eine alte spirituelle Tradition und ein kosmisches Gesetz des Wohlstands, das überall auf der Welt in den großen, reichen Zivilisationen – bei den alten Ägyptern, Babyloniern, Chinesen, Griechen und Römern – angewendet wurde, um den Erhalt der Fülle zu gewährleisten.

Wenn Sie nicht in einer spirituellen Tradition aufgewachsen sind, die das Spenden des Zehnten fordert, wie jener der Juden und der Mormonen, ist Ihnen diese Praxis wahrscheinlich fremd; daher ein Wort der Erklärung.

Zu verstehen, wie die Abgabe des Zehnten auf der metaphysischen Ebene wirkt, macht selbst Zweifler offener für die Möglichkeiten, auf diese Weise unser Leben zu bereichern. Das spirituelle Gesetz besagt, daß wir – ungeachtet des Weges, auf dem wir uns befinden – geben müssen, um zu empfangen. Wir haben bereits gesagt, daß Geld eine Form der Energie darstellt. Energie vermehrt sich nicht, wenn man sie hortet. Energie muß ungehindert fließen, damit ihre Kraft freigesetzt werden kann. Wenn wir empfangen und das Geld mehren, sollten wir einen Teil unseres Besitzes wieder verschenken; damit halten wir die Wege der Fülle offen, wie der Schöpfer es gewollt hat.

Auf der praktischen Ebene gestattet uns die Abgabe des Zehnten, unseren Dank durch eine gute Tat zum Ausdruck zu bringen. Einen Teil des uns zuteil gewordenen materiellen Wohlstands in den Kreislauf zurückzuführen, ist ein sichtbarer Vertrauensbeweis. Das Spenden des Zehnten trägt aber auch dazu bei, unsere Haltung zum Geld zu verändern. Wir erwarten nur das Beste. Wir haben unseren Teil des Abkommens erfüllt. Nun, da wir Gebende sind, können wir uns innerlich darauf vorbereiten, zu empfangen.

Wer spendet, zieht das Geld *tatsächlich* magnetisch an, ob Sie es glauben oder nicht. Sie sollten lediglich den zehnten Teil aller Ihrer Einkünfte spenden – Arbeitseinkommen, Geschenke, Zinsen auf Ersparnisse und aus Investitionen – und ihn regelmäßig an eine gemeinnützige Organisation abführen, die sich um diejenigen kümmert, die nicht imstande sind, sich um sich selbst zu kümmern: Flüchtlinge, Kranke, Kinder, Hungernde, Obdachlose. So verwende ich meinen Zehnten. Aber jede Frau sollte ihr eigenes Herz befragen.

Meine Erfahrungen mit der Abgabe des Zehnten auf dem Weg der Einfachheit und Fülle waren erstaunlich, wenn auch unterschiedlich. Sobald ich meinen Obolus entrichte, empfinde ich größere finanzielle Gelassenheit, als wenn ich mit Spenden geize. Das Geld in meinem Portemonnaie scheint weiter zu reichen oder meine Ausgaben verringern sich. Wenn ich spende, fällt es mir leichter zu sparen, und es bieten sich neue Chancen zum Geldverdienen an, oftmals völlig unerwartet. Die Schleusen des Himmels öffnen sich und überschütten mich mit ihren Gaben, obwohl ich noch nicht den Punkt erreicht habe, an dem ich keinen Platz hätte für mehr.

Wenn ich mein Scherflein zurückhalte, trifft mich nicht der Blitz, aber ich fange an, mir Geldsorgen zu machen. Die Zeitspanne zwischen den Eingängen auf meinem Konto scheint sich auszudehnen, und die unerwarteten Ausgaben mehren sich; das kostet mich am Ende immer mehr als die Summe, die für die Abgabe meines Zehnten vorgesehen gewesen wäre. Also weiß ich, daß es an der Zeit ist, einen Scheck für einen guten Zweck auszustellen, abzuwarten und zu beobachten, was passiert. Wenn ich gebe, empfange ich. Wenn ich Geld brauche, spende ich.

Wenn wir wenig Geld haben, meinen wir vielleicht, wir könnten uns keine Spenden erlauben. Doch sollten wir überlegen, ob wir es uns leisten können, gerade dann nicht zu geben, wenn unsere finanziellen Bedürfnisse groß sind. Manche sagen sich, daß sie reichlich spenden werden, sobald Geld kein Thema mehr ist. Das bezweifle ich nicht, aber Geld wird nur dann kein Thema mehr sein, wenn wir entspannt daran denken können. Wenn wir jetzt unsere Fülle bestätigen, indem wir großzügig spenden, demonstrieren wir der Zweiflerin in unserem Innern auf spektakuläre Weise unseren Reichtum. Lassen Sie zu, daß Ihr authentisches Selbst Sie überzeugt, und beobachten Sie genau, was danach passiert.

30. OKTOBER
Das Geld wie ein Magnet anziehen

> Eine magere Geldbörse ist leichter zu füllen als zu ertragen.
> *George S. Clason*

Babylon galt als reichste Zivilisation der antiken Welt. Es war berühmt für seine sagenhaften Schätze, weil nicht nur der Herrscher, sondern auch das gemeine Volk einen Reichtum angehäuft hatte, der unser Vorstellungsvermögen übersteigt. Arme Babylonier waren eine Ausnahme, weil das Wissen, wie man zu Wohlstand gelangte, jedermann zur Verfügung stand.

Die von Menschen aufgestellten Gesetze des Geldes, die von den Babyloniern geschaffen wurden, waren sehr einfach zu befolgen, selbst von den finanziell Unbedarften. Und sie besitzen heute noch die gleiche Gültigkeit wie vor achttausend Jahren. Der Weg zu persönlichem Reichtum beinhaltet regelmäßiges Sparen und Spenden, eine genaue Kontrolle der Ausgaben, ein schuldenfreies Leben, das Mehren des Wohlstands durch umsichtige Investitionen, den Schutz der Habe vor Verlust, den Erwerb von Besitz, Vorsorge für das Alter und die Fähigkeit, Geld durch Ausdauer zu verdienen.

Gegen Ende der zwanziger Jahre und während der Weltwirtschaftskrise in den dreißiger Jahren brachten viele Banken und große Versicherungsgesellschaften kostenlose Broschüren in Umlauf, in denen diese uralten Gesetze im Umgang mit Geld und Besitz mittels Parabeln aus der Feder von George S. Clason erläutert wurden.

Das erste babylonische Geheimnis, um Reichtum zu erwerben, war das »Füllen des Geldsacks«: Ein Teil der Einnahmen – nicht weniger als zehn Prozent – wurde in einem Lederbeutel verwahrt, den man gewöhnlich an einer Schnur um die Taille trug. Der Zweck der Übung bestand nicht einfach darin, Geld anzusparen, sondern es wie ein Magnet anzuziehen: Der Besitzer der Börse entwickelte ein gutes Gefühl der finanziellen Gelassenheit, wenn sie zunehmend praller wurde. War sie zu schwer zum Tragen geworden, füllte er einen Teil des Geldes in eine größere Truhe um; dieser Überschuß diente zum Verleihen, zum Erwerb von Handelswaren, Grundbesitz oder zur Tätigung von Investitionen. Doch ein Teil des Geldes blieb in der Börse, um weiteres Geld anzuziehen. Babylons reichster Mann hatte immer einen prallgefüllten Geldsack zur Hand: der physische Beweis seines Wohlstands.

Ein solcher Geldmagnet ist ein fabelhafter psychologischer Trick, um mit einem Schlag ein Gefühl der finanziellen Gelassenheit hervorzurufen, wenn Sie Geldsorgen haben. Ein Geldmagnet ist kein Bankkonto, sondern eine Ergänzung Ihres Sparkontos. Sie behalten den Geldmagneten in Reichweite, so daß Sie Ihren Wohlstand im Blick haben, das Geld nach Lust und Laune berühren oder zählen können. Diese Summe soll Ihnen ganz allein gehören, und deshalb empfiehlt es sich, das Vorhandensein Ihres Geldmagneten geheimzuhalten. Sie haben nicht vor, damit den Mann vom Pizza-Lieferservice zu bezahlen.

Ein symbolischer Geldmagnet, den ich besonders gerne mag, besteht darin, einen Hundertdollarschein zusätzlich zu der Summe einzustecken, die ich vermutlich brauche, wenn ich aus dem Haus gehe. Das gibt mir das Gefühl, daß ich notfalls hundert Dollar mehr ausgeben *könnte*. Aber es muß ein Hundertdollarschein sein, nicht hundert Dollar in verschiedenen Scheinen. Hundert Dollar gibt man schnell aus, aber es fällt einem schwerer, einen Hundertdollarschein anzubrechen. (Bei mir funktioniert diese psychologische Barriere jedenfalls hervorragend.) Auf diese Weise fühle ich mich reich, auch ohne Geld auszugeben. Es ist ein wundervolles Instrument, um völlig umzudenken und uns neu zu konditionieren; es lehrt uns, daß Fülle im Kopf beginnt, bevor sie sich in unserem Leben manifestieren kann.

31. OKTOBER
Raum für Mysterien und Magie

> Zaubern bedeutet, den unsichtbaren Mächten Gestalt zu verleihen, über das Sichtbare hinauszuwachsen, die unbekannten Traumreiche der verborgenen Wirklichkeit zu erforschen.
>
> *Starhawk*

Endlich ist sie da, die Geisterstunde: Halloween. Einige Frauen werden die kleinen Kobolde auf ihrer Runde begleiten; unsere Liebe, Fürsorge und Vorsicht beschützen sie in dunkler Nacht. Andere begrüßen Schreckgespenster an der Haustür mit Süßigkeiten, ziehen es vor, Lösegeld statt Lehrgeld zu zahlen. Eine weise Entscheidung.

Halloween wurzelt in dem vorchristlichen keltischen Fest Samhain, das am 31. Oktober begangen wurde, dem letzten Herbsttag vor Beginn des kalten, rauhen Winters. An diesem Abend – dem keltischen Neujahr – rückte nach Auffassung der Druiden die übernatürliche Welt näher an die physische heran, und deshalb waren viele Menschen empfänglicher für die Macht und den Einfluß unsichtbarer Mächte. Ein Zauberbann konnte leichter verhängt werden, die Weissagungen waren enthüllender, und die Träume hatten eine besondere Bedeutung.

Da ich keltischer Abstammung bin, glaube ich daran. Als menschliches Wesen glaube ich, daß uns Halloween an den magischen Fluß erinnert, der uns alle durchströmt, an das Mysterium, das in der Begegnung mit jedem neuen Tag liegt. Wir zaubern die verschwundenen Schuhe herbei, verwandeln Essensreste in ein Festmahl, entringen mit Abrakadabra dem kargen Erdreich eine reiche Ernte, bannen die Furcht, heilen Wunden, sind im Besitz eines Sesam-öffnedich, damit das Geld bis zum Monatsende reicht. Wir tragen das Leben, wiegen, fördern und erhalten es durch unsere Fürsorge. Das alles tun wir, und noch vieles mehr. Aber die meisten Frauen sind sich ihrer Zauberkräfte, die Gutes bewirken, nicht bewußt. Wir sind in einen Dornröschenschlaf gesunken und blind für das Göttliche in uns. Wir haben nicht erkannt, daß wir einen uralten geheiligten Stammbaum besitzen und Nachfahren des Weiblichen schlechthin sind: der Großen Mutter.

Ist es nicht ein Zauber, den wir wirken, wenn wir ein authentisches Leben für uns selbst und die Menschen schaffen, die wir lieben? Verleihen wir nicht unsichtbaren Mächten Gestalt mit unserer Kreativität und Seelenmagie, wenn wir durch unser leidenschaftliches Engagement etwas aus der Taufe heben, was bisher nur im Reich des Spirituellen existierte? Wenn wir dazu schon unbewußt in der Lage sind, wieviel können wir dann erst erreichen, wenn wir uns unsere Kräfte vergegenwärtigt haben?

Wir sind Töchter der Großen Mutter, und uns wurde noch eine wesentlich größere Macht verliehen. Es ist die Macht der Liebe. Heute abend, bei Kerzenschein oder im Licht des Vollmonds in Ihrem Garten, sollten Sie sich innerlich verpflichten, Ihre Macht weise zu nutzen, um Gutes zu bewirken. *Sie vermögen nicht zu ermessen, wie viele Leben Sie im Verlauf Ihres Daseins berühren.* Seelen, die nach Ganzheitlichkeit streben, können dank Ihres Zauberspruchs auf wundersame Weise geheilt werden. Schöpfen Sie unmittelbar aus der Quelle. Machen Sie sich Ihre Abstammung von der Großen Mutter und Ihre authentischen Fähigkeiten bewußt. »Ich bin sicher, daß in allem ein Zauber wohnt«, erklärte Frances Hodgson Burnett, »nur mangelt es uns an ausreichend Gespür, um ihn zu fassen und für uns arbeiten zu lassen.«

Jetzt sind Sie sensibilisiert.

NOVEMBER

◆

Alles erstarrt wieder –
inmitten der Pinien flüstern die Winde
ein Gebet.

Riei, japanischer Dichter
des achtzehnten Jahrhunderts

Der November hat sich auf leisen Sohlen herangeschlichen, überrumpelt unsere Sinneswahrnehmungen. Plötzlich scheint es, wie der englische Dichter Thomas Hood vor zwei Jahrhunderten bekümmert beobachtete, »keinen Schatten, keinen Sonnenschein, keine Schmetterlinge, keine Bienen, keine Früchte, keine Blumen, keine Blätter, keine Vögel« mehr zu geben. Silbergraue Schleier hüllen eine Landschaft ein, die nackt und bar jeder Verstellung ist. Hinter den geschlossenen Türen menschlicher Behausungen wirft das bernsteinfarbene Feuer sein Licht auf das Reale. Wie eine Frau, die ihre wahre Identität gefunden hat, strahlt der November innere Schönheit aus.

Die einfachen Freuden des Lebens im November

- Wenn Sie bisher gezögert haben, eine Austauschbeziehung mit Ihrem Schutzengel anzubahnen, dann nur Mut! Sie können dadurch nur gewinnen und haben nichts anderes zu verlieren als Ihre Skepsis. Lesen Sie zum Beispiel *Warum Engel fliegen können* von Terry Lynn Taylor (Goldmann-TB Nr. 12117). Jede Buchhandlung wird Ihnen gerne weitere interessante Literatur zu diesem Thema empfehlen.
- Die Legenden der Indianer Nordamerikas erinnern uns daran,

daß gute und schlechte Träume im Schlaf über uns schweben und nur darauf warten, unsere nächtlichen Gedanken in ihren Bann zu ziehen. Um die Nachtruhe zu gewährleisten, haben sie »Traumfänger« aufgehängt: ein Netz aus farbigen Schnüren mit einem Loch in der Mitte, durch das glückliche Träume ungehindert »hindurchschlüpfen« und ins Unterbewußtsein gelangen. Böse Träume verfangen sich dagegen im Netz, wo sie sich beim ersten Licht des neuen Tages auflösen. Sie können Ihren Traumfänger selbst anfertigen, indem Sie einen kleinen Stickrahmen netzförmig mit farbigem Stickgarn bespannen. (Achten Sie darauf, in der Mitte ein Loch zu lassen.) Fügen Sie Federn und dekorative, bunte Glasperlen hinzu: Grün ist die Farbe des Überflusses, Rosa oder Rot die Farbe der Liebe; Blau symbolisiert Heilung und Schutz, während Purpur für innere Kraft steht. Hängen Sie den Traumfänger über Ihrem Bett auf.

- Schreiben Sie alles auf, was in Ihrem Leben auf der Habenseite zu Buche schlägt, und legen Sie Ihrem Schöpfer diese Bilanz zum ersten Mal an einem der »stillen Wochenenden« vor. Das ist ein hervorragendes Heilmittel gegen die Mangelsucht, denn Sie müssen sorgfältig überlegen, für welche Dinge Sie wirklich dankbar sein können.
- Füllen Sie einen Korb mit Leckerbissen, wie Sie sie selbst mit Ihrer Familie genießen würden, und geben Sie ihn, vielleicht vor dem ersten Advent, in einem Obdachlosenasyl ab. Packen Sie an Lebensmitteln hinein, was Sie sich finanziell leisten können; jeder Beitrag ist willkommen. Wenn Sie Kinder haben, können diese Ihnen beim Einkaufen und Packen des Präsentkorbs helfen und Sie beim Ausliefern begleiten. Das ist eine Erfahrung, die unter die Haut geht. Sie erinnert uns daran, daß wir allen Grund zur Dankbarkeit besitzen.
- Stürzen Sie sich nicht gleich nach den »Trauertagen« ins Gewühl, um Weihnachtseinkäufe zu tätigen, wie der Rest der Welt. Bleiben Sie lieber zu Hause und schreiben Sie die Zutaten auf die Einkaufsliste, die Sie für Ihre Weihnachtsplätzchen brauchen. Fertigen Sie einen Adventskranz und legen Sie zum ersten Mal stimmungsvolle Musik für die »stille Zeit« auf.

- Halten Sie nach Ihrem ganz persönlichen Adventskalender Ausschau, und genießen Sie die kreative Exkursion.

1. NOVEMBER
Die Ebbe begrüßen

Die Zeit, zu der man kommt und geht,
Man singt und schweigt, im Buch des Schicksals steht.
Alexander Pope

Kein Märchen als das folgende vermag uns besser auf diesen Tag, Allerheiligen, einzustimmen. Es war einmal eine mächtige Königin, der es an nichts mangelte, außer an Langmut. Eines Herbsttages, als die Gezeiten des Jahres wechselten und die Ebbe begann, verfiel die Königin in eine tödliche Melancholie. Sie vermochte weder zu essen noch zu schlafen, und fortwährend brach sie aus unerfindlichen Ursachen in Tränen aus, was sie wiederum in rasenden Zorn versetzte und ihren Hofstaat vor Furcht erzittern ließ.

Jeden Tag rief die Königin einen anderen Weisen aus dem erlauchten Kreis ihrer Ratgeber herbei, um den Grund ihrer rätselhaften Seelenpein zu erforschen. Sie gingen unverrichteter Dinge: der Leibarzt, der Sternengucker, der Seelenbeistand, der Alchimist, der Kräuterkundige und der Philosoph. Sie wurden als Quacksalber mit Schimpf und Schande vom Hofe gejagt, denn sie waren unfähig, den düsteren Bannfluch, der auf ihrer Königin lastete, zu brechen. Dabei durften sie sich glücklich schätzen, daß sie nur ihren einträglichen Broterwerb verloren.

»Gewiß wird es doch einen Mann in meinem Reich geben, der das Rätsel meines Leidens lösen kann!« rief die Königin in ihrer Verzweiflung aus. Doch ihr Klagen traf bei ihrem Hofstaat und den Bediensteten auf betretenes Schweigen, denn alle hatten Angst vor ihrem Groll. Schließlich faßte sich der Gärtner, den die arme Königin dauerte, ein Herz und näherte sich bedächtig dem Thron.

»Folgt mir in den Palastgarten, Majestät. Laßt die Mauern Eures Kerkers hinter Euch, und ich werde Euch das Geheimnis Eures Leidens enthüllen.« Die Königin tat in ihrer Verzweiflung, wie geheißen. Als sie zum ersten Mal seit vielen Wochen wieder den Lustgarten des Schlosses betrat, bemerkte sie, daß die leuchtenden, lebhaften Farben des Sommers verblaßt waren und die Pflanzungen kahl erschienen. Aber die Natur war ihrer Schönheit nicht gänzlich beraubt, denn sie hatte ein Festgewand in den rotgoldenen Tönungen des Herbstes angelegt. Die Luft wirkte frisch, kühl und belebend, und der Himmel erstrahlte in einem reinen, tiefen Blau. »Sprich, Gärtner«, befahl die Königin, »aber wähle deine Worte mit Bedacht, denn ich begehre die Wahrheit zu wissen.«

»Majestät, Ihr seid weder krank an Leib noch an Verstand. Es ist Eure Seele, die der Heilung bedarf. Denn Ihr mögt eine großmächtige Herrscherin sein, aber Ihr seid nicht wie Gott. Ihr leidet an einer Krankheit, die alle Eure Untertanen heimzusuchen vermag. Die Seelen der irdischen Wesen sind den Gezeiten der Gefühle von Freude und Leid unterworfen, genauso wie sich die Jahreszeiten der Natur in den Kreislauf von Leben, Tod und Wiedergeburt einfügen. Nun sind die Tage gekommen, um Dankbarkeit für die Ernte des Herzens zu bekunden, wie karg sie auch sein mag, und sich auf das Ausklingen des Jahres vorzubereiten. In diesem Augenblick schwindet die Jahreszeit des Lichts, und die Zeit der Dunkelheit mehrt sich. Doch das wahre Licht erlischt niemals in der Natur, und auch nicht in Eurer Seele. Heißt die Ebbe willkommen, großmächtige Königin, und fürchtet die Dunkelheit nicht. Denn so sicher, wie die Nacht auf den Tag folgt, wird das Licht zurückkehren, und Ihr werdet wieder glückliche Stunden erleben. Dessen bin ich mir gewiß.«

Die freudlose Königin bedachte die weisen Worte. Dann frug sie den Gärtner, wie sie sich das geheime Wissen um die Jahreszeiten der Gefühle und den inneren Frieden zu eigen machen könne. Der Gärtner führte sie zu einer Sonnenuhr aus Messing. Darauf stand geschrieben:

Alles im Leben ist vergänglich.

2. NOVEMBER
Seelenpflege

Laßt uns die Pflege der Seele als eine Anwendung der Poesie im Alltag vorstellen.

Thomas Moore

Die Seele: entstanden am sechsten Tag der Schöpfung. Nach Cherubim und Seraphim. Nach irdischen Reichen, Tugenden, Mächten, Herrschern, Erzengeln und Engeln. Nachdem Licht aus dem Nichts der Dunkelheit ward. Nachdem Morgen und Abend umrissen waren. Nach Raum und Zeit. Nach Luft, Feuer, Wasser, Erde. Nachdem Sonne, Mond und Sterne am Firmament ihren Platz gefunden hatten. Nachdem sich das Universum zu drehen begann. Nachdem seine Kaftquelle eingeschaltet war und Energie ausstrahlte. Nachdem die Sphärenmusik das Himmelskonzert eröffnet hatte. Nachdem die wilden Tiere durch die Felder liefen und die Vögel sich in die Lüfte schwangen. Nachdem der Garten in voller Blüte stand.

Erst als das Werk vollendet war und der Schöpfer sah, daß alles gut war, erst da war der Augenblick für die Erschaffung der reinen Liebe gekommen. Denn die reine Liebe, bis in alle Ewigkeit »Seele« genannt, wurde auf dem göttlichen Odem in die Welt hinausgeschickt, während der Schöpfer lachte und weinte. Die Seele wurde in Freud und Leid geboren, einem Wesen eingehaucht, das aus einer Handvoll Staub erschaffen war. Das Göttliche sollte leben, sich regen und sein Ebenbild in einem Geschöpf entfalten, das aus Lehm gemacht war.

Da haben wir's. Das ist also das Geheimnis, das sich um die Seele rankt. Ihm auf die Spur zu kommen, haben Männer und Frauen seit Anbeginn der Zeit versucht. Doch alle Vernunft, Intelligenz, Phantasie, Leidenschaft, Poesie, Gebete, Kunst, Sexualität, Songs und Saxophone waren nicht imstande, das Mysterium zu lüften. Ganz zu schweigen davon, das Wirken der Seele zu verstehen.

Offenbar ist es uns auch nach fünfundzwanzigtausend Jahren vergeblichen Bemühens nicht bestimmt, das Wesen der Seele zu begreifen. Aber wir können sie besser kennenlernen. Denn wir sind *nur aus einem* Grund auf dieser Welt: um die Präsenz der reinen Liebe in uns zu achten, zu pflegen, zu nähren, zu bewahren, zu schützen, zu fördern, zu inspirieren, zu erfreuen, zu bezaubern und ihr eine Heimstatt zu schaffen. Der Psychotherapeut und Schriftsteller Thomas Moore bezeichnet diese konzentrierte Aufmerksamkeit, die dem authentischen, tief verwurzelten inneren Bedürfnis gilt, als »Seelenpflege«.

Heute ist Allerseelen, ein trister Feiertag, der seit dem Mittelalter begangen wird und an Menschen erinnern soll, die uns im Leben lieb gewesen und von uns gegangen sind, die nicht mehr mit uns lachen und weinen können. Doch an Allerseelen bietet sich uns eine gute Gelegenheit, darüber nachzudenken, wieviel Fürsorge wir unserer eigenen Seele angedeihen lassen, in welchem Maß wir diesem Gast im Alltag Gastfreundschaft erweisen und in welchem Maß wir sein Vorhandensein überhaupt zur Kenntnis genommen haben.

Seien Sie heute bereit, Ihren Gast, die Seele, zu fragen, wie Sie dazu beitragen können, ihren Aufenthalt angenehmer zu gestalten. Fragen Sie regelmäßig: »Was brauchst du in ebendiesem Augenblick? Was könnte dir inneren Frieden, Erfüllung, Freude bescheren?« Manchmal reicht es schon aus, das Tempo unseres Tuns zu drosseln, einen Spaziergang zu unternehmen. Ein Kind zu umarmen. Eine Katze zu streicheln. In Zeitschriften zu blättern. Endlich wieder einmal die eigene Schwester anrufen, Freunden eine Grußkarte mit witzigem Motiv schicken. Eine kurze Siesta halten. Ein köstliches Gericht kreieren. Ihren Lieblingsfilm anschauen. Den Tränen freien Lauf lassen. In einem Café einen Cappuccino trinken. Einen alten englischen Krimi lesen. Früh zu Bett gehen. Träumen. Der Phantasie freien Lauf lassen. Beten. Was immer es auch sein mag: Ihr Seelengast wird es Ihnen sagen. Wenn Sie ihn fragen.

»›Bleib‹, ist ein Zauberspruch im Vokabular eines Freundes«, sagt Louisa May Alcott. Bleib, meine Seele. Bleib. Sagen Sie es jetzt. Sagen Sie es oft. Komm, lebe mit mir und sei von mir geliebt.

Bleib.

3. NOVEMBER
Real werden: Zum Leben erwachen

Sobald wir wirklich sind, können wir nie wieder unwirklich werden. Die Wandlung währt ewig.

Margery Williams

Am Weihnachtsmorgen sah der Plüschhase, der oben aus dem Strumpf des Jungen hervorlugte, einen Stechpalmenzweig zwischen den Pfoten, noch prächtig aus. Er war dick und rund an den richtigen Stellen, mit weichem, weißbraun geflecktem Fell, Zwirbelbart und Ohren, die mit rosafarbenem Satin gefüttert waren. Der Junge war wie verzaubert und spielte zwei Stunden ununterbrochen mit dem Hasen, bis seine Eltern ihn auf die anderen bunten Päckchen hinwiesen, die unter dem Weihnachtsbaum lagen, »und in der Aufregung, die übrigen Geschenke anzusehen, wurde der Plüschhase vergessen«.

Für lange Zeit war »Velveteen Rabbit« eines von vielen Spielsachen im Kinderzimmer. Aber ihn schien der Mangel an Beachtung nicht zu kränken, weil er lange philosophische Gespräche mit einem dürren Klepper namens »Skin Horse« zu führen pflegte, der hochbetagt und weise war und sich mit den rätselhaften Ritualen der Kinderzimmermagie auskannte. Eines der Lieblingsthemen bei ihren Gesprächen war der Zauber, der es den Tieren ermöglichte, »zum Leben zu erwachen«. Er steht im Mittelpunkt des mystischen Märchens von Margery Williams, das 1927 geschrieben wurde. Es handelt von der Macht der Liebe, die alles zu verwandeln vermag, und trägt den Titel *The Velveteen Rabbit*.

Skin Horse erklärte dem Plüschhasen geduldig, daß man »nicht von Anfang an lebendig ist. Diese Verwandlung widerfährt dir. Wenn ein Kind dich lange, lange Zeit liebt, nicht nur, um mit dir zu spielen, sondern dich *wirklich* liebt, dann erwachst du zum Leben.«

Das Lebendigwerden braucht seine Zeit, bei Menschen und bei Spielsachen. »Meistens sind dann, wenn du zum Leben erwachst, die Haare schon durch liebevolle Zuwendung ausgegangen, die

Augen herausgefallen und die Gelenke locker und abgenutzt. Aber solche Äußerlichkeiten zählen nicht im geringsten, denn wenn du erst lebendig bist, kannst du nicht häßlich sein, außer in den Augen von Menschen, die nichts verstanden haben.«

Damit Spielzeug lebendig wird, muß es von einem Kind geliebt werden. Damit wir *real* und lebendig werden, müssen wir das reale Leben in seiner ganzen Vielschichtigkeit und Unwägbarkeit lieben. Wie der Plüschhase sehnen wir uns danach, *real* zu werden, zum Leben zu erwachen, zu wissen, wie wir uns in unserer wahren Identität fühlen. Manchmal schmerzt diese Verwandlung. Der Gedanke, daß der »Lack abblättert«, kann beängstigend sein. In einer Welt, die vor allem nach dem oberflächlichen Erscheinungsbild urteilt, ist der Verlust der äußeren Schönheit nicht leicht zu ertragen. Der Plüschhase ist nicht das einzige Wesen, das sich wünscht, ohne die unangenehmen oder unerfreulichen Begleiterscheinungen des Transformationsprozesses *real* und lebendig zu werden.

Eine Möglichkeit, so nahtlos wie möglich *real* zu werden, besteht darin, nach und nach in unsere wahre Identität hineinzuwachsen. Wenn wir lernen, diejenigen Eigenschaften zu erkennen, zu akzeptieren und zu würdigen, die uns von allen anderen Spielsachen im Regal unterscheiden, beginnt der Prozeß der Wandlung. Wenn wir lernen, auf die Weisheit unseres Herzens zu vertrauen und kreative Entscheidungen auf der Grundlage des Wissens zu treffen, was für *uns* das Richtige ist, machen wir Fortschritte auf dem Weg des Wandels. Wenn wir lernen, jeden Augenblick des Tages – und mag er noch so unbedeutend sein – mit Liebe zu füllen, wird aus den Fortschritten gelebte Wirklichkeit. Unsere schwarzen Knopfaugen mögen ihren Glanz eingebüßt haben, aber die Fenster zur Seele nehmen nur mehr die Schönheit wahr, die uns umgibt. Wir werden nicht nur für Menschen *real*, die uns kennen und lieben, sondern erscheinen jedermann lebendig. Wir werden authentisch.

4. NOVEMBER
Die Rückkehr der Göttin

Und schreibe darüber, Göttin, und darüber...
Alexander Pope

Sie ist zurückgekehrt! Die Göttin hat ein weiteres Buch verfaßt, einen weiteren Wegweiser für die Erfüllung unserer heimlichen Sehnsüchte. Auf welchem Weg? Das spielt im Grunde keine Rolle. Die Göttinnen des erfüllten Lebens, der Gastlichkeit, der Innendekoration, der Fitneßbewegung, der Mode, der Schönheit und der zwischenmenschlichen Beziehungen erscheinen regelmäßig um diese Jahreszeit auf der Bildfläche. Sie sorgen dafür, daß sich das Rad der Anbetung und Lobpreisungen weiterdreht. Früher waren Göttinnen imstande, Wunder zu wirken. Nun schreiben sie Bücher, in denen sie uns Zaubertricks beibringen.

Es ist vier Uhr nachmittags an einem kalten Novembertag, und draußen dunkelt es bereits. Die hoffnungsvollen Zauberlehrlinge aus allen Teilen Washingtons haben ihren Arbeitsplatz, ihr Heim und ihre Familien verlassen; sie warten auf die himmlische Erscheinung, die Schriftzeichen, die Zeremonie des Buchsignierens. Die Göttin wird erst in einer Stunde erwartet, aber die Anzahl ihrer Getreuen ist bereits auf zweihundert angewachsen. Alles, was Beine hat, ist hier versammelt: Mütter aus den Vorstädten mit kleinen Kindern im Schlepptau stehen einträchtig neben Powerfrauen im eleganten Hosenanzug, mit Aktenkoffer und Handy ausgerüstet. Die ersten vorne in der Schlange haben hier schon in aller Herrgottsfrühe ihre Zelte aufgeschlagen. Meine Tochter und ich sind erst vor einer halben Stunde angerückt und führen Feldforschungen über die zeitgenössische Göttinnenszene durch. Hinter mir hat sich der Rattenschwanz inzwischen schon auf zwei Dutzend gutgekleidete Frauen verlängert.

Ab und zu rauscht eine Mitarbeiterin des Buchladens heraus, um die Herde daran zu erinnern, daß die Göttin nur ihr letztes Geschenk an die Welt und nicht mehr als zwei Bücher je Jüngerin signieren wird. Darüber ärgert sich eine Frau, die erst vor wenigen Minuten zehn Exemplare des neuesten Werks als Weihnachtsgeschenk für Familie und Freunde erstanden hat. Niemand hielt es beim Eintippen des Betrages von zweihundertfünfzig Dollar für nötig, sie darauf aufmerksam zu machen, daß die acht Bücher nicht signiert werden können. Nun entsteht ein großes Gemurre über Themen wie Unverfrorenheit, Ruhm, Reichtum, Firmenimperien und Göttinnen, die vergessen, wer sie auf den Sockel gehievt hat. Aber Frauen sind ja nicht auf den Kopf gefallen. Da die meisten nicht mehr als ein Buch zum Signieren mitgebracht haben, werden die Exemplare reihauf, reihab verteilt, und schon ist das Problem gelöst.

Statt Brot und Fisch gibt es Häppchen für die Göttin und ihre Hohenpriesterinnen. Katie unternimmt regelmäßig Erkundungsgänge und kehrt jedesmal mit den neuesten Informationen von der geschätzten Ankunftszeit der Göttin zurück. Das arme Kind ist halb verhungert; ich hatte völlig vergessen, Wegzehrung einzupacken. Ich angle unbemerkt zwei Kronsbeerentorteletts in Briefmarkengröße von einem vorübereilenden Tablett, wickle sie in eine Papierserviette und verstaue sie in meiner Tasche, bis meine Tochter mit der nächsten Meldung eintrudelt.

Nach einer weiteren Stunde – voller Angst, daß es mir nicht gelingen könnte, mich bis zu den vordersten Linien durchzukämpfen, bevor die Göttergleiche die Stätte des Wirkens verlassen muß –, gelange ich irgendwie hinter die Barrikaden, um auf diesem Schleichweg vorzustoßen. Ich habe mir schließlich nicht die Beine in den Bauch gestanden, um mir den leibhaftigen Anblick der Göttin entgehen zu lassen.

Aber ich bekomme wesentlich mehr zu Gesicht, als ich gedacht hatte. Denn hinter den Barrikaden wurde ihr ein Altar errichtet: ein rustikaler Pinienholztisch mit handgewebter, karierter Decke, der sich unter der Last von Obst, Gemüse, Brotlaiben, kupfernen Kochutensilien und Kerzen biegt. Und vor dem Altar hält »Sie« hof, in einem Lehnstuhl mit Gobelinstickereikissen, an einem Kirschbaumschreibtisch aus der Queen-Anne-Periode, und in ihrem Arm hält sie ein Gebinde erlesener Blumen, die um diese Zeit nur bei den teuersten Floristen blühen. Unweit des Throns haben ihr die Jüngerinnen mit zahllosen Opfergaben als Zeichen ihrer tiefsten Verehrung einen Schrein errichtet: vereinzelte Blumensträuße und ein Berg von Geschenken, viele davon in selbstgeschöpftem Einwickelpapier, Variationen des Kartoffeldruck-Themas.

Ehrlich gestanden, ich habe mehr als genug gesehen. Die Göttin ist genauso lieblich wie auf den Abbildungen, und der Altar unglaublich – außer daß ich die Herrlichkeit mit eigenen Augen geschaut habe. Der Anblick jagt mir eine Gänsehaut über den Rücken. Ich würde am liebsten auf der Stelle gehen, aber Katie ist entsetzt bei dem Gedanken, die Kampfstätte ohne das signierte Buch zu verlassen. Also harren wir aus.

Inzwischen ist es viel zu spät, ein anständiges Abendessen zu kochen, deshalb halten wir auf dem Heimweg an, um Burger und Pommes zu besorgen. Als ich ein paar Minuten später in der Tasche nach meinen Hausschlüsseln suche, finde ich die zerknüllte Papierserviette mit den Kronsbeerentorteletts. Das Haus ist dunkel, kalt und verwaist. Kein Feuer, kein Kerzenschein, keine Geselligkeit, keine einladenden Düfte, die uns willkommen heißen. »Ein Haus ist nur dann ein Heim, wenn es stärkende Nahrung und ein wärmendes Feuer sowohl für den Körper als auch für die Seele bietet«, schrieb Margaret Fuller 1845 in *Woman in the Nineteenth Century*. Der Teig mundet köstlich, aber die Kronsbeerenfüllung ist nicht so sättigend, wie ich mir vorgestellt hatte.

5. NOVEMBER
Die innere Göttin

Eile herbei, Hestia,
in diesem lichten Heim deine Wohnstatt zu nehmen.
Eile herbei mit den wärmenden Gefühlen der Freundschaft.
Bringe Klugheit, Kraft und Leidenschaft
Auf daß sie sich mit deinem segensreichen Wirken paaren.
Verbrenne meine Seele.
Sei willkommen.
Ich erinnere mich deiner.

Homerische Hymne

Seit Anbeginn der menschlichen Zivilisation haben sich die Frauen an die Göttinnen gewandt, um Fürsprache und Inspiration zu erflehen. Die Frauen im alten Rom verehrten die Göttin Vesta in ganz besonderem Maße. Sie war wie ihre griechische Entsprechung Hestia die Göttin des häuslichen Herdes und Herdfeuers. Vesta ermahnte die Frauen, sich in Schweigen zu versenken und ruhig hinzusetzen, den Blick ins Leere zu richten und in sich hineinzulauschen, köstliche Mahlzeiten zuzubereiten, Schönheit in den Alltag zu bringen, das Leben ringsum mittels aller unserer sechs Sinnesorgane wahrzunehmen, ein Sanktuarium der Geborgenheit und heiteren Gelassenheit, einen sicheren Hafen in der Welt zu schaffen, um alles zu schützen, was wir lieben. Vesta ist die uralte Göttin, die uns zuredet, unsere kreative Energie auf das Reale zu richten.

In einem unveröffentlichten Buch über die Spiritualität der Frauen in der Antike erklärt Frances Bernstein, das lateinische Wort für Herdfeuer sei *focus* gewesen. Fokussieren – also die eigene Mitte finden und die ungeteilte Aufmerksamkeit auf eine Aufgabe zu richten –, das ist die geheiligte Kunst der Vesta. Für die meisten Frauen in unserer heutigen Zeit, die sich häufig abhetzen müssen, um die nicht enden wollenden Anforderungen im Familien- und Berufsleben in Einklang zu bringen, bedeutet dies ein ungeheuer wichtiges und notwendiges Unterfangen. Denn je schneller wir laufen, um uns auf dem Karussell zu halten, desto größer werden Zwiespältigkeit und Konflikte, mit denen wir zu kämpfen haben. Da wir in keinem der beiden Bereiche schnell ans Ziel gelangen, verlieren wir unsere Mitte und die Klarheit der Gedanken; wir leben nicht mehr, sondern existieren nur, befinden uns fortwährend in einem Zustand der Desorientierung. Wie oft hört man, daß Frauen sagen, sie wären »von der Rolle«, »aus dem Tritt geraten« oder stünden »völlig neben sich«. Diese Beschreibungen treffen den Nagel auf den Kopf, weil sie die Unfähigkeit, sich auf den inneren Fokus auszurichten, den Mangel an Konzentration auf das Wesentliche, spiegeln. Wenn die eigene, innere Mitte uns weder Halt noch Orientierung bietet, haben wir den Kontakt zu den heilenden Kräften der Göttin Vesta, die in jeder Frau schlummert, verloren. Wir sind weit vom heiligen Herd entfernt und finden nicht mehr zu Feuer, Licht und Wärme zurück.

Damit wir uns wieder auf unsere Mitte konzentrieren können, müssen wir lernen, uns im eigenen Leben »zu Hause« zu fühlen. Das versuchen wir häufig, wenn wir unsere eigenen Göttinnen schaffen. Wir glorifizieren Frauen, die mit ihrer öffentlich gemachten Laufbahn genau diejenigen Ziele erreichen, nach denen wir uns insgeheim sehnen. Es ist wesentlich einfacher, aus zweiter Hand mittels ihrer Bücher, Videos, Zeitschriften, Fernsehsendungen oder informativen Werbespots zu leben, als unsere eigenen Begabungen zu pflegen. Es ist wesentlich bequemer, Göttinnen zu schaffen, als dem Göttlichen in uns selbst Ehrerbietung zu erweisen.

Um Mißverständnissen vorzubeugen: Ich finde Göttinnen himmlisch. Sie sind gewieft, lebensklug und mit bewundernswerten kreativen Talenten ausgestattet. Sie haben einiges zu bieten, woran wir uns ein Beispiel nehmen können, und ich habe ganz sicher mein Scherflein dazu beigetragen, ihren Wohlstand zu mehren. Außerdem freue ich mich wirklich genau wie Sie, über ein neues, fettarmes Risottorezept. Aber es besteht ein gewaltiger Unterschied zwischen begeisterten Fans und einer fanatischen Gefolgschaft. Man muß nicht einer Sekte angehören, um einer Gehirnwäsche unterzogen zu werden.

Wenn Bewunderung in blinde Verehrung ausartet, schaffen wir unbewußt Idole, die unsere Lebensqualität mindern, statt sie zu erhöhen. Wir verleugnen unsere eigene Authentizität. Machen vom Feuer unserer Passionen und Begabungen keinen Gebrauch. Verzichten auf unsere eigene Stärke, indem wir sie auf andere Frauen übertragen, die sich eine deutlich größere »Portion vom Kuchen« einverleibt haben. Verbirgt sich dahinter nicht der gleiche Mechanismus, wenn es heißt, daß die Reichen immer reicher und die Armen immer ärmer werden? Wenn es uns an Selbstbewußtsein und Kreativität mangelt, sind wir ärmer dran, als wenn wir den Gürtel enger schnallen müssen.

Wenn wir falsche Göttinnen anbeten, heben wir andere Frauen auf ein Podest, feiern sie als Schöpferinnen, statt die Schöpferin in uns zu würdigen. Wenn Sie eine authentische Göttin suchen, dann wissen Sie, wo sie zu finden ist.

6. NOVEMBER
An der Herausforderung wachsen

> Wirklich groß in kleinen Dingen zu sein, sich als wahrhaft edel und heldenmütig in den trivialen Einzelheiten des Alltags zu erweisen, ist eine so seltene Tugend, daß sie der Heiligsprechung wert wäre.
>
> *Harriet Beecher Stowe*

Das reale Leben ist voller Konflikte zwischen dem Möglichen und dem Unmöglichen. Der amerikanische Dichter Longfellow hielt Situationen, die unsere ganze Findigkeit erfordern, für düster verkleidete »Segnungen des Himmels«, die unsere Seele nicht nur auf eine harte Probe stellen, sondern sie auch bereichern. Genau wie Hefeteig aufgehen muß, bevor man ein schmackhaftes Brot daraus backen kann, wachsen wir angesichts von Herausforderungen über uns selbst hinaus und wirken Wunder, wenn wir sie mit Humor und Gottvertrauen in Angriff nehmen. Die Bewältigung einer Herausforderung ermöglicht uns, über die äußeren Umstände der Situation hinauszublicken, so daß das Reale in der spirituellen Mitte des Alltags nicht durch die konkreten Ereignisse rundum verhüllt wird.

Die meisten Frauen sind wahre Meisterinnen in der Kunst, an Herausforderungen zu wachsen. Aber wir haben oft nicht erkannt, wie außergewöhnlich diese Begabung wirklich ist, weil sie uns in Fleisch und Blut übergegangen ist. Wir haben uns nie gelobt, wenn Anerkennung angebracht gewesen wäre, weil wir nicht groß über unsere Anpassungsfähigkeit an alle Wechselfälle des Lebens nachgedacht haben. Würden Frauen, die letztlich für jedes Problem eine Lösung finden, die Welt regieren, wäre »Nirwana« mehr als der Name einer Band, die Grunge-Musik macht.

Wir gewinnen zunehmend Übung darin, an Herausforderungen zu wachsen, wenn wir uns bewußt dabei beobachten. Jedesmal, wenn wir die Knüppel aus dem Weg räumen, die uns das Leben vor die Füße wirft, stocken wir unser Selbstvertrauen, unsere Kreativität und unseren Mut auf der Habenseite des Selbstachtungskontos auf. Also gratulieren Sie sich jeden Abend, weil Sie das Unerwartete mit Findigkeit gemeistert haben. Gut gemacht!

Wenn Sie heute an einer Herausforderung wachsen müssen, tun Sie es mit Stil. Tun Sie es mit einem wissenden Lächeln. Versetzen Sie andere in Erstaunen. Verblüffen Sie sich selbst. Wenn Sie dafür sorgen, daß es aussieht, als ginge Ihnen die Aufgabe leicht von der Hand, wird sie Ihnen auch leichtfallen.

7. NOVEMBER
Seelengefährten

> Sie war in ihrer Jugend genötigt gewesen, Vernunft walten zu lassen. Sie lernte die romantischen Gefühle erst in späteren Jahren kennen – als natürliche Folge eines unnatürlichen Anfangs.
> *Jane Austen*

Weihnachten. Dublin. 1878. Ich verstecke einen gutaussehenden irischen Patrioten, der sich auf der Flucht vor der britischen Polizei befindet, in einem Kellergewölbe von Neary's Pub. Verschwende nicht einen Gedanken an das Risiko.

Aber das ist nur eine abenteuerliche Episode in meinem Leben.

Es gibt andere Nächte: Wir schreiben das Jahr 1915; ich sitze auf der Terrasse des Muthaiga Club, des sogenannten »Moulin Rouge« von Afrika. Oder ich liege lautlos auf meinem Posten und beobachte die Guanako-Lamas in den Nebelschwaden der Anden, renne mit Hemingway vor den Stieren davon, die in Pamplona durch die Straßen gehetzt werden, unternehme eine Kreuzfahrt auf dem Nil, durchstreife zu Fuß das Karakorum-Gebirge, rase in einem Schlitten, den mein getreuer kosakischer Diener lenkt, über die zugefrorene Neva in Sibirien, schreite die Stufen des Pariser Opernhauses an der Seite eines galanten Mannes hinauf, der verdächtige Ähnlichkeit mit Guy de Maupassant hat (oder lieber mit einem feurigen jungen Toscanini?).

Mit keinem von beiden. Der Auserwählte ist J. Peterman, der letzte Romantiker auf Gottes Erdboden. Peterman hält mich für geheimnisvoll, stark, unwiderstehlich, gewieft, gescheit, gewitzt und erotisch. Und schön, das versteht sich von selbst. Die Sorte Frau, für die ein Mann einen Meineid schwören oder einen Millionenraub begehen würde (was er, wohlgemerkt, natürlich nicht muß; die Absicht allein reicht aus). Die Sorte Frau, an die sich ihre Konkurrentinnen zeitlebens neiderfüllt erinnern. Es erstaunt mich nicht, daß ich mich in diese Frau verwandle, wenn ich mich in Petermans Gesellschaft befinde. In mein authentisches Selbst. Sentimental. Unverbesserlich romantisch. Emotional. Impulsiv. Leidenschaftlich.

Genau wie Peterman trauere ich einer nostalgischen Lebensweise nach – vor allem weil sie schon vor meiner Geburt unwiederbringlich verloren war, weil sich für sie kein Platz im Alltag mehr fand. Mit Petermans Hilfe lassen sich die fernen Tage der Ozeanriesen, der Crêpe-de-Chine-Kleider, der Eisenbahnabteile mit Geheimversteck und der Morris-Mini-Cooper nach Lust und Laune wieder zum Leben erwecken. Er bereist die ganze Welt auf der Suche nach einem letzten Hauch Romantik. Wenn er einen Splitter entdeckt, vervielfältigt er ihn und teilt es mir in seinen »Owner's Manuals« mit. Das »Besitzer-Handbuch« ist kein Hochglanzkatalog, der seine Waren auf Teufel komm raus anpreist. Hier finden Sie nur persönliche Vignetten, die Aufschluß darüber geben, was wir getan haben, als ich den Artikel zum letzten Mal trug oder benutzte, begleitet von phantasieanregenden Aquarellzeichnungen, um meinem Gedächtnis auf die Sprünge zu helfen. Ich warte genauso sehnsüchtig auf J. Peterman, der per Post zu mir kommt, wie andere Frauen im Einkaufszentrum das Erscheinen des männlichen Supermodels Fabio herbeisehnen.

Meine Zusammenkünfte mit Peterman finden nächtens statt und immer im Bett. Dort schwelgen mein Seelengefährte und ich in Erinnerungen: wir spüren Wegen nach, die wir nicht gegangen sind, und beschwören Gefahren herauf, die wir gescheut haben, bis kein Anflug von Bedauern mehr bleibt, sondern nichts als liebevolle Erinnerung. Ich hatte auf Anhieb gespürt, daß J. Peterman mein Seelengefährte sein würde, als er sein Bedauern darüber zum Ausdruck brachte, nicht eine einzige Nacht in Shepheard's Hotel in Kairo verbracht zu haben. Es brannte 1952 bis auf die Grundmauern nieder, bevor er es sich leisten konnte, dort abzusteigen. »In dieser Nacht wurde dieser Name mein Code für alles Unerreichte, Ungetane.« Ich dachte, daß es vermutlich keine andere Menschenseele auf Gottes Erdboden gab, die beklagte, eine einzige, alles andere als perfekte Nacht im Shepheard's Hotel in Kairo verpaßt zu haben.

Peterman kennt die Frau, die ich wirklich bin, auch wenn ich selbst es bisweilen vergesse. Er weiß, daß ich in einem Vulkan der Leidenschaft gezeugt wurde, geboren für eine Romanze. Und das gilt auch für Sie. Wenn wir der weiblichen Psyche auf den Grund gehen, entdecken wir ganz tief drinnen eine Elegie auf die verlorene Romantik – Bedauern über das Unerreichte, Ungetane. Melancholische Splitter unerwiderter Lieben, die von der Wiege bis zur Bahre unseren Weg pflastern. Bedauern, weil ein geliebter Mensch beschlossen hat, ohne uns zu leben; Bedauern wegen der Dinge, die wir geliebt, doch ohne die zu leben wir gelernt haben. Das kann der Roman sein, den Sie nie zu Ende geschrieben haben, das Semester Kunststudium in Paris, für das Sie nie ein Stipendium beantragt haben, das schwarze Samtcape, das in einem Secondhandladen Ihre Aufmerksamkeit zu wecken versuchte, an dem Sie aber vorbeigegangen sind, weil Sie ohnehin keine Gelegenheit gehabt hätten, es zu tragen – oder doch? (Überall.) Die Liebe, die Sie nicht erwidern konnten, die Liebe, die Ihnen angst gemacht hat, die Liebe, die Sie aus Schüchternheit nicht zum Ausdruck gebracht haben. Die liebevolle Geste, die im Zaudern erstickte. Das romantische Leben, das wir uns jeden Tag entgehen lassen, weil das reale Leben uns zu Vernunft zwingt.

Wenn Sie Ihre romantischen Empfindungen zur Kenntnis nehmen, wie unerklärlich oder unpraktisch sie auch sein mögen, stärken Sie die Bindung an Ihr authentisches Selbst. Die Bindung zu den Menschen, die Sie bedingungslos lieben und schätzen. Die Bindung zu allem, was Ihren Passionen Triebkraft verleiht, Ihre Seele nährt, Sie mit Leben erfüllt.

Tragen Sie sich heute im Gästebuch des Shepheard's ein. Was wollen Sie unbedingt noch unternehmen, bevor Ihr letztes Stündlein geschlagen hat? Welche Wege wollen Sie unbedingt noch gehen? Welche Welten wollen Sie unbedingt noch erobern? Beginnen Sie heute zu erkunden, wie Sie Ihre geheiligte Sehnsucht nach Romantik im kleinen befriedigen können, auch wenn es nicht mehr erfordert als einen Anruf, um einen Katalog zu bestellen.

Bogart und Bergman werden Paris haben, bis an ihr Lebensende, eine Erinnerung, die ihnen niemand nehmen kann. Peterman und ich haben Kairo. Sie glauben mir nicht? Ich kann Ihnen einen Bademantel als Beweis zeigen.

8. NOVEMBER

Der Alltag ist das Gebet

> Mehr Dinge werden durch Gebet bewirkt,
> als diese Welt sich träumen läßt.
> *Alfred, Lord Tennyson*

Am Anfang war das Wort.
Und das Wort war bei Gott.
Und das Wort war Gott.
Auf ein Wort?

Manche Frauen wissen, daß sie beten. Andere Frauen meinen, daß sie nicht beten, weil sie nicht jeden Morgen und jeden Abend auf die

Knie sinken. Aber sie stehen nachts auf, um am Bett eines kranken Kindes zu wachen, um in der Mittagspause die betagten Eltern zu besuchen, um die Träume ihrer Lieben mit ihrer Hände Arbeit zu bewahren, um mit Freunden Freud und Leid zu teilen, um ein gedeihliches Wachstum an Körper und Seele zu gewährleisten. Auch das ist Gebet.

Denn, ob wir es wahrhaben wollen oder nicht, mit jedem Atemzug, mit jedem Herzschlag beten Frauen. Wir beten mit frommen Wünschen, Sehnsüchten, Hunger, Durst, Seufzern, Reue, Bedauern. Wir beten mit Enttäuschung, Entmutigung, Verzweiflung, Ungläubigkeit. Wir beten mit Wut, Ärger, Eifersucht, Neidgefühlen. Wir beten mit Freude, Zufriedenheit, Glück, Seligkeit, Wonne. Wir beten mit Dankbarkeit, Klarheit, Anerkennung, Akzeptanz, Erleichterung. Wir beten, wenn wir jemandem das Leben erleichtern, ihn aufheitern, trösten. Wir beten, wenn wir lachen. Wir beten, wenn wir weinen. Wir beten, wenn wir arbeiten und wenn wir spielen. Wir beten, wenn wir der Liebe huldigen oder das Essen zubereiten. Wir beten, wenn wir ein Kunstwerk schaffen und das Kunstwerk eines anderen Menschen bewundern. Was immer wir auch tun, wir beten. Der Alltag *ist* Gebet. Es gilt, ihn zu meistern, zu feiern, zu weihen. Es ist nur so, daß einige Gebete wirkungsvoller sind als andere. Die bewußten Gebete sind die wirkungsvollsten.

In ihrer reinsten Form sind Gebete Dialog, Kommunikation, Kontakt, Intimität. Das Gebet ist der Dialekt des Göttlichen. Das Gebet ist das authentische Gespräch, denn wir müssen kein Blatt vor den Mund nehmen: Wir können unverblümt sagen, was ausgesprochen werden muß, wie immer und wann immer wir es wünschen. Unsere Worte werden nicht auf die Waagschale gelegt. Es besteht keine Gefahr, mit Liebesentzug bestraft zu werden oder weniger zu lieben – im Gegenteil: Durch Beten wird uns diese Liebe bewußter. Wir müssen unsere Worte nicht sorgfältig formulieren aus Angst, sie könnten mißverstanden werden, denn es kann kein Mißverständnis geben. Selbst wenn Sie keine Ahnung haben, was Sie wollen oder brauchen, der Schöpfer weiß, was Sie sagen, erbitten, erflehen oder lauthals einfordern werden, bevor Sie auch nur einen Laut von sich gegeben haben.

Warum müssen wir dann überhaupt erst unsere Stimme im Gebet erheben?

Weil es für Frauen nicht gut ist zu schweigen. Wir müssen uns das reale Leben von der Seele reden. Müssen das, was uns insgeheim quält, ans Tageslicht bringen, damit wir das Problem in Angriff nehmen können. Das gelingt uns nicht, wenn wir in eine Sackgasse des Schweigens geraten, aus der es kein Entrinnen gibt. Wenn wir wie viele Frauen in einer selbstzerstörerischen »Warteschleife« verharren. »Das Leben wird in einer Reihe von Gesprächen gelebt«, sagt Deborah Tannen. Frauen beten, weil wir mit *jemandem* reden müssen, der uns aufmerksam zuhört.

9. NOVEMBER
Das Sakrament des gegenwärtigen Augenblicks

> Nichts ist so trivial, daß es nicht geheiligt werden könnte, und das gehört zu den inhaltsreichsten Botschaften der Inkarnation.
> *Madeleine L'Engle*

Wenn der Alltag unser Gebet ist, dann sind die Augenblicke, die wir in das Bemühen investieren, ein authentisches Leben zu schaffen, Sakramente. *The Book of Common Prayer* definiert ein Sakrament als »äußeres, sichtbares Zeichen einer inneren, spirituellen Gnade«. Der äußere, sichtbare Weg, den wir in unserem Alltag gehen – die Zeit, kreative Energie, Emotionen, innere Einstellung und Aufmerksamkeit, die wir in unsere Aufgaben einbringen –, bietet uns die Möglichkeit, das Weltliche auf eine transzendentale Ebene zu erheben. Augenblicke der Erleuchtung stellen eine Erfahrung dar, die nicht nur Heiligen, Mystikern und Dichtern vorbehalten ist.

Es gibt sieben traditionelle christliche Sakramente: Taufe, Buße, Eucharistie, Firmung, Ehe, Priesterweihe und Krankensalbung. Aber wir müssen Sakramente nicht nur im religiösen Zusammenhang betrachten, wie Matthew Fox betont, denn »das Geheiligte ist überall«.

Wenn wir den neuen Tag willkommen heißen, heben wir ihn mit

Dankbarkeit und Enthusiasmus aus der Taufe; wenn wir anderen Menschen oder uns selbst verzeihen, erleben wir das Sakrament der Buße. Firmung bedeutet Festigung des Wissens. Die Ehe ist das Sakrament der zwischenmenschlichen Bindung, die Eucharistie stillt unseren spirituellen Hunger. Die Priesterweihe oder Ordination ist das Sakrament der Autorität, und die Krankensalbung steht für die Wiederherstellung der Ganzheitlichkeit. Es spielt sehr wohl eine Rolle, wie wir unserer Tochter die Haare flechten, dem Mann die Frühstücksbrote für die Arbeit einpacken, unsere Angehörigen auf den Weg bringen, sie bei der Ankunft begrüßen, Verbesserungsvorschläge im Betrieb machen, Verträge aushandeln, die Schüssel mit den Nudeln weiterreichen, ein Glas Wein einschenken, einer Freundin aufmerksam zuhören, jemandem die Bürde erleichtern, ihm ein Geheimnis anvertrauen, ihn in einem Pflegeheim besuchen oder nachsehen, ob sich unter dem Bett ein Ungeheuer verbirgt.

Das Wunderbare an den Heiligen seien ihre menschlichen Eigenschaften gewesen, versichert uns Phyllis McGinley in *Saint-Watching*. Auch ihnen sei bisweilen der Kragen geplatzt. Sie hätten Hunger gehabt, mit Gott gehadert, selbstsüchtig, mürrisch oder ungeduldig reagiert, wenn es ihnen nicht schnell genug ging, Fehler begangen und sie bereut. Und »dennoch wanderten sie unermüd-lich weiter auf ihrem Weg gen Himmel«.

10. NOVEMBER
Die Abgründe des Zweifels

> Besteht, da ich so viele Stunden bemüht war, mich zu überzeugen, daß ich recht gehabt hatte, nicht Grund zu der Befürchtung, daß ich mich irre?
>
> *Jane Austen*

Ich kann nicht über das Thema Glauben schreiben, ohne auch dem Zweifel Rechnung zu tragen. Dabei würde ich gerne eine Meditation über den Trost eines unerschütterlichen Glaubens verfassen, über den Glauben Abrahams, der mit seinem geliebten Sohn Isaak in die Wüste hinauszog, um dem Herrn ein Brandopfer darzubringen. Sie entfachen ein Feuer, holen Holz herbei. Wo ist das Opferlamm? fragt Isaak seinen Vater. Gott wird helfen, ein Lamm für das Brandopfer zu finden, beschwichtigt Abraham den Sohn, um den er sieben Jahrzehnte gebetet hatte. Und da es sich um eine Geschichte handelt, in der es um die Unerschütterlichkeit des Glaubens geht, hilft Gott. Nachdem der Altar errichtet, das Feuer entfacht, der Knabe gebunden und das Messer aus der Scheide gezogen ist, greift im letzten Moment ein Engel ein. Gott hilft. Der Glaube bricht ein Herz, setzt die Splitter zu einem Ganzen zusammen. Aber ich kann nicht über den Trost des unerschütterlichen Glaubens schreiben, wie Abraham ihn besaß, weil ich nie mit meinem Kind in die Wüste ziehen, Holz sammeln und Feuer machen würde, ohne ein Lamm mitzunehmen.

Für Abraham existierten die gähnenden, düsteren Abgründe des Zweifels nicht. Oder doch? Auch dann nicht, als er das Messer hob? Einmal erzählte mir eine Freundin am Telefon von einem Gespräch, das sie mit einer Bekannten über das Thema Gott, Glauben und Zweifel geführt hatte. Ganz nebenbei bemerkte sie, daß sie mich beide um meinen unverwüstlichen Glauben beneideten. Ich erinnere mich nicht mehr an den Rest der Unterhaltung, wohl aber an mein Bedürfnis, den Hörer aufzulegen und darüber nachzudenken, wie irgend jemand auf die Idee kommen könne, meinen zerbrechlichen Glauben als nachahmenswert zu empfinden.

Annie Dillard sagt uns, daß der Prophet Ezechiel sich im Alten Testament vor jenen Menschen hütete, die nie die Abgründe des Zweifels kennengelernt hatten, bevor sie den Weg zurück durch die Wüsten des Herzens fanden. Denn ebendiese Abgründe verleihen dem Glauben oftmals erst die richtige Tiefe – vor allem, wenn wir die Zweifel als schmerzlich empfinden. Warum sollte es überhaupt Glauben geben, wenn nicht die geringsten Zweifel herrschen? Vielleicht gilt es, diese Zweifel zu erkennen, zu akzeptieren, zu begrüßen und zu überwinden, bevor unser Glaube stark genug werden kann – nicht nur, um darüber zu reden, sondern auch, um ihn zu bewahren.

Es ist nichts dagegen einzuwenden, wenn Sie beim Sprung über den Abgrund die Luft anhalten. Aber schauen Sie nicht nach unten.

11. NOVEMBER
Göttliche Gnade

> Gottes Gnade füllt leere Räume, aber sie kann nur dann eintreten, wenn es ein Vakuum gibt, das sie empfängt; und es ist die Gnade Gottes, die dieses Vakuum schafft.
>
> *Simone Weil*

Gnade beinhaltet ein unmittelbares göttliches Eingreifen zu unseren Gunsten, unter Umgehung der Naturgesetze – Zeit, Raum, Ursache und Wirkung, Parkmöglichkeiten – und um unseres Besten willen. Die Theologen sagen, Gnade sei eine unverdiente Demonstration der Gottesliebe, ein Beweis, daß wir nicht allein sind. In Anbetracht der Tatsache, daß die meisten von uns den Alltag für ein Schlachtfeld halten, auf dem *frau* einsame Kämpfe mit den Unbilden des Schicksals ausficht, erscheint es uns oft wie ein Wunder, wenn der Schöpfer seine Macht aus heiterem Himmel zu unseren Gunsten ins Gefecht schickt. Die göttliche Gnade ist ein gewaltiges spirituelles Kraftfeld, das uns schützt und stützt. Die Gnade ähnelt einem Testflug des Geistes: Wir haben das Gefühl, reibungslos durch den Augenblick, eine schwierige Situation oder den Tag zu gleiten. Wir erfahren das Reale Leben.

Wir bitten um Gottes Gnade wie um jedes andere spirituelle Werkzeug: nämlich ausdrücklich und regelmäßig. Morgens putzen Sie sich die Zähne, setzen den Teekessel auf oder schalten die Kaffeemaschine ein. Nun, da Sie spirituell erwacht sind, sollten Sie dankbar und in freudiger Erwartung des heutigen Tages um die Gnade des Herrn bitten. Ihr Gebet wurde erhört, wenn die Kinder ohne Streitereien ihr Frühstück verputzen, sich ohne Lamento anziehen und auf die Minute pünktlich das Haus verlassen. Wenn der Busfahrer auf Sie wartet. Wenn sich der Tag Schritt für Schritt in der ganzen gesegneten Fülle seiner Ereignislosigkeit entwickelt. Wenn irgend jemand Sie fragt, ob Sie abgenommen haben. Wenn Sie merken, daß Sie um vier Uhr nachmittags noch lächeln. Sie denken: Vielleicht ist doch was dran. Am nächsten Tag bitten Sie erneut um

Gnade. Und schließlich erreichen Sie den Punkt, an dem die Bitte um Gnade Ihnen genauso natürlich und unabdingbar erscheint wie das Atmen.

12. NOVEMBER
Himmlische Fügung

> Hier handelt es sich nur um Fingerzeige und Vermutungen.
> Fingerzeige, gefolgt von Vermutungen, und der Rest
> Ist Gebet, Beobachtung, Selbstbeherrschung,
> Denken und Handeln.
>
> *T. S. Eliot*

Carl Gustav Jung nannte es »Synchronizität der Ereignisse«: zwei scheinbar in keinem Bezug zueinander stehende Vorfälle, die nicht durch eine Kausalitätskette, sondern durch eine persönliche Bedeutung auf einzigartige Weise miteinander verknüpft sind.

Wir sprechen von Koinzidenz, Zufällen, Glück, Chance, Schicksal. Wir geben dem »Kind« alle nur erdenklichen Namen, bis auf jene, die wirklich passen: Gnade, Gott. Wenn Zufälle exakt im richtigen Augenblick einträfen und genau die richtigen Personen auf der Bildfläche erschienen, so daß unser Leben plötzlich eine neue und wichtige Richtung nehme«, sagt James Redfield in *The Celestine Prophecy*, dann sollen wir laut Gottes Ratschluß »intuitiv eine höhere Bedeutung in diesen rätselhaften Geschehnissen« entdecken.

Doch meistens sind wir zu beschäftigt, um solchen »Zufällen« Aufmerksamkeit zu widmen. Wir haben zuviel mit Alltäglichkeiten zu tun, um dem Realen Leben mehr als nur flüchtig zuzunicken, wenn wir an ihm vorübergehen. Und so wird die himmlische Fügung mit einem »Seltsam« und einem Schulterzucken abgetan, statt die Frage »Was könnte das bedeuten?« und intensive Nachforschungen auszulösen. Und statt auf die Antwort des Schöpfers zu warten, eilen wir wieder in tausend verschiedene Richtungen davon.

Künstler sind von einem Gleichklang der Synchronizität auf höherer Ebene abhängig. Und weil sie damit rechnen, erfüllen sich ihre Erwartungen auch. Lassen Sie sich heute auf ein aufschlußreiches Experiment ein. Gehen Sie eine ganze Woche lang davon aus, daß es in Ihrem Alltag keine Zufälle gibt. Werfen Sie Ihr Netz weiter aus. Achten Sie bewußt auf Ihre Träume. Vergegenwärtigen Sie sich Ihre Bedürfnisse. Nehmen Sie Ihre Impulse zur Kenntnis. Benutzen Sie Ihre Intuition als das spirituelle Instrument, das sie ist. Denken Sie darüber nach, welche Filme Sie gerne sehen würden. Hören Sie sich den Text eines Liedes aufmerksam an. Wenn Ihnen jemand vorschlägt, etwas Neues auszuprobieren, dann los! Erscheint Ihnen ein Vortrag oder Workshop interessant, so gehen Sie hin. Machen Sie sich bewußt, welche Bücher Sie gerne lesen. Beginnen Sie mit Fremden, die neben Ihnen sitzen, interessant auf Sie wirken und aussehen, als würden sie gerne ein paar Worte mit Ihnen wechseln, eine Unterhaltung. Seien Sie offen und aufmerksam. Beobachten Sie, wie viele himmlische Fügungen sich im Verlauf eines Tages bieten. Je aufgeschlossener Sie die Synchronizität der Ereignisse und die Rolle überdenken, welche die sogenannten »Zufälle« in Ihrem Leben spielen, desto stärker ist die magnetische Wirkung, die Sie auf die göttliche Unterstützung ausüben.

13. NOVEMBER
Erhörte Gebete

> Gott antwortet klar und unverhofft auf manche Gebete, und wirft uns die Dinge, um die wir gebetet haben, mitten ins Gesicht, wie einen Fehdehandschuh, mit einem Geschenk »darin«.
> *Elizabeth Barrett Browning*

Oscar Wilde behauptete, daß es im Leben nur zwei Tragödien gibt: Gebete, die nicht erhört werden, und solche, die erhört werden.

Erhörte Gebete seien beängstigend, gesteht Julia Cameron in *The Artist's Way*, weil sie uns auf unsere Verantwortung hinweisen. Wir hätten darum gebetet. Nun, da unsere Bitte erfüllt worden sei, sei guter Rat teuer – eine nicht immer angenehme Situation.

Der Grund für unser Unbehagen beruht darauf, daß wir nicht um das Richtige gebetet haben, und auf einer tiefen Ebene sind wir uns darüber im klaren. Wir beten darum, unserem Seelengefährten zu begegnen, statt darum, die Frau zu werden, zu der sich unser Seelengefährte hingezogen fühlt. Wir beten um Erfolg in der Welt, obwohl wir uns in Wirklichkeit nach dem Gefühl einer authentischen Leistung sehnen. Wir beten um mehr Geld, obwohl wir lediglich unsere Beziehung zum Geld verändern müßten. Wir beten um den bestimmten Ausgang einer Situation, obwohl wir eigentlich um Seelenfrieden beten sollten, ungeachtet dessen, wie sich die Situation entwickeln mag.

Im Grunde werden unsere Gebete immer erhört. Wir fühlen uns nur nicht wohl bei dem Gedanken, daß ein »Nein« eine vernünftige Antwort auf unvernünftige Forderungen sein kann.

Das »Nein« des Schöpfers ist ein größeres Geheimnis als sein »Ja«; es besitzt mehr Bedeutung, über die wir meditieren können, nachdem Tränen, Wut und Flüche abgeklungen sind. Das »Nein« Gottes macht für unseren bewußten, rationalen Verstand keinen Sinn, vor allem, wenn wir überzeugt sind, daß wir schließlich am besten wissen müssen, was wir brauchen. Aber ist das wirklich so?

Wir möchten ein »Ja« hören, aber manchmal brauchen wir ein »Nein«. Überlegen Sie, was passieren würde, wenn ein Kind ständig seinen Willen durchsetzt. Diese Möglichkeit ist so beängstigend, daß wir sie nicht einmal bis in die letzte Konsequenz durchdenken wollen. Wir sind Kinder Gottes. Wir können uns das Gesamtbild nicht einmal ansatzweise vorstellen, wenn wir um etwas bitten, geschweige denn, unsere Gebete gegen die konträren Gebete anderer Menschen abwägen. Der Schöpfer hört beides: die hoffnungsvollen Bitten um Sonne für das anstehende Picknick mit der Familie und das Flehen des Bauern um Regen.

Sie werden erstaunt über die Erleichterung sein, sobald Sie die Annahme über Bord werfen, Sie allein wüßten die Antwort auf alle Fragen.

Wenn es scheint, als sei Ihre Bitte nicht gleich erhört oder rundweg verweigert worden, sollten Sie den Schöpfer fragen, ob Sie wirklich um das Richtige beten. Wenn nicht, bitten Sie darum, im Gebet zu Erkenntnis zu gelangen. Oft erhalten wir mit einem »Nein« die

Möglichkeit, uns durch mehr Zeit, Handlungsspielraum, Weisheit und Erfahrung auf den großen Augenblick vorzubereiten, in dem wir klar und unverhofft ein lautes »Ja« des Schöpfers als Antwort vernehmen, weil wir endlich bereit, gewillt und fähig sind, damit umzugehen.

14. NOVEMBER
Wunder

> Es gibt nur zwei Möglichkeiten, dem Leben zu begegnen. Die eine besteht darin, so zu tun, als gäbe es keine Wunder. Die andere besteht darin, so zu tun, als gäbe es nichts als Wunder.
> *Albert Einstein*

Wunder sind nach unserer Vorstellung beispielsweise eine wundersame Heilung von einem körperlichen Gebrechen oder völlig unerwartete, unerklärliche Geschehnisse. In Wirklichkeit ist das Wunder nicht das Ereignis selbst, sondern wie wir es in unserem Leben wahrnehmen. Fragen Sie sich, worin das tatsächliche Wunder besteht: wenn der Scheck endlich eintrifft, der Abgabetermin verlängert wird, der Rechtsstreit außergerichtlich beigelegt werden kann, eine Ausnahme gemacht wird oder wenn wir gelassen und mit lächelndem Gesicht die unerträgliche Situation in Angriff nehmen und bewältigen, wobei wir triumphierend alle Zweifler – uns selbst eingeschlossen – durch unsere Findigkeit und Courage Lügen strafen.

Die Autorin Marianne Williamson definiert ein Wunder als ein Teilen des Nebels, eine Verlagerung der Wahrnehmung, eine Rückkehr zur Liebe. Das geheiligte Kontinuum der Liebe sei es, das Wunder ermöglicht: die Liebe des Schöpfers zu uns, die Liebe, die wir für andere Menschen empfinden, unsere Liebe zu Gott. Doch dann seien wir auf der Erde erwacht und hätten uns mit Gedanken wie Wettbewerb, Kampf, Krankheit, begrenzte Ressourcen, Grenzen, Schuld, Bosheit, Tod, Mangel und Verlust befaßt. Wir hätten begonnen, an diese Dinge zu denken und sie auf diese Weise nach und nach kennengelernt. Die Liebe wurde durch Angst ersetzt.

Wenn unser gesamtes Dasein in Angst gehüllt ist – für viele Frauen das reale Leben –, werden Wunder zur Ausnahmeerscheinung und nicht ein Bestandteil des Alltags. Aber das muß nicht so bleiben. Wir müssen nur den Weg zurück finden, nach Hause, zurück zu unserem authentischen Selbst. Wenn wir uns diese Erkenntnis bewußtmachen, erfahren wir das Wunder des Realen Lebens.

15. NOVEMBER
Der Himmel wacht über uns

> Wir haben einen Schutzengel, der uns leitet... der über uns wacht. Er heilt uns, berührt uns, beschwichtigt uns mit unsichtbaren, warmen Händen... Wie versichern wir uns seiner Hilfe? Indem wir darum bitten. Und ein Dankgebet sprechen.
>
> *Sophie Burnham*

Können Sie sich noch an Ihre Kindheit, an die Vertrautheit und Freude des Zusammenseins mit einer Spielkameradin erinnern, die nur in Ihrer Einbildung existierte? Die Tatsache, daß alle anderen Ihre imaginäre, ständige Begleiterin nicht sehen konnten, bedeutete nicht, daß sie in Ihren Augen nicht real war. Diese Gefährtin – die sie behütet, beschützt, anleitet, inspiriert und liebt – spielt noch immer eine wichtige Rolle in Ihrem Alltag, auch wenn es lange her ist, daß Sie im Sandkasten »Kuchen gebacken« haben.

Engel sind der Beweis dafür, daß Gott uns liebt; sie erinnern uns ständig daran, daß wir nicht allein sind. Fast jeder Mensch hat schon einmal erlebt, daß er in letzter Sekunde von einer unsichtbaren Macht vor einer Gefahr gerettet wurde. In dem Augenblick hatten wir das Gefühl, als ob der Himmel über uns wacht. Und wir hatten recht. Doch obwohl mehr als zwei Drittel aller Menschen an die Existenz von Engeln glauben, ist nicht jeder bereit für eine enge irdische Beziehung mit einem himmlischen, höheren Wesen.

In den vergangenen drei Jahren habe ich eine enge Beziehung zu meinem Schutzengel geknüpft, den ich Annie nenne. Als ich mich innerlich verpflichtete, an meinem spirituellen Wachstum zu arbeiten, suchte ich bewußt eine mystische Freundschaft, und sie hat mir viel Spaß, Trost, Sicherheit und Frieden gebracht. Annies größtes Geschenk bestand darin, daß sie mir half zu entspannen. Sie erinnerte mich ständig daran, daß unser Reales Leben kein Einpersonenmelodram ist, auch wenn ich dazu neige, das Drehbuch immer wieder umzuschreiben. Sosehr ich es mir auch wünsche, ich habe Annie nie zu Gesicht bekommen. Sie läßt sich nicht auf Stichwort aus der Versenkung holen; Schutzengel sind keine Geister, die man durch Reiben der Wunderlampe heraufbeschwört. Wir können uns gleichwohl immer auf unsere ständigen Begleiter verlassen, die uns an die Hand nehmen, uns helfen und uns beflügeln.

Wie bei jedem spirituellen Geschenk müssen wir unseren Schutzengel um seinen Beistand bitten. Wir müssen den Schöpfer bitten, die Beziehung zu unseren himmlischen Leibwächtern zu vertiefen und dafür danken, daß die himmlischen Kommunikationskanäle ständig offen sind.

16. NOVEMBER
Sich vom Strom des Lebens tragen lassen

> Wenn wir uns fragen, ob wir glücklich sind, hören wir schlagartig auf, es zu sein.
>
> *J. S. Mill*

Lassen Sie sich vom Strom des Lebens tragen. Wagen Sie den Sprung ins kalte Wasser und reiten Sie *Big Kahuna*, die Große Welle. Nichts lieber als das. Wie steht's mit Ihnen? Aber das reale Leben schließt heutzutage selten einen Kurzurlaub in Surf City ein – es sei denn, Sie leben in Malibu.

Immer, wenn wir dieses mentale Dahinströmen erleben, befinden wir uns in Höchstform: wir sind hellwach, euphorisch, uns unserer Grenzen nicht bewußt, authentisch, zu persönlichen Bestleistungen fähig. Wir vergessen Essen, Trinken, Sex, Schlaf. Warum? Wir werden von Liebe angetrieben, einem Treibstoff mit hoher Oktanzahl. Wir rufen so laut wir können, daß wir unser Potential ausschöpfen wollen, während ein himmlisches »Bravo!« ertönt. Wir schwelgen in unserer Passion. Wir brauchen keine Mantras, die uns allein durch die Macht der Wiederholung zu positivem Denken motivieren; das Glück beflügelt uns wie eine Rakete, wir schweben wie auf Wolken, unserem angestrebten Ziel entgegen. Hindernisse lösen sich im mentalen Dahinströmen auf. Wir streifen die Fesseln lähmender Gefühle, Ängste und Niedergeschlagenheit ab. Wir befinden uns zwar inmitten dieser Welt, sind aber gewiß nicht von ihr. Wir erfahren eine tiefe innere Befriedigung, einen inneren Frieden, der weit über unser vermeintliches Verstehen hinausgeht. Höchste Wonnen. Ekstase. Transzendenz, die uns von Grund auf verwandelt. Das Gefühl, das uns in Wirklichkeit vorschwebt, wenn uns der Doktor ein Aufputschmittel verschreibt. Was wir mit sechzehn vom Sex erwartet haben.

Die traurige Nachricht ist, daß wir die Große Welle nicht oft genug reiten. Die gute Nachricht ist, daß das mentale Dahinströmen bewußt herbeigeführt werden kann; es verspricht sogar eines der produktivsten Spezialgebiete der psychologischen Forschung im nächsten Jahrzehnt zu werden.

Was hinzu kommt: Dieses Fließen läßt sich oft im Zuge schlichter Freuden, ja sogar mit Arbeit erreichen, wenn wir mit der richtigen inneren Einstellung und Aufmerksamkeit an eine Aufgabe herangehen. Herbeigeführt wird das Dahinströmen durch die ungeteilte Aufmerksamkeit, die Konzentration unserer psychischen Energie auf das, was wir gerade tun. Sobald wir lernen, das Chaos mental auszuklammern, die kreativen Kräfte in unserem Innern zu fokussieren, spornt diese ungeteilte Aufmerksamkeit unsere Fähigkeit an, über unsere eigenen Grenzen hinauszuwachsen.

Wenn wir arbeiten, spielen oder schöpferisch tätig sind, erlangen Rituale eine wesentliche Bedeutung; sie bereiten Geist, Körper und Seele darauf vor, aus unserer Hauptenergiequelle zu schöpfen. Wie Sie morgens am Schreibtisch den vor Ihnen liegenden Tag planen – wenn Sie beispielsweise mit den weichen Bleistiften, die Sie bevorzugen, in Ihrem Reisejournal schreiben, während Ihre Lieblingsmusik im Hintergrund ertönt –, können Sie sich in den Zustand des Fließens versetzen. Auch die weniger spektakulären Augenblicke im

Leben – wenn Sie lesen, Gartenarbeit verrichten, kochen, künstlerisch oder kunsthandwerklich tätig sind – erhalten eine besondere Bedeutung, wenn wir sie als Wellen betrachten, die uns dem mentalen Dahinströmen entgegenbringen. Wenn Sie das Vermächtnis der Vorfahren in Ihrer Familie erforschen, sich bestimmte Momente oder Menschen in Ihrem Leben ins Gedächtnis zurückrufen, oder wenn Sie Glücksbringer sammeln und sichtbar aufbewahren, können Sie dem mentalen Zustand des Fließens den Weg ebnen, weil Sie die Vergangenheit mit der Gegenwart verknüpfen.

Wenn wir für Abwechslung in der Routine des Alltags sorgen, können wir das Dahinfließen herbeiführen, weil das Neue die Häufigkeit der Wellen erhöht; wenn wir auf andere Weise der Liebe huldigen, schüren wir das Feuer der Leidenschaft, das in Gewohnheit erstickt war. Auswendig gelernte Zitate, die uns gefallen, Gedichte, Lieder und Informationen, mit denen wir Gespräche beleben, vermögen das Dahinströmen heraufzubeschwören. Ein Spiel, eine Sportart, eine neue Aktivität zu erlernen, aktiviert den Prozeß des mentalen Fließens. Dies gilt auch für das Alleinsein und Tagträumereien. Wenn Sie Ihrer Phantasie freien Lauf lassen, versetzen Sie damit die Große Welle in Ihrem Innern in Bewegung, weil die Vorstellungskraft die bevorzugte Kommunikationsform zwischen Ihrer Seele und Ihrem Bewußtsein ist.

17. NOVEMBER

Wetterbericht

Es ist ungeheuer komisch, wie viele unterschiedliche Gefühlsklimazonen man jeden Tag passiert.

Anne Morrow Lindbergh

Heute unterschiedliche Bewölkung. Trübe Aussichten. Habe letzte Nacht nicht gut geschlafen; mußte zweimal raus wegen der Kinder. Im Bett rumgewälzt, eingedöst, wieder aufgewacht, war stinksauer deswegen. Könnte am Monatsende liegen; Rechnungen sind fällig. Draußen gießt es in Strömen. Grauer Himmel, dazwischen kurze

Aufhellung, etwas freundlicher, aber die Sonne kommt nicht richtig raus. Wird wahrscheinlich erst gegen Mittag aufklaren, beim Essen mit Freunden. Habe aber die dunkle Vorahnung, die Mittagspause am Schreibtisch zu verbringen. Am Nachmittag bestimmt ein Riesenwirbel, wichtiger Termin rückt näher. Barometer steht sowieso auf Tief: Der Chef grollt, hat die Umsatzzahlen überprüft. Heute abend wird das Barometer weiter fallen: Streit mit meinem Mann wegen der bevorstehenden Weihnachtsfeiertage noch nicht beigelegt. Danach möglicherweise frostige Atmosphäre, also morgen wieder ein ungemütlicher Tag.

Viele Frauen kämpfen heute gegen negative Gewohnheiten, die in eine Sucht ausarten können: Alkohol, Tabletten oder Drogen, Rauchen, Nahrung, Sex, Einkaufen oder Schlafen gehören dazu. Die meisten dieser selbstzerstörerischen Verhaltensweisen sind Themen von Büchern, Zeitungsartikeln und Fernsehreportagen. Doch gibt es noch eine andere weitverbreitete »Gewohnheit«, die in den Medien wenig Beachtung findet: die Abhängigkeit von den emotionalen Hochs und Tiefs.

Es gab einmal eine Zeit in meinem Leben, als ich buchstäblich stundenlang weinen oder vor Wut toben konnte und es oft genug auch tat. Ich war emotionssüchtig, pflegte mich in Selbstmitleid einschließlich Tränen und Gejammer zu suhlen, bis ich erschöpft und außerstande war, eine liebevolle Partnerin oder produktive Autorin zu sein. Emotionale Berg- und Talfahrten sind keine Sache des Temperaments und sollten nicht auf die leichte Schulter genommen werden; sie können dazu führen, daß Beziehungen, Karrieren und Träume in die Brüche gehen. Die Heilung dieser Sucht bestand für mich darin, mir meine Abhängigkeit von dramatischen Effekten bewußtzumachen, mich von einer Kraftquelle therapieren zu lassen, die stärker ist als mein Hang nach Selbstsabotage, und letztlich auf das Theatralische zu verzichten. Ich bete jeden Tag mindestens einmal um emotionale Nüchternheit. Das war für mich der richtige Weg zur Genesung. Allmählich ging es mir besser. Ich wurde von meiner Sucht geheilt. Aber ich weiß, soweit es das Auf und Ab der Gefühle betrifft, werde ich zeitlebens suchtgefährdet bleiben.

Manchmal leistet eine physische Erkrankung der emotionalen

Berg- und Talfahrt Vorschub, zum Beispiel das prämenstruelle Syndrom, eine manische oder klinische Depression, Streß und chronische Erschöpfung. Doch Veränderungen im emotionalen Klima, die unseren Alltag empfindlich beeinträchtigen und zerstören, sind alles andere als komisch.

Es ist wichtig, sich die Muster im emotionalen Klima zu vergegenwärtigen, wenn wir unsere mentale Gesundheit erhalten, unseren Aufgaben gerecht werden und gerngesehene Mitglieder der menschlichen Spezies bleiben wollen. Jede Frau verfügt über ein ureigenes emotionales Muster, genauso einzigartig wie ein Fingerabdruck. Wenn Sie es bei sich selbst noch nicht erkannt haben, sollten Sie bewußt darauf achten. Wenn Sie merken, daß Ihnen ein unmittelbarer Wut- oder Tränenausbruch bevorsteht, treten Sie mental einen Schritt zurück und beobachten sich selbst. Atmen Sie tief durch. Konzentrieren Sie sich auf Ihre Mitte. Zählen Sie bis hundert, bevor Sie ein Ultimatum stellen. Sobald Sie ruhiger geworden sind, lassen Sie die Umstände, die zu der Gefühlsaufwallung geführt haben, vor Ihrem inneren Auge Revue passieren. Sie sind frustriert. Warum? Wieviel Schlaf hatten Sie letzte Nacht? Was haben Sie zu Mittag gegessen? Wie viele Gläser Wein haben Sie getrunken? Wann war Ihre letzte Periode? Wann haben Sie sich zum letzten Mal körperlich verausgabt, zum Beispiel im Sport oder bei der Gymnastik?

Sie sind wütend. Warum? Sie sind niedergeschlagen. Warum? Sie sind voller Haß. Warum? Versuchen Sie, sich mit Ihrem Empfindungen auseinanderzusetzen. Sprechen Sie mit einer guten Freundin darüber. Setzen Sie sich in Ihrem Reisejournal damit auseinander. Schreiben Sie einen Brief, den Sie allerdings nicht abschicken. Bringen Sie Ihren Lebenslauf auf den neuesten Stand. Räumen Sie die Schränke auf oder sortieren Sie Akten am Arbeitsplatz aus. Sobald Sie Ihre Fassung wiedergewonnen haben, überlegen Sie, welche praktischen Maßnahmen Sie ergreifen könnten, um die Situation, wenn nicht grundlegend zu verändern, so doch zumindest erträglicher zu machen. Ja, es muß etwas geben, was Sie tun können. Tun Sie es.

Leider halten sich Emotionssüchtige nicht allzulange mit *positiven* Gefühlen auf, als da sind Dankbarkeit, Vergebung, die Fähigkeit, sich in andere hineinzuversetzen, Bewunderung, Staunen. Aber auch wir sind in der Lage, unsere Authentizität und unser inneres Gleichgewicht durch Freude wiederzugewinnen.

Pflegen Sie die innere Zufriedenheit. Schärfen Sie Ihren Sinn für Humor; er ist die unwiderstehlichste Waffe, das wertvollste Gut, das wir besitzen. Lächeln Sie, vor allem dann, wenn Ihnen nicht im geringsten danach zumute ist. Die physische Bewegung der Muskeln rund um den Mund fördert die Enzymproduktion im Gehirn, ein natürliches Mittel, das Ihre Stimmung hebt.

Es kann keine Verhaltensänderung stattfinden, bevor wir nicht erkannt haben, daß sie unabdingbar ist. Doch es besteht Hoffnung: Keine Sucht vermag sich dem Zugriff der Liebe zu entziehen.

18. NOVEMBER
Der Segen der Freundschaft

> Jeder Freund repräsentiert eine ganze Welt in uns, eine Welt, die vermutlich erst dann geboren wird, wenn dieser Freund in unser Leben tritt. Und nur durch diese Begegnung entsteht eine neue Welt.
>
> *Anaïs Nin*

Engel erinnern uns ständig an die Hingabe, mit der Gott auf unser emotionales, physisches und psychisches Wohl bedacht ist. Das gilt auch für unsere Freunde. Engel überschütten uns mit Beweisen ihrer Liebe und wirken Wunder – wie unsere Freunde. Engel sind himmlische Gesandte; das läßt sich auch von unseren Freunden sagen. Gott teilt sich uns mit durch die Gespräche, die wir mit ihnen führen, durch die Vertraulichkeiten, die wir austauschen, durch die Beichten, die wir ablegen. Vermutlich hat er diesen Weg gewählt, weil wir, wenn überhaupt auf jemanden, dann noch am ehesten auf Freunde hören, die uns bedingungslos lieben und denen unser Glück am Herzen liegt.

Freunde sind die Juwelen in der Krone unserer Zufriedenheit, das I-Tüpfelchen unseres Daseins. Wir sollten sie so pfleglich behandeln wie etwas Kostbares, was sie ja auch sind. Es gibt verschiedene Möglichkeiten, Freundschaften zu pflegen. Die Rituale der Freundschaft spielen dabei eine besonders wichtige Rolle. Laden Sie sich gegenseitig zum Geburtstagsessen in ein Restaurant ein. Leihen Sie Ihren Freundinnen Ihre Lieblingsbücher aus. Lesen Sie zur gleichen Zeit das gleiche Buch und setzen sich einmal im Monat gemütlich bei einer Tasse Tee oder zum Kaffeeklatsch zusammen und sprechen über Ihre Eindrücke. Halten Sie nach interessanten Artikeln in Zeitungen und Zeitschriften, nach Rezepten oder Cartoons Ausschau, die Sie ausschneiden oder fotokopieren und per Post an Ihre Freundinnen verschicken. Bringen Sie sich ihnen mit Grußkarten und einem kleinen Dankeschön in Erinnerung. Ein paar aufmunternde Zeilen in harten Zeiten werden besonders geschätzt, und über einen Anruf freuen sich die meisten noch mehr. Einer Freundin kann man anvertrauen, welche Vorsätze wir Silvester gefaßt oder welche Hoffnungen wir für das neue Jahr haben. Gehen Sie miteinander spazieren. Machen Sie es zu einer Tradition, mindestens einmal im Jahr einen gemeinsamen Ausflug zu unternehmen: sie können in Antiquitäten- oder Trödelläden stöbern, Flohmärkte besuchen, im Sommer zusammen faulenzen oder vor Weihnachten miteinander Geschenke besorgen. Spaß macht es auch, einmal im Jahr Garderobe und Accessoires zu tauschen. Wenn eine Freundin krank ist, sollten Sie ihr einen »Präsentkorb« vorbeibringen, dessen Inhalt den Genesungsprozeß beschleunigt: füllen Sie ihn mit einem fesselnden Roman, Hustentropfen, Papiertaschentüchern, verschiedenen Früchteteesorten, einem Glas selbstgemachter Kraftbrühe und einer kleinen blühenden Pflanze. Schicken oder schenken Sie einer Freundin Blumen: einen Strauß, den Sie spontan bei einem Straßenhändler erstanden haben, bevor Sie sich zum Mittagessen treffen, oder um ihr an trüben Tagen ein Lächeln zu entlocken. Bei einem Todesfall in der Familie einer Freundin sollten Sie ihr anstelle eines Trauergebindes (das werden andere kaufen) ein paar Tage nach der Beisetzung eine schöne Pflanze oder einen Blumenstrauß schicken. Sie werden ihr damit mehr Trost spenden, als Sie sich vorstellen können. In harten Zeiten sollten Sie ihren Namen auf Ihre Gebetsliste setzen. Manchmal sind die Gebete für unsere Freunde das größte Geschenk, das wir ihnen machen können. Schenken Sie einer Freundin hübsche Objekte, die sie bereits sammelt oder sammeln möchte; Sie können das Arsenal zu jedem Geburtstag oder Weihnachtsfest ergänzen. Wenn Sie eine gute Freundin mit einem Geschenk erfreuen wollen, sollten Sie vorzugsweise etwas kaufen, was sie mag, sich selbst aber nicht leisten würde, also etwas zum »Verwöhnen«. Laden Sie Ihre Freundinnen zum Essen ein. In Zeiten, in denen Ihre Beziehung einem Lackmustest unterzogen wird – wenn eine Freundin krank ist oder unter Streß steht –, kochen Sie einfach die doppelte Portion und bringen ihr etwas zu essen nach Hause.

Lassen Sie Ihre Freundinnen vor allem wissen, wie sehr Sie jede von ihnen mögen. Zeigen Sie stets von neuem deutlich, wieviel Ihnen am Geschenk der Freundschaft liegt. Bedauerlicherweise verlieren Sie immer wieder einige wichtige Menschen in Ihrem Leben: Kinder werden flügge und gehen aus dem Haus. Eltern sterben. Geschwister sind aufgrund geographischer Entfernung voneinander getrennt oder entfremden sich. Freundschaften sind dagegen ein roter Faden, der sich durchs ganze gemeinsame Leben ziehen kann. Halten Sie Ihre Freunde in Ehren, nicht nur in Gedanken, sondern auch mit Taten. »Freunde sind diejenigen Menschen, die uns helfen, in höherem Maß wir selbst zu sein«, erinnert uns Merle Shain. »Sie sind die Personen, die wir sein sollen.«

19. NOVEMBER
Die Freundlichkeit Fremder

> Wer immer du auch sein magst –
> ich war immer von der Freundlichkeit Fremder abhängig.
> *Blanche Dubois (Tennessee Williams)*

In der Bibel waren die Engel, die helfend in das Leben der Menschen eingriffen, meistens Fremde, die ein einziges Mal auf der Bildfläche erschienen, ihr Wunder wirkten und dann auf genauso rätselhafte Weise verschwanden, wie sie gekommen waren. Den veröffentlichten Berichten aus erster Hand zufolge hat sich die Standardvorgehensweise der Engel in den letzten fünftausend Jahren kaum wesentlich verändert.

Von heute an sollten Sie Fremden, denen Sie begegnen, mehr Aufmerksamkeit widmen. Suchen Sie die zwischenmenschliche Begegnung. Lächeln Sie. Stellen Sie Blickkontakt her. Beginnen Sie ein Gespräch – man kann schließlich nie wissen. Selbst wenn es sich nicht um einen Engel handelt, erleben Sie vielleicht eine himmlische Fügung. Vor einigen Jahren war ich in New York, wo ich im berühmten Macy's als Gastgeberin der von diesem Konsumtempel veranstalteten »Viktorianischen Lesungen« fungierte. Eines Tages, als ich im Lastenaufzug stand, hielt ich die automatisch schließende Tür für zwei schwerbepackte Angestellte offen, fragte sie, in welche Etage sie wollten, und plauderte ein paar Takte mit ihnen. »Sie sind aber keine waschechte New Yorkerin«, sagte der eine. Als ich seine Vermutung bestätigte, lachten sie. »Haben wir gewußt. Kein New Yorker wäre so freundlich oder hilfsbereit.« Als ich später das Kaufhaus verließ, mühte ich mich mit zwei sperrigen Schachteln, randvoll mit Requisiteobjekten, und einem Plastiksack mit meinem Kostüm ab, als ich zufällig meine neuen Bekannten wiedertraf. Sie erboten sich nicht nur, meine Schachteln zu tragen, sondern begleiteten mich auch bis zur Straße, wo sie warteten, bis ich ein Taxi herbeigewunken hatte; dann verabschiedeten sie sich mit einem Lächeln.

Lehnen Sie niemals das Angebot Fremder ab, Ihnen zu helfen – es sei denn, Sie befinden sich allein auf weiter Flur, an einem finsteren, menschenleeren Ort, wo Sie sich ohnehin nicht aufhalten sollten. Das Leben ist schwer für manche Frauen, aber nach und nach wird mir bewußt, daß es in Wirklichkeit nicht so schwer ist, wie wir es uns machen. Die Probleme im realen Leben entstehen nicht zuletzt, weil wir darauf verzichten, Hilfe zu erbitten – von Familienangehörigen, Freunden, Kollegen, Fremden. Wir fühlen uns unbehaglich, als wäre das Ersuchen ein Eingeständnis unserer Unfähigkeit oder könnte andere zur Vermutung veranlassen, wir würden »hilfloses Weibchen« spielen.

Werfen Sie die selbstsüchtige Annahme über Bord, daß es zuviel verlangt ist, dann und wann um ein wenig Hilfe zu bitten. Wir fallen anderen nämlich nur dann zur Last, wenn wir von der eigenen Überheblichkeit überwältigt werden und darauf angewiesen sind, daß andere unsere Bürde zusätzlich zur eigenen schultern *müssen*.

Seien Sie freundlich zu Fremden. Und lassen Sie zu, daß Fremde freundlich zu Ihnen sind. Stellen Sie sich darunter einen positiven Austausch von Nettigkeit und Einfühlungsvermögen im Kreislauf des Lebens vor. Denken Sie an das Wort des heiligen Paulus: »Manche haben unerkannt einen Engel bewirtet.« Und manche sind unwissentlich einem begegnet und haben ihn weggeschickt, ohne seinen Segen zu erhalten.

20. NOVEMBER
Gesegnet seien die Bande des Blutes

> Nennen Sie es einen Clan, ein unterstützendes Netzwerk, einen Stamm, eine Familie. Als was Sie es auch bezeichnen und wer immer Sie auch sind, Sie brauchen eine.
>
> *Jane Howard*

Um diese Jahreszeit beginnen wir, intensiv an die Verwandtschaft zu denken, manchmal liebevoll, manchmal mit Grauen. Obwohl sich die »Konfiguration« einer Familie seit der Viktorianischen Epoche drastisch verändert hat, ist eines gleich geblieben: unser Bedürfnis nach den engen Bindungen an alle, die uns als eine der Ihren betrachten.

Das reale Leben zerfranst oft die Blutsbande. Einige Familien sind infolge geographischer Entfernung voneinander getrennt, andere durch Entfremdung und anderweitige Verpflichtungen. Heute kümmern sich viele Frauen nicht nur um Kinder und Ehemann, sondern auch um die betagten Eltern. Die ständige Fürsorge verursacht häufig Streß und führt zu emotionalen Spannungen zwischen uns und den Eltern, wenn wir die Verantwortung für ihre Angelegenheiten übernehmen.

Aber es ist uns möglich, den Menschen, die wir lieben, auch auf lange Sicht verbunden zu bleiben, wenn wir dies bewußt planen. Es scheint absurd, daß wir uns gezielt Zeit für liebevolle Gefühle nehmen müssen, einerlei, ob es sich dabei um ein romantisches Tête-à-Tête, eine offizielle Verabredung zum Mittagessen mit der eigenen Schwester oder um ein im Terminkalender eingetragenes, langes Telefongespräch mit dem Bruder oder einer Lieblingscousine handelt. Aber das ist oft der einzige Weg, um Ihr Vorhaben wirklich in die Tat umzusetzen.

Eine meiner Freundinnen hat eine wunderbare Methode entwickelt, um den Kontakt zu ihrem weitläufigen Familienclan und Freundeskreis aufrechtzuhalten. Sie kauft während des Jahres regelmäßig Grußkarten auf Vorrat, die sie zu allen möglichen Anlässen verschickt. Ebenso automatisch, wie sie zu Beginn jedes Monats ihre Rechnungen sichtet und bezahlt, wirft sie einen Blick auf ihren Kalender, um zu sehen, wer Geburtstag hat oder welcher Feiertag ins Haus steht. Oft hätten wir Lust, eine Grußkarte mit besten Wünschen für eine baldige Genesung, einen Glückwunsch zur Geburt oder eine Beileidskarte anläßlich eines Trauerfalls zu verschicken, aber da wir extra losfahren müßten, um sie zu besorgen, unterbleibt die liebevolle Geste – nicht aus Nachlässigkeit, sondern aus Bequemlichkeit.

Seien Sie kreativ, wenn es um Ihre liebevollen Gesten geht. Wenn Sie ein bestimmtes Buch zum Meditieren bevorzugen, besorgen Sie ein weiteres Exemplar für Ihre Schwester und Ihren Bruder. Sagen Sie ihnen, daß Sie an die beiden denken werden, wenn Sie darin lesen. Entwickeln Sie sich zu einer passionierten Sammlerin von Artikeln aus Zeitungen und Zeitschriften, die Ihre Verwandten interessant oder amüsant finden könnten. Ich habe immer eine Schere in Griffweite, wenn ich lese und bewahre die Ausschnitte in einem eigens dafür reservierten Korb auf. Alle paar Wochen, meistens, wenn ich die Rechnungen begleiche, bringe ich sie zur Post. Ich schreibe oft nicht mehr dazu als: »Dachte, das könnte Dich interessieren.« Diese Geste beansprucht nicht mehr als fünf Minuten Zeit, vom Ausschneiden bis zum Aufkleben der Briefmarke, aber die Freude, die Sie jemandem damit machen, steht dazu in keinem Vergleich.

Wenn Sie weit von Ihren Verwandten entfernt leben, sollten Sie regelmäßig Telefongespräche einplanen. Wenn Ihre Eltern alt sind, ist der wöchentliche Kontakt ein beruhigendes und verläßliches Ereignis, auf das sie sich freuen.

Wir erinnern uns alle zu Weihnachten an die Kinder in der Verwandtschaft, aber es erfordert zusätzliche Mühe, auch an die Geburtstage zu denken. Kinder fühlen sich verletzt und grollen insgeheim, wenn diese Geste unterbleibt, und zwar mehr, als Sie es sich vorstellen können. Versuchen Sie, die Bande des Blutes auch an diesen Tagen zu stärken. »Keine Zeit« oder »Ich wollte ja« sind keine Entschuldigung. Niemand hat Zeit, und alle haben die besten Vorsätze. Wir können unserer Erinnerung mit einem System auf die Sprünge helfen.

Erzählen Sie sich Geschichten, die in Ihrer Familie und weitläufigen Verwandtschaft die Runde machen. Nehmen Sie sie auf Kassette auf, damit sie nicht verlorengehen. Bitten Sie vor allem Ihre Eltern und Großeltern, ihre Erinnerungen auf Band zu sprechen. Sollte Ihr Vater nicht mehr leben, wird Ihnen seine Stimme zwar das Herz brechen, aber Ihre Seele heilen. Betrachten Sie mit Muße alte Familienfotos und lassen Sie für jeden Abzüge machen. Legen Sie eine Videothek mit Filmen von Ihren Verwandten an. Versuchen Sie, einmal im Jahr ein großes Familientreffen zu organisieren.

Nachdem die Mutter einer Freundin verstorben war, sollte eine kleine Lebensversicherungssumme unter den erwachsenen Kindern verteilt werden. Meine Freundin und ihre Geschwister wollten den Kontakt zueinander nicht verlieren, was indessen schwierig war, da sie weit voneinander entfernt wohnten. Sie gründeten einen Familienfeierfonds, aus dem Kost und Logis bezahlt wurden, so daß sie sich jeden Sommer wiedersehen konnten. Die ersten Treffen waren von entscheidender Bedeutung; danach war eine neue Familientradition geboren. Inzwischen fühlt sich meine Freundin ihren Brüdern und Schwestern enger verbunden als während der Kindheit.

Simone Weil erklärte: »Fest verwurzelt zu sein ist vielleicht das wichtigste und am wenigsten anerkannte Bedürfnis der menschlichen Seele.« Dies sollte ein wundervolles Meditationsthema für den heutigen Tag sein.

21. NOVEMBER
Dolce far niente

Wir sind vermutlich davor gewarnt worden, die kostbaren Stunden ungenutzt verstreichen zu lassen. Ja, aber einige von ihnen sind nur deshalb kostbar, eben weil wir sie ungenutzt verstreichen lassen.

J. M. Barrie

Lassen Sie uns heute mit geöffnetem Terminkalender meditieren. Wie sieht Ihre Woche aus? An welchem Tag könnten Sie sich freinehmen, ohne das Räderwerk abrupt zum Stillstand zu bringen, weil Sie zeitweilig nicht verfügbar sind, um es in Gang zu halten? Gut. Tragen Sie an diesem Tag ein: »mentale Gesundheitspflege«.

Erinnern Sie sich noch an die »mentale Gesundheitspflege« während der Schulzeit, wenn wir einen Tag »blaugemacht« haben? Es ist an der Zeit, diese alte Tradition wiederaufleben zu lassen. Sie müssen keine Schuldgefühle haben, weil Sie die »Schule schwänzen«; das ist eine reine Präventivmaßnahme. Manchmal wünschte ich mir, ich wäre Frauenärztin. Ich würde meinen Patientinnen einen Tag »blaumachen« verordnen. Ich würde sie überzeugen, daß diese Verschnaufpause ihrer physischen und psychischen Gesundheit dient. Und dann würde ich ihnen ein offizielles Attest in die Hand drücken, das sie zu einem Tag Ruhe vom realen Leben berechtigt. Ich denke, der wichtigste Grund dafür, daß es so schwer ist, erwachsen zu sein, besteht darin, daß uns niemand eine Entschuldigung von der Arbeit, von der Ehe, von der Betreuung unserer Mutter oder vom Fahrdienst schreibt. Keine Sorge, Sie erhalten die Entschuldigung von mir. Stellen Sie mir ebenfalls eine aus?

Blaumachen ist nicht das gleiche wie »abtauchen«. Wenn wir abtauchen, indem wir einen Tag Krankheit vortäuschen oder unbezahlten Urlaub nehmen, weil wir den Streß einfach nicht mehr aushalten, haben wir nicht mehr die kreative Energie zum Blaumachen. Letzteres enthält ein spielerisches Element, und niemand muß davon erfahren, außer Ihrem authentischen Selbst (oder einer guten

Freundin, die zur gleichen Zeit wie Sie den lieben Gott einen guten Mann sein läßt). Schicken Sie Ihren Mann zur Arbeit, rufen Sie in Ihrer Firma an, sagen Sie, wem auch immer, daß Sie morgen wieder voll einsatzfähig sein werden, bringen Sie die Kinder in den Kindergarten oder zur Tagesmutter. Wenn Sie nicht berufstätig sind, rufen Sie einen Babysitter an oder verabreden Sie mit einer anderen Mutter, abwechselnd die Kinder zu hüten.

Nun haben Sie rund acht Stunden zu Ihrer freien Verfügung. Tun Sie, was immer Ihnen am unverfrorensten erscheint – doch vor allem faulenzen. Gönnen Sie sich eine Ganzkörpermassage, eine Pediküre, eine Sitzung bei der Kosmetikerin mit allem Drum und Dran oder ein neues Make-up von Meisterhand. Wie wär's mit einer Aromatherapie-Massage? Oder spielen Sie Touristin und besuchen Sie wieder einmal die örtlichen Sehenswürdigkeiten. Gehen Sie ins Kino. Essen Sie in einem anderen Stadtviertel zu Mittag. Oder bleiben Sie zu Hause und sehen Sie sich eine Seifenoper, Talk-Shows, Sitcom-Klassiker oder Kabelfernsehprogramme an. Lesen Sie einen spannenden Roman von Anfang bis Ende, mit einer kleinen Schachtel edler Pralinen im Schoß. Gehen Sie nicht ans Telefon. Tun Sie nur, was Sie unbedingt müssen, und nicht, was Sie eigentlich tun sollten. Am Ende des Tages haben Sie Seelenpflege betrieben.

Gönnen Sie sich den Luxus des *Dolce far niente*. »Es ist unmöglich, den Müßiggang zu genießen, wenn nicht eine Menge Arbeit auf uns wartet«, gestand der britische Autor der Viktorianischen Epoche, Jerome K. Jerome. »Es macht keinen Spaß, nichts zu tun, wenn man nichts zu tun hat... Müßiggang muß, wie Küsse, gestohlen sein.«

22. NOVEMBER
Meditation für böse Mädchen

> Es ist so leicht, unmoralisch zu sein, ohne es zu wissen, nicht wahr?
>
> *Anne Shirley (L. M. Montgomery)*

Vor einiger Zeit gestand mir eine Freundin am Telefon fröhlich, daß sie ab und zu den Drang verspüre, etwas zu tun, was völlig aus ihrer Art schlage und den Reiz des Verbotenen habe. »Böses Mädchen«, schalt ich sie scherzhaft, aber nicht ohne Bewunderung (vor allem, weil sie zu neunundneunzig Prozent ein richtiger Tugendbolzen ist). Als wir uns nach schier endlosem Gelächter wieder beruhigt hatten, erklärte sie, böse Mädchen könnten den anderen eine Menge beibringen.

Wie man böse Mädchen erkennt? Böse Mädchen schlürfen nur Champagner und Cocktails; sie trinken kein Bier, keinen Wein, keinen Sherry, kein Mineralwasser, keinen Milchkaffee und keinen Darjeeling-Tee. (Sie denken in trockenen Martinis, Campari Orange und Cola-Rum.) Böse Mädchen bevorzugen Strapse, rückenfreie Oberteile mit Spaghettiträgern, hochhackige Schuhe, Netzstrümpfe, Seide, Samt, Leder und weißen Satin, möglichst hauteng, oder schwarzen Satin, möglichst bis zum Bauchnabel dekolletiert. Böse Mädchen haben blonde, rabenschwarze oder feuerrote lange Haare, einen knallroten Mund und ebensolche Nägel. Sie machen Vamps wie Mae West, Rita Hayworth und Ava Gardner Konkurrenz. (Die verruchtesten sind indessen die stillen Wasser mit den mausgrauen Haaren.) Böse Mädchen tragen Caprihosen, hochhackige Pantöffelchen, Cashmere- oder Mohair-Twinsets, Seidentücher über den schmucken Kräusellocken und eine schwarze Sonnenbrille, wenn sie im Supermarkt einkaufen gehen. Und am Abend schmeißen sie sich mit schwarzem Frack und Silberfuchsboa in Schale.

Böse Mädchen stehen in ständigem Kontakt mit dem Weib in ihrem Innern, weil sie daran gewöhnt sind, mit den Dobermännern um die Wette zu rennen, die schwarze Lederhalsbänder mit Nieten tragen. Böse Mädchen machen sich mit der goldenen Kreditkarte des Ex-Ehemannes auf den Weg ins Spielcasino nach Las Vegas, solange ihr eigener Name noch draufsteht. Sie würden für ihre Freundinnen durchs Feuer gehen. Es heißt, daß sie nicht davor zurückschrecken, diejenigen zu foltern, die es wagen, das Herz einer Freundin zu brechen. Böse Mädchen verlassen sich auf ein unterstützendes Netzwerk von Gleichgesinnten. Sie haben ihren eigenen Astrologen. Wissen, daß ein Trip keine sexuell übertragbare Krankheit ist. Böse Mädchen hören Platten von Billie Holiday. Wissen, wie man es anstellt, daß andere Wachs in ihren Händen werden. Böse Mädchen stärken Muskeln, von deren Vorhandensein andere nichts ahnen. Böse Mädchen benutzen sündteure Düfte und verlassen nie das Haus ohne aufsehenerregende Ohrringe. Sie lesen Nietzsche. Lesen Wirtschaftsmagazine. Kennen Goethe und die *Blumen des Bösen*. Böse Mädchen rauchen mit Zigarettenspitze und die ganz verruchten nach dem Essen eine Zigarre.

Böse Mädchen lieben es, sich zu verkleiden: sie schlüpfen in die Haut der Supermutter, der Eisprinzessin und der Bibliothekarin. Böse Mädchen sind dort leidenschaftlich, wo alle anderen auf Distanz gehen. Mögen lieber Gold als Silber. Legen ihren Nabel, aber nie ihre Seele bloß. Böse Mädchen verdienen Kohle auf Ralph-Lauren-Laken. Böse Mädchen heiraten nie aus Liebe, weshalb sie oft ihren Familiennamen ändern. Ganz verruchte haben ein dickes Bankkonto. Böse Mädchen wissen: Was zählt, sind nicht die Karten, die man ausgeteilt bekommt, sondern wie man die Trümpfe ausspielt, die man in der Hand hat. Böse Mädchen gewinnen beim Pokern. Verbinden ihren Urlaub mit dem Backgammonturnier in Monaco. Frequentieren die Billardhallen, räumen ab. Haben einen Buchmacher, einen Banker und einen Anwalt in der Hinterhand. Böse Mädchen spenden fette Schecks für gute Zwecke und feilschen nie mit dem Finanzamt um Steueraufschub. Böse Mädchen sind nicht nur auf Spaß aus, sondern sorgen auch dafür, daß sie ihn haben. Böse Mädchen sind Anhängerinnen der Philosophie des Vergnügens.

Die meisten von uns sind nur im Traum böse Mädchen. Aber ihr

Lebensstil weist ein Muster auf, das Beachtung verdient. Böse Mädchen kaufen, was sie wollen, essen, was sie wollen, tragen, was sie wollen, schlafen, wann sie wollen. Böse Mädchen haben keinen Psychotherapeuten, weil sie ihn nicht brauchen. Sie haben eine Haushälterin und eine Masseurin.

Böse Mädchen erkennen, daß das Leben keine Generalprobe ist, sondern das, was man daraus macht.

Und wie steht's mit Ihnen – gehören Sie zu den bösen oder zu den braven Mädchen? Wie auch immer, Sie sollten sich nur vergewissern, daß Sie authentisch sind.

23. NOVEMBER
Aufrichtiger Dank

> Ein offenes Haus, ein offenes Herz,
> hier gedeiht eine reiche Ernte.
> *Judy Hand*

Der Truthahn brutzelt im Backofen, füllt die Luft mit seinem verheißungsvollen Duft, und mein Herz frohlockt. Die Kuchen kühlen auf dem Gitter aus, überreich mit den Früchten der Erde belegt, und mein Herz ist beglückt. Gespräche, Gesellschaft und Gastlichkeit verwandeln die Räume meines geliebten Zuhauses, und mein Herz verspürt tiefen, inneren Frieden.

Schon bald werden sich meine Lieben – die Familie und gute Freunde – am Eßtisch versammeln, um das Füllhorn der Gaben zu genießen und dem Schöpfer von Herzen zu danken. Während ich festlich den Tisch decke, erinnere ich mich mit tiefer Dankbarkeit an das Vermächtnis der Liebe und der Traditionen, die mich mein Leben lang wie ein Talisman begleitet haben: an frisch gebügelte und gestärkte Tischwäsche, blitzblank polierte Kristallgläser und makellos glänzendes Porzellan. Das Silber schimmert, die Kerzen brennen, die Blumen erfreuen uns mit ihrer Schönheit.

Das ist gut. Das ist sehr gut. Wir sollten festhalten an solchen authentischen Augenblicken der Einfachheit und Fülle. Wir sollten dieses Gefühl der inneren Zufriedenheit bewahren. Wir sollten den Spender all der guten Dinge, die uns gegeben sind, preisen. Der englische Romancier Thomas Hardy war der Ansicht, daß während der ausklingenden Herbsttage eine innere Jahreszeit entsteht, in der wir spirituelle Dimensionen erreichen können, »die einer Ekstase näherkommen« als zu anderen Zeiten des Jahres. Wir sollten in den jubelnden Akkord unserer Seelen einstimmen.

Kommt, meine Schwestern, tut es mir nach. Sprecht ein Dankgebet für die Fülle des Guten, das uns widerfährt. Stimmt ein Danklied in eurer häuslichen Domäne an, hebt das Glas, um dem Frohsinn zu huldigen, dem Herzen, das vor Freude überfließt. Es gibt soviel, wofür wir dankbar sein können. Soviel, was uns ein zufriedenes Lächeln entlockt, soviel, an dem andere teilhaben können. Soviel, daß wir diese Jahreszeit der Vielfalt mit offenen Armen willkommen heißen sollten. Wir haben alles, was wir wirklich brauchen.

Herr, du hast uns soviel gegeben, hast uns mit Reichtümern gesegnet. Gewähre uns, wir bitten dich, noch ein weiteres Ansinnen: Schenk uns die Dankbarkeit des Herzens. Eines Herzens, das nicht vergißt, was du uns Gutes getan hast.

24. NOVEMBER
Gesundheit, eine Gottesgabe

> Der größte Reichtum des Menschen ist Gesundheit.
> *Ralph Waldo Emerson*

In dieser Jahreszeit richten wir unsere Aufmerksamkeit häufig auf das, was wir nicht haben, anstatt auf das zu schauen, was wir tun. Kein Wunder, denn die Weihnachtszeit, die Tage des Kaufrauschs, steht vor der Tür. Vier unliebsame Wochen stehen uns bevor, in denen wir hektisch suchen, finden, kaufen und bestellen – doch nichts für uns selbst. Wir fühlen uns überwältigt von dem Gefühl des Mangels.

Bevor wir uns also ins Gewühl stürzen, wäre es eine Wohltat für unsere Seele, wenn wir die Realität kritisch unter die Lupe nähmen.

Dabei sollten wir, in aller Form, die Einträge auf der Habenseite der Bilanz nicht nur zählen, sondern uns auch voll auf sie konzentrieren. Für das Geld, das uns zur Verfügung steht, können wir in den kommenden Wochen eine Menge kaufen, aber nicht die Dinge, die im Leben am meisten zählen: gute Gesundheit, eine liebevolle und unterstützende Partnerschaft, wohlgeratene Kinder, die Möglichkeit, uns kreativ zu entfalten, und inneren Frieden. Wir vergessen diese altmodischen Werte leicht, nicht weil wir dumm und undankbar sind, sondern weil wir ständig vom Heckmeck des realen Lebens abgelenkt werden. Nun ist die stille Zeit gekommen, in der wir uns wieder darauf besinnen sollten. Was wäre, wenn Sie die Wahl hätten und sämtliche authentischen Werte genießen könnten, mit Garantie, dafür aber auf den neuen BMW vor der Garage verzichten müßten? Oder: Sie erhielten einen BMW einschließlich des erforderlichen Bargelds, mit dem Sie sich ein komfortables Eigenheim samt besagter Garage zu leisten imstande wären, müßten sich dafür aber auf ein Vabanquespiel mit den wahren Werten des Lebens einlassen? Wie würden Sie entscheiden?

Das Gottesgeschenk, über das wir heute meditieren wollen, ist die Gesundheit. Wir können gute Gesundheit nicht kaufen, selbst wenn wir in Geld schwimmen. Wir können damit versuchen, die weltweit besten oder neuesten medizinischen Errungenschaften in Anspruch zu nehmen, aber gute Gesundheit ist für kein Geld der Welt erhältlich. Gesundheit ist ein unschätzbar wertvolles Gut, das uns der Schöpfer verliehen hat, das von den meisten Menschen gleichwohl als selbstverständlich erachtet wird, bis sie krank werden.

Erkennen Sie heute, daß Sie eine reiche Frau sind, auch wenn Sie nicht mehr besitzen als gute Gesundheit. Wenn Sie über einen wachen Verstand, ein gesundes Herz, innere Kraftreserven und kreative Energie verfügen, von denen Sie in Notzeiten zehren können, liegt Ihnen die Welt buchstäblich zu Füßen. Wenn Sie gesund sind, haben Sie *alles*, was Sie brauchen.

Aber Gesundheit ist mehr als das Fehlen von Krankheit. Gute Gesundheit beinhaltet Vitalität, innere Stärke, Energie, emotionales Gleichgewicht, mentale Klarheit und physisches Durchhaltevermögen. Um *diese* Gaben sollten wir in dieser Zeit bitten – und *nicht* darum, daß der Kreditkartenkauf reibungslos über die Bühne geht und wir nicht wegen mangelnder Deckung blamiert bis auf die Knochen und unverrichteter Dinge von dannen ziehen müssen.

Sorgen Sie für vitaminreiche Ernährung. Danken Sie Gott für die gute Gesundheit, die Ihnen zuteil wurde, und bitten Sie darum, daß sie Ihnen noch lange erhalten bleiben möge. Wenn es nur eine einzige spirituelle Lektion gäbe, die ich in Ihr Gedächtnis einprägen könnte, dann wäre es der dringende Rat, den Schöpfer darum zu bitten. Bittet, und euch wird gegeben. Und sollte Ihre Bitte unerhört bleiben, haben Sie es zumindest versucht. Bitten Sie heute um etwas ganz Bestimmtes: zum Beispiel um die kreative und physische Energie, die Sie brauchen werden, um die Adventszeit nicht nur gut zu überstehen, sondern auch zu genießen.

25. NOVEMBER
Wenn Sie krank sind

> Krankheit ist der Arzt, dem wir unverzüglich Folge leisten;
> Freundlichkeit und Wissen nötigen uns nur Versprechen ab;
> dem Schmerz gehorchen wir aufs Wort.
>
> *Marcel Proust*

»Sie fühlen sich, als wären Sie todkrank, Sie sehen aus, als wären Sie todkrank, und Sie klingen, als wären Sie todkrank«, diagnostizierte meine Hausärztin, während sie die Laborberichte und Röntgenbilder studierte. »Gottlob ist es nicht ganz so schlimm. Sie haben einen Gripperückfall, vereiterte Nebenhöhlen und obendrein auch noch eine Rippenfellentzündung. Ich verschreibe Ihnen Antibiotika und strikte Bettruhe, bis Sie über den Berg sind. Das dürfte etwa in einer Woche oder zehn Tagen der Fall sein.« Als ich schwach protestierte, daß ich bereits seit drei Wochen an meiner Grippe herumlaboriere und mit meiner Arbeit weit im Rückstand sei, nickte die Ärztin mitfühlend. »Gut, dann fahren Sie nach Hause, nehmen Ihre Medizin ein, ziehen Ihren Schlafanzug an und meditieren darüber, wie wichtig es ist, sich selbst fürsorglich zu behandeln – vor allem, wenn man krank ist. Aber ich werde sehr böse, wenn wir uns das nächste Mal im Krankenhaus wiedersehen.«

Ich hielt mich an ihre Anweisungen – jedenfalls weitgehend. Die Botschaft des heutigen Tages wurde klammheimlich unter der Bettdecke verfaßt.

Die meisten Frauen legen sich deshalb nicht ins Bett, wenn sie krank sind, weil sie nicht können. Die Kinder müssen versorgt werden, die Arbeit erledigt sich auch nicht von allein, und wer soll das Essen auf den Tisch bringen? Das Leben geht unerbittlich weiter. Und so quälen wir uns weiter ab und sehen aus wie Gevatterin Tod, bis wir aus den Pantinen kippen. Eines Morgens können Sie sich dann einfach nicht mehr aus dem Bett rühren, und das hat seinen Grund: Sie sind krank. Einen Tag lang oder auch zwei – allerhöchstens – gestatten Sie sich eine Verschnaufpause. Ihr Partner und/oder Ihre im Haushalt lebenden Kinder erkundigen sich mitfühlend, ob Sie etwas brauchen, dann schließen sie leise die Schlafzimmertür, damit Sie ruhen können. Ab und zu steckt jemand den Kopf zur Tür herein, um nach dem Rechten zu sehen, denn der Anblick einer Mutter, die tagsüber mehr als zwei Stunden im Bett liegt, kommt einem seismischen Beben gleich, auf der Richter-Skala mit 6,5 gemessen. »Geht's dir besser?« will man jedesmal mit betont aufmunternder Miene wissen. Wird die Frage oft genug gestellt, so sagen Sie schließlich ja, auch wenn es nicht der Wahrheit entspricht. Sie stehen auf, ziehen sich an und machen sich wieder bereit, Schwerter zu schlucken, während Sie gleichzeitig mit brennenden Fackeln jonglieren. Die Show muß weitergehen.

Aber manchmal schaffen wir es nicht, uns aufzurappeln. Wir sind so ausgelaugt und erschöpft, daß wir unsere Erkrankung einfach nicht loswerden. Dann wird aus einer hartnäckigen Erkältung eine Bronchitis, oder wir brechen uns einen Knochen, kugeln uns ein Gelenk aus. Manchmal werden wir mit dem Undenkbaren konfrontiert: dem Knoten in der Brust, der vermehrten Anzahl weißer Blutkörperchen, dem dumpfen Kopfschmerz, dem Stechen im Oberkörper, Anzeichen, die uns unter die Knute der Krankheit nötigen. Wir werden nicht höflich aufgefordert, eine Zeitlang innezuhalten und eine Verschnaufpause einzulegen, um unseren Kurs später fortzusetzen. Nein, wir werden abrupt zum Stillstand gezwungen.

Die zutiefst spirituelle Südstaatenautorin Flannery O'Connor gelangte zu folgender Überzeugung: »In gewisser Hinsicht ist Krankheit ein Ort, der aufschlußreicher sein kann als eine lange Europareise, ein Ort, an den uns niemals jemand begleiten, an den uns niemand folgen kann.« Wenn Sie das nächste Mal krank sind, sollten Sie aufhören, sich deswegen Schuldgefühle zu machen. Und werfen Sie die abenteuerliche und gefährliche Vorstellung über Bord, daß *alles weitere allein in Ihrer Hand liegt*. Statt den unweigerlichen Mißerfolg vorzuprogrammieren, sollten Sie sich selbst gestatten, so lange aus dem Alltag auszusteigen, wie es nötig ist, damit Sie zum einen gesund werden und zum zweiten den merkwürdigen, aber zeitweilig notwendigen Umweg erforschen. Seien Sie offen für die Erkenntnisse, ähnlich einem Touristen, der Neuland erkundet.

Wenn mich der Unfall in dem Fast-food-Restaurant vor zwölf Jahren nicht ans Bett gefesselt hätte, wäre ich vermutlich nie auf die Idee gekommen, mich selbständig zu machen, eine Kolumne zu schreiben und am Ende drei Bücher zu veröffentlichen. Die erzwungene Ruhepause, die nahezu zwei Jahre andauerte, bot mir nach der Genesung von der Kopfverletzung die Gelegenheit zu einer Kurskorrektur. Jede Krankheit, von der Erkältung bis zum Krebs, enthält eine lebensbestätigende Lektion, wenn wir gewillt sind, sie zu erkennen und anzunehmen. Sie kann einfach oder kompliziert und von großer Tragweite sein. Vielleicht müssen wir lernen, in Zukunft besser auf unsere Gesundheit zu achten, um sie langfristig zu erhalten. Müssen mehr Harmonie in unseren Alltag bringen. Einen Ausgleich zwischen persönlicher Freizeit und Forderungen im Berufs- und Privatleben finden. Die subtilen Schattierungen der düsteren Tage und lichten Stunden gleichermaßen wahrnehmen. Uns um Ganzheitlichkeit und Heilung auf mentaler wie physischer Ebene bemühen. Nicht nur Symptome kurieren und nach Heilmöglichkeiten Ausschau halten, sondern auch die tiefer verwurzelten Ursachen ergründen.

Flannery O'Connor forschte nach den positiven Aspekten ihrer Krankheit, bis sie die Lektionen des *Lupus* als »göttliche Gnade« betrachtete. Vielleicht werden wir nie eine derartige spirituelle Größe erreichen. Aber wenn Sie sich das nächste Mal schlecht fühlen, sollten Sie sanft und einfühlsam mit sich umgehen. Sie werden auf Anhieb eine Besserung verspüren.

26. NOVEMBER
Das beste Schlafmittel

> Es besteht Hoffnung für uns alle. Nun, wie dem auch sei, wenn wir nicht sterben, leben wir, tagein, tagaus.
>
> *Mary Beckett*

In manchen Nächten branden die Wellen der Erschöpfung unerbittlich gegen unser Gehirn, umtosen unser Herz, überschwemmen unseren Körper und drohen unsere Selbstschutzmechanismen hinwegzuspülen wie Sanddünen am Meeresufer. Das Wasser ist eisig, dunkel und tief. Mittel, die uns in der Vergangenheit gute Dienste geleistet haben – Alkohol, Medikamente, Essen, Sex, Einkaufen, Arbeit – lenken unsere Aufmerksamkeit von den gefährlichen unterirdischen Strömungen ab. Nichts scheint die reißende Flut zurückhalten zu können. Wir brauchen einen Rettungsanker, damit wir nicht an unserer Enttäuschung ertrinken.

Wenn diese Nächte kommen und ich allein am Ufer des zusammenbrechenden Glaubens gestrandet bin, habe ich stets Trost und Zuflucht in einem Gebet gefunden, das mir hilft, mich auf meine Mitte zu konzentrieren. Es wurde von Dame Julian of Norwich verfaßt, einer englischen Mystikerin aus dem dreizehnten Jahrhundert:

> Alles wird sich fügen.
> Und alles wird sich fügen.
> Und alles Erdenkliche wird sich fügen.

Diese schlichte Bestätigung des Glaubens ist besonders trostreich, weil sie die dunkle, unter der Oberfläche verborgene Traurigkeit des

Unerklärlichen, des Unausgesprochenen, Ungelösten, Ungerechten und Unleugbaren mindert, das meine Seele wie ein Stachel durchbohrt, sobald ich die Augen schließe. Ich murmele das Gebet wieder und wieder vor mich hin, lautlos, wie ein Mantra, und versuche gar nicht erst, die Bedeutung der Worte zu verstehen, weil ich es nicht kann. Manche Geheimnisse entziehen sich dem Zugriff der Vernunft. Manche Geheimnisse werden wir niemals lösen. Niemals kennen.

Statt also krampfhaft nach Deutungen zu suchen, lasse ich einfach zu, daß der Geist der Worte mein Herz und meine Gedanken zur Ruhe kommen läßt, bis der Schlaf mich übermannt. Manchmal sind wir nicht in der Lage, den Sinn zu erkennen. *Manchmal macht keines der Worte Sinn.* Manchmal ist es einfach so und nicht anders, punktum. Doch wenn wir uns in Geduld üben, bis die Nacht einem neuen Morgen weicht, wird alles gut werden. Selbst wenn nicht das eintritt, was wir erhofft und woran wir von ganzem Herzen geglaubt hatten.

> Alles wird sich fügen.
> Und alles wird sich fügen.
> Und alles Erdenkliche wird sich fügen.

27. NOVEMBER

Was Frauen sich wünschen

> Die große Frage…, die ich trotz dreißig Jahren Forschung auf dem Gebiet der weiblichen Psyche nicht beantworten konnte, lautet: »Was wünscht sich eine Frau?«
>
> *Sigmund Freud*

Ein Nickerchen, lieber Doktor Freud. Ein Nickerchen!

Jetzt. Heute. Na gut, wenn nicht heute, dann wenigstens am Sonntag nachmittag. Das ist das parteipolitische Programm, das ich im Wahlkampf vertreten würde: acht Stunden Arbeit, acht Stunden Ruhe, acht Stunden tun, was uns gerade in den Sinn kommt. Sollten Sie auch nur eine dieser Mußestunden in Form eines Nickerchens auf dem Bett unter einer kuscheligen Decke bei geschlossener Tür und zugezogenen Vorhängen verbringen, sind Sie für mich eine Frau mit Durchblick.

Ein Nickerchen ist nicht mit Schlaf zu verwechseln. Wir schlafen, um unsere Batterien wieder aufzuladen und halten ein Nickerchen, um unserer Seele eine Wohltat zu erweisen. Mittels letzterem gönnen wir unseren Augen eine Ruhepause, während unsere Phantasie Purzelbäume schlägt. Sich auf die nächste Runde vorbereitet. Aussondiert, durchforstet, das Profunde vom Profanen trennt, das Mögliche vom Unwahrscheinlichen. Wir üben ein letztes Mal unsere Rede bei der Nobelpreisverleihung, nehmen freudig überrascht den McArthur Award entgegen, der uns für unsere genialen Fähigkeiten zuerkannt wurde. Das erfordert eine optimale mentale Position. Wenn wir Glück haben, driften wir ab in den Schlaf, aber wir weichen nicht weit vom Kurs ab. Nur so weit, um unsere Kreativität aus dem Chaos zu retten.

Wo macht *frau* am besten ein Nickerchen? Im Schlafzimmer. Auf der Couch im Wohnzimmer, wenn Sie Ihre Eltern besuchen, während diese den Enkeln einbleuen, ihre arme Mutter in Ruhe zu lassen und spielen zu gehen (genauso, wie man es Ihnen eingetrichtert hat, als Ihre arme Mutter eine Weile allein sein wollte). Oder in der Hängematte. Auf der Chaiselongue. Unter einem Sonnenschirm am Strand. In einem Schaukelstuhl vor dem offenen Kamin.

Wie lange sollte *frau* ein Nickerchen machen? Mindestens eine Stunde.

Wie stellt *frau* das an, wenn sie kleine Kinder hat? Sie hält ein Nickerchen, wenn die Sprößlinge das gleiche tun. Die brauchen keinen Mittagsschlaf mehr? Das wird sich ab jetzt ändern.

Wie macht *frau* ein Nickerchen, wenn sie berufstätig ist? Leider ist das ein wenig schwieriger, es sei denn, Sie nehmen sich Zeit für den sprichwörtlichen Büroschlaf: Tür schließen und Kopf auf den Schreibtisch legen, wenn auch nur kurz. Normalerweise gelingt das erst dann, wenn Ihnen die Augen vor Müdigkeit automatisch zufallen. Weshalb die Tradition des Sonntagmittagschläfchens um so wichtiger ist. Wenn Sie bis ans Ende Ihres Lebens glücklich sein wollen, ist das Nickerchen ein absolutes Muß.

Wie hebt *frau* diese Tradition aus der Taufe? Sonntag um Punkt zwei Uhr nachmittags, wenn das Mittagessen beendet und die Küche aufgeräumt ist, ziehen Sie sich zurück. Versichern Sie Ihren Lieben, daß Sie wiederkommen werden. Sagen Sie allen, die an Ihrem Aufenthaltsort interessiert sein könnten, daß Sie ein kniffliges Problem lösen müssen – allein. Im Notfall setzen Sie eine Miene auf, als wollten Sie gleich etwas Produktives leisten, oder Sie nehmen die Zeitung mit, als wollten Sie diese lesen. Bitte kein schlechtes Gewissen, das ist reine Notwehr. Und dann kriechen Sie unter die Decke. Bravo! Sie haben es geschafft.

»Kein Tag ist so schlecht, daß er nicht mit einem Nickerchen gerettet werden könnte«, hat Carrie Snow entdeckt. Und kein Tag ist so gut, daß er nicht mit einer Verschnaufpause besser werden könnte.

28. NOVEMBER
Tagträume

> Tagträume sind keine mentale Leere, sondern vielmehr das Geschenk einer Stunde, die um die Fülle der Seele weiß.
> *Gaston Bachelard*

Wurden Sie während der Jahre, in denen Sie noch staunen und an Wunder glauben konnten, mit strengen Worten ermahnt, von Ihrem Wolkenkuckucksheim herunterzusteigen? Und endlich aufzuhören, mit offenen Augen zu träumen? Leider ist es mir so ergangen. Ich habe drei Jahrzehnte gebraucht, um den anerzogenen Hang zu nüchternem Denken zu überwinden. Stellen Sie sich vor, was aus Ihnen geworden wäre, wenn man Sie ermutigt hätte, Ihre kreativen Tagträume als eine positive spirituelle Gabe zu betrachten!

Tagträume sind der Nährboden, in dem unsere Phantasie gedeiht und nach dem Licht der Erkenntnis strebt. Tagträume fördern die Kreativität und ermöglichen Wunschträume, Visualisierung und manchmal auch Visionen. Viele meinen, Tagträume wären nichts als Phantasien, aber das ist ein Trugschluß: Phantasien beinhalten ein gewisses Maß an Unwahrscheinlichkeit und Gefahren. Phantasien sind das Salz in der Suppe des Lebens; wir alle kennen Phantasien aus eigener Erfahrung, vor allem sexuelle, und sie können eine äußerst heilsame Wirkung haben. Phantasien erlauben unserem Schatten-Ich, unannehmbare Neigungen in der Sicherheit eines inneren Hologramms auszuleben. Die Frau des amerikanischen Fernsehpredigers Billy Graham wurde einmal gefragt, ob sie jemals daran gedacht habe, sich von ihrem berühmten Mann zu trennen, mit dem sie ein halbes Jahrhundert verheiratet war. Nein, erwiderte sie, aber Mordgedanken seien ihr nicht fremd.

Wir müssen in einen Tagtraum eintreten wie in eine andere Welt, bevor wir ihn genießen können: durch die Bereitschaft, mit offenen Augen jeden bewußten Gedanken an die Realität aufzugeben. Dichter, Maler, Schriftsteller, Musiker und Wissenschaftler wissen, daß sie dabei nicht selten von der Muse geküßt werden, selbst wenn der Tagtraum nicht das geringste mit dem Arbeitsprojekt zu tun hat, mit dem sie gerade befaßt sind. Tagträume scheinen durch einen Filter wahrgenommen zu werden, durch einen hauchfeinen Gazeschleier, der das Bewußtsein umhüllt. Tagträume sind immer angenehm, brauchen aber Zeit. Ich muß mindestens fünfzehn Minuten lang aktiv tagträumen, bevor ich in das Reich der Fiktion gelange. Wir erkennen einen Tagtraum, wenn wir das Gefühl haben, abrupt auf den Boden der Tatsachen und in unseren Körper zurückzukehren, aus dem wir kurzfristig entflohen waren.

Die Visualisierung ist die virtuelle Realität des Tagträumens: Wir entwickeln dabei bewußt ein positives Szenario unserer Zukunftsvorstellungen. Bei der Visualisierung gestalten wir den Film, den wir vor unserem inneren Auge abspulen, so wirklichkeits- und detailgetreu wie eben möglich. Wir verleihen der Szene mit Hilfe aller Sinneswahrnehmungen Farbe, bis das Bild, das wir vor uns sehen, so realistisch ist, daß es eine handfeste emotionale Reaktion auslöst: Glücksgefühle, Ekstase, überschwengliche Freude, Erleichterung, Dankbarkeit. Da unser Unterbewußtsein nicht imstande ist, zwischen Wirklichkeit und virtueller Realität zu unterscheiden, führen bewußte Visualisierungen im Verlauf der Zeit meistens zum Ziel. Das Unterbewußtsein ist ein gefügiger Diener der Seele; es tritt die

Lawine los, damit sich im Schneeballsystem genau die Verhaltensweisen und Situationen entwickeln, die unerläßlich sind, um das gewünschte Programm praktisch umzusetzen. Antriebskraft des Unterbewußtseins ist der Glaube. Sie kennen ja das Sprichwort, daß der Glaube Berge versetzt.

Visionen sind göttliche Botschaften, die in übersinnlichen Vorstellungsbildern Eingang finden. Visionen sind in aller Regel Heiligen, Mystikern und Schamanen vorbehalten, weil diese über die ausreichende spirituelle Stärke verfügen, um damit umzugehen. Wir können Visionen nicht mittels purer Willenskraft entwickeln, obwohl sie sich nicht selten in Tagträumen heraufbeschwören lassen. Wenn Sie also keine Visionen haben, sollten Sie darin eine göttliche Fügung sehen. Visionen verändern unser Leben nachhaltig, dramatisch, explosiv und häufig gewaltsam. Wir können nicht einfach zur Tagesordnung übergehen und so tun, als sei nichts gewesen, wenn wir eine Vision hatten. Wir werden dadurch mit einem Quantensprung in unsere Zukunft katapultiert. Menschen, die bemüht sind, Visionen bewußt herbeizuführen, bereiten sich normalerweise in tagelanger Abgeschiedenheit von der Außenwelt auf den großen Augenblick der Erleuchtung vor. Die Indianer Nordamerikas und die australischen Aborigines machen sich im Rahmen ihrer Initiationsriten auf die »Suche nach einer Vision«, doch diese alte Stammestradition läßt sich nicht einfach in das reale Leben einer Frau von heute übertragen. Es gibt zahlreiche empfehlenswerte Bücher mit Informationen über die verschiedenen spirituellen Pfade, aber die meisten scheinen von Leuten geschrieben worden zu sein, die keine Kinder haben: sie sind ungebunden und können reisen, können Aschrams, Konvente, Klöster, spirituelle Kraftzentren und geheiligte Stätten besuchen, wo sich Himmel und Erde vereinigen. Uns Frauen von heute bleibt keine andere Wahl, als diese spirituellen Knotenpunkte in unserem Alltag zu finden. Uns wurde das Handwerkszeug des Gebets, der Meditation, der kreativen Abgeschiedenheit, der Dankbarkeit, Schlichtheit, inneren und äußeren Ordnung, der Harmonie, Schönheit, der Freude und der Tagträume überantwortet. Ein Traum gleiche einer Inschrift, sagt der italienische Schriftsteller Umberto Eco in *Der Name der Rose*. Wenn wir Gottes

Handschrift und Erleuchtung suchen, werden wir sie finden, selbst wenn sie sich uns während einer Busfahrt oder beim Zusammenfalten der Wäsche enthüllt.

29. NOVEMBER
Nachtfluchten

> Träume sind Illustrationen... in dem Buch, das die Seele über uns schreibt.
>
> *Marsha Norman*

Letzte Nacht träumte ich, daß ich auf einem Flohmarkt nach dem Heiligen Gral suchte, der unter einem Berg goldener, silberner und kupferner Zuckerschalen verborgen lag. Ich hatte ihn gerade erspäht, als eine rosafarbene Porzellanvase, von der ich nicht einmal wußte, daß ich sie in der Hand hielt, auf dem Betonboden in tausend Scherben zersprang, und ich mußte eiligst in ein tosendes Unwetter hinaus, um die Kinder vom Strand abzuholen. Ich bin sicher, daß dieser Traum eine verschlüsselte Botschaft enthält; leider fehlte mir bisher die Zeit, mich damit eingehender zu befassen. Aber zumindest habe ich ihn aufgeschrieben, so daß ich ihn mit Unterstützung der himmlischen Mächte deuten kann, sobald sich eine Gelegenheit ergibt, konzentriert darüber nachzudenken.

Seit ich auf dem Weg der Authentizität unterwegs bin, habe ich mehr Nachtfluchten in Technicolor erlebt als je zuvor in meinem Leben. Der Mensch träumt bekanntlich jede Nacht, auch wenn wir uns nach dem Aufwachen nicht immer an den Inhalt unseres Traumes erinnern. Wenn Sie sich auf die Suche nach Ihrer wahren Identität begeben, sollte es Sie nicht überraschen, wenn Ihnen morgens häufiger Träume gewärtig sind. Das ist kein Zufall. Wir signalisieren unsere Aufnahmebereitschaft für göttliche Botschaften in Tagträumen, und unser authentisches Selbst reagiert darauf mit einem visuellen Fax in Form einer Nachtflucht.

Unsere Träume sind kodierte Berichte, die uns der Himmel schickt; sie geben uns Aufschluß über unseren Ausgangspunkt, den

Weg und das Ziel. Ein Traum ist ein authentischer Rosette-Stein: er wurde in Ägypten gefunden und ist für die Entzifferung der Hieroglyphen wichtig. Jede Nacht werden neue Hieroglyphen eingeritzt, aber nicht in ägyptischer Sprache. Die göttlichen Inschriften sind vertraute Gesichter, Schauplätze, Objekte, Aktivitäten, Konflikte. Wir brauchen lediglich Zeit, um sie zu entziffern. Träume sind Problemlösungsinstrumente. Wenn uns ein Aktionskurs rätselhaft erscheint oder wenn wir kreative Orientierungshilfen brauchen, können wir göttliche Unterstützung auf der Traumebene anfordern. Wissenschaftler, Erfinder, Schriftsteller und Komponisten führen im Rahmen ihrer Nachtfluchten Brainstorming-Sitzungen mit ihrem authentischen Selbst durch, um ihre Kreativität bei der Ideenfindung anzukurbeln. Beethoven und Brahms pflegten mitten in der Nacht aus dem Bett zu springen, um Noten aufzuschreiben, die ihnen im Traum eingefallen waren. Thoreau verwahrte immer Bleistift und Papier unter seinem Kopfkissen. Samuel Taylor Coleridge flog der gesamte Text zu seinem Gedicht »Kubla-Khan« in einem Traum zu, und Robert Louis Stevenson dachte sich *Der seltsame Fall des Doktor Jekyll und des Herrn Hyde* von A bis Z im Traum aus.

Die aufschlußreichsten Träume stellen sich ein, wenn wir in der Nacht gut schlafen und nicht todmüde oder alkoholisiert ins Bett gefallen sind. Falls Sie den Traum nicht gleich aufschreiben können, weil Sie keinen Stift zur Hand oder Kinder haben, sollten Sie nach dem Aufwachen noch einen Moment still liegen bleiben, bevor Sie aufstehen, um ihn sich wieder in Erinnerung zu rufen. Wenn Sie ihn dann später notieren, werden Sie erstaunt sein, wie viele Einzelheiten Ihnen einfallen, die Ihnen nicht mehr geläufig waren. Nach ein paar Stunden, in denen das Bewußtsein auf Hochtouren arbeitet, verblassen die lebhaften Nachtfluchten und versinken wieder im Dämmer.

Der Schweizer Psychologe Carl Gustav Jung war der Ansicht, daß alle Personen, die in unseren Träumen vorkommen, Aspekte unseres Selbst sind. In diesem Fall hat mir der Schöpfer letzte Nacht im Traum ein klares Zeichen gegeben, daß die einfache Fülle – die Suche nach meinem authentischen Selbst – der richtige Weg ist, dem ich folgen muß, um jene Frau zu werden, die ich wirklich bin. Aber ich glaube nicht, daß diese Traumdeutungsbotschaft für mich allein bestimmt war.

Der Heilige Gral ist Sinnbild unserer wahren Identität. Er verbirgt sich hinter Dingen, die uns vertraut sind: unser Heim, die Familie, Arbeit, Privatleben. Doch die scheinbar gewöhnliche Fassade – die Zuckerschalen – sind der eigentliche Schatz, denn sie bestehen aus kostbaren Metallen. Die Vase, die am Boden in tausend Scherben zersplittert, ist der Mensch, der wir waren, bevor wir zu der Erkenntnis des göttlichen Aspekts in unserem Selbst gelangt sind. Unsere Authentizität beginnt sich im Alltag zu offenbaren, aber dabei werden häufig Stürme aus heiterem Himmel entfesselt, weil unser Ego versucht, uns durch Einschüchterungstaktiken in den Kerker des Leugnens zurückzutreiben. Wir ähneln Kindern, die sich während des Unwetters am Strand zusammengekauert und Angst haben, sich vom Fleck zu rühren. Wir fühlen uns verlassen und schutzlos den Mächten des Schicksals preisgegeben. Und plötzlich, wenn wir aufblicken, sehen wir, wie unser authentisches Selbst uns zu Hilfe eilt: stark, schön und mutig. Sie legt schützend die Arme um uns und versichert, daß es nichts gibt, wovor wir uns fürchten müßten. Sie ist gekommen, um uns in Sicherheit zu bringen. Um uns den Rückweg zur Ganzheitlichkeit zu zeigen. Um uns nach Hause zu geleiten.

30. NOVEMBER

Kontrollverlust

> Wir schlafen am tiefsten, wenn wir am Kontrollpaneel sitzen und fälschlicherweise meinen, wir wären imstande, überhaupt irgendeinen Hebel in Bewegung zu setzen.
>
> *Annie Dillard*

»Das Leben ist eine Illusion«, seufzte Mata Hari, die berühmt-berüchtigte Doppelagentin aus dem Ersten Weltkrieg, als sie sich 1917 einem französischen Erschießungskommando gegenübersah. Sie wissen vielleicht, was man über die letzten Worte vor der Hinrichtung sagt: Sie enthüllen die Wahrheit, wie unglaubwürdig sie auch klingen mögen. Fest steht, daß Mata Hari in einer Welt der Trugbilder und Illusionen lebte. Sie war ein Spielball männlicher Begierden, bis sie sich selbst verkaufte – in der irrigen Annahme, sie habe alles unter Kontrolle. Sie becircte französische Offiziere mit ihren Reizen und brachte sie dazu, militärische Geheimnisse preiszugeben, die sie gegen klingende Münze an die Deutschen verriet. Dann entlockte sie den Deutschen vertrauliche Informationen, die bei den Franzosen hoch im Kurs standen. Aber das Problem mit solchen Illusionen besteht darin, wie die berühmte Femme fatale zu ihrem Leidwesen feststellen mußte, daß man sie nicht bis in alle Ewigkeit aufrechterhalten kann. Irgendwann lösen sie sich in Rauch auf, und wenn sich der Sturm verzogen hat, ist der Initiator unter Umständen selbst auf der Strecke geblieben.

Illusionen sind die Doppelagenten des Bewußtseins. Unserem Ego mißfällt der Gedanke, daß jemand – und schon gar nicht seine größte Gegenspielerin, das authentische Selbst – etwas besser kann. Und so verleitet es das rationale Bewußtsein, an Dinge zu glauben, die uns bei der Bewältigung unseres Lebens helfen: daß er diesmal wirklich mit dem Trinken aufhört, daß die Kinder lediglich in der Trotzphase stecken, daß es bei dem Streit nur um Geld und nicht um Macht geht oder daß wir es doch schaffen, wenn *wir uns noch mehr anstrengen*. Vielleicht erfüllen sich diese Wunschvorstellungen. Doch wenn nicht, haben wir ein doppeltes Kreuz zu tragen. Sobald die Realitätsflucht die Oberhand gewinnt, tritt die Meisterillusion – die mentale Mata Hari –, auf den Plan und landet ihren großen Coup, um uns zu überzeugen, daß sich das Leben manipulieren läßt.

Das Leben nicht, aber wir lassen uns von einem Trugbild manipulieren. Sobald ein paar Wochen zu Hause oder am Arbeitsplatz reibungslos verlaufen, lassen wir uns zu dem Gedanken hinreißen, wir könnten auch unsere zwischenmenschlichen Beziehungen oder den Lauf des Schicksals manipulieren und kontrollieren. Wir ziehen sämtliche Register, so daß sich aufgrund des Einsatzes schierer Willenskraft alles zum richtigen Zeitpunkt am richtigen Ort befindet. Aber wenn wir uns einbilden, wir könnten immer und jederzeit das Verhalten eines anderen Menschen oder ein bestimmtes Ergebnis steuern, sind wir genauso blind für die Realität wie eine Süchtige, die meint, jederzeit mit Crack oder Kokain aufhören zu können. Wir meinen, wir wären imstande, durch pure Willensanstrengung den Tag, die Verhandlung, den Termin, die Scheidung, die Krankheit zu meistern: ein Klacks, wenn wir alles unter Kontrolle haben! Sobald wir merken, daß uns das trotz jeglichen Bemühens nicht gelingt, verlieren wir auch noch die Kontrolle über uns selbst und geraten ins Trudeln.

Und obwohl es uns gelingen mag, die traurige Hülle der Illusionen abzustreifen, trifft uns der Verlust häufig schwerer als die Realität des Scherbenhaufens, den sie hinterläßt. Die gute Neuigkeit ist jedoch, daß wir die Splitter aufklauben und das Beste aus der Situation machen können – unter einer Voraussetzung: Wir müssen uns vergegenwärtigen, daß wir uns selbst unbewußt verraten haben.

Sie können nichts verlieren, was Sie nicht besitzen. Sie hatten nie die Kontrolle in irgendeiner Situation und werden Sie nie haben. Lassen Sie von dieser Illusion ab, so daß Sie den Schaden eindämmen und den Blick nach vorne, statt auf das Trugbild richten können. Die Akzeptanz des Unvermeidlichen, so schwierig und schmerzhaft es heute auch erscheinen mag, ist der erste Schritt auf dem Weg zu einer authentischen Austauschbeziehung.

DEZEMBER

◆

Ich öffne die Tür. Die blendende Besucherin aus der Fremde tritt leichtfüßig ein. In den Händen birgt sie ihre Gastgeschenke – das Geschenk der Stunden und weitsichtigen Augenblicke, das Geschenk des Morgens und Abends, das Geschenk des Frühlings und Sommers, das Geschenk des Herbstes und Winters. Sie muß den Himmel nach Gaben von solcher Seltenheit durchforscht haben.

Abbie Graham

Die Gaben des Dezembers – Sitten und Gebräuche, Zeremonien, Feste, Weihen – kommen verpackt zu uns, nicht in Geschenkpapier mit Schmuckband, sondern in Form liebgewonnener Erinnerungen. Der Dezember ist der Monat der Wunder. Das Öl, das im Chanukkaleuchter acht Tage lang brennt, der Sohn Gottes, der in einem Stall geboren wird, die unerklärliche Rückkehr des Lichts in der längsten, kältesten Nacht des Jahres. Wo es Liebe gibt, lassen Wunder nicht lange auf sich warten. Und wo sich Wunder vollziehen, herrscht Freude. Dankbar weben wir den goldenen Faden des sechsten Prinzips der Einfachheit und Fülle – die Freude – in unseren Teppich der inneren Zufriedenheit ein. Endlich erleben wir bewußt das Wunder der Authentizität und ändern damit ein für allemal unser Selbstbild. Unseren Alltag. Unsere Träume. Unser Schicksal. Tage, die wir früher als gewöhnlich bezeichnet haben, empfinden wir nun als geheiligt.

Die einfachen Freuden des Lebens im Dezember

- Rüsten Sie sich für das Fest der Feste. Verbreiten Sie Weihnachtsstimmung in sämtlichen Räumen des Hauses mit Schmuck, der zur Jahreszeit paßt, ungeachtet dessen, welches Fest Sie feiern. Immergrüne Zweige, blühende Pflanzen, Kerzen, winzige Lichter und Schmuck, den Mutter Natur liefert, müssen nicht mit einem bestimmten Festtag in Verbindung gebracht werden: wenn Sie sich besonders große Mühe mit der Gestaltung Ihres Heims geben, bereiten Sie die Bühne für ein authentisches Chanukkafest, eine Sonnwendfeier, Weihnachten oder Kwanzaa vor.

- Suchen Sie inmitten der Einfachheit und Fülle der literarischen Schatztruhe nach Geschichten, die zur Jahreszeit passen. Zum Beispiel *Der kleine Lord* von Frances Burnett, bevor Sie mit den Weihnachtseinkäufen beginnen. Oder *Ein Weihnachtslied* von Dickens, wie eine Serie über mehrere Wochen verteilt. Aber machen Sie dabei nicht halt! Viele Schriftsteller haben uns im Verlauf des letzten Jahrhunderts wundervolle Weihnachtsgeschenke gemacht. Erkundigen Sie sich in Leihbibliotheken und Buchhandlungen.
- Während des Jahres finden Sie überall Sonderangebote und Schnäppchen, und deshalb sollten Sie der gewieften Strategie folgen (sie funktioniert, garantiert!), Ihre Geschenke nicht erst in der letzten Minute zu kaufen.
- Köstliche Gerichte sind ein Geschenk in jedem Winter. Wie wär's mit Kartoffelgratin, Marzipan, Eierpunsch, Würzbier und scharfen, in Knoblauch und Chili gedünsteten Shrimps? Sie müssen nicht selbst backen, um Weihnachtsplätzchen zu genießen. Denken Sie erst am 2. Januar wieder über die Kalorien nach. Vergessen Sie den Diätfrüchtekuchen, freuen Sie sich lieber auf Lebkuchen und andere herrliche Kalorienbomben.
- Halten Sie Filmfestspiele mit Weihnachtsklassikern ab. Außer den Lieblingsstreifen Ihrer Familie gibt es zahlreiche weitere wunderbare Filme, die zur Weihnachtszeit passen und die Sie vielleicht noch nicht kennen. Halten Sie in Videotheken Ausschau nach entsprechenden Ankündigungen.
- Erfüllen Sie die Weihnachtsträume eines Kindes, das nicht Ihr eigenes ist.
- Teilen Sie die Fülle Ihrer Gaben mit einem Heim für Frauen oder einem Obdachlosenasyl.

- Bereiten Sie ein Weihnachtstablett vor.
- Suchen Sie nach Ihrem Leitstern. Folgen Sie seinem Licht. Wenn Sie einen eigenen Stern wollen, läßt sich auch dieser Wunsch erfüllen. Jeden Tag werden neue Sterne am Himmel entdeckt. Die International Star Registry wird einen nach Ihnen, nach einem Traum oder nach einem Verstorbenen benennen. (Schreiben Sie an die International Star Registry, 34523 Wilson Road, Ingleside, Illinois 60041; Tel.: 1-800-282-3333.)
- Schauen Sie sich noch einmal die Ziele und Wünsche an, die Sie am 1. Januar notiert haben. Seien Sie nicht entmutigt, wenn sie sich bislang nicht verwirklicht haben. Wichtig ist allein, daß Sie es mit aller Kraft versuchen. Erstellen Sie eine Liste für das neue Jahr, auf die Sie alles übertragen, was Ihnen heute noch wichtig ist. Vertrauen Sie Ihre Träume einer Freundin an, die bezeugen kann, daß Sie alles in Ihrer Macht Stehende tun, um sie zu realisieren.
- Bevor Sie das neue Jahr willkommen heißen und bei Null beginnen, müssen Sie die unerledigten Dinge des alten Jahres – Fehler, Bedauern, Versäumnisse und Enttäuschungen – aus Ihrem Gedächtnis streichen: Schreiben Sie alles auf kleine Zettelchen, was Sie vergessen möchten, und legen Sie diese in eine kleine Pappschachtel. Nun wickeln Sie die Schachtel in schwarzes oder dunkles Papier ein und versiegeln dieses mit Kummer und Pech. Sagen Sie »Auf Nimmerwiedersehen!« und werfen die Schachtel ins Feuer, um die Vergangenheit auszulöschen. Wenn Sie keinen offenen Kamin haben, werfen Sie die schlechten Erinnerungen der Vergangenheit in den Müll, wohin sie gehören. Behalten Sie nur die guten.
- Stellen Sie Sekt oder Selters kalt. Verabschieden Sie das alte Jahr mit einem Toast und begrüßen Sie das neue. Sprechen Sie ein Dankgebet. Feiern Sie die Etappen des Weges, die Sie bewältigt, die Lektionen, die Sie gelernt und die wunderbare Frau, als die Sie sich entpuppt haben.

Ein gutes neues Jahr!

1. DEZEMBER
Schillerndes Leben

Überall gibt es zuviel schillernde Seifenblasen, man sollte dringend etwas dagegen unternehmen.

Dorothy Parker

Schillerndes Leben, den Leserinnen vorgegaukelt auf den Hochglanzseiten der Lifestylemagazine. Bezahlt mit einer kräftigen Portion unserer Lebensenergie. Das ist krank, sage ich Ihnen, abgrundtief krank. Wissen Sie, wer berühmt war für sein schillerndes Leben? Macbeth. Dieser Gedanke ist es wert, darüber zu meditieren. Ob Lady Macbeth wohl auch dieser Meinung war?

In Wirklichkeit führen wir alle ein schillerndes Leben. Wir sind uns dessen nur nicht bewußt, besonders dann nicht, wenn wir etwas über das schönfärberisch beschriebene Leben anderer Frauen lesen. Wir brauchen eine moderne Version des Märchens von Aschenputtel, um das zu erkennen.

Das war ein höllisches Jahr für Aschenputtel. Ungefähr alles, was nur schiefgehen konnte, war schiefgegangen. Oder es schien zumindest so. Es herrschte Ebbe in der Haushaltskasse, weil Aschenputtel als Außendienstmitarbeiterin kein Fixum bezog, sondern eine Provision erhielt. Wie hart sie auch arbeiten mochte, die Rezession führte zu Einkommensschwankungen, meistens nach unten. Aufgrund der Finanzkrise kam es zu Spannungen in ihrer Ehe, und die Situation spitzte sich zu, als die monatlichen Raten für die Rückzahlung der Hypothek zunehmend schwerer auf dem häuslichen Frieden lasteten. Die meisten Gespräche (in Zeiten, wenn sie miteinander redeten) drehten sich um die Suche nach einem Job, der eine verläßlichere Beschäftigung und Einkommenslage garantierte. Aschenputtel liebte ihre Arbeit und war gut in ihrem Metier; es dauerte lediglich etwas länger, bis es sich auszahlte. Aber Zeit war heutzutage Mangelware.

In diesem Jahr hatten sich die alten Wehwehchen wieder zurückgemeldet; ein chronisches Leiden, wie sich herausstellte. Ihr Hausarzt hatte ihr dringend geraten, ihr Leben grundlegend zu ändern: weniger Streß und Strapazen; beides war der Gesundheit nicht zuträglich und verursachte akute Symptome. Eines der Kinder hatte ihrer besonderen Zuwendung bedurft, weil es sich in einem emotionalen Tief befand, und prompt war es zu Eifersüchteleien unter den Geschwistern gekommen. Im Frühjahr war dann der Vater Aschenputtels ganz plötzlich verstorben. Kurze Zeit später erlitt ihre Mutter einen Herzinfarkt und einen Schlaganfall mit irreversiblen Schäden. Da sie unfähig war, sich in der Folgezeit allein zu versorgen, mußte Aschenputtel sie in einem Pflegeheim unterbringen. Ihre verwitwete Schwiegermutter war in dieser Hinsicht besser dran. Sie hatte sich im Sommer zu einem »kurzen« Besuch angemeldet und Wurzeln geschlagen. Aschenputtels Tochter, ein munterer Teenager, maulte immer noch, weil sie der Großmutter ihr Zimmer abtreten mußte. Wenn sie ihre Schwiegermutter am Eßtisch sitzen sah, plagte Aschenputtel das schlechte Gewissen und der heimliche Groll, daß sie ihre eigene Mutter nicht aufgenommen hatte. Aschenputtel war mit ihren Nerven am Ende. Heute hätte sie jeden, der bereit war, ihr zuzuhören, auf Knien angefleht, ihr eine Verschnaufpause zu gönnen.

»Du hast recht. Es war tatsächlich ein schlimmes Jahr für dich«, bestätigte die sanfte Stimme ihres Schutzengels. »Aber laß den Kopf nicht hängen. Im Leben jedes Menschen gibt es Tiefpunkte. Der Chef meint, im Moment sei es besonders schlimm, wegen der bevorstehenden Weihnachtsfeiertage. Komm rauf und such dir ein anderes, schillerndes Leben aus, oder hol dir das Stärke-Weisheit-Gnade-Paket: Stärke, um die Herausforderungen des Alltags zu meistern; Weisheit, um das reale Leben so zu akzeptieren, wie es ist; und Gnade, um nicht nur für das dankbar zu sein, was du hast, sondern für das, was dir erspart geblieben ist.«

»Ich möchte ein schillerndes Leben führen«, sagte Aschenputtel.

»Ein schillerndes Leben, tatsächlich? Hm, mal sehen, was wir für dich tun können.«

Unvermittelt fand sich Aschenputtel vor einem himmlischen Computer wieder, und das schillernde Leben von Frauen aus aller Herren Länder flimmerte über den Bildschirm. Die Gesichter wirkten vertraut, aber privat sahen sie ganz anders aus als bei ihren Auftritten in der Öffentlichkeit. Von Glanz und Glamour keine Spur. Der Schutzengel teilte ihr mit, sie dürfe aus dem Menü des Lebens jeder x-beliebigen Frau wählen. Ein kurzer Lebenslauf jedes einzelnen Angebots erschien durch Anklicken per Maus auf dem Monitor. »Wie wär's damit?« schlug ihr himmlischer Lebensaustauschberater vor. »Ein bequemes Leben – sie hat eine Haushälterin, die bei ihr wohnt und rund um die Uhr zur Verfügung steht –, aber ziemlich hektisch. War eine bekannte Strafverteidigerin, mußte ihre Karriere aber aufgeben, weil ihre Zwillingstöchter an einer Zystofibrose der Bauchspeicheldrüse erkrankt sind.«

Aschenputtel bat, das Leben anderer Frauen anzuklicken.

Da war die schöne Frau, die von ihrem Superstar-Ehemann verprügelt wurde... Die Frau mit dem Kind, das von einem Betrunkenen angefahren worden war und nun im Koma lag... Die Frau, die nach langem Warten endlich schwanger geworden war, nur um zu entdecken, daß sie Brustkrebs hatte... Die berühmte Frau, deren Mann von der Öffentlichkeit genau beäugt wurde und bekannt für seine Seitensprünge war... Die Frau, deren Mann wegen seiner krummen Insidergeschäfte im Börsenbereich in Kürze eine Haftstrafe antreten mußte.

Aschenputtel war am Boden zerstört. »Du solltest mir Angebote für ein schillerndes Leben präsentieren«, jammerte sie. »Das waren bisher ja nur Frauen, die Kummer, Demütigung, Leid und Verzweiflung erdulden müssen, wenn auch in Designerklamotten.«

»Was willst du eigentlich? Diese Frauen wurden wegen ihres schillernden Lebens in genau den Publikationen gefeiert, die du so begierig liest. So, die Zeit ist um. Wie hast du dich entschieden?«

»Ist es zu spät für Stärke, Gnade und Weisheit?« fragte Aschenputtel kleinlaut.

»Eine vortreffliche Wahl. Wann hat dir zuletzt jemand gesagt, daß du ein schillerndes Leben führst?«

2. DEZEMBER
Leidenschaftliche Küsse

> Ein Kuß kann ein Komma, ein Fragezeichen oder ein Ausrufezeichen sein.
> *Mistinguett*

Jede Frau kennt die subtilen Unterschiede, wenn sie die Lippen spitzt: es gibt Küsse, auf die Wange gehaucht, Küsse, die den Abschied versüßen, Küsse, die nach mehr schmecken, und Sperr-die-Tür-zu-Küsse.

Ach ja, diese Sperr-die-Tür-zu-Küsse... an die man sich vage und sehnsuchtsvoll erinnert. Es ist eine Weile her, seit ich sie zum letzten Mal genossen habe. Ehrlich gesagt, es ist schon eine geraume Zeit verstrichen, seit in diesem Haus überhaupt geküßt wurde. Im letzten Monat waren alle potentiellen Küsser mit Pingpong-Infektionen – Angina, Grippe, Bronchitis – zu Fall gebracht worden, besiegt trotz des Megaeinsatzes von jedem Antibiotikum, das der modernen Medizin bekannt ist. In diesem Augenblick möchte ich von niemandem auf dieser Krankenstation geküßt werden, und meine Patienten legen ganz sicher keinen Wert darauf, sich von mir küssen zu lassen.

Die tröstliche Neuigkeit ist, daß wir die kostbaren natürlichen Ressourcen, die für ein regelmäßiges Liebesleben nicht ausreichend genutzt werden, in sinnvolle, kreative Bahnen lenken können. Keine Lust, aber auch keine Vergeudung. Die Leidenschaft entzündet die sexuelle oder die kreative Energie – Sie haben die Wahl. Jeder Künstler wird zugeben (sofern er bereit ist, die Wahrheit zu sagen), daß der Sexualtrieb gedämpft ist, wenn er Volldampf voraus arbeitet, zum Beispiel ein Buch schreibt, einen Film dreht, Regie bei einem Theaterstück führt, eine Ausstellung vorbereitet, für ein Konzert probt oder die Choreographie für ein neues Ballett entwickelt. Ehrlich gesagt, das ist uns Jacke wie Hose. *Wir* sind zu ungezügelter, leidenschaftlicher Liebe oder zu ungezügelter, leidenschaftlicher Kunst fähig. Allerdings selten zur gleichen Zeit.

Dieser natürliche Sublimierungsprozeß läßt sich umkehren. Befinden Sie sich gerade in einem Vakuum, was Ihre intime Beziehung angeht? Dann verschwenden Sie Ihre Zeit nicht damit, zu schmollen. Grübeln Sie nicht andauernd darüber nach, was Ihnen fehlt, sondern welche Chancen sich Ihnen präsentieren. Fortuna klopft an Ihre Tür. Lassen Sie die Dame herein. Jetzt ist der Zeitpunkt ideal, um über das Theaterstück nachzudenken, das Ihnen schon lange vorschwebt, sich endlich für den Fotokurs einzuschreiben und *wirklich hinzugehen*, Ihren Schulabschluß oder Ihren Doktortitel zu machen, sich in Shepheard's Hotel einzunisten, sich in Ihr authentisches Selbst zu verlieben. *Nichts ist erotischer als eine Frau, die das Hormon der inneren Zufriedenheit und Erfüllung ausschüttet.* Sie werden nicht lange allein bleiben, es sei denn, auf eigenen Wunsch.

Ich kann mir nur einen Grund auf Erden vorstellen, der uns daran hindern könnte, alle guten Dinge einschließlich leidenschaftlicher Küsse zu genießen: das reale Leben. Jede Frau kennt Zeiten, in denen sie allein ist: aufgrund einer eigenen Entscheidung, durch puren Zufall, infolge der Lebensumstände. Kopf hoch, manchmal haben Sie einfach noch nicht die Lippen gefunden, die Sie gerne küssen würden. Manchmal sind die Lippen, die Sie gerne küssen würden, nicht verfügbar. Und manchmal liegt der Mensch, den Sie gerne küssen würden, mit Schüttelfrost im Bett, wirft sich unruhig hin und her und stöhnt im Schlafzimmer, am Ende des Flurs.

3. DEZEMBER
Sex: Nein danke, wir sind verheiratet

> Ich persönlich weiß nichts über Sex, weil ich fortwährend verheiratet bin.
>
> *Zsa Zsa Gabor*

Erinnern Sie sich noch an die Zeit, als wir »miteinander schlafen« gesagt haben, als wir Sex meinten? Eine Weissagung, die eingetroffen ist und die Nostradamus entgangen zu sein scheint.

Nachdem wir über das Thema Kunst als Sublimation für Sexualität gesprochen haben, wollen wir nun über die tiefgreifende, aber unabdingbare Bedeutung der Sexualität für das Überleben meditieren. Nicht das Überleben der Art, sondern das Überleben der Schlafhungrigen. Die Frauen, die ich kenne, haben Lust, zwölf Stunden an einem Stück zu schlafen. Die einzigen verheirateten Frauen, die so oft Sex haben, wie Zeitschriften und Eheexperten empfehlen, wirken in den Seifenopern mit.

Oft entdecken verheiratete Frauen infolge der Anforderungen im realen Leben, die Familie und Arbeit an uns stellen, daß es außer der Missionarsstellung noch viele Spielarten der Liebe gibt: das Licht dämpfen, ihm einen Schlummertrunk reichen und mit ihm gemeinsam die wöchentliche Fernsehsendung anschauen, die seinen politischen Standpunkt repräsentiert; sich erkundigen, wie seine Lieblingsmannschaften abgeschnitten haben, und aufmerksam zuhören, wenn er erzählt; auf der Couch nächtigen, damit wir die nötige Ruhe haben, wenn sein Husten wie ein Nebelhorn klingt; ihn allein zur Automobilausstellung schicken; nie einschlafen, ohne »Ich liebe dich« zu sagen; einmal am Tag anrufen, nur um zu hören, wie es ihm geht; einen Workshop für Partnermassage besuchen, um zu lernen, wie wir ihm etwas Gutes tun; ihn an den Geburtstag seiner Mutter erinnern; im Bett Socken tragen; ihm Komplimente machen, damit man selbst eines erhält; den anderen berühren; eine Sprache schaffen, die nur Sie beide verstehen; den Benzintank nachfüllen; am Zeitungskiosk eine Zeitschrift kaufen, die ihm zusagen könnte; die Leihfristen für ihre Bücher verlängern; gemeinsam Kreuzworträtsel lösen; mehrmals in der Woche das Lieblingsgericht des anderen kochen; gemeinsam im Bett lesen, reden, lachen und weinen.

»Erschöpfung und der Mangel an Privatsphäre machen die intimen Augenblicke der unverfälschten Leidenschaft seltener als zur Zeit der vorehelichen Werbung«, versichert uns Anwältin und Autorin Linda Aaker mit Blick auf die Tugend der Ehe. »Sex bedeutet auch, dem Partner über den zerzausten Kopf eines Kindes hinweg in die Augen zu blicken... Sex kann bedeuten, friedvoll neben dem Menschen zu schlafen, den man liebt, und Kaffee miteinander zu trinken.«

4. DEZEMBER
Die Verfeinerung des alltäglichen Denkens

> Die ganze Wissenschaft ist nicht mehr als eine Verfeinerung des alltäglichen Denkens.
>
> *Albert Einstein*

Es besteht ein entscheidender Unterschied zwischen vermeintlichem und tatsächlichem Wissen. Genauso, wie ein entscheidender Unterschied zwischen oberflächlicher und tiefgreifender Veränderung besteht. Es ist eine Sache, Möbel zu verrücken, um das äußere Dekor neu zu gestalten; aber es steht auf einem ganz anderen Blatt, die »DNS-Bausteine« – Ihr Schicksal, Ihre Persönlichkeitsstruktur und Ihre Hoffnungen und Bestrebungen – neu anzuordnen. Und genau das tun wir, wenn wir uns auf die Suche nach Authentizität begeben. Sobald wir uns darauf einlassen, beginnt für uns ein völlig neues Leben.

Schon zu Beginn dieses Buches wußte ich, daß ich durch die praktische Umsetzung der Prinzipien Dankbarkeit, Einfachheit, Ordnung, Harmonie, Schönheit und Freude in meinem Alltag dem Gefühl des Mangels entgegenwirken und das Gefühl des Überflusses stärken würde. Das schien mir mehr als genug. Was ich nicht ahnte oder voraussehen konnte, war die Macht des Transformationsprozesses auf dem Weg der Einfachheit und Fülle, gepaart mit einer leidenschaftlichen, langen Reflexion über einen Zeitraum von zwei Jahren. Es ist buchstäblich unmöglich, ein Buch über den spirituellen und kreativen Weg zur eigenen Authentizität zu schreiben, ohne sich dabei nicht grundlegend und nachhaltig zu verändern.

Auf dem Papier scheint Einsteins mathematische Gleichung $E = mc^2$ eine Glanzleistung zu sein. Nichtsdestotrotz hatte sie die Entwicklung der Atombombe zur Folge.

Auf dem Papier scheinen auch Dankbarkeit / Einfachheit / Ordnung / Harmonie / Schönheit / Freude eine Glanzleistung zu sein. Aber diese Gleichung hat, wie ich feststellen konnte, eine persönliche und spirituelle Transformation zur Folge: eine mystische Metamorphose unserer spezifischen »DNS-Struktur«. Die Wandlung ist so tiefgreifend, daß unser Ego nicht weiß, ob es gerade kommt oder geht. In der einen Minute sind wir uns sicher, wer wir sind, in der nächsten geraten wir ins Grübeln. Das kann für unser bewußtes Selbst ziemlich irritierend sein.

Von allen mir bekannten Definitionen des Begriffs *Ego* gefällt mir jene Joseph Campbells am besten: »Was wir mutmaßen, uns zu wünschen, was wir uns zwingen zu glauben, was wir denken, uns leisten zu können, was wir beschließen zu lieben, an was wir meinen, gebunden zu sein.« Nun, da lauert ein harter Ego-Brocken im Hintergrund, mit dem wir rechnen müssen; die Dame hat unser Schicksal, unsere Persönlichkeitsstruktur und unsere Hoffnungen und Bestrebungen so fest im Griff, daß nicht weniger als eine göttliche Detonation erforderlich ist, um sie zum Loslassen zu zwingen.

Doch keine Sorge. Inzwischen ist die kritische Masse so gut wie erreicht – derjenige Punkt, an dem ohne äußere Einwirkung eine Kettenreaktion erfolgt.

In der Physik spricht man von einer Kernfusion, wenn zwei voneinander getrennte Elemente, wie Wasserstoff und Helium, aufeinandertreffen und miteinander verschmelzen. Durch extremen Druck und hohe Temperaturen wird Energie von der gleichen Intensität wie die Sonnenenergie freigesetzt; Wasserstoff und Helium werden in diesem Prozeß umgewandelt und bilden ein völlig neues Element im Universum. Auf diese Weise entstehen beispielsweise neue Sterne.

Bei unserer Suche nach Authentizität findet ein ähnlicher Vorgang statt. Wir verschmelzen die sechs Prinzipien der Einfachheit und Fülle beziehungsweise die Änderungen in der äußeren Lebensführung mit unserer eigenen inneren Arbeit, was Einstein »die Verfeinerung des alltäglichen Denkens« nannte. Nun lassen wir den Druck des realen Lebens und die Glut des leidenschaftlichen Engagements auf die sechs Prinzipien einwirken, mindestens ein bis zwei Jahre lang. Das Ergebnis? Eines Tages erreicht der Transformationsprozeß den Punkt, an dem er sich nicht mehr im Innern bändigen läßt. Urplötzlich wird eine gewaltige Menge kreativer Energie freigesetzt, wodurch ein völlig neues Element entsteht: Ihr authentisches Selbst, die sichtbare Manifestation Ihrer Seele.

Nachdem er leidenschaftlich und ausdauernd Ursprung und Anfänge des Universums erforscht hatte, gelangte Albert Einstein zu der Feststellung, daß etwas tief Verborgenes hinter den Dingen wirken müsse. Wenn Sie leidenschaftlich und ausdauernd nach Ganzheitlichkeit streben, wird sich auch Ihnen diese Erkenntnis offenbaren.

5. DEZEMBER
Seufzen Sie noch ein bißchen mehr, meine Damen, seufzen Sie noch ein bißchen mehr

> Die meisten Seufzer, die wir hören, wurden nachgebessert.
> *Stanislaw Jerzy Lec*

Ich habe eine Angewohnheit, die meinen Mann in den Wahnsinn treibt und meine mentale Gesundheit erhält.

Ich seufze, abgrundtief.

Offenbar seufze ich mehr, als mir bewußt ist. Allerdings habe ich bemerkt, daß ich jedesmal, wenn man mich auf mein Seufzen aufmerksam macht – »*Bitte, laß das!*« –, aus gutem Grund tief Luft hole.

Frauen seufzen nämlich, damit sie nicht schreien. Es gibt mehrere Situationen im Verlauf eines Tages, in denen Schreien ohne Zweifel eine angemessenere Reaktion wäre. Jedoch ist auf dieser Seite des elektrischen Zauns das Schreien verpönt.

Und deshalb seufzen wir, abgrundtief.

Als erstes holen wir Luft, schnell und heftig, verinnerlichen die Realität, nehmen die aktuelle Situation zur Kenntnis – die Anspannung oder Enttäuschung, die Konfrontation oder Herausforderung, die seit langem gehegte Erwartung oder den Mangel an Kooperation.

Wir halten den Atem einen Herzschlag lang an.

Dann atmen wir aus, langsam und tief, lassen die Luft ausströmen und damit auch unsere ursprüngliche Reaktion: Unmut, Ungeduld, Frustration, Ärger, Enttäuschung, Bedauern. Lassen die Gefühle raus. Lassen sie los.

Der Akt des Seufzens signalisiert unsere stillschweigende Akzeptanz, unsere Bereitschaft, »klein beizugeben« und zur Tagesordnung überzugehen.

Frauen mit einem starken Partner und/oder Kindern seufzen häufiger als ihre alleinlebenden Schwestern, weil sie sich öfter Vorlieben, Bedürfnissen, Wünschen, Willensbekundungen und Forderungen gegenübersehen, mit denen sie sich arrangieren müssen, wenn sie auf einen Waffenstillstand im Alltag bedacht sind. Sie müssen sich stärker beugen, um nicht gebrochen zu werden.

Sollten Sie also heute das Bedürfnis verspüren, abgrundtief zu seufzen, dann atmen Sie langsam und tief ein und danach hörbar aus. Stellen Sie sich die Seufzer wie heiße Luft vor, die es uns ermöglicht, über uns selbst hinauszuwachsen. Wenn sich zuviel heiße Luft in einem Ballon staut, platzt er und kann einen Flächenbrand auslösen. Doch wenn wir nach und nach Dampf durch ein Sicherheitsventil ablassen, kann dieser in kreative Energie umgewandelt werden. Also seufzen Sie ohne Hemmungen. Seufzen Sie ohne Schuldgefühle. Seufzen Sie ohne Scham. Seufzen Sie mit Lust.

Seufzen Sie noch ein bißchen mehr, meine Damen, seufzen Sie noch ein bißchen mehr!

6. DEZEMBER
Das Lichterfest

> Jude zu sein ist ein Schicksal.
> *Vicki Baum*

In die dunklen Dezembertage fällt Chanukka, das sogenannte »Lichterfest«, das in orthodoxen jüdischen Familien gefeiert wird. Chanukka erinnert an ein Wunder, das im Jahre 165 v. Chr. geschah, nachdem Judas Makkabäus und sein Heer Jerusalem von einem griechischen Herrscher zurückerobert hatten, der Israel als griechische Provinz betrachtete.

Um die okkupierten Gebiete zu assimilieren und in ein leichter kontrollierbares, einheitliches Imperium zu verwandeln, verbot

Athen die Ausübung jeder anderen Religion; die Juden sollten gezwungen werden, ihrem Glauben abzuschwören und die griechischen Götter anzubeten. Per Erlaß wurde der Tempel von Jerusalem in ein griechisches Heiligtum umgewandelt, und den Juden war es verboten, die Thora zu studieren, ihre religiösen Feste zu begehen oder jüdischen Bräuchen zu huldigen. Viele Juden widersetzten sich dem Edikt und starben für ihren Glauben. Nach dreijährigen kriegerischen Auseinandersetzungen siegten die Makkabäer, und der Tempel konnte wieder in jüdischen Dienst genommen werden. Die Makkabäer begannen mit der Einweihungszeremonie (das Wort Chanukka bedeutet »Einweihung«), der ein acht Tage dauerndes Reinigungsritual vorausging, mußten aber entdecken, daß es nicht genug geweihtes Öl gab, um den achtarmigen Leuchter – die Menora – auch nur einen einzigen Tag lang zu entzünden. Doch es geschah ein Wunder: Der Leuchter brannte acht Tage ohne Unterlaß. Seit dieser Zeit begeht das Volk der Juden das Chanukkafest zum Gedenken an den Kampf um seine religiöse Freiheit und das Wunder der Wiederaufnahme des Tempeldienstes, symbolisiert in der Fülle des Öls.

Für mich persönlich stellt Chanukka ein Fest der Authentizität dar. Die Makkabäer weigerten sich, auf das zu verzichten, was ihre wahre Identität ausmachte – auf ihren Glauben –, und wollten notfalls dafür sterben. Nicht als gläubige Juden zu leben war für sie gleichbedeutend mit Tod. In meinen Augen ist das Wunder des Chanukkafestes überdies einer der ersten, schriftlich überlieferten Beweise für die einfache Fülle auf Erden. Vor zweitausend Jahren reichte das Öl der Makkabäer nur noch für eine einzige Nacht. Aber diese Menschen, die Glaube, Mut und Dankbarkeit besaßen, *hatten alles, was sie wirklich brauchten.*

Geweihtes Öl in einem Tempel. Brotlaibe und Fische auf einem Berg. Wunder sind gottgesandt und nicht von der religiösen Zugehörigkeit abhängig. Wunder geschehen für alle, die glauben. Das ist der inhaltliche Kern des Chanukka- und des Weihnachtsfestes. Je offener wir für die Weisheiten und Wahrheiten auf unserem spirituellen Weg werden, desto näher kommen wir unserem Ziel, ein ganzheitliches Leben zu führen.

7. DEZEMBER
Sind Frauen menschliche Wesen?

Wir sind keine menschlichen Wesen, die versuchen, spirituell zu sein. Wir sind spirituelle Wesen, die versuchen, Mensch zu sein.
Jacquelyn Small

Die Frage, ob Frauen Menschen sind, faszinierte nicht nur den englischen Schriftsteller D. H. Lawrence, der dieses Rätsel oft in seinen Büchern zu lösen versuchte. Vielleicht fällt es Männern deshalb schwer, Frauen als menschliche Wesen zu akzeptieren, weil wir es nicht sind. Im Grunde wissen wir es ja alle. Wir vergessen nur oft den göttlichen Aspekt in uns, wenn der Alltag seinen Tribut von uns fordert. Wie oft rechtfertigen wir uns mit dem lapidaren Spruch: »Was soll's? Ich bin ja schließlich auch nur ein Mensch!«

Falsch! Das sind wir nicht. Wir vergessen, daß wir spirituelle Wesen sind, die für eine kurze Zeitspanne als Menschen auf dieser Erde weilen. Ich habe es mit hundertprozentiger Sicherheit heute morgen vergessen, als meine Tochter nicht in die Schule gehen konnte. Sie ist krank: Halsschmerzen. *Schon wieder.* Gleich muß ich sie zum Arzt fahren, damit er einen Abstrich macht; folglich kann ich mir meinen Plan für den heutigen Arbeitstag abschminken. Ich bin frustriert und wütend – nicht auf Katie, sondern auf das reale Leben, und auf die verflixten Termine. Aber war ihr das bewußt, als ich genervt die Augen verdreht habe, weil wieder ein Tag im Eimer ist? Ich glaube nicht.

Spirituelle Wesen müssen sich nicht mit den Nichtigkeiten des realen Lebens herumärgern. Sie wissen auch, daß die meisten Dinge, die uns im Alltag den letzten Nerv rauben, *wirklich* nichtig sind. Das einzige, was nicht zu den Nichtigkeiten zählt, ist der Grund für unser Erdendasein: Es ist uns bestimmt, diejenigen Splitter vom zerbrochenen Herzen dieser Welt zu suchen und zu finden, die nur wir mit unserer Liebe und unseren authentischen Fähigkeiten zusammenfügen können, damit wir alle uns als ganzheitliche Menschen erleben.

8. DEZEMBER
Frohe Botschaften

Der Trübsinn begegnet uns auf Schritt und Tritt, ein robustes, störrisches Unkraut. Der Frohsinn erfordert dagegen sorgfältige Pflege.

Barbara Holland

In dieser Woche lassen die ersten Frauen den Kopf hängen, weil die vorweihnachtliche »Zu erledigen«-Liste so lang und schwer wie die Kette eines Galeerensträflings ist. Weihnachtskarten schreiben und zur Post bringen, Weihnachtsgeschenke und Geschenkpapier einkaufen, Päckchen rechtzeitig zum Fest verschicken, Baum kaufen und zurechtstutzen, Plätzchen backen, Gäste während der Adventszeit bewirten, Braten ins Rohr schieben. Nächste Woche werden wir, wenn nicht eine höhere Macht eingreift und verhindert, daß wir den Verstand verlieren, auf dem Zahnfleisch daherkommen. Es überrascht wohl nicht, daß während der Weihnachtsfeiertage die Grippe Hochkonjunktur hat. Die Autorin eines unlängst erschienenen Buches über Möglichkeiten, unser Leben zu vereinfachen, schlägt vor, daß wir uns aus dem Weihnachtsrummel »ausklinken«. Als ob eine solche Empfehlung wirklich eine Option für Frauen aus Fleisch und Blut ist. Wären Sie imstande, dieses Kunststück zu vollbringen und sich dem Streß zu entziehen? Falls es irgend jemand noch nicht bemerkt haben sollte: Die Frauen sind es, die Weihnachten »machen« und auf Kommando Wunder vollbringen. Frauen sind der Deus ex machina des Schöpfers: Sie wirken hinter den Kulissen Wunder, damit sich auf der Bühne Weihnachtsträume erfüllen.

Das Weihnachtsfest, wie wir es in den USA heute kennen, mit seinem Trommelfeuer der Festivitäten, Dekorationen, üppigen Geschenken, Essenseinladungen und Traditionen, in deren Mittelpunkt die Familie steht, war eine Erfindung der Mittelschicht in der Viktorianischen Epoche, die Mitte des neunzehnten Jahrhunderts beiderseits des Atlantiks Gestalt annahm. Die Frauen der Viktorianischen Ära, meistens Vollzeithausmütterchen, begannen bereits im

Juli mit den Weihnachtsvorbereitungen. In den letzten zwei Dekaden des zwanzigsten Jahrhunderts haben Frauen alles nur Erdenkliche gemacht, während sich alle anderen geruhsame Weihnachtsfeiertage gönnten. Und deshalb beuten wir uns auch jedes Jahr im Dezember nach Strich und Faden selbst aus. Für viele Frauen ist dies der Monat des nackten Elends und der Angst: Tränenströme und Wechselbäder der Gefühle, Heulen und Zähneknirschen, Hetze und hitzige Konflikte wegen des lieben Geldes, Herz-Schmerz und Weihnachtshumbug.

Könnten wir das wirkliche Weihnachtswunder nicht eher nachvollziehen, wenn wir das Tempo unserer Aktivitäten drosseln und uns an die eigentliche Bedeutung des Festes erinnern würden? Wären unsere Feiertage dann nicht eher authentisch und sinnvoll?

Also Kopf hoch. Schwimmen Sie gegen den Strom, um nicht kopflos, frustriert oder hektisch zu werden. Ich bringe Ihnen eine frohe Botschaft: Wenn Sie Weihnachten zu Hause verbringen, liegt es ganz allein bei Ihnen, wie Sie das Fest gestalten. Sie entscheiden, wie auch immer. Sie können bewußt beschließen, fröhlich, liebevoll, innerlich zufrieden, großzügig, friedvoll, glücklich, spirituell, heiter, gelassen, in festlicher Stimmung und eng mit den wichtigen Menschen in Ihrem Leben verbunden zu sein, um mit ihnen gemeinsam dieses Jahr Weihnachten zu feiern.

Sie können, unbewußt, aber auch beschließen, ein Wrack zu werden.

Machen Sie sich heute *bewußt*, daß Sie nicht alles schaffen können. Nicht alles auf einmal. Nicht in den nächsten sechzehn Tagen. Nie und nimmer. Punktum.

Und machen Sie sich *bewußt*, daß die Weihnachtsfeiertage in den vergangenen Jahren Ihren Erwartungen vor allem deshalb nicht gerecht geworden sind, weil Sie zuviel getan haben und zu sehr auf Perfektion bedacht waren.

Schauen Sie sich Ihre Liste an.

Lassen Sie freiwillig nur die Aufgaben stehen, die für Sie wirklich unverzichtbar sind. Streichen Sie zwei »Ich muß« aus. Jetzt ist die stille, besinnliche Zeit gekommen, in der man auf die sanft herniederfallenden Schneeflocken vor dem Fenster blickt, in der man sich am Klang der Glocken und Adventslieder erfreut, in der man den würzigen Duft von Glühwein und Lebkuchen genießt, in der man heiße Schokolade und hausgemachten Eierpunsch trinkt, in der man jeden Abend in der einsetzenden Dämmerung eine Weihnachtsgeschichte vorliest, in der man es sich im Schein des prasselnden Kaminfeuers gemütlich macht und liebgewonnene Bräuche wiederaufleben läßt, die nicht nur unserer eigenen Seele, sondern allen Menschen guttun, die wir lieben. »Ich hoffe…, Ihr Weihnachtsfest zeichnet sich durch einen Hauch der Ewigkeit inmitten all der Hast und Betriebsamkeit aus«, wünscht uns die Mystikerin Evelyn Underhill. »Es scheint immer ein Zusammenwirken zwischen dieser Welt und der nächsten zu sein – aber das ist schließlich der Gedanke, der dahintersteht!«

9. DEZEMBER
Der Weihnachtsbrief

> Das ist mein Brief an die Welt.
> *Emily Dickinson*

Es gibt sie noch, die Fee aus dem Märchen, sie übt einen gefährlichen Zauber aus. Auf einen Wink ihrer gepflegten Hand hin wirkt der Raum, als sei er den Seiten einer Schöner-Wohnen-Zeitschrift entsprungen. Auf ein Schnipsen ihrer feingliedrigen Finger hin prangen sämtliche Früchte der Erde auf der abendlichen Festtafel, wie bei einem Tischleindeckdich. Sie hat einen grünen Daumen, ihr Kräuteressig wird als Heilmittel gehandelt, ihr Duftpotpourri-Rezept ist heiß begehrt, ihre Kuchen für Schulfeste sind aus frischen Zutaten selbstgebacken, ihre Karnevalskostüme erregen allenthalben Bewunderung, und sie trägt immer noch Kleidergröße 38. Ihr Mann, ein bekannter Anwalt, der zu den Honoratioren der Stadt gehört, betet sie an, ihre fünf Kinder, die natürlich nur Bestnoten nach Hause bringen, finden sie spitze. Sie hat ihre Weihnachtseinkäufe erledigt, die Geschenke verpackt und bereits im November weggeschickt. Nun konzentriert sie ihre Aufmerksamkeit auf die

Herstellung eigenen Konfettis für Silvester, aus zerstoßenen Eierschalen, mit Naturfarben gefärbt. Ich weiß es, weil ich gerade von ihr den alljährlichen Weihnachtsbrief erhalten habe.

Dieser Frau muß man das Handwerk legen. Sie untergräbt unseren häuslichen Frieden. Sie ist eine Bedrohung für das Gemeinwohl.

Ich habe auch schon einen Plan: Dieses Jahr werden wir selbst einen Weihnachtsbrief schreiben. Über die aufregende Safari zu unserem authentischen Selbst und unserem Schöpfer. Über die Einfachheit und Fülle. Über die kaum merklichen Veränderungen, die einen gewaltigen Unterschied bei der Bewältigung unseres Alltags bewirkt haben. Und dann schreiben wir einen weiteren Brief, nächstes Jahr am gleichen Tag, in dem wir schildern werden, wie sich unsere Träume verwirklicht haben. Darin werden wir unser Leben mit allen seinen ruhmreichen Einzelheiten beschreiben – was wir machen, wie wir es machen und wer es mit uns gemeinsam macht. Aber wir werden diese beiden Briefe nur in unser Reisejournal schreiben; sie sind allein für unsere Augen bestimmt. Weil das nicht nur unser Brief an die Welt sein wird, sondern auch an das Universum. Damit bringen wir die Hoffnungen und Wünsche für das neue Jahr in eine konkrete Form. Das ist genauso, als würden wir unsere Ziele schriftlich fixieren, aber in wesentlich kreativerer und amüsanterer Form.

Ihr Weihnachtsbrief an das Universum kann das stärkste Motivationsinstrument sein, das es gibt, weil es Ihre Gefühle einbezieht und die kreativen Impulse verstärkt, die Ihr Unterbewußtsein braucht, um einen Tagtraum in die vollendete Gegenwart zu übersetzen.

10. DEZEMBER
Die Geschenke der drei Weisen aus dem Morgenland

> Weihnachten wäre nicht Weihnachten ohne Geschenke.
> *Jo March (Louisa May Alcott)*

Jo hat recht. Weihnachten hat in der Tat etwas mit Geschenken zu tun. So war es schon immer. Aber wir fühlen uns unbehaglich bei dem Gedanken, weil der Schwerpunkt auf dem *Geben* liegt. Auf dem *Kaufen*. Auf dem *Zahlen*. Wir ermahnen unsere Kinder, nicht die wahre Bedeutung des Weihnachtsfests aus den Augen zu verlieren, obwohl wir selbst unter Gedächtnisschwund leiden, wenn wir uns im Trubel und Kaufrausch der Vorweihnachtszeit verlieren.

Lassen Sie uns heute über die reale Rolle der Geschenke in der Weihnachtsgeschichte nachdenken. Diese Geschenke waren in Wunder gehüllt, was vermutlich der Grund ist, daß wir sie nicht im Einkaufszentrum oder Versandhauskatalog finden. Die erste Gabe kam direkt vom Heiligen Geist: uneingeschränkte Liebe. Die nächste stammte von einem jüdischen Teenager namens Miriam, von ihrer Familie und Freunden Maria genannt. Ihr Weihnachtsgeschenk zeugte von Selbstlosigkeit, von der bedingungslosen Unterordnung des Ego und des eigenen Willens, was sich als unerläßlich erwies, um den Himmel auf die Erde zu holen. Die Gaben ihres Bräutigams, Josef, waren Vertrauen und Glaube. Er vertraute darauf, daß Maria nicht mit dem Kind eines anderen Mannes schwanger ging; er glaubte, daß es wirklich eine göttliche Vorsehung gab, die ihnen aus dem Schlamassel heraushelfen würde. Das Kind brachte das Geschenk der Vergebung. Der Ganzheitlichkeit. Einer zweiten Chance für die Menschheit. Die Gaben der Engel waren Botschaften des Trostes, der Freude und des Friedens, die Versicherung, daß es nichts zu fürchten gab, also freuet euch und frohlocket. Die Gabe des Hirtenknaben war Großzügigkeit: Er machte dem Neugeborenen sein Lieblingslamm zum Geschenk. Die Gaben der Frau des

Herbergsvaters waren Anteilnahme und Nächstenliebe: ein warmes, trockenes Plätzchen, an dem die junge Familie vor den Schergen des Herodes sicher war, ihre beste Decke, um Mutter und Kind zu wärmen, ein Mahl für Josef, frisches Heu für den Esel.

Die drei Weisen aus dem Morgenland kamen aus weiter Ferne über heiße, staubige Wüstenwege nach Bethlehem; sie folgten einem hellen Stern, der sie zum Geburtsort des künftigen Herrschers führen sollte. Ihnen war die Ankunft des »Königs der Könige« prophezeit worden; auf den Rücken ihrer Kamele hatten sie Schätze geladen, die sie ihm darbringen wollten. Als sie in Bethlehem eintrafen, fanden sie das Kind in einem Stall statt in einem Palast vor. Die verblüfften Weisen wickelten Gold, Weihrauch und Myrrhe aus, aber ihre realen Geschenke waren Staunen, Akzeptanz und Mut. Die Gabe des Staunens bestand darin, daß sie Logik, Vernunft und gesunden Menschenverstand hintanstellten. Dadurch, daß sie das Unmögliche akzeptierten, konnten sie ihre Zweifel lange genug unterdrücken, um den panischen König Herodes zum Narren zu halten, der hektisch nach dem Kind suchte, das der Prophezeiung zufolge die Welt verändern würde. Mit ihrem Mut – sie setzten dabei ihr eigenes Leben aufs Spiel – gelang es den drei Weisen, der jungen Familie zur Flucht nach Ägypten zu verhelfen, wo sie vor den Schergen in Sicherheit war.

O ja, Weihnachten hat in der Tat mit Geschenken zu tun. Mit nichts anderem als Geschenken. Aber was für Geschenke! Geschenke, mit dem Band des Herzens geschnürt. Geschenke, die überraschen und beglücken. Geschenke, die Erdenschweres in Wundersames verwandeln. Geschenke, die Balsam für die Seele des Gebenden und des Nehmenden darstellen. Perfekte Geschenke. Authentische Geschenke. Die Gaben des Heiligen Geistes, eines verängstigten jungen Mädchens, ihres verwirrten Bräutigams, des Kindes, der Engel, des Hirtenknaben, der Frau des Herbergsvaters. Die Gaben der drei Weisen aus dem Morgenland.

Uneingeschränkte Liebe, ohne Wenn und Aber. Selbstlosigkeit. Vertrauen. Glaube. Vergebung. Ganzheitlichkeit. Eine zweite Chance. Trost. Freude. Friede. Versprechen. Frohe Botschaft. Anteilnahme. Nächstenliebe. Staunen. Akzeptanz. Mut.

Solche Geschenke zu machen! Unsere Herzen weit zu öffnen, um solche Geschenke dankbar zu empfangen.

Weihnachten wäre einfach nicht Weihnachten ohne Geschenke.

11. DEZEMBER
Nur noch vierzehn Einkaufstage bis Weihnachten

> Geschenke zu machen erfordert Talent; zu wissen, was sich ein Mensch wünscht, zu wissen, wann und wie man es beschafft, zu wissen, wie man es liebevoll und angemessen überreicht.
> *Pamela Glenconner*

Da wir Geschenke nun als Kern des Weihnachtsfests akzeptiert haben, verlangt die Entscheidung, was wir schenken und wie wir es ohne Streß und zu einem bezahlbaren Preis besorgen, gründliche Überlegung. Das ist besonders wichtig, wenn wir angesichts des Gedankens, daß bis Weihnachten nur noch vierzehn Tage zum Einkaufen bleiben, in Panik geraten.

Halten Sie sich vor Augen, daß der Heilige Abend am 24. vor der Tür steht, gleichgültig, ob Sie dafür gerüstet sind oder nicht. Wie fühlen Sie sich? Völlig »von der Rolle«? Dann sollten Sie Ihrem authentischen Selbst hoch und heilig versprechen, daß es *absolut das letzte Mal* ist, daß Sie sämtliche Weihnachtsgeschenke in nicht mehr als vier Wochen besorgen, verpacken, vor dem Rest der Familie verstecken und verschicken. Es hat neun Monate gedauert, um das erste Weihnachten über die Bühne zu bringen, und genau diesen Zeitraum sollten Sie in Zukunft für Ihre Vorbereitungen anpeilen.

Beim nächsten Mal wird alles anders, geloben Sie sich. Doch damit Sie Ihre guten Vorsätze auch einhalten, müssen Sie in der letzten Dezemberwoche beginnen, sie in die Tat umzusetzen. Das ist zwar genau der Zeitpunkt, an dem Ihnen Weihnachten zum Halse heraushängt, aber eine hervorragende Gelegenheit, zwei Fliegen mit einer Klappe zu schlagen und Weihnachtspapier, Weihnachtskarten und Weihnachtsschmuck in doppelter Ausführung, gleich fürs nächste Jahr, zu horten. Achten Sie bei den Weihnachtsgeschenken auf

Werbeaktionen und Sonderangebote. Halten Sie während des ganzen Jahres nach Schnäppchen Ausschau, mit Blick auf die spezifischen Interessen Ihrer Familie und Freunde. Auf diese Weise können Sie Ihre Gaben in aller Ruhe und zu erschwinglichen Preisen erstehen. Die traumhaften, bezahlbaren Geschenke findet man nicht mehr fünf Minuten vor Ultimo in den Kaufhäusern. Im Einzelhandel wird annähernd die Hälfte des gesamten Jahresumsatzes mit dem Weihnachtsgeschäft erzielt. Welchen Anteil daran hat da wohl der Dezember?

Nehmen Sie immer eine Liste mit, auf der Sie die persönlichen Daten derjenigen Personen vermerkt haben, die Sie beschenken wollen: ihre Hobbys oder Interessen, ob und was sie sammeln, Konfektionsgrößen und weiteres mehr. Versuchen Sie gar nicht erst, sich alle Einzelheiten zu merken; Sie können Ihre RAM-Speicherkapazität dank der schriftlichen Gedächtnisstütze freihalten. Reduzieren Sie die Kinderkleidung, die Sie schenken, auf ein Minimum; Kinder wachsen so schnell, daß es einem Sechser im Lotto gleichkommt, wenn Sie die richtige Größe treffen. Geschenke, die Sie im Verlauf des Jahres gekauft haben, können nur während einer begrenzten Zeit umgetauscht werden, und Sonderangebote sind ohnehin häufig davon ausgeschlossen. Außerdem sind Sie vielleicht nicht immer auf dem laufenden, was gerade bei den Jugendlichen »in« oder »out« ist; mit Geschenken, die Schnee von gestern sind, machen Sie alle gleichermaßen unglücklich.

Die Versandhauskataloge sind ein Geschenk des Himmels, wenn Sie richtig damit umgehen können. Sollten Sie etwas für einen Ihrer Lieben darin entdecken, markieren Sie den Umschlag oder die erste Seite mit einem selbstklebenden Zettel. Es empfiehlt sich, jeden Monat ein Weihnachtsgeschenk zu bestellen; wenn Sie die Ausgaben über einen längeren Zeitraum verteilen, haben Sie im nächsten Dezember weniger Streß und mehr Seelenfrieden. Das ist, wie Sie feststellen werden, ein nicht zu unterschätzendes Geschenk für Sie selbst.

Menschen, die Ihnen am Herzen liegen, mit einem Geschenk aus eigener Produktion zu beehren, kann Spaß machen und sich rechnen, aber nur dann, wenn Sie die Zeit und kreative Energie mitbringen, den Fertigungsprozeß rational zu gestalten. So kurz vor Weihnachten ist nicht der richtige Zeitpunkt, um noch mit einer Patchworkdecke aus vierhundert winzigen Einzelteilen für Klärchens Puppe zu beginnen, mögen beide auch noch so süß sein. Heben Sie Schnittmuster und Zeitschriften auf; suchen Sie irgendwann auf dem Wühltisch nach passenden Stoffen und fertigen Sie das Geschenk mit Herz und Hand an einem verregneten Tag im März. Im Juli mit den Weihnachtsvorbereitungen zu beginnen, ist eine fabelhafte Tradition, die wiederaufgenommen werden sollte. Die findigen Frauen der Viktorianischen Epoche machten die meisten Geschenke selbst, und das in aller Regel im Juli.

Doch gleichgültig, ob Sie Ihre Weihnachtsgeschenke lange vor der Zeit kaufen oder selbst fertigen: Sie brauchen einen Platz, an dem Sie die kostbaren Gaben verstecken können. Suchen Sie sich einen Schrank, eine Kommode, Truhe oder Schublade zum Aufbewahren ihrer Errungenschaften aus. Dieser Hort sorgt dafür, daß Sie während des Jahres friedlich im Bewußtsein der Fülle schlafen können und die wachsende Sammlung als schlichte Freude empfinden. Sie werden ungeheuer erleichtert sein, wenn Sie Ihre Schatztruhe öffnen und das ideale Geschenk oder Mitbringsel für eine unverhoffte Einladung in der Hand halten. Sollten Sie beschließen, sich während des Jahres an Ihrer eigenen Hamsteraktion gütlich zu tun und klammheimlich Ihr eigenes Arsenal zu plündern, so denken Sie daran, es wieder aufzufüllen.

Da Sie Ihr Geschenkpapier bereits besorgt haben, müssen Sie mit dem Einpacken nicht warten, bis der Festtagstrubel beginnt; verpacken Sie Ihre Gaben originell und mit Spaß. Die Verpackung sollte Teil des Geschenks sein. Vergessen Sie die Schleifen, die es im Dutzend billiger gibt. Die wirklich schönen Schleifen, Kordeln, Borten, Bänder und dazugehörigen Deko-Artikel sind bisweilen teurer als das Geschenk selbst; auch hier gilt es wieder, während des Jahres Ausschau nach Sonderangeboten zu halten. Versehen Sie die eingepackten Geschenke sofort mit einem Kärtchen, auf dem der Name des Empfängers und der Inhalt vermerkt sind. Somit können Sie sich später den Versuch sparen, den Ursprüngen der rätselhaften Verpackung mittels Ertasten auf die Spur zu kommen oder gar das

Päckchen zu öffnen, was bestimmt nicht lustig ist. Sich dagegen bildlich vorzustellen, wie Ihre Lieben strahlen, wenn sie die tadellos verpackten Weihnachtsgeschenke betrachten, ist ein Geschenk der Freude, das Sie sich selbst machen.

12. DEZEMBER
Ein prallgefüllter Sack Geschenke

> Es gibt nur ein wirkliches Gefühl der Entbehrung...
> nicht in der Lage zu sein, diejenigen zu beschenken,
> die man am meisten liebt.
>
> *May Sarton*

Ich glaube nicht, daß die Menschen, die uns nahestehen, gespannt auf einen prallgefüllten Sack Geschenke warten. Aber ich kenne ein Universalgeschenk, das bei allen hoch im Kurs steht: Sie selbst. Leider ist dieses zutiefst persönliche Geschenk sehr teuer, denn es erfordert die Investition vieler kostbarer, ständig schwindender, natürlicher Ressourcen. Ich spreche von unserer Zeit, von unserer kreativen Energie, von Gefühlen. Es wäre einfacher, jedem einen Sack Gutscheine zu schenken. Man wäre aus dem Schneider.

Es ist nicht so, daß wir keine Lust hätten, uns während der Weihnachtsfeiertage voll einzubringen. Genau darum bemühen wir uns ja bis zur Verzweiflung. Wie es scheint, gelingt uns das indes nicht besonders gut. Deshalb fühlen sich viele Frauen deprimiert und enttäuscht, wenn sie den Christbaumschmuck wieder einpacken. Was ist bloß wieder schiefgelaufen, warum haben wir Weihnachten *nie* richtig im Griff?

Weil wir uns an zu viele Dinge gleichzeitig klammern – Verpflichtungen, Versprechen, vermeintliche Erfordernisse, Arbeitsaufgaben –, die beim besten Willen nicht unter einen Hut zu bringen sind. Der Ausspruch: »O natürlich, kein Problem« ist das erste Anzeichen für eine beginnende Trübung unseres Verstandes. Da gibt's nur eines: Finden Sie als erstes eine Entschuldigung, um für den Rest des Monats alle geschäftlichen Besprechungen, die sich bis in die späten Abendstunden ausdehnen, zu »schwänzen«. Besuchen Sie nur solche privaten Veranstaltungen, die Ihnen wirklich wichtig sind. Ihre Abwesenheit mag man zu jeder anderen Jahreszeit bemerken, aber nicht so kurz vor Weihnachten. Alle anderen sind vermutlich genauso zerstreut wie Sie. Man wird Sie nicht vermissen.

Und nun zu dem mit Geschenken prallgefüllten Sack. All dieser bunte, hübsche Schnickschnack, der Ihr Budget sprengt, ist nur ein Symbol dessen, was Sie anderen wirklich schenken möchten. Warum halten Sie es dieses Jahr nicht mit dem alten Weihnachtslied und besinnen sich auf die wahren Werte im Leben? Hier eine Adaption und Anregung für Ihren Gabentisch.

> Am ersten Weihnachtstag erhielten meine Lieben
>   das Geschenk der ungeteilten Aufmerksamkeit.
> Am zweiten Weihnachtstag erhielten meine Lieben
>   das Geschenk der Begeisterung.
> Am dritten Weihnachtstag erhielten meine Lieben
>   das Geschenk der kreativen Energie.
> Am vierten Weihnachtstag erhielten meine Lieben
>   das Geschenk der schlichten, jahreszeitlichen Vergnügen.
> Am fünften Weihnachtstag erhielten meine Lieben
>   das Geschenk der Zärtlichkeit.
> Am sechsten Weihnachtstag erhielten meine Lieben
>   das Geschenk des Frohsinns.
> Am siebten Weihnachtstag erhielten meine Lieben
>   das Geschenk der Schönheit.
> Am achten Weihnachtstag erhielten meine Lieben
>   das Geschenk des Dialogs.
> Am neunten Weihnachtstag erhielten meine Lieben
>   das Geschenk der Überraschung.
> Am zehnten Weihnachtstag erhielten meine Lieben
>   das Geschenk des Staunens.
> Am elften Weihnachtstag erhielten meine Lieben
>   das Geschenk der friedvollen Atmosphäre.
> Am zwölften Weihnachtstag erhielten meine Lieben
>   das Geschenk der Freude.

»Seid allzeit bereit für die Gaben Gottes, und fortdauernd für neue«, rät uns Meister Eckhart in dieser Jahreszeit des Gebens. Seien Sie allzeit bereit, Ihren Lieben die Gaben der Einfachheit und Fülle zu überreichen, die von unserem Schöpfer stammen. Sie werden dafür ein Weihnachtsgeschenk erhalten, das Sie niemals vergessen werden: ein glückliches Lächeln und ein zufriedenes Herz. Und diese Gaben würden Sie um nichts in der Welt eintauschen.

13. DEZEMBER
Ja, es gibt ihn, den Weihnachtsmann

Niemand kann sich all die Wunder ausdenken oder vorstellen, die in dieser Welt unentdeckt oder unsichtbar sind.
Francis P. Church

Francis P. Church hatte nicht die Absicht, an jenem Septembernachmittag im Jahre 1897 einen Klassiker der spirituellen Literatur zu schreiben, als er sich hinsetzte, um die Frage eines kleinen Mädchens zu beantworten. Virginia O'Hanlon war acht Jahre alt, genau in jenem Alter, in dem die ersten Zweifel am Glauben zu nagen beginnen. Ihre Freunde hatten ihr gesagt, daß es keinen Weihnachtsmann gibt. Als sie von ihrem Vater die Wahrheit wissen wollte, gab sich dieser genauso zugeknöpft wie viele Eltern, wenn sich das Gespräch der Glaubwürdigkeit von Beweisen für ihre Aktivitäten am Nordpol zuwendet. Er empfahl ihr, sich mit ihrer Frage an einen Experten zu wenden, der mit allen Wassern gewaschen war: an einen Zeitungsredakteur. Und so schrieb Virginia einen Leserbrief ans Lokalblatt und stellte die ewige Frage der Kindheit: »Papa sagt, wenn's in der Zeitung steht, muß es wohl stimmen. Bitte, sag mir die Wahrheit, gibt es einen Weihnachtsmann?«

Hundert Weihnachtsfeste sind vorübergegangen, seit Virginia die Wahrheit wissen wollte, aber das, was real ist und was nicht, hat sich nicht geändert. Kinder aller Altersgruppen haben das tiefverwurzelte Bedürfnis, an ein wohlwollendes, großmütiges, höheres Wesen zu glauben, welches das Gute belohnt. Weihnachten bietet dem

Kind, das sich in uns *allen* verbirgt, die Gelegenheit, jedes Jahr aufs neue wiedergeboren zu werden. Es weckt in uns wieder Freude und Staunen, Eigenschaften, die in den elf Monaten des Zweifels, des Spotts oder der Entmutigung nicht ausgelöscht werden können. Die einzige Voraussetzung, die wir mitbringen müssen, besteht darin, daß wir glauben.

An was glauben? An das, was Ihnen in ebendiesem Augenblick am meisten bedeutet. Daß die Liebe, wie der Glaube, Berge versetzen kann. Daß diese Jahreszeit Wunder über Wunder birgt. Daß es ein Wunder gibt, das Ihren Namen trägt. Daß die göttliche Gnade, wenn Sie sich etwas sehnlichst wünschen, goldene Brücken baut, bis Ihr Wunsch in Erfüllung gegangen ist. Daß es sehr wohl einen Weihnachtsmann oder ein Christkind gibt, und daß Sie seine Rolle in diesem Jahr mit Bravour übernommen haben.

Haben Sie Ihren Brief an den Weihnachtsmann (das Christkind) schon geschrieben? Ja, ich meine Sie. Wenn nicht, dann tun Sie es heute, mit allem Drum und Dran. Setzen Sie sich mit einer Tasse heißer Schokolade, Ihrem schönsten Briefpapier und Ihrer Wunschliste hin. Wählen Sie ein irdisches Geschenk aus und teilen Sie dem Weihnachtsmann mit, was Sie sich wünschen. Und als nächstes setzen Sie eine Gabe auf die Liste, die Ihnen nur der Schöpfer verleihen kann. Stecken Sie Ihren Brief in den Umschlag und schicken Sie ihn ab. Warten Sie. Beobachten Sie, was passiert. Genießen Sie die Freuden des Lebens.

Erklären Sie für den Rest der Vorweihnachtszeit immer wieder (auch lautlos, wenn es Ihnen lieber ist): »Ich glaube! Ich glaube! Ich glaube!«

In genau diesem Augenblick glaube ich, daß Frank Church vor einem Jahrhundert die Meditation über das heutige Thema nicht nur für Virginia, sondern auch für mich geschrieben hat:

Virginia, deine kleinen Freunde irren sich. Sie haben sich von den Zweifeln der Zweifler anstecken lassen, die es in unserer Zeit zuhauf gibt. Sie glauben nur noch das, was sie sehen. Sie denken, daß nicht sein kann, was sich mit ihrem kleingläubigen Verstand nicht erklären läßt. Alle Menschen, Virginia, einerlei, ob es sich um Erwachsene oder Kinder handelt, sind kleingläubig.

Ja, Virginia, es gibt einen Weihnachtsmann. Es gibt ihn so sicher, wie Liebe und Großmut und Hingabe. Du weißt, daß sie in Hülle und Fülle existieren und unserem Leben Schönheit und Freude in höchstem Maß verleihen. Wie öde wäre doch die Welt, wenn es keinen Weihnachtsmann oder kein Christkind gäbe! Genauso öde, als wenn es keine Virginias gäbe. Dann gäbe es auch keinen kindlichen Glauben, keine Poesie und keine Phantasie, um das Leben auf der Erde erträglich zu machen. Wir hätten keine anderen Freuden als jene, die wir mit dem Verstand erfassen oder sehen können. Das ewige Licht, mit dem die Kindheit die Welt füllt, würde erlöschen.

Nicht an den Weihnachtsmann oder das Christkind glauben! Und was ist mit den Elfen; glaubst du an die auch nicht?

Die wirklichsten Dinge in der Welt sind unsichtbar, sowohl für Kinder als auch für Erwachsene. Hast du jemals Elfen auf der Wiese beim Reigen gesehen? Natürlich nicht, aber das beweist noch lange nicht, daß es sie nicht gibt.

Du zerbrichst die Rassel eines Säuglings, um ihren Inhalt zu überprüfen, aber ein Schleier verhüllt die unentdeckte Welt, den nicht einmal der stärkste Erwachsene auf Erden zerreißen könnte. Nur der Glaube, die Poesie und die Phantasie können ihn beiseite schieben und ... die Schönheit und den Glanz dahinter schauen. Ist das alles wirklich? Ach Virginia, in unserer Welt gibt es nichts, was wirklicher und dauerhafter wäre.

Kein Weihnachtsmann, kein Christkind! Gott sei Dank gibt es sie, und es wird sie immer geben. Heute in tausend Jahren, Virginia – ach, was sage ich, in zehnmal zehntausend Jahren vom heutigen Tage an – werden sie die Herzen der Kinder noch immer erfreuen.

Klatschen Sie Beifall, wenn Sie an den Weihnachtsmann oder das Christkind glauben.

14. DEZEMBER
Das Vermächtnis der Liebe

> Alle glücklichen Familien ähneln einander, während jede unglückliche Familie auf ihre eigene Weise unglücklich ist.
>
> *Leo Tolstoi*

Die meisten Menschen vermuten, Weihnachten sei schwierig für Kinder, die nicht mehr an den Weihnachtsmann glauben. Aber meiner Meinung nach ist die Advents- und Weihnachtszeit für die Menschen am schlimmsten, die unlängst einen schmerzlichen Verlust durch Tod oder Scheidung erlitten haben. Das gilt vor allem, wenn es sich um das erste oder zweite Weihnachtsfest handelt, seit ihre Welt in Scherben gegangen ist.

Viele alleinerziehende Mütter fühlen sich beklommen beim Gedanken an Weihnachten und lassen ihre Kinder dieses Gefühl unbewußt spüren. Sie schieben beispielsweise die Weihnachtsvorbereitungen auf die lange Bank, um sie dann im letzten Moment wahllos, halbherzig und überstürzt anzugehen. Vielleicht haben alleinstehende Frauen und alleinerziehende Mütter mit Weihnachten Probleme, weil sie tief in ihrem Innern glauben, daß die alten Festtagsbräuche den intakten Bilderbuchfamilien vorbehalten sind. Frauen, die erst seit kurzem allein leben und zum ersten Mal wieder die Schachtel mit dem Weihnachtsschmuck öffnen (falls sie überhaupt Lust haben, sie hervorzukramen), empfinden oft ein so großes Gefühl des Verlustes, daß sie beschließen, die einst in Ehren gehaltenen Weihnachtsrituale ein für allemal abzuschaffen. Der Vergleich der Weihnachtsvergangenheit mit der Weihnachtsgegenwart ist zu schmerzlich.

»Wozu soll das gut sein?« sagen sie sich.

Ganz einfach: Wir brauchen alle die tröstlichen und heilenden Botschaften solcher Rituale. »Einer der wichtigsten Aspekte der Familientraditionen – Sitten und Gebräuche, die in einer Familie Jahr für Jahr befolgt werden – besteht darin, daß sie Symbole enthalten, und Familien brauchen Symbole«, erklärt Dr. Steven J. Wolin, Professor für Klinische Psychiatrie an der George Washington University Medical School. »Man holt die schönen alten Kristallgläser heraus, singt die überlieferten Lieder, spricht das gleiche Gebet wie immer, trägt dem Anlaß gemäße Kleidung, deckt den Tisch auf bestimmte Weise.« Das sind die unbewußten Augenblicke des Familienrituals, das sich in einen Kokon der emotionalen Sicherheit verwandelt, mit dem man sich in streßbefrachteten Zeiten umhüllen kann.

Liebgewordene Sitten und Gebräuche sind für erwachsene Frauen genauso wichtig wie für Kinder. Als ich erstmals begann, die Traditionen der Viktorianischen Epoche der heutigen Zeit anzupassen, machte mir dieses Projekt vor allem deshalb soviel Spaß, weil ich damit glückliche Erinnerungen für meine Tochter schaffen konnte. Aber nach ein paar Jahren merkte ich, daß diese Rituale, die ich in unsere Familie einführte, mir selbst Trost und Freude vermittelten. Ich sehnte mich genau wie Katie danach, die Jahreszeiten durch das Gleichmaß dieser feststehenden Rituale zu kennzeichnen. Es ist den Erwachsenen ein ebensogroßes Bedürfnis wie den Kindern, den Tannenbaum zurechtzustutzen, die Menora anzuzünden, Blumen zum Valentins- oder Muttertag zu schenken, Ostereier zu färben oder Brot und Wein beim Passahfest zu brechen. Unsere Seele wächst nie über die Sehnsucht nach lichtvollen, an der Schwelle des Bewußtseins verankerten Augenblicken der Ganzheitlichkeit hinaus.

Also packen Sie die geliebten, eingemotteten Weihnachtstraditionen wieder aus. Schaffen Sie neue Rituale, die Ihre wahre Identität zum Ausdruck bringen, wenn Sie schon einmal dabei sind, einen neuen Lebensstil zu schaffen.

15. DEZEMBER
Meditation für Leseratten

> Sie hat zuviel für Bücher übrig, das hat ihr den Kopf verdreht,
> und seither ist sie wie umgewandelt.
>
> *Louisa May Alcott*

Virginia Woolf war davon überzeugt, daß Leseratten, wenn sie an das Himmelstor anklopfen und mit ihren Lieblingsbüchern unter dem Arm Einlaß begehren, der Allmächtige zu Petrus sagt: »Die? Nein, die brauchen keine Belohnung. Wir können ihnen hier oben nichts bieten. Das sind Leseratten.«

Im realen Leben gibt es Frauen, die lesen, und Frauen, die zuwenig lesen. Ich kenne keine einzige Frau, die zuviel liest – ein merkwürdiger Gedanke. Wie können wir zuviel lesen, wenn der Tag nur vierundzwanzig Stunden hat? Bei einer durchschnittlichen Lebenserwartung von nicht mehr als achtzig Jahren?

Jede Tageszeit eignet sich zum Lesen. Und jeder Ort. Jede Ausrede. Lesen ist der letzte Strohhalm für Suchtgefährdete; es hat keine schädlichen Nebenwirkungen, wenn man zuviel liest. Louisa May Alcott fürchtete, Lesen würde uns den Kopf verdrehen. Natürlich kann sich eine Frau, die Bücher so liebte, daß sie selbst welche schrieb, sich nicht grundlegend irren. Bücher tragen wirklich dazu bei, uns »umzuwandeln«. Sie inspirieren uns, unsere Passionen und Interessen zu erkennen und ihnen nachzugehen. Sie verwandeln uns in authentische Frauen. Wenn ein Satz in einem Buch ein Echo in unserem Innern erzeugt, ist das die Stimme unseres authentischen Selbst. Wir sollten ihr aufmerksam zuhören, um herauszufinden, was sie uns sagen will. Der Schöpfer kommuniziert ständig mit uns. Die meisten sehnen sich danach, das Paradies auf Erden zu erleben. Frauen, die leidenschaftlich gerne lesen, haben dieses Paradies gefunden. Wer immer behauptet haben mag, daß man ein Buch nicht mit ins Grab nehmen kann, hat nie ein gutes gelesen. Denn alles, was wir lesen, im Gedächtnis bewahren und lieben, wird in unserem Bewußtsein verewigt. Und die Liebe ist unvergänglich.

»Lesen bedeutet, bereit zu sein, um eine Stimme zu hören, die sich dann Gehör verschafft, wenn man es am wenigsten erwartet«, meint der italienische Kurzgeschichtenerzähler Italo Calvino. »Eine Stimme, die aus einer unbekannten Quelle stammt, von irgendwoher jenseits des Buches, jenseits des Verfassers, jenseits der Gewohnheit des Schreibens: aus dem Ungesagten, aus dem, was die Welt noch nicht von sich gesagt hat und wozu ihr noch die Worte fehlen, um es zu sagen.«

16. DEZEMBER
Goldsternchen-Tage

Vielleicht werde ich mir irgendwann in absehbarer Zukunft eine Eins mit Sternchen dafür geben, daß ich ein ganz gewöhnlicher Mensch bin, und vielleicht werde ich mir irgendwann in absehbarer Zukunft eine Eins mit Sternchen dafür geben, daß ich ein außergewöhnlicher Mensch und hartnäckig bin. Und vielleicht werde ich eines Tages überhaupt keine Sternchen mehr brauchen.

Sue Bender

Ich habe den Punkt noch nicht erreicht, an dem ich die Eins mit Stern nicht mehr brauche, den goldglänzenden, sichtbaren mit den fünf Eckpunkten, der mir beweist, daß ich etwas geleistet habe, über mich selbst hinausgewachsen bin und mich vor allem mit der gleichen liebevollen Fürsorge behandelt habe, die ich anderen wesentlich leichter angedeihen lasse. Damals, in der Zeit der Schultafeln und Kreiden, wurden die Sternchen in einer kleinen Pappschachtel aufbewahrt. Beim Öffnen des Deckels glänzten darin fünfhundert kleine Sterne aus Goldfolie, steif vom getrockneten Klebstoff auf der Rückseite. Wenn man den Stapel der Möglichkeiten durch die Finger gleiten ließ, hörte man das Knistern des Selbstwertgefühls. Heute werden Goldsternchen von selbstklebenden Blättern abgezogen. Man hat nicht einmal mehr den Geschmack des Erfolgs auf der Zunge, gleichwohl liebe ich diese Glitzerdinger.

Eine gute Freundin von mir hat eine völlig andere Erinnerung an die Goldsternchen-Zeit. Ihre Mutter führte Buch über die Sternchen, die ihre acht Kinder während der Woche erhalten hatten. Jeden Sonntagabend nach dem Essen wurde Bilanz gezogen: das Raster enthüllte unbestechlich, wer eine Eins mit Sternchen beim Erledigen der Hausaufgaben oder häuslichen Pflichten, bei der persönlichen Hygiene und im Verhalten verdient hatte – und wer nicht. Das Streben nach den begehrten Goldsternchen sollte spielerisch motivieren. Das Sammeln von Goldsternchen war für Anne indes kein Spaß, sondern ein Zwang, trotz der Tatsache, daß sie in allen Bereichen Spitzennoten erzielte und in jeder Beziehung ein vorbildliches »braves Mädchen« war. Sie empfand die ständige Beurteilung als eine Qual. Das Öffnen der Pappschachtel mit den Goldsternchen war für sie eine psychische und emotionale Tortur auf der Folterbank der Selbstachtung.

Die Goldsternchen-Zeit kann völlig anders verlaufen, wenn wir uns diese Auszeichnung selbst verleihen. Wenn wir einen Goldstern auf ein Kalenderblatt kleben, glitzert und funkelt er und flüstert uns zu: »Prima, Mädel!« Ich gebe mir vor allem dann eine Eins mit Sternchen, wenn ich eine neue Freizeitaktivität in Angriff nehme oder eine alte Gewohnheit wiederaufnehme, die mir auf meinem Weg verlorengegangen ist: spazierengehen, kreative Bewegung, gesunde Ernährung, Dialogseiten schreiben, Meditation, kürzertreten, Arbeit und Freizeit besser austarieren. Der Geist ist willig, aber das Fleisch ist oft schwach.

Sie müssen außergewöhnliche Tage nicht mit Goldsternchen im Kalender markieren. Aber außergewöhnliche Tage können noch strahlender werden, wenn Sie sich mental eine Eins mit Sternchen verleihen und sich dabei kräftig auf die Schulter klopfen.

17. DEZEMBER
Zweiter Akt

Jahrelang wollte ich älter werden, jetzt bin ich es.
Margaret Atwood

Neulich habe ich den Fernseher eingeschaltet, während ich darauf wartete, daß das Teewasser kochte; auf einem Kabelsender lief gerade ein Film mit meiner Lieblingsschauspielerin. Ich konnte es nicht fassen, wie alt sie geworden war. Wenn diese tolle Frau, die ihr äußeres Erscheinungsbild von Profis »instand halten« ließ, einen persönlichen Fitneßtrainer beschäftigte und sich die teuersten Schönheitskuren leisten konnte, so sichtbar alterte – wie schnitt ich da ab: eine Landpomeranze ohne Spitzenwartung, Chauffeur und Kindermädchen, aber mit Terminstreß als Bücherschreiberin?

»Wie alt sehe ich eigentlich aus?« lautete die erste Frage an meine Tochter, als ich sie von der Schule abholte. »Alt genug, um meine Mutter zu sein«, konterte dieser Fratz. »Sieht man mir mein Alter an?« wollte ich von einer guten Freundin wissen, mit der ich mich zum Mittagessen traf. »Nicht mehr als mir«, versicherte sie mir.

Ich erinnere mich noch lebhaft an einen Abend – ich war gerade sechzehn –, als ein Freund meiner Eltern, den ich für jenseits von Gut und Böse hielt (er war Mitte Vierzig) seine hübsche neue Verlobte zum Abendessen mitbrachte, um sie der Familie vorzustellen. Mike war ein seit Jahren umschwärmter Junggeselle gewesen. Susan hatte bei einem Schönheitswettbewerb mitgemacht. Es klang alles sehr romantisch, und ich konnte es kaum erwarten, die pikanten Einzelheiten zu erfahren. Irgendwann während des Abends fragte ich Susan mit der angelegentlichen, unerträglichen Unbekümmertheit eines ausgebufften Teenagers: »Wie alt sind Sie eigentlich?«

Der einzige Laut stammte von meiner Mutter, die pikiert die Augenbrauen hob. Dann brach Susan das verlegene Schweigen, das am Tisch herrschte, und erwiderte mit einem freundlichen Lächeln: »Zweiunddreißig.«

Ich prustete los, mitsamt dem Sodawasser, das ich gerade herunterschlucken wollte. »Zweiunddreißig? Und da heiraten Sie zum ersten Mal?« (Es ist ein Wunder, daß ich den Alptraum überlebt habe, um Zeugnis von dieser Peinlichkeit abzulegen.) »Junge Dame«, wies mich meine versteinerte Mutter mit eisiger Stimme zurecht, »du solltest dich schämen. Man fragt eine Dame, die älter ist als man selbst, nicht nach ihrem Alter. Entschuldige dich auf der Stelle bei Susan.«

»Nein, bitte«, lachte Susan, als die anderen aus ihrer Erstarrung erwachten. »Ist schon in Ordnung. Glaubst du, mit zweiunddreißig sei eine Frau zu alt, um erstmals zu heiraten?«

Natürlich war ich der Meinung, es sei denn, ihr Auserwählter war Methusalem. Abgesehen davon, daß Susan nicht nach »Mittelalter« aussah, fand ich sie absolut spitze. Die tollste »ältere Frau«, die ich jemals *in natura* gesehen hatte. Aber mit dem Heiraten zu warten, bis man so steinalt war, vor allem, wenn man so umwerfend aussah, überstieg mein Begriffsvermögen. Heute weiß ich natürlich aus persönlicher Erfahrung, warum sie in fortgeschrittenem Alter zum ersten Mal den Bund fürs Leben geschlossen hat. Aber da war es schon zu spät. In jenem Augenblick hatte Amor mich als Opfer ausersehen. Zwei Wochen, nachdem ich meinen Mann geheiratet hatte, feierte ich meinen zweiunddreißigsten Geburtstag. Soweit ich mich erinnere, war das ein sehr gutes Jahr.

Nun entdecke ich wie viele meiner Freundinnen, daß der zweite Akt wesentlich interessanter sein kann als der erste. Dieser ist lediglich eine Einführung – wir erfahren, wer unsere Heldin ist, woher sie stammt, welche Kräfte sie geprägt haben. Erst im zweiten Akt wird kreative Spannung aufgebaut, wenn sich in ihrer Lebensgeschichte wirklich etwas tut. Im zweiten Akt gibt es zahllose Verwicklungen und unvorhergesehene Wendungen, wenn der Augenblick der Entscheidung naht. Der zweite Akt enthüllt den dramatischen Kern des authentischen Handlungsstrangs, der sich um die Hauptperson rankt. Was geschieht als nächstes? Wie wird unsere Heldin mit den Herausforderungen fertig? Wie wird sie sich verändern?

Der zweite Akt beginnt erst dann, wenn wir ein paar Jahrzehnte auf dem Buckel haben. Dann sind wir, so Gott will, weiser, erfahrener, selbstbewußter, mutiger und besonnener. Die psychologischen

Kapitel des Lebens, die wir schreiben, haben plötzlich mehr Tiefe und Vielschichtigkeit. »In mittleren Jahren gelangen wir oft zu der grauenvollen Erkenntnis, daß wir uns Kummer, Schmerz, Bedauern, tragische Verluste und bittere Desillusionierung ausnahmslos selbst zuzuschreiben haben«, gestand die Romanautorin Kathleen Norris 1931.

Aber jetzt wissen wir, wie wir das Drehbuch ändern.

Oder?

Ich werde dem Regisseur sagen, daß ich für die Schlußszene bereit bin.

18. DEZEMBER
Ein Geburtstagsritual

> Der Geburtstag meines Lebens
> Ist gekommen, meine Liebe ist zu mir gekommen.
> *Christina Georgina Rossetti*

Heute ist nicht mein Geburtstag, aber vielleicht Ihrer. Wenn ja, dann hoffe ich, daß Sie einen wundervollen Tag erleben – einen Tag des authentischen Vergnügens, der einfachen Freuden, feierlich, festlich.

Wir alle sollten unseren Geburtstag auf diese Weise begehen. Ich kann dem Geburtstagsrummel heute nicht mehr viel abgewinnen, aber ich habe das Bedürfnis, den Tag meiner Geburt im Kalender positiv anzumerken. Deshalb habe ich ein Geburtstagsritual aus der Taufe gehoben, um das vergangene Jahr Revue passieren zu lassen und erhellende Ausblicke für das kommende Jahr heraufzubeschwören. Als erstes nehme ich ein entspannendes Bad und spüle symbolisch Schmerz, Kummer, Bedauern, Fehler und Schuldgefühle des letzten Jahres von mir ab. Dann gehe ich allein in mein Schlafzimmer und zünde eine Votivkerze für jedes Lebensjahr an. (Das ist nicht so schrecklich, wie es klingen mag, wenn Sie die kleinen Teelichter im Metallbehältnis nehmen. Stellen Sie alle zusammen auf ein Tablett oder verteilen Sie sie im Raum.) Im Hintergrund erklingt meine Lieblingsmusik, der Duft aromatischer Essenzen liegt in der Luft, und neben dem Bett steht ein Strauß meiner Lieblingsblumen. Ich ziehe ein brandneues Nachthemd an und mache es mir in meinem Bett bequem. Dann bete ich einen persönlichen Psalm als Dankeschön für mein Leben. Während die Teelichter brennen, denke ich über die bisherigen Etappen meiner Reise nach. Ich betrachte Fotos aus alter und neuerer Zeit, dann lese ich bestimmte Eintragungen in meinem Journal. Viele wunderbare Augenblicke des vergangenen Jahres sind meiner bewußten Erinnerung entglitten; es ist beruhigend, sie mir für einen kurzen Besuch ins Gedächtnis zurückzurufen. Als nächstes äußere ich einen Geburtstagswunsch, den mir nur der Allmächtige erfüllen kann: ich bete um einen neuen Traum oder Plan; daß ein lange gehegter Traum endlich in Erfüllung gehen möge; daß ich eine seit langem bestehende Angst überwinden oder von einem hartnäckigen Kummer befreit werden möge; daß ich ein neues Gefühl der Freiheit erlebe, eine neue Stärke entdecke, neue Freunde finde; daß ich ein seit langem geplantes Vorhaben verwirkliche, mir ein neues, hohes Ziel setze, eine neue Herausforderung meistere. Ich trinke ein Glas Champagner, dann öffne ich mit Bedacht ein hübsch verpacktes Geschenk; es stammt von meinem authentischen Selbst. Und natürlich ist es perfekt, genau das, was ich mir in meinem Innersten gewünscht habe.

Niemand ist imstande, Ihren Geburtstag genau so zu feiern, wie Sie es wünschen und brauchen, auch wenn sich andere noch soviel Mühe geben. Das liegt daran, daß *keiner* so gut weiß wie Sie, was sich im Verlauf des letzten Jahres abgespielt hat, weil keiner in Ihrer Haut steckt. Und dazu kommt, daß es jedes Jahr anders ist: Ihr zweiunddreißigster und Ihr achtundvierzigster Geburtstag haben wahrscheinlich nicht einmal ansatzweise Ähnlichkeit miteinander. Ihrem Mann oder Partner, ihren Kindern, Freunden und Arbeitskollegen blieben möglicherweise die Veränderungen in Ihrem Leben nicht verborgen, aber nur Ihr authentisches Selbst weiß, wie tief sie wurzeln. Vielleicht ist ein Mensch, den Sie geliebt haben, vor sechs Monaten gestorben. Alle anderen nehmen an, daß Sie wieder Tritt gefaßt haben, obwohl der Schock des Verlustes erst jetzt abzuklingen beginnt und der Schmerz einsetzt. Vielleicht wäre das perfekte Geburtstagsgeschenk ein Foto der Person, die Sie verloren haben, von einem Fachmann gerahmt oder retuschiert. Niemand außer Ihnen weiß, daß Sie diesen emotionalen Lackmustest brauchen. Vielleicht liegt Ihnen wenig an einer lärmenden Familienfeier, und Sie würden lieber ein paar Stunden ganz für sich allein verbringen, um sich die Unumkehrbarkeit der tiefgreifenden Veränderungen vor Augen zu halten, die in Ihrem Leben eingetreten sind. Geburtstage sind immer ein Neubeginn, aber sie beinhalten auch Momente, in denen wir persönlich mit einem Kapitel unseres Lebens abschließen. Das ist von entscheidender Bedeutung, wenn wir auf positive Weise in unser authentisches Selbst hineinwachsen wollen.

Jeder Geburtstag, und nicht nur die runden, die ein neues Jahrzehnt markieren, ist ein wichtiger Meilenstein. Jedes Alter bringt 365 Lektionen des Realen Lebens mit sich. »Wir werden nicht älter mit den Jahren, sondern neuer mit jedem Tag«, versichert Emily Dickinson dem Geburtstagskind, das in jedem Menschen schlummert. Und das ist eine Feier in großem Stil wert.

Also: herzlichen Glückwunsch und alles Gute zum Geburtstag!

Ich habe das Gefühl, als ob das kommende Jahr Ihr bestes sein wird. Der Himmel weiß, daß Sie es verdienen.

19. DEZEMBER
Eine Frau im gewissen Alter

Männer sind nicht scharf auf alte Hexen mit dicken Ärschen.
Cybill Shepherd

Älter werde ich, daran kann es keinen Zweifel geben. Mit Würde älter werden, darum will ich mich bemühen. Eine alte Hexe werden? Nur über meine Leiche.

Alte Hexe. Welch eine negative Einleitung für ein so kreatives Kapitel in der Lebensgeschichte einer Frau! Keine Frau muß eine alte Hexe werden: Sie können sich genausogut in eine weise Frau verwandeln. Das Selbstwertgefühl einer Frau wird gemindert, statt gefördert, wenn wir das Bild einer Hexe als Vorbild heraufbeschwören, dem wir nacheifern sollten. Die Franzosen bezeichnen weibliche Hauptpersonen, die im zweiten Akt des Lebens agieren, als »Frauen im gewissen Alter«. Das ist für viele Frauen eine treffende Beschreibung: Wir gewinnen mehr Gewißheit darüber, wer wir wirklich sind, wenn unsere wahre Identität langsam zum Vorschein kommt. Wenn ich zwischen dem erotischen Kichern der Sängerin Lena Horne und Madame Mims boshaftem Keckern wählen müßte, würde mich die musikalische Dame wesentlich mehr reizen als die Magierin.

Ich glaube, daß es für uns ungeheuer wichtig ist, das Konzept des weiblichen Alterungsprozesses grundlegend zu überdenken. Wir sollten dabei nicht von »unsichtbar«, sondern von »vibrierend« sprechen, denn im nächsten Jahrtausend wird uns ein weitläufiger gesellschaftlicher Umbruch erwarten. Schnallt euch an, Männer. Einige von euch werden ganz schön durchgebeutelt werden, wenn das Jahrhundert der Frauen beginnt. Im Jahre 2000 werden zweiundvierzig Prozent aller volljährigen Amerikanerinnen fünfzig und älter sein.

Wir sollten mit der grundlegenden Änderung unserer Einstellung zum zweiten Akt des Lebens allerdings nicht so lange warten, sondern umgehend alle Hebel in Bewegung setzen. Frauen, die mit der Zeit gehen, haben bereits angefangen, die mittleren Lebensjahre, »die flammenden Fünfziger«, neu zu definieren. Coco Chanel erklärte: »Die Natur verleiht uns das Gesicht, das wir haben, wenn wir zwanzig sind. Das Leben formt das Gesicht, das wir haben, wenn wir dreißig sind. Aber es liegt allein bei uns, ob wir das Gesicht verdienen, das wir haben, wenn wir fünfzig sind.« Solange das Gesicht, das Sie im Spiegel schminken, authentisch ist, können Sie in jede x-beliebige Rolle schlüpfen. Aber Sie werden mich hinter den Kulissen bei den feurigen Chansonetten finden, und nicht in Publikum, beim »Club der alten Hexen«.

20. DEZEMBER
Das Fröhlichkeitsspiel ohne rosarote Brille

> Sei fröhlich. Sei gut. Sei tapfer.
> *Eleanor Hodgman Porter*

Pah! Blödsinn!

Das kann doch wohl nicht Ihr Ernst sein, liebe Eleanor Porter, vier Tage vor Weihnachten!

O doch, gerade vier Tage vor Weihnachten! Wie schon bei den vergangenen Weihnachtsfesten handelt es sich um einen Multiple-choice-Test: welcher der Logiergäste wo schläft, wer was kocht, wer am Heiligen Abend den Zeremonienmeister macht, welche Geschenke nicht rechtzeitig eingetroffen und welche noch nicht abgeschickt worden sind, wer den Logierbesuch vom Bahnhof abholt, wer als erster reif ist für die Insel. Plötzlich erscheint uns Ebenezer Scrooge aus *Ein Weihnachtslied* von Charles Dickens als die am meisten verleumdete und mißverstandene Figur der Literatur.

Aber ich kenne jemanden, dessen literarischer Ruf noch dringender einer Rehabilitation bedarf. Kennen Sie die *Pollyanna*-Bände? Das »fröhliche Mädchen«? Lachen Sie nicht, wenn Sie den Namen lesen. Der unerschütterliche Optimismus dieses Waisenkindes mag sacharinsüß und nicht das richtige sein, um ihn vier Tage vor Weihnachten zu verdauen, aber ihr Fröhlichkeitsspiel sollte, in dekoratives Papier gewickelt, unter dem Weihnachtsbaum von Frau Hinzundkunz liegen.

Schmunzeln Sie, wenn Ihnen danach ist, aber das Fröhlichkeitsspiel ist das perfekte Gegenmittel für Probleme, die während der Weihnachtsfeiertage unverhofft auftauchen. »Pollyanna tat nicht so, als stünde alles zum Besten«, erklärte ihre Urheberin Eleanor Hodgman Porter mit Nachdruck. »Sie akzeptierte nur die Gegebenheiten mit Heiterkeit und Mut. Sie begriff, daß wir uns bisweilen auch unangenehmen Situationen gegenübersehen, aber sie glaubte fest daran, daß man ihnen die Spitze nehmen kann, wenn man nach den guten Seiten Ausschau hält, die sie beinhalten.«

Als der erste *Pollyanna*-Roman 1913 erschien *(Pollyanna macht alle fröhlich)*, war niemand verblüffter als Eleanor Porter über den unvermuteten, weltweiten Erfolg ihrer elfjährigen Heldin, die stets einen Silberstreif am trüben Horizont entdeckte. Obwohl das Buch ohne massive Werbung in den Handel kam, mauserte es sich infolge der Mund-zu-Mund-Propaganda innerhalb kürzester Zeit zu einem Bestseller mit mehr als einer Million verkaufter Exemplare. Pollyanna wurde in ein Dutzend Sprachen übersetzt und erfreute sich so großer Beliebtheit, daß der Name der Hauptperson in die englische Sprache einging: als Synonym für einen unverbesserlichen Optimisten, der die Welt durch eine rosarote Brille betrachtet.

Pollyanna Whittier ist die Tochter eines verarmten Missionars, der jedem, der bereit ist, ihm zuzuhören, Fröhlichkeit predigt. Reverend Whittier beruft sich dabei auf die Bibel, in der *achthundert* Begebenheiten beschrieben sind, anläßlich derer Gott seine Kinder ermahnt, fröhlich zu sein und sich des Lebens zu erfreuen. Folglich ist es nach seiner Auffassung Gottes Wille, daß die Menschen frohen Mutes sind, so oft es eben geht. Dieser Glaube wird auf eine harte Probe gestellt, als der alljährliche Korb mit den Weihnachtsgeschenken der Missionary Ladies Aid Society eintrifft. Pollyanna hatte sich eine richtige Porzellanpuppe gewünscht. Doch als sie am Weihnachtsmorgen den Korb öffnet, stellt sie fest, daß ihr die frommen Damen versehentlich ein paar Kinderkrücken geschickt haben. Verständlicherweise ist sie am Boden zerstört. Um sie zu trösten, erfindet der Reverend ein Spiel: Gemeinsam überlegen sie, ob es auch sein Gutes haben könnte, zu Weihnachten Krücken geschenkt zu bekommen. Und siehe da, sie werden fündig: Pollyanna braucht sie nicht! Und so entsteht das Fröhlichkeitsspiel.

Nach dem Tod des Vaters wird Pollyanna von ihrer Tante Polly Harrington, einer wohlhabenden, allein und abgeschottet lebenden alten Jungfer, aufgenommen. Gründe dafür, daß Miß Polly nie geheiratet hat, sind zweifellos ihre Strenge und ihre Griesgrämigkeit.

Pollyanna stellt die kleine Stadt in Vermont, in der sie nun lebt, mit ihrer Vitalität und ihrem Frohsinn auf den Kopf. Die Kranken werden gesund, die Einsamen finden Freunde und romantische Bindungen, und zerrüttete Ehen werden wieder gekittet. Alle außer

Tante Polly fallen dem Reiz anheim, nach den positiven Seiten des Lebens Ausschau zu halten. Tante Polly ist eine harte Nuß, aber Pollyanna gibt nicht auf in ihrem Bemühen, sie zu knacken. Doch auch sie erliegt schließlich dem Zauber der Fröhlichkeit, nachdem Pollyanna einen schweren Unfall erleidet und ihn nur dank des eigenen Optimismus und der Unterstützung der ganzen Gemeinde überlebt.

Pollyanna mag ein hoffnungslos sentimentaler, altmodischer und überholter Roman sein, aber die achthundert Bestätigungen *»Kopf hoch, wird schon nicht so schlimm sein!«* sind auch heute noch aktuell und so wertvoll wie eine Goldmine. Vielleicht ist das genau die Botschaft, über die wir meditieren sollten, wenn wir im Haus das Unterste zuoberst kehren und den roten Teppich für die Ankunft der Gäste ausrollen.

21. DEZEMBER
Jahreszeitliche Seelenmagie

> Wir sollten in jeder Jahreszeit leben, da sie vorübergeht: ihre Luft atmen, ihren Trunk kosten, ihre Früchte essen und beschließen, uns von den Zauberkräften jeder einzelnen bannen zu lassen. Sie sollte unsere einzige Labsal und Medizin aus der Natur sein.
>
> *Henry David Thoreau*

Die Winterluft draußen ist dünn und prickelnd, schneidend, frostig, eisig, beißend. Wir gehen mit schnellen Schritten, spiegeln nach außen die innere Beschleunigung wider, die uns vorantreibt, seit die Weihnachtsvorbereitungen das Geschehen im Alltag beherrschen. Sobald wir die Tür schließen, ist die Winterluft warm, schwer und aromatisch: brennendes Holz, frische immergrüne Zweige, würziger Zimt- und Ingwerduft. Wir atmen tief das Aroma der wahren, inneren Zufriedenheit ein.

Im Winter leben wir in freudiger Erwartung. Freunde kommen aus der Kälte herein, werden umfangen von dem Tohuwabohu und Chaos, das jedes Jahr zu Weihnachten herrscht, wenn wir in unserem Haus »Tag der offenen Tür« haben. »Das ganze Jahr träume ich von deinem selbstgemachten Eierpunsch!« vertraut mir ein Gast an, während seelenvolle Geschenke, von Herzen kommende Komplimente und fröhliche Grußworte ausgetauscht werden. In der Küche wird schäumender heißer Festpunsch – ein traditionelles Getränk in der Weihnachtszeit, bestehend aus Bier oder Wein mit Gewürzen und Zucker – in die Becher gefüllt, die Hände und Herzen von der winterlichen Kälte befreien. Der Eßzimmertisch stöhnt und knarzt gutmütig unter der Fülle der Leckereien. Kinder aller Altersgruppen wuseln umher.

Ihr Lieben, genießt, was die Festtafel zu bieten hat. Bedient euch. Eßt, trinkt und seid fröhlich, denn vor uns liegt eine Jahreszeit der Freudenfeste.

Seit Jahrhunderten berücksichtigen die fernöstlichen Heiler – vor allem die traditionelle chinesische Medizin – bei ihrer Diagnose und Behandlung den Einfluß der Jahreszeiten auf Körper, Geist und Seele. Die symbiotische Beziehung zwischen Mensch und Natur wurde in der westlichen Schulmedizin bis vor kurzem mehr oder weniger ignoriert. Inzwischen haben auch die Ärzte in unseren Breiten erkannt, daß einige Menschen in den Wintermonaten unter Depressionen leiden, weil sie besonders empfindlich auf den Lichtmangel reagieren. Mit einer Lichttherapie läßt sich das Energiereservoir auffüllen und das empfindliche, gesunde Gleichgewicht wiederherstellen.

Das Erlernen der Seelenmagie der jahreszeitlichen Heilung kann Ihrem Weg zu einem ganzheitlichen Leben eine neue, tiefere Dimension verleihen. In der Natur ist der Winter die Jahreszeit der Ruhe, Erholung, Reflexion. In dieser Woche vor Weihnachten sind alle drei vermutlich Mangelware, aber nach den Feiertagen sollten Sie versuchen, die Zeit, die zu Ihrer freien Verfügung steht, für ebendiese Zwecke zu nutzen. Und falls Sie so wenige Mußestunden haben wie ich, empfiehlt es sich zu überlegen, wie sich das im nächsten Jahr ändern läßt.

Die Mystikerin Hildegard von Bingen schlägt eine einfache Methode vor, um die Fülle der jahreszeitlichen Seelenmagie zu erkunden:

Wirf einen flüchtigen Blick auf die Sonne.

Betrachte den Mond und die Sterne.
Schau die Schönheit der grünenden Erde.
Jetzt,
Denke.

22. DEZEMBER
Das Licht in der Finsternis

Es gibt zwei Möglichkeiten, Licht zu verbreiten: die Kerze zu sein oder der Spiegel, der es reflektiert.

Edith Wharton

In grauer Vorzeit litten die Menschen, wenn die Tage kürzer und dunkler wurden, zunehmend unter Ängsten und Depressionen; sie fürchteten, das Licht könnte ein für allemal hinter dem Horizont verschwinden. Ohne die Sonne, die sie als ihren Gott anbeteten, waren sie zum Untergang verurteilt, wie sie wußten. Um die Quelle der Wärme, des Lichtes und der Fülle zurückzulocken, schufen sie winterliche Rituale, die in der großen nächtlichen Wintersonnwendfeier vom 21. auf den 22. Dezember gipfelten, der längsten Nacht des Jahres. Die Frauen sammelten immergrüne Zweige als Schmuck für ihre Behausungen und bereiteten ein üppiges Festmahl für die ganze Sippe vor. Die Männer zündeten im Freien Reisigfeuer an; im lodernden Schein der Flammen, einem Sinnbild der Sonnenenergie, huldigte man der lebenspendenden Gottheit mit ritueller Musik und Tanz.

Heute ist es wieder in Mode gekommen, die Wintersonnenwende zu feiern. Sie hat für viele ihren Reiz, die sich in den straff organisierten Religionsgemeinschaften nicht wohl fühlen und sich auch nicht mit dem Gedanken anfreunden können, einen eigenen spirituellen Weg zu erkunden. Oft erfüllen die naturorientierten Feste ein tiefes, archaisches Bedürfnis nach Kontakt zu einer höheren Macht, gleichgültig, welchen Namen sie trägt. Frauen lassen die altüberlieferten geschlechtsspezifischen Rituale wiederaufleben und feiern die Sonnenwende als Geburtstag der Großen Mutter. Die naturverhafteten Indianerstämme Nordamerikas zelebrieren ihre geheiligte Bindung an die Erde. Viele Frauen, die einen Juden geheiratet haben und sich nicht entscheiden können, ob sie dem Chanukka- oder dem Weihnachtsfest Vorrang geben sollen, betrachten die Wintersonnenwende als einen neutralen Tag, den die ganze Familie feiern kann.

Eine Möglichkeit, die Sonnenwende gebührend zu feiern, besteht darin, sie als geheiligte Zeit der Reflexion, Entspannung, Erholung und Erneuerung zu betrachten. Zsuzsanna Budapest, eine Führerin der Goddess-Bewegung, hält die Wintersonnenwende für den idealen Zeitpunkt, um Menschen, denen wir uns entfremdet haben, die Hand per handgeschriebener Grüße zur Versöhnung zu reichen. Um sicherzugehen, daß Ihr Schlichtungsversuch nicht als Rückzieher mißverstanden wird, was die Situation eher zuspitzen als verbessern würde, empfiehlt sie, Lavendelblüten auf Grußkarten zu reiben oder in die Umschläge zu stecken. Die Botschaft strömt dann einen himmlischen Duft aus, der die Versöhnung mit Sicherheit erleichtert.

Es spielt im Grunde genommen keine Rolle, ob wir das Licht mittels unseren authentischen Geschenken reflektieren oder durch unsere authentische Mission in die Dunkelheit bringen. Was zählt, ist allein, daß die Welt heute nacht dunkel, kalt und trostlos ist, während Ihre Flamme hell lodert. Lassen Sie andere an Ihrer Liebe und Wärme teilhaben. Beobachten Sie, wie das Licht zurückkehrt.

23. DEZEMBER
Ist das Leben nicht schön?

> Statt der üblichen Frage: »Warum können wir nicht Kinofilme machen, die Ähnlichkeit mit dem realen Leben haben?« ist in meinen Augen die Frage wichtiger: »Warum kann das reale Leben nicht Ähnlichkeit mit den Kinofilmen haben?«
>
> *Ernie Pyle*

Weihnachtstraditionen sind heilig und unantastbar. Hierzu gehört in unserem Haus der Brauch, alle Jahre wieder klassische Weihnachtsfilme auf Video oder im Fernsehen anzusehen. In der letzten Woche vor Weihnachten sehen wir uns zum Beispiel *Ist das Leben nicht schön?* an, ein Melodram mit James Stewart und Donna Reed. Nach fast fünfzig Weihnachtsfesten muß es an der mächtigen Alchimie von Idealismus und Ironie liegen, daß der Zauber des Films immer noch nicht verblaßt ist.

1946, als Frank Capra den Film drehte, konnte er bestimmt nicht ahnen, daß sich seine sentimentale Kleinstadtstory zu einem zeitlosen Weihnachts-Evergreen entwickeln würde. »In seiner bittersüßen Möchtegern-Manier hat er eine phantastische Wirkung«, mußte die renommierte Zeitschrift *The New Yorker* widerstrebend eingestehen. Kennen Sie die Geschichte? Es ist Weihnachtsabend, die Nacht der Wunder, und George Bailey braucht dringend eins. Nachdem er sein ganzes Leben damit verbracht hat, anderen das Leben zu retten, sieht er in seinem eigenen keinen Sinn mehr. Ihm drohen der finanzielle Ruin, Schimpf und Schande und eine Gefängnisstrafe, weil er einer Unterschlagung bezichtigt wird, die er nicht begangen hat. Nachdem er sich verzweifelt wünscht, nie geboren worden zu sein, will er gerade von der Brücke springen, als er von seinem Schutzengel gerettet wird. Dieser zeigt ihm, wie die Welt ohne seinen authentischen Beitrag aussehen würde.

George glaubt, Fortuna sei ihm nie hold gewesen. Doch als er einen Schritt zurücktritt und sein Leben aus der emotionalen Distanz überprüft, erkennt er, daß er die richtigen Entscheidungen getroffen hat. Außerdem offenbart sich ihm, wie reich er ist: er hat eine Frau, die ihn liebt und unterstützt, gesunde Kinder, einen Beruf, in dem er etwas bewirken kann, und mehr Freunde, als er gleichzeitig in sein kleines Eigenheim einladen könnte. In Wirklichkeit war er also kurz davor gewesen, ein wundervolles Leben wegzuwerfen.

Auch wir können entdecken, welch ein wundervolles Leben wir führen – in ebendiesem Augenblick –, indem wir uns an George ein Beispiel nehmen (ohne die Szene auf der Brücke!): Wir sollten einen Schritt zurücktreten und nicht nur unser Leben, sondern auch jenes der Menschen objektiv betrachten, denen wir wichtig sind. Eine der himmlischen Fügungen, die mit der Arbeit an diesem Buch einhergingen, war die Notwendigkeit, die ganz gewöhnlichen Augenblicke in meinem Leben noch einmal Revue passieren zu lassen und tief zu schürfen, um den Sinn darin zu erkennen. Eine Meditation zu schreiben, die sich um zwischenmenschliche Begegnungen, Fehler, Bedauern über Versäumtes oder Gespräche handelt, ist sehr aufschlußreich – mehr noch, wenn man überdies noch ein Journal der Reise verfaßt. Jeden Tag in den zwei Jahren, die ich gebraucht habe, um das Buch der Einfachheit und Fülle zu schreiben, hatte ich ein Thema, über das ich nachdenken mußte: normalerweise einen Titel, oft ein Zitat, aber immer ein unbeschriebenes Blatt vor mir. Meistens habe ich erst dann bemerkt, worum es im Kern ging, als ich bereits mitten in der Arbeit war, und dabei stellte ich fest, daß ich ein wundervolles Leben führe. Auch Sie können diese Entdeckung machen. Dieses Wissen klingt tief in meinem Innern nach, und ich bin wirklich dankbar. Natürlich gab es viele Dinge, von denen ich wünschte, ich hätte sie unterlassen, oder Probleme und Krisen, die ich durch eigenes Verschulden verursacht hatte. Doch inzwischen habe ich erkannt, daß jede Erfahrung, sei sie positiv oder negativ, ein guter und liebevoller Lehrmeister ist.

Sie sollten ernsthaft überlegen, ob Sie für das nächste Jahr nicht Ihre eigenen authentischen Meditationen zu Papier bringen. Fangen Sie klein an. Schreiben Sie eine Meditation pro Woche oder Monat. Suchen Sie nach dem Geheiligten im Profanen, und Sie werden es finden. Nichts in Ihrem Leben ist so unbedeutend, als daß es nicht eine Quelle der Inspiration sein könnte. Sobald Sie beginnen, regelmäßig Ihre eigenen Meditationen zu schreiben, werden Sie erstaunt entdecken, wie viele Dinge Sie erinnern oder klarer erkennen. Der englische Dichter Cecil Day-Lewis gesteht: »Wir schreiben nicht, um verstanden zu werden; wir schreiben, um zu verstehen.« Wenn Sie Ihre eigenen, authentischen Meditationen schreiben, werden Sie sich erinnern, erkennen und verstehen, wie schön das Leben ist.

24. DEZEMBER
Alles, was ich glanzvoll nannte

> Schreib es hin, wenn ich vergangen:
> Hab' an allem hier gehangen;
> Wände hier vor Schönheit glühen,
> Sollten mich zur Pflicht bemühen;
> Daß Fröhlichkeit jahrein, jahraus
> Ließ mich plagen hier im Haus...
> Jedes Denken, jedes Walten
> Sollt' schadenfrei diese Heim mir halten.
> *Edgar A. Guest*

Der heutige Abend ist mir der liebste des Jahres. In dieser stillen Nacht ist der Weg der Einfachheit und Fülle keine Philosophie, sondern vollendete Gegenwart. Mein Herz quillt über vor Dankbarkeit; das Streben nach *Einfachheit* bei den Weihnachtsvorbereitungen hat bewirkt, daß meine mentale Gesundheit keinen Schaden nahm. Die *Ordnung* hat dafür gesorgt, daß sich in meinem Körper und in der Außenwelt alles am rechten Fleck befindet. Das Gefühl der *Harmonie* hat sich eingestellt, weil ich zumindest über die Weihnachtsfeiertage versuche, Beruf und Familie auszubalancieren. Ich bin von der *Schönheit* des festlich geschmückten Hauses umgeben, hell und strahlend im Schein der Kerzen und des gemütlichen Feuers. Und die *Freude*, das Kind des Lachens und der Zufriedenheit, ist endlich gekommen – als Ehrengast an unserer festlich gedeckten Familientafel.

Nach dem Essen hat jeder nur ein Geschenk aufgemacht. Und nachdem alle anderen Mitglieder des Haushalts sich zur Ruhe begeben haben, ist es Zeit für ein ganz persönliches Weihnachtsritual: die Vorbereitung eines Weihnachtstabletts, ein englischer Brauch aus dem Mittelalter, der mir noch einmal die wahre Bedeutung dieses besonderen Abends ins Gedächtnis ruft.

Der Legende zufolge wird jeder, der sich am Heiligen Abend mit einem saftigen Knochen für einen umherirrenden Hund, mit einem Bündel Heu für ein zitterndes Pferd, mit einem warmen Umhang für einen müden Wanderer, mit einer Girlande aus roten Beeren für einen von Ketten Gezeichneten, mit einem Schüsselchen voller Brosamen für alle vom Tode bedrohten Singvögel und mit Süßigkeiten für alle einsamen, sehnsüchtig durchs Fenster spähenden Kinder in den eisigen Schneesturm hinauswagt, »mit so wundersamen Gaben überschüttet und belohnt, daß daneben das prachtvolle Gefieder des Pfaus und die himmlischen Harmonien verblassen«.

Und so hole ich leise ein großes Tablett aus Weidengeflecht vom Schrank herunter, kleide es mit einem Küchenhandtuch aus und fülle es: mit einem saftigen Knochen von dem gegrillten Rippchen, das es zum Abendessen gab; mit einer Schale Katzenfutter, mit Stroh von dem Gebinde, das ich als Herbstdekoration verwende, dann ein warmer Mantel, der zu klein geworden oder nach langem Tragen in Ungnade gefallen ist, aufgefädelte, getrocknete Kronsbeeren, ein kleines Tellerchen mit frischen Brotkrumen und Sonnenblumenkernen und ein Teller mit kandierten Pflaumen.

Leise schleiche ich mich zur vorderen Haustür hinaus und stelle das Tablett auf der Steinmauer ab, die unser Anwesen unweit der Straße umgibt. Manchmal liegt Schnee, manchmal nicht, aber es ist immer bitterkalt. Ich blicke zum Firmament hinauf, halte nach einem leuchtenden Stern Ausschau; ist es *der* Stern? Das hängt ganz von meiner Sichtweise ab. Mich friert. Am Heiligen Abend, wenn ich das Tablett auf einer Schneewehe oder auf der sandigen, gefrorenen Mauer abstelle, kann ich nicht umhin, an alle Menschen zu denken, die heute nacht kein Dach über dem Kopf haben. Vor zweitausend Jahren war eine andere Familie auf die Barmherzigkeit Fremder angewiesen. Sie traf niemanden, der ihr eine Herberge bot, bis eine gewöhnliche, gehetzte und erschöpfte Frau lange genug innehielt, um ihr Herz erweichen zu lassen. Meines plagen Schuldgefühle; daß wir am Nachmittag einen Korb mit Lebensmitteln und Geschenken im Obdachlosenasyl abgegeben haben, nimmt ihnen die Spitze, aber ich bin von mir enttäuscht und traurig, daß ich nicht mehr getan habe, nicht mehr tue. Nächstes Jahr, gelobe ich mir. Manchmal halte ich meinen guten Vorsatz ein, manchmal lenkt mich das reale Leben vom Realen Leben ab. Ich tue nicht genug, und der Schöpfer und ich wissen es.

Ich habe das Ritual des Weihnachtstabletts eingeführt, weil der Legende etwas Geheimnisvolles anmutet. Außerdem interessiert es mich, welche wundersamen Gaben die himmlischen Harmonien verblassen lassen könnten. Jedes Jahr, wenn ich am Morgen des ersten Weihnachtstages hinausgehe, um das Tablett hereinzuholen, sind meine milden Gaben größtenteils spurlos verschwunden. Einmal war sogar der Mantel weg. Soweit ich weiß, spiele ich Nikolaus für die Eichhörnchen. Trotzdem verschafft mir das Ritual sowohl innere Zufriedenheit als auch eine Verschnaufpause im Trubel, und ich frage mich, wessen Weihnachtswünsche sich wohl erfüllt haben mögen.

Und die erstaunlichen Gaben, neben denen der Himmel verblaßt? Sie sind überall, wohin ich auch blicke. Aber die beste besteht darin, daß ich sie nun wirklich wahrnehmen kann.

25. DEZEMBER

Weihnachten

> Wenn wir, wie Herodes, unser Leben mit immer mehr und immer neuen Dingen anfüllen; wenn wir uns selbst als so unwichtig erachten, daß wir jeden Augenblick unseres Daseins mit Betriebsamkeit anfüllen, wann werden wir dann Zeit haben, die lange, beschwerliche Reise durch die Wüste anzutreten wie die drei Weisen aus dem Morgenland? Oder uns hinzusetzen und die Sterne zu betrachten wie die Hirten auf dem Felde? Oder über die Geburt des Kindes nachzudenken, wie Maria? Für jeden von uns gibt es eine Wüste zu durchqueren. Einen Stern zu entdecken. Und ein Wesen in unserem Innern zum Leben zu erwecken.
>
> *Unbekannter Verfasser*

Ich entdeckte diese beeindruckende Beschreibung von der Essenz des Weges der Einfachheit und Fülle, just bevor ich mit der Arbeit an diesem Buch begann. Als ich in einer Kunstgalerie in Vermont stöberte, wurde ich von einem Exponat auf der anderen Seite des Raumes wie ein Magnet angezogen; das Werk stammte von dem hochbegabten

Kalligraphen und meisterhaften Graphiker Michael Podesta. Es waren Schriftzüge, die von unvergleichlicher Anmut zeugten. »Das ist es«, flüsterte mir mein authentisches Selbst zu. »Das ist einfache Fülle, wie sie im Buche steht.« Natürlich hatte sie recht, und ich mußte das Blatt unbedingt haben. Doch als ich einen Blick auf das Preisschild warf, wußte ich, daß der Augenblick noch nicht reif war. »Immer mit der Ruhe«, beruhigte ich die Tochter des Herodes und schrieb die Worte ab. »Betrachte das Zitat als Geschenk; der Druck wird kommen, wenn es soweit ist.« Ich nahm Podestas Bestellkatalog mit und machte mir einen wunderschönen Tag mit Katie, ihren Cousinen und meiner Schwester. Als wir zu meiner Mutter nach Hause zurückkehrten, erwähnte ich den Druck und daß dieses Zitat das erste gesammelte für das geplante Buch sein würde. »Es paßt perfekt zu Weihnachten«, erklärte ich. »Es faßt den Inhalt des Buches in einem einzigen Abschnitt von erstaunlicher Dichte zusammen.«

Als ich nach Hause zurückkehrte, wartete Michael Podestas Druck auf mich, ein Geschenk meiner Mutter, als Talisman für mein Projekt. Nachdem ich gelacht und geweint und sie angerufen hatte, um mich zu bedanken, hängte ich ihn über meinen Meditationstisch im Schlafzimmer. Seine Schönheit ist wie ein Anker an dem Ort, an dem ich sitze, arbeite, träume, schlafe, liebe und bete. Seine zeitlose Botschaft ist ein sicherer Hafen für mein ruheloses Herz, ein Sanktuarium für die Seele. Als ich Michael anrief und fragte, woher das Zitat stammte, erfuhr ich, daß er den Namen des Verfassers nicht kannte; es war ihm mit der Post zugeschickt worden, der Absender wollte wohl anonym bleiben. Der Text rührte Podesta an und er beschloß, ihn unbedingt für einen Druck zu verwenden.

Ich danke dem ungenannten Dichter, dem Quell der Weisheit und Wahrheit, für dieses ganz besondere Geschenk!

»Oh, könnte das Weihnachtsfest doch das ganze Jahr dauern«, seufzte Charles Dickens. »Könnte doch der Geist des Weihnachtsfestes jeden Tag des Jahres in unseren Herzen lebendig sein.«

Aber wie ist der Geist des Weihnachtsfests beschaffen? Vielleicht wird das immer ein göttliches Geheimnis bleiben, wie das Wesen Gottes. Vielleicht besteht er in dem Wissen unserer Seele, daß alle Dinge, ungeachtet dessen, wie schön sie auch sein mögen, nur Dinge sind; daß wir nicht geschaffen wurden, um immerfort zu tun, sondern gelegentlich auch nur zu sein. Vielleicht ist der Geist des Weihnachtsfests eine liebevolle Erinnerung daran, daß wir uns Zeit nehmen müssen für die lange, beschwerliche Reise durch die Wüste; daß wir uns *Zeit nehmen* müssen, unseren Leitstern zu entdecken; daß wir die *Zeit nutzen müssen*, um über die authentische Frau nachzudenken, die wir werden sollen, und die durch die *Liebe* geschaffen wurde. Es heißt, daß unser Leben eine Gabe Gottes ist, doch was wir daraus machen, ist unser Geschenk an den Schöpfer. Heute ist der richtige Tag, um sich dies ins Gedächtnis zu rufen.

Und das ist mein Weihnachtswunsch für Sie und mich: daß wir hinter den Spielsachen, dem Lametta, den Weihnachtsliedern und Weihnachtskarten und inmitten des Weihnachtsrummels einen Augenblick der stillen Kontemplation und des inneren Friedens finden mögen. Damit wir das Weihnachtsfest gut überstehen, soweit wir Frauen das können.

Frohe Weihnachten, Gott schütze uns, Gott schütze uns alle!

26. DEZEMBER
Zwei Leben

> Wir müssen bereit sein, das Leben über Bord zu werfen, das wir geplant haben, damit wir das Leben beginnen können, das auf uns wartet.
>
> *Joseph Campbell*

Kennen Sie die Szene in dem Kinofilm *Der Unbeugsame*, in der Robert Redford in der Klinik im Bett liegt, krank, entmutigt und kurz davor, das Handtuch zu werfen? Das letzte Baseballspiel in der Ausscheidungsrunde für die Meisterschaft steht bevor, und er kann nicht mitmachen, weil er von der Frau vergiftet wurde, die er zu lieben meinte. Glenn Close, die er seit frühester Jugend heimlich verehrt, kommt ihn besuchen. Bob suhlt sich in Selbstmitleid. Der Arzt hat ihm eröffnet, daß er nie wieder Baseball spielen kann. Aber Baseball ist sein Leben. Er ist neununddreißig und hat gerade erst den

Aufstieg in eine der beiden großen US-Ligen geschafft. »Ich glaube, wir haben zwei Leben«, erklärt ihm Glenn. »Das Leben, an dem wir lernen, und das Leben, das wir danach leben.«

Sie hat recht, wie wir auf dem Weg der Einfachheit und Fülle feststellen konnten. Und was haben wir gelernt? Daß es nur zwei Hörsäle in der Universität des Lebens gibt. Über der Tür des einen steht »Himmel auf Erden« und über der anderen »Seminar zum besseren Verständnis der himmlischen Mechanismen«.

Der erste Kurs ist ein an der Praxis ausgerichtetes Studienprogramm. Wir führen ein Reales Leben. Ehrlich.

Der andere Kurs schult den Intellekt. Wir versuchen herauszufinden, wie wir das reale Leben mit metaphysischem Hokuspokus manipulieren können. Vielleicht.

Jeden Morgen erhalten wir die Chance, den Kurs für die nächsten vierundzwanzig Stunden zu wählen: das Reale Leben oder das reale Leben. In beiden werden zwischendrin immer wieder unangekündigte Prüfungen abgehalten. Einige Studenten des Lebens werden vorher nicht einmal darüber informiert, wann die letzte Prüfung anberaumt ist; manche haben mehr Glück und Zeit als andere. Es gibt keine Möglichkeit für uns herauszufinden, zu welcher Gruppe wir gehören.

»Auf diesem eng begrenzten Planeten haben wir nur die Wahl zwischen zwei unbekannten Welten«, lehrt uns die Schriftstellerin Colette. »Die eine lockt uns – ah, was für ein Traum, in ihr zu leben –, die andere läßt uns beim ersten Atemzug erstarren.«

27. DEZEMBER
Eine Frau mit Substanz

> Als erstes müssen wir glauben, und dann glauben wir.
> *Georg Christoph Lichtenberg*

Während sich die Jahreszeit des Glaubens für den Rest der Welt langsam dem Ende zuneigt, möchte ich ganz behutsam eines klarstellen: Viele Träume warten noch hinter den Kulissen. Viele Ziele, die wir angestrebt haben, befinden sich in unserer Reichweite, wenn wir uns weiterhin anstrengen, sie zu realisieren. Viele Bedürfnisse müssen gestillt werden. Viele Sehnsüchte bedürfen der Wahrnehmung, damit sie erfüllt werden können. Viele authentische Funken müssen entfacht werden, bevor das Feuer des leidenschaftlichen Engagements in Ihnen brennt. Legen Sie einen weiteren Holzscheit nach.

Heute ist nicht der Tag, an dem Sie das Handtuch werfen sollten. Heute ist nicht der Tag, an dem Sie weinen sollten.

Heute ist der Tag, an dem Sie jedem Neinsager in Ihrem Leben, der es immer noch nicht begriffen hat, die Stirn bieten sollten. Weil Sie es schaffen werden! Endlich. Und nun wissen Sie, *daß der Glaube die wichtigste Substanz aller Dinge ist, die Sie erhofft haben – der Beweis für die unsichtbaren Dinge.*

Heute ist der Tag, an dem Sie mit lauter Stimme bekennen sollten: »Ich glaube!« Wiederholen Sie diese Worge so lange, bis Sie heiser sind. Und murmeln Sie sie nicht leise vor sich hin.

Wissen Sie, was passiert, wenn ein Kind sagt: »Ich glaube nicht an Feen«? Dann stirbt eine Fee.

Wissen Sie, was passiert, wenn eine Frau sagt: »Ich glaube nicht an Wunder. Das dauert mir alles zu lange«? Dann stirbt die Frau. Innerlich. Genau dort, wo es wirklich zählt. Aber vielleicht vergehen noch weitere vierzig Jahre, bevor jemand des Weges kommt, um Sie zu begraben. Und wissen Sie, was man sagen wird, wenn man Ihre Asche in alle Winde verstreut? »Ich kann mich nicht erinnern, daß es einmal eine Zeit in ihrem Leben gab, in der sie wirklich glücklich war.« Und sie werden recht haben.

Heute ist nicht der Tag, den Glauben über Bord zu werfen. Sie können sich den Luxus des Zweifels einfach nicht leisten. Und was müssen Sie mit jedem Atemzug glauben, bis Sie wirklich glauben? Wie wäre es mit der geheimnisvollen Alchimie von Stil und Geist? Früher war die Spiritualität einer Frau strikt von ihrem Lebensstil getrennt. Aber heute wissen Sie, daß das keinen Sinn macht, niemals Sinn gemacht hat und niemals Sinn machen wird.

Sie wissen, daß durch die Verschmelzung von authentischem Stil und Geist eine Frau mit Substanz entsteht.

Sie.

Also glauben Sie, daß Sie Leidenschaft, Intelligenz, brillante Fähigkeiten, Kreativität, Weisheit, mentale Klarheit, emotionale Tiefe und einen wachen Verstand besitzen, um Ihre innere Mitte zu finden, die Ihnen Trost, Gelassenheit und die Stärke vermittelt, ein authentisches Leben zu schaffen und zu bewahren. Jeder Tag ist ein Gebet und ein authentisches Leben die persönlichste Form der Andacht. Wenn Sie glauben, werden Sie entdecken, daß Sie Berge versetzen können.

Klatschen Sie Beifall.

Noch einmal.

Aber diesmal wirklich laut!

Na also, das war besser. Das war so laut, daß Sie damit Tote aufwecken könnten.

Gut für Sie.

28. DEZEMBER
Der Mut, die Welt zu schaffen, die Sie sich wünschen

> Wir können alles haben, was wir uns wünschen, wenn wir es verzweifelt genug wünschen. Wir müssen es mit einer explosiven Kraft wünschen, die durch die Haut geht und sich mit der Energie verbindet, welche die Welt erschaffen hat.
>
> *Sheila Graham*

Wenn Sie das erste Mal den Wunsch verspüren, vom gewohnten Kurs abzuweichen – vielleicht einen kreolischen Feuertopf mit Shrimps auf den Tisch bringen statt der guten alten Erbsensuppe –, dann heben Sie einen Kieselstein auf. Und wenn Sie zum ersten Mal wirklich aus dem gewohnten Trott ausbrechen – gleichgültig, ob die Ergebnisse Sie freuen oder frustrieren –, werfen Sie den Kieselstein in den Tümpel. Der Kieselstein bewirkt, daß sich die Oberfläche zu kräuseln beginnt, winzige Bewegungen, die sich vom Zentrum ausbreiten. Niemand anderer merkt etwas davon. Aber die Frau, die den Kieselstein geworfen oder zwei Stunden in der Küche gestanden und ein einfaches, aber schmackhaftes Gericht zubereitet hat, erkennt die Veränderung, wenn sie aufmerksam hinschaut.

Es ist das gleiche mit anderen beherzten Veränderungen in unserem Alltag. Sie sind unter Umständen so wenig spektakulär, daß nur Sie merken, daß etwas Ungewöhnliches vor sich geht. Doch eines Tages werden sich alle diese winzigen, aber unauslöschlichen Augenblicke des persönlichen Mutes ihre Bahn brechen. Und sowohl Sie selbst als auch die Welt werden sich in diesem authentischen Moment verwandelt haben.

Wir werden auf die gleiche Weise authentisch, wie wir Mut fassen. Zu handeln, statt es beim Nachdenken zu belassen. Rosa Parks dachte nicht lange nach; sie wurde zum Symbol der Bürgerrechtsbewegung, als sie sich weigerte, ihren Platz im Bus an einen Weißen abzutreten. Ihr authentisches Engagement für die Rassengleichheit durchbrach den Panzer der Angst und des Zauderns, verbündete sich mit der Energie, die unsere Welt erschuf. Engagement bedeutet nicht immer »frohen Herzens und uneingeschränkt«, sondern »mit Nachdruck«. Rosa Parks bewies Zivilcourage – »frohen Herzens und uneingeschränkt« –, selbst wenn ihr Herz im entscheidenden Augenblick vor Angst zitterte.

In dieser Woche begehen afroamerikanische Frauen ein Fest, das den Glauben, die Solidarität, das kulturelle Erbe und ihre überlieferten Werke feiert. *Kwanzaa*, was auf Suaheli soviel wie »erste Früchte der Ernte« bedeutet, wurde 1966 von der Bürgerrechtsaktivistin Maulana Karenga ins Leben gerufen. In den letzten drei Jahrzehnten hat das Ritual zahlreiche Anhängerinnen gefunden, die ihre Authentizität zelebrieren. Während der sieben Tage andauernden Zeremonien, die am 26. Dezember beginnen, wird jeden Abend eine Kerze angezündet, die eine bestimmte Werthaltung symbolisiert. Hier handelt es sich, der Reihenfolge nach, um Ordnung, Eintracht, Selbstbestimmung, Zusammenarbeit und Verantwortung, Kooperation auf wirtschaftlicher Ebene, Zielbewußtsein, Kreativität und Glaube. Es gibt keine Vorschriften, wie man Kwanzaa feiern sollte, außer als wichtiges Fest.

Nicht alle Frauen feiern Kwanzaa, aber der Mut, die eigene Au- .

thentizität frohen Herzens und uneingeschränkt willkommen zu heißen, sollte zelebriert werden, indem wir eine Kerze anzünden, das Glas heben und etwas völlig Unerwartetes tun, was uns in Hochstimmung versetzt. »Wir müssen die Freude und Inspiration spüren, wenn wir einander begegnen«, erklärt Josephine Saint Pierre Ruffin. »Wir müssen Mut fassen, ein neues Leben zu beginnen, das aus der Verschmelzung verwandter Seelen entsteht, die sich für die gleichen Ziele engagieren.«

29. DEZEMBER
Überraschender Erfolg im Alltag

> Ich habe zumindest eines aus meinem Experiment gelernt: Wenn man sich [ihren] Träumen zuversichtlich nähert und es wagt, das Leben zu führen, das [sie] sich vorgestellt hat, wird [sie] einen überraschenden Erfolg im Alltag erringen.
>
> *Henry David Thoreau*

An manchen Tagen – und heute scheint so ein Tag zu sein – denke ich, daß der Weg der Einfachheit und Fülle Walden, der Ort der Frauen, ist. Doch Thoreau zog sich allein dorthin in seine Waldhütte zurück. Wir sind umgeben von Sprößlingen, die gerade Ferien haben, oft trübsinnig und mißgelaunt, weil sie sich langweilen und »nicht wissen, was wir tun können«. Wenn wir darauf hinweisen, daß es im Haus genug zu tun gibt, stellt sich heraus, daß es nicht die Art von Beschäftigung ist, die ihnen vorschwebt.

Henry, könnten wir nicht tauschen?

Heute ist der Tag, an dem sich die alljährliche Melancholie nach den Feiertagen ankündigt. Nach all dem Streß und den Anstrengungen – vor allem, wenn sie mehrere Wochen andauern –, ist es nur natürlich, daß Energie und Enthusiasmus auf einem Tiefpunkt angelangt sind. »Das Leben in uns ist wie das Wasser des Flusses«, sagt Thoreau. Es steigt, ufert gelegentlich aus, um dann wieder zu sinken, bis es seinen wahren Pegel erreicht.

Das Jahr nähert sich seinem Ende, und ungeachtet dessen, ob es uns bewußt ist oder nicht, ziehen wir Bilanz, überschlagen Gewinne und Verluste. Wenn wir rote Zahlen schreiben, was die Verwirklichung unserer Ziele, die Erfüllung unserer Erwartungen, die Realisierung unser ehrgeizigen Bestrebungen und die Akzeptanz von Situationen betrifft, die sich unserem Einfluß entziehen, oder wenn wir feststellen, daß wir imstande gewesen wären, etwas zu ändern, es aber unterlassen haben, fühlen wir uns unter dem Strich deprimiert. Wenn wir unser Budget weit überschritten haben, werden wir einige Monate lang den Gürtel empfindlich enger schnallen müssen. Trübe Aussichten.

Und um dem Faß die Krone aufzusetzen – es steht mit Ihrer Gesundheit auch nicht alles zum Besten. Sie werden Ihre Erkältung einfach nicht los und verspüren ein Engegefühl in der Brust. Für die Kundigen der traditionellen fernöstlichen Medizin sind solche Beschwerden im Winter nichts Neues: Ihren Lehren zufolge ist die Lunge metaphysisch dasjenige Organ, das den Kummer verarbeiten muß. Nach einem Verlust – und einen solchen mußten wir alle in diesem Jahr auf die eine oder andere Weise hinnehmen – trauern wir vielleicht noch immer, sind unfähig, das Schicksal zu akzeptieren und loszulassen. Es ist sehr schwer, einen alten, tiefverwurzelten Kummer mit Stumpf und Stiel herauszureißen; er ist ein Freund geworden, vertraut, aber unserem Wohlbefinden nicht gerade zuträglich.

In einem solchen Fall hilft nur eines: uns selbst pfleglich zu behandeln. In dieser Zeit des Jahres sollten wir auf die Zukunft vertrauen und kein Werturteil über die Vergangenheit fällen. Bald beginnt die Schule wieder. Die Logiergäste reisen ab. Wir werden unsere Arbeit beenden, die Rechnungen bezahlen. Dann ein Augenblick der Stille. Wir werden in der Lage sein, Luft zu holen, und feststellen, daß die alte Wunde nicht mehr schmerzt. Unsere kreative Energie und unser Enthusiasmus werden zurückkehren. Und wir werden wieder Kurs auf die Verwirklichung unserer Träume nehmen.

30. DEZEMBER
Ithaka

> Wenn du dich auf die Suche nach Ithaka begibst,
> dann bete, daß deine Reise lang sein möge,
> reich an Abenteuern und Erkenntnissen.
> Fürchte nicht die Geister der Vergangenheit ...
> du wirst ihnen nicht begegnen auf deinen Wegen,
> solange deine Gedanken froh und heiter sind,
> solange wahre Leidenschaft Geist, Körper und Seele entfacht.
> Du wirst keiner Spukgestalt begegnen, die du fürchten müßtest,
> solange du sie nicht in deiner Seele trägst,
> solange deine Seele ihr nicht Gestalt verleiht.
>
> *Constantine Peter Cavafy*

Bei der Beisetzung von Jacqueline Kennedy-Onassis wurde das Gedicht »Ithaka« rezitiert, das der griechische Dichter C. P. Cavafy im Jahr 1911 geschrieben hatte. Diese tröstlichen und ermutigenden Worte für Menschen, die sich auf eine Selbstentdeckungsreise begeben, werden oft wie eine Elegie gelesen. Ich glaube indessen, daß »Ithaka« noch größere Wirkung entfaltet, wenn es als persönliche Bestätigung unserer Realen Lebensreise betrachtet wird.

Ithaka war die geliebte Heimatinsel des griechischen Sagenhelden Odysseus. Nach seiner Teilnahme am Trojanischen Krieg stach er zu einer zehnjährigen Irrfahrt in See, während der er viele Abenteuer erlebte, Herausforderungen bewältigte und Lektionen lernte, die ihn veränderten. Heute versteht man unter einer Odyssee eine lange, häufig erschöpfende, aufregende Reise, die einen Menschen grundlegend verwandelt.

Die Suche nach Authentizität ist unsere persönliche Odyssee. Während wir unseren Aufgaben und Pflichten auf dem Weg der Einfachheit und Fülle als Tochter, Freundin, Geliebte, Ehefrau und Meisterin in der Kunst der Alltagsbewältigung nachgehen, suchen wir in Wirklichkeit nur eines: die ultimative Realität. Wir suchen Ithaka.

Im Verlauf der letzten fünfzig Jahre gab es verschiedene Übersetzungen des Cavafy-Gedichts, aber mir schien es immer, als sei es für Männer geschrieben. Das überrascht nicht, denn es wurde stets von Männern übersetzt. Da »Ithaka« für mich gleichwohl zu einem persönlichen Meilenstein geworden ist, ein Gedicht, über das ich sehr häufig meditiere, fühlte ich mich zu einer persönlichen Übersetzung/Adaption des Cavafy-Klassikers eigens für Frauen angeregt:

Bete, daß deine Reise lang sein möge,
angefüllt mit zahllosen Sommermorgen,
wenn du mit großer Lust und Freude
in unbekannten Häfen vor Anker gehst.
Schlendere über phönizische Märkte,
um kostbare Schätze zu erwerben –
Perlen und Korallen, Ebenholz und Bernstein
und sinnbetörende Düfte aller Art –,
soviel dein Herz begehrt.

Behalte Ithaka stets in deiner Erinnerung.
Es zu erreichen ist dein Schicksal.
Doch übereile die Reise nicht; sei geduldig.
Es ist besser, sie währt viele Jahre –
länger, als du auch nur zu ersinnen vermagst.
Und wenn du dann endlich
die heilige Insel erreichst, wirst du weise sein,
erfüllt von allem, was du entlang deines Weges gewonnen hast;
nicht länger erwartend, daß Ithaka dich reich macht,
nicht länger darauf beharrend, daß Ithaka dich reich beschenkt.

Ithaka war die bedeutungsvolle Reise,
eine Möglichkeit, die Frau zu entdecken, die du immer warst.
Ohne Ithaka als Quelle der Inspiration hättest
du dich niemals auf die Suche nach Ganzheitlichkeit begeben.

Und solltest du die Insel in armseligem Zustand vorfinden,
   so hat Ithaka dich nicht getäuscht.
Authentisch, wie du geworden bist, voller Weisheit,

Schönheit und Anmut, bereichert und bewußt durch deine Erfahrungen,
wirst du am Ende verstehen, was alle Ithakas im Leben
in Wirklichkeit bedeuten.

31. DEZEMBER
Beten Sie, daß die Reise lang währen möge

> Die Welt ist rund, und der Ort, der uns wie das Ende erscheint,
> könnte genausogut nur der Anfang sein.
>
> *Ivy Baker Priest*

Das Leben ist eine Reise. Das Leben als Safari. Das Leben als Wallfahrt. Das Leben als paradiesischer Garten. Das Leben als die höchste Kunst.

Pfad-Finderinnen. Wegbereiterinnen. Landerschließerinnen. Pioniere. Detektivinnen. Forscherinnen. Archäologinnen. Pilgerinnen. Dichterinnen. Gäste auf dieser Erde. Gärtnerinnen. Meisterinnen in der Kunst der Alltagsbewältigung.

Frauen des Geistes. Frauen mit Substanz. Frauen mit persönlichem Stil. Frauen, die ihre Fragen gelebt haben. Frauen, die bereit sind, die Antworten bereitwillig zu akzeptieren. Frauen, die phantastisch mit Hüten aussehen. Deshalb tragen wir vermutlich auch so viele verschiedene.

Frauen, die das Geheiligte im Profanen suchen. Reales Leben. Das Mystische im mentalen Wahnsinn. Die geheiligten Mysterien des Irdischen.

Frauen, die Liebe suchen. Leidenschaftliche Hingabe. Ganzheitlichkeit.

Authentizität.

Wohin führt uns die Reise?

Nach Hause.

Ithaka.

Doch bevor wir ans Ziel gelangen, warten Welten darauf, von uns erkundet zu werden. Innenwelten. Außenwelten. Erde. Himmel.

Der Himmel auf Erden.

Manchmal ist das Gelände steinig, und die Abhänge sind steil. Manchmal ist der Dschungel undurchdringlich und sein Inneres von extremer Dunkelheit. Manchmal ist das Wasser tief, und die Wellen sind außergewöhnlich hoch.

Sehen Sie nun, warum wir die Etappen der Reise unterschiedlich angehen müssen?

Wie wissen wir, wann wir am Ziel angekommen sind?

Wir werden es wissen.

So einfach ist das. So einfach sind alle Realen Dinge im Leben.

Sind wir schon da?

Noch nicht ganz.

Aber es dauert zu lange.

Oft können wir uns dieses Eindrucks nicht erwehren. Chronologisch sind wir am Ende des Jahres angelangt, aber die eigentliche Reise beginnt erst. Keine Angst – wir haben in der Kairos-Zeit alle Muße der Welt, um uns selbst zu finden.

An dieser Stelle müssen wir uns trennen – zumindest für eine kleine Weile. Es gibt einige Entdeckungen, die ich für mich allein machen muß. Und das gilt auch für Sie.

Aber Sie werden nicht allein sein. Jemand, der Sie bedingungslos liebt, steht am Ruder des Lebensschiffes. Die göttliche Liebe stützt, umgibt, umhüllt und schützt Sie auf allen Wegen. Gehen Sie hin in Frieden. Sie sind innerlich bereit, bestens gerüstet für die Abenteuer, die Sie erwarten. Die göttliche Substanz – Ihre einzige Realität – wird ihr Füllhorn ausschütten. Aber Sie müssen darum bitten: um Hilfe, Beistand, Anleitung, Gnade. Sie müssen darum bitten, das Licht der Gnade entzündet zu bekommen, auf daß Sie erleuchtet werden. Sie müssen darum bitten, den Zustand des Fließens zu erreichen, auf daß Sie kreativ werden. Sie müssen darum bitten, über sich selbst hinauszuwachsen, auf daß Sie sich selbst übertreffen.

Bitten Sie.

Um eine Atempause von allen Problemen und Krisen in Ihrem Leben bitten. Leid, Kummer, Schmerz loslassen. Erwartungen loslassen. Darum bitten, freudig überrascht zu werden.

Sprechen Sie ein Dankgebet. Warten Sie geduldig ab. Beobachten Sie, was geschieht. Blicken Sie mit freudiger Erregung in die Zukunft. Öffnen Sie Ihre Arme so weit Sie können, um alle Wunder zu empfangen, die Ihr Namensschild tragen.

Vergessen Sie nie, daß Sie alles haben, was Sie wirklich brauchen.

Der Weg der Einfachheit und Fülle ist ein kreativer und praktischer Weg, angefüllt mit einfachen Freuden, die nur darauf warten, in den alltäglichen Augenblicken des Lebens entdeckt zu werden. Aber vergessen Sie nicht, er verläuft in Form einer Spirale: Wenn Sie meinen, daß Sie sich in einer Talsohle befinden, erweitern Sie Ihre Perspektiven und erkennen Sie, welche Höhen Sie bereits erreicht haben. Wenn auf manchen Etappen Ihrer Reise nur noch der ferne Horizont zu sehen ist, entpuppt sich der Weg der Einfachheit und Fülle als eine *Karavelle* der Zufriedenheit: als ein kleines, aber robustes Boot, in dem Sie allen Stürmen des Lebens trotzen. Seine dreieckigen Segel wurden spirituell so gestaltet, daß sie sich den Wind zunutze machen, aus welcher Richtung er auch wehen mag.

Lassen Sie uns noch einmal zusammenfassen: Haben Sie alles, was Sie wirklich brauchen? Holen Sie Ihre Schatzkarte heraus. Denken Sie an Ihr Reisejournal; es ist das Logbuch Ihres Schiffes. Ihr weises und liebendes Herz dient Ihnen als Kompaß, um Breiten- und Längengrad Ihrer sehnlichsten Wünsche zu bestimmen. Die Liebe begleitet Sie auf allen Wegen.

Glauben Sie. Glauben Sie an sich selbst. Glauben Sie an den *einen*, der an Sie glaubt. Der Glaube versetzt Berge.

Ich spreche Ihnen meine Hochachtung aus, denn Sie haben Mut.

Navigieren Sie nach den Sternen. Halten Sie am Firmament nach Ihrem Leitstern Ausschau. Folgen Sie ihm. Suchen Sie nach seelenvollen Markierungspunkten. Sie sind überall in Ihrem Umfeld zu finden. Die Erkenntnis der Seele ist Dankbarkeit. Die Essenz der Seele ist Einfachheit. Die Gelassenheit der Seele ist die innere und äußere Ordnung. Die Heiterkeit der Seele ist Harmonie. Die Leidenschaft der Seele ist Schönheit. Das Bestreben der Seele ist Freude.

Beten Sie, daß Ihre Reise lang währen möge. Genießen Sie die Ruhepausen, die Sie unterwegs einlegen. Sie lassen die Suche zu einem Genuß werden. Bedeutungsvoll. Erinnerungswürdig. Finden Sie Ihren eigenen Rhythmus und folgen Sie ihm. Es gibt viele Häfen, die Sie zum ersten Mal zu Gesicht bekommen. Sie steuern ein Ziel an, an dem Sie nie zuvor waren. Bewahren Sie Ihre Zuversicht. Lassen Sie zu, daß Ihre leidenschaftliche Passion Körper, Geist und Seele entfacht.

Nehmen Sie Kurs auf Authentika. Der Legende zufolge werden Sie nie wieder dieselbe sein, sobald Sie ihre Küsten erblicken. Denn wenn Sie diese geheiligte Insel finden, werden Sie sich daran erinnern, daß Sie Authentika seit Anbeginn gekannt haben. Sie werden die Frau entdecken, die Sie immer waren. Sie werden die Dinge nie wieder so sehen, wie sie sind. Sie werden Dinge sehen, während Sie sind. Wenn sich der Nebel lichtet, werden Sie dort am Horizont, wo Zweifel und Glaube sich begegnen, erkennen, *daß Ihr authentisches Selbst die Seele ist, die sichtbar wird.*

Glückliche Reise.

Danksagung

Ein erfüllter Wunsch tut dem Herzen wohl.

Buch der Sprichwörter 13,19

Während der langen Zeit, die verging, bis sich der Traum von diesem Buch erfüllte, gab es einen kleinen Kreis von Familienangehörigen, Freunden, kreativen Kollegen und »unsichtbaren Helfern«, die mich bei der Fertigstellung von *Einfachheit und Fülle* derart unterstützten, als wäre es ihr eigenes Projekt. Ich möchte allen, die mir Liebe, Unterstützung, Zeit, kreative Energie, Gefühle, Anleitung, Inspiration und Glauben so großzügig zuteil werden ließen, während ich meiner Bestimmung folgte, meinen innigsten Dank aussprechen.

Ich danke Gott von ganzem Herzen, daß er mir *Einfachheit und Fülle* und die zahlreichen Beiträge anvertraut hat, die für die Realisierung meines Buches unabdingbar waren. Zu den vielen göttlichen Vorsehungen gehörte auch, daß mich mein Weg zu Liv Blumer von Warner Books führte. Ihre Großzügigkeit, Rücksichtnahme, Leidenschaft, Intelligenz, ihr sicheres Urteilsvermögen und ihre menschliche Wärme machten unsere kreative Zusammenarbeit zu einer wahren Freude. Livs Engagement für dieses Buch und ihr Respekt vor meiner Arbeit haben mich tief bewegt, und ihr Einfluß ist auf jeder Seite spürbar. Ein besonders herzliches Dankeschön geht an Caryn Karmatz, die Teile des Buches redaktionell betreut und auf meine Bitten und Sorgen stets mit ungezügeltem Elan und einer Freundlichkeit reagiert hat, die ich sehr zu schätzen weiß. Von Anfang an war klar, wie sehr Liv und Caryn *Einfachheit und Fülle* gefiel – was die Worte des viktorianischen Philosophen John Ruskin über die Harmonie bestätigt, die entsteht, »wenn Liebe und Fähigkeit Hand in Hand gehen«.

Ich danke auch allen anderen Wohltätern bei Warner: Harvey-Jane

Kowal, Anna Forgione, Ann Schwartz. Ein verschwörerisches Zwinkern geht an Redakteurin Ann Armstrong Craig, die mich in der Illusion wiegte, ich sei der englischen Sprache mächtig. Ruhm hat auch das Warner-Designteam unter der Leitung von Diane Luger verdient, die mit Hilfe von Thom Whatley einen Traum in ein traumhaft schönes Buch verwandelte. Margaret Chodos-Irvine entwarf das Kunstwerk auf dem Umschlag, das mir jedesmal, wenn ich es ansehe, eine Gänsehaut über den Rücken jagt. Und schließlich möchte ich noch den vielen kreativen Menschen meinen Dank und meine Anerkennung aussprechen, die hinter den Kulissen gearbeitet haben, um meinem Projekt zum Erfolg zu verhelfen: vor allem Emi Battaglia und ihrem talentierten Team; Julie Saltman, Hannah Simon und allen, die für die Verträge zuständig sind; Patrick Jennings im Verkauf und den Außendienstmitarbeitern, deren Energie und Begeisterung *Einfachheit und Fülle* mit mehr als einem Flügel und einem Gebet in die Welt hinausgeschickt haben.

Danken möchte ich auch Dona Cooper für die kreativen Brainstorming-Sitzungen, bei denen wir immer den wahren Norden im Visier behielten; Dawne und Tom Winter für die Atempause, indem sie unsere Familie zu Weihnachtsessen und Sommervergnügen einluden, die von einfacher Fülle zeugten; Barbara Mathies für die beinahe tägliche Dosis Ermutigung, Einfühlungsvermögen und Feinschliff des Manuskripts; Zoe Kosmidou für die Hilfe bei der Übersetzung des griechischen Gedichts »Ithaka«, die mir eine Adaption ermöglichte; Frances Bernstein für die Übersetzung der Hymne an Vesta; Jeri Metz für ihre Informationen über Aromatherapie und Herbalmedizin; Carolyne Starks für die Aufmunterung während des gesamten Projekts; Linda Frey, die dafür sorgte, daß ich während des Schreibens nicht den Verstand verlor; Annie für alles; meiner wunderbaren Schwester Maureen Crean, die mit mir gelacht und geweint hat, wenn ich ihr aus meiner Arbeit vorlas, und die mich aus der Bequemlichkeitszone herausholte; und meinen Brüdern Pat Crean und Sean Crean, die mir nie den Luxus des Zweifels gestatteten, ob ich das gewaltige Projekt wirklich zu Ende bringen würde.

Mein besonderer Dank gilt Jack Voelker, Leiter von Special Studies an der Chautauqa Institution, Chautauqua, New York, der mir erstmals die Möglichkeit gab, den Weg der Einfachheit und Fülle in einem Workshop zu lehren, und den Frauen, die an den ersten Sitzungen teilnahmen und mich ermunterten, weiterzumachen.

Der Liebe und Unterstützung meines Mannes Ed Sharp verdanke ich die Zeit, den Raum und die Freiheit, das Buch zu schreiben. Er hielt die Flammen des häuslichen Herdes zwei Jahre lang hochherzig lebendig, wobei er zwischendurch Verträge und die Sitzungsprotokolle der Stadtverwaltung las und meinen Fahrdienst übernahm, während ich himmlische Erfahrungen machte. Vielen Dank, Liebster. Es tut gut, wieder mit beiden Beinen auf der Erde zu stehen.

Obwohl es mir von Geburt an bestimmt war, dieses Buch zu schreiben, sind meine Mutter und mein Vater – Dru und Pat Crean – leider nicht mehr imstande, es zu lesen. *Einfachheit und Fülle* ist auch ihnen gewidmet, in liebevoller Erinnerung. Ja, Mutter, »während« wird mit »h« geschrieben, ich gebe es zu.

Doch meine größte Dankesschuld kommt in meiner Widmung zum Ausdruck. Dieses Buch wäre nicht ohne meine Agentin und liebe Freundin Chris Tomasino entstanden. Ihr unerschütterlicher Glaube an mich und ihre tiefverwurzelte, unumstößliche Überzeugung, daß Frauen lesen müssen, was ich schreiben mußte, machten *Einfachheit und Fülle* möglich. Sie las als erste die Rohfassungen des Manuskripts, in monatlichen Raten, und ihre Vision, wie sich das Buch vertiefen ließ, war ein starkes Fundament. Ihre unermüdliche Unterstützung gab mir den Mut, die kreativen Risiken einzugehen, die unabdingbar waren, um nach zwei Jahrzehnten des Schreibens meine authentische Stimme zu hören. Ich lernte, auf diesen Seiten über mich selbst hinauszuwachsen, weil ich wußte, daß Chris immer ein Sicherheitsnetz aufgespannt hielt.

Meine Tochter Katie war acht, als ich diesen Traum hatte, und dreizehn, als er sich erfüllte. Mehr als vier Jahre – ein Drittel ihres Lebens – akzeptierte sie die Allgegenwart des »*Buches*« in ihrem Alltag mit viel Humor, Geduld und Einfühlungsvermögen. Sie half mir in vielen Dingen, auf irdische und mystische Weise – angefangen mit den Zitaten, die sie fand, bis hin zu redaktionellen Vorschlägen, die von Sachverstand zeugten, und glaubte auch dann an mich, wenn mir Zweifel kamen. Dieses Buch zu schreiben verlangte persönliche Opfer von meiner Familie, insbesondere von Katie. Nur der Himmel und ich kennen den Umfang des Scherfleins, das sie zur Entstehung beigetragen hat.

Einfachheit und Fülle ist in gleichem Maß das Buch von Chris und Katie wie meines. Ich bete, daß sie die Liebe und Dankbarkeit in meinem Herzen zwischen den Zeilen herauslesen können.

Literatur

Ackermann, Diane: *A Natural History of the Senses*. Random House, New York 1990.

Antin, Mary: *The Promised Land*. Houghton Mifflin, Boston 1969.

Armstrong, Karen: *Geschichte des Glaubens. 3000 Jahre religiöse Erfahrung von Abraham bis Albert Einstein*. Droemer Knaur, München 1996.

Austen, Jane: *Mansfield Park*. btb, München 1997.

Beattie, Melody: The Language of Letting Go. Hazelden/Harper & Row, New York 1990.(evtl.: *Kraft zum Loslassen. Tägliche Meditationen für die innere Heilung*. Heyne, München. 9. Aufl., 1994.)

Diess.: *Gratitude. Affirming the Good Things in Life*. Hazelden/Ballantine Books, New York 1992.

Beeton, Isabella: *The Book of Household Management*. London 1861.

Bender, Sue: *So einfach wie das Leben. Eine Frau bei den Amischen. Die Geschichte einer Wandlung*. List, München 1996.

Bennett, Arnold: *How to Live on Twenty-Four Hours a Day*. Books for Libraries Press, New York. Neuaufl. d. Ausg. von 1919 (London), 1975.

Berenbaum, Rose Levy: *The Cake Bible*. William Morrow and Company, New York 1988.

Berwick, Ann: *Holistic Aromatherapy. Balance the Body and Soul with Essential Oils*. Llewellyn, St. Paul, Minnesota 1994.

Black, Penny: *Duftende Potpourries. Alte und neue Anleitungen für das Trocknen, Mischen und Arrangieren von aromatischen Blüten und Kräutern*. Dumont, Köln 1990.

Bolen, Jean Shinoda: *Göttinnen in jeder Frau. Psychologie einer neuen Weiblichkeit*. Vorw. v. Gloria Steinem. Hugendubel, München 1996.

Borysenko, Joan: *Feuer in der Seele. Spiritueller Optimismus als Weg zu innerer Heilung.* Hermann Bauer, Freiburg. 2. Aufl., 1996.

Diess.: *Für den Körper sorgen – die Seele entfalten.* Vortrag (1 Toncassette). Vier-Türme, Münsterschwarzach 1996.

Diess.: *Guilt Is the Teacher, Love Is the Lesson.* Warner Books, New York 1990.

Diess.: *Ein Wunder täglich. Gebete, Meditationen und Affirmationen für das ganze Jahr.* Hermann Bauer, Freiburg 1996.

Breathnach, Sarah Ban: *Mrs. Sharp's Traditions. Suggestions for Re-Creating the Family Celebrations and Seasonal Pastimes of the Victorian Home.* Simon & Schuster, New York 1990. (Taschenbuchausg.: *Victorian Family Traditions.* Fireside/Simon & Schuster, New York 1992.

Diess.: *The Victorian Nursey Companion.* Simon & Schuster, New York 1992.

Bronte, Emily: *Sturmhöhe.* btb, München 1996.

Brussat, Frederick / Brussat, Mary Ann (Hrsg.): *100 Ways to Keep Your Soul Alive.* Harper San Francisco, New York 1994.

Buchman, Christina / Spiegel, Celina (Hrsg.): *Out of the Garden. Women Writers on the Bible.* Fawcett Columbine, New York 1994.

Budapest, Zsuzsanna: *Das magische Jahr. Mythen, Mondaspekte, Rituale. Ein immerwährender Frauenkalender.* Hugendubel, München. 2. Aufl., 1996.

Burnett, Frances Hodgson: *Der geheime Garten.* Arena, Würzburg 1995.

Burnham, Sophy: *Engel. Erfahrungen und Reflexionen.* Goldmann, München 1995.

Caddy, Eileen: *Herzenstüren öffnen.* Greuthof, Gutach o. J.

Cantwell, Mary: »*The Mauv-ing of America*«. In: New York Times Magazine, 17. März 1991.

Cameron, Julia: *Der Weg des Künstlers. Ein spiritueller Pfad zur Aktivierung unserer Kreativität.* Droemer Knaur, München 1996.

Carter, Mary Randolph: *American Junk.* Viking Studio Books, New York 1994.

Chalmers, Irena: *The Great American Christmas Almanach.* Viking Studio Books, New York 1988.

Clampitt, Amy: *The Kingfisher*. Alfred A. Knopf, New York 1983.

Clason, George S.: *The Richest Man in Babylon*. Hawthorne Books, Inc., New York 1955. Neuaufl. Bantam Books, New York 1976.

Clurman, Carol: »*Family vs. Career: A Woman on the Road to Power Takes a U-Turn*«. In: USA-Weekend, 2.-4. Dezember 1994.

Colwin, Laurie: *Home Cooking. A Writer in the Kitchen*. Alfred A. Knopf, New York 1988.

Diess.: *More Home Cooking. A Writer returns to the Kitchen*. Harper Collins, New York 1993.

Conran, Shirley: *Superwoman. For Every Woman Who Hates Housework*. Crown Publishers, New York 1987.

Conwell, Russell H.: *Acres of Diamonds*. Harper & Brothers, New York u. London 1915.

Cooper, Dona: *Writing Great Screenplays For Film and TV*. Prentice Hall, New York 1994.

Coupland, Ken: »*Is There a Doctor for the House?*«. In: New Age Journal, November/Dezember 1991.

Csikszentmihalyi, Mihalyi: *Flow. Das Geheimnis des Glücks*. Klett-Cotta, Stuttgart. 5. Aufl., 1996.

Ders.: *Das Flow-Erlebnis. Jenseits von Angst und Langeweile. Im Tun aufgehen*. Klett-Cotta, Stuttgart. 6. Aufl., 1996.

Ders. / Csikszentmihalyi, Isabella S.: *Die außergewöhnliche Erfahrung im Alltag. Die Psychologie des Flow-Erlebnisses*. Klett-Cotta, Stuttgart. 2., unveränd. Aufl., 1995.

Damrosch, Barbara: *The Garden Primer*. Workman Publishing, New York 1988.

Davidson, Diane Mott: *Partyservice für eine Tote*. Econ, Düsseldorf 1995.

Diess.: *Müsli für den Mörder. Ein Goldy-Bear-Krimi*. Econ, Düsseldorf 1997.

Diess.: *Süß ist der Tod. Ein Goldy-Bear-Krimi*. Econ, Düsseldorf o. J. (weitere Titel der Autorin: *Hochzeitsschmaus mit Todesfall*. Econ, Düsseldorf 1996. *Angriff der Killer-Pfannkuchen*. Econ, Düsseldorf 1997.)

Deval, Jacqueline: *Kochbuch für Liebende. Ein kulinarischer Streifzug mit Originalrezepten von Charles Baudelaire bis Virginia Woolf.* Byblos, Berlin 1995.

de Wolfe, Esie: *The House in Good Taste.* The Century Company, New York 1913.

Dickinson, Emily: *Selected Letters.* Hrsg. v. Thomas H. Johnson. The Belknap Press of Harvard University Press, Cambridge, Mass. 1985.

Dillard, Annie: *Pilgrim at Tinker Creek.* Harper & Row, New York 1974.

Diess.: *The Writing Life.* Harper & Row, New York 1989.

Dominguez, Joe / Robin, Vicki: *Your Money or Your Life.* Viking, New York 1992.

du Maurier, Daphne: *Rebecca.* Droemer Knaur, München 1996.

Eco, Umberto: *Der Name der Rose.* Hanser, München 1991 (Taschenbuchausg.: dtv, München 1986).

Eliot, T. S.: *Gesammelte Gedichte 1909-1962.* Suhrkamp, Frankfurt a. M. 1988.

Emerson, Ralph Waldo: *The Best of Ralph Waldo Emerson.* Walter J. Black, Inc., New York 1941.

Ders.: Self Reliance. *The Wisdom of Ralph Waldo Emerson.* Ausgew. u. mit Einf. v. Richard Whelan. Bell Tower, New York 1991.

Englebreit, Mary: *Mary Englebreit's Home Companion. The Mary Englebreit Look and How to Get It.* Andrews and McMeel, Kansas City 1994.

Esquivel, Laura: *Schäumend wie heiße Schokolade. Mexikanischer Roman um Kochrezepte, Liebe und bewährte Hausmittel.* Insel, Frankfurt a. M. 1992. (ebenfalls: *Bittersüße Schokolade. Mexikanischer Roman um Kochrezepte, Liebe und bewährte Hausmittel.* Suhrkamp, Frankfurt a. M. 1995.)

Estes, Clarissa Pinkola: *Die Wolfsfrau. Die Kraft der weiblichen Urinstinkte.* Heyne, München 1996.

Fields, Rick (u. a.): *Carry Water. A Guide to Finding Spiritual Fulfillment in Everyday Life.* Jeremy P. Tarcher / Perigee / Putnam, New York 1984.

Ferguson, Sheila: *Soul Food. Classic Cuisine from the Deep South.* Weidenfeld & Nicholson, London und New York 1989.

Fernea, Elizabeth Warnock (Hrsg.): *Women and Family in the Middle East. New Voices of Change.* University of Texas Press, Austin, Texas 1985.

Ferrucci, Piero: *Inevitable Grace.* Jeremy P. Tarcher / Putnam Books, New York 1990. (evtl.: Unermeßlicher Reichtum. Wege zum spirituellen Erwachen. Rowohlt, Reinbek b. Hamburg 1994.)

Field, Joanna: *A Life of One's Own.* Chatto & Windus, London 1936. Neuaufl. Jeremy P. Tarcher, Los Angeles 1981.

Fisher, M. F. K.: *How to Cook a Wolf.* Duell, Sloan and Pearce, New York 1942.

Fitzgerald, Sally (Hrsg.): *The Habit of Being. Letters of Flannery O'Connor.* Farrar, Straus and Giroux, New York 1979.

Foster, Patricia (Hrsg.): *Spiegelbilder. Essays über den weiblichen Körper.* Rowohlt, Reinbek b. Hamburg 1996.

Fox, Emmet: *Power Through Constructive Thinking.* HarperCollins, New York 1989. (evtl.: *Das mentale Äquivalent. Dein Denken bestimmt dein Leben.* Überarb. Neuaufl., Frick, Pforzheim 1996. oder: *Die Kraft der universellen Energie.* P. Erd, München 1989.)

Fox, Matthew: *Revolution der Arbeit. Damit alle sinnvoll leben und arbeiten können.* Kösel, München 1996.

Fraser, Kennedy: *The Fashionable Mind.* David R. Godine, Boston, 1985.

Freeman, Eileen Elias: *Himmlische Begleiter.* Bastei-Lübbe, Bergisch-Gladbach 1994.

Diess.: *Angelic Healing. Working With Your Angels to Heal Your Life.* Warner Books, New York 1994.

Geddes-Brown, Leslie: *The Floral Home.* Crown, New York 1992.

Gibson, Cynthia: *A Botanical Touch.* Viking Studio Books, New York 1993.

Glaspell, Susan: *The Visioning.* Frederick A. Stokes, New York 1911.

Godden, Rumer: *A House With Four Rooms.* William Morrow and Company, Inc., New York 1989.

Goldberg, Natalie: *Living the Writer's Life.* Bantam, New York 1990.

Graham, Abbie: *Ceremonials of Common Days.* The Womans Press, New York 1990.

Green, Harvey: *The Light of the Home. An Intimate View of the Lives of Woman in Victorian America.* Pantheon Books, New York 1983.

Guest, Edgar A.: *Collected Verse of Edgar A. Guest.* Reilly & Lee, Co., Chicago 1934.

Hampton, Mark: *Mark Hampton on Decorating.* Condé Nast Books / Random House, New York 1989.

Hancock, Emily: *Tief unter unserer Haut.* Econ, Düsseldorf 1993.

Diess.: »*Growing Up Female*«. In: New Woman, Mai 1993.

Hanh, Thich Nhat: *The Miracle of Mindfulness. A Manual on Meditation.* Beacon Press, Boston 1987.

Hepner, Harry: *The Best Things in Life.* B. C. Forbes & Sons, New York 1953.

Hill, Napoleon: *Denke nach und werde reich. Die 13 Gesetze des Erfolgs.* Ariston, München. 28., vollst. neubearb. Aufl., 1996.

Hillier, Malcolm: *Pflanzenpracht in Töpfen, Kübeln, Schalen, Ampeln. Die schönsten Ideen für das ganze Jahr.* BLV, München 1995.

Holland, Barbara: *Endangered Pleasures.* Little, Brown and Company, Boston 1995.

Holmes, Marjorie: *I've Got to Talk to Somebody, God.* Doubleday, New York 1968.

Holt, Geraldene: *Die schönsten Rezepte aus französischen Kräutergärten.* DuMont, Köln 1989.

Huxley, Judith: *Table for Eight.* William Morris and Company, New York 1984.

Hyatt, Carole / Gottlieb, Linda: *When Smart People Fail. Rebuilding Yourself for Success.* Penguin Books, New York 1988.

Irion, Mary Jean: *Yes World. A Mosaic of Meditation.* R. W. Baron, New York 1970.

James, William: *The Principles of Psychology.* Henry Holt & Co., New York 1980. Harvard University Press, Cambridge, Mass. 1983.

Johnston, Mireille: *The French Family Feast.* Simon & Schuster, New York 1988.

Kelly, Marcia / Kelly, Jack: *One Hundred Graces.* Bell Tower, New York 1992.

Kornfield, Jack: *A Path With Heart. A Guide Through the Perils and*

Promises of Spiritual Life. Bantam, New York 1993.(evtl.: *Frag den Buddha - und geh den Weg des Herzens.* Kösel, München 1995.)

Kosinki, Jerzy: *Being There.* Harcourt Brace Jovanovich, New York 1971.

Kripke, Pamela: »*Create Your Own Decorator's Notebook*«. In: Mary Emmerling's Country Magazine, August 1993.

Kron, Joan: *Home-Psych. The Social Psychology of Home and Decoration.* Clarkson N. Potter, New York 1983.

Kishner, Harold: *Who Needs God?* Summit Books, New York 1989.

Ders.: *To Life! A Celebration of Jewish Being and Thinking.* Warner Books, New York 1993.

Johnson, Samuel: *Samuel Johnson / Oxford Authors.* Oxford University Press, Oxford und New York 1984.

Lamott, Anne: *Bird by Bird. Some Instructions on Writing and Life.* Pantheon Life, New York and San Francisco 1994.

L' Engle, Madeleine: *Walking on the Water. Reflections on Faith and Art.* Harold Shaw, Wheaton, III. 1980.

Diess.: *A Circle of Quiet.* Farrar, Straus and Giroux, New York 1972.

Diess.: *The Irrational Season.* The Seabury Press, New York 1979.

Lewis, C. S.: *Miracles.* Macmillan, New York 1947.

Lindbergh, Anne Morrow: *Muscheln in meiner Hand. Eine Antwort auf die Konflikte unseres Daseins.* Piper, München, 17. Aufl. 1996.

Magoun, F. Alexander: *Living a Happy Life.* Harper & Brothers, New York 1960.

Martin, Tovah: *The Essence of Paradise. Fragrant Plants for Indoor Gardens.* Little, Brown and Co., Boston 1991.

May, Rollo: *Der Mut zur Kreativität.* Junfermann, Paderborn 1987.

McCall, Anne Bryan: *The Larger Vision.* Dodd, Mead & Company, New York 1919.

McGinley, Phyllis: *Saint-Watching.* Viking, New York 1969.

Merker, Hannah: *Listening.* HarperCollins, New York 1994. (evtl.: *Eine Frau erkundet ihre verstummende Welt.* Ingrid Klein, Hamburg 1995.)

Miller, Ronald S. (u. a.): *As Above, So Below. Paths to Spiritual Revewal in Daily Life.* Jeremy P. Tarcher, Los Angeles 1992.

Mitchell, Stephen: *Tao te Ching. A New English Version.* Harper & Row, New York 1988.

Monn, David E.: *365 Ways to Prepare for Christmas.* HarperCollins, New York 1993.

Moore, Thomas: *Die Seele lieben. Tiefe und Spiritualität im täglichen Leben finden.* Droemer Knaur, München 1995.

Ders.: *Der Seele Flügel geben. Das Geheimnis von Liebe und Freundschaft.* Droemer Knaur, München 1995.

Moss, Charlotte: *A Passion for Detail.* Doubleday, New York 1991.

Murphy, Joseph: *Die Macht Ihres Unterbewußtseins.* Ariston, München. 57. Aufl. 1996.

Nearing, Helen: *Ein gutes Leben leben. Die ersten 20 Jahre in Vermont 1932-1952.* pala, Darmstadt. Überarb. Neuaufl. 1996.

Diess.: *Ein gutes Leben – ein würdiger Abschied. Mein Leben mit Scott.* pala, Darmstadt. Neuaufl. 1996.

Diess. / Nearing, Scott: *Fortführung des guten Lebens. Die nächsten Jahre in Maine 1952-1979.* pala, Darmstadt. Überarb. Neuaufl. 1996.

Needleman, Jacob: *Geld und der Sinn des Lebens.* Suhrkamp, Frankfurt a. M. 1995.

Nelson, Gertrud Mueller: *To Dance with God.* Paulist Press, New York u. Mahwah 1986

Newcombe, Jack (Hrsg.): *A Christmas Treasury.* Viking, New York 1982.

Norris, Gunilla: *Being Home.* Bell Tower, New York 1991.

O'Connor, Elizabeth: *Eighth Day of Creation. Gifts and Creativity.* Word Books, Waco, Texas 1971.

Ohrbach, Barbara Milno: *Kräuter- und Blumendüfte im Haus. Vom Lavendel zum duftenden Rosenblatt.* DuMont, Köln 1988.

Olsen, Tillie: *Silences.* Seymour Lawrence / Delacorte Press, New York 1978.

Diess.: *Tell Me a Riddle.* Seymour Lawrence / Delacorte Press, New York 1979.

Pascale, Richard Tanner: *»Zen and the Art of Management«.* In: Harvard Business Review, März/April 1978.

Peck, M. Scott: *Der wunderbare Weg. Eine neue Psychologie der Liebe und des spirituellen Wachstums.* Goldmann, München 1997.

Ders.: *Weiter auf dem wunderbaren Weg.* Goldmann, München 1997.

Perenyi, Eleanor: *Green Thoughts. A Writer in the Garden.* Vintage Books, New York 1983.

Phipps Diana: *Affordable Splendor.* Rondom House, New York 1981.

Ponder, Catherine: *The Prosperity Secrets of the Ages.* DeVross & Company, Marina del Ray, Calif. 1954. (evtl.: *Die Heilungsgeheimnisse der Jahrhunderte. Die 12 Geisteskräfte des Menschen.* Goldmann, München 1995.)

Diess.: *Open Your Mind to Prosperity.* DeVross & Company, Marina del Ray, Calif. 1971.

Porter, Eleanor Hodgman: *Pollyanna. Ein Waisenkind in Amerika.* Arena, Würzburg 1995.

Post, Emily: *The Personality of a House.* Funk & Wagnalls, New York 1948.

Priestley, J. B.: *Delight.* Heinemann, London 1949.

Radner, Gilda: *It's Always Something.* Simon & Schuster, New York 1989.

Raynolds, Robert: *In Praise of Gratitude. An Invitation to Trust Life.* Harper & Brothers, New York 1961.

Redfield, James: *Die Prophezeiungen von Celestine.* Ein Abenteuer. Heyne, München 1994.

Ripperger, Henrietta: *A Home of Your Own and How to Run It.* Simon & Schuster, New York 1940.

Rilke, Rainer Maria: *Briefe an einen jungen Dichter.* Diogenes, Zürich 1997.

Robbins, John / Mortifee, Ann: *In Search of Balance,* H. J. Kramer Inc., Tiburn, Calif. 1991.

Roesch, Diana K.: *»Body Language«.* In: Lear's, Februar 1994.

Roman, Sanaya / Packer, Duane: *Kreativ Reichtum schaffen. Der Schlüssel zur Fülle – Mit praktischen Übungsanleitungen.* Goldmann, München 1996.

Rossbach, Sarah: *Feng Shui. Die chinesische Kunst des gesunden Wohnens.* Droemer Knaur, München 1994.

Diess.: *Wohnen ist Leben. Feng-Shui und harmonische Raumgestaltung.* Droemer Knaur, München 1989.

Sacks, Oliver: *Awakenings – Zeit des Erwachens.* Rowohlt, Reinbek b. Hamburg 1991.

Sangster, Margaret E.: *Ideal Home for Life,* The University Society Inc., New York 1910.

Saltzman, Amy: *Downshifting. Reinventing Success on a Slower Track.* HarperCollins, New York 1991.

Sarton, May: *Plant Dreaming Deep.* W. W. Norton, New York 1968.

Diess.: *Journal of a Solitude.* Norton, New York 1973.

Seal, Mark: *»Laura Esquivel's Healing Journey«.* In: New Age Journal, Mai/Juni 1994.

Seuss, Dr.: *On the Places You'll go!* Random House, New York 1990.

Shain, Merle: *Courage My Love. A Book to Light an Honest Path.* Bantam, New York 1989.

Sheehy, Gail: *Pathfinders.* William Morris, New York 1981 (evtl.: *Neue Wege wagen. Ungewöhnliche Lösungen für gewöhnliche Krisen.* Droemer Knaur, München 1984.)

Diess.: *New Passages. Mapping Your Life Across Time,* Random House, New York 1995. (evtl.: *Lebensstufen. Fähig sein, aus jedem Alter das Beste zu machen.* List, München 1996.)

Diess.: *»The Flaming Fifties«.* In: Vanity Fair, Oktober 1993.

Sher, Barbara / Gottlieb, Annie: *Wishcraft. How to Get What You Really Want.* Viking Press, New York 1979.

Sher Barbara / Smith, Barbara: *Could Do Anything If I Only Knew What it Was.* Delacorte Press, New York 1994.

Shi, David E.: *In Search of the Simple Life.* Peregrine Smith / Gibbs M. Smith, Layton, Utah 1986.

Shinn, Florence Scovel: *Das geheime Tor zu Fortschritt und Erfolg,* Freya, Lindau 1993.

Diess.: *Die Kraft des gesprochenen Wortes.* Freya, Lindau 1993.

Diess.: *Das Lebensspiel und seine mentalen Regeln.* P. Erd, München, Neuaufl. 1995.

Dies.: *Dein Wort ist dein Zauberstab.* Freya, Unterweitersdorf, 1995.

Siegel, Alan B.: *Träume können Ihr Leben verändern. Ihr persönlicher Schlüssel zur Traumsymbolik.* Econ, Düsseldorf 1993.

Sinetar, Marsha: *Do What You Love and the Money Will Follow.* Paulist Press, New York / Mahwah 1987.

Diess.: *Reel Time. Spiritual Growth Through Film.* Triumph Books, Ligouri, Missouri 1993.

Starhawk. *The Spiral Dance.* Harper & Row, New York 1979.

Steindl-Rast, Bruder David: *Gratefulness the Heart of Prayer. An Approach to Life in Fullness.* Ramsey, NewYork, Paulist Press, New Jersey 1984.

Steinem, Gloria: *Revolution from Within. A Book of Self-Esteem.* Little, Brown and Company, Boston 1992. (evtl.: *Was heißt schon emanzipiert. Meine Suche nach einem neuen Feminismus.* Droemer Knaur, München 1995.)

Stern, Jane / Stern, Michael: *Square Meals.* Alfred A. Knopf, New York 1984.

Stern, Janet (Hrsg.): *The Writer on Her Work.* W.W. Norton, NewYork 1980.

Stoddard, Alexandra: *Daring to Be Yourself.* Doubleday, New York 1990.

Diess.: *Creating a Beautiful Home.* William Morrow, NewYork 1992.

Taylor, Terry Lynn: *Messengers of Light. The Angel's Guide to Spiritual Growth.* H. J. Kramer Inc., Tiburon, Calif. 1990.

Dies.: *Guardians of Hope. The Angel's Guide to Personal Growth.* H. J. Kramer Inc., Tiburon, Calif. 1992.

Diess.: *Creating With Angels.* H. J. Kramer Inc., Tiburon, Calif. 1993.

Terkel, Studs: *Working. People Told About What They Do All Day and How They Feel about What They Do.* Pantheon Books, New York 1974.

Thurman, Judith: *Tania Blixen. Ihr Leben und Werk.* Rowohlt, Reinbek b. Hamburg 1991.

Tisserand, Robert B.: *Das ist Aromatherapie. Heilung durch Duftstoffe.* Hermann Bauer, Freiburg. 2. Aufl. 1994.

Ders.: *Das Aromatherapie-Heilbuch. Wie Düfte heilen. Die Grundlagen der Aromatherapie. Mit praktischen Anwendungsbeispielen und Rezepten.* Windpferd, Aitrang 3. Aufl. 1992.

Tudor, Tasha / Brown, Richard: *The Private World of Tasha Tudor.* Little, Brown and Company, Boston 1992.

Uchida, Yoshiko: *A Jar of Dreams.* Antheneum, NewYork 1981.

Underhill, Evelyn: *Mystik. Eine Studie über die Natur und Entwick-

lung des religiösen Bewußtseins im Menschen. Lorber & Turm, Bietigheim-Bissingen. 4. Aufl., 1973.

van Amringe, Judyth: *Home Art. Creating Romance and Magic with Everyday Objects.* Bulfinch Press / Little Brown, Boston 1994.

Wasserstein, Wendy: *Uncommon Women and Others.* Dramatist's Play Service. New York 1987.

Diess.: »*The Me I'd Like to Be*«. In: New Woman, Dezember 1994.

Watts, Alan W.: *Zen. Tradition und lebendiger Weg.* Windpferd, Aitrang 1981.

White, Katharine S.: *Onward and Upward in the Garden.* Hrsg. v. E. B. White. Farrar, Straus and Giroux, New York 1979.

Wickham, Cynthia: *House Plants through the Year.* William, Collins sons & Ltd., London 1985.

Williams, Margery: *Der kleine Kuschelhase oder Wie die Dinge wirklich werden.* Herder, Freiburg 1992.

Williamson, Marianne: *Rückkehr zur Liebe.* Goldmann, München 1996.

Witty, Helen: *Fancy Pantry.* Workman Publishing, New York 1986.

Wolfe, Thomas: *Schau heimwärts, Engel! Eine Geschichte vom begrabenen Leben.* Rowohlt, Reinbek b. Hamburg, Neuausg. 1994.

Wolfman, Peri / Gold, Charles: *The Perfect Setting.* Harry Abrams Inc., New York 1985.

Woolf, Virginia: *A Room of One's Own.* Harcourt Brace Jovanovich, New York 1929. (evtl.: *Ein eigenes Zimmer / Drei Guineen.* Essays. Reclam, Ditzingen o.J. außerdem: Diess.: *Ein Zimmer für sich allein.* Mit vielen Fotos und Erinnerungen an Virgina Woolf von Lonie Mayer. Fischer, Frankfurt a. M., 14. Aufl., 1995.)